**Wer sich getroffen fühlt,
der ist gemeint.**

(Werner Finck)

REIHE "OIKOS". STUDIEN ZUR ÖKONOMIE, BAND 13
herausgegeben von STEPHAN M. HESS

DIE KOORDINATIONSFUNKTION DER GEMEINSCHAFTSAUFGABE "VERBESSERUNG DER REGIONALEN WIRTSCHAFTSSTRUKTUR"
—Anspruch und Wirklichkeit—

von HANS-PETER STEINMETZ

1983

BARUDIO & HESS VERLAG   FRANKFURT AM MAIN

Hans-Peter Steinmetz, studierte in Frankfurt und Hannover Rechts- und Wirtschaftswissenschaft. Von ihm liegen bereits diverse Publikationen zum Problemkreis "regionale Wirtschaftspolitik vor.
Aufgrund der vorliegenden Arbeit wurde er vom Fachbereich Rechtswissenschaft der Universität Hannover zum Dr.iur. promoviert.

CIP - Kurztitelaufnahme der Deutschen Bibliothek

Steinmetz, Hans-Peter:

Die Koordinationsfunktion der Gemeinschaftsaufgabe "Verbesserung der regionalen Wirtschaftsstruktur" - Anspruch und Wirklichkeit/Hans-Peter Steinmetz.-1.Aufl.-Frankfurt am Main: Barudio und Hess 1983
(Reihe OIKOS: Bd.13)

ISBN 3-922182-13-5

Alle Rechte vorbehalten. Ohne ausdrückliche Genehmigung des Verlages ist es nicht gestattet, das Buch oder Teile daraus zu vervielfältigen.
BARUDIO & HESS VERLAG, Corneliusstr.19, 6000 Frankfurt/Main 1983
Printed in Germany.
Copyright: Barudio & Hess Verlag.

INHALTSÜBERSICHT

ABKÜRZUNGSVERZEICHNIS	VI
ABBILDUNGSVERZEICHNIS	XIII
ÜBERSICHTENVERZEICHNIS	XIV

TEIL A: EINFÜHRUNG   1

I. Die Gemeinschaftsaufgabe "Verbesserung der regionalen Wirtschaftsstruktur" - Thematische Eingrenzungen   1

   1. Eine Momentaufnahme aus der Sicht der Wissenschaft   2

   2. Politische und ökonomische Stimmungsbilder   4

II. Die regionale Wirtschaftsstrukturpolitik - Begriffliche Abgrenzungen   12

   1. Einordnung in die Raumordnungspolitik   12

   2. Einordnung in die allgemeine Wirtschaftspolitik   19

TEIL B: ÖKONOMISCHE, SOZIALE UND POLITISCHE BESTIMMUNGSFAKTOREN DER REGIONALEN STRUKTURPOLITIK   26

I. Die ökonomische und soziale Dimension der regionalen Wirtschaftsstrukturpolitik   27

   1. Das Koordinationsprinzip des Markt-Preis-Mechanismus   28

   2. Außerökonomische Begründung einer regionalen Strukturpolitik   31
     a) Sozialer Ausgleich   31
     b) Innenpolitische Integration   32
     c) Außenpolitische Sicherheit   32

   3. Ökonomische Notwendigkeit der regionalen Strukturpolitik   33
     a) Fehlerhafte Marktstruktur   34
     b) Fehlerhafter Strukturwandel   36

   4. Markt- oder Staatsversagen?   37

II. Politische Determinanten der Wirksamkeit regionaler
Strukturpolitik   43

   1. Die Komplementärfunktion regionaler Wirtschaftspolitik   43

   2. Zielkatalog, Instrumentarium und Strategie der regionalen Wirtschaftsförderung   50
      a) Elemente eines Zielsystems   51
      b) Systematisierung des Instrumentariums   60
      c) Koexistenz-Strategie der regionalen Strukturpolitik   73

   3. Zur inneradministrativen Durchsetzbarkeit regionaler Wirtschaftsstrukturpolitik   75
      a) Institutionelle Politikfragmentierung   77
      b) Vertikale Politikverflechtung   80

   4. Regionalpolitische Koordination als Organisationsproblem   82

TEIL C: DIE INSTITUTIONALISIERUNG DER BUND-LÄNDER-KOOPERATION IM RAHMEN DER GEMEINSCHAFTSAUFGABE "VERBESSERUNG DER REGIONALEN WIRTSCHAFTSSTRUKTUR"   88

I. Die organisationsrechtliche Struktur der Gemeinschaftsaufgabe   89

   1. Verfassungspolitische Entwicklung und Entstehungsgründe   90

   2. Das Programmplanungs- und -finanzierungssystem der Gemeinschaftsaufgabe   96
      a) Inhalts- und Funktionsbestimmung der gemeinsamen Rahmenplanung   97
      b) Organisation und Finanzierung der Rahmenplanung   103

   3. Das Programmimplementierungssystem der Gemeinschaftsaufgabe   107

   4. Bürokratismus ohne Transparanz - Das Organisationsmodell der Gemeinschaftsaufgabe   111

II. Die programmatische und finanzielle Ausgestaltung der Gemeinschaftsaufgabe   118

   1. Regionalpolitische Entwicklung und Enstehungsgründe   119

   2. Wirtschaftspolitische Konzeption und Förderungsprinzipien der Gemeinschaftsaufgabe   130
      a) Das Konzept der kombinierten Arbeitsplatz- und Infrastrukturförderung   131
      b) Das Prinzip der sektoralen Konzentration   137
      c) Das Prinzip der regionalen Konzentration   140

3. Voraussetzungen, Art und Intensität der Förderung 150
   a) Förderungsvoraussetzungen 151
   b) Instrumentarium und Intensität der Förderung 153

4. Exkurs: Komplementäre Regionalförderungen des Bundes 159
   a) Regionale Investitionszulage nach dem Investitionszulagengesetz 159
   b) Wirtschaftsförderung nach dem Zonenrandförderungsgesetz 162
   c) Regionalförderung im Rahmen des ERP-Programms 164

5. Mobile Verteilungsstrategie mit sachlichen und räumlichen Diskriminierungsregeln - Das Handlungsmodell der Gemeinschaftsaufgabe 167

6. Mittelvolumen und Ergebnisse der Regionalförderung 171

TEIL D: DIE WIRTSCHAFTSENTWICKLUNGSPOLITIK DER BUNDESLÄNDER UND DER KOMMUNALEN GEBIETSKÖRPERSCHAFTEN AUSSERHALB DER GEMEINSCHAFTSAUFGABE "VERBESSERUNG DER REGIONALEN WIRTSCHAFTSSTRUKTUR" 178

I. Die regionale Wirtschaftsstrukturpolitik der Bundesländer 180

   1. Zum regionalpolitischen Stellenwert der Landesförderung 181

   2. Die Regionalförderungsprogramme der Länder im Überblick 185
      a) Schleswig-Holstein 186
      b) Hamburg 187
      c) Niedersachsen 188
      d) Nordrhein-Westfalen 190
      e) Hessen 196
      f) Rheinland-Pfalz 198
      g) Baden-Württemberg 199
      h) Bayern 202

   3. Defizite in der Programmkonkretion - Die Wesensmerkmale der landeseigenen Regionalförderung 207
      a) Fehlende sachliche Schwerpunktbildung 209
      b) Mangelnde räumliche Schwerpunktsetzung 212
      c) Programmkonkurrenzen 216

   4. Intensität und Volumen der Landeswirtschaftsförderung 219

II. Die Politik der kommunalen Gebietskörperschaften zur Verbesserung der Wirtschaftsstruktur 228

   1. Zum regionalpolitischen Stellenwert kommunaler Wirtschaftsförderung 232

2. Handlungspotential und Handlungsbewußtsein der Kommunen im Aktionsfeld "regionale Wirtschaft" 237
   a) Vertikale Bestimmungsfaktoren 238
   b) Horizontale Verteilungskonflikte 243
   c) Wirtschaftspolitische Zielstruktur 252
   d) Vertikale und horizontale Problemperzeption 253
   e) Entwicklungsintensitäten der staatlichen Regionalförderung 256
   f) Wechselbeziehungen 257

3. Kommunale Wirtschaftsförderungsrichtlinien – Programmplanung am Beispiel der Landkreise 259
   a) Regionales Erscheinungsbild 261
   b) Arbeitsplatzförderung 264
   c) Infrastrukturförderung 269
   d) Förderungsinstrumente und -intensitäten 271
   e) Exkurs: Sonstige subventionspolitische Einflußinstrumente 274
   f) Programmverrechtlichung 276

4. Mittelvolumen der kommunalen Gewerbesubventionierung 279

TEIL E: DIE POLITISCH-INSTITUTIONELLE DURCHSETZUNGSFÄHIGKEIT DER GEMEINSCHAFTSAUFGABE "VERBESSERUNG DER REGIONALEN WIRTSCHAFTSSTRUKTUR" 282

I. Die Retrospektive: Bisherige Koordinationseffekte der Gemeinschaftsaufgabe 286

   1. Effizienz und Transparenz? 288

   2. Verteilungsgerechtigkeit? 290

   3. Resümee: Nicht-Durchsetzung der Koordinationsfunktion infolge regionalpolitischer Verselbständigungstendenzen 291

II. Die Perspektive: Mögliche Koordinationspotentiale der Gemeinschaftsaufgabe 294

   1. Das Verrechtlichungspotential der Koordinierungsfunktion 295
      a) Die These von der Sperrwirkung 297
         aa) gegenüber den Bundesländern 298
         bb) gegenüber den kommunalen Gebietskörperschaften 303
      b) Die Lehre von der Bindungswirkung 313
         aa) Normative Begründungsversuche 314
         bb) Regionalpolitische Zielkonflikte 321
         cc) Regionalpolitische Entwicklungsfunktionen – Ansiedlungsförderung versus Bestandsförderung 327
         dd) Räumliche Lenkungs- oder betriebliche Mitnahmeeffekte der Ansiedlungssubventionierung? 342

2. Das Vollzugspotential der Koordinierungsfunktion 354
   a) gegenüber den Bundesländern 355
   b) gegenüber den kommunalen Gebietskörperschaften 358

3. Fazit: Nicht-Durchsetzbarkeit der Koordinationsfunktion aufgrund der Verrechtlichungs- und Vollzugsdefizite 360

TEIL F: ALTERNATIVEN UND GRUNDLINIEN EINER POLITISCH-ADMINISTRATIVEN NEUORGANISATION DER REGIONALEN WIRTSCHAFTSSTRUKTURPOLITIK - EIN SCHLUSSWORT 364

I. Verfassungspolitische Alternativen 368

   1. Neuverflechtung oder Rückentflechtung? 368

   2. Konkordanz- oder Konkurrenzföderalismus? 373

II. Verfassungspolitische Grundlinien 378

   1. Bundesstaatliche Rahmensetzung 379

   2. Komplementärer Finanzausgleich 388

TEIL G: ZUSAMMENFASSUNG IN 20 THESEN 392

QUELLENVERZEICHNIS 402

ABKÜRZUNGSVERZEICHNIS

ABl.	Amtsblatt
AFG	Arbeitsförderungsgesetz
AfK	Archiv für Kommunalwissenschaften
AöR	Archiv des öffentlichen Rechts
ARL	Akademie für Raumforschung und Landesplanung
Art.	Artikel
ASG	Agrarsoziale Gesellschaft
BAnz.	Bundesanzeiger
BayBgm.	Bayerischer Bürgermeister
BayVBl.	Bayerische Verwaltungsblätter
BB	Betriebs-Berater
BBankG	Bundesbankgesetz
BBauBl.	Bundesbaublatt
BBauG	Bundesbaugesetz
BddW	Blick durch die Wirtschaft
BDI	Bundesverband der Deutschen Industrie
BfA	Bundesanstalt für Arbeit
BFG	Berlinförderungsgesetz
BfgW	Bundesamt für gewerbliche Wirtschaft
BfLR	Bundesforschungsanstalt für Landeskunde und Raumordnung
BGBl.	Bundesgesetzblatt
BHO	Bundeshaushaltsordnung
BIP	Bruttoinlandsprodukt
Bl.f.G.	Blätter für Genossenschaftswesen

BMBau	Bundesminister für Raumordnung, Bauwesen und Städtebau
BMF	Bundesminister der Finanzen
BMI	Bundesminister des Innern
BMWi	Bundesminister für Wirtschaft
BNatSchG	Bundesnaturschutzgesetz
BR-Drs.	Drucksachen des Deutschen Bundesrates
BReg.	Bundesregierung
BRH	Bundesrechnungshof
BROP	Bundesraumordnungsprogramm
BT-Drs.	Drucksachen des Deutschen Bundestages
BT-Prot.	Protokolle des Deutschen Bundestages
BVerfG	Bundesverfassungsgericht
BVerfGG	Gesetz über das Bundesverfassungsgericht
BVerfGE	Entscheidungen des Bundesverfassungsgerichts
BVerwG	Bundesverwaltungsgericht
BVerwGE	Entscheidungen des Bundesverwaltungsgerichts
BW	Baden-Württemberg
DB	Der Betrieb
DBV	Deutscher Bauernverband
Demo	Demokratische Gemeinde
DGB	Deutscher Gewerkschaftsbund
DGT	Deutscher Gemeindetag
DIHT	Deutscher Industrie- und Handelstag
Difu	Deutsches Institut für Urbanistik
DISP	Dokumente und Informationen zur Schweizerischen Orts-, Regional- und Landesplanung
DIW	Deutsches Institut für Wirtschaftsforschung

DJT	Deutscher Juristentag
DHT	Deutscher Handwerkskammertag
DLT	Deutscher Landkreistag
DÖV	Die Öffentliche Verwaltung
DST	Deutscher Städtetag
DVBl.	Deutsches Verwaltungsblatt
DVPW	Deutsche Vereinigung für Politische Wissenschaft
EG	Europäische Gemeinschaften
EGAO	Einführungsgesetz zur Abgabenordnung
EvStL	Evangelisches Staatslexikon
EWG	Europäische Wirtschaftsgemeinschaft
F.A.Z.	Frankfurter Allgemeine Zeitung
FH	Frankfurter Hefte
FR	Frankfurter Rundschau
GA	Gemeinschaftsaufgabe
GemAgrKG	Gesetz über die Gemeinschaftsaufgabe "Verbesserung der Agrarstruktur und des Küstenschutzes"
GesBl.	Gesetzblatt
GewArch.	Gewerbearchiv
GfW	Gesellschaft für Wirtschaftsförderung
GG	Grundgesetz
GMH	Gewerkschaftliche Monatshefte
GO NW	Gemeindeordnung Nordrhein-Westfalen
GOPRW	Geschäftsordnung des Planungsausschusses für die Gemeinschaftsaufgabe "Verbesserung der regionalen Wirtschaftsstruktur"
GRS	Gesellschaft für Regionale Strukturentwicklung

GRW	Gemeinschaftsaufgabe "Verbesserung der regionalen Wirtschaftsstruktur"
GRWG	Gesetz über die Gemeinschaftsaufgabe "Verbesserung der regionalen Wirtschaftsstruktur"
GVFG	Gemeindeverkehrsfinanzierungsgesetz
GVBl.	Gesetz- und Verordnungsblatt
GWB	Gesetz gegen Wettbewerbsbeschränkungen
HAZ	Hannoversche Allgemeine Zeitung
HdSW	Handwörterbuch der Sozialwissenschaften
HGO	Hessische Gemeindeordnung
HGrG	Haushaltsgrundsätzegesetz
HKO	Hessische Landkreisordnung
HLT	Hessische Landesentwicklungs- und Treuhandgesellschaft
HRR	Handwörterbuch der Raumforschung und Raumordnung
HSchBFG	Hochschulbauförderungsgesetz
IHK	Industrie- und Handelskammer
IKO	Innere Kolonisation
Inf.z.Raumentw.	Informationen zur Raumentwicklung
Institut FSt.	Institut "Finanzen und Steuern"
IREUS	Institut für Raumordnung und Entwicklungsplanung der Universität Stuttgart
JA	Juristische Arbeitsblätter
JBNSt.	Jahrbuch für Nationalökonomie und Statistik
JfS	Jahrbuch für Sozialwissenschaft
JuS	Juristische Schulung
KDZ	Kommunalwissenschaftliches Dokumentationszentrum Wien
KfW	Kreditanstalt für Wiederaufbau

KHFG	Krankenhausfinanzierungsgesetz
KJ	Kritische Justiz
LAB	Lastenausgleichsbank
LHO	Landeshaushaltsordnung
LKO NW	Landkreisordnung Nordrhein-Westfalen
LPlG	Landesplanungsgesetz
LT-Drs.	Landtagsdrucksachen
MBl.	Ministerialblatt
MittDST	Mitteilungen des Deutschen Städtetages
MKRO	Ministerkonferenz für Raumordnung
N.Arch.f.Nds.	Neues Archiv für Niedersachsen
Nds.	Niedersachsen
NG	Die Neue Gesellschaft
NGO	Niedersächsische Gemeindeordnung
NJW	Neue Juristische Wochenschrift
NLO	Niedersächsische Landkreisordnung
NpL	Neue politische Literatur
NW	Nordrhein-Westfalen
NWi	Niedersächsische Wirtschaft
OVG	Oberverwaltungsgericht
ÖZP	Österreichische Zeitschrift für Politikwissenschaft
PRW	Planungsausschuß für regionale Wirtschaftsstruktur
PVS	Politische Vierteljahresschrift
RGBl.	Reichsgesetzblatt
ROG	Raumordnungsgesetz
RuR	Raumforschung und Raumordnung

RWI	Rheinisch-Westfälisches Institut für Wirtschaftsforschung
SARO	Sachverständigenausschuß für Raumordnung
StAnz.	Staatsanzeiger
StBauFG	Städtebauförderungsgesetz
StWG	Gesetz zur Förderung der Stabilität und des Wachstums der Wirtschaft
SVR	Siedlungsverband Ruhrkohlenbezirk
SVRG	Gesetz über die Bildung eines Sachverständigenrates zur Begutachtung der gesamtwirtschaftlichen Entwicklung
SZ	Süddeutsche Zeitung
UWG	Gesetz gegen den unlauteren Wettbewerb
VBlBW	Verwaltungsblätter für Baden-Württemberg
VerwArch.	Verwaltungsarchiv
VG	Verwaltungsgericht
VR	Verwaltungsrundschau
VVDStRL	Veröffentlichungen der Vereinigung der Deutschen Staatsrechtslehrer
VwGO	Verwaltungsgerichtsordnung
WD	Wirtschaftsdienst
WFG	Wirtschaftsförderungsgesellschaft
WFöRG	Wirtschaftsförderungsrahmengesetz
WiVerw.	Wirtschaft und Verwaltung
WiSt	Wirtschaftswissenschaftliches Studium
WISU	Wirtschaftsstudium
WoBauG	Wohnungsbaugesetz
WSI Mitteilungen	Zeitschrift des Wirtschafts- und Sozialwissenschaftlichen Instituts des Deutschen Gewerkschaftsbundes

ZDH	Zentralverband des Deutschen Handwerks
ZfV	Zeitschrift für Verwaltung
ZHR	Zeitschrift für Wirtschafts- und Handelsrecht
ZParl.	Zeitschrift für Parlamentsfragen
ZRFG	Zonenrandförderungsgesetz
ZRP	Zeitschrift für Rechtspolitik

ABBILDUNGSVERZEICHNIS

Abb. 1: Die Einordnung der regionalen Strukturpolitik in die Raumordnungspolitik — 15

Abb. 2: Die Einordnung der regionalen Strukturpolitik in die allgemeine Wirtschaftspolitik — 22

Abb. 3: Ein Analysemodell gesamtgesellschaftlicher Interaktions- und Interdependenzbeziehungen — 45

Abb. 4: Die Zielhierarchie der regionalen Wirtschafts- und Sozialpolitik — 54

Abb. 5: Die Einflußinstrumente der regionalen Wirtschafts- und Sozialpolitik — 63

Abb. 6: Gebiete der Gemeinschaftsaufgabe "Verbesserung der regionalen Wirtschaftsstruktur" — 141

Abb. 7: Fremdenverkehrsgebiete der Gemeinschaftsaufgabe "Verbesserung der regionalen Wirtschaftsstruktur" — 142

Abb. 8: Fördergebiete und Förderschwerpunktorte des Regionalen Wirtschaftsförderungsprogramms Nordrhein-Westfalens — 191

Abb. 9: Der optimale Standort nach der Nutzen-Kosten-Differenz — 246

Abb. 10: Angebots- und Nachfragefaktoren der Standort- und Wohnortwahl — 248

ÜBERSICHTENVERZEICHNIS

Übers. 1:	Die Chronik der regionalen Strukturpolitik des Bundes	120
Übers. 2:	Höchstsätze bzw. Höchstbeträge der Investitionszuschüsse aus Mitteln der Gemeinschaftsaufgabe (einschließlich der Investitionszulagen) an die gewerbliche Wirtschaft	157
Übers. 3:	Investitionszuschüsse aus Mitteln der Gemeinschaftsaufgabe an Gemeinden und Gemeindeverbände für spezielle Infrastrukturinvestitionen	158
Übers. 4:	Ergebnisse der Arbeitsplatzförderung mit Gemeinschaftsaufgabenmitteln im Zeitraum vom 01. 01. 1972 bis 30. 09. 1979	173
Übers. 5:	Ergebnisse der Infrastrukturförderung mit Gemeinschaftsaufgabenmitteln im Zeitraum vom 01. 01. 1972 bis 30. 09. 1979	176
Übers. 6:	Ergebnisse der Regionalförderung mit ERP-Mitteln im Zeitraum vom 01. 01. 1972 bis 31. 12. 1978	177
Übers. 7:	Höchstsätze der Investitionszuschüsse in Prozent der Investitionskosten an gewerbliche Produktions- und Dienstleistungsbetriebe (ohne Fremdenverkehr) aus Mitteln des Regionalen Wirtschaftsförderungsprogramms Nordrhein-Westfalen	193
Übers. 8:	Ergebnisse der Förderung der gewerblichen Wirtschaft (einschließlich Fremdenverkehr) in Nordrhein-Westfalen im Zeitraum vom 01. 01. 1972 bis 31. 12. 1978	195
Übers. 9:	Förderung der gewerblichen Wirtschaft (ausgenommen Fremdenverkehr) in Bayern im Jahre 1977	205
Übers. 10:	Förderung des Fremdenverkehrsgewerbes in Bayern im Jahre 1977	206

Übers. 11:	Das Volumen der Wirtschaftsförderung in der Bundesrepublik Deutschland (ohne Berlin) im Zeitraum vom 01. 01. 1972 bis 31. 12. 1977	221
Übers. 12:	Die Mittelaufwendungen der Bundesländer (ohne Berlin) im Rahmen der regionalen Wirtschaftsförderung in den Jahren 1972 bis 1977	225
Übers. 13:	Die Sachinvestitionen von Bund, Ländern und Gemeinden in der Bundesrepublik Deutschland	239
Übers. 14:	Das regionale Auftreten der Wirtschaftsförderungsprogramme in den Landkreisen	262
Übers. 15:	Das Volumen der Finanzhilfen der kommunalen Körperschaften an die gewerbliche Wirtschaft in den Jahren 1974 bis 1976	280
Übers. 16:	Die Rangfolge der wesentlichen Standortfaktoren nach neun empirischen Untersuchungen	344

T E I L   A

EINFÜHRUNG

I. Die Gemeinschaftsaufgabe "Verbesserung der regionalen Wirtschaftsstruktur" – Thematische Eingrenzungen

Regionale Strukturpolitik in der Bundesrepublik Deutschland ist zwar nicht ausschließlich, aber doch zu einem Großteil eine Aufgabe, die von Bund und Ländern gemeinsam in der **Gemeinschaftsaufgabe "Verbesserung der regionalen Wirtschaftsstruktur"** betrieben wird. Theorie und Praxis der Wirtschaftsförderung können inzwischen auf mehr als zehn Jahre Erfahrungen mit diesem Rechtsinstitut zurückblicken. Am 12. Mai 1969 in Art. 91 a GG verfassungsrechtlich verankert, erging im Oktober desselben Jahres zu seiner Ausführung das Gesetz über die Gemeinschaftsaufgabe "Verbesserung der regionalen Wirtschaftsstruktur" (GRWG) [1]. Am 1. Januar 1972 schließlich trat der erste Rahmenplan der GRW in Kraft [2]. Doch schon lange vor der Konstitutionalisierung der Gemeinschaftsaufgabe wurde in der Bundesrepublik eine bewußte und gezielte regionale Wirtschaftsförderung betrieben [3]. Ihre Anfänge reichen bis in die fünfziger Jahre auf die sog. "Notstandsprogramme" des Bundes zurück [4], so daß die Bundesregierung gar schon von "hergebrachten Grundsätzen der Regionalförderung" sprechen kann [5]. Gleichwohl wird die Gemeinschaftsaufgabe als Meilenstein in dem Suchprozeß nach einer rationaleren Regionalpolitik interpretiert [6]. Dieses Verfassungsinstitut soll darum auch im Zentrum der vorliegenden Arbeit stehen.

---

1 Das GRWG vom 6.10.1969 (BGBl. I S. 1861) trat am 1.1.1970 in Kraft und wurde durch Gesetz vom 23.12.1971 (BGBl. I S. 2140) geändert.

2 BT-Drs. VI/2451 vom 14.7.1971.

3 Siehe W. Albert (1971), S. 1 ff.; F. Buttler/K. Gerlach/P. Liepmann (1977), S. 116 ff.; H. H. Eberstein (1975), S. 5 ff.

4 Siehe W. Giel (1954), S. 577 ff.; ders. (1964), S. 113 ff.

5 Entwurf des Steueränderungsgesetzes 1973, BT-Drs. 7/419 vom 28.3.1973, S. 20.

6 C. Noé (1971 b), S. 62.

1. Eine Momentaufnahme aus der Sicht der Wissenschaft

Die wissenschaftliche Diskussion um die GRW im engeren und um die regionale Strukturpolitik im weiteren kreist um das Thema des "kooperativen Föderalismus" und der "Politikverflechtung" in der Bundesrepublik Deutschland und beschäftigt sich - aus je fachspezifischer Sicht - mit den ökonomischen, politischen und verfassungsrechtlichen Möglichkeiten und Schranken der gemeinschaftlichen Planung und Finanzierung öffentlicher Aufgaben durch Bund und Länder. Während die Wirtschafts- und Regionalwissenschaften in der Zwischenzeit eine umfangreiche Grundlagenforschung über Aufgaben und Ziele, Grundlinien und Instrumente der regionalen Wirtschaftsstrukturpolitik betrieben haben, ohne speziell auf die Institution der Gemeinschaftsaufgabe einzugehen [7], hat sich das juristische Schrifttum überwiegend dem Problemfeld der Vereinbarkeit der Gemeinschaftsfinanzierungen mit der föderalistischen Verfassungsstruktur zugewandt, ohne sich allerdings mit den tatsächlichen Wirkungsformen der Bund-Länder-Kooperation auseinanderzusetzen [8]. Demgegenüber sind die Verwaltungswissenschaften zwar den organisatorisch-institutionellen Funktionsbedingungen der bundesdeutschen Politikverflechtung nachgegangen, haben jedoch die politischen Verselbständigungsprozesse der an den Planungsverbünden beteiligten Gebietskörperschaften weitgehend vernachlässigt [9].

Das Erkenntnisinteresse dieser Untersuchung gilt daher der Aufbereitung und Bearbeitung eines solchen sozialen Tatbestandes, der trotz seines akuten Problemdrucks in den einschlägigen Publikationen bislang weder aus ökonomischer noch aus rechts- und verwal-

---

[7] Aus der grundlegenden und einführenden Literatur seien angeführt: F. Buttler/ K. Gerlach/P. Liepmann (1977); H.-F. Eckey (1978 a); D. Fürst/P. Klemmer/K. Zimmermann (1976); E. Groß (1977); E. Lauschmann (1976); J. H. Müller (1973); aus neuerer Zeit dagegen U. van Suntum (1981 a) und P. Tennagels (1980).

[8] Stellvertretend J. A. Frowein (1973), S. 38 ff.; W. Henrichs (1968), insbes. S. 66 ff.; G. Kisker (1971), S. 285 ff.; F. Klein (1972), S. 308 ff.; I. von Münch (1973), S. 60 ff.; H. Soell (1972), S. 397 ff.; B. Tiemann (1970 a), S. 149 ff.; T. von Trotha (1971), S. 54 ff.

[9] Siehe die Beiträge in: Politikverflechtung zwischen Bund, Ländern und Gemeinden, Schriftenreihe der Hochschule Speyer Bd. 55, Berlin 1975 und J. J. Hesse (Hg.), Politikverflechtung im föderativen Staat, Baden-Baden 1978 sowie G. Kisker (1977), S. 689 ff.; B. Reissert (1975); F. W. Scharpf (1974 b), S. 237 ff.; ders./B. Reissert/F. Schnabel, Politikverflechtung I und II, Kronberg/Ts. 1976 und 1977; F. Schnabel (1976 b), S. 181 ff.

tungswissenschaftlicher Sicht abschließend erörtert worden ist. Gemeint ist die in jüngster Zeit vielfach zu beobachtende Tendenz auf Seiten der Bundesländer, Städte, Gemeinden und Landkreise, außerhalb des Ordnungsrahmens der GRW parallele Wirtschaftsförderungsprogramme eigenständig durchzuführen [10]. Mittlerweile hat diese "subventionitis perniciosa" [11], durch ein zum Teil krankhaft anmutendes Konkurrenzdenken zwischen den Gebietskörperschaften ausgelöst, alle Sektoren und Regionen der Volkswirtschaft erfaßt und droht, sich zu einem wuchernden Krebsgeschwür auszuwachsen.

Die vorliegende Arbeit stellt damit die sog. **Koordinierungsfunktion** der GRW in den Mittelpunkt ihres wissenschaftlichen Interesses. Die These von der Koordinationsfunktion besagt, daß die Gemeinschaftsaufgabe den Anspruch erhebt, im Bereich der regionalen Wirtschaftsförderung Rahmenbedingungen für die Aktivitäten von Bund, Ländern und Kommunen zu setzen [12]. Um eine möglichst effiziente regionale Strukturpolitik zu verwirklichen, sollen die regionalwirtschaftlich bedeutsamen Politiken der staatlichen und kommunalen Verbände aufeinander abgestimmt und ein integrierter Einsatz des gesamten regionalpolitischen Instrumentariums erreicht werden [13]. Der Problemkomplex der Koordinierungsfunktion zielt folglich auf die inneradministrative Durchsetzungsfähigkeit der Gemeinschaftsaufgabe insbesondere gegenüber den Bundesländern und kommunalen Selbstverwaltungskörperschaften; allgemeiner formuliert: auf die institutionellen und prozessualen Prämissen, unter denen in einem föderalen und dezentral organisierten Regierungssystem ein gesamtstaatlich orientierter Politikbereich, der alle Verwaltungsebenen tangiert, politisch planvoll koordiniert und verwaltungsintern durchgesetzt werden kann. Deshalb stehen weniger

---

10 Einen Überblick über die staatlichen Subventionsprogramme vermittelt die jährlich neu erscheinende und von **E. Dittes** zusammengestellt Sonderausgabe der Zeitschrift für das gesamte Kreditwesen "Die Finanzierungshilfen des Bundes und der Länder an die gewerbliche Wirtschaft". Zu den kommunalen Wirtschaftsförderungsprogrammen siehe **H. H. Koch** (1981), S. 21 ff.

11 So der Titel des Aufsatzes von **K. Hoffmann** in der Ruhr-Wirtschaft 7/1980, S. 306 f.

12 **BMWi** (1980), S. 8 f.

13 11. Rahmenplan, BT-Drs. 9/1642 vom 11.5.1982, S. 9 Tz. 3.3.

die Entscheidungsabläufe innerhalb der Gemeinschaftsaufgabe (Innenaspekt) im Vordergrund der Aufgabenstellung als vielmehr der von der (nicht-)offiziellen Politik wehmütig beklagte angeblich unkoordinierte Zustand der staatlich-kommunalen Wirtschaftsförderung [14] (Außenverhältnis der GRW). Die zentrale Frage, inwieweit die Gemeinschaftsaufgabe "Verbesserung der regionalen Wirtschaftsstruktur" tatsächlich und rechtlich in der Lage ist, die ihr zugeschriebene Koordinationsfunktion gegenüber autonomen Wirtschaftsförderungspolitiken wirksam zu erfüllen bzw. unter welchen politischen Voraussetzungen ein zentralstaatliches Planungsinstrument hierzu in einer marktwirtschaftlichen und föderalistischen Demokratie überhaupt fähig ist, scheint schon allein darum einer tieferen interdisziplinären Analyse wert, weil die öffentliche Auseinandersetzung um die bundesdeutsche Regional- und Subventionspolitik in Ansehung der "leeren Staatskassen" [15] deutlich an Schärfe gewonnen hat.

2. Politische und ökonomische Stimmungsbilder

Die verfassungsrechtliche und einfachgesetzliche Kodifizierung der Bund-Länder-Kooperation auf dem Sektor der regionalen Wirtschaftsstrukturförderung war ein Ausdruck der politischen Reaktion auf die wirtschaftliche Rezession der Jahre 1966/67 [16], in deren Zuge die "Große Finanzreform" 1969 ihren Abschluß fand [17]. Im Bund, in den Ländern und in den politischen Parteien bestand weitgehend Einigkeit über die Ziele und Instrumente zur forcierten Überwindung der ökonomischen Schwierigkeiten: Mit den Gemein-

---

14 Insbesondere der DIHT hat wiederholt gefordert, daß die Landes- und Kommunalförderungen nicht die Bundesförderung konterkarieren dürften, vgl. DIHT (1981), Tz. 7 und (1980 b), Tz. V.1. Schon vor der Kodifizierung der GRW hat der SARO (1961), S. 140 ff. auf erhebliche Gegenläufigkeiten in der regionalen Wirtschaftspolitik von Bund, Ländern und Gemeinden hingewiesen. Das Koordinationsproblem zwischen den verschiedenen öffentlichen Trägern der Wirtschaftsförderung ist also schon älteren Datums.

15 C. P. Claussen, Wirtschaftspolitik bei leeren Kassen, Vortrag auf dem Cloppenburger Wirtschaftsgespräch "Konzepte und Handlungsspielräume regionaler Wirtschafts- und Strukturpolitik" am 16.2.1981 in Cloppenburg/Oldb.

16 W. Albert (1971), S. 5 ff.; B. Reissert/F. Schnabel (1976), S. 77.

17 Durch das 21. Änderungsgesetz vom 15.5.1969 (BGBl. I S. 359) wurden die Artt. 91 a, 91 b und 104 a in das Grundgesetz eingefügt und die Artt. 105 bis 108, 115 c Abs. 3 und 115 k Abs. 3 GG geändert.

schaftsaufgaben gemäß Art. 91 a und b GG, den Finanzhilfen nach Art. 104 a GG sowie dem Stabilitätsgesetz und dem Haushaltsgrundsätzegesetz aufgrund Art. 109 GG sollten die konjunkturellen und strukturellen Krisenphänomene der bundesdeutschen Volkswirtschaft entschlossen angepackt werden.

Nach anfänglicher Planungseuphorie herrscht heute allseits Ernüchterung über jene mittel- und langfristigen Steuerungstechniken des Staates [18], denn allenthalben ist ihr mehr oder minder großes Wirksamkeits- und Vollzugsdefizit offensichtlich geworden. Im Vergleich zu den reformeifrigen sechziger Jahren drängt sich in den achtziger Jahren der Eindruck eines weitgehenden politischen Immobilismus auf [19]. Wurde die Vereinheitlichung der Lebensverhältnisse im Bundesgebiet, der Ausbau der politischen Steuerungs- und Planungspotentiale, die Beseitigung der unübersichtlichen und sich gegenseitig unterlaufenden öffentlichen Fonds- und Dotationswirtschaft zu jener Zeit als Fortschritt gepriesen, so werden die daraufhin institutionalisierten Planungsstrategien nunmehr aller Orten heftig kritisiert. In das Schußfeld der Auseinandersetzungen ist nicht zuletzt unter dem Eindruck des lautstarken Rufes nach einem umfassenden Subventionsabbau [20] die Gemeinschaftsaufgabe "Verbesserung der regionalen Wirtschaftsstruktur" geraten. Ihre Kritiker konzentrierten sich vor allem darauf [21],

---

18 H. Abromeit (1976), S. 2; M. J. Buse (1975), S. 105; P. Grottian (1974), S. 13; D. Bullinger (1980), S. 216; R. Göb (1976), S. 100; G. Kisker (1975), S. 193.

19 Siehe nur den Titel des Sammelbandes von F. W. Scharpf, Politischer Immobilismus und ökonomische Krise, Kronberg/Ts. 1977. Allerdings sprach auch schon Mitte der sechziger Jahre U. Lohmar (1965), S. 239 von einem Immobilismus der Politik.

20 Diese Forderung wird insbesondere von Vertretern der Wirtschaft erhoben. Z.B. plädiert der Präsident des DIHT, O. Wolff von Amerongen, für ein internationales Subventions-Streichkonzert, vgl. DIHT-Nachrichten Nr. 42/80 vom 20.10. 1980. Ausführlicher die Stellungnahme des DIHT (1980 a).
Einen ersten dahingehenden Versuch hat der Deutsche Bundestag nunmehr mit der Verabschiedung des Gesetzes zum Abbau von Subventionen und sonstigen Vergünstigungen, zur Erhöhung der Postablieferung sowie zur Klarstellung von Wohngeldregelungen (SubvAbG) vom 26.6.1981 (BGBl. I S. 537) unternommen. Jedoch stießen die Bonner Streichvorhaben auf erhebliche Widerstände der Interessenverbände, siehe R. D. Schwartz, Die Bonner Subventions-Jäger werden selbst zu Gejagten, FR Nr. 75 vom 30.8.1981, S. 5. Mittlerweile wird angesichts der dennoch steigenden Haushaltsdefizite das Subventionsabbaugesetz längst als "zu kurz getreten" betrachtet, vgl. schon FR Nr. 123 vom 29.5.1981, S. 5.

21 Siehe D. Feger (1979), S. 417 f.; H. H. Koch/H.-P. Steinmetz (1981 a), S. 294; G. Sohn (1980), S. 256 ff.; K.-P. Wild (1979), S. 17.

- daß die früheren 20 Regionalen Aktionsprogramme bislang zwei Drittel der Fläche des Bundesgebietes abdeckten ("Gießkannen- und Flächenförderung"),

- daß dieses Verbundsystem eine starke Reglementierung der Länder und damit Einengung ihrer Handlungsfreiheit bewirkt habe ("Zentralisierungstendenz", "Bürokratismus"),

- daß es die gegenseitige Übertrumpfungstechnik zwischen den Ländern und zwischen den Gemeinden nicht habe unterbinden können ("Subventionswettlauf").

Je nach politischem Standort reichen demgemäß die Therapievorschläge von dem Ausbau der Gemeinschaftsaufgaben zur Verbundplanung [22] über die organisatorische Dezentralisierung [23] bzw. inhaltliche Neukonzeptionierung [24] des regionalen Förderungssystems bis zur Abschaffung der Gemeinschaftsaufgabe [25] und (Rück-)Übertragung der Kompetenzen auf die Länder [26] oder den Bund [27]. Auch die zuständigen Gremien der GRW sind sich der Dringlichkeit einer Neugestaltung der Förderkonzeption durchaus bewußt. So steht bereits im 8. Rahmenplan geschrieben, daß das Indikatoren- und Bewertungssystem der Fördergebietsabgrenzung im Hinblick auf die für 1981 vorgesehene Neubestimmung der Förderregionen überprüft werden muß [28]. Mit der Verabschiedung des 10. Rahmenplanes ist diese An-

---

22 Enquête-Kommission Verfassungsreform (1976), Kap. 11, S. 148-193.

23 P. Klemmer (1979 b), S. 9 ff.; U. van Suntum (1981 a), S. 133 ff.; ders. (1981 b), S. 187 f.

24 Statt vieler R. Adlung/C. S. Thoroe (1980), die einen Übergang von der jetzigen investitions- zur arbeitsplatzbezogenen Förderung und eine stärkere Einbeziehung des tertiären Sektors in die Förderpalette vorschlagen. Vgl. a. H. Priebe (1977), S. 253 ff.; J. Westphal (1981 b), S. 14.

25 So schon der frühere bayerische Grenzlandbeauftragte F. Sackmann im Handelsblatt Nr. 192 vom 5.10.1977, S. 13 und Hamburgs ehemaliger Finanzsenator Seeler in BddW vom 22.10.1978. Zum Stand der Diskussion seitens der Länder siehe auch H. Köstering (1979), S. 154 und 155 FN 58.

26 O. Barbarino (1973), S. 21. Die niedersächsische Wirtschaftsministerin B. Breuel schlägt als Ersatz für die GRW ein "Subventionsordnungsgesetz" vor, wonach für die sektorale Strukturpolitik einzig der Bund und für die regionale Strukturpolitik ausschließlich die Länder zuständig sein sollen, vgl. Die Zeit Nr. 26 vom 22.6.1979, S. 23. Kritisch hierzu H.-J. von der Heide (1981 a), S. 14 und (1981 b), S. 283.

27 F. W. Scharpf (1974 b), S. 244; F. Wagener (1978 b), S. 12; ders. (1977), S. 591; ähnlich G. Kisker (1977), S. 696.

28 BT-Drs. 8/2590 vom 20.2.1979, S. 17 Tz. 7.2.3.

kündigung vollzogen worden [29]. Danach hat sich die Anzahl der Aktionsprogramme und Schwerpunktorte von 20 auf 18 bzw. von 329 auf 270 reduziert. Ob diese räumlichen neben einigen sachlichen Korrekturen auf dem Wege zu einer Konzentration der Fördermittel ausreichen werden, bleibt abzuwarten. Jedenfalls steht die Gemeinschaftsaufgabe seit dem 10. Rahmenplan vor ihrer politischen Bewährungsprobe [30].

Doch nicht nur das politische Stimmungsbild, sondern auch die wirtschaftliche Großwetterlage prägt die Erwartungshaltungen an eine aktiv-gestalterische Raumordnungs- und Strukturpolitik. Als die gegenwärtige Konzeption der Regionalförderung zu Anfang der sechziger Jahre installiert wurde, ging man - ebenfalls fast einhellig - von der Vorstellung aus, der Marktmechanismus allein könne eine optimale Allokation der Produktionsfaktoren und Ressourcen im Raum nicht herbeiführen, weshalb die regionale Wirtschaftsförderung als ausgleichend-ergänzendes politisches Steuerungselement in die Wirtschaftsordnung zu integrieren sei [31]. Heute dagegen gewinnen die Stimmen Zulauf, die die raumbezogenen Anreizstrukturen dahingehend verändern wollen, daß die Raumallokationsprozesse wieder stärker dem Markt überantwortet und nur die sozialpolitisch unerwünschten Verteilungswirkungen durch den Staat kompensiert werden sollen [32]. Danach sind regionalökonomische und raumstrukturelle Fehlentwicklungen primär auf den Abbau der marktwirtschaftlichen Ausgleichskräfte durch überlagernde, investitionshemmende politische Entscheidungen und weniger auf Steuerungsdefizite

---

29 BT-Drs. 9/697 vom 28.7.1981. Zu den systematischen Vorarbeiten und dem politischen Entscheidungsbedarf C. Noé, Neuabgrenzung der Fördergebiete, wirtschaft und standort 12/1980, S. 2 ff.; ders. (1980), S. 102 ff. Zu den Veränderungen in der Fördergebietskulisse und in den Förderbedingungen M. Köppel (1980), S. 192 ff.; D. Louda (1981), S. 286 ff.; C. Noé (1981), S. 385 ff.; R. Reuschenbach (1981), S. 3 f.

30 O. Graf Lambsdorff (1980), S. 13. Zur Diskussion um die Entwicklungsperspektiven der GRW vgl. a. H. Donner (1981), S. 285 ff. und J. H. Müller (1982), S. 157 ff.

31 Vgl. G. Esters (1969), S. 50 ff.; O. Schlecht (1968), S. 18 ff.

32 Siehe z. B. die Beiträge von E. Helmstedter und C. Watrin auf dem 14. List Gespräch 1978 in: H. Besters (Hrsg.), Strukturpolitik - wozu?, Baden-Baden 1978, S. 14 ff. und 108 ff.

des Staatsapparates zurückzuführen[33]. Markant gipfelt die Auseinandersetzung in der Antithese "technokratischer Interventionismus versus marktwirtschaftliche Ordnungspolitik"[34]. Unabhängig von, aber parallel zu den Strömungen des politischen Zeitgeistes und den Streitgesprächen der wissenschaftlichen Auguren hat sich seit den Ölpreisexplosionen und Rezessionen der Jahre 1974/75 und 1980/81 der welt- und binnenwirtschaftliche Datenkranz der Wirtschaftsförderungspolitik in der Bundesrepublik entscheidend verändert[35]:

- International hat sich die Wettbewerbsfähigkeit der westdeutschen Wirtschaft aufgrund von DM-Schwankungen, der weltweiten Energieverteuerung, einem relativ hohen Lohnniveau sowie steigender Importkonkurrenz der Niedriglohnländer verschlechtert.

- Auf den Inlandsmärkten sind als Folge der allgemeinen Wohlstandsentwicklung und der Bevölkerungsabnahme partiell Sättigungstendenzen vor allem bei der Konsumgüternachfrage zu registrieren.

- Die sektoralen Verschiebungen der Wirtschaftsstruktur (Wandel der Industrie- zur Dienstleistungsgesellschaft)[36] und ein abgebremstes gesamtwirtschaftliches Wachstum begünstigen bei gleichzeitig rückläufiger bis stagnierender Bevölkerungsentwicklung eine stärkere räumliche Konzentration der wirtschaftlichen Aktivitäten in den Wachstumszentren und gehen langfristig zu Lasten der peripheren und strukturschwachen Regionen.

- Schließlich haben sich die Standortpräferenzen in der Bundesrepublik noch dadurch zuungunsten der Förderregionen verschoben, daß sich mittlerweile das Lohnniveau zwischen den Verdichtungs- und den Fördergebieten weiter angeglichen hat und daß darüber hinaus viele der hochagglomerierten Räume infolge der anhaltenden Arbeitslosigkeit auf ein Arbeitskräftepotential in den Randzonen zurückgreifen können.

---

33 Siehe H. Besters, Krise der Marktwirtschaft oder Krise der staatlichen Wirtschaftspolitik?, in: Mitteilungen der List-Gesellschaft Nr. 10/11 vom September 1976.

34 So der Untertitel des von H. Besters herausgegebenen, in Anm. 32 zitierten Buches.

35 U. a. G. Diekmann (1981), S. 507; K.-H. Hansmeyer (1981), S. 14 f.; L. Hübl/R. Ertel/K.-P. Möller (1981), S. 3 f.; H. Lossau (1978), S. 194; W. J. Mückl (1977), S. 3 ff.; Präsidium des DST (1976), S. 195; H. Riese (1979), S. 21 ff.; D. Schröder (1976), S. 341 ff.; R. Thoss (1976), S. 15 ff.

36 Die sog. "Drei-Sektoren-Hypothese" besagt, daß in entwickelten Volkswirtschaften der primäre Sektor seine Vorrangstellung an den sekundären und dieser wiederum allmählich an den tertiären Sektor abgebe, vgl. C. Clark, The Conditions of Economic Progress, London 1957; J. Fourastié, Le Grand Espoir du XXe siècle, Paris 1963; W. W. Rostow, Stadien wirtschaftlichen Wachstums, Göttingen 1960.

Da diese gesamtwirtschaftlichen Rahmenbedingungen auch die regionale Wirtschaftspolitik determinieren, mehren sich die Befürworter eines Umdenkens von der bisher quantitativen zu einer qualitativ orientierten Regionalförderung. Stichworte sind in diesem Zusammenhang u. a. die Regionalisierung der Innovationsförderung [37], sektorale Differenzierung der Investitionshilfen [38], die konzentrierte Einbeziehung des tertiären Sektors in die Förderungspalette [39] sowie die Flankierung der Regionalpolitik durch eine Deglomerationspolitik (Ballungsabgabe, Genehmigungsvorbehalte etc.) [40].

Angesichts derartiger wechselhafter Stimmungslagen und Einschätzungen der beteiligten Akteure erhebt sich der Einwand, warum an dieser Stelle der Versuch unternommen werden soll, die Koordinationsfunktion der GRW gegenüber landeseigenen und kommunalen Wirtschaftsförderungsprogrammen zu diskutieren, wenn doch über die ökonomische Effizienz dieses zentralstaatlichen Planungsinstrumentes weitgehend Unklarheit oder zumindest Uneinigkeit besteht [41]. Nach Meinung von **Lambsdorff** ist die Gemeinschaftsaufgabe nicht die "beste der Welten", aber auch nicht die schlechteste [42]. Seiner Auffassung nach ist bislang kein konstruktiver Verbesserungsvorschlag unterbreitet worden. Zwar sieht sich der Bund wegen seiner geringen Problemlösungskapazität immer öfters auf die Anklagebank versetzt, doch werden andererseits vermeintliche Anzeichen dafür ausgemacht, daß die in der Gemeinschaftsaufgabe verankerte

---

37 Siehe die Beiträge in **BfLR** (Hrsg.), Innovationsorientierte Regionalpolitik, Inf.z.Raumentw. Heft 7.1978 und Innovationsförderung im ländlichen Raum, Heft 7/8.1980; **W. Bruder**, Innovationsorientierte Regionalpolitik und räumliche Entwicklungspotentiale - zur Raumbedeutsamkeit der Forschungs- und Technologiepolitik des Bundes, in: ders./T. Ellwein (Hrsg.), Raumordnung und staatliche Steuerungsfähigkeit, Opladen 1980, S. 235 ff.; **H.-J. Ewers/R. Wettmann/J. Kleine/H. Krist** (1980), S. 56 ff.; **K. Ganser** (1980 b), S. 12; **E. Recker**, Innovationsförderung im ländlichen Raum, der landkreis 1980, S. 692 ff.

38 **G. Strassert**, Regionale Strukturpolitik durch Wirtschaftsförderung - Ansatzpunkte und Probleme einer sektoralen Differenzierung der regionalen Wirtschaftsförderung, Hannover 1976, ders., Mehr Zielkonformität durch eine sektorale Differenzierung der regionalen Wirtschaftsförderung, Inf.z.Raumentw. 1976, S. 793 ff.

39 **K. Gerlach/P. Liepmann** (1973), S. 274 ff.; **J. Frerich/R. Pötzsch** (1975), insb. S. 279 ff.; **J. Hogeforster** (1979), S. 68.

40 **K. Ganser** (1980 a), S. 69 ff.; **F. Wolf** (1980), S. 207 f.

41 Kritisch z. B. **C. Flore** (1976), S. 775 ff. und **M. Köppel** (1980), S. 203 f.

42 **O. Graf Lambsdorff** (1980), S. 12.

gemeinsame Bund-Länder-Konzeption durch gegenläufige und konterkarierend wirkende Förderungsprogramme dezentraler Entscheidungseinheiten (Länder, Gemeinden und Kreise) um einen guten Teil ihrer regionalökonomischen Wirkungen gebracht worden ist [43].

Trifft diese "Konterkarierungsthese" zu, d. h. lassen sich Konstellationen aufspüren, in denen die Durchsetzung des mit der Gemeinschaftsaufgabe verfolgten regionalpolitischen Handlungskonzeptes durch kontrastierende nachgeordnete Strukturförderungsprogramme behindert oder unterlaufen wird, dann stellt dieser Befund ein untrügliches Indiz für die mangelnde Wahrnehmung der Koordinationsfunktion durch die GRW dar. Läßt sich dagegen die Aussage, die Wirkungen eigenständiger Regionalförderungen der Länder und Kommunen liefen der auf der Bundesebene abgestimmten regionalen Wirtschaftsförderung zuwider, nicht verifizieren, so ist damit noch lange nicht im Umkehrschluß erwiesen, daß die Gemeinschaftsaufgabe ihre Koordinierungsfunktion erfüllt habe. Vielmehr steht dann lediglich fest, daß die eine oder die andere oder gar alle der miteinander konkurrierenden Regionalprogramme strukturpolitisch völlig wirkungsblind verfahren, was dennoch nicht ausschließt, daß die verselbständigten Förderungskonzeptionen gegenüber dem Gemeinschaftsaufgabenmodell konträre Entwicklungsziele verfolgen und differierende Förderungsgrundsätze ausbilden und sich auf diese Weise der regionalpolitischen Programmkoordination der GRW entziehen.

Um deshalb den verwaltungsinternen Koordinationspotentialen der Gemeinschaftsaufgabe nachgehen zu können, sind zuerst in einem zweiten Teil der Arbeit die ökonomischen, sozialen und politischen Handlungsbedingungen zu skizzieren, unter denen in einem marktwirtschaftlich organisierten Wirtschaftssystem und föderalis-

---

[43] Dies behaupten im Hinblick auf die Landes- und die Kommunalförderungen D. Ewringmann/G. Zabel (1976), S. 766 und die IHK Hannover-Hildesheim (1977), S.18. Nur in Bezug auf die landeseigene Regionalförderung: K.-D. Krömmling (1977), S. 5; H. d'Orville (1979), S. 77 ff.; F. Schnabel (1976 a), S. 806 f.; U. Wartenberg (1981), S. 140 ff.
Im Hinblick lediglich auf die kommunale Wirtschaftsförderung: R. Altenmüller (1981 a), S. 201, 204, 205 und 208; ders. (1981 b), S. 621 und 622; M.-A. Butz (1980), S. 173; H. Kliemann (1978), S. 7, 8f. und 10 ff.; R. G. Schmedes (1978), S. II; G. Zabel (1979), S. 242.

tisch-dezentral verfaßten Staatswesen eine planvolle inneradministrative Koordination der regionalen Strukturpolitik überhaupt möglich erscheint. Danach sollen das Organisations- und das Handlungsmodell des Verbundsystems dargestellt und in ihren jeweiligen Grundlinien erläutert werden, damit die Gemeinschaftsförderung sodann mit den außerhalb ihres Ordnungsrahmens vollzogenen Wirtschaftsförderungspolitiken der Bundesländer und Kommunen konfrontiert werden kann. Im Anschluß hieran wird eine tatsächliche Bilanz über die bisherigen Koordinierungsleistungen des Bund-Länder-Verflechtungsprogramms gezogen. In diesem vierten Teil der Untersuchung ist desweiteren zu prüfen, ob und in welchem Umfange die gesamtstaatlich orientierte Gemeinschaftskonzeption im öffentlichen Sektor selbst durchsetzbar ist. Abschließend steht folglich die Frage im Mittelpunkt, inwieweit aus dem Normenkomplex der GRW im Verhältnis zu den nachgeordneten Gebietskörperschaften ein Verbot konterkarierender Kontrastförderungen normativ-rechtlich abgeleitet und politisch-faktisch realisiert werden kann oder ob der erforderliche institutionelle Koordinierungsbedarf für die regionale Strukturpolitik nicht vielmehr in einer Reform der politisch-administrativen Binnenorganisation gesucht werden muß. Doch zunächst ist es notwendig, den Bedeutungsinhalt der regionalen Wirtschaftsstrukturpolitik von anderen in der regionalpolitischen Diskussion häufig verwandten Begriffsbestimmungen abzugrenzen.

II. Die regionale Wirtschaftsstrukturpolitik - Begriffliche Abgrenzungen

In der raumforschungs- und regionalwissenschaftlichen Literatur findet sich ein umfangreiches Vokabular und buntes Spektrum von Termini, die die politische Steuerung der ökonomischen Raumnutzung kennzeichnen sollen. Danach existieren über Inhalt und Ausmaß dessen, was die Wirtschaftsstrukturverbesserung ausmacht, ebenso viele Meinungen wie Wirtschaftsförderer. Kloten hat demgemäß den Rat erteilt, sich "aus dem Dschungel der Begriffe und der dazugehörenden Definitionen" herauszuhalten [44]. Dennoch erfordern die nachstehenden Ausführungen, schon um wegen des Durcheinanders der Begriffsbestimmungen über Raumordnungs-, Regional- und Strukturpolitik etwaigen Mißverständnissen vorzubeugen, vorab eine terminologische Festlegung. Ausgangspunkt ist dabei die - selbstverständliche - Erkenntnis, daß sich jede Maßnahme der staatlichen und kommunalen Wirtschaftspolitik auf die räumliche Entwicklung und Verteilung der ökonomischen Aktivitäten und des volkswirtschaftlichen Standortgefüges auswirkt [45]. Dieser Gedanke legt es nahe, die Wirtschaftsförderungspolitik zunächst aus dem übergeordneten Blickwinkel der Raumordnungspolitik zu betrachten.

1. Einordnung in die Raumordnungspolitik

Gemeinhin wird die **Raumordnungspolitik** als die Gesamtheit der Handlungen der öffentlich-rechtlichen Körperschaften bezeichnet, die auf die Herstellung und Erhaltung einer dem jeweiligen gesellschaftspolitischen Leitbild entsprechenden Ordnung des Raumes ausgerichtet ist [46]. In diesem Sinne ist Raumordnungspolitik die

---

[44] N. Kloten (1968), S. 19.

[45] So schon der Wissenschaftliche Beirat beim BMWi (1955), S. 269; R. Jochimsen, Raumordnungspolitik aus der Sicht des Wirtschaftswissenschaftlers, in: SPD-Landesverband Schleswig-Holstein (Hrsg.), Raumordnung und Regionalpolitik, Kiel 1966, S. 21; K.-H. Hansmeyer (1981), S. 1; G. Voss (1973), S. 13.

[46] Statt vieler SARO (1961), S. 65 f.; L. Heigl (1976), S. 2; H. d'Orville (1979), S. 23.

Transformation der Raumplanung in Verwaltungshandeln [47] und ist ihre Aufgabe die Steuerung und Integration einer räumlichen Entwicklung, die unter Berücksichtigung der sozialen, kulturellen und wirtschaftlichen Belange der freien Entfaltung der Persönlichkeit in der Gemeinschaft am besten dient [48]. Durch diesen umfassenden Auftrag erlangt die Raumordnung als Teilelement der Gesellschaftspolitik den komplexen Charakter eines allgemeinen politischen Grundsatzes [49], dessen normative Ordnungsvorstellungen die raumwirksamen Maßnahmen der verschiedenen sektoralen Politiken und Planungsfunktionen auf ein räumliches Leitbild hin orientieren und koordinieren sollen [50]. Alles in allem kann man die Raumordnungspolitik als die Summe der administrativen Maßnahmen investiver und nichtinvestiver Art umschreiben, die gezielt und unmittelbar darauf ausgerichtet sind, raumstrukturelle Fehlentwicklungen zu vermeiden und regionale Entwicklungs- und Versorgungsdisparitäten zu beseitigen [51].

Die **Regionalpolitik** stellt in diesem Kontext die räumlich orientierte Politik aller Politikbereiche dar [52]; sie soll darum mit der Raumordnungspolitik gleichgesetzt werden [53]. Abzulehnen ist deshalb die häufig anzutreffende synonyme Verwendung der Termini regionale Wirtschaftspolitik, regionale Strukturpolitik, regionale Wirtschaftsförderung und Regionalpolitik [54]. All diesen Begriffen ist zunächst nur die Verwendung des Adjektivs "regional" gemeinsam, das den räumlichen Bezug auf eine spezifisch definierte und

---

47 G. Müller (1970 b), Sp. 2506.
48 Z. B. § 1 Abs. 1 ROG; § 1 NROG; § 1 Rh.Pf.LPlG; § 1 Abs. 1 Schl.H.LPlG.
49 R. Waterkamp (1975), S. 642.
50 H. H. Eberstein (1975), S. 3; J. Klaus/H. Schleicher (1980), S. 605; U. Brösse (1975), S. 4 weist mit Recht darauf hin, daß sich die Raumordnungspolitik nicht in einer Koordinationspolitik erschöpfen dürfe.
51 F. Wolf (1980), S. 195.
52 U. Brösse (1972), S. 26 ff.; D. Storbeck, Zum Verhältnis zwischen Raumordnung und regionaler Wirtschaftspolitik - theoretische Aspekte, Arbeitsmaterial der ARL Nr. 9/1978, S. 23 ff.
53 Ebenso H.-F. Eckey (1978 a), S. 52; J. Klaus/H. Schleicher (1980), S. 605; U. Brösse (1975), S. 6 spricht dann von Regionalpolitik im weiteren Sinne.
54 In diesem Sinne aber F. Buttler/K. Gerlach/P. Liepmann (1977), S. 114 FN 1; H. Jürgensen (1981), S. 226 und (1975), S. 276; K. Lange (1981 a), S. 97 FN.1; W. J. Mückl (1977), S. 4; J. H. Müller (1973), S. 1; K. Neumann (1976), S.100; H. d'Orville (1979), S. 25; C. Puls (1976), S. 13; R. Schmidt (1974 b), S. 87; P. Tennagels (1980), S. 11.

abgegrenzte Regionseinheit andeutet. Einerseits ist die Regionalpolitik zwar in die allgemeine Wirtschaftspolitik eingebettet, andererseits sind ihr als raumorientiertem Politikbereich aber auch die Ziele und Grundsätze der Raumordnung vorgegeben [55]. Der Standort der Regionalpolitik innerhalb der Raumordnung findet schließlich im Bundesraumordnungsprogramm [56] seinen Ausdruck, dessen Hauptansatzpunkte gerade in der Verbesserung der Infrastruktur, der Wirtschaftsstruktur und der Umweltbedingungen in den Teilräumen des Bundesgebietes zu sehen sind [57]. Diese regionalisierte Betrachtungsweise der Raumordnungspolitik rechtfertigt es, sie als Regionalpolitik zu charakterisieren [58].

Die regionale Wirtschaftspolitik betrifft dagegen nur einen der beiden zentralen Funktionsbereiche der Raumordnungs- und Regionalpolitik (vgl. Abbildung 1). Neben sie tritt gleichberechtigt die regionale Sozial- und Kulturpolitik (Sozialinfrastrukturpolitik), die die für die Schaffung gleichwertiger Lebensverhältnisse in den Teilräumen elementaren Bedürfnisse der Bildung [59] (z. B. Aus-, Fort- und Weiterbildungsangebote), der Freizeitgestaltung [60] (z. B. kulturelle Einrichtungen), des Wohnens [61] (z. B. Stadt- und

---

55 H. H. Eberstein (1972), S. 3. Demgegenüber wird Regionalpolitik nur als Teilbereich der allgemeinen Wirtschaftspolitik definiert bei E. von Böventer/J. Hampe (1976), Sp. 3389; H. Giersch (1964 b), S. 386 f.

56 Raumordnungsprogramm für die großräumige Entwicklung des Bundesgebietes (BROP). Von der MKRO am 14.2.1975 beschlossen = Schriftenreihe "Raumordnung" des BMBau Bd. 06.002, Bonn 1975, S. 1.

57 T. Thormälen, Integrierte regionale Entwicklungsplanung - Möglichkeiten und Grenzen, Göttingen 1973, S. 251 spricht vom "magischen Dreieck" der Regionalpolitik.

58 D. Fürst/P. Klemmer/K. Zimmermann (1976), S. 5.

59 Zur Rolle der Bildungspolitik in der Wirtschaftsförderung und zur Harmonisierung der Bildungschancen zwischen Stadt und Land vgl. K. Ganser (1980 b), S. 13; J. Hogeforster (1979), S. 68; D. Kunz/D. Spöri, Eine neue Technik für die regionale Wirtschaftsförderung, Informationen des Instituts für Raumordnung 1971, S. 607 ff. (613 ff.); G. Lausen (1967), S. 52 f.; R. Sammet (1981), S. 13; K. Töpfer (1975 b), S. 69 f.

60 Das Vorhandensein sozialer und kultureller Infrastruktur ist eine entscheidende Determinante für den "Freizeitwert" einer Region, vgl. H. Kliemann (1981), Teil I S. 5 und Teil II, S. 20; K. Töpfer (1975 b), S. 61 und 62.

61 S. Brenke, Regionale Wohnpolitik im Spannungsfeld zwischen raumordnungspolitischen Zielen und versorgungspolitischen Notwendigkeiten?, IKO 1980, S. 140 ff.; H. Schiffmann, Das Wohnungswesen im Dienste der Regionalpolitik, Bern-Frankfurt am Main-Las Vegas 1977, insb. S. 21 ff.

Abbildung 1

Die Einordnung der regionalen Strukturpolitik in die Raumordnungspolitik

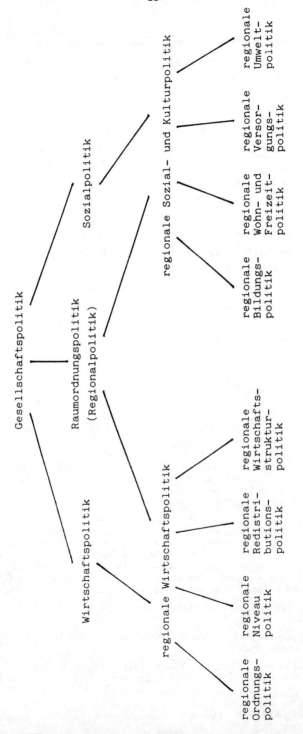

Dorferneuerung, Wohnumfeldverbesserung), der Versorgung [62] (mit öffentlichen und privaten Dienstleistungen) und des Umweltschutzes [63] (ökologische und ökonomische Grundfunktionen des Naturraums) zu befriedigen hat. Wichtiger für unseren Themenbereich ist das Aufgabenfeld der **regionalen Wirtschaftspolitik**. Hierunter ist die Gesamtheit aller Maßnahmen der Gebietskörperschaften zu subsumieren, die die wirtschaftliche Tätigkeit in Bezug auf ihre räumliche Verteilung und räumliche Wirkung ordnen, mittelbar beeinflussen oder unmittelbar festlegen [64]. Sie stellt daher denjenigen Teilbereich der Raumordnungspolitik dar, der sich primär auf die Gestaltung des ökonomischen Objektbereiches konzentriert und auf diese Weise in den einzelnen Wirtschaftsräumen gesellschaftspolitische Leitbilder realisieren will [65]. Im Ergebnis kommt es der regionalen Wirtschaftspolitik darauf an, bestimmte Ziele räumlicher Art mit Hilfe wirtschaftspolitischer Mittel zu erreichen [66]. Alle wirtschaftspolitischen Maßnahmen, die in erster Linie anderen Zwecken dienen und die nur als Nebenfolge das regionale Standortgefüge beeinflussen, zählen demnach nicht zur regionalen Wirtschaftspolitik [67].

In diesem Zusammenhang ist es irreführend, die **regionale Wirtschaftsstrukturpolitik** mit der regionalen Wirtschaftspolitik zu identifizieren [68]. Die regionale Strukturpolitik oder Wirtschafts-

---

62 Zur "versorgungsorientierten Regionalpolitik" F. Buttler/K. Gerlach/P. Liepmann (1977), S. 125 f.; B. Ellinger (1980), S. 76 ff.; E. Lauschmann (1976), S. 246 ff. und 258 f. Zur Daseinsgrundfunktion Versorgung in der Raumordnung siehe D. Partzsch (1970), Sp. 426 f.

63 Zum Spannungsverhältnis zwischen Industrieansiedlung und Umweltschutz ausführlich D. Fürst/K. Zimmermann (1974), S. 224 f.; L. Grebe, Grundprobleme der Planung einer umweltorientierten Industriestandortpolitik, Diss. Köln 1975, S. 48 ff. und 77 ff.; D. Ewringmann/K. Zimmermann (1973), S. 291 ff.; H.-G. Lange, Wirtschaftliche Aspekte des Umweltschutzes, in: Difu (Hrsg.), Aufgaben und Probleme kommunaler Wirtschaftsförderung, Berlin 1975, S. 65 ff.; H.-W. Schlipköter, Industrieansiedlung und Umweltschutz, RuR 1972, S. 202 ff.

64 H. Giersch (1961), S. 17; H.-R. Peters (1971), S. 3; K. Schiller (1965), S. 224.

65 H. Jürgensen (1964), S. 401 ff.; ders. (1965), S. 11; D. Fürst/P. Klemmer/ K. Zimmermann (1976), S. 5.

66 W. Giel/G. Wegge (1970), Sp. 2637; K. Kröll (1968), S. 62 ff.; J. H. Müller (1960/61), S. 147.

67 H.-R. Peters (1971), S. 3.

68 So aber D. Fürst/P. Klemmer/K. Zimmermann (1976), S. 3 ff.; H. d'Orville (1979), S. 25.

förderung ist zwar deren Kristallisationspunkt, aber dennoch nur einer ihrer Bausteine [69], nämlich im engeren Sinne der Katalog all derjenigen wirtschaftspolitischen Maßnahmen, die die räumliche Wirtschaftsstruktur beeinflussen, festlegen oder ordnen [70] und durch die Konzentration auf das "ökonomische Segment" der Territorialstruktur [71] zur räumlichen Verteilung von Bevölkerung und Arbeitsplätzen beitragen [72]. Nach einer Differenzierung von Jochimsen können daneben drei weitere problembezogene Ansatzpunkte einer regionalen Wirtschaftspolitik genannt werden [73] : Die **regionale Ordnungs-, Niveau-** und **Redistributionspolitik**. Im Anschluß an **Tuchtfeldt** [74] definiert Jochimsen regionale Ordnungspolitik als die Gesamtheit der rechtlich-organisatorischen Normen, die langfristige Rahmenbedingungen für die räumliche Verteilung der Wirtschaftsaktivitäten schaffen [75]. Doch sind die Möglichkeiten des regionalpolitischen Einsatzes der Produktions-, Markt-, Geld- und Finanzverfassung begrenzt [76]. Größere Erfolge sollen die - bisher auf die Theorie beschränkten - Bemühungen um eine Regionalisierung der Konjunktur-(Niveau-)politik versprechen [77]. Positive Struktureffekte sind dabei eher von der regionalpolitisch gezielten (Einnahme- und) Ausgabepolitik der öffentlichen Hand als von dem konsequenten Einsatz der antizyklischen Geldmengen- und Zinspolitik

---

69 Ähnlich R. **Jochimsen** (1967), S. 15 ff. und 19 f.; K. **Kröll** (1968), S. 62 ff.

70 K. **Neumann** (1976), S. 100 und 114. Häufig wird hierfür auch der Begriff "Raumwirtschaftspolitik" gebraucht, etwa W. **Meinhold** (1973), S. 132 und 138.

71 J. **Glaubitz**/J. **Priewe** (1976), S. 732.

72 V. **Schmidt** (1976), S. 721.

73 R. **Jochimsen** (1967), S. 15 ff.

74 E. **Tuchtfeldt** (1957), S. 55.

75 R. **Jochimsen** (1967), S. 15.

76 Vgl. H.-F. **Eckey** (1978 a), S. 43.

77 Zum Meinungsstand siehe u. a. F. **Brückmann**/J. **Kromphardt** (1977), S. 142 ff.; R. **Clemens** (1977), S. 131 ff.; H.-F. **Eckey** (1978 b), insb. S. 74 ff. und 193 ff.; H. **Ehrenberg**, Notwendigkeit und Möglichkeiten einer differenzierten Anwendung des konjunkturpolitischen Instrumentariums, in: P. von Oertzen/H. Ehmke/H. Ehrenberg (Hrsg.), Thema: Wirtschaftspolitik, Bonn-Bad Godesberg 1975, S. 177 ff.; L. **Hübl** (1976), S. 21 ff.; ders./R. **Ertel** (1975), S. 561 ff.; K. **Keinath**, Möglichkeiten einer Regionalisierung der Konjunkturpolitik, WD 1977, S. 36 ff.; E. **Lauschmann** (1979), S. 3 ff. und (1978), S. 265 ff.; A. E. **Ott**, Regionalisierung der Konjunkturpolitik?, Der Bürger im Staat 1977, S. 14 ff.; G. **Zabel**, Möglichkeiten selektiver Konjunkturpolitik, dargestellt am Beispiel einer Regionalisierung ihrer Instrumente, Köln 1975, insb. S. 123 ff.

zu erwarten [78]. Nicht zuletzt muß sich dann auch die Verteilungspolitik aus ihrer allein redistributiven Zielsetzung befreien und gleichfalls ihre Wirkungen auf die Raum-, Erwerbs- und Wirtschaftsstruktur berücksichtigen, d. h. sie muß produktivitäts- und strukturwandlungsorientiert werden [79].

Schon die "Grundsätze der regionalen Wirtschaftspolitik" [80] aus dem Jahre 1968 stellen in Ziff. 9 ausdrücklich klar, daß die regionale Wirtschaftspolitik die Ziele und Grundsätze der Raumordnung und Landesplanung zu beachten hat. In der Wissenschaft herrscht dennoch weiterhin Streit darüber, ob die regionale Wirtschaftspolitik als die **wirtschaftliche Dimension der Raumordnung**[81] oder als die **Regionalisierung der allgemeinen Wirtschaftspolitik** [82] aufzufassen sei [83]. Im ersten Falle ist sie mehr ausgleichspolitisch (Angleichung der Lebens- und Arbeitsbedingungen), im zweiten Fall eher wachstumspolitisch (Ausschöpfung der räumlichen Produktionspotentiale) orientiert. Beide Positionen markieren die Grundprobleme der regionalen Wirtschaftspolitik: den Abbau interregionaler Diskrepanzen im wirtschaftlichen Entwicklungsniveau sowie die möglichst effiziente Ausnutzung der in den einzelnen Regionen einer Volkswirtschaft existenten Produktionsfaktoren und Entwicklungsressourcen. Sie haben unmittelbare Auswirkungen auf das Orientierungsziel der regionalen Strukturpolitik: soll sie

---

[78] F. Brückmann/J. Kromphardt (1977), S. 143; H.-F. Eckey (1978 b), S. 196 ff. und 201 ff.; L. Hübl (1976), S. 22 ff.; skeptisch E. Lauschmann (1979), S. 6 ff. und (1978), S. 271 f. Zur Koordination von Konjunktur- und Strukturpolitik siehe auch G. Willke, Strukturpolitik als Konjunkturpolitik?, Der Bürger im Staat 1977, S. 39 ff. (43 f.).

[79] R. Jochimsen (1967), S. 19.

[80] Bulletin des Presse- und Informationsamtes der Bundesregierung Nr. 10 vom 24.1.1968, S. 78 = BT-Drs. V/4564 vom 4.7.1969, Anlage II S. 28 ff. = BT-Drs. V/2469 vom 16.1.1968, S. 5 f.

[81] Vgl. H. Apel (1965), S. 125; H. H. Eberstein (1975), S. 3 f.; H. Jürgensen (1965), S. 11.

[82] H. Giersch (1964 b), S. 386 ff.; P. Klemmer (1978), S. 27 f. und (1976), S. 47; E. Spreen, Räumliche Aktivitätsanalysen, Göttingen 1966, S. 68; C. Noé (1971 a), S. 17; K. Töpfer (1975 a), Sp. 2584. G. Müller (1970 b), Sp. 2509 spricht von "ökonomischer Strukturpolitik".

[83] Zum Ganzen H. Jürgensen (1981), S. 226 f.; D. Storbeck (1970), Sp. 2622; U. van Suntum (1981 a), S. 16.

am Kriterium der "Förderungsbedürftigkeit" oder der "Förderungswürdigkeit" der Regionen ausgerichtet sein [84]? Zum einen steht der Abbau der unterdurchschnittlichen wirtschaftlichen Entwicklung einer Region im Vordergrund, zum anderen besteht die Zielprojektion in der Ausnutzung der besonderen ökonomischen Entwicklungsfähigkeit einer Region zur Steigerung des gesamtwirtschaftlichen Wachstums. Dieser Zielkonflikt [85] ist in der praktischen Politik bisher keineswegs gelöst [86]. Zwar bildet die regionale Wirtschaftspolitik einen Teilbereich der Raumordnungspolitik, zurecht wird jedoch darauf verwiesen, daß sie ebenfalls Teil der allgemeinen Wirtschaftspolitik ist [87]. So formuliert § 2 Abs. 1 S. 1 GRWG, daß die Gemeinschaftsaufgabe "Verbesserung der regionalen Wirtschaftsstruktur" mit den Grundsätzen der allgemeinen Wirtschaftspolitik und mit den Zielen und Erfordernissen der Raumordnung und Landesplanung übereinstimmen muß. Aufgrund dieser Interdependenzen soll im nächsten Abschnitt die Einbindung der regionalen Strukturpolitik in die staatliche Wirtschaftspolitik verdeutlicht werden.

2. Einordnung in die allgemeine Wirtschaftspolitik

Die Wirtschaftspolitik von Bund, Ländern und Kommunen ist ein elementares, wenn nicht gar das zentrale Instrument der Gesellschaftspolitik in der Bundesrepublik Deutschland. Herkömmlicher-

---

84 Hierzu G. Berg (1975), S. 262 f.; J. H. Müller (1973), S. 27 ff.; J. Starbatty (1967), S. 65 ff.

85 Regionale Förderungsbedürftigkeit und -würdigkeit fallen nämlich nicht notwendig zusammen, vgl. S. Geisenberger/W. Mälich/J. H. Müller/G. Strassert, Zur Bestimmung wirtschaftlichen Wohlstands und wirtschaftlicher Entwicklungsfähigkeit von Regionen, Hannover 1970, S. 1. Allgemein zu Zielkonflikten zwischen regionaler Strukturpolitik und Raumordnungspolitik U. Engelen-Kefer (1974), S. 143 f.

86 Vgl. Kommission für wirtschaftlichen und sozialen Wandel, Wirtschaftlicher und sozialer Wandel in der Bundesrepublik Deutschland, Gutachten, Göttingen 1977, S. 324 ff. H. Jürgensen (1964), S. 411 betont sogar, daß beide Auffassungen nicht miteinander zu vereinbaren seien. Vermittelnd J. H. Müller (1973), S. 28 f.

87 Die raumordnungs- und die wirtschaftspolitische Funktion der regionalen Strukturpolitik betonen z. B. E. Ahlers/A. Baumhöfer (1980), S. 229; W. Giel (1964), S. 116 f.; A. Möller (1981), S. 200; H. d'Orville (1979), S. 23; F. Wolf (1974), S. 4. Lediglich auf die ökonomische Steuerungsfunktion stellen der Wissenschaftliche Beirat beim BMWi (1955), S. 269 und W. Giel/G. Wegge (1970), Sp. 2637 ab.

weise werden die wirtschaftspolitischen Maßnahmen entweder der Ordnungs- oder der **Prozeßpolitik** zugewiesen [88]. Die Gestaltung der Grundnormen für die wirtschaftlichen Aktivitäten, die Festlegung der Prinzipien und Kompetenzen für das wirtschaftspolitische Handeln, kurz die Schaffung der Rahmenbedingungen für den Wirtschaftsablauf ist Aufgabe der Ordnungspolitik [89], während die Steuerung der zeitlichen Abläufe des Wirtschaftsprozesses in einem Gebiet oder Bereich als Prozeß- oder Ablaufpolitik bezeichnet wird [90]. Innerhalb der prozeßpolitischen Dimension kann desweiteren nach dem zu beeinflussenden Phänomen gefragt werden. Dabei wird differenziert zwischen **Stabilitäts-**, **Wachstums-** und **Ausgleichs-** oder **Verteilungspolitik** [91]. Während die Stabilitätspolitik zum Ziel hat, konjunkturelle Schwankungen und strukturelle Anfälligkeiten zu vermeiden oder zu reduzieren und die Wachstumspolitik bezweckt, die volkswirtschaftlichen Produktivkräfte Arbeit und Kapital im Interesse der Hebung der Wirtschafts- und Finanzkraft zu mobilisieren, versucht die Verteilungspolitik Ungleichgewichtigkeiten in der Einkommens- und Vermögensverteilung zu beheben oder auszugleichen [92].

Schließlich kann die Wirtschaftspolitik je nachdem, ob sie sich auf die Volkswirtschaft als ganze oder nur auf einzelne ihrer Teilbereiche bezieht, eingeteilt werden in eine **globale** bzw. nationale oder in eine partiale bzw. **strukturelle Politik** [93]. Die Globalpolitik als die gesamtwirtschaftliche Dimension der Volkswirtschaftspolitik umfaßt die Instrumente der **Wettbewerbs-**(Marktformen-), **Konjunktur-**(Geld- und Fiskal-) und **Einkommens-**(Vermögens-)**politik** [94]. Gegenüber diesen globalsteuernden Sektoralpo-

---

[88] Vgl. H. H. von Arnim (1976), S. 17; R. Clemens (1977), S. 44 ff.; E. Dürr (1975), S. 95; H. Wagenblaß (1979), S. 15.
[89] G. Gäfgen (1975), S. 3 f.; R. Schmidt (1971), S. 63.
[90] Vgl. E. Dürr (1975), S. 95.
[91] H.-F. Eckey (1978 a), S. 18; E. Dürr (1975), S. 95 und 96 ff.
[92] Zum Ganzen B. Gahlen/H.-D. Hardes/F. Rahmeyer/A. Schmid (1971), S. 49 ff., 90 ff. und 132 ff.
[93] Vgl. E. Lauschmann (1976), S. 231 FN 1.
[94] Zu allen drei Politikbereichen H. H. von Arnim (1976), S. 93 ff., 151 ff., 198 ff. und 248 ff.

litiken setzt die Strukturpolitik an einzelnen Teilen oder Bereichen der Volkswirtschaft an. Unter **Struktur** wird im allgemeinen der Aufbau, das Gefüge, die innere Gliederung einer komplexen Einheit, ihre Institutionen und Organisationen verstanden [95]. Die Strukturpolitik umfaßt demnach alle wirtschaftspolitischen Maßnahmen, welche die wesentlichen Teilbereiche einer Volkswirtschaft im Verhältnis untereinander oder zu ihrer Gesamtheit bewußt gestalten [96], d. h. welche die Struktur einer Volkswirtschaft anders formen, als sie sich aufgrund der marktwirtschaftlichen Prozesse ergeben hätte [97]. Bezeichnet die Struktur das Verhältnis der Teile zum Ganzen, die Wirtschaftsstruktur den inneren Aufbau des volkswirtschaftlichen Ganzen, so beeinflußt die Strukturpolitik die Teilbereiche im Hinblick auf den Gesamtwirtschaftsprozeß [98]. Teile und Ansatzpunkte der Strukturpolitik sind die einzelnen Regionen, Sektoren und Unternehmensgrößen der Gesamtwirtschaft [99]. In diesem Sinne ist zu trennen zwischen der **Unternehmensgrößen-Strukturpolitik** [100], die auf die Größenordnung der Betriebe und deren Gliederung bzw. gesellschaftsrechtliche Ausgestaltung Einfluß zu nehmen sucht, der **sektoralen Strukturpolitik** [101], welche auf die Erhaltung oder Schaffung eines bestimmten Branchengefüges gerichtet ist und der **regionalen Strukturpolitik** [102], die auf die ökonomische Entwicklung der verschiedenen Teilräume abzielt.

---

95 H.-F. Eckey (1978 a), S. 15; H. H. Eberstein (1972), S. 4; E. Groß (1977), S. 56; K. Neumann (1976), S. 13.

96 O. Schlecht (1968), S. 14 f.; K. Töpfer (1975 a), Sp. 2584; G. Voss (1977), S. 5; im Anschluß an K. Kleps E. Lauschmann (1978), S. 272.

97 H.-F. Eckey (1978 a), S. 17.

98 G. Tholl (1972), S. 7 ff. m.w.Nachw.; R. Thoss (1977), S. 9; G. Voss, Strukturpolitik - Zwischen Markt und Lenkung, aus politik und zeitgeschichte B 24/1980, S. 3 FN 1.

99 H. Giersch (1964 a), S. 61 ff. unterscheidet zwischen Marktformen-, Branchen- und Standortstruktur.

100 Dazu H. H. Eberstein (1972), S. 4; H. Giersch (1964 a), S. 64 ff.; B. Kubista, Unternehmensgrößenbezogene Strukturpolitik und Wettbewerb, Beiträge zur Mittelstandsforschung Heft 6, Köln 1975; O. Graf Lambsdorff (1978), S. 8 f.; W. Langen, Unternehmensgrößenbezogene Wirtschaftspolitik in der Bundesrepublik Deutschland, Schriften zur Mittelstandsforschung Bd. 74, Köln 1977.

101 G. Finking, Grundlagen der sektoralen Wirtschaftspolitik, Köln 1978, S. 112 ff.; E. Groß (1977), S. 57 ff.; D. Grosser (1981), S. 265 f.; H. S. Seidenfus, Sektorale Wirtschaftspolitik, WiSt 1980, S. 424 ff.; G. Tholl (1972), S. 10 und 12 ff.; G. Voss (1977), insb. S. 16 ff.; R. Waterkamp (1973), S. 69 ff.

102 Statt vieler O. Graf Lambsdorff (1978), S. 11 f.; H. d'Orville (1979), S. 25; C. Puls (1976), S. 13; K. Töpfer (1975 a), Sp. 2584; F. Wolf (1974), S. 3 ff.

Abbildung 2

Die Einordnung der regionalen Strukturpolitik in die allgemeine Wirtschaftspolitik

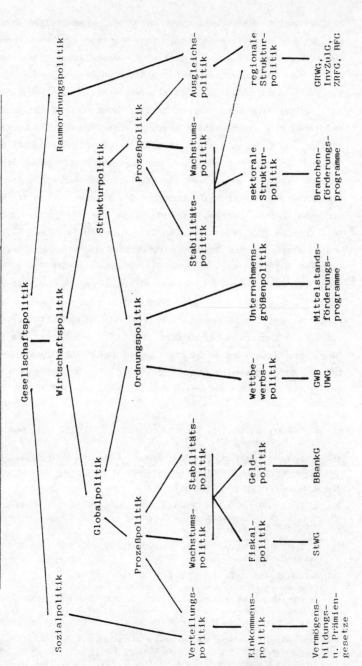

In der Gesamtbetrachtung (vgl. Abbildung 2) lassen sich die Wettbewerbs- und die Unternehmensgrößenpolitik als mehr ordnungspolitische Handlungsmuster, die Geld- und Fiskalpolitik sowie die sektorale und regionale Strukturpolitik als primär wachstums- und stabilitätspolitische Instrumentenbündel, die Einkommens- und die regionale Strukturpolitik darüber hinaus als sozial- und ausgleichspolitisch motivierte Aktionsprogramme bezeichnen. Zwischen all diesen Sektoren der Wirtschaftspolitik bestehen natürlich vielfältige Interdependenzen, Überschneidungen oder gar Zielkonflikte [103]. Dessen eingedenk bestimmen bereits die "Grundsätze für die Abstimmung der Fördermaßnahmen des Bundes und der Länder und Gemeinden in der regionalen und sektoralen Strukturpolitik", die der Konjunkturrat der öffentlichen Hand Anfang 1969 beschlossen hat [104], unter Ziff. 5, daß sektorale Strukturmaßnahmen so zu gestalten sind, "daß sie das regionale Präferenzsystem nicht beeinträchtigen und nach Möglichkeit zusätzliche regionale Förderungseffekte bewirken". Und Ziff. 7 schreibt u. a. vor, "daß konjunkturbedingte Investitionsprogramme ... nach Möglichkeit strukturpolitisch wichtige Investitionen bevorzugen", während "konjunkturdämpfende Maßnahmen ... nicht auf strukturpolitisch wichtige Maßnahmen angewendet werden" sollen. Doch die Praxis lehrt, daß diese Maximen bisher weitgehend Theorie geblieben sind. In diesem Zusammenhang mag jener knappe Hinweis auf die Abhängigkeiten und Koordinationsprobleme [105] zwischen den Sektoren der Wirtschaftspolitik genügen, kommt es doch an dieser Stelle vielmehr darauf an, den Begriff der regionalen Strukturpolitik gegenüber anderen raumrelevanten Politiken abzugrenzen.

Zusammenfassend ergibt sich für die regionale Struktur- und Wirtschaftsentwicklungspolitik, daß sie sowohl Teil der Raumordnungs- als auch der Wirtschaftspolitik ist. Als Kernstück der regionalen

---

103 Zu Konflikten zwischen den Zielen des "magischen Vierecks" des § 1 Satz 2 StWG **E. Novotny**, Ziele und Zielkonflikte in der Wirtschaftspolitik, Universitas 1979, S. 411 ff.; zwischen den Zielen der Regionalpolitik **H. Reichert** (1977), S. 26 f. Zu den allgemeinen theoretischen Grundlagen von Zielkonflikten **U. Brösse** (1972), S. 61 ff.

104 Bulletin des Presse- und Informationsamtes der Bundesregierung Nr. 15 vom 5.2.1969, S. 124.

105 Zur Erforderlichkeit der politischen Koordination in der Wirtschaftspolitik generell **R. Krüger** (1969).

Wirtschaftspolitik[106] und im Unterschied zur global- und sektoralorientierten Politik ist sie in erster Linie darum bemüht, im Interesse der Schaffung und Aufrechterhaltung einer optimalen Wirtschaftsstruktur schlecht oder nicht ausreichend genutzte Produktionsfaktoren und Entwicklungspotentiale zu mobilisieren, um auf diese Weise in den strukturschwachen Regionen zur Herstellung gleichwertiger Lebensverhältnisse beizutragen[107]. Der Terminus regional **gezielte** Wirtschaftsförderung stellt klar, daß es sich um eine bewußte und gewollte Beeinflussung der regionalökonomischen Entwicklung handelt[108]. Ob die bezweckten Struktureffekte erreicht worden sind (oder werden können), ist damit noch nicht vorentschieden. Angesichts der Zweifel an der Effizienz des regionalpolitischen Instrumentariums soll deshalb im weiteren vermieden werden, von einer regional **wirksamen** Strukturpolitik zu sprechen.

Abschließend sei noch der Stellenwert der **kommunalen Wirtschaftsförderung** im Konzept der Regional- und Strukturpolitik erläutert. Im Anschluß an eine weitverbreitete Definition **Möllers**[109] wird unter kommunaler Wirtschaftsförderung derjenige Teil der öffentlichen Kommunalaufgaben verstanden, "der primär eine Begünstigung der örtlichen Wirtschaft durch Verbesserung ihrer Standortbedingungen und damit ihrer Produktivität und als sekundäre Folgewirkung die harmonische Gestaltung der Verhältnisse aller öffentlichen Gemeindeaufgaben zu den an ihnen bestehenden Interessen der Wirtschaft mittels geeigneter Lenkungsmaßnahmen und Handlungen der Gemeinde zum Gegenstand hat"[110]. In Anlehnung an diese "komplizierte und wenig einprägsame Definition"[111] lautet eine vereinfachte Formel: "Kommunale Wirtschaftsförderung ist die zur Daseinsvorsorge zählende Aufgabe der Gemeinden, Städte und Landkreise, die durch eine Schaffung bzw. Verbesserung der Standortbe-

---

106 So schon R. Jochimsen (1967), S. 19.

107 O. Graf Lambsdorff (1980), S. 3; W. J. Mückl (1977), S. 4 f.

108 Vgl. W. Giel/G. Wegge (1970), Sp. 2637; D. Storbeck (1970), Sp. 2631.

109 F. Möller (1963), S. 42.

110 Diese Definition haben z. B. übernommen R. Göb (1977), S. 380; F. Hildebrandt (1971), S. 25 und K.-D. Stark (1978), S. 16.

111 W. Kelm (1972), S. 441; kritisch auch K. Lange (1981 a), S. 5.

dingungen für die Wirtschaft das wirtschaftliche und soziale Wohl der Bevölkerung in den Gemeinden und im Kreis sichert oder steigert"[112]. Beide Umschreibungen suchen zu verdeutlichen, daß sich die Wirtschaftsentwicklungspolitik der kommunalen Gebietskörperschaften naturgemäß auf das eigene Gemeinde- oder Kreisgebiet erstreckt; sie ist daher geradezu per definitionem Regionalpolitik[113]. Während das Adjektiv "kommunal" auf den lokalen Träger der Wirtschaftsförderung und damit auf das Handlungssubjekt abstellt, weist das Beiwort "regional" im Rahmen der Strukturpolitik auf das zu fördernde Gebiet und damit auf das Handlungsobjekt hin. Regionale Strukturpolitik ist folglich nicht nur Wirtschaftspolitik für die Region durch den Staat (Bund und Land), sondern auch und gerade Wirtschaftspolitik in der Region durch die Region (Gemeinde und Kreis)[114]. Insofern ist die regionale Wirtschaftsförderung eine auf einen Teilraum bezogene gemeinsam von Staat und Kommunen zu bewältigende Aufgabe, bilden staatliche und kommunale Wirtschaftsförderung zusammen erst Inhalt und Umfang der wirklich praktizierten regionalen Strukturpolitik, ohne daß hier auf die Gewichtung und das Zuordnungsverhältnis der beiden Teilbereiche[115] der räumlichen Entwicklungspolitik eingegangen zu werden braucht. Im Ergebnis bildet die **regionale Wirtschaftsstrukturpolitik** bzw. **Wirtschaftsentwicklungsplanung** somit die Summe aller staatlichen und kommunalen Maßnahmen, die eingesetzt werden, um die Entwicklungspotentiale eines Teilraumes durch die gezielte Verbesserung der Wirtschaftsstruktur optimal zu nutzen und zu fördern.

---

112 F.-L. **Knemeyer** (1981), S. 15 und (1980), S. 504; ders./B. **Rost-Haigis** (1981), S. 245. Ähnlich schon früher W. **Kelm** (1972), S. 441.

113 Ausdrücklich D. **Keil** (1978), S. 9. Im Ergebnis ebenso F. **Buttler**/K. **Gerlach**/ P. **Liepmann** (1977), S. 45; D. **Grosser** (1981), S. 265; H.-F. **Eckey** (1978 a), S. 139; H. H. **Eberstein** (1972), S. 5; ihm folgend R. **Schmidt** (1974 a), S. 534 und (1974 b), S. 87; H. **Jürgensen** (1975), S. 282; P. **Tennagels** (1980), S. 35. Auch die kommunale Praxis scheint zunehmend diese Einsicht zu teilen, vgl. schon G. **Lausen** (1967), S. 47 und nunmehr D. **Braun** (1977), S. 3, wo geschrieben steht, daß die regionale Wirtschaftsförderung nicht nur den staatlichen Bereich erfasse, sondern auch eine Hauptaufgabe für die kommunale Ebene darstelle.

114 D. **Storbeck** (1970), Sp. 2634 f. spricht von Wirtschaftspolitik der Regionen.

115 M. E. **Kamp** im Vorwort zu R. **Clemens** (1981) nennt die kommunale Wirtschaftsförderung einen Teilbereich der regionalen Strukturpolitik.

TEIL B

ÖKONOMISCHE, SOZIALE UND POLITISCHE
BESTIMMUNGSFAKTOREN DER REGIONALEN STRUKTURPOLITIK

Die regionale Strukturpolitik wirkt in vielfältiger Weise auf die unmittelbare Raumnutzung ein; gleichzeitig aber unterliegt sie selbst mannigfachen Wechselwirkungen mit ihrem Umfeld, steht sie doch vor dem Tatbestand, daß sich auf 7 % der Fläche des Bundesgebietes rund 45 % der Bevölkerung und 55 % der Arbeitsplätze konzentrieren [116]. Dieser räumliche Agglomerationsprozeß als Ausdruck des ökonomischen Akkumulationsprozesses [117] scheint in der Raumordnung das liberale "Selbstvertrauen in die sinnvolle Selbstbewegung der gesellschaftlichen Zustände" [118] zerstört zu haben. Aus dem Blickwinkel der Ökonomie erhebt sich darum sogleich die Gretchenfrage, ob und inwieweit strukturpolitische "Interventionen" des Staates in einem marktwirtschaftlich organisierten und über den Preismechanismus gesteuerten Wirtschaftssystem überhaupt systemkonform [119] und erforderlich sind. Diesbezüglich gilt es Antworten auf das Handlungsprogramm, die Formen, Ziele, Instrumente und Gründe der Lenkung der Wohnortwahl der privaten Haushalte und der Standortentscheidung der wirtschaftlichen Unternehmen zu finden. Aus der Sicht der Strukturpolitik stellen sich die Kompensation negativer Verdichtungsfolgen in den Ballungsgebieten und die gleichzeitige Versorgung ländlicher Räume mit einer infrastrukturellen Mindestausstattung als Reflexe sozialstaatlicher Erfordernisse dar [120]. "Die Fähigkeit zur aktiven Gestaltung und Umstrukturierung gesellschaftlicher Prozesse wird so zum zentralen Krite-

---

116 Raumordnungsbericht 1974, BT-Drs. 7/3582 vom 30.4.1975, S. 24.
117 W. Väth (1974), S. 214.
118 E. Forsthoff (1968), S. 21.
119 Dazu H.-R. Peters (1971), S. 10 ff., der die System- von der Zielkonformität unterscheidet.
120 W. Väth (1974), S. 219.

rium der Leistungsfähigkeit des politischen Systems"[121]. Dessen Steuerungslogik und Handlungspotential wird in der Bundesrepublik Deutschland nicht zuletzt von den Besonderheiten des föderalen Verfassungssystems geprägt. Es legt die Anzahl und Bedeutung der Träger strukturpolitischer Maßnahmen sowie deren jeweilige Handlungsspielräume fest und gestaltet den gesamten politischen Planungs- und Entscheidungsprozeß[122]. Auf dieser Ebene ist deshalb der Frage nachzugehen, inwieweit unter den vorfindbaren politischen und rechtlichen Gegebenheiten eine ökonomisch wirksame regionale Strukturpolitik organisatorisch-institutionell gestaltet werden kann. Da die Suche nach Grundlagen, Inhalt und Umfang der Koordination in der Regionalpolitik von diesen Vorüberlegungen entscheidend präjudiziert wird, sollen in diesem Abschnitt zunächst die ökonomischen, sozialen und politischen Rahmenbedingungen der regionalen Wirtschaftsförderung dargestellt werden.

I. Die ökonomische und soziale Dimension der regionalen Wirtschaftsstrukturpolitik

Wirtschaftspolitik umfaßt alle Bestrebungen, Handlungen und Maßnahmen des Staates, die darauf abzielen, den Ablauf des Wirtschaftsgeschehens in einem Bereich oder Gebiet zu ordnen, zu beeinflussen oder unmittelbar festzulegen[123], bezeichnet also das bewußte Gestalten der wirtschaftlichen Aktivitäten im Hinblick auf bestimmte Ziele mit Hilfe bestimmter Mittel[124]. Wirtschaftspolitisches Handeln wird dann ausgelöst, wenn die diagnostizierte oder prognostizierte Situation der durch die Wert- und Zielvorstellungen der Akteure bestimmten Situation nicht entspricht[125]. Ansatzpunkt der regionalen Wirtschaftspolitik ist die unausge-

---

121 F. W. Scharpf (1973 c), S. 39.

122 Vgl. schon R. Jochimsen (1967), S. 13 ff.

123 H. Giersch (1961), S. 17; ihm folgend R. Schmidt (1971), S. 59.

124 F. Mehler (1970), S. 24 m.w.Nachw. Zum Wandel des Aufgabencharakters staatlicher Wirtschaftspolitik H.-P. Spahn (1976), S. 215 ff.

125 Vgl. H. K. Schneider (1968), S. 3; H. d'Orville (1979), S. 29; G. Voss (1973), S. 12 f.

glichene Verteilung der ökonomischen Kräfte im Raum [126]. In einem nach den Prinzipien der Marktwirtschaft strukturierten Produktions- und Distributionsprozeß bedarf es vorab einer besonderen Begründung, warum ein strukturpolitisches Eingreifen der öffentlichen Entscheidungsträger für notwendig befunden wird. Denn modelltheoretisch wird sich in der Marktwirtschaft ein räumliches Gleichgewicht, d. h. die optimale Zuordnung des Raumes zur Wirtschaft über die Lenkung der Produktionsfaktoren durch den Preismechanismus von selbst einstellen.

1. Das Koordinationsprinzip des Markt-Preis-Mechanismus

Die Marktwirtschaft überläßt die Erzeuger- und Verteilerfunktionen prinzipiell den Regeln des sich frei nach Angebot und Nachfrage bildenden Preises. Im ökonomischen Sinne ist der Markt die Summe der Wettbewerbs- und Austauschbeziehungen zwischen allen Anbietern und Nachfragern eines bestimmten Gutes oder einer bestimmten Art von Gütern [127]. Den Vergleichsmaßstab, das Tauschverhältnis zwischen diesen Gütern drückt der Preis aus [128]. Das Koordinationsprinzip des Preises wird durch seine **Ausgleichs-, Signal- und Lenkungsfunktion** bestimmt [129]. Zunächst bringt der Marktpreis Angebot und Nachfrage zum Ausgleich. Da zu einem höheren Preis in der Regel eine größere Menge an Gütern und Dienstleistungen von dem Produzenten angeboten wird, aber meist nur eine kleinere Menge von den Verbrauchern nachgefragt wird, verhalten sich in diesem Falle die Anbieter und Nachfrager gegenläufig: Mit steigendem Preis steigt auch die angebotene Menge, während die nachgefragte Menge abnimmt [130]. Darum ist bei einem bestimmten Preis die angebotene

---

126 K. Kröll (1968), S. 33.
127 H. H. von Arnim (1976), S. 58; E. Preiser (1973), S. 47.
128 C. Napoleoni (1972), S. 11; vgl. a. K. Brandt, Art. "Preistheorie", in: EvStl, 2. Aufl. Stuttgart-Berlin 1975, Sp. 1902 f.
129 E. Dürr (1975), S. 143 f.
130 Zu diesem Modell der Preistheorie E. Preiser (1973), S. 49 ff.; W. Röpke (1968), S. 194 ff.

Menge notwendig gleich der nachgefragten (Gleichgewichtspreis)[131]. Darüber hinaus signalisiert der Preis die Knappheit eines bestimmten Gutes: Je höher er liegt, umso knapper wird das Gut gehandelt. Auf diese Weise lenkt der Markt-Preis-Mechanismus die Produktion, indem er den gesellschaftlichen Bedarf nach bestimmten Gütern und Dienstleistungen und somit nach Ausdehnung oder Einschränkung ihrer Produktion durch steigende oder fallende Preise vermittelt. Insofern stellt sich langfristig in der gesamten Volkswirtschaft ein tendenzieller Ausgleich der regionalen Faktorpreise her [132].

Liegen in einigen Regionen der Volkswirtschaft die Arbeitsentgelte (Löhne gleich Preise für den Produktionsfaktor Arbeit) über dem allgemeinen Niveau, dann werden idealtypisch Arbeitnehmer in diese Teilräume abwandern, dort das Angebot an Arbeitskräften erhöhen und damit lohnsenkend wirken, wohingegen in den Abwanderungsgebieten das Arbeitskräfteangebot eingeschränkt wird und demnach die Löhne steigen werden. Gleichzeitig fließt Kapital in die strukturschwachen Räume, weil hier die Lohnkosten niedriger sind. Doch auch unabhängig von der hypostasierten Lohnelastizität strebt nach der (neo-)liberalen Wirtschaftstheorie die regionale Verteilung von Arbeitsplätzen, Bevölkerung und Infrastruktur schon deshalb einem Gleichgewicht zu, weil beim Überschreiten des "Ballungsoptimums" dessen Folgekosten überproportional zunehmen. Steigende Grund- und Bodenkosten, erhöhte Sozialaufwendungen und Umweltbelastungen bei gleichzeitig fortschreitenden Verdichtungsprozessen verteuern im Marktmodell private Investitionen in den Agglomerationen dermaßen, daß dadurch die Standortattraktivität des ländlichen Raumes begünstigt und ökonomische Dezentralisierungsimpulse ausgelöst werden. Regionale Disparitäten, d. h. Fehlallokationen der Produktionsfaktoren, spiegeln danach entweder die natürlichen Standortvorteile der Agglomerationen wider, oder sie sind auf

---

131 Der Gleichgewichtspreis ist derjenige Preis, der den Markt "räumt", vgl. nur W. Röpke (1968), S. 195. Er bildet den Maßstab für die technische und psychologische "Gleichwertigkeit" der in der Volkswirtschaft vorhandenen Güter, C. Napoleoni (1972), S. 12.

132 C. Watrin, Zur Entwicklungspolitik in Süditalien, Köln 1960, S. 21.

künstlich geschaffene Barrieren zurückzuführen, die die marktlichen Selbstregulierungskräfte in ihrer Entfaltung gehemmt haben. Die Durchsetzung und Bewahrung der dezentralisierenden und koordinierenden Wirkungen des Markt-Preis-Mechanismus qua wirksamen Wettbewerb wäre dann die beste regionale Strukturpolitik [133].

Ausgangspunkt der anschließenden Überlegungen ist allerdings die These, daß der Marktmechanismus partiell instabil und in raumordnerischer Hinsicht ergänzungsbedürftig ist [134]. Eine raumoptimale Koordination der privaten Standort- und Wohnortentscheidungen stellt sich nämlich nur unter den Voraussetzungen der allgemeinen Gleichgewichtstheorie ein, weil die hieraus ableitbare optimale Raumstruktur sich immer nur auf eine Allokation der Produktionsfaktoren bezieht [135], die eine Maximierung des Sozialproduktes (Summe aller erstellten wirtschaftlichen Leistungen) ermöglicht. Im folgenden geht es deshalb um den Nachweis, daß weder bestimmte gesellschaftspolitische Grundanliegen selbst von einem funktionsfähigen **markt**wirtschaftlichen Steuerungsmechanismus garantiert werden kann, noch daß der Marktlenkungsmechanismus unter der Prämisse des räumlichen Wirtschaftens eine optimale Allokation der Produktionsressourcen verbürgt [136].

---

133 E. **Egner** (1964), S. 696. Für eine stärkere Beachtung des Laissez-faire-Prinzips sprachen sich noch auf der wirtschaftspolitischen Tagung der Adolf-Weber-Stiftung am 14.10.1964 über produktivitätsorientierte Regionalpolitik, vgl. R. Gunzert (Hrsg.), Produktivitätsorientierte Regionalpolitik, Berlin 1965, folgende Autoren aus: J. H. **Müller** (S. 61), H. **Jürgensen** (S. 57), H. **Priebe** (S. 80) und B. **Röper** (S. 81).

134 So schon der Wissenschaftliche Beirat beim BMWi (1955), S. 269 f.; H. Apel (1965), S. 128; V. Charbonnier (1970), S. 39 und 40; H. Friderichs (1974), S. 31; D. Keil (1978), S. 7; G. Müller (1970 a), Sp. 2462 und (1970 b), Sp. 2508 f.; K.-B. Netzband (1972), S. 47 und 49; H. d'Orville (1979), S. 30; R. Jochimsen (1966), S. 14 ff. und 52 ff.;H. Priebe (1977), S. 253; W. Zohlnhöfer (1970), S. 681.
Auch die offizielle Wirtschaftspolitik geht davon aus, daß die regionale Strukturpolitik aus ihrer gesamtwirtschaftlichen Verantwortung heraus eine "Ergänzung des reinen Marktmechanismus" bzw. "temporäre Korrekturen der Marktdaten" vornehmen muß, vgl. **Minister für Wirtschaft und Verkehr des Landes Schleswig-Holstein** (1975), S. 10 f. und 17 sowie **Bayerisches Staatsministerium für Wirtschaft und Verkehr** (1970), S. 9.

135 J. **Hampe**, Koordinationsprobleme in der Regionalpolitik unter besonderer Berücksichtigung der räumlichen Planung von Infrastrukturinvestitionen, Diss. München 1976, S. 6 ff.

136 Zur Problemformulierung D. **Fürst/P. Klemmer/K. Zimmermann** (1976), S. 6.

2. Außerökonomische Begründung einer regionalen Strukturpolitik

Zunächst soll der Marktmechanismus in erster Linie diejenigen Ziele verwirklichen, die ökonomisch begründet sind. Werden in einer Gesellschaft überdies sozial- oder kulturpolitische Wertvorstellungen angestrebt, so erfordern die Resultate des Marktprozesses oftmals ein korrigierendes Eingreifen der politischen Akteure. Für eine solche metaökonomische Begründung der regionalen Strukturpolitik lassen sich drei Argumente anführen.

a) Sozialer Ausgleich

Der **Ausgleichsgedanke** betont ein soziales Moment der Regionalpolitik. Danach ist das Gefälle zwischen den Wirtschaftszentren und Ballungsgebieten auf der einen Seite und den Rückstandsgebieten und peripheren Räumen auf der anderen Seite bestmöglichst auszugleichen, ohne daß der Weg der passiven Sanierung beschritten wird [137]. Zum Abbau wirtschaftlicher Rückstände stehen exemplarisch zwei Strategien offen: die passive und die aktive Sanierung [138]. Beide stellen auf die Verteilung der ökonomischen Entwicklungspotentiale und auf die Anzahl der Bevölkerung in den Teilräumen ab. Im Konzept der **passiven Sanierung** werden die Arbeitskräfte als Überschußfaktor angesehen und durch Förderung ihrer Mobilität zur Abwanderung in die Wachstumszentren veranlaßt [139]. Demgegenüber unterstützt die **aktive Sanierung** mit öffentlichen Mitteln die Verlagerung von Investitionskapital in die rückständigen Gebiete [140]. In beiden Fällen wird durch die interregionale Verlagerung der Produktionsfaktoren Arbeit oder Kapital

---

137 D. Fürst/P. Klemmer/K. Zimmermann (1976), S. 6; vgl. a. H. D. Barbier (1980), S. 33.

138 B. Dietrichs, Aktive oder passive Sanierung?, in: Mitteilungen des deutschen Verbandes für Wohnungswesen, Heft IV, Köln 1965, S. 2; R. Brüderle (1970), S. 24 ff.; H. H. Koch (1982), S. 99 ; H. Jürgensen (1975), S. 277 f.; J. H. Müller (1973), S. 34 ff.; D. Storbeck (1970), Sp. 2632 f.; K. Töpfer (1975 a), Sp. 2584 und (1975 b), S. 57.

139 K.-H. Hübler (1980), S. 423 ff.; H. Priebe (1977), S. 254; K.-H. Hansmeyer (1968), S. 41.

140 J. H. Müller (1973), S. 35; C. Puls (1976), S. 103.

- Abwanderung der Wohnbevölkerung bzw. Zufluß von Investitionskapital - das Einkommensniveau in dem betreffenden Sanierungsgebiet angehoben [141]. Da eine passive Sanierung von Teilräumen der Volkswirtschaft von den Vertretern der Raumordnungspolitik weitgehend abgelehnt wird, gleichzeitig jedoch ein Abbau nichttolerierbarer interregionaler Entwicklungsdiskrepanzen gefordert wird, bleiben als Lösungsstrategie lediglich strukturpolitische "Interventionen" des Staates zur Korrektur der als nichtakzeptabel empfundenen räumlichen Fehlallokationen des Marktgeschehens übrig [142].

b) Innenpolitische Integration

Ähnlich argumentiert der **Integrationsgedanke**. Er stellt das innenpolitische Motiv der Vermeidung sozialer Unruhen und Krisen in den Vordergrund und sieht die Einebnung extremer Entwicklungsdivergenzen zwischen den Regionen als zur Systemstabilisierung eines politisch gefestigten Nationalstaates bestandsnotwendig an [143]. Hinter dieser Erklärung steht die Einsicht, daß die Schaffung gleichwertiger Lebensverhältnisse im gesamten Staatsgebiet dem Auftreten politischer Legitimations- und sozialer Motivationskrisen [144] wirksam vorbeugen kann. Da die Regionen zu einer möglichst homogenen Einheit geformt werden sollen, müssen vom Strukturwandel negativ betroffene Räume Ausgleichszahlungen erhalten, um sie der politisch gewünschten Entwicklung und Angleichung an die bevorzugten Arbeits- und Wohngebiete zuzuführen.

c) Außenpolitische Sicherheit

Im Unterschied zum Ausgleichs- und Integrationsgedanken zieht der **Sicherheitsgedanke** außen- und militärpolitische Überlegungen

---

141 B. Dietrichs, aaO (Anm. 138), S. 2; R. Brüderle (1970), S. 24.
142 H. Friderichs (1975), S. 103; D. Fürst/P. Klemmer/K. Zimmermann (1976), S. 6 und 7.
143 Vgl. D. Fürst/P. Klemmer/K. Zimmermann (1976), S. 7.
144 Zur Unterscheidung von Legitimations- und Motivationskrisen als möglichen Krisenphänomenen "spätkapitalistischer" Gesellschaftsformationen siehe J. Habermas (1973), S. 96 ff. und 106 ff.

heran [145]. So lag einer der wesentlichen Gründe für die Entwicklung und Durchführung des "Emslandprogramms" im Jahre 1950 darin, die Forderungen der Niederlande zurückzuweisen, als Kriegsentschädigung von Deutschland die Abtretung des Emslandes mit der Begründung zu verlangen, Deutschland habe diesem Raum bisher so wenig geholfen, daß nun endlich diese Region bewirtschaftet werden müsse [146]. Innenpolitisch kam es darauf an, Land für Rücksiedler, Heimatvertriebene und Flüchtlinge zu erschließen (Integrationsaspekt).

Es zeigt sich, daß regionalökonomische Entwicklungen zu allen Zeiten außer von natürlichen, historischen und ökonomischen Faktoren vor allem durch politische Ereignisse geprägt wurden, unabhängig davon, ob der Politik diese regionalwirtschaftliche Folge bewußt war oder nicht [147]. Aber auch unter Außerachtlassung außerökonomischer Begründungsversuche kann das Spiel der freien Kräfte am Markt das Ungleichgewicht zwischen den Regionen eines Wirtschaftsraumes nicht ausreichend korrigieren. Auf zwei dieser ökonomischen Aspekte ist im folgenden näher einzugehen.

3. Ökonomische Notwendigkeit der regionalen Strukturpolitik

"Wenn über regionale Wirtschaftspolitik gesprochen werden soll, ist es wichtig, von vorneherein festzuhalten, daß die Sache alt, lediglich das Wort neu ist" [148]. Dieses Zitat belegt den Stellenwert der regionalen Wirtschaftsförderung, den diese in der praktischen Politik seit langem einnimmt und der sich in der Erkennt-

---

145 Allgemein zum militärpolitischen Ziel der Raumpolitik J. H. **Müller** (1960/61), S. 148. Zur Möglichkeit der militärisch-politischen Standortgestaltung siehe bereits den **Wissenschaftlichen Beirat beim BMWi** (1955), S. 270.

146 Siehe H. H. **Koch**/H.-P. **Steinmetz** (1981 d), S. 160. Zu dem aus militärstrategischen Gründen unterbliebenen, wenngleich regionalpolitisch sinnvollen Bau des Saar-Pfalz-Rhein-Kanals in den dreißiger Jahren D. **Fürst**/P. **Klemmer**/K. **Zimmermann** (1976), S. 8.

147 R. **Jochimsen** (1967), S. 12; ders./P. **Treuner** (1974), S. 31; E. **Lauschmann** (1976), S. 33.

148 E. **Dittrich**, Aufgaben und Lösungen regionaler Wirtschaftspolitik, in: Protokoll der 3. ordentlichen Generalversammlung der österreichischen Gesellschaft zur Förderung von Landesforschung und Landesplanung vom 5.4.1957 in Linz, S. 19.

nis gründet, daß eine optimale Verteilung der wirtschaftlichen Aktivitäten im Raum nicht allein durch den Marktmechanismus sichergestellt werden kann, sondern daß vielmehr ein Katalog von Instrumenten erforderlich ist, um eine gleichmäßige wirtschaftliche Entwicklung in den Regionen zu gewährleisten[149]. Die Instabilitäten des Markt-Preis-Mechanismus können dabei sowohl auf einer fehlerhaften Marktstruktur als auch auf einem fehlerhaften Strukturwandel beruhen.

a) Fehlerhafte Marktstruktur

In statischer oder ordnungspolitischer Hinsicht sind für negative ökonomische Entwicklungen weniger die unterschiedlichen Wettbewerbsintensitäten[150] in der Gesamtwirtschaft und die vieler Orts vorgetragenen Zweifel an der Konsumentensouveränität[151] verantwortlich zu machen; vielmehr fallen die tatsächliche und die gewollte optimale Regionalstruktur insbesondere deshalb auseinander, weil sog. "externe Effekte"[152] zu einer räumlichen Fehlallokation der Produktionsfaktoren führen. Externe Effekte stellen den Nutzen dar, den ein Produzent oder Konsument aus einer Maßnahme zieht, ohne die mit dieser Maßnahme verbundenen Kosten voll oder teilweise tragen zu müssen[153]. Aus regionalpolitischer Sicht treten diese externen Effekte in Form von Agglomerationsvor- oder -nachteilen auf[154]. Zu den Agglomerationsvorteilen zählen z. B. das im

---

[149] K. Kröll (1978), S. 29; O. Graf Lambsdorff (1980), S. 3; H. d'Orville (1979), S. 30; O. Schlecht (1968), S. 16 f.; vgl. a. H. H. Eberstein (1972), S. 11.

[150] C. Napoleoni (1972), S. 22 spricht von der "Irrealität der Wettbewerbs-Hypothese", vgl. a. ebenda S. 45 ff.

[151] Eine Übersicht des Pro und Contra vermitteln H. Luckenbach, Zur konsum- und wohlfahrtstheoretischen Relevanz der Konsumentensouveränität, WiSt 1973, S. 399 ff. und P. Bendixen, Zur Realitätsnähe der Konsumentensouveränität - Eine Entgegnung zu einem Beitrag von H. Luckenbach, WiSt 1974, S. 39 f.

[152] Auf die Existenz von Externalitäten hat vor allem K. W. Knapp, Volkswirtschaftliche Kosten der Privatwirtschaft, Tübingen-Zürich 1958, insb. S. 58 ff. aufmerksam gemacht.

[153] Vgl. H.-F. Eckey (1978 a), S. 36; R. Jochimsen (1966), S. 62 ff.; R. A. Musgrave/P. B. Musgrave/L. Kullmer, Die öffentlichen Finanzen in Theorie und Praxis, 1. Bd., 2. Aufl. Tübingen 1978, S. 54 f.

[154] Unter Agglomerationen ist die Tendenz zur Zusammenballung von Betrieben an wenigen Standorten zu verstehen, die sich auf Fühlungsvorteile mit Konsumenten und/oder Lieferanten zurückführen läßt, H. Mehrländer/D. Louda (1981 b), S. 4 FN 3; ebenso C. Puls (1976), S. 24 FN 2; ähnlich W. Jann/E. Kronenwett (1979), Bd. 2, S. 676.

Durchschnitt höhere Qualifikationsniveau des Arbeitskräfteangebots, Kooperationsmöglichkeiten mit Forschungsinstituten, staatlichen Organisationen und hochspezialisierten Unternehmen u. a. m.; Agglomerationsnachteile sind etwa die erhöhte Umweltbelastung und -verschmutzung, die Überlastung der öffentlichen Infrastruktur (Verkehr) etc. [155].

Der Marktpreis versagt also als Knappheitsindikator dann, wenn nicht alle Produktionskosten in die Preiskalkulation einfließen und vom Abnehmer bezahlt werden müssen (negative externe Effekte) oder bestimmte Vorteile der Produktion bzw. Konsumtion unentgeltlich ausgenutzt werden (positive externe Effekte). Da die Nutzung derartiger Faktoren nicht zu den wahren, die wirklichen Knappheitsverhältnisse widerspiegelnden Kosten erfolgt, werden diese Faktoren stärker in Anspruch genommen als gesamt- und regionalwirtschaftlich vertretbar ist [156]. Folglich orientieren sich die Unternehmen und Verbraucher an regionalen Preisen, die in den hochagglomerierten Zentren aufgrund der Nichtanlastung der überproportional steigenden "social costs" [157] viel zu niedrig sind [158]. Solange die in den externen Effekten sich niederschlagenden Nutzen und Kosten nicht "internalisiert", d. h. dem Nutznießer bzw. Verursacher zugerechnet werden, kann der Marktmechanismus seine Raumlenkungsfunktion nur unzureichend erfüllen [159]. Gesamtgesellschaftlich unerwünschte Folgen sind Fehlentwicklungen der Struktur des Produktionssystems, der Produktionstechnik und auch des Güterangebotes [160]. Der klassische Weg zur Behebung derartiger Koordinationsmängel besteht anstelle der Internalisierung in der Erhe-

---

[155] Eine Gegenüberstellung der Agglomerationsvor- und -nachteile gibt Bd. 03.003 der Schriftenreihe "Städtebauliche Forschung" des BMBau, Bonn 1972, S. 22 ff.; vgl. a. W. J. Mückl (1977), S. 8 FN 20.

[156] E. Groß (1977), S. 49.

[157] Zu den verschiedenen Arten der "sozialen Kosten" W. Michalski, Grundlegung eines operationalen Konzepts der Social Costs, Diss. Hamburg 1964, S. 90 ff.

[158] D. Fürst/P. Klemmer/K. Zimmermann (1976), S. 9; H. d'Orville (1979), S. 31.

[159] J. Starbatty (1967), S. 27 f.

[160] S. Skarpelis-Sperk, Zwischen Markt und Lenkung, in: P. von Oertzen/H. Ehmke/ H. Ehrenberg (Hrsg.), Thema: Wirtschaftspolitik, 2. Aufl. Bonn-Bad Godesberg 1975, S. 213 ff. (214).

bung von Steuern von den bevorzugten und der Vergabe von Subventionen an die benachteiligten Unternehmer bzw. Verbraucher [161].

b) Fehlerhafter Strukturwandel

Unter dynamischen oder prozeßpolitischen Gesichtspunkten wird ein Ausgleich der regionalen Entwicklungsdiskrepanzen in erster Linie durch die **mangelnde räumliche Mobilität der Produktionsfaktoren** behindert, weniger durch eine unzureichende Signalfunktion der regionalen Faktorpreise. Bleiben wegen der fehlenden räumlichen Arbeitskraft- und Kapitalmobilität regionale Entwicklungspotentiale unausgeschöpft, dann wird auf ein regional- und gesamtwirtschaftlich wünschenswertes Wirtschaftswachstum verzichtet und wird ein notwendiger Strukturwandel erschwert. Die Arbeitnehmer sind nämlich in der Regel nur bereit, Arbeitsplätze in ihrem näheren Heimat- und Wohnortbereich nachzufragen [162]. Und das private Kapital orientiert sich vorwiegend an der überkommenen, räumlich disparitären Kapitalausstattung des Raumes, wie sie sich aufgrund der ungleichzeitig einsetzenden und ungleichmäßig erfolgten Industrialisierung lokalisiert hat [163] und wie sie durch eine prinzipiell vergangenheitsorientierte Infrastrukturpolitik noch zusätzlich induziert worden ist [164]. Gründe für die geringe Raummobilität der Produktionsfaktoren sind vornehmlich in der unzureichenden Information über und in dem Nichtvorhandensein von akzeptablen Beschäftigungs- und Standortalternativen zu suchen [165]. Hier zeigt

---

[161] N. Andel, Subventionen als Instrument des finanzwirtschaftlichen Interventionismus, Tübingen 1970, S. 70 ff.; D. Ewringmann/K.-H. Hansmeyer, Zur Beurteilung von Subventionen, Opladen 1975, S. 27 ff.

[162] H.-F. Eckey (1978 a), S. 40. Ausführlich zu den regionalen Präferenzen und der Mobilitätsbereitschaft der Arbeitnehmer GRS (Hrsg.), Standortentscheidung und Wohnortwahl, Bonn 1974, S. 53 ff.

[163] Ausführlich F. Buttler/K. Gerlach/P. Liepmann (1977), S. 18 ff. (29 f.).

[164] D. Fürst/P. Klemmer/K. Zimmermann (1976), S. 12 f.

[165] Aus verhaltenswissenschaftlicher Sicht anders F.-J. Bade (1978), der aufzeigt, daß die Ursachen für einen Standortwechsel eines Betriebes nicht in der Attraktivität des Zielortes, sondern in Engpässen und Unzulänglichkeiten des alten Standortes zu suchen sind. Darüberhinaus soll ein weiterer wichtiger Bestimmungsgrund in der Einschätzung der Entwicklungsaussichten und Geschäftserwartungen eines Unternehmens begründet sein.

sich, daß die in der Theorie der Marktwirtschaft vorausgesetzte vollkommene Markttransparenz und schnelle Anpassungsfähigkeit des Marktes in Wirklichkeit nicht in der postulierten Reinheit existiert [166]. Abhilfe können u. U. regional gezielte und planvoll eingesetzte "Mobilitätsanreize", d. h. öffentliche Transferleistungen an Unternehmer und Arbeitnehmer schaffen.

Aufgrund dieser ökonomischen und metaökonomischen Begründungen erfordert eine gesunde und gleichmäßige wirtschaftliche Entwicklung eine raumordnende Initiative des Staates und seiner Untergliederungen. Ohne deren koorinierende Hilfen zugunsten der strukturschwachen Regionen vermag die Wirtschaftsentwicklungspolitik nicht auszukommen, will sie die Chancengleichheit zwischen Agglomerationen und Deglomerationen, Stadt und Land, Ballungs- und Entleerungsgebiet wieder herstellen oder zumindest anstreben.

4. Markt- oder Staatsversagen?

Wie aufgezeigt folgen räumliche Disparitäten in der ökonomischen Entwicklung aus der regional unterschiedlichen Anpassungsfähigkeit nicht nur an den sozialökonomischen Strukturwandel und die gesamtwirtschaftlichen Wechsellagen, sondern auch aus Veränderungen in den politischen und institutionellen Rahmenbedingungen [167]. Über die Selbstregulierungskräfte des Marktes allein ist angesichts der raumstrukturellen Ungleichgewichtigkeiten die zu einem Ausgleich der interregionalen Verteilung der Produktionsfaktoren führende Koordination der wirtschaftlichen Aktivitäten nicht zu erwarten. Nach Meinung von **Lambsdorff** kann darum heute niemand mehr im Ernst bestreiten, daß Strukturpolitik ein entscheidender und unverzichtbarer Bestandteil der Wirtschaftspolitik aller Industrieländer geworden ist [168]. Der Bundeswirtschaftsminister stellt

---

166 Vgl. O. Schlecht (1968), S. 16.
167 E. Lauschmann (1976), S. 33.
168 O. Graf Lambsdorff (1978), S. 3.

zugleich fest, daß "lediglich sehr konservative Geister ... immer noch einen unüberbrückbaren Gegensatz zwischen marktwirtschaftlichen Grundprinzipien und strukturpolitischen Aktivitäten des Staates und der öffentlichen Hand" sehen und befindet sich damit in Übereinstimmung mit der herrschenden Wirtschaftstheorie und -politik, die an dem bisherigen konjunktur- und strukturpolitischen Stabilitätskonzept festhalten will [169].

Dennoch werden in letzter Zeit verstärkt - nicht nur konservative - Stimmen laut, die sich gerade gegen die "herrschende" Strukturpolitik wenden. Für die einen ist die Erfolglosigkeit der Globalsteuerung (Arbeitslosigkeit, Inflation) ein Beweis dafür, daß mit dem überkommenen Steuerungsinstrumentarium die Funktionsmängel des Marktes nicht behoben werden können [170]. Deshalb seien zusätzliche und weitergehende Lenkungsinterventionen des Staates bis hin zur direkten Investitionslenkung notwendig, um der mangelnden Effizienz des Marktes, der ökonomischen Machtkonzentration und den sozialen Verteilungsungerechtigkeiten Herr werden zu können. Konträr hierzu verhält sich eine andere Gruppe von Ökonomen, die die zunehmende Verschlechterung der wirtschaftlichen Situation auf die interventionistische Wirtschaftspolitik selbst zurückführt [171]. Danach habe sich der Staat mit der "Sozialtechnologie" der Wirtschaftsplanung übernommen, weil der Wirtschaftsprozeß zu kompliziert sei, als daß man seinen Verlauf prognostizieren und über bestimmte Daten und Größen steuern könne. Insgesamt müsse

---

169 Aus je unterschiedlicher Sicht und mit gewissen Differenzierungen **W. Glasstetter**, Grundsatzprobleme moderner Stabilitätspolitik, in: P. von Oertzen/ H. Ehmke/H. Ehrenberg (Hrsg.), Thema: Wirtschaftspolitik, 2. Aufl. Bonn-Bad Godesberg 1975, S. 129 ff.; **M. Lahnstein** (1980), S. 9 ff.; **O. Schlecht** (1976), S. 297 ff.

170 Z. B. **H.-J. Bodenhöfer**, Strukturpolitik und Investitionslenkung, WD 1974, S. 601 ff.; **W. Meißner**, Das Profimotiv muß ersetzt werden, Wirtschaftswoche Nr. 7 vom 9.2.1973, S. 54 ff.; **Bundesvorstand des Deutschen Gewerkschaftsbundes** (Hrsg.), Angenommene Anträge und Entschließungen des 10. Ordentlichen Bundeskongresses vom 25. bis 30.5.1975 in Hamburg, Düsseldorf 1975, S. 60 ff. (Antrag 59) sowie die Beiträge im Argument-Sonderband AS 35 "Alternative Wirtschaftspolitik" (1979).

171 Stellvertretend **E. Tuchtfeldt**, "Neue Wirtschaftspolitik" - Fortsetzung der Sozialen Marktwirtschaft?, in: B. B. Gemper (Hrsg.), Marktwirtschaft und soziale Verantwortung, Köln-Bonn 1973, S. 97 ff. (104 ff.); **K. Richebächer**, Im Teufelskreis der Wirtschaftspolitik, Fiskalsozialismus verdrängt die Marktwirtschaft, Stuttgart 1980.

folgerichtig der größte Teil des konjunktur- und strukturpolitischen Interventionismus verworfen und die Wirtschaftsentwicklung wieder stärker den Selbstheilungskräften des Marktes überlassen werden.

Beherrschten noch zu Anfang der siebziger Jahre die "Theorien des Marktversagens" die wissenschaftliche Diskussion um das Verhältnis von Staat/Politik und Gesellschaft/Ökonomie, so ist seit dem Ende der siebziger Jahre die "**Theorie des Staatsversagens**"[172] zum Gegenangriff übergegangen. Nach den Thesen zur Unregierbarkeit der Industriegesellschaft[173] auf der einen und den ökonomischen und politischen Krisentheorien[174] auf der anderen Seite bietet sie den Vorteil, den "Schuldigen" gleich beim Namen zu nennen[175]. Die Vertreter der ökonomischen Theorie des Staatsversagens[176] und ihr nahestehende Kräfte registrieren mit Argwohn, daß sich der heutige Leistungsstaat immer mehr in Richtung auf eine umfassende Lenkungs-, Zu- und Umverteilungs- sowie Betreuungsinstanz hin entwickelt habe[177] und konstatieren eine Wechselbeziehung zwischen der rapiden Ausuferung der Staatseinwirkungen und dem langsameren

---

172 H. C. **Recktenwald** (1978), S. 155 ff.; R. **Vaubel** (1979), S. 34; neuestens W. **Engels**, Die organisierte Verschwendung, Die Zeit Nr. 12 vom 13.3.1981, S. 9 ff. und Nr. 13 vom 20.3.1981, S. 25 ff. sowie W. **Wittmann** (1982), S. 13.

173 G. K. **Kaltenbrunner** (Hrsg.), Der überforderte schwache Staat. Sind wir noch regierbar?, München 1975; F. **Lehner**, Grenzen des Regierens. Eine Studie zur Regierungsproblematik hochindustrialisierter Demokratien, Königstein/Ts. 1979; W. **Hennis**/P. **Graf Kielmannsegg**/U. **Matz** (Hrsg.), Regierbarkeit: Studien zu ihrer Problematisierung, Bd. I und II, Stuttgart 1977 und 1979.

174 Die Krisendiskussion konzentriert sich auf (neo-)marxistisch-materialistische Theorieansätze. Zur ökonomischen Krisentheorie zählen einerseits "nicht-revisionistische" Staatsanalysen wie W. **Müller**/C. **Neusüß**, Die Sozialstaatsillusion und der Widerspruch von Lohnarbeit und Kapital, Sozialistische Politik 1970, Heft 6/7, S. 4 ff. und andererseits die "Theorie des staatsmonopolistischen Kapitalismus", vgl. zur Darstellung und Kritik M. **Wirth** (1973). Die politische Krisentheorie neomarxistischer Prägung vertreten vor allem J. **Habermas** (1973) und C. **Offe** (1973). Einen Überblick über die verschiedenen, untereinander verfeindeten Theorielager findet sich bei B. **Guggenberger** (1974), S. 425 ff.

175 S. **Ruß-Mohl** (1980), S. 17.

176 Zu der von systemkritischen Sozialwissenschaftlern vertretenen "ökologisch orientierten" Staatsversagenstheorie M. **Jänicke**, Zur Theorie des Staatsversagens, in: P. **Grottian** (Hrsg.), Folgen reduzierten Wachstums für Politikfelder, Opladen 1981, S. 132 ff.

177 C. **Watrin** (1978), S. 109.

Lauf des Wirtschaftsgeschehens[178]. Das Versagen staatlicher Lenkung und öffentlicher Leistungserstellung, d. h. die Grenzen der Staatstätigkeit werden sowohl auf den "intervenierenden" als auch auf den "produzierenden" Staat erstreckt[179]. Die wichtigsten Kritikpunkte an der "Unwirtschaftlichkeit im Staatssektor"[180] kreisen um die Entkoppelung von Nutzung und Bezahlung öffentlicher Dienstleistungen, Leerlauf und Schwächen der Staatsadministration (Verwaltungsverwaltung, Sekundärverwaltung)[181], Fehlen von materiellen Effektivitätsanreizen und Erfolgskontrollen[182] (Budgetversagen), hierarchiebedingte Informationsverzerrungen[183], Selbstbedienung der Staatsdiener, Verteilungsungerechtigkeiten infolge staatlicher Monopolstellung, Bürokratieüberwälzung[184], politische Abstimmungsparadoxien (Arrowsches Unmöglichkeitstheorem)[185]. Maßstab für die staatlichen Leistungsdefizite ist das Marktmodell, das zugleich als die überlegene gesellschaftliche Organisationsform propagiert wird ("Entstaatlichung")[186].

---

178 K. Richebächer, Leiden wir an der Marktwirtschaft oder an der Wirtschaftspolitik?, in: M. Lahnstein/W. Meißner/R. Merklein/K. Richebächer, Konjunktursteuerung - eine Illusion?, Wiesbaden 1980, S. 83 ff.

179 C. Watrin (1978), S. 11. Zu den drei grundsätzlichen Varianten der politischen Auseinandersetzung um die Grenzen des staatlichen Aufgabenbereichs (Subsidiaritäts-, Privatisierungs- und Regierbarkeitsdebatte) siehe G. F. Schuppert (1980), S. 333 ff.

180 Die Kernthesen der ökonomischen Staatsversagenstheorie hat S. Ruß-Mohl (1980) zusammengestellt. Kritisch zu dieser Art von Bürokratiekritik W. Fach, Die konservative Abrechnung mit der Staatsbürokratie, PVS Bd. 22 (1981), S. 91 ff. und zu deren methodologischem Strukturkern, der herrschenden Wirtschafts-, Gesellschafts- und Wissenschaftstheorie J. Frank (1976), Teil A und B.

181 E. Hamer, Theorie der Bürokratieüberwälzung, DVBl. 1981, S. 124 ff. (125); W. Wittmann (1982), S. 13.

182 Hierin liegt das sog. "Budgetversagen" begründet, H. C. Recktenwald (1978), S. 159.

183 R. Vaubel (1979), S. 34.

184 Im Mittelstandsinstitut Niedersachsen-Bremen e.V. in Hannover wurde hierzu eine "Bürokratieüberwälzungsformel" entwickelt, siehe E. Hamer, Bürokratieüberwälzung auf die Wirtschaft, Hannover 1979, S. 14 ff.

185 Grundlegend K. J. Arrow, Social Choice and Individual Values, 2. ed. New York 1963.

186 So wollen z. B. die Privatisierungsinitiativen der Niedersächsischen Landesregierung einen "Entstaatlichungsprozeß" in allen Lebensbereichen in Gang setzen, Niedersächsischer Minister für Wirtschaft und Verkehr (1980), S. 63. Ausführlich aus theoretischer und empirischer Sicht zur Privatisierung öffentlicher Dienstleistungen E. Hamer, Privatisierung als Rationalisierungschance, Minden 1981, der aufgrund umfangreicher Untersuchungen eine "Privatisierungsformel" entwickelt, ebenda insb. S. 114 ff.

Stellt die ökonomische Theorie des Staatsversagens wesentlich auf die marktwirtschaftlich ausgerichtete Bürokratiekritik [187] ab, so verweisen ihre Gegner zur Verteidigung des öffentlichen Sektors wiederum auf die Funktionsstörungen des Marktmechanismus (Vermachtungstendenzen, Verteilungsungerechtigkeiten, Krisenanfälligkeiten) [188] : Was des einen Argument, ist des anderen Kritik. Um diesem circulus vitiosus zu entrinnen, soll auf die recht müßige Diskussion darüber verzichtet werden, ob das auf Fehler in der Marktstruktur und im Strukturwandel zurückzuführende Marktversagen selbst auf staatlichen Restriktionen der Marktprozesse und damit auf einem Staatsversagen beruht [189]. Doch soviel sei in aller Kürze angemerkt:

Die eingangs zur Begründung der regionalen Wirtschaftsstrukturpolitik angeführte Nichtberücksichtigung von Externalitäten durch den Markt-Preis-Allokationsmechanismus ist zumindest auch Ausdruck einer unzulänglichen rechtlichen Rahmenordnung, die darauf verzichtet, Kosten bzw. Nutzen dieser Faktoren den Verursachern bzw. Nutznießern anzulasten [190]. Und die als zweites ökonomisches Argument genannte mangelnde Raummobilität insbesondere des Produktionsfaktors Kapital hat nicht zuletzt ihre Ursache in einer raumkonservierenden Produktion öffentlicher Güter (Infrastruktureinrichtungen) [191]. In beiden Fällen zeichnet daher für die Entstehung der hiermit nochmals angesprochenen Agglomerationsvorteile in hohem Maße auch ein Staats- oder Politikversagen verantwortlich [192]. Konsequent läßt sich dann die regionale Strukturpolitik

---

[187] Grundlegend **A. Downs**, Non-Market Decision Making. A Theory of Bureaucracy (1965) und **W. A. Niskanen**, Nonmarket Decision Making. The Peculiar Economies of Bureaucracy (1968), beide in Deutsch wiedergegeben in: H. P. Widmaier (Hrsg.), Politische Ökonomie des Wohlfahrtsstaates, Frankfurt am Main 1974, S. 199 ff. und 208 ff. sowie **A. Katz**, Die Politik im Schlepptau der Verwaltung?, Der Bürger im Staat 1979, S. 44 ff.

[188] Z. B. **S. Ruß-Mohl** (1980), S. 23 ff.

[189] Vgl. **H. D. Assmann** (1980 a), S. 233.

[190] **P. Klemmer** (1978), S. 30 f.

[191] Bislang folgt die Infrastrukturplanung noch der Raumentwicklung, statt sie zu lenken. Ausführlich **D. Fürst/P. Klemmer/K. Zimmermann** (1976), S. 12 f.; **J. Schulz zur Wiesch** (1978), S. 33; **U. van Suntum** (1981 b), S. 187.

[192] **P. Klemmer** (1978), S. 31.

nur noch auf außerökonomische, hauptsächlich ausgleichs- (raumordnungs-)politische Gründe stützen [193]. Die Theorien des Markt- und des Staatsversagens müssen darum im Zusammenhang analysiert werden: die Folgen des Marktversagens weisen Entsprechungen in der Politik in Form des Staatsversagens auf und umgekehrt. Die ökonomische Theorie des Staatsversagens macht auf vielzählige Struktur- und Funktionsdefizite des politischen Systems aufmerksam. Dennoch darf nicht außer Acht gelassen werden, wie sehr in unserem Gesellschaftssystem sich Ökonomie und Politik, Staat und Gesellschaft, Markt und Bürokratie gegenseitig bedingen, ergänzen und ineinander greifen [194]. Diesen Interdependenzen gelten die nächsten Ausführungen.

---

[193] In diesem Sinne D. Fürst/P. Klemmer/K. Zimmermann (1976), S. 13 f.; P. Klemmer (1978), S. 40.
[194] S. Ruß-Mohl (1980), S. 27; vgl. a. R. Jochimsen/P. Treuner (1974), S. 29 f.

II. Politische Determinanten der Wirksamkeit regionaler Strukturpolitik

Regional notwendige und gezielte Strukturverbesserung steht wie jede andere raumbezogene Politik vor der Schwierigkeit der raumpolitischen Steuerbarkeit der Wanderungsbewegungen sowie Standort- und Investitionsentscheidungen der privaten Haushalte und wirtschaftlichen Unternehmen. Daß eine regionale Strukturpolitik überhaupt durchgeführt wird, scheint auf einen Zuwachs staatlicher Handlungsspielräume hinzudeuten. Da Markt und Politik - wenn auch in je unterschiedlicher Intensität - gemeinsam die raumwirtschaftlichen Abläufe bestimmen, hängen die Möglichkeiten und Grenzen staatlicher Planungs- und Steuerungsfähigkeit der regionalökonomischen Entwicklung sowohl von dem Einfluß ökonomischer und sozialer Dynamik auf die Funktionsbedingungen der politischen Institutionen (Außenaspekt) als auch von deren internem Potential zur Entwicklung, Abstimmung und Durchsetzung regionalpolitischer Handlungsprogramme (Binnenaspekt) ab. Da das Recht als Steuerungsmedium der (Struktur-)Politik und institutionelle Variable des Wirtschaftsprozesses immer schon in das Spannungsverhältnis von Staat und Wirtschaft eingebunden war, es mitbestimmt hat und seinerseits von ihm mitbeeinflußt wurde [195], ist es unerläßlich, vor der Betrachtung der rechtlichen auf die politischen Determinanten regionaler Wirtschaftsentwicklungspolitik einzugehen.

1. Die Komplementärfunktion regionaler Wirtschaftspolitik

Eine Analyse der funktionalen Interaktions- und Interdependenzbeziehungen, der "relativen Autonomie" des Staates gegenüber der Wirtschaft kann auf unzählige in der sozialwissenschaftlichen Planungsdiskussion entwickelte staatstheoretische Analysen zurückblicken. An dieser Stelle soll die grundlegende wissenschaftstheoretische Auseinandersetzung zwischen den divergierenden

---

195 H.-D. Assmann (1980 b), S. 241.

Staatsinterpretationen nicht rezipiert werden - dies ist schon an anderer Stelle ausführlich geleistet worden [196] - sondern es soll zur Verdeutlichung des eigenen Standpunktes zunächst eine in der neueren politologisch-soziologischen Verwaltungsforschung weitverbreitete Methode nutzbar gemacht werden, das gesellschaftliche Gesamtsystem in drei weitere Teilsysteme zu differenzieren [197]. Im folgenden unterscheiden wir zwischen dem politischen, ökonomischen und sozialen [198] System, die untereinander durch diverse und komplexe Interaktionen verbunden sind (vgl. Abbildung 3) [199].

In diesem Sinne wird der Begriff "Staat" nicht als Dichotomie zur "Gesellschaft" verstanden, sondern als analytisch in der Gesellschaft ausdifferenziertes "politisches System", das alle im politischen Prozeß der gesellschaftlichen Zielformulierung und -implementierung beteiligten Entscheidungsträger erfaßt (Parlamente, politische Parteien, Regierungen, Ministerialbürokratien, Bezirks- und Kommunalverwaltungen etc.), das somit institutionell definiert [200] und am Phänomen öffentlicher Herrschaftsausübung orien-

---

[196] Aus den zahlreichen überblickartigen Zusammenfassungen sei verwiesen auf H. Abromeit (1976), S. 3 ff.; B. Blanke/U. Jürgens/H. Kastendiek (1975), Teile III bis V; J. Esser (1975), Teile II bis V; B. Guggenberger (1974), S. 425 ff.; P. Grottian (1974), S. 19 ff.; V. Ronge (1979), S. 18 ff.

[197] C. Offe (1973), S. 213; J. Habermas (1973), S. 15; P. Grottian (1974), S. 19; F. W. Scharpf (1974 a), S. 6; P. Knoepfel (1977), S. 162; H.-P. Spahn (1976), S. 275. Zur Plausibilität des System-Umwelt-Modells zur Erklärung politischer Phänomene siehe auch S. C. Flanagan, Das politische System und die systemische Krise, in: M. Jänicke (Hrsg.), Politische Systemkrisen, Köln 1973, S. 98 ff.

[198] Die vorgenannten Autoren verstehen das Sozialsystem enger, nämlich als normatives, legitimatorisches oder soziokulturelles Wertsystem.

[199] Das im folgenden zu skizzierende interaktionistische Analysemodell geht auf Vorstudien zurück, die der Verfasser zusammen mit H. H. Koch im Sommer 1978 durchgeführt hat. Da wir Recht als ein Instrument der Politik zur Steuerung sozialökonomischer Prozesse verstehen, ermöglicht gerade erst die - analytische - Trennung von Staat (Politik) und Ökonomie/Soziales in gesellschaftliche Teilsysteme eine adäquate Bearbeitung der Verrechtlichungsproblematik, vgl. a. R. Voigt (1980), S. 25.

[200] Zwar erscheint es methodisch bedenklich, von Institutionen statt Funktionen auszugehen, doch reicht es nicht aus, nur in Funktionen zu denken. So gegenüber N. Luhmanns funktional-struktureller Methode R. Mayntz (1978), S. 43. Zur Kombination von funktionaler und institutioneller Staatsanalyse V. Ronge (1979), S. 24, 32 und 35 f.

Abbildung 3

Ein Analysemodell gesamtgesellschaftlicher Interaktions- und Interdependenzbeziehungen

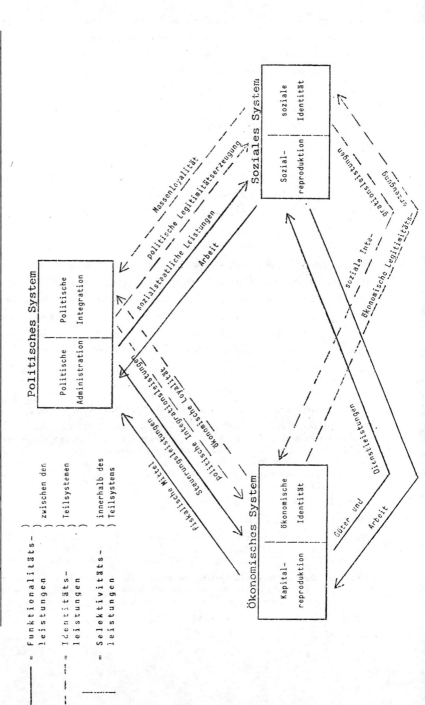

tiert ist [201]. Seinem Charakter nach ist der Staat Amt, mit hoheitlicher Gewalt ausgestattete Organisation, organisierte Entscheidungs- und Wirkungseinheit [202]. Seine Systemelemente bilden die konkurrenzdemokratisch organisierte Politik und die bürokratisch organisierte Administration [203]. Formale Strukturmerkmale der Staatlichkeit sind Steuerfundierung, Hoheitlichkeit, Rechtsförmigkeit der Entscheidungen ("outputs"), Öffentlichkeit der Entscheidungsprozesse und Gemeinwohlanspruch [204]; die materialen Strukturprinzipien umfassen die in den Artt. 20 Abs. 1 und 2, 28 Abs. 1 GG niedergelegten Verfassungsgrundsätze und Staatszielbestimmungen [205] der Demokratie sowie des Rechts-, Sozial- und Bundesstaats [206].

Die "Umwelt" des Staates besteht aus dem ökonomischen und dem sozialen System. Die Begriffe "**Wirtschaft**" und "**Ökonomie**" beziehen sich auf die privatkapitalistisch organisierten Bereiche der wirtschaftlichen Unternehmen und privaten Haushalte [207]. Unter der Geltung weitgehender Eigentums-, Investitions- und Vertragsfreiheit [208] produziert die Ökonomie "privat", d. h. "ohne öffentliches Amt" [209] die zur Befriedigung der sozialen Bedürfnisse notwendigen Güter und Dienstleistungen. Sie basiert auf dem Markt als dem

---

[201] H. Abromeit (1976), S. 2; H. Schatz (1974), S. 76 FN 4.

[202] H. Heller, Staatslehre, 3. unv. Aufl. Leiden 1963, S. 228 ff.; vgl. a. E.-W. Böckenförde (1972 a), S. 16; J. Habermas (1971), S. 24 und 32; H. Mey, Zur Abgrenzung von "Regierungssystem", "Politischem System" und "Gesellschaft" im Rahmen systemtheoretischer Funktionsbestimmung, in: H. Krauch (Hrsg.), Systemanalyse in Regierung und Verwaltung, Freiburg 1972, S. 119 ff. (123 ff.).

[203] F. W. Scharpf (1978 a), S. 3.

[204] V. Ronge (1979), S. 37.

[205] Allgemein zu Staatszielbestimmungen U. Scheuner, Staatszielbestimmungen, in: R. Schnur (Hrsg.), Festschrift für E. Forsthoff zum 70. Geburtstag, München 1972, S. 325 ff.; in aller Kürze G. F. Kuhfuß, Staatsziele, VR 1981, S. 109 f.

[206] Siehe **Bundeszentrale für politische Bildung** (Hrsg.), Demokratie - Rechtsstaat - Sozialstaat: Strukturprinzipien der deutschen Demokratie, Informationen zur politischen Bildung Heft 165, Bonn 1975, S. 3.

[207] H. Abromeit (1976), S. 2; F. W. Scharpf (1978 a), S. 3.

[208] P. Knoepfel (1977), S. 163.

[209] J. Habermas (1971), S. 24.

genuinen Koordinations- und Steuerungsmechanismus; ihr Medium ist der über Tauschbeziehungen sich vollziehende Wettbewerb. Das "Sozialsystem" schließlich reproduziert die menschliche Arbeitskraft und stellt sie den beiden anderen Teilsystemen zur Verfügung. Darüber hinaus erbringt, bewahrt und vermittelt es das für seine und der Gesamtgesellschaft Identität notwendige Maß an Konsens zwischen den sozialen Institutionen (Familie, Bildungswesen, Wissenschaft, Massenmedien u. a.). Es baut auf den in der Gesellschaft vorhandenen kulturellen Traditionen auf und verleiht ihnen über Sozialisations- und Professionalisierungsprozesse normative Kraft [210]. Dabei artikulieren sich die normativen Wertvorstellungen in "Konflikt-Konsens-Prozessen" [211].

Der dreisystemische Gesellschaftsbegriff hat Auswirkungen auf den engeren Politikbegriff: Da Politik und Staat zusammenfallen, ist Politik ausschließlich staatliche Politik [212]. Ihr sozioökonomisches Umfeld wird durch einen hohen Grad der Arbeitsteilung und der funktionalen Interdependez und Interaktion zwischen den ausdifferenzierten Teilsystemen charakterisiert [213]. Alle drei Teilsysteme der Gesellschaft beziehen Ressourcen aus ihrer Umwelt und erbringen Leistungen an diese Umwelt. Die Stabilität des Gesamtsystems hängt dabei entscheidend von den Funktionen ab, die das politische System zu erbringen in der Lage ist [214].

Um das Funktionieren der Kapital- und Sozialreproduktionsprozesse zu sichern, gibt die politische Administration an ihre Umwelt Steuerungsleistungen (z. B. Konjunktur- und Struktursteuerung) und sozialstaatliche Leistungen (z. B. Sozialhilfe, Ausbildungs-

---

210 J. Habermas (1973), S. 15 FN 10 a.
211 P. Grottian (1974), S. 20; ihm folgend P. Knoepfel (1977), S. 163.
212 Ebenso V. Ronge (1979), S. 36 f. Zu den Bestimmungsfaktoren der auf gesellschaftliche Veränderungen abzielenden Politik im politischen, ökonomischen und sozialen System siehe C. Böhret (1977), S. 160 ff.
213 Vgl. F. W. Scharpf (1974 a), S. 6.
214 Ebenda, S. 7.

förderung) ab [215]. Gleichzeitig hiermit erbringt die Politik zur Erhaltung der Loyalität ihrer Umwelt Integrationsleistungen (z. B. Mitbestimmung und Umweltschutz). Am Beispiel der regionalen Strukturpolitik kann dieser "politische Stabilitätskreislauf" in vereinfachter Form folgendermaßen umschrieben werden:

Materiell-objektiv ist das Wirtschaftssystem zur Behebung räumlicher Fehlallokationen der Produktionsfaktoren Kapital und Arbeit auf wirtschaftsfördernde "Interventionen" (Investitionsförderung, Infrastrukturausbau) angewiesen [216]; seinerseits gibt es Teile der von ihm erzeugten Werte an das politische System ab, damit dieses seine Investitionsanreizpolitik finanzieren kann. Auf die raumstrukturellen Verteilungs- und Ausgleichsansprüche des Sozialsystems reagiert die Politik mit zusätzlichen sozialen Attraktivitätsangeboten (z. B. bessere Bildungschancen für strukturschwache Regionen), es selbst benötigt (dafür) die vom Sozialsystem zur Verfügung gestellte menschliche Arbeitskraft (öffentlicher Dienst). In der **intentional-subjektiven** Perspektive erhält sich die Regionalpolitik die Loyalität der privaten Wirtschaft und die politische Legitimität ("Massenloyalität"), indem sie daneben integrierend und legitimitätserzeugend wirkt (z. B. Investitionsappelle, "moral suasion", Wahlgeschenke zugunsten der Fördergebiete).

Aus der gesellschaftlichen Funktionsaufteilung in Politik, Ökonomie und Soziales folgt, daß sich die Staatstätigkeit subsidiär und komplementär zur sozioökonomischen Entwicklung verhält. Die Politik ist auf Funktionen beschränkt, die anders nicht oder nicht ausreichend erfüllt werden (können), aber gleichwohl für den Ablauf des ökonomischen und sozialen Reproduktionsprozesses in seiner jeweiligen historischen Ausprägung benötigt werden [217]. Inso-

---

215 Die Kooperation von Staat und Wirtschaft ist in einem umfassenden Sinne gesetzlich erstmals in der "konzertierten Aktion" des § 3 StWG vorgesehen worden, vgl. E. **Forsthoff** (1974), S. 124; R. **Schmidt** (1971), S. 197 ff.; H.-P. **Spahn** (1976), S. 266 ff. und H. **Willke**, Zur Integrationsfunktion des Staates. Die konzertierte Aktion als Paradigma in der neuen staatstheoretischen Diskussion, PVS Bd. 20 (1979), S. 221 ff.

216 Siehe oben S. 31 ff.

217 Vgl. zum zweisystemischen Verhältnis Politik-Ökonomie V. **Ronge** (1979), S. 39.

weit ist der Staat der "Träger einer Komplementärfunktion für den industriell-wirtschaftlichen Prozeß"[218]. Für die Regionalförderung wie jede andere staatlich-kommunale Politik ergibt sich aus diesem Komplementärverhältnis sowie aus den ökonomischen und rechtlichen Rahmenbedingungen, daß sie sich prinzipiell auf den Einsatz markt- und systemkonformer[219] Ziel-Mittel-Programme beschränken muß[220], will sie die ökonomische Loyalität nicht bedrohen (vgl. Abbildung 3).

Zwar ist in der "**mixed-economy**"[221] neben die Selbststeuerung des Marktes die Eingriffssteuerung des Staates getreten, die indessen nicht auf die Aufhebung des Marktmechanismus, sondern auf seine Prämissen und Resultate gerichtet ist[222]. Gleichwohl liegt das Kardinalproblem der staatlichen Wirtschaftspolitik darin, daß "sie die Rationalität automatisch wirkender Marktmechanismen ersetzen muß durch eine zentrale Planrationalität, wenn Krisen innerhalb des Wirtschaftssystems und ein Absinken des ökonomischen Leistungsniveaus vermieden werden sollen"[223]. Regionalpolitisch gewendet: Regionale Wirtschaftsentwicklung in einem marktmäßig strukturierten Wirtschaftssystem muß zum einen die Freiheit der Standort-, Arbeitsstätten- und Wohnortwahl erhalten und darf den betrieblichen Wettbewerb nur so gering wie möglich verfälschen, zum anderen soll sie aber auch einen möglichst hohen räumlichen

---

218 **E.-W. Böckenförde** (1972 a), S. 28.

219 Zum Unterschied zwischen Markt- und Systemkonformität **H.-R. Peters** (1971), S. 11. Zur wirtschaftspolitischen Systemkonformität **E. Tuchtfeldt** (1960), S. 206 ff. und **F. Mehler** (1970), S. 217 ff. Aus heutiger Sicht enge Grenzen unter dem Gesichtspunkt der Marktkonformität - der Begriff geht auf **K. C. Thalheim** und **W. Röpke** zurück - zieht **J. H. Müller** (1960/61), S. 176 ff., der zwischen einem engeren und einem weiteren Konformitätsbegriff unterscheidet, ebenda, S. 159 ff. und 169 ff.

220 Ausnahmslos gegen hoheitliche Interventionen in Form von Ge- und Verboten **E.-W. Böckenförde** (1972 a), S. 27.

221 Grundlegend zur Theorie der "mixed-economy" **U. Rödel**, Forschungsprioritäten und technologische Entwicklung, Frankfurt 1972, S. 9 ff. Zur "mixed economy" als Sozialmodell für das Wirtschaftsrecht **H.-D. Assmann** (1980 a), insb. S. 229 ff.; kritisch hierzu aus (neo-)marxistischer Sicht **P. Nahamowitz** (1981), S. 41 f.

222 **H.-D. Assmann** (1981 b), S. 243.

223 **F. W. Scharpf** (1973 a), S. 176.

Lenkungseffekt aufweisen [224]. Zur Ausschöpfung der spezifischen ökonomischen Effizienz ist mithin ein Zielsystem und ein Steuerungsinstrumentarium notwendig, daß die eigene Informationsverarbeitungskapazität und Intelligenz, die relative Autonomie und Präferenzspielräume der ökonomischen Basiseinheiten nicht völlig aufhebt[225], sondern geradezu strategisch ausnutzt.

2. Zielkatalog, Instrumentarium und Strategie der regionalen Wirtschaftsförderung

Die regionale Wirtschaftsstrukturpolitik stellt den umfassenden Versuch dar, die Divergenzen zwischen dem diagnostizierten Ist- und dem projizierten Sollzustand des raumwirtschaftlichen Entwicklungsniveaus der einzelnen Teilgebiete abzubauen[226]. Wurde bisher dargelegt, warum eine auf Regionen gerichtete und auf Marktkomplementarität bedachte Strukturpolitik notwendig ist, so geht es nunmehr darum aufzuzeigen, welche räumlichen Entwicklungsstrategien diese Politikform einsetzt, d. h. welcher Mittel sie sich zur Erreichung welcher Ziele bedient. Bekanntlich sind Ziel-Mittel-Systeme jedoch relativ: Die Instrumente können selbst Ziele sein und einzelne Zwecke wiederum Mittel für übergeordnete Zielvorgaben[227]. Dennoch sind ein plausibles und stringentes Ziel-Mittel-Gebäude und eine gesamträumliche Förderungsstrategie unerläßliche Bedingung für eine Koordination strukturpolitischer Maßnahmen im Rahmen einer regionalpolitischen Gesamtkonzeption, "die für alle Träger regionalpolitischer Entscheidungen und Handlungen verbindlich ist bzw. von ihnen als verbindlich anerkannt wird"[228]. Da das Instrumentarium auf die Zielaussagen bezogen ist, werden zunächst die relevanten regionalpolitischen Zielelemente untersucht.

---

224 H.-R. Peters (1971), S. 25; F. Buttler/K. Gerlach/P. Liepmann (1977), S. 165 erblicken hierin eine doppelte Restriktion staatlicher Steuerungskapazitäten.

225 F. W. Scharpf (1973 a), S. 178 f.

226 D. Fürst/P. Klemmer/K. Zimmermann (1976), S. 91.

227 R. Schmidt (1974 a), S. 542. Vgl. a. G. Fischer (1973), S. 25; H.-J. Klein (1973), S. 87; N. Kloten (1968), S. 21.

228 E. Lauschmann (1976), S. 264 f.

a) Elemente eines Zielsystems

Zielaussagen sind präskriptiver, nicht deskriptiver Natur [229]; sie verlangen die Auseinandersetzung mit normativen Richtigkeitspostulaten und die Fällung positiver oder negativer Werturteile [230]. Im folgenden bleibt die Problematik der Legitimation derjenigen, die Ziele setzen oder interpretieren, ausgeklammert [231]. Vielmehr wird allein versucht, auf pragmatischem Wege über die Durchsicht der regional- und strukturpolitisch einschlägigen Gesetze, Pläne und Programme, der Regierungsverlautbarungen und politischen Stellungnahmen sowie der wissenschaftlichen Literatur das Spektrum der regionalpolitischen Zieldiskussion abzustecken. Der Zwang zur Festlegung allgemein akzeptierter Zielvorstellungen [232] bedingt freilich den allerorten beklagten Mangel an Konkretion und Operationalität der Zielsetzungen und damit verbundene weite Interpretationsspielräume [233]. Zwar lassen sich die offiziellen Äußerungen der beteiligten Akteure auf einen - allerdings sehr großen - gemeinsamen Nenner bringen, doch ist es dem

---

229 H. Flohr, Probleme der Ermittlung volkswirtschaftlichen Erfolgs, Göttingen 1964, S. 15. Der Unterschied zwischen rein empirischen (= deskriptiven) und normativen (= präskriptiven) Aussagen besteht darin, daß erstere sich auf die Beschreibung der jeweiligen Eigenschaften von Tatbeständen beschränken, während letztere zusätzlich dazu eine wertende Stellungnahme zu den Tatbeständen zum Ausdruck bringen. Vgl. u. a. R. Prim/H. Tilmann, Grundlagen einer kritisch-rationalen Sozialwissenschaft, 2. Aufl. Heidelberg 1975, S. 113 ff.

230 G. Fischer (1973), S. 23. Die Wahrheitsfähigkeit von Aussagen verneint das Konzept des "Kritischen Rationalismus", wie es sich hauptsächlich in den Arbeiten von K. R. Popper und H. Albert wiederfindet. Dagegen wendet sich die insbesondere von K. O. Apel und J. Habermas vertretene "Konsensustheorie der Wahrheit". Zu den Wahrheitstheorien und der Wertungsproblematik aus wirtschaftswissenschaftlicher Sicht J. Frank (1976), S. 26 ff. und 40 ff. und F. Mehler (1970), S. 75 ff. sowie aus juristischer Sicht H. Rüssmann, Die Begründung von Werturteilen, JuS 1975, S. 352 ff. und J. Schmidt, Noch einmal: Wahrheitsbegriff und Rechtswissenschaft, JuS 1973, S. 204 ff.

231 Zum sog. "Positivismusstreit erster Ordnung" (kritischer Rationalismus versus kritische Theorie) siehe die Beiträge in: T. W. Adorno et. al., Der Positivismusstreit in der deutschen Soziologie, Darmstadt-Neuwied 1969. Zum "Positivismusstreit zweiter Ordnung" (Habermas-Luhmann-Kontroverse) siehe J. Habermas/N. Luhmann, Theorie der Gesellschaft oder Sozialtechnologie - Was leistet die Systemforschung?, Frankfurt 1971.

232 Zur Funktion regionalpolitischer Ziele U. Brösse (1972), S. 39 ff.

233 Z. B. J. Klaus/H. Schleicher (1980), S. 607; E. Lauschmann (1976), S. 249 ff.; E. von Böventer/J. Hampe (1976), Sp. 3393 f.; N. Kloten/K. Höpfner/W. Zehender (1972), S. 17; H. d'Orville (1979), S. 42 f.; R. Schmidt (1974 a), S. 536 f. sowie bereits N. Kloten (1968), S. 30 und 31.

Prozeß der politischen Willensbildung bislang nicht gelungen, die Voraussetzungen für die Ableitung einer möglichst kompletten, operationalen und konsistenten Ziel-(Mittel-)Funktion zu schaffen [234]. Was allerdings erreicht werden kann und sollte, ist die Festlegung wenigstens der Zielrichtungen und Tendenzen der regionalen Strukturpolitik in einem generellen Zielsystem, welches es erlaubt, auf konkrete Fragestellungen je nach Situation, Zeit und Raum operationale Ziele in Zielbildungsprozessen abzuleiten [235]. Insofern erhebt die im weiteren Verlauf zu entwickelnde Zielstruktur weder den Anspruch, bereits strikt operationale Zieldefinitionen anzubieten noch frei von Zielkonflikten [236] zu sein, weil sie im Einzelfall erst der weiteren Interpretation und Konkretisierung bedarf. In diesem Sinne jedoch versteht sich der Zielkatalog als hinreichend konkret, wenn auch die schematische Darstellung zu einer Reihe von Vereinfachungen zwingt [237], die im Hinblick auf die Zielprojektion hingenommen werden müssen.

Da die regionale Strukturpolitik Bestandteil der Gesellschafts-, Wirtschafts- und Raumordnungspolitik ist, müssen ihre Ziele in ein umfassendes Zielsystem eingebunden sein [238]. Gemäß dieser Vorgabe ist eine Konzeption der regionalen Strukturpolitik zu entwickeln [239],

---

234 Vgl. R. Schmidt (1974 a), S. 539; H. K. Schneider (1968), S. 3.
235 Für die Raumordnungspolitik U. Brösse (1975), S. 37 und 38.
236 Zu den möglichen Zielbeziehungen der Identität, Harmonie, Neutralität, Antinomie und Widersprüchlichkeit G. Rinsche (1968), S. 137; P. Tennagels (1980), S. 22; E. Tuchtfeldt, Zielbeziehungen in der Wirtschaftspolitik, WiSt 1975, S. 471 ff. Allgemein zu den theoretischen Grundlagen von Zielkonflikten U. Brösse (1972), S. 61 ff.; G. Gäfgen (1975), S. 33 f.; K.-H. Hansmeyer (1968), S. 45 ff.; F. Mehler (1970), S. 130 ff.; aus juristischer Sicht W. Hoppe (1974), S. 645 f.
237 Vgl. a. H.-J. Klein (1972), S. 11. Zumeist sind die regionalpolitischen Oberziele komplexe und nicht quantitativ formulierbare Vorstellungen über regionale Strukturen, die zudem vornehmlich in einer komparativen Form umschrieben werden, N. Kloten/K. Höpfner/W. Zehender (1972), S. 17.
238 D. Fürst/P. Klemmer/K. Zimmermann (1976), S. 91; H. Mehrländer (1977), S. 21.
239 G. Fischer (1973), S. 28.

- die als integrierter Bestandteil der Gesamtpolitik für Wirtschaft und Gesellschaft angelegt ist,

- die auf gesamträumliche Ordnungsvorstellungen ausgerichtet ist und

- die innerhalb dieses Rahmens ökonomisch optimale Lösungen der raumordnungspolitischen Anliegen realisieren will.

Der Versuch, die Ziele der Regionalpolitik aus einem an Grundrechte und Verfassungsbestimmungen angelehnten gesellschaftspolitischen Leitbild zu deduzieren, geht auf den **Sachverständigenausschuß für Raumordnung** zurück[240]. Seit der Vorlage seines Gutachtens im Jahre 1961 sind mehrere regional- und wirtschaftspolitisch bedeutsame Gesetze verabschiedet worden. Normative Grundlagen und Eckwerte eines regionalpolitischen Zielmodells bilden daher vor allem das Grundgesetz, das Raumordnungsgesetz, das Stabilitätsgesetz, das Gesetz über die GRW, das Bundesraumordnungsprogramm sowie die Grundsätze der regionalen Wirtschaftspolitik der Bundesregierung. Erst aus den in diesen Rechtsgebilden und Leitsätzen enthaltenen politischen Grundaussagen lassen sich die Leitbilder und Ziele der regionalökonomischen Entwicklung ableiten[241].

Hiernach kann das **gesamtgesellschaftliche Leitbild** allgemein formuliert werden als "Verbesserung der Lebensqualität"[242], die als Ausfluß der Grundrechte und des Sozialstaatsprinzips mit der Sicherung und Steigerung der individuellen und gesellschaftlichen Freiheit, Gleichheit und Wohlfahrt interpretiert wird (vgl. Abbildung 4). Ähnlich stellt § 1 Abs. 1 ROG ein Leitbild der raumstrukturellen Entwicklung auf, das die verschiedenen Teilräume des Bundesgebietes unter Beachtung der natürlichen Gegebenheiten sowie der wirtschaftlichen, sozialen und kulturellen Erfordernisse

---

240 SARO (1961).

241 Einen umfassenden Überblick über die Zieldiskussion in der regionalwirtschaftlichen Literatur geben R. Thoss/M. Strumann/H. M. Bölting (1974), S. 13 ff. Zum "politischen und planerischen Paradigma-Wandel" der raumordnerischen Konzeptionen D. Fürst/J. J. Hesse (1981), S. 26 ff. und 35 ff.

242 BROP, aaO (Anm. 56), S. II; D. Ewringmann/G. Zabel (1976), S. 751; K.-H. Hansmeyer (1981), S. 11. Zur Operationalisierung W. Väth (1974), S. 228 ff.; zur Leitzielkontroverse in der Raumordnungspolitik K. Ganser (1980 b), S. 9 f.

Abbildung 4

Die Zielhierarchie der regionalen Wirtschafts- und Sozialpolitik

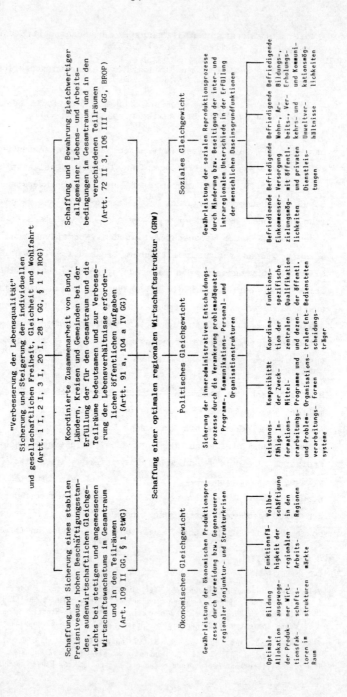

einer Entwicklung zuführen will, die der freien Entfaltung der Persönlichkeit in der Gemeinschaft am besten dient [243].

Diesem abstrakten Oberziel sind die Leitbilder der ökonomischen, politischen und sozialen Entwicklung zugeordnet. Das **ökonomische Leitbild** wird durch § 1 Satz 2 StWG festgelegt, wonach ein stabiles Preisniveau, ein hoher Beschäftigungsstand und ein außenwirtschaftliches (bzw. interregionales) Gleichgewicht bei stetigem und angemessenem Wirtschaftswachstum im Gesamtraum und in den Teilräumen zu verwirklichen ist. Die Formel von der "Einheitlichkeit der Lebensverhältnisse" in den Artt. 72 Abs. 2 Ziff. 3, 106 Abs. 3 Satz 4 Ziff. 2 GG bestimmt das **soziale Leitbild**. Dabei geht es um die Schaffung gleichwertiger allgemeiner Lebens- und Arbeitsbedingungen [244] im Bundesgebiet und in seinen verschiedenen Regionen. Und das **politische Leitbild** schließlich besteht in der koordinierten Zusammenarbeit von Bund, Ländern und kommunalen Körperschaften [245] bei der Erfüllung der für den Gesamtraum und die Teilräume bedeutsamen und zur Verbesserung der Lebensverhältnisse erforderlichen öffentlichen Aufgaben (Artt. 91 a Abs. 1, 104 a Abs. 4 GG).

Unterhalb dieser Zielebene ist das **regionalpolitische Hauptziel** der Verwirklichung einer optimalen regionalen Wirtschaftsstruktur angesiedelt, wie es im Gesetz über die GRW, im Investitionszulagen- und im Zonenrandförderungsgesetz seinen gesetzlichen Niederschlag gefunden hat und wie es generell mit der Verringerung des regionalen Entwicklungsgefälles beschrieben wird [246].

---

243 Vgl. L. Heigl (1976), S. 3. G. Fischer (1973), S. 24 nennt Freiheit, Sicherheit, Gerechtigkeit, Wohlstand und Wohlfahrt die "obersten Ziele" der Regionalpolitik.

244 Diese raumordnerische Zielvorgabe ist regelmäßige Kernaussage in den Entwicklungsplänen der Länder, vgl. F. Wagener (1972), S. 101 ff. Kritisch zu den Verwirklichungschancen K.-H. Hübler (1980), S. 422 f.; ders./E. Scharmer/ K. Weichtmann/S. Wirz (1980), insb. S. 128 ff. und R. Wimmer (1982), S. 62 ff., der statt "zentralistischer Einfalt" die "regionale Vielfalt" fordert.

245 Vgl. dazu schon H. Apel (1965), S. 129 und 140 und die **Grundsätze der regionalen Wirtschaftspolitik**, aaO (Anm. 80), Tz. 10 sowie die **Grundsätze für die Abstimmung der Fördermaßnahmen des Bundes, der Länder und Gemeinden in der regionalen und sektoralen Strukturpolitik**, aaO (Anm. 104), Tz. 1.

246 Etwa E. Lauschmann (1979), S. 3. Zu dem Ziel der Wirtschaftsstrukturverbesserung in den Landesplänen F. Wagener (1972), S. 139 ff.

Gemeinhin wird dieses Rahmenziel der Wirtschaftsstrukturverbesserung entweder mittels der regionalpolitischen Endziele der individuellen Freiheit, der sozialen Gerechtigkeit und des wirtschaftlichen Wohlstandes [247] oder mit Hilfe der regionalpolitischen Teilziele des Wachstums, der Stabilität und des Ausgleichs (der Gerechtigkeit) [248] ausgefüllt. Die zuletzt genannte, auf **Schneider** zurückgehende und inzwischen allgemein akzeptierte Zielformulierung versteht unter dem **Wachstumsanliegen** die Schaffung der Voraussetzungen für ein gesamtwirtschaftlich optimales Wirtschaftswachstum. Das **Stabilitätsziel** wird im Sinne der Reduzierung der konjunkturellen und strukturellen Anfälligkeiten der Regionen und das **Gerechtigkeitsziel** als Vermeidung bzw. Beseitigung extremer Disparitäten in der interregionalen Verteilung der durchschnittlichen Pro-Kopf-Realeinkommen interpretiert [249]. Während Wachstum und Stabilität zwei ökonomische Unterziele bezeichnen, wird Gerechtigkeit eindeutig durch das (außerökonomische) raumordnungspolitische Ausgleichsanliegen bestimmt. Keine Berücksichtigung findet in dieser "Trias" der regionalen Wirtschaftsförderung die Frage der politischen Verarbeitung der angesprochenen Zielaussagen [250]. Dabei geht es um die Umsetzung der Regionalpolitik in

---

247 D. Fürst/P. Klemmer/K. Zimmermann (1976), S. 95 f.; H. Jürgensen (1964), S. 403; H.-J. Klein (1973), S. 86 und (1972), S. 11; H. d'Orville (1979), S. 87.

248 Erstmals H. K. Schneider (1968), S. 4. Ihm folgend (in alphabetischer Reihenfolge) F. Buttler/K. Gerlach/P. Liepmann (1977), S. 125 f.; H.-F. Eckey (1978 a), S. 6 ff.; B. Ellinger (1980), S. 72 ff.; H. Friderichs (1975), S. 103; H. P. Gatzweiler (1976), S. 739 f.; L. Hübl/R. Ertel (1980), S. 1; H. Jürgensen (1981), S. 226 und (1975), S. 277; H. Kliemann (1981), Teil I, S. 2 f.; M. Köppel (1980), S. 186; K. Lange (1981 a), S. 105 f.; E. Lauschmann (1976), S. 288 ff.; A. Möller (1981), S. 200; H. d'Orville (1979), S. 94 ff.; W. Patzig (1981), S. 151 f.; C. Puls (1976), S. 94; J. Schulz zur Wiesch (1978), S. 24; G. Sohn (1980), S. 257; U. van Suntum (1981 a), S. 30 ff.; P. Tennagels (1980), S. 13; R. Thoss/M. Strumann/H. M. Bölting/H. J. Schalk (1975), S. 1; G. Voss (1975), S. 77 ff.; F. Wolf (1980), S. 197 und (1974), S. 9. Diese "Zieltrias" Wachstum - Stabilität - Gerechtigkeit ist nicht nur in der Theorie aufgestellt, sondern auch von der Wirtschaftsförderungspraxis weitgehend übernommen worden, vgl. 11. **Rahmenplan**, aaO (Anm. 13), S. 6 f. Tz. 2.2.; **Bayerisches Staatsministerium für Wirtschaft und Verkehr** (1970), S. 10 f.; **BMWi** (1980), S. 5; **Minister für Wirtschaft und Verkehr des Landes Schleswig-Holstein** (1975), S. 7 f.

249 H. K. Schneider (1968), S. 4 und 5 f.

250 Diesen organisatorisch-institutionellen Aspekt hebt zu Recht B. Ellinger (1980), S. 72 hervor.

politisch-administrative Organisationsformen, die unter Beachtung eben der relevanten wirtschafts- und sozialstrukturellen Zielvorstellungen die tatsächlichen Disparitätenprobleme praktikabel lösen sollen. Entsprechend dieser Zielerweiterung um ein administratives Moment und in Ableitung aus den Leitbildern der sozioökonomischen und politischen Entwicklung (zweite Stufe der Zielhierarchie, vgl. Abbildung 4) wird das Hauptziel der Verbesserung der regionalen Wirtschaftsstruktur in dieser Arbeit somit durch ein **ökonomisches**, ein **politisches** und ein **soziales Gleichgewicht** gekennzeichnet, die durch jeweils ein regionalpolitisches Zwischenziel definiert und durch vier Unterziele konkretisiert werden.

Das soziale Gleichgewicht in der Regionalpolitik besteht im Abbau inter- und intraregionaler Unterschiede in den Wahrnehmungsmöglichkeiten der menschlichen Daseinsgrundfunktionen. Dieses **ausgleichspolitische Anliegen** zielt primär auf die angemessene Versorgung der Bevölkerung mit privaten und öffentlichen Gütern und Dienstleistungen [251] im Wege der Herausbildung siedlungsstruktureller Versorgungskerne [252]. Im einzelnen kann man zwischen den sieben Daseinsgrundfunktionen des Wohnens, Arbeitens, Versorgens, des sich Bildens und Erholens, der Teilnahme am Verkehr und der Kommunikation unterscheiden [253]. Folglich setzt sich die soziale Komponente der regionalen Wirtschafts- und Sozialpolitik aus der Herstellung befriedigender Einkommenserzielungsmöglichkeiten, befriedigender Versorgungsangebote mit (nichttransportierbaren) Dienstleistungen, befriedigender Wohn-, Arbeits-, Verkehrs- und Umweltverhältnisse und befriedigender Bildungs-, Erholungs- und Kommunikationsmöglichkeiten zusammen [254]. Da sich natürliche Raum-

---

251 B. Ellinger (1980), S. 76; E. Lauschmann (1976), S. 246.

252 Konzeptioneller Ansatzpunkt ist die "Theorie der zentralen Orte". Zu ihren ökonomisch-theoretischen Grundlagen W. Christaller (1968), S. 21 ff.; B. Dietrichs, Die Theorie der zentralen Orte. Aussage und Anwendung heute, RuR 1966, S. 259 ff.; I. Hoffmann (1972), S. 100 ff.; H. H. Koch (1982), S.162 ff.

253 D. Partzsch (1970), Sp. 425 ff.

254 Zu eng daher R. Thoss/M. Strumann/H. M. Bölting/H. J. Schalk (1975), S. 2, die die auf das Gerechtigkeitsziel ausgerichtete regionale Wirtschaftspolitik primär als Politik des Einkommensausgleichs interpretieren.

und regionale Entwicklungsunterschiede oftmals nicht aufheben lassen, werden auf dieser Zielkonkretisierungsstufe, um einem simplifizierenden "Nivellierungsdenken"[255] vorzubeugen, die Begriffe der "Gleichwertigkeit" oder "Wertgleichheit" der Lebensverhältnisse[256] vermieden und statt dessen lediglich befriedigende, d. h. realistisch faßbarere Anspruchsniveaus der Bürger umschrieben[257].

In **ökonomischer Hinsicht** kommt es für eine erfolgreiche regionale Wirtschaftspolitik darauf an, regionale Konjunktur-, Wachstums- und Strukturkrisen zu vermeiden bzw. abzumildern. Generell ist dieses Ziel bei einer Vollbeschäftigung in den Regionen erreicht[258]. Eine speziell am Wachstum des Sozialproduktes der Gesamtwirtschaft orientierte Wirtschaftsentwicklungspolitik wird ihr Schwergewicht auf die Förderung wachstumsorientierter Standortstrukturen (räumliche Schwerpunktbildung)[259] und wachstumsoptimaler Produktionsstrukturen (sachliche Schwerpunktbildung)[260] legen. Regionale Strukturpolitik als Wachstumspolitik[261] hat mithin die Aufgabe, die Produktionsfaktoren im Raum so zu verteilen und zu mobilisieren, daß der Output der Gesamtwirtschaft zu einem

---

255 D. Fürst/P. Klemmer/K. Zimmermann (1976), S. 105.

256 Zur Kritik an dieser sog. "Gleichheitsideologie" F. Wagener (1982), S. 87 und R. Wimmer (1982), S. 62 ff.; vgl. a. H. Weyl, Ist das raumordnungspolitische Ziel der "wertgleichen Lebensbedingungen" überholt?, DÖV 1980, S. 813 ff.

257 In diesem Sinne U. Brösse (1975), S. 39.

258 Hierzu insb. K. Kröll (1968), S. 115 ff.

259 Theoretische Grundlage ist das "Wachstums- bzw. Entwicklungspol-Konzept", vgl. M. E. Streit, Regionalpolitische Aspekte des Wachstumspolkonzepts, JfS Bd. 22 (1971), S. 227 ff.; P. Klemmer (1972), S. 102 ff.; K.-H. Brümmer/B. Schulte (1979), S. 235 f.; J. Uhlmann (1978), S. 28 ff.

260 Hier setzt die "Export-Basis-Theorie" an, vgl. K. H. Hansmeyer (1980), S. 4; R. Brüderle (1970), S. 6 ff.; H. H. Koch (1982), S.119 ff.; W. R. Thompson, Interne und externe Faktoren in der Entwicklung der Stadtwirtschaft, in: D. Fürst (Hrsg.), Stadtökonomie, Stuttgart-New York 1977, S. 38 f.

261 Seine schärfste Ausprägung findet die wachstumsorientierte Strukturpolitik im "Konzept der räumlich-funktionalen Arbeitsteilung", vgl. D. Affeld, Raum- und siedlungsstrukturelle Arbeitsteilung als Grundprinzipien zur Verteilung des raumwirksamen Entwicklungspotentials, structur 1972, S. 198 ff.; K.-H. Hübler (1980), S. 425 f. und (1977), S. 85 ff.; K. Kummerer/N. Schwarz/H. Weyl (1975), insb. S. 148 ff.

Optimum geführt wird [262]. Vorrangiges Ziel der stabilitätsorientierten Regionalpolitik ist dagegen die Beseitigung krisenanfälliger wirtschaftlicher Monostrukturen [263]. Durch die Bildung ausgewogener Wirtschaftsstrukturen [264] in den Teilräumen sollen stabile Beschäftigungs- und Einkommensverhältnisse im Gesamtraum geschaffen werden [265] (Politik der Diversifikation im Sinne der Koordination von regionaler und sektoraler Strukturpolitik) [266]. Auf die Funktionsfähigkeit der regionalen Arbeitsmärkte stellt demgegenüber das Konzept der ausgeglichenen Funktionsräume ab [267], das als "mittlerer Weg" zwischen den lediglich auf Wachstum, Stabilität und Gerechtigkeit ausgerichteten regionalpolitischen Strategien die "relative Dezentralisation durch regionale Konzentration" anstrebt [268]. Nicht verschwiegen werden soll, daß vor allem diese vier ökonomischen Unterziele der Vollbeschäftigung in den Regionen, der optimalen Allokation der Produktionsfaktoren im Raum [269], der Bildung ausgewogener Wirtschaftsstrukturen und der Funktionsfähigkeit der regionalen Arbeitsmärkte in den seltensten Fällen in Harmonie, sondern im Regelfall in Konkurrenz oder Konflikt [270] zueinander stehen (werden). Deshalb kann, auch wenn die vier Unterziele als gleichrangig anzusehen sind, eine Priorität für eines der Ziele gesetzt werden, wenn es besonders gefährdet ist [271].

---

262 Vgl. die **Grundsätze der regionalen Wirtschaftspolitik**, aaO (Anm. 80), Tz. 4; E. von Böventer/J. Hampe (1976), Sp. 3391; H. K. Schneider (1968), S. 6; R. Thoss/M. Strumann/H. M. Bölting/H. J. Schalk (1975), S. 2; H. Giersch (1964 b), S. 387 spricht vom ökonomischen Grundproblem der Regionalpolitik.

263 B. Ellinger (1980), S. 97 f.; E. Groß (1977), S. 82 f.

264 C. Puls (1976), S. 97 f.; F. Wolf (1974), S. 9.

265 E. Lauschmann (1976), S. 238.

266 H. d'Orville (1979), S. 96.

267 D. Marx (1977), S. 68 f. und (1975), S. 11 f.; F. Buttler/K. Gerlach/P. Liepmann, Funktionsfähige regionale Arbeitsmärkte als Bestandteil ausgewogener Funktionsräume, in: ARL (Hrsg.), Ausgeglichene Funktionsräume. Grundlagen für eine Regionalpolitik des mittleren Weges, Hannover 1975, S. 63 ff.

268 D. Marx (1977), S. 68 und (1975), S. 10.

269 Die optimale Allokation der Produktionsfaktoren im Raum bedeutet, daß der Grenzertrag der Arbeit in allen Teilregionen der Volkswirtschaft den gleichen Wert annimmt, H.-F. Eckey (1978 a), S. 73.

270 Zu den Konflikten zwischen den "Lehrbuch-Zielen" selbst H. Mehrländer (1977), S. 22f.; H. Reichert (1977), S. 26 f.; U. van Suntum (1981 a), S. 46 ff.

271 So schon der **Sachverständigenrat zur Begutachtung der gesamtwirtschaftlichen Entwicklung** in seinem Jahresgutachten 1964/65, BT-Drs. IV/2890 vom 5.1.1965, Vorwort Ziff. 3 zur Interpretation des "magischen Vierecks" in § 1 StWG.

Die politisch-institutionelle Dimension des regionalpolitischen Zielgebäudes betont die Sicherung der inneradministrativen Entscheidungsprozesse durch problemadäquate Programm-, Kommunikations-, Personal- und Organisationsstrukturen, die (noch) zu schaffen sind, damit überhaupt eine effektive regionale Strukturpolitik als Ausgleichsfunktion zur globalen Wirtschaftspolitik praktiziert werden kann [272]. Neben der funktionsspezifischen Qualifikation der öffentlichen Bediensteten und der Installierung leistungsfähiger Informationserarbeitungs- und Problemverarbeitungsmechanismen erfordert eine effiziente Organisation der Wirtschaftsförderung im Außenverhältnis kompatible Zweck-Mittel-Programme und im Innenverhältnis ein koordiniertes Handeln der zentralen und dezentralen Entscheidungsträger. Hierzu müssen verwaltungsinterne Koordinationsbarrieren abgebaut und zusätzliche Koordinationsanreize angeboten werden [273]. Auf diese Aspekte wird im Laufe dieser Arbeit noch ausführlich einzugehen sein.

b) Systematisierung des Instrumentariums

Zur Realisierung der regionalpolitischen Zielvorgaben steht ein umfangreiches strukturpolitisches Instrumentarium bereit. Erst dieses Maßnahmenbündel ergibt die Handlungsmöglichkeiten des Wirtschaftsförderers. Der Instrumentenkatalog der regionalen Strukturpolitik entspricht weitestgehend dem der allgemeinen Wirtschaftspolitik [274], nur erfolgt sein Einsatz gezielt im Hinblick auf die bezweckten regionalen Wirkungen [275]. Es gibt verschiedene Möglichkeiten der Einteilung des regionalpolitischen Instrumentenfeldes: Eine Systematisierung kann sich z. B. nach ordnungs- und prozeßpolitischen Gesichtspunkten [276] (vgl. Abbildung 2), nach den Trä-

---

272 Vgl. H. Wilhelm (1975), S. 535 f.
273 D. Fürst/J. J. Hesse (1981), S. 134; speziell zur GRW D. Fürst (1982), S. 84 ff.
274 F. Buttler/K. Gerlach/P. Liepmann (1977), S. 127; D. Fürst/P. Klemmer/K. Zimmermann (1976), S. 152.
275 D. Storbeck, Die wirtschaftliche Problematik der Raumordnung, Berlin 1959, S. 141.
276 R. Clemens (1977), S. 98 f.

gern der regionalen Wirtschaftspolitik [277], nach dem Grad der Raumwirksamkeit der Maßnahmen [278], nach ihrem Charakter als Anreiz- oder Zwangsmittel [279], nach der Struktur der Beeinflussung der unternehmerischen Standortwahl [280], nach der Organisation des Raumes [281] oder nach der Homogenität der Sachbereiche [282] richten.

Da das in der Bundesrepublik Deutschland gebräuchliche Instrumentarium die Autonomie der einzelwirtschaftlichen Entscheidungsprozesse respektiert und aufrechterhält, muß die staatlich-kommunale Lenkung der unmittelbaren ökonomischen Raumnutzung versuchen, mit den Instrumenten der interregionalen Angebots- und Nachfragesteuerung [283] den einzelbetrieblichen Datenkranz so gezielt zu beeinflussen und das unternehmerische Mobilitätsverhalten derart zu stimulieren, daß die (relativ) autonomen und dezentralen Einzelwirtschaften ihre Standort- und Investitionsentscheidungen im Sinne der wirtschafts- und raumordnungspolitischen Zielstrukturen treffen [284]. Aus diesem Grunde wird in diesem Rahmen eine Systematisierung nach der Stärke der Verhaltensbeeinflussung der Instrumentenadressaten gewählt [285]. Demgemäß können die Maßnahmen

---

277 K. Kröll (1968), S. 43 ff.

278 E. Lauschmann (1976), S. 275 ff. unterteilt das ausführende Instrumentarium in raumwirksame Investitionen, nämlich differenzierte öffentliche Ausgaben und Einnahmen, und in nichtinvestive Fachplanungen. Eine andere raumbezogene instrumentelle Aufgliederung nehmen W. Meinhold (1973), S. 145 ff. und P. Tennagels (1980), S. 38 vor, die zwischen Vorbereitungs- und Verwirklichungs-(Durchführungs-)instrumenten unterscheiden.

279 E. Egner (1964), S. 697 f.

280 K. Töpfer (1969), S. 80 ff. trennt zwischen der instrumentellen Beeinflussung der Umwelt, des Wertsystems und der Entscheidungsmaxime des Instrumentenadressaten.

281 Innerhalb dieser Organisationsmaßnahmen differenziert U. Brösse (1975), S. 58 ff. zwischen Zwangsmitteln, Anreiz-, Abschreckungs- und Anpassungsmitteln, Gestaltungsmitteln und Mitteln der Information und Kommunikation. Ähnlich D. Bullinger (1980), S. 218 ff.

282 B. Wrobel (1977 a), S. 1 ff. gliedert nach planungsrechtlichen Vorgaben, Gewerbeflächenangebot, direkten finanziellen Hilfen, indirekten Förderungsinstrumenten über die Verbesserung der Infrastruktur sowie Informationen.

283 D. Fürst/P. Klemmer/K. Zimmermann (1976), S. 154.

284 Vgl. H. d'Orville (1979), S. 130 m. w. Nachw.

285 Zum Merkmal der Eingriffsintensität als Systematisierungshilfe H.-F. Eckey (1978 a), S. 44.

nach den Kriterien der **indirekten** oder **direkten** Zielerreichung klassifiziert werden [286] (vgl. Abbildung 5). Indirekte und direkte Einflußinstrumente unterscheiden sich dadurch, daß im ersten Falle die Zielerreichung noch von einem zielkonformen Verhalten der Adressaten (wirtschaftliche Unternehmen und private Haushalte) abhängt, wohingegen im zweiten Falle die maßgeblichen Ziele unabhängig von oder gar gegen die betroffenen Individuen durchgesetzt werden (können) [287].

In diesem Zusammenhang sei betont, daß diese Einteilung nicht deckungsgleich mit den verschiedentlich vorgeschlagenen **Modellen der Investitionslenkung** [288] ist, wenn auch die regionalpolitischen Mittel in ihrer Wirkung weitgehend der abstrakten Grobeinteilung in indirekte und direkte Investitionslenkung nahekommen. Sucht die **indirekte Investitionslenkung** nämlich die unternehmerischen Investitionsentscheidung noch über das bewußte Ausnutzen der marktwirtschaftlichen Regelmechanismen zu steuern [289], so will demgegenüber die **direkte Investitionslenkung** "unerwünschte" Investitionen vermeiden bzw. "erwünschte" Investitionen herbeiführen, indem sie über das Ob und Wie der privaten Investitionstätigkeit unmittelbar durch hoheitlichen Eingriff mehr oder weniger verbindlicher Wirkung gegenüber dem potentiellen Investor entscheidet [290]. In concreto allerdings heben sich die in der Öffentlichkeit diskutierten Investitionslenkungsmodelle von dem hier zu behandelnden strukturpolitischen Instrumentarium wesentlich ab.

---

[286] Ähnlich D. **Fürst/P. Klemmer/K. Zimmermann** (1976), S. 157 ff., die innerhalb der indirekten Lenkungsinstrumente noch zwischen "weicher" und "harter" Verhaltenssteuerung differenzieren.

[287] Vgl. R. **Clemens** (1977), S. 99.

[288] Zum Diskussionsstand siehe R. **Steininger-Fetzer**, Zur Diskussion um Investitionslenkung in der Bundesrepublik Deutschland, in: H.-J. Wagner (Hrsg.), Demokratisierung der Wirtschaft, Frankfurt-New York 1980, S. 121 ff., D. **Tiegel**, Wirtschaftspolitik durch Investitionslenkung. Neuere Modelle in der Diskussion, München 1980; H. **Kock/E. Leifert/A. Schmid/L. Stirnberg** (1977), S. 88 ff. sowie die Beiträge in: G. **Fleischle/M. Krüper** (1975).

[289] W. **Meißner**, Investitionslenkung, Frankfurt 1974, S. 63; T. **Sarrazin**, Zum Stand der Diskussion über Investitionslenkung, in: P. von Oertzen/H. Ehmke/ H. Ehrenberg (Hrsg.), Thema: Wirtschaftspolitik, 2. Aufl. Bonn-Bad Godesberg 1975, S. 57 ff. (61).

[290] R. **Clemens** (1977), S. 180; C. **Wagner** (1976), S. 7 f.

Abbildung 5

Die Einflußinstrumente der regionalen Wirtschafts- und Sozialpolitik

	Indirekte Zielerreichung					Direkte Zielerreichung		
Informations-politik	Anreizpolitik			Liegenschafts-politik	Kommunal-planung	Raumordnung und Landes-planung	Versorgungs-politik	administrative Maßnahmen
	direkte Anreize		indirekte Anreize					
	Materielle Hilfen		wirtschaftsorientierte Infrastrukturpolitik					
- Werbung	- Investitions-zulagen		- Erschließung von Industrie- und Fremdenverkehrs-gelände	- Erwerb und Be-reitstellung von Industrie- und Gewerbeflächen	- Stadt- und Kreisent-wicklungs-plan	- Bundesraum-ordnungs-programm	- Energie- und Wasserwirt-schaft	- Enteignung
- Öffentlichkeits-arbeit	- Investitions- und Zinszuschüsse, Darlehen, Bürgschaften		- Ausbau von Verkehrs-verbindungen, Ver- und Entsorgungsan-lagen, öffentl. Fremdenverkehrs-einrichtungen	- Errichtung und Bereitstellung von Industrie- und Gewerbe-parks und -höfen	- Flächennut-zungsplan	- Landesraum-ordnungs-programm	- Verkehrs-bedienung	- Betriebs-genehmigung
- Standort- und Finanzierungs-beratung	- ERP-Kredite				- Bebauungs-plan	- Landesent-wicklungs-plan	- Kommunika-tionswesen	- Baugeneh-migung
- Vermittlungs- und Verhand-lungshilfen	- Frachthilfen Sonderabschreibungen		- Errichtung oder Ausbau von Aus-, Fortbildungs- und Umschulungsstätten	- Erwerb von Vor-ratsbaugelände	- Festlegung von städte-baulichen Sanierungs-gebieten	- regionaler Raumord-nungsplan	- Bildung und Forschung	- Lizenzierung
- Koordinations- und Betreu-ungshilfen	- regionale Steuer- und Tarifge-staltung			- Vergabe lang-fristiger Grundstücks-nutzungsrechte		- Festlegung von städte-baulichen Entwicklungs-bereichen	- Gesundheits- und Fürsor-gewesen	- Dispense
- moral suasion	- Variation der Realsteuer-hebesätze		Neugründung oder Verlagerung öffentl. Einrichtungen oder Behörden	- Vermittlung priv.Grundstücke			- Öffentliche Verwaltungen	- landespla-nerischer Widerspruch
	Vergabe öffentl. Aufträge						- Wohnungs-, Freizeit- und Erholungs-angebot	- gemeindliches Vorkaufsrecht
								- Begrenzung des regionalen Zu-zuges ausländ. Arbeitnehmer

Entsprechend der üblichen Einteilung lassen sich Konzeptionen der indikativen, sektoralen und imperativen Steuerung unterscheiden [291]. Lediglich den Ausbau der staatlichen Informationsmittel - z. B. durch die Einrichtung einer Investitionsmeldestelle [292] - bezweckt die **indikative Investitionslenkung**, um auf diese mittelbare Weise privatwirtschaftliche Investitionen in die "richtige" Richtung zu lenken. Aufbauend auf dem Investitionsmeldeverfahren erlaubt die **sektoral-selektive Investitionslenkung** [293] bereits staatliche Zwangsmaßnahmen zwecks Vermeidung von Überinvestitionen und -kapazitäten in bestimmten Branchen, bspw. durch Streichung von Investitionsbeihilfen oder Verhängung von Investitionsverboten. Die Konzepte einer **imperativen Investitionslenkung** schließlich beschränken sich nicht mehr nur auf Anmelde- oder Verbotsverfahren, sondern sehen ein allgemeines Genehmigungsverfahren für Investitionen, basierend auf gesellschaftlichen "Bedarfsrangskalen" [294] oder "Bedarfsprojektionen" [295], vor, z. B. durch ein Bundesamt für Investitionskontrolle [296]. Ohne auf Fragen der ökonomischen Zweckmäßigkeit [297] und der rechtlichen Zulässigkeit [298] eingehen zu wollen, bleibt festzuhalten, daß sich die überwiegend empfehlende oder ankurbelnde regionale Strukturpolitik [299] zwar

---

[291] U. Steger, Alternative Konzepte der Investitionsplanung - Ansatzpunkte, Probleme und Effizienzvergleich, JfS Bd. 26 (1975), S. 71 ff. (80 ff.); N. Reich (1976), S. 68 ff.

[292] K. Mehrens, Zum Problem der Investitionsmeldestelle (IMS), WSI Mitteilungen 1976, S. 743 ff.

[293] Dazu M. Krüper, Indikativer Rahmenplan und sektorale Investitionslenkung, in: G. Fleischle/M. Krüper (1975), S. 15 ff. (23 ff.).

[294] H. Voigtländer, Investitionslenkung oder Marktsteuerung?, Bonn-Bad Godesberg 1975, S. 35 ff.

[295] K. G. Zinn, Lenkung nach Plan, in: G. Fleischle/M. Krüper (1975), S. 65 ff. (69).

[296] K. G. Zinn, Investitionskontrollen und -planung, WD 1973, S. 301 ff.

[297] Einerseits K. G. Zinn, Investitionslenkung - Traditionelles Konzept für die traditionelle Krise. Eine Interpretation unter historischem Aspekt, in: C. Böhret (Hrsg.), Politik und Wissenschaft. Festschrift für G. von Eynern, Opladen 1977, S. 98 ff.; andererseits R. Clemens (1977), S. 153 ff. und 216 ff. Differenzierend H. Kock/E. Leifert/A. Schmid/L. Stirnberg (1977), S. 91 ff.

[298] Ausführlich H. Bäumler, Hat die Investitionslenkung verfassungsrechtlich eine Chance?, DVBl. 1980, S. 625 ff. (627 ff.); H. Donner (1977), S. 513 ff.; N. Reich (1976), S. 72 ff.; C. Wagner (1976), S. 17 ff.

[299] E. Egner (1964), S. 699 f.

durchaus dem weiten Bereich der indirekten Investitionslenkung zurechnen läßt, daß ihre Instrumentenbündel jedoch keineswegs einem der umrissenen Investitionslenkungsmodelle (Melde-, Verbots- oder Genehmigungsverfahren) gleichkommen geschweige denn entsprechen [300].

Gemäß der in Abbildung 5 niedergelegten Differenzierung umfaßt das Instrumentarium der indirekten Zielerreichung die Informationspolitik, die Anreizpolitik direkter (z. B. Finanzhilfen) und indirekter Art (z. B. Ausbau der wirtschaftsnahen Infrastruktur), die Liegenschaftspolitik der Kommunen, die Kommunalplanung und die Raumordnung und Landesplanung. Dagegen zählen zu den Instrumenten direkter Zielerreichung die Versorgungspolitik (haushaltsorientierte Infrastruktur) und verschiedene "raumwirksame" administrative Maßnahmen. Nur die wichtigsten der in Abbildung 5 systematisierten Einflußinstrumente seien im folgenden kurz beschrieben.

Als erster Instrumentenkomplex soll die **Informationspolitik** für einen besser funktionierenden Ablauf der raumstrukturellen Allokationsprozesse sorgen, indem sie die Markttransparenz zu steigern sucht [301]. Die Erhöhung der Standorttransparenzen [302] erweitert den Standortsuchraum der ansiedlungswilligen Unternehmen [303], denn nicht zuletzt hängt der Erfolg der Standortwahl von der Qualität und der Quantität der Entscheidungsgrundlagen ab [304]. Deshalb müssen sich die Informationsinhalte auf die Standortfaktoren, die für die unternehmerische Standortwahl wichtig sind, beziehen [305]. Wesentlich ist somit die Auswahl der angebotenen Informationen und ihre Steuerung und Aufbereitung sowie die Auswahl der Medi-

---

300 Anders offenbar U. van Suntum (1981 b), S. 185, der die praktizierte Regionalpolitik eine "staatliche Investitionslenkung in Reinkultur" nennt. Hiergegen mit Recht J. H. Müller (1982), S. 159.
301 Vgl. H.-F. Eckey (1978 a), S. 44; H. Jürgensen (1975), S. 284; P. Tennagels (1980), S. 54.
302 G. Esters (1969), S. 57; L. Hübl/R. Ertel/K.-P. Möller (1981), S. 106.
303 F. Buttler/K. Gerlach/P. Liepmann (1977), S. 127.
304 D. Fürst/P. Klemmer/K. Zimmermann (1976), S. 157.
305 Vgl. G. Esters (1969), S. 57.

en [306]. Primäre Informationsmittel des Staates und der Kommunen sind gezielte Werbung (Ansiedlung, Image), Öffentlichkeitsarbeit (z. B. Standortkataloge, Planungsatlanten, Raumordnungskataster, Ausstellungen und Messen) und projektbezogene Beratung über Finanzierungs- und Standortfragen (Subventions-, Bau-, Gewerbe- und Immissionsschutzrecht) [307].

Den in der Bundesrepublik bisher einmaligen Versuch, die Standortanforderungen von Unternehmen und die Stanorteigenschaften von Gemeinden umfassend zu analysieren und zu einem landesweiten Informationssystem aufzubereiten, stellt das computerunterstützte "Standortvorsorgeprogramm" für Niedersachsen dar, das als Serviceeinrichtung Informationen über zur Zeit rund 100 Schwerpunktorte der Gemeinschafts- und Landesförderung bereithält [308]. Dieses Informationssystem kann als entscheidender Schritt zu einer die Entwicklungspotentiale einzelner Regionen und Standorte gezielter nutzenden Regionalpolitik gewertet werden [309], gerade wenn man bedenkt, wie hoch die Informationssuchkosten in bestimmten Fällen sein mögen [310].

Zum Aktionsfeld der Informationspolitik im weiteren Sinne rechnen überdies die - hauptsächlich für eine mittelstandsorientierte Wirtschaftsförderung wichtigen - Vermittlungs-, Verhandlungs- und

---

[306] D. Fürst/P. Klemmer/K. Zimmermann (1976), S. 158; H. Kliemann (1981), Teil II, S. 17.

[307] Zum Ganzen ausführlich K.-D. Stark (1978), S. 69 ff. und 83 ff. Siehe auch H. Jürgensen (1981), S. 228 und P. Tennagels (1980), S. 57 ff.

[308] Vgl. Niedersächsischer Minister für Wirtschaft und Verkehr, Standortvorsorge in Niedersachsen. Informationsschrift, Hannover 1980; H. Kliemann (1981), Teil I, S. 10 f. Dieses Programm wurde maßgeblich von der Baseler Prognos AG erarbeitet, siehe F. Bingemer/K. P. Reuter/K. Roesler/K. Schilling (1978) und K. Roesler, Organisation und Konzepte der Wirtschaftsförderung auf Landesebene, der landkreis 1982, S. 161 f.

[309] D. Bullinger (1980), S. 229; J. Hogeforster (1979), S. 68. Zur Zeit werden etwa 10 bis 15 Unternehmen wöchentlich mit den entsprechenden Informationen versorgt, H. Kliemann (1981), Teil I, S. 11.

[310] D. Fürst/P. Klemmer/K. Zimmermann (1976), S. 158; L. Hübl/R. Ertel (1980), S. 37; P. Tennagels (1980), S. 54 und 60.

Betreuungshilfen [311] und letztlich auch die Politik der "moral suasion" als öffentlicher Appell an die privaten Entscheidungsträger, sich gemäß den gesamtgesellschaftlichen Leitbildern zu verhalten [312].

Sobald dagegen expansive und kontraktive regionale Wachstumsprozesse die räumliche Entwicklung beherrschen, ist eine Informationspolitik allein nicht mehr ausreichend [313]. Notwendig wird dann die Vergabe von Ansiedlungsanreizen, die den wirtschaftlichen Entwicklungsprozeß bei gleichwertigen Alternativen in bestimmte Bahnen lenken wollen [314]. Indem die **Anreizpolitik** die räumliche Mobilität (traditionellerweise nur) des Faktors Kapital [315] mittelbar steuert, zielt sie auf eine positive Beeinflussung der Standortbedingungen in den Fördergebieten [316]. Anreizmittel bestehen aus direkten oder indirekten finanziellen Leistungen der öffentlichen Hand [317].

Das Schwergewicht des **indirekten Anreizinstrumentariums** wie jeder praktizierten Wirtschaftsförderung überhaupt liegt herkömmlich auf der Gewährung materieller Hilfen [318]. Die Maßnahmen zur direkten Förderung der gewerblichen Wirtschaft wollen zusätzliche Investitionen in den strukturschwachen Gebieten induzieren und damit die räumliche Verteilung der ökonomischen Aktivitäten über ein

---

311 R. Brüderle (1970), S. 39; R. Clemens (1981), S. 46 f.; L. Hübl/R. Ertel (1980), S. 38; G. Rinsche (1968), S. 141 f.

312 Kritisch zu dieser appellativen Lenkung u. a. H.-F. Eckey (1978 a), S. 44. Demgegenüber weisen L. Hübl/R. Ertel (1980), S. 108 darauf hin, daß moralische Appelle durchaus zum Zwecke der Verhinderung von Betriebsabwanderungen nützlich sein können.

313 G. Esters (1969), S. 58.

314 H. Schoof (1970), S. 115.

315 Kritisch zu dieser Reduzierung der Wirtschaftsförderungspolitik auf den Einsatz des Produktionskapitals z. B. R. Thoss/M. Strumann/H. M. Bölting (1974), S. 27 f.

316 H. d'Orville (1979), S. 131.

317 D. Fürst/P. Klemmer/K. Zimmermann (1976), S. 163; H. Kliemann (1981), Teil II, S. 23.

318 Da diese Leistungen unmittelbar in die Finanzsphäre der Betriebe einfließen und diesen nicht bloß indirekte Vorteile verschaffen, werden sie als direkte Hilfen bezeichnet, obwohl sie lediglich mittelbar wirken, weil sie nur ein zielkonformes Verhalten der Begünstigten anregen wollen.

regional abgestuftes Fördersystem beeinflussen[319]. Abgesehen von sektoralen und unternehmensgrößen-spezifischen Programmen, die zum Teil ebenfalls regionalpolitische Akzente enthalten, sowie dem ERP-Regionalprogramm und den Landes- und Kommunalförderungsprogrammen sind die Finanzierungshilfen in der GRW konzentriert. Sie umfassen so unterschiedliche Mittel wie Investitionszuschüsse einschließlich -zulagen, Zinszuschüsse, zinsgünstige Darlehen und Bürgschaften[320]. Speziell auf der kommunalen Ebene erfaßt der materielle Anreizkatalog noch die Variation der Realsteuerhebesätze, den Verkauf, Tausch oder die Vermittlung von Gewerbe- und Bauflächen unter Gestehungskosten, die verbilligte Vermietung gemeindlicher Baulichkeiten und die Stundung oder Ermäßigung von Beiträgen und Gebühren[321].

"Wenn die Informationspolitik und die Anreizmittel die Soft-ware des Instrumentenkastens in der Regionalpolitik darstellen, dann kommt der **Infrastrukturpolitik** wenigstens partiell die Rolle der Hard-ware zu"[322], denn alle anderen strukturpolitischen Maßnahmen "bleiben weitgehend wirkungslos, wenn an sich ansiedlungswillige Betriebe nur eine unzureichende Infrastruktur vorfinden"[323]. Allgemein wird unter Infrastruktur der Sammelbegriff für die Grundausstattung einer Volkswirtschaft mit Anlagen und Einrichtungen verstanden, die vornehmlich von kommunalen und staatlichen Körperschaften geschaffen werden, um die Bedürfnisse zu befriedigen, die sich aus individuellen oder gesellschaftlichen Ansprüchen ergeben und die ein wirtschaftliches Tätigwerden erst ermöglichen[324]. Nach der bekannten funktionalen Differenzierung von

---

[319] H.-J. Klein (1975), S. 110.
[320] Vgl. a. § 3 GRWG.
[321] Ausführlich T. Kriegseisen (1978), S. 49 ff.; W.-H. Müller (1978), S. 717; H. Schoof (1970), S. 131 ff.; B. Wrobel (1977 a), S. 3.
[322] D. Fürst/P. Klemmer/K. Zimmermann (1976), S. 159.
[323] E. Tuchtfeldt (1970), S. 143.
[324] Vgl. K. Neumann (1976), S. 123 und 124.

Jochimsen [325] ist zwischen **materieller Infrastruktur** (realkapitalmäßige Vorleistungen für die Produktion von Gütern und Dienstleistungen), **institutioneller Infrastruktur** (Rechts- und Sozialordnung) und **personaler Infrastruktur** (human capital) zu unterscheiden. Wichtigste Sektoren der Infrastrukturplanung sind das Verkehrswesen und die Kommunikation, Energie- und Wasserwirtschaft, Bildung und Forschung, das Gesundheitswesen, Freizeit und Erholung sowie öffentliche Verwaltungen [326].

Infrastrukturinvestitionen wurden schon frühzeitig als das bedeutsamste wirtschafts- und regionalpolitische Instrument erkannt [327], was vor allem aus ihrer wechselseitigen Doppelfunktion folgt, sowohl die dynamische Entwicklung der regionalen Wirtschaft zu ermöglichen (ökonomischer Aspekt) als auch gleichzeitig die Lebensbedingungen der Wohnbevölkerung zu verbessern (sozialer Aspekt) [328]. Obwohl sich diese beiden Wirkungsrichtungen der Infrastrukturpolitik gegenseitig bedingen, können in analytischer Hinsicht die wirtschafts- von den haushaltsorientierten Infrastrukturinvestitionen unterschieden werden [329], wobei erstere indirekt Verhaltensanreize durch arbeitsmarkt- und regionalpolitische Impulse auslösen und letztere direkt zur Zielerreichung "befriedigende

---

325 R. Jochimsen (1966), S. 103 ff., 117 ff. und 133 ff.; ders./K. Gustafsson (1970), Sp. 1320; ders./P. Treuner/K. Gustafsson (1970), S. 57 ff. Jochimsen betrachtet den Ausgleich der Entgelte für die gleichen Faktorbeträge bei zweckmäßiger Allokation der Ressourcen als Kriterium für den Integrationsgrad einer Volkswirtschaft. Demgemäß definiert er die Infrastruktur als Summe der materiellen, institutionellen und personalen Einrichtungen und Gegebenheiten, die den Wirtschaftseinheiten zur Verfügung stehen und die dazu beitragen, eine vollständige Integration und ein höchstmögliches Niveau der Wirtschaftstätigkeit zu erreichen, vgl. R. Jochimsen (1966), S. 100.

326 U. Brösse (1975), S. 119 f.; D. Fürst/P. Klemmer/K. Zimmermann (1976), S. 160 f.; E. Lauschmann (1976), S. 278; K. Neumann (1976), S. 124 f.; E. Tuchtfeldt (1970), S. 130 f.

327 Kommission der Europäischen Wirtschaftsgemeinschaft, Berichte von Sachverständigengruppen über die Regionalpolitik in der EWG, Brüssel 1964, S. 64; K. H. Olsen, Die raumordnungspolitischen Mittel, RuR 1964, S. 233 f.; speziell im Hinblick auf die Entwicklung ländlicher Räume H. H. Koch/H.-P. Steinmetz (1981 d), S. 163 f.

328 Vgl. K. Töpfer (1969), S. 111 sowie L. Hübl/R. Ertel (1980), S. 41. Früher schon BDI/DGT/DIHT/DLT (1967), S. 34 ff.

329 Grundlegend H. Zimmermann (1970 a), S. 237 ff. und 243 ff.; K. Ganser (1980 a), S. 72 ff.; H. Jürgensen (1981), S. 229; K. Töpfer (1975 a), Sp. 2587; B. Wrobel (1977 a), S. 3.

Versorgung der Bevölkerung" beitragen (vgl. Abbildung 5). Träger der lokalen und intraregionalen Infrastrukturpolitik sind zuvörderst die kommunalen Körperschaften (z. B. innerörtlicher Verkehr und Kreisstraßen), dagegen obliegt der Ausbau der interregionalen Infrastruktur (z. B. Landes- und Bundesstraßen) eher den staatlichen Gebietskörperschaften [330]. Im Rahmen der GRW beschränkt sich die Regionalförderung auf finanzielle Zuwendungen vornehmlich an Gemeinden zum Ausbau der wirtschaftsnahen Infrastruktur [331].

In enger Beziehung zu den unternehmensbezogen Infrastrukturinvestitionen steht die **kommunale Liegenschaftspolitik**. Hierbei geht es nicht nur um die Erschließung von Industrie- und Baugelände – die an sich schon der Infrastrukturpolitik zugerechnet werden kann – sondern in erster Linie um die planmäßige und umfassende Vorhaltung erschlossener und sofort verfügbarer Gewerbeflächen [332]. Das Vorhandensein ausreichender und preisgünstiger Gewerbegrundstücke ist eines der ausschlaggebensten Kriterien der unternehmerischen Standortwahl [333]. Die Bereitstellung erschlossenen Industriegeländes einschließlich dazugehöriger Baulichkeiten kann dabei auch in Form von Gewerbe- und Industrieparks ("industrial estates") und Gewerbehöfen geschehen [334]. Voraussetzung für eine

---

330 Ähnlich H. **Kliemann** (1981), Teil II, S. 19. Zum Verhältnis der kommunalen Infrastruktur- zur staatlichen Fachplanung H. H. **Koch**/H.-P. **Steinmetz** (1981 c), Teil II, S. 28 f.

331 Siehe § 1 Abs. 1 Ziff. 2 GRWG, der einen detaillierten Katalog von förderungsfähigen Infrastrukturmaßnahmen enthält. Die ersatzlose Streichung dieser enumerativen, d. h. abschließenden Aufzählung sah Art. I Ziff. 1 a des Gesetzesantrages des Landes Niedersachsen zur Änderung des GRWG vor, BR-Drs. 603/79 vom 10.12.1979.

332 Zur Notwendigkeit einer vorausschauenden Bodenvorratspolitik R. **Göb** (1977), S. 381; H. **Klüber** (1971), S. 292; H. **Förster** (1980), S. 873 f.; L. **Hübl**/R. **Ertel** (1980), S. 52 f.; G. **Ludwig** (1978), S. 1 ff.

333 Siehe die Umfrage in der Wirtschaftswoche Nr. 31 vom 1.8.1980, S. 30 ff.; vgl. a. die Nachweise bei R. **Clemens** (1981), S. 36 ff. und L. **Hübl**/R. **Ertel**/K.-P. **Möller** (1981), S. 95 f.

334 Vgl. H. **Niesing**, Die Gewerbeparks ("industrial estates") als Mittel der staatlichen regionalen Industrialisierungspolitik, dargestellt am Beispiel Großbritanniens, Berlin 1970; U. P. **Ritter**, Art. "Industrieparks", in: ARL (Hrsg.), Handwörterbuch für Raumforschung und Raumordnung, Bd. II, 2. Aufl. Hannover 1970, Sp. 1277 ff.; P. G. **Jansen**/K. **Illerhaus**, Industrie- und Gewerbeparks in der Bundesrepublik Deutschland, in: SVR (Hrsg.), Konzeption zur Industrieansiedlung, Essen 1977, S. 143 ff.; G. **Habermann**, Gewerbebetrieb und innerstädtischer Gewerbehof, in: A. G. Kuhn (Hrsg.), Kommunale Gewerbeplanung I, Berlin 1976, S. 55 ff.

erfolgreiche Liegenschaftspolitik ist allerdings eine quantitativ und qualitativ vernünftige Bodenvorratspolitik, die sich an den staatlichen und kommunalen Entwicklungsplanungen ausrichtet.

Damit ist schon das letzte indirekt raumwirksame Instrumentenbündel angesprochen, nämlich die "nichtinvestiven Fachplanungen"[335] der **Raumordnung, Landes- und Kommunalplanung**. Als gesamträumlicher und überfachlicher Orientierungsrahmen soll das Bundesraumordnungsprogramm[336] auf die raumbedeutsamen öffentlichen Planungen und Maßnahmen Einfluß nehmen[337]. Daneben haben alle Bundesländer Landesraumordnungsprogramme, Landesentwicklungspläne oder beides aufgestellt[338]. Erst die Landesplanung schafft den rechtsverbindlichen Rahmen für die Fach- und Ortsplanungen (z. B. Bestimmung zentraler Orte, Festlegungen über die Entwicklung zurückgebliebener Gebiete)[339]. Als Bindeglied zwischen dieser überörtlichen und der lokalen Planung fungiert die Regionalplanung, die als herabgestufte Landesplanung[340] die raumordnungspolitischen Ziele für die jeweiligen Teilräume konkretisiert[341]. Instrument zur

---

335 E. **Lauschmann** (1976), S. 285 f.

336 AaO (Anm. 56). Das **BROP** geht auf einen Beschluß des Deutschen Bundestages vom 3.7.1969 zurück, wonach die Bundesregierung aufgefordert wurde, auf der Grundlage einer konkreten räumlichen Zielvorstellung für die Entwicklung des Bundesgebietes die regionale Verteilung der raumwirksamen Bundesmittel in einem Bundesraumordnungsprogramm festzulegen. Erst nach langwierigen Verhandlungen mit den Bundesländern wurde es von der MKRO am 14.2.1975 verabschiedet; gegen das BROP stimmten Baden-Württemberg und Bayern.
Seinem Rechtscharakter nach ist das BROP weder ein Verwaltungsprogramm des Bundes noch eine zusammenfassende Darstellung gemäß § 4 Abs. 1 Satz 2 ROG, sondern vielmehr eine gemeinsame Verwaltungsrichtlinie von Bund und Ländern über die Auslegung der Raumordnungsgrundsätze des ROG, vgl. L. **Heigl** (1976), S. 6. Siehe a. R. **Hendler** (1979), S. 620 und F. **Wagener**, Eignung des Bundesraumordnungsprogramms als Planungsinstrument, RuR 1975, S. 277 ff., der es als Kabinettsbeschluß des Bundes und Empfehlung der MKRO bezeichnet. Jedenfalls unterbreitet das BROP - sehr allgemein gehaltene - Vorschläge zur Koordinierung raumbedeutsamer Maßnahmen, ihm kommt jedoch keine Bindungswirkung zu, R. **Buchsbaum**, Das Bundesraumordnungsprogramm und seine Verbindlichkeit, DÖV 1975, S. 545 ff. (548).

337 J. **Glaubitz/J. Priewe** (1976), S. 732.

338 Vgl. § 5 Abs. 1 und 2 ROG.

339 L. **Heigl** (1976), S. 6.

340 B. **Ellinger** (1980), S. 10.

341 Vgl. § 5 Abs. 3 ROG. Bezüglich der landesspezifischen Besonderheiten siehe R. **Buchsbaum**, Organisation und Instrumente der Landes- und Regionalplanung, Inf.z.Raumentw. 1976, S. 263.

Stadt- und Kreisentwicklungspolitik ist die kommunale Entwicklungsplanung. Sie trifft rahmenartige Raum-, Zeit- und Ressourcenfestlegungen und enthält für jede Haupteinheit der örtlichen Verwaltung mittel- bis langfristige Ziel- und Mittelprojektionen[342]. Örtliche und damit unterste Stufe der raumbezogenen Planung ist die Bauleitplanung der Gemeinden. Ihr obliegt die Regelung der baulichen und sonstigen Nutzung der Grundstücke in der Gemeinde durch den vorbereitenden Flächennutzungs- und den verbindlichen Bebauungsplan[343]. Nicht zuletzt die räumlich sowohl auf die ökonomischen als auch auf die sozialen Belange Rücksicht nehmende Ausweisung raumplanerisch günstig gelegener Gewerbeflächen ist eine unabdingbare Voraussetzung für den industriell-gewerblichen Wachstumsprozeß und für eine erfolgreiche Wirtschaftsförderung[344].

Die raumpolitischen Einflußinstrumente der **direkten Zielerreichung** bestehen neben der Versorgungspolitik durch Infrastrukturinvestitionen[345] vorwiegend aus einem Katalog **administrativer Einzelmaßnahmen** (vgl. Abbildung 5). Zwangsmittel zeichnen sich dadurch aus, daß sie das Verhalten der Unternehmungen und Privathaushalte unmittelbar beeinflussen[346], indem sie deren Entscheidungsalternativen reduzieren[347]. Eine gewisse Rolle spielen sie in der Boden-

---

[342] F. Wagener (1976), S. 99. Allgemein zum Begriff der Entwicklungsplanung F. Ossenbühl (1974), S. 30 ff. Zur Stadtentwicklungsplanung DST (Hrsg.), Stadtentwicklung und Stadterneuerung, Köln 1978; zu ihren Zielen F. Wagener (1971); zu ihren Instrumenten C. Coordes, Private und öffentliche Steuerungsinstrumente der Stadtentwicklung, in: HLT (Hrsg.), Regionalpolitik am Wendepunkt?, Wiesbaden 1976, S. 115 ff.
Zur Kreisentwicklungsplanung G. Kappert, Entwicklungsplanung - ein notwendiges Instrument der Kreispolitik, der landkreis 1980, S. 427 f.; H.-G. Niemeier, Die Stellung der Kreise in der Raum- und Entwicklungsplanung, in: Verein für die Geschichte der Deutschen Landkreise e.V. (Hrsg.), Der Kreis, 2. Bd., Köln-Berlin 1976, S. 128 ff. (147 ff. und 154 ff.). Gesetzlich verankert ist die Kreisentwicklungsplanung in Baden-Württemberg (§ 33 LPlG) und in Schleswig-Holstein (§§ 11 ff. LPlG).

[343] Siehe § 1 Abs.1 und 2 BBauG.

[344] W. Kelm (1974), S. 16 und (1973), S. 55; F. Möller (1963), S. 98. Vgl. a. BDI/DGT/DIHT/DLT (1967), S. 8 ff.

[345] Siehe oben S. 69 f.

[346] F. Buttler/K. Gerlach/P. Liepmann (1977), S. 129; P. Tennagels (1980), S. 69.

[347] R. Clemens (1977), S. 99.

ordnungspolitik (Enteignung, landesplanerischer Widerspruch, gemeindliches Vorkaufsrecht) und als gewerbe- und immissionsschutzrechtliche Auflagen (Gebote). Daneben kommen als regionalpolitisch wirksame administrative Maßnahmen Betriebs- und Baugenehmigungen sowie Verbote, wie z. B. der Gastarbeiteranwerbestopp oder das in der Bundesrepublik bislang nicht praktizierte Ansiedlungsverbot [348], in Betracht.

Mit diesem knappen systematischen Überblick sollte aufgezeigt werden, daß das Gros der strukturpolitischen Instrumente zur Erreichung der regionalpolitischen Zielsetzungen auf eine Verbesserung der Standortfaktoren und der Attraktivitätskräfte der Regionen abstellt, um eventuelle Standortnachteile zu kompensieren oder wenigstens zu verringern und hierdurch anziehend auf potentielle Investoren zu wirken [349]. Kernstücke der regionalen Wirtschaftsentwicklungspolitik sind der Infrastrukturausbau, die direkte Investitionsförderung und die Informations- und Beratungspolitik, wobei an dieser Stelle schon angemerkt werden soll, das sich das Steuerungsinstrumentarium der Gemeinschaftsaufgabe "Verbesserung der regionalen Wirtschaftsstruktur" nur auf einige wenige dieser Einflußvariablen, nämlich die direkten und indirekten Anreizmittel, erstreckt.

c) <u>Koexistenz-Strategie der regionalen Strukturpolitik</u>

Die Selektionsfähigkeit staatlichen Handelns, d. h. die Art und Weise der Verfügung über die Handlungsziele und die Auswahl und der Einsatz der als brauchbar empfundenen Problemlösungs- und Steuerungsinstrumente, wird ihrerseits bestimmt durch die Verfassungs-, Organisations- und Rechtsstrukturen des politischen Systems. Die über das Recht (mit-) zu konstituierenden Steuerungsressourcen und Handlungspotentiale der Politik sind nun nicht in unbeschränktem Ausmaße verfügbar, sondern unterliegen selbst zahlreichen externen und internen Restriktionen (Informations-, Per-

---

348 Zu beidem ausführlich D. Fürst/P. Klemmer/K. Zimmermann (1976), S. 169 f.
349 H. d'Orville (1979), S. 131.

zeptions- und Strategiedefizite)[350]. Das Selektivitätsproblem des politischen Systems besteht nun nicht nur allein darin, den jeweiligen "Saldo" von funktionalen Steuerungsleistungen und identitären Integrationsleistungen (vgl. Abbildung 3) positiv zu halten ("Umweltdetermination"), sondern auch in der internen Balance dieser Problemkomplexe in der Weise, daß ein Problemtypus nicht zu Lasten des anderen gelöst wird ("Verwaltungsrationalität")[351]. Mit anderen Worten: Ökonomische Funktionsstörungen dürfen nicht in soziale Konflikte umschlagen und umgekehrt. Für die regionale Strukturpolitik bedeutet dies, daß diese über die inneradministrative Selektivität und damit auch über Rechtsstrukturen sich konstituierende "Koexistenz-Strategie des Staates"[352] einen Ausgleich zwischen den ökonomischen und den sozialen Anforderungen der Wirtschafts- und Regionalpolitik herstellen oder zumindest anstreben muß (vgl. Abbildung 4)[353]:

- Zum einen sollen im Interesse des gesamtwirtschaftlichen Wachstums nur diejenigen strukturschwachen Teilräume gefördert werden, die aufgrund ihrer besonderen wirtschaftlichen Entwicklungspotentiale einen Beitrag zum Wirtschaftswachstum erwarten lassen mit der Folge eines verteilungspolitisch unerwünschten weiteren Absinkens des Entwicklungsniveaus der (extremen) Problemgebiete ("regionale Förderungswürdigkeit")[354].

- Zum anderen soll im Interesse des sozialen Ausgleichs im Gesamtraum die unterdurchschnittliche Entwicklung gerade der besonders rückständigen Gebiete beseitigt werden mit der Folge eines ökonomisch unerwünschten Wachstumsverzichtes ("regionale Förderungsbedürftigkeit")[355].

---

350 Vgl. P. Grottian (1974), S. 41. Speziell am Beispiel der regionalen Wirtschaftsförderung schätzen F. Buttler/K. Gerlach/P. Liepmann (1977), S. 154 ff. den staatlichen Beeinflussungsspielraum sehr eng ein.

351 Vgl. hierzu und zum folgenden C. Offe (1973), S. 213.

352 P. Grottian (1974), S. 20; P. Knoepfel (1977), S. 165.

353 Siehe oben S. 57 f. und 58 f. m. w. Nachw.

354 Wenn die Grenzproduktivität des Kapitals in den Wachstumszentren höher ist als in den peripheren Räumen, wird eine dem Wirtschaftswachstum verschriebene Politik zu einer passiven Sanierung schwach entwickelter Regionen führen, was einer Duldung oder gar Förderung der Abwanderung von Kapital und Arbeit gleich kommt, vgl. E. Ahlers/A. Baumhöfer (1980), S. 229; H. Zimmermann (1970 a), S. 32.

355 Die regionale Strukturpolitik darf aber auch nicht ausschließlich zu einer "Art Sozialpolitik zu Lasten des allgemeinen Wirtschaftswachstums" werden, vgl. H.-J. Klein (1972), S. 6; H. Mehrländer/D. Louda (1981 a), S. 7; C. Noé (1971 b), S. 62.

Grundaufgabe einer räumlich orientierten Strukturpolitik ist danach, alle Teilflächen entsprechend ihrer spezifischen Eignung einer optimalen Nutzung zuzuführen (Effizienz der Allokation) und die für die Wirtschaftsentwicklung weniger wichtig erscheinenden Gebiete nicht unzumutbar zu benachteiligen (Gerechtigkeit der Allokation)[356]. Die Wahrnehmung dieser **Wachstums- und Ausgleichsfunktion regionaler Wirtschaftspolitik** unterliegt letztlich den im politischen System verfügbaren Steuerungsressourcen und -logiken. Während die fiskalischen und personellen Mittel langfristig erschöpft und nicht ausdehnbar sind, liegen die Handlungsressourcen der inneradministrativen Rationalität und der sozioökonomischen Loyalität (vgl. Abbildung 3) bisher noch mehr oder minder brach; insbesondere sind sie weder in ihren Substitutions- noch in ihren Nutzungsmöglichkeiten tatsächlich ausgeschöpft[357]. Eine entscheidende Bedeutung für die Erhaltung und Ausweitung (regional-)politischer Handlungs- und Entscheidungsspielräume erlangt dabei die politisch-administrative Rationalität (Installierung besserer Koordinations-, Informations- und Problembearbeitungsmechanismen), weil durch sie erst die Realisierung der staatlich-kommunalen Wirkungsspielräume konstituiert wird und die Substitutionsmöglichkeiten der anderen Steuerungsressourcen festgelegt werden[358]. Das Gelingen der strukturpolitischen "Koexistenz-Strategie" hängt somit maßgeblich davon ab, ob sie im politischen "Innenverhältnis" (rechtlich und politisch) durchgesetzt werden kann.

3. Zur inneradministrativen Durchsetzbarkeit regionaler Wirtschaftsstrukturpolitik

Unter systematischen Aspekten treten Steuerungs- und Durchsetzungsprobleme raumrelevanter Politiken sowohl in den **instrumentell-materiellen** als auch in den **organisatorisch-institutionellen Problemdimensionen** auf[359]. Die instrumentelle Betrachtung sucht

---

[356] R. Thoss, Großräumige Funktionszuweisungen und Ausgeglichene Funktionsräume, Referat auf der Sitzung der Sektion IV in der ARL am 21.5.1981 in Celle.
[357] Zu diesem Ergebnis gelangen P. Grottian/A. Murswieck (1974), S. 27 ff.
[358] Ebenda, S. 35 f.
[359] Vgl. F. W. Scharpf (1977 b), S. 40 ff. und 47 ff.

plausible Antworten darauf zu finden, ob es hinreichend materiell wirksame Instrumente einer effektiven staatlichen wie kommunalen Steuerung der unmittelbaren Raumnutzung gibt [360]. Auf der organisatorischen Ebene wird untersucht, ob der Einsatz – vorhandener oder zu schaffender – Steuerungsinstrumentarien innerhalb des Verwaltungsapparates in Bezug auf ein übergeordnetes Raumordnungs- (spezieller: Wirtschaftsentwicklungs-) konzept planvoll koordiniert werden kann [361]. Entsprechend dieser Problemformulierung kann die Wirkungs- und Vollzugsproblematik raumbezogener Politiken sowohl in einem Mangel an zieladäquaten staatlich-kommunalen Einflußinstrumenten gegenüber den raumstrukturellen Entwicklungsprozessen, d. h. in den Interdependenzen des politisch-administrativen Systems mit seiner soziökonomischen Umwelt begründet sein; Effizienz- und Reibungsverluste können darüber hinaus aber auch aus Durchsetzungsdefiziten innerhalb des öffentlichen Sektors, d. h. aus der Organisation und Koordination des politischen Prozesses selbst resultieren [362]. Auf der Bundesebene verfügt die politische Steuerung raumwirksamer privater und öffentlicher Investitionsentscheidungen bisher über vorwiegend drei Typen regionalpolitisch einsetzbarer Entwicklungsmaßnahmen:

- den Bundesfernstraßenbau gemäß den Artt. 85, 90 GG (von den Ländern auszuführende Bundesauftragsverwaltung) [363],

- die Finanzhilfen des Bundes nach Art. 104 a GG (Krankenhaus-, Städte- und Wohnungsbau- sowie Gemeindeverkehrsinvestitionen) [364] und

- die Gemeinschaftsaufgaben der Artt. 91 a und b GG (Aus- und Neubau von Hochschulen einschließlich Hochschulkliniken, Verbesserung der regionalen Wirtschafts-, Agrarstruktur und des Küstenschutzes, Förderung von Einrichtungen und Vorhaben der wissenschaftlichen Forschung) [365].

---

360 Dazu F. W. Scharpf/F. Schnabel (1977), S. 19 ff. und 27 ff. Kritisch zu diesem verwaltungswissenschaftlichem Ansatz A. Harms, Steuerungsprobleme der Raumplanung, IKO 1978, S. 121.

361 F. W. Scharpf/F. Schnabel (1977), S. 43 ff.

362 F. W. Scharpf (1973 b), S. 355 f.; ders./F. Schnabel (1978), S. 29.

363 Speziell D. Garlichs (1980), S. 76 ff.

364 B. Reissert/F. Schnabel (1976), S. 133 ff., 158 ff., 187 ff. und 205 ff.

365 Hierzu F. Schnabel (1980), S. 49 ff.

Bevor auf die systematische Darstellung und Kritik eines dieser Instrumente, nämlich der Gemeinschaftsaufgabe nach Art. 91 a Abs.1 Ziff. 2 GG eingegangen werden soll, seien zuvor die politisch-institutionellen Determinanten dargestellt, denen alle vorgenannten Politikbereiche unterliegen.

a) Institutionelle Politikfragmentierung

Das politische System der Bundesrepublik zeichnet sich - wie in allen hochindustrialisierten Gesellschaftssystemen neben einer weitreichenden funktionalen Spezifizierung in Fachressorts - historisch bedingt vor allem durch eine dreigestufte institutionelle Differenzierung zwischen Bund, Ländern und Gemeinden aus. Dieser "Fragmentierung der Handlungskompetenzen"[366] stehen zwei weitere Charakteristika des bundesdeutschen Regierungssystems gegenüber[367]:

- die Interaktionen zwischen Bund, Ländern und Gemeinden haben sich als Folge des Übergangs von der gesetzesvollziehenden zur planenden Verwaltung verändert,

- wobei die zentrale Verwaltungsinstanz häufig keinen eigenen Verwaltungsunterbau besitzt.

Die im liberalen Rechtsstaat notwendige Ordnung der gesellschaftlichen Austauschprozesse vollzog sich über das Medium des klassisch-formellen Gesetzes. Dem liberalen Konzept der Trennung von Staat und Gesellschaft gemäß war die Verwaltungstätigkeit auf den Gesetzesvollzug reduziert[368]. Im heutigen Interventionsstaat hingegen lassen sich die Anforderungen der Wirtschafts- und Gesellschaftspolitik ("Daseinsvorsorge") immer weniger durch eine legislative ex-ante Steuerung seitens der Gesetzgebung als vielmehr durch exekutivische Planungs- und Entwicklungsstrategien seitens der Verwaltung bearbeiten[369]. Dieser in der Transformation des

---

366 F. W. Scharpf (1976), S. 18; vgl. a. dens. (1977 a), S. 108 f.
367 Vgl. F. Schnabel (1980), S. 49 f. und (1976 a), S. 801; W. Zeh (1977 a), S. 136.
368 T. Öhlinger/M. Matzka (1975), S. 447 und 449; K. H. Ladeur (1979), S. 339.
369 F. W. Scharpf (1974 b), S. 238.

liberalen zum sozialen Rechtsstaat begründete Wandel der Staats- und Verwaltungsfunktionen manifestiert sich auch im Form- und Funktionswandel des Gesetzes [370] weg von der generell-abstrakten Regelung über das Maßnahmegesetz hin zum Steuerungs- und zum Planungsgesetz, kurz gesprochen vom Konditional- zum Finalprogramm [371]. In der "mixed economy" wird das Gesetz zum "Auftrag" [372], zum Medium der Durchsetzung wirtschaftspolitischer Zielsetzungen in Form der Kompetenzzuweisung an die Exekutive und hinter ihr stehende Sachverständigenräte [373] : (Wirtschafts-)Recht wird "materialisiert", indem es von der rechtlichen Gewährleistung bürgerlicher Freiheit zur politischen Gewährung sozialer Positionen übergeht [374]. Gerade das Gesetz über die Gemeinschaftsaufgabe "Verbesserung der regionalen Wirtschaftsstruktur" ist ein Beispiel dafür, wie wirtschaftssteuernde Gesetze nur noch die Ermächtigung und den Auftrag an die Ministerialbürokratie enthalten, die materielle Staatstä-

---

370 Dazu neuerlich H.-D. Assmann (1980 b), S. 246 ff.; P. Nahamowitz (1981), S. 46. Kritisch zur Struktur von Planungsgesetzen H. Alexy/J. Gotthold (1980), S. 201 ff.

371 Während das Konditionalprogramm Tatbestand und Rechtsfolge in einen erwartbaren Wenn-Dann-Zusammenhang bringt, knüpfen Zweckprogramme an erstrebten Wirkungen an und suchen von daher unter Berücksichtigung etwaiger Nebenbedingungen günstige Mittel zu finden, grundlegend N. Luhmann, Lob der Routine, VerwArch. Bd. 55 (1964), S. 1 ff. (7 ff.); ders., Funktionale Methode und juristische Entscheidung, AöR Bd. 94 (1969), S. 1 ff. (3); ders. (1975), S. 130. Luhmann selbst steht einer "Folgenorientierung" der Rechtsanwendung kritisch gegenüber; er gesteht ihr lediglich "wichtige Korrektiv-Funktionen", doch keine "konstitutive, Dogmatik begründende Bedeutung" zu, N. Luhmann (1974), S. 39. Zur Lehre von der finalen Programmierung im Raumordnungsrecht B. Raschauer, "Finale Programmierung" und Raumordnung, ZfV 1980, S. 93 ff. Zur Grundstruktur konditionaler und finaler Programmierung auch W. Hoppe (1974), S. 643. Die Art der Programmstruktur wird durch die Art der öffentl. Aufgaben determiniert, vgl. G. F. Schuppert (1980), S. 344. Dabei signalisiert die partielle Ablösung konditionaler durch finale Programmierung des Verwaltungshandelns den allmählichen Bedeutungsrückgang der Steuerungsressource "Vergesetzlichung" zugunsten von "Bürokratisierung" und "Justizialisierung", vgl. R. Voigt (1980), S. 32 und 18 ff.

372 U. Scheuner, Das Gesetz als Auftrag für die Verwaltung, DÖV 1969, S. 585 ff. (592). P. Nahamowitz (1981), S. 50 umschreibt die instrumentelle Verwendbarkeit des modernen Wirtschaftsrechts so, daß das Wirtschaftsgesetz in der Hand des politisch-administrativen Steuerungszentrums faktisch zum flexibel auf konjunkturelle und politische Imperative reagierenden Werkzeug ohne eigenständige, auf eine spezifisch "rechtliche" Richtigkeit gestützte Substanz gerate.

373 D. Hart (1976), S. 40 f. Zur hiermit verbundenen Politisierung der planenden Verwaltung H. Alexy/J. Gotthold (1980), S. 204 f.

374 R. Wiethölter (1980), S. 6.

tigkeit mittels rechtlich verbindlicher Pläne zu entwickeln. Auf gesamtgesellschaftliche Steuerungsbedürfnisse reagiert das politische System somit nicht mehr allein mit gesetzlichen Regelungen, sondern es sucht seine Steuerungsleistungen an seine Umwelt auch qua "politischer Planung" zu vermitteln [375].

Diesen veränderten Funktionsbedingungen und steigenden Handlungsanforderungen des sozialökonomische Prozesse und Strukturen (mit-) planenden und steuernden Gesamtstaates entspricht jedoch keineswegs der föderalistische Verwaltungsaufbau in der Bundesrepublik. Hier orientiert sich die Zuständigkeitsabgrenzung zwischen Zentralstaat, Gliedstaaten und Kommunen im Unterschied etwa zu den Vereinigten Staaten von Amerika weniger an (materiellen) Aufgabenbereichen als vielmehr an (formalen) Kompetenzarten [376]. Zwar besitzt der Bund gegenüber den Ländern ein klares Übergewicht im Bereich der Gesetzgebung (Artt. 70 ff., 105 GG), womit er sich in der Phase des Wiederaufbaus der Wirtschafts- und Gesellschaftsordnung den Primat bewahren konnte. Dagegen obliegt die Verwaltung und die Ausführung der Gesetze (Artt. 83 ff. GG) bis auf wenige Ausnahmen [377] den Ländern und Gemeinden. In diesen Bereichen üben sie durch ihre eigenen Verwaltungsorgane die Vollzugskompetenz aus, die ihnen gleichzeitig die Erstverfügungsgewalt über detaillierte Informationen und lokale Problemkenntnis sichert, welche unabdingbare Voraussetzungen für eine rationale Planung sind. Hierauf gründet sich die Abhängigkeit des Bundes von den Ländern und auch Kommunen [378], will er erfolgversprechende Planungsaktivitäten entfalten. Aufgrund dieser organisatorischen Disjunktion [379]

---

375 In diesem Zusammenhang spricht K. H. Ladeur (1979), S. 359 ff. von "strategischer Rechtsfortbildung". Zur Kritik des "Vollzugsparadigmas" siehe auch T. Öhlinger/M. Matzka (1975), S. 449 ff. Die verschiedenen Phasen der politischen Planung in der Bundesrepublik Deutschland zeichnet K. Seemann (1980), S. 410 ff. nach.

376 Siehe H. Alexy/J. Gotthold (1980), S. 206; F. W. Scharpf (1976), S. 19.

377 Artt. 87, 87 b, 87 d, 88 und 89 GG.

378 F. Schnabel (1980), S. 51 und (1976 a), S. 802; F. W. Scharpf (1974 b), S. 238.

379 Zur systeminternen "Diskunktivität" C. Offe (1973), S. 213.

von Verwaltungsprogrammierung durch die Bundesgesetzgebung und Programmimplementierung durch die ausführenden Länder- und Kommunalverwaltungen kann ein Planungsprozeß, an dem auch der Zentralstaat an der Programmformulierung und -konkretisierung beteiligt sein soll, nur durch eine "Verflechtung" der Entscheidungskompetenzen erreicht werden [380].

b) Vertikale Politikverflechtung

Infolge der horizontal und vertikal stark ausdifferenzierten und fragmentierten Problementscheidungsstruktur können die zunehmend komplexer werdenden, die isolierten Zuständigkeitsbereiche übersteigenden Aufgaben und Funktionsanforderungen von einem alle (!) Stufen des Gesamtstaates erfassenden Problemverarbeitungsprozeß allein noch durch entweder Zentralisierung oder Politikverflechtung bearbeitet und gelöst werden [381]. Zentralisierung meint die "Verlagerung der Entscheidungszuständigkeit auf eine höhere Ebene mit umfassenderer Entscheidungskompetenz", **Politikverflechtung** zielt auf die "(begrenzte) Steuerung des Entscheidungsverhaltens dezentraler Entscheidungseinheiten im Interesse des umfassenderen ... Kollektivs" [382]. Eine **Dezentralisierung** des Planungsprozesses, d. h. die Verlagerung der Entscheidungskompetenzen auf die unteren Verwaltungseinheiten, scheidet dann unter diesen Prämissen aus, wenn die stark differenzierte Problembearbeitungsstruktur auf materielle Probleme stößt, deren Ausdehnung die begrenzten lokalen und funktionalen Handlungsfreiräume der einzelnen Entscheidungs-

---

[380] Zu weiteren Entstehungsgründen der Politikverflechtung siehe D. **Fürst** (1978), S. 193 und W. **Zeh** (1977 a), S. 136 f.

[381] Diese These stellt den zentralen Ausgangspunkt der Theorie der Politikverflechtung dar, vgl. F. W. **Scharpf** (1978 b), S. 23 und (1977 a), S. 110 f. J. J. **Hesse** (1977), S. 13 formuliert diesen Tatbestand so, daß spätkapitalistische, demokratisch verfaßte Systeme zu Kooperationsformen im Sinne der Politikverflechtung tendierten. Kritisch zu der von F. W. Scharpf/B. Reissert/ F. Schnabel begründeten Politikverflechtungstheorie D. **Bullinger/K. Heim/ W. R. Meyer** (1978), S. 33 ff. und A. **Evers/J. Rodriguez-Lores**, Reformstrategien und staatliche Organisationsstrukturen - zur Kritik der politikwissenschaftlichen Grundlagen und Perspektiven einer Theorie der "Politikverflechtung" von Scharpf/Reissert/Schnabel, in: H. Wollmann(Hrsg.), Politik im Dikkicht der Bürokratie, Opladen 1980, S. 222 ff.

[382] F. W. **Scharpf** (1978 b), S. 23.

instanzen überschreitet [383]. Die Zentralisierung der Aufgabenerfüllung, die theoretisch eine Kongruenz zwischen Probleminterdependenz und Entscheidungskompetenz bewirken könnte, kommt bereits wegen der föderalistischen Verfassungsstruktur (Artt. 20 Abs. 1, 28 Abs. 1 GG) und deren Unabänderbarkeit (Art. 79 Abs. 3 GG) nicht in Betracht. Demgemäß bietet sich in der Bundesrepublik Deutschland verfassungsnormativ lediglich der Weg der vertikalen Politikverflechtung an, wenn eine zentralstaatliche Problemlösung für notwendig befunden wird.

In diesem Sinne kennzeichnet Politikverflechtung die im sozialen Leistungsstaat an die Stelle der im liberalen Ordnungsstaat vorherrschenden getrennten Aufgabenerfüllung getretene institutionelle Kompetenzverschränkung unterschiedlicher politischer Bereiche und ihrer Akteure bei der Wahrnehmung stetig wachsender öffentlicher Aufgaben [384]. Dieser Übergang zu einem neuen Typ des Bundesstaates, eben dem des "**kooperativen Föderalismus**" [385], verwandelte die bundesstaatliche "Schichtentorte" in einen "Marmorkuchen" [386], am klarsten verkörpert durch die im Rahmen der Verfassungsreform von 1969 konstitutionalisierten Planungs- und Finanzierungsverbundsysteme zwischen Bund, Ländern und kommunalen Körperschaften. Im kooperativen Föderalismus sollen die partikulären Interessen der verschiedenen Verwaltungsstufen zu einer echten Kooperation ausgebaut werden, sofern das öffentliche Interesse

---

383 F. W. Scharpf (1976), S. 22. Vgl. a. A. Funk/H. Häußermann/H.-D. Will (1976), S. 283 f.

384 R. Hrbek, Politikverflechtung macht an den Grenzen nicht halt, Der Bürger im Staat 1979, S. 38; F. Lehner (1979), S. 3.

385 Der Begriff "kooperativer Föderalismus" taucht im deutschen Schrifttum erstmals im Gutachten über die Finanzreform in der Bundesrepublik Deutschland auf, **Kommission für die Finanzreform** (1966), S. 19 Tz. 73. Er entstammt dem US-amerikanischen Rechtskreis ("cooperative federalism"). C. Heinze (1972), S. 133 bezeichnet den Ausdruck als "Pleonasmus", weil Kooperation das Wesen jedes Föderalismus sei.
Aus verfassungspolitischer Sicht K. Hesse (1970), S. 141 ff.; T. von Trotha (1971), S. 69 ff. Allgemein zur bundesdeutschen Entwicklung G. Lehmbruch, Parteienwettbewerb im Bundesstaat, Stuttgart 1976; hinsichtlich der USA vgl. H. Ehringhaus, Der kooperative Föderalismus in den Vereinigten Staaten von Amerika, Frankfurt 1971; für die Schweiz V. Häfelin, Der kooperative Föderalismus in der Schweiz, in: Referate und Mitteilungen des schweizerischen Juristentages 1969, S. 551 ff.

386 H. Boldt (1979), S. 9.

eine Vereinheitlichung der Aufgabenwahrnehmung oder eine gemeinsame Planung und Finanzierung gebietet[387]. Funktionale Differenzierungen und Spezialisierungen in der hochtechnisierten und hochkomplexen Industrie- und Dienstleistungsgesellschaft erfordern die Zunahme "positiver" Kooperation[388] zwischen den politischen Entscheidungsträgern, um übergreifende ökonomische und soziale Probleminterdependenzen bewältigen zu können. Neben der verfassungsrechtlich von Anfang an "erzwungenen" Politikverflechtung zwischen Bund und Ländern im Bereich der Gesetzgebungs- und Steuereinnahmepolitik (Ländermitwirkung über den Bundesrat, Artt. 70, 105 Abs. 3 GG) weisen innerhalb der verfassungsrechtlich "nicht erzwungenen" Bund-Länder-Kooperation die Gemeinschaftsaufgaben die ausgeprägtesten institutionellen Regelungen auf[389]. Da die Gemeinschaftsaufgabe "Verbesserung der regionalen Wirtschaftsstruktur" als "Musterfall" von Politikverflechtung[390] den verfassungspolitischen und -rechtlichen Handlungsrahmen für Bund, Länder und Gemeinden[391] zur verwaltungsinternen Koordinierung der regionalen Wirtschaftsförderung und zur innerpolitischen Durchsetzbarkeit der strukturpolitischen Koexistenz-Strategie abgibt, ist zu fragen, inwieweit sie ihre regionalpolitische Koordinierungsfunktion[392] bisher hat erfüllen können.

4. Regionalpolitische Koordination als Organisationsproblem

Innerhalb der regionalen Wirtschaftsstrukturpolitik wird weniger ein instrumentelles Steuerungs- als vielmehr ein politisches Handlungsdefizit in der Durchsetzung des im Prinzip umfangreichen

---

387 D. Feger (1979), S. 416 f.; H. C. F. Liesegang/R. Plöger (1971), S. 229.

388 Im Sinne eines gemeinsamen Informationsverarbeitungssystems zum Zwecke einer für alle Beteiligten günstigen Maßnahmenkombination F. W. Scharpf (1974 a), S. 47.

389 Vgl. B. Reissert/F. Schnabel (1976), S. 71; R. Wahl (1981), S. 321.

390 W. Zeh (1979), S. 15. F. Schnabel (1980), S. 52 bezeichnet die Gemeinschaftsaufgaben nach Art. 91 a GG als das "fortgeschrittenste" Modell vertikaler Politikverflechtung.

391 W. Cholewa (1974), S. 18 ff.

392 BMWi (1980), S. 8 f.; 11. Rahmenplan, aaO (Anm. 13), S. 8 f. Tz. 3.3.

Instrumentariums (vgl. Abbildung 5) registriert [393]. Organisatorische Durchsetzungsprobleme stellen sich im Sinne eines administrationsinternen Koordinationsbedarfs sowohl auf der horizontalen als auch auf der vertikalen Politikebene [394]. Unter **Koordination** soll dabei in Anlehnung an **Fürst** die Optimierung der Interdependenzen zwischen Planungen und Handlungen verschiedener Akteure verstanden werden zu dem Zweck, hinsichtlich eines vorgegebenen Zielsystems positive externe Effekte zu vermehren und negative externe Effekte zu vermindern [395]. In der **horizontalen Dimension** [396] geht es deshalb um die funktionale Abstimmung der Ziele, Grundsätze und Maßnahmen zwischen den zuständigen Fachressorts gleicher Hierarchieebene, um jene Zielkonflikte ("materielle negative Externalitäten") innerhalb des öffentlichen Sektors abzubauen, die es nicht gestatten, eine raumpolitische Konzeption ohne Rücksicht auf weitere konkurrierende Ziele und Restriktionen anderer Dezernate zu verfolgen. Die **vertikale Ebene** [397] betrifft dagegen die institutionelle Verteilung der Handlungskompetenzen auf die verschiedenen Planungsträger Europäische Gemeinschaft, Bund, Land, Kreis und Gemeinde, um solche Störfaktoren ("formale negative Externalitäten") zwischen den einzelnen Verwaltungsstufen zu verringern, die es nahelegen, daß die Zentralinstanz alle Steuerungspotentiale in sich vereinigt und damit theoretisch in der Lage wäre, auf der Grundlage ihrer Prioritäten eine raumoptimale Gesamtlösung zu verfolgen.

---

393 Z. B. F. Wolf (1980), S. 203.
394 H.-F. Eckey (1978 a), S. 114 f.; K.-H. Hansmeyer (1968), S. 56; F. W. Scharpf (1977 b), S. 47 ff.; W. Väth, Raumordnung als kapitalistische Entwicklungsplanung, Referat auf der Tagung der Arbeitsgruppe "Lokale Politikforschung" im Rahmen der DVPW vom 6. bis 8.4.1973 in Heidelberg, S. 19. E. Lauschmann (1976), S. 265 f. spricht im Anschluß an E. Tuchtfeldt, Koordinierungsprobleme in der Wirtschaftspolitik, Wirtschaftspolitische Chronik Heft 3/1972, S. 16 ff. von materialer und formaler Koordination. Darüber hinaus unterscheidet H. S. Seidenfus (1968), S. 130 ff. neben der horizontalen (materialen) und vertikalen (formalen) noch die ressortmäßige Koordination.
395 D. Fürst (1982), S. 83.
396 Vgl. F. W. Scharpf/F. Schnabel (1978), S. 29.
397 Siehe F. W. Scharpf/F. Schnabel (1977), S. 44.

Einerseits ist die Vielfalt der Träger regionalpolitischer Entscheidungen notwendig, "um die räumlichen Differenzierungen in den Wirtschafts- und Sozialstrukturen hinreichend berücksichtigen zu können"[398], andererseits ergeben sich institutionelle Hemmnisse jedoch gerade "aus Spannungen zwischen den vertikal geordneten Instanzen"[399]. Die vorliegende Untersuchung beschränkt sich daher auf die Erörterung von Durchsetzungsproblemen in der vertikalen Richtung am Beispiel der regionalen Strukturpolitik. Ausgeblendet bleiben die inhaltlichen Abstimmungsmechanismen und -probleme zwischen den einzelnen betroffenen Fachressorts und sektoral spezialisierten Planungseinheiten gleicher Stufe (z. B. Wirtschafts-, Arbeits-, Raumordnungs- und Forschungsministerium), die ebenfalls Pläne mit regionalpolitischer Wirksamkeit (z. B. Mittelstandskredit-, Arbeitsbeschaffungs-, Raumordnungs- und Technologieprogramme) aufstellen und durchführen[400]. Vernachlässigt werden desweiteren die materiellen Zielkonflikte zwischen den Sektoren der staatlichen Wirtschaftspolitik, wie sie sich durch gegenläufige und sich gegenseitig ausschließende Tendenzen darstellen können (z. B. die regionalen Budgetinzidenzen überregionaler öffentlicher Finanzströme[401] oder die regionale und sektorale Selektivität globalsteuernder Konjunkturpolitik[402]). Vielmehr soll danach gefragt werden, wie die mitunter gegensätzlichen Interessen der Regionalpolitik betreibenden Gebietskörperschaften im Hinblick auf eine gesamtwirtschaftlich ausgerichtete Strukturpolitik aus-

---

398 E. Lauschmann (1976), S. 264.

399 H. Jürgensen (1964), S. 407.

400 Zu dieser Querkoordinierung V. Schmidt (1976), S. 724 f.; aus raumordnungspolitischem Blickwinkel H. P. Gatzweiler (1976), S. 737 ff. Speziell zur horizontalen Koordinierung der GRW mit anderen Fachressorts D. Fürst (1982), S. 86 ff. und H. Pieper, Koordinierung der regionalen Wirtschaftspolitik mit anderen regional wirksamen Politiken des Bundes, IKO 1975, S. 112 ff.

401 Vgl. K.-H. Hansmeyer (1981), S. 21 ff.; H. Zimmermann, Öffentliche Finanzströme und regionalpolitische Fördergebiete, in: G. Aberle/H. Priebe/H. Spehl/H. Zimmermann, Regionalpolitik im Wandel, Bonn 1981, S. 58 ff.; ders., Regionale Inzidenz öffentlicher Finanzströme, Baden-Baden 1981, ders./H. Stegmann, Öffentliche Finanzströme und regionalpolitische Fördergebiete, Bonn 1981.

402 Solche selektiven Wirkungen ergeben sich immer dann, wenn die Aktivitäten "Schwache und Starke, Gerechte und Ungerechte mit der gleichen Schärfe" treffen oder ihnen "die gleiche Wohltat" erweisen, K. Schiller (1965), S. 214. Zum Problem siehe auch L. Hübl/R. Ertel (1975), S. 562 ff.; E. Lauschmann (1979), S. 4; H. Schmidt (1974), S. 237.

geglichen werden können. Die Notwendigkeit der vertikalen Koordination regionalpolitischer Entscheidungen ist unbestritten, denn eine koordinierte Politik ist effizienter als eine unkoordinierte, weil sie zur Erreichung bestimmter Ziele in der Regel weniger und schwächere Eingriffe erfordert als eine nicht abgestimmte Politik [403]. Generell ist dabei davon auszugehen, "daß eine formale, institutionalisierte Koordination um so wichtiger wird, je größer die Zahl der Träger regionalpolitischer Aktivitäten, je unterschiedlicher ihre 'faktische Macht', eigene Zielvorstellungen zu realisieren, und je stärker die intra- und interregionalen wirtschaftlichen Verflechtungen sind" [404].

Gerade im Bereich der **Wirtschaftsförderung** ist zu beklagen, daß eine unkoordinierte und verwirrende Vielfalt unterschiedlicher Strukturverbesserungsprogramme und -maßnahmenbündel von den verschiedensten Instanzen supranational in der Europäischen Gemeinschaft [405] ebenso wie national auf Bundes-, Landes- und kommunaler Ebene durchgeführt werden [406]. In den meisten Bundesländern einschließlich der Stadtstaaten bestehen eigene Wirtschaftsförderungsprogramme [407]. Bis zur Verabschiedung des 10. Rahmenplanes wurden in der Gemeinschaftsförderung über 63 % der Fläche des Bundesgebietes inklusive West-Berlins mit rund 37 % der Bevölkerung

---

403 R. **Krüger** (1969), S. 165 und 173 f.

404 E. **Lauschmann** (1976), S. 266.

405 Siehe U. **Paulsen**, EG-Regionalpolitik - Konzeption und Instrumente, in: H. H. Eberstein (Hrsg.), Handbuch der regionalen Wirtschaftsförderung, Köln ab 1971, Teil A VII 1; P. **Wäldchen**, Aufgaben und Probleme einer Regionalpolitik der Europäischen Gemeinschaften, in: Regionalpolitik als Entwicklungspolitik, Beiträge und Untersuchungen des Instituts für Siedlungs- und Wohnungswesen der Westfälischen Wilhelms-Universität Münster Bd. 77, Münster (Westf.) 1971, S. 29 ff. Zum EG-Regionalfonds **Europäische Gemeinschaften/Europäisches Parlament**, Bericht im Namen des Ausschusses für Regionalpolitik und Raumordnung über den Vierten Jahresbericht (1978) der Kommission der Europäischen Gemeinschaften über den Europäischen Fonds für Regionale Entwicklung (EFRE), Sitzungsdokument 1-789/79 vom 23.2.1980; S. **Schumann**, Die Förderung mit Mitteln des Europäischen Regionalfonds (EFRE), in: H. H. Eberstein (Hrsg.), Handbuch der regionalen Wirtschaftsförderung, Köln ab 1971, Teil A VII 3.

406 G. **Berg** (1975), S. 266; U. **Engelen-Kefer** (1974), S. 139; H. **Jürgensen** (1981), S. 230; K. **Neumann** (1976), S. 141 f.; BDI/DBV/DGT/DIHT/DLT (1975), S. 4; DIHT (1980 a), S. 31.

407 Siehe H. E. **Hötger** (1978), S. 2 ff. und die Übersicht über 30 ausgewählte Förderungsprogramme des Bundes und der Länder für die gewerbliche Wirtschaft in der Wirtschaftswoche Nr. 10 vom 5.3.1982, S. 86 und 89.

gefördert[408]. Unter Einschluß der Landesförderungsprogramme wurde die tatsächliche Ausweitung der Regionalförderung jedoch auf 80 % der Gesamtfläche mit etwa 50 % der Bevölkerung geschätzt[409]. Zwar sind seit dem Inkrafttreten des 10. Rahmenplanes die Gemeinschaftsfördergebiete auf weniger als 50 % des Bundesgebietes mit nur knapp 30 % der Bevölkerung reduziert worden[410], doch steht zu vermuten, daß aus der GRW entlassene Regionen in die Landesförderung übernommen werden[411]. Obwohl die landeseigenen Förderungsprogramme niedrigere Förderungspräferenzen als die GRW besitzen, weisen sie dennoch ein erhebliches Finanzvolumen auf. So standen allein in den Jahren 1972 bis 1977 den knapp 1,5 Mrd. D-Mark aus der Gemeinschaftsförderung immerhin über eine Mrd. D-Mark aus Landesmitteln gegenüber[412]. Zusätzlich hierzu setzen immer mehr Kommunen eigene Wirtschaftsförderungsprogramme zur Behebung von Strukturschwächen ein. Nach einer Umfrage bei 120 Städten mit über 50.000 Einwohnern gewähren rund 15 % der befragten Städte direkte Finanzhilfen an die gewerbliche Wirtschaft[413]. Dagegen kommt eine Erhebung bei 113 Kreisverwaltungen im Fördergebiet der GRW sogar zu dem Ergebnis, daß dort über 50 % der befragten Landkreise eigene Investitionshilfen vergeben[414].

Aufgrund dieses "**Subventionswirrwars**" und der "**Fördergebietsinflation**" erscheint es faktisch unmöglich, Erfolge in der Wirtschaftsentwicklung bestimmten Programmen eindeutig zuzuordnen[415]. Mit

---

[408] Die Einschätzungen differerieren zwischen 61, 63 und 68 %, siehe **A. Jaumann** (1979), S. 9; **K.-H. Hansmeyer** (1980), S. 4; **H. H. Karry** (1979), S. 11; **G. Sohn** (1980), S. 258; **U. Wartenberg** (1981), S. 141.

[409] **K. Geppert/K. Hornschild** (1979), S. 25; **H. Jürgensen** (1981), S. 230; **G. Sohn** (1980), S. 258.

[410] Vgl. die Art. "Baden-Württemberg fällt aus dem Fördertopf", F.A.Z. Nr. 90 vom 16.4.1981, S. 13 und "Regionalförderung wird stärker konzentriert", FR Nr. 90 vom 16.4.1981, S. 6.

[411] Diese Befürchtung hegt **U. Wartenberg** (1981), S. 142.

[412] Ebenda, S. 141 im Anschluß an **K. Geppert/K. Hornschild** (1979), S. 48 ff. Tabellen 8 bis 19 und S. 27 Übersicht 3. Selbst wenn man die steuerfreie Investitionszulage in die Berechnung mit einbezieht, belaufen sich die Landesfördermittel außerhalb der GRW immer noch auf 20 % der Gesamtmittel, vgl. **U. Wartenberg** (1981), S. 141.

[413] **Difu** (1980), S. 3.

[414] **H. H. Koch/H.-P. Steinmetz** (1981 b), S. 468.

[415] **H. d'Orville** (1979), S. 77; **H.-J. Klein** (1973), S. 86.

Recht bezweifeln deshalb einige Stimmen, ob die Gemeinschaftsaufgabe tatsächlich noch in der Lage ist, den Subventionswettlauf zwischen den Gebietskörperschaften zu verhindern[416]. Deshalb wird eine planvolle politische Steuerung der räumlichen Entwicklung darum bemüht sein müssen, die regionalpolitische Koexistenz-Strategie, d. h. die Wachstums- und Ausgleichsfunktion der regionalen Strukturpolitik im Bundesgebiet dadurch zu stabilisieren, daß die verschiedenen öffentlichen Hilfsprogramme in räumlicher, sachlicher und zeitlicher Hinsicht und insbesondere im Hinblick auf die finanziellen Engpässe der öffentlichen Haushalte aufeinander abgestimmt werden, um die vorhandenen Mittel möglichst effektiv und gezielt einsetzen zu können[417] und um negative externe Effekte der institutionell und prozessual getrennten Förderpolitiken weitgehend zu unterbinden.

Vor diesem Hintergrund der Notwendigkeit einer verwaltungsorganisatorisch-vertikalen Koordination der Regionalpolitik wird es in den folgenden Teilen um den Versuch gehen, die regionalökonomischen Wirkungen, Wechselbeziehungen und Zusammenhänge sowie konzeptionellen Gemeinsamkeiten, Verbindungslinien und Gegensätze der organisatorisch und verfahrensmäßig voneinander unabhängigen Strukturprogramme auf den verschiedenen föderalen Verwaltungsebenen aufzudecken. Erst auf dieser empirischen Grundlage kann die Frage beantwortet werden, inwieweit die Gemeinschaftsaufgabe "Verbesserung der regionalen Wirtschaftsstruktur" ihre administrationsinterne Koordinationsfunktion tatsächlich erfüllt und können hieraus organisationsrechtliche bzw. -politische Schlußfolgerungen gezogen werden, die entweder noch auf das bestehende Verflechtungssystem oder schon auf eine (anzustrebende) Neuorganisation der regionalen Wirtschaftsstrukturpolitik abstellen.

---

416 Z. B. U. Wartenberg (1981), S. 142.
417 Vgl. H. d'Orville (1979), S. 80.

TEIL C

DIE INSTITUTIONALISIERUNG DER BUND-LÄNDER-KOOPERATION IM RAHMEN DER GEMEINSCHAFTSAUFGABE "VERBESSERUNG DER REGIONALEN WIRTSCHAFTSSTRUKTUR"

Während im vorangegangenen Teil B die Notwendigkeit einer regionalen Strukturpolitik begründet, ihre Ziele, Instrumente und Strategien erläutert, ihre politische Systemgebundenheit dargelegt und ihre inneradministrativen Durchsetzungsprobleme aufgezeigt wurden, soll in diesem Teil der Ausführungen die rechtliche und tatsächliche Ausgestaltung der in der Bundesrepublik Deutschland betriebenen Wirtschaftsentwicklungspolitik im Vordergrund stehen. Der Zustand der gegenwärtigen regionalen Wirtschaftsstrukturverbesserung ist nur vor dem Hintergrund des bundesdeutschen föderativen Staatsaufbaus verständlich [418]. Dessen eingedenk werden die strukturpolitischen Konzeptionen, spezifischen Organisationsformen und wirtschaftsfördernden Aktionsprogramme sowohl auf der gesamtstaatlichen Ebene (Bund-Länder-Kooperation) als auch auf der Stufe der Gliedstaaten (landeseigene Regionalförderung) und nicht zuletzt auf der kommunalen Verwaltungsebene (Wirtschaftsförderung durch Städte, Gemeinden und Landkreise) analysiert sowie ihre wesentlichen Grundzüge jeweils herausgearbeitet. Erst eine derartige Gegenüberstellung erlaubt es, den wirklichen Handlungsspielräumen in der regionalen und kommunalen Wirtschaftspolitik nachzugehen und etwaige Parallelitäten, Ingerenzen, Konkurrenzen oder gar Konterkarierungen zwischen den föderalen Strukturpolitiken aufzudecken. In diesem Zusammenhang wird dem Stellenwert politischer Planung eine besondere Bedeutung zukommen, denn eine effiziente und integrierte (Regional-)"Politik wird ihre Aufgabe ohne Planung und ohne enge Kooperation von Bund, Ländern und Gemeinden in einem Bundesstaat, wie er in Westdeutschland verfassungsrechtlich markiert ist, nicht erfüllen können" [419].

---

418 11. Rahmenplan, aaO (Anm. 13), S. 8 Tz. 3.1.
419 U. Lohmar (1965), S. 235.

Nach der verfassungsrechtlichen Zuständigkeitsverteilung bis zum Jahre 1969 war die regionale Wirtschaftsförderung - von den in gesamtstaatlicher Verantwortung stehenden Regional- und Berlinförderungen abgesehen [420] - ausschließlich eine Aufgabe der Bundesländer [421]. Das Grundgesetz verteilte bis dahin die Staatsfunktionen entweder auf den Bund oder auf die Länder; eine gemeinschaftliche Erfüllung öffentlicher Aufgaben sah es nicht vor. Erst seit der Finanzreform von 1969 wird diese vor allem in den Artt. 30, 70 und 83 GG zum Ausdruck kommende strikte Funktionsabgrenzung zwischen Bund und Ländern verfassungsrechtlich durch ein auf bestimmte Politikbereiche beschränktes Kooperations- und Verflechtungssystem ergänzt. "Herzstück" [422] der Finanzreform ist der Art. 91 a GG. Eines der Sachgebiete, die in seinem abschließenden Katalog [423] aufgenommen wurden, ist die Verbesserung der regionalen Wirtschaftsstruktur. Auf diese Gemeinschaftsaufgabe beschränken sich die folgenden Darstellungen.

I. Die organisationsrechtliche Struktur der Gemeinschaftsaufgabe

Während Art. 91 a GG lediglich den verfassungsrechtlichen Rahmen absteckt, werden die nähere Bestimmung und Abgrenzung, die Grundsätze der Erfüllung und das Verfahren der Zusammenarbeit von Bund und Ländern bei Planung und Finanzierung der gemeinsamen regionalen Strukturpolitik im Gesetz über die Gemeinschaftsaufgabe "Verbesserung der regionalen Wirtschaftsstruktur" vorgenommen [424].

---

420 Vgl. nunmehr das ZRFG vom 5.8.1971 (BGBl. I S. 1237) und das BFG vom 23.2. 1982 (BGBl. I S. 225).

421 P. Becker (1971), S. 5.

422 G. Kisker (1971), S. 285.

423 Begründung zum Regierungsentwurf eines Finanzreformgesetzes, BT-Drs. V/2861 vom 30.4.1968, S. 25 Tz. 82; D. Keller (1975), Sp. 801; H. C. F. Liesegang (1978), Art. 91 a RdNr. 8; ders./F. Plöger (1971), S. 231; S. Marnitz (1974), S. 67 f.; T. Maunz (1980), Art. 91 a RdNr. 26; B. Schmidt-Bleibtreu/F. Klein (1980), Art. 91 a RdNr. 5; B. Tiemann (1970 a), S. 223 f.

424 Die beiden anderen Gemeinschaftsaufgaben des Art. 91 a GG regeln das HSchBFG in der Fassung vom 3.9.1970 (BGBl. I S. 1301) und das GemAgrKG vom 3.9.1969 (BGBl. I S. 1573).

1. Verfassungspolitische Entwicklung und Entstehungsgründe

Gemeinhin wird von Gemeinschaftsaufgaben immer dann gesprochen, wenn die körperschaftliche Beteiligung mehrerer Gemeinwesen - des Bundes, der Länder und/oder der Gemeinden - an der Erfüllung der lediglich einem Verband zugeordneten Aufgaben so beschaffen ist, daß alle Beteiligten deren Durchführung beeinflussen[425]. Gegenüber diesem überkommenen Sprachgebrauch erhielten die "Gemeinschaftsaufgaben" mit der Schaffung der Artt. 91 a und b GG einen speziellen Inhalt[426]. Nunmehr wird das "Tertium"[427] Gemeinschaftsaufgabe durch den Klammerzusatz in Art. 91 a Abs. 1 GG auf das Zusammenwirken von Bund und Ländern im Rahmen dieser Grundgesetzbestimmungen begrenzt[428], so daß heute mit Gemeinschaftsaufgaben nicht mehr alle Arten der Zusammenarbeit zwischen Bund, Ländern und Gemeinden bei der Erfüllung öffentlicher Aufgaben bezeichnet werden können[429]. Vielmehr ist jetzt für die Gemeinschaftsaufgaben prägend, daß es sich um von den Ländern wahrzunehmende Verwaltungsaufgaben handelt, bei deren Erfüllung der Bund im Hinblick auf die sachliche Gestaltung und die Finanzierung mitwirkt[430].

Bereits lange vor der Finanzverfassungsreform 1969 hatte sich in der Verwaltungspraxis eine gemeinschaftliche Wahrnehmung öffent-

---

425 D. Feger (1979), S. 415; D. Keller (1975), Sp. 801; F. Klein, Verfassungsrechtliche Grenzen der Gemeinschaftsaufgaben, in: Gemeinschaftsaufgaben zwischen Bund, Ländern und Gemeinden, Schriftenreihe der Hochschule Speyer Bd. 11, Berlin 1961, S. 125. Erstmals wurde der Begriff "Gemeinschaftsaufgaben" in der Begründung zu den Finanzreformgesetzen von 1955, BT-Drs. II/480 vom 29.4.1954, S. 48 verwendet; H. Zimmermann (1970 b), Sp. 958 f.

426 H. von Mangoldt/F. Klein (1974), Art. 91 a Vorbem. V 4 d aa. Ausführlich zur Begriffsentwicklung und Entstehungsgeschichte der Gemeinschaftsaufgaben ebendort, Art. 91 a Vorbem. V; W. Henrichs (1968), S. 13 ff.; S. Marnitz (1974), S. 28 ff.; W. Patzig (1981), S. 32; B. Tiemann (1970 a), S. 39 ff. und 185 ff.; T. von Trotha (1971), S. 93 ff.

427 Seifert-Geeb (1970), S. 165.

428 T. Maunz (1980), Art. 91 a RdNr. 4.

429 H. C. F. Liesegang (1978), Art. 91 a RdNr. 4. Einen weiten Gemeinschaftsaufgabenbegriff vertritt noch B. Tiemann (1970 a), S. 266 ff. und 288 ff.

430 F. Klein (1972), S. 291. Dagegen reicht nach B. Tiemann (1970 a), S. 67 die gemeinsame Planung oder Finanzierung aus.

licher Aufgaben durch Bund und Länder entwickelt[431]. Daher hat Art. 91 a GG keine völlig neuen Tatbestände geschaffen, sondern - lediglich - eine Verfassungswirklichkeit legalisiert, die sich zu Anfang der fünfziger Jahre ausgebildet und nahezu zwei Jahrzehnte lang verfestigt hatte[432]. Die finanziellen Bundesbeteiligungen an Länderaufgaben setzten das in der Weimarer Republik entstandene Prinzip der Dotationen der Länder aus einem Fonds des Reiches fort. Ähnlich erfolgten die Zuweisungen des Bundes ausschließlich im Bereich der "gesetzesfreien Verwaltung"[433] anhand bundeseigener Förderungsprogramme und -richtlinien oder aufgrund von Verwaltungsabkommen mit den Ländern. Sie betrafen die nur durch das Bundeshaushaltsgesetz autorisierte zweckgebundene Gewährung finanzieller Hilfen an die Länder (Zuschüsse) oder an deren Einwohner bzw. Einrichtungen (Subventionen)[434]. Im Anschluß an **Maunz** wurde diese Vergabepraxis als **"Bundesfondsverwaltung"** bezeichnet[435]. Die Bereitstellung und Inanspruchnahme der Mittel war mit Bedingungen und Auflagen versehen, die den einzelnen Ländern die Höhe der von ihnen zu erbringenden Komplementärleistungen vorschrieb, wenn sie in den Genuß der Bundesleistungen gelangen wollten[436], und die es dem Bund ermöglichten, Einfluß auf die Erfüllung der von ihm mitfinanzierten Länderaufgaben zu gewinnen[437]. Der Gesamtumfang dieser Finanzleistungen ist rasch gestiegen: Lagen die Bundesausgaben für Länderzwecke bis 1961 noch zwischen 2,5 bis 3 Mrd. D-Mark, so beliefen sie sich im Jahre 1967 bereits auf mindestens 5 Mrd. D-Mark[438].

---

431 Siehe die **Kommission für die Finanzreform** (1966), S. 10 ff. Tz. 28 ff. und die **Begründung zum Regierungsentwurf des Finanzreformgesetzes**, aaO (Anm. 423), S. 17 ff. Tz. 37 ff. sowie W. Patzig (1981), S. 11 ff.

432 O. Barbarino (1975), S. 109 und (1973), S. 20.

433 So die **Kommission für die Finanzreform** (1966), S. 14 Tz. 44.

434 G. Kisker (1971), S. 35; T. von Trotha (1971), S. 55; W. Zohlnhöfer (1970), S. 685.

435 T. Maunz, Die staatliche Verwaltung der Zuschüsse und Subventionen, BayVBl. 1962, S. 1 ff.; R. Groß (1969), S. 127; J. Kölble (1963), S. 662; A. Köttgen (1965), S. 18; G. Kisker (1971), S. 34 f.

436 Sog. "Angebotsdiktatur" des Bundes, vgl. J. Seeger (1968), S. 782; O. Barbarino (1973), S. 20; T. von Trotha (1971), S. 65; **Kommission für die Finanzreform** (1966), S. 19 Tz. 49.

437 O. Barbarino (1971), S. 91; A. Köttgen (1965), S. 48 ff.; H. Mehrländer/ D. Louda (1981 a), S. 2.

Im Gegensatz zu dieser Mischfinanzierung waren (und sind) der Bund und die Länder laut Grundgesetz verpflichtet, die aus der Wahrnehmung ihrer Aufgaben entstehenden Kosten gesondert zu tragen (Artt. 106 Abs. 4 Ziff. 1 a. F., 104 a Abs. 1 n. F.)^{439}. Daneben bestimmt Art. 109 Abs. 1 GG, daß Bund und Länder in ihrer Haushaltswirtschaft selbständig und voneinander unabhängig sind. Solange das Grundgesetz dem Bund keine Gesetzgebungs- oder Verwaltungszuständigkeiten zuweist, ist ihm nicht nur die "gesetzesakzessorische", sondern auch die "gesetzesfreie" Verwaltung verwehrt^{440}. Der verfassungsrechtliche Lastenverteilungsgrundsatz besagt, daß Bundesaufgaben allein aus Mitteln des Bundeshaushaltes und Landesaufgaben nur aus Geldern des betreffenden Landeshaushaltes bestritten werden dürfen^{441}. Da dem Bund eine umfassende Verwaltungs- und Fondskompetenz für die von ihm mitfinanzierten Aufgaben nicht zustand, hat er in der Vergangenheit häufig das geschriebene Verfassungsrecht durchbrochen^{442}, sofern sich eine "stillschweigend mitgeschriebene Bundeskompetenz" nicht "aus der Natur der Sache" oder "kraft Sachzusammenhangs" konstruieren ließ^{443}. Es mußte daher Aufgabe der Finanzverfassungsreform sein, das "Spannungsverhältnis zwischen Verfassungstext und Verfassungswirklichkeit zu entkrampfen"^{444}. Im Bereich der regionalen Strukturpolitik führte die Einfügung des Art. 91 a in das Grundgesetz somit

---

438 Vgl. **Institut FSt.**, Grundlagen und Möglichkeiten einer organischen Finanz- und Steuerreform, Heft 60, Bonn 1967, S. 214 Anlage 17 und **J. Seeger** (1968), S. 781.

439 Von diesem Lastenverteilungsgrundsatz machte das GG lediglich in Art. 120 bezüglich der Kriegsfolgen eine Ausnahme, nunmehr auch in Artt. 91 a und b, 104 Abs. 2 bis 4 GG, vgl. **K. Stadler** (1969), S. 300 f.

440 In seinem Fernsehurteil hat das BVerfG entschieden, daß die Gesetzgebungsbefugnis des Bundes zugleich die äußerste Grenze für seine Verwaltungskompetenzen darstelle, vgl. **BVerfGE** 12, 205 (250 ff.).

441 Begründung zu den **Finanzreformgesetzen von 1955**, aaO (Anm. 425), S. 42 ff.; **F. Klein** (1968), S. 153 ff.; **J. Kölble** (1963), S. 662; **K. Stadler** (1969), S. 300.

442 **F. Klein**, Große Finanzreform und Föderalismus, BayVBl. 1967, S. 406 ff.; **O. Barbarino** (1975), S. 109; **H. C. F. Liesegang/R. Plöger** (1971), S. 230; **D. Schmidt** (1975), S. 115 spricht von einer fehlenden gesetzlichen Kompetenzgrundlage der Fondsverwaltung; differenzierend **R. Groß** (1968), S. 127 f.

443 Dazu **G. Kisker** (1971), S. 23 ff.; **F. Klein** (1968), S. 155; **J. Kölble** (1963), S. 666 ff.; **A. Köttgen** (1965), S. 42 ff.; **J. Seeger** (1968), S. 783; **T. von Trotha** (1971), S. 59 ff.

444 **H. C. F. Liesegang/R. Plöger** (1971), S. 229.

die bis dato verfassungsmäßig nicht geregelte Regionalförderung des Bundes aus dem "administrativen Niemandsland" heraus[445].

Auf der anderen Seite erschien ein völliger Rückzug des Bundes aus dem Dotationssystem ebenfalls nicht angebracht, handelte es sich im Rahmen der Fondsverwaltung doch um Staatsaufgaben, bei deren Wahrnehmung die knappen Finanzmittel zum Zwecke der sachlichen und räumlichen Schwerpunktbildung einer optimalen Allokation zugeführt werden sollen, deren investitionspolitische Wirkungen nach allgemeiner Ansicht eine konjunkturpolitische Lenkung des Bundes erfordern und die in immer stärkerem Maße durch Entscheidungen der Europäischen Gemeinschaften beeinflußt werden, für deren einheitliche Durchführung wiederum der Bund verantwortlich zeichnet[446]. Neben dieser vertikalen Verflechtung der Verantwortungsbereiche von Bund und Ländern als **Entstehungsgrund** der Mischfinanzierung verweisen andere Stimmen darauf, daß die Institutionalisierung der Gemeinschaftsaufgaben auf die Finanznot der Länder zurückzuführen ist[447]. Während sich nämlich vor allem die steuerschwachen Länder schon relativ frühzeitig mehr und mehr verschuldeten, gelang es dem Bund, bis zum Jahre 1956 einen Reservefonds über sieben Mrd. D-Mark anzusammeln[448]. Die Existenz dieses sog. "Juliusturmes" und seine spätere Auflösung beweisen für **Barbarino**, daß der Bund den Ländern im vertikalen Finanzausgleich die Mittel vorenthielt, die sie zur Erfüllung ihrer eigenen Aufgaben benötigt hätten und sich stattdessen mit der Begründung, die Länder seien zur alleinigen Bewältigung bestimmter Aufgaben nicht in der Lage, finanziell und sachlich mit Hilfe von Dotationen und Auflagen an der Durchführung der Länderaufgaben beteiligte[449]. Als dritte Erklärung für das Entstehen der Mischfinanzierung zwischen Bund und Ländern wertet **Reissert**[450] das Vorhanden-

---

445 W. Albert (1971), S. 12; W. Cholewa (1972 a), S. 227.

446 B. Reissert (1975), S. 11; F. Lehner (1979), S. 5.

447 O. Barbarino (1971), S. 91 f.; D. Feger (1979), S. 416 und 417; H. Soell (1972), S. 403 ff.

448 O. Barbarino (1973), S. 20.

449 Ders. (1975), S. 109 und (1971), S. 91.

450 B. Reissert (1975), S. 14 ff.; ebenso F. W. Scharpf (1974 b), S. 239 f.; ähnlich H. Mehrländer/D. Louda (1981 a), S. 2 und W. Patzig (1981), S. 15 f.

sein finanz- und strukturschwacher Länder (Schleswig-Holstein, Niedersachsen, Rheinland-Pfalz, Saarland). Danach haben horizontale Struktur- und Finanzungleichgewichte zwischen den Ländern unter dem Eindruck der Forderung einheitlicher Lebensverhältnisse eine Anlehnung der "schwächeren" Länder an den Bund und damit eine finanzielle (und planerische) Beteiligung des Bundes an Länderaufgaben erzwungen, weil der bestehende bundesstaatliche Finanzausgleich lediglich annäherungsweise Steuerkraftunterschiede ausgleicht, kaum aber auf disparitäre Strukturbelastungen der Länder reagiert [451].

Demnach sind die Gründe für die Genesis u. a. der Gemeinschaftsaufgaben außer in der Notwendigkeit einer koordinierten und aufeinander abgestimmten (Infrastruktur-)Planung sowie in dem vertikalen Finanzungleichgewicht zwischen Bund einer- und Ländern andererseits auch in der Existenz unterschiedlich großer und leistungsfähiger Bundesländer zu suchen. Da eine Neugliederung des Bundesgebietes, wie sie Art. 29 GG bis zu seiner Neufassung im Jahre 1976 [452] zwingend vorschrieb, unterblieb und auch die Schaffung eines bedarfsorientierten Finanzausgleichs nicht in Angriff genommen wurde, blieb als Ausweg einzig die Bezuschussung von Landesaufgaben durch den Bund, die dann freilich in verfassungsrechtlich geordnete Formen gegossen werden mußte.

Demzufolge ist es nicht verwunderlich, daß sich die Überlegungen zur "Großen Finanzreform" darauf konzentrierten, die bereits in der Verfassungswirklichkeit gemeinsam geförderten Aufgaben in die Systematik des Grundgesetzes einzuordnen sowie für die bundesstaatliche Kooperation eine verfassungsrechtlich gesicherte Basis zu finden [453]. Bereits im Juni 1963 forderte die Saarbrücker Kon-

---

451 B. Reissert (1975), S. 26. Der Sicherungsprozeß einzelner Länder gegenüber konkurrierenden anderen Ländern scheint sich in den Gremien z. B. der GRW fortzusetzen. So berichtet P. Becker (1977), S. 35, daß einzelne Länder die (verfassungsrechtlich problematische) Einbeziehung von Detailplanungen und Durchführungsregelungen in die Rahmenplanung begrüßen, weil sie sich davon sowohl spezielle Vorteile als auch eine gewisse Sicherheit im bundesweiten Wettlauf um Investoren versprechen.

452 Gesetz vom 23.8.1976 (BGBl. I S. 2381).

453 F. Klein, Aufgaben und Ziele der Finanzreform, NJW 1968, S. 1318 ff.; B. Schmidt-Bleibtreu/F. Klein (1980), Vor Art. 91 a RdNr. 3.

ferenz der **Ministerpräsidenten der Länder** zum Zwecke einer "dauerhafte(n) Ordnung der Finanzverhältnisse zwischen Bund und Ländern eine klare Abgrenzung von Bundesaufgaben, Länderaufgaben und gemeinschaftlichen Aufgaben"[454]. Die daraufhin eingesetzte **Sachverständigen-Kommission für die Finanzreform**[455], nach ihrem Vorsitzenden auch "Troeger-Kommission" genannt, sah es als Aufgabe an, "die unübersichtlich gewordenen Kompetenzverhältnisse zu bereinigen, die finanzielle Verantwortung des Bundes und der Länder klarzustellen und dort, wo gemeinsames Handeln geboten ist, das Zusammenwirken von Bund und Ländern in geordnete Bahnen zu lenken"[456]. In Ihrem Gutachten von 1966 schlug sie das Rechtsinstitut der Gemeinschaftsaufgaben vor, in dem ein Großteil der bisherigen Bundesfondsverwaltung rechtlich fixiert und der Rest der Fondsverwaltung einer "Flurbereinigung" zwischen Bund und Ländern vorbehalten werden sollte[457]. Am 12. Mai 1969 wurden schließlich die Vorschläge der Troeger-Kommission mit gewissen Änderungen teils als Gemeinschaftsaufgaben in Art. 91 a und b GG und teils als Investitionshilfekompetenzen in Art. 104 a Abs. 4 GG aufgenommen und verfassungsrechtlich verankert[458]. Inzwischen bewegt sich der Finanzierungsverbund der Artt. 91 a, 91 b, 104 a Abs. 4 einschließlich der Geldleistungsgesetze nach Art. 104 a Abs. 3 GG in einer Größenordnung von jährlich 15 Mrd. D-Mark, während die auch heute noch bestehende, auf die ungeschriebenen Bundeskompetenzen gestützte Bundesfondsverwaltung nur noch rund zwei Mrd. D-Mark pro Jahr ausmacht[459]. War somit das Ziel der Finanzverfassungsreform, die "Wildwuchsfinanzierung" von Länderaufgaben

---

454 F. **Meyers**, Klare Aufgabenteilung zwischen Bund und Ländern, Düsseldorf 1963, S. 21. Vgl. a. **J. Kölble** (1972), S. 701.

455 Zur Arbeit der Kommission u. a. **W. Henrichs** (1968), S. 16 ff.

456 **Kommission für die Finanzreform** (1966), S. 159 Tz. 544.

457 Ebenda, S. 34 ff. Tz. 129 ff. und S. 25 ff. Tz. 81 ff.

458 Finanzreformgesetz vom 12.5.1969 (BGBl. I S. 359).

459 B. **Reissert** (1975), S. 10 FN 28; **K. Ganser** (1978), S. 50; **W. Patzig** (1981), S. 86. Nach Auskunft des früheren Parlamentarischen Staatssekretärs **R. Böhme** summierten sich in den Jahren 1970 bis 1981 alle Ausgaben des Bundes für Mischfinanzierungen auf rund 30 Mrd. D-Mark, ders., Zum Abbau von Mischfinanzierungstatbeständen, Kommunalwirtschaft 1981, S. 235.

durch Bundesmittel zu beseitigen[460], weitgehend erreicht, so ist die Diskussion um das Pro und Contra der Mischfinanzierung gleichwohl nicht verstummt[461].

2. Das Programmplanungs- und -finanzierungssystem der Gemeinschaftsaufgabe

Die Finanzverfassungsreform 1969 installierte "ein technokratisches Planungsmodell, welches das Macht- und Finanzpotential des Zentralstaates mit der Informationsbasis und Implementationskompetenz der dezentralen staatlichen Einheiten zu verbinden suchte"[462]. Nach **Frowein** wurde damit eine "neue Dimension gemeinschaftlicher Wahrnehmung von Kompetenzen" erreicht[463]. Gleichwohl stellt Art. 91 a Abs. 1 Halbs. 1 GG klar, daß die zu Gemeinschaftsaufgaben erkorenen Politikbereiche ihrer rechtlichen Natur nach Aufgaben der Länder bleiben[464], an deren Erfüllung der Bund lediglich mitwirkt. Mitwirken bedeutet Teilnahme an der Bestimmung bindender sachpolitischer Leitlinien (Rahmenplanung) und Beteiligung an den Kosten der Verwirklichung (Finanzierung)[465]. Insbesondere Art. 91 a GG hat hierdurch den Gedanken der Rahmenplanung bei für die Gesamtheit bedeutsamen Aufgabenbereichen in Verfassungsrang erhoben[466]. Als administratives Kernstück der (grund-)gesetzlichen Regelung der Gemeinschaftsaufgaben[467] ist sie der

---

460 K. Stadler (1969), S. 301.

461 Siehe oben S. 9 f. m.w.Nachw. Für die Zeit kurz nach der Installierung der Gemeinschaftsaufgaben ausführliche Nachweise bei S. Marnitz (1974), S. 18 f. FN 7 f. und bis zur Gegenwart W. Patzig (1981), S. 60 ff. und 75 ff.

462 D. Garlichs (1980), S. 72.

463 J. A. Frowein (1973), S. 18.

464 11. Rahmenplan, aaO (Anm. 13), S. 8 Tz. 3.2.; F. Klein (1972), S. 291; H. Kundoch (1977), S. 5; H. C. F. Liesegang (1978), Art. 91 a RdNr. 7; W. Patzig (1981), S. 32; H. Ruhe (1969), S. 395; K.-P. Wild (1978), S. 2; H. Zimmermann (1970 b), Sp. 960; vgl. a. C. Keding (1969), S. 686; mit Vorbehalten T. Maunz (1980), Art. 91 a RdNr. 20.

465 R. Goroncy (1970 b), S. 313.

466 F. Rietdorf (1972), S. 513; vgl. a. B. Tiemann (1970 b), S. 163.

467 P. Becker (1972), S. 59; H. von Mangoldt/F. Klein (1974), Art. 91 a Anm. VI vor 1; J. H. Müller (1973), S. 13; W. Patzig (1969), S. 892; Seifert-Geeb (1970), S. 166 a; F. J. Strauß (1969), S. 102.

verfassungsrechtliche Ausdruck der im Sozial- und Leistungsstaat zunehmenden politischen Steuerung ("Verplanung") gesellschaftlicher Funktionsbereiche. Bildlich gesprochen stehen die Gemeinschaftsaufgaben mithin "auf der Scheidelinie von Recht und Politik"[468]. Inwieweit mit Planung demgemäß eine neue Qualität der Staatsaktivität erreicht wird, mag dahinstehen[469]. Denn es gibt Formen der Wirtschaftsplanung und -lenkung, die zur Steuerung der komplizierten Austauschprozesse einer hochentwickelten Volkswirtschaft unabhängig vom Gesellschaftssystem notwendig sind[470].

a) Inhalts- und Funktionsbestimmung der gemeinsamen Rahmenplanung

Als zentrales Instrument der Gemeinschaftsaufgaben statuiert Art. 91 a GG ein gemeinsames Planungssystem zwischen dem Bund und den Ländern[471]. In ihm liegt das eigentliche Kernstück[472] der gesetzlichen Regelungen, weil es den Gemeinschaftsaufgaben erst eine konkrete Form für ihre Realisierung verleiht. Zweck dieser bundesstaatlichen Kooperation ist die Aufstellung eines Rahmenplanes, der die jeweils in den Haushaltsjahren durchzuführenden Vorhaben und die ihnen zugrunde liegenden Zielvorstellungen festhält[473]. Das Grundgesetz und die drei Gemeinschaftsaufgabengesetze enthalten keine eindeutigen Aussagen über den Rechtscharakter der Rahmenpläne[474]. In negativer Hinsicht formuliert Art. 91 a Abs. 3 Satz 2 GG lediglich, daß keine Landesregierung verpflichtet ist, in ihrem Land ein Vorhaben durchzuführen, dem sie in der Rahmenplanung nicht zugestimmt hat. Und Art. 91 Abs. 4 Satz 4 GG stellt

---

468 T. von Trotha (1971), S. 120.

469 Aus politikwissenschaftlicher Sicht T. Öhlinger/M. Matzka (1975), S. 450; aus juristischer Sicht P. Badura, Die Daseinsvorsorge als Verwaltungszweck der Leistungsverwaltung und der soziale Rechtsstaat, DÖV 1966, S. 624 ff. (629 ff.).

470 R. Waterkamp (1973), S. 27.

471 B. Tiemann (1970 b), S. 162.

472 F. J. Strauß (1969), S. 102 f. Ihm folgend F. Buttler/K. Gerlach/P. Liepmann (1977), S. 121; H. C. F. Liesegang (1978), Art. 91 a RdNr. 25; ders./R. Plöger (1971), S. 233; H. Ruhe (1969), S. 398.

473 F. J. Strauß (1969), S. 103; B. Schmidt-Bleibtreu/F. Klein (1980), Art. 91 a RdNr. 23.

474 R. Wimmer (1970), S. 309.

klar, daß die in den Rahmenplänen enthaltenen Mittelansätze die Legislative in Bund und Ländern rechtlich nicht binden können. Allerdings schreibt in positiver Hinsicht § 8 Abs. 2 GRWG vor [475], daß die Regierungen in Bund und Ländern verpflichtet sind, die für die Durchführung der Rahmenpläne im nächsten Jahr notwendigen Mittel in die Entwürfe ihrer Haushaltspläne aufzunehmen. Darüber hinaus gibt die Legalstruktur der Gemeinschaftsaufgaben keine Auskunft über die Rechtsform der Rahmenplanung.

Obwohl die politische Planung heute zu einem wesentlichen Instrument sozialstaatlicher Aufgabenerledigung avanciert ist [476], existiert ein einheitlicher Rechtsbegriff der "Planung" (noch) nicht [477] und ist die Einordnung des Phänomens "Plan" in den Kanon staatlicher Handlungsformen (bislang) unvollständig geblieben [478]. Wegen dieser rechtsförmlichen Unbestimmtheit ist es deshalb erforderlich, zuerst den Inhalt des Rahmenplanes herauszuarbeiten, um ihn sodann mit Hilfe der gesetzlichen Bestimmungen im Ausführungsgesetz näher umschreiben und in seiner rechtlichen Funktion bestimmen zu können.

Primär sind die Planungssysteme der Gemeinschaftsaufgaben auf eine gesamtstaatliche Funktion angelegt [479]. Generell gesehen enthält ein **Rahmenplan** Projektierungen von Maßnahmen im gesamtstaatlichen Maßstab unter Einbeziehung gliedstaatlicher Vorgaben [480]. Gemäß § 5 GRWG nennt er die Ziele und Mittel, die zur Verbesserung der regionalen Wirtschaftsstruktur verwirklicht werden sollen; er grenzt die Fördergebiete ab, faßt sie in Regionale Aktionsprogramme zusammen und legt die Förderungsschwerpunkte fest; er führt die vorzusehenden Finanzmittel getrennt nach Haushaltsjahren,

---

475 Ebenfalls § 10 Satz 2 HSchBFG und § 8 Satz 2 GemAgrKG.
476 W. Erbguth (1981), S. 561.
477 C. Brünner (1978), S. 4 ff.; F. Ossenbühl (1974), S. 50 ff.
478 W. Erbguth (1981), S. 561. Ausführlich zum Meinungsstand R. Wahl (1978 a), Bd. I, S. 27 ff. und 101 ff.
479 H. Soell (1972), S. 410.
480 H. von Mangoldt/F. Klein (1974), Art. 91 a Anm. VI 3 a; B. Tiemann (1970 a), S. 235; C. Wagner (1976), S. 156.

Ländern und Regionalen Aktionsprogrammen auf und regelt Voraussetzungen, Art und Intensität der Förderung[481].

Die Verabschiedung des 10. Rahmenplanes der GRW brachte nicht nur eine Neuabgrenzung der Förderregionen mit sich, sondern auch eine wesentliche Überarbeitung und Erweiterung des Rahmenplanes im übrigen. Ein Rahmenplan ist im wesentlichen in drei Hauptteile gegliedert. Sein **erster Teil** enthält die allgemeinen Ausführungen; erläutert werden insbesondere der gesamtwirtschaftliche Zusammenhang der regionalen Strukturpolitik, die Besonderheiten der Wirtschaftsförderung im föderativen Staat, die Grundsätze der regionalen Strukturpolitik und die Maßnahmen und Mittel der Gemeinschaftsförderung. **Teil II** des Rahmenplanes beinhaltet die Regelungen über Voraussetzungen, Art und Intensität der Regionalförderung. Zunächst wird auf die allgemeinen Förderungsgrundsätze eingegangen, danach werden die Förderung der gewerblichen Wirtschaft und des Ausbaus der Infrastruktur im einzelnen behandelt. Der **dritte Teil** des Rahmenplanes führt die 18 Regionalen Aktionsprogramme auf, die nach Ländern geordnet sind. Die einzelnen Aktionsprogramme stellen als erstes eine wirtschaftliche Analyse des jeweiligen Aktionsraumes auf, bestimmen sodann die Entwicklungsziele (Arbeitsplatzschaffung und -sicherung, räumliche Schwerpunktbildung) und geben abschließend die Entwicklungsaktionen und Finanzmittel für den Aktionsraum an. Daran anschließend führen die Rahmenpläne - falls vorhanden - befristete Ergänzungsprogramme auf (**Teil IV**). Im **Anhang** der Rahmenpläne finden sich schließlich Maßnahmen- und Finanzierungsübersichten, einschlägige Wirtschaftsgesetze, Verordnungen und Richtlinien sowie je eine Karte der Förder- bzw. Fremdenverkehrsgebiete der GRW abgedruckt.

Schon dieser kurze Überblick erhellt, daß der Rahmenplan erst die gesetzlichen Vorgaben des § 5 GRWG konkretisiert. Folglich ist

---

[481] P. Becker (1971), S. 10 zu § 4; H. Mehrländer/D. Louda (1981 a), S. 14 f. und 27 ff. und (1981 b), S. 37 ff.; B. Reissert/F. Schnabel (1976), S. 83; H. Ruhe (1969), S. 399; D. Schmidt (1975), S. 116; R. Schmidt (1974 b), S. 97; C. Wagner (1976), S. 156 f.

er zur **gesetzesvollziehenden Planung**[482] zu zählen. Als Zusammenfassung der strukturpolitischen Ziele und Maßnahmen, die in den Fördergebieten der GRW verwirklicht werden sollen, kommt ihm die Funktion einer **Entwicklungsplanung**[483] zu, die allerdings räumlich auf bestimmte Regionen und fachlich auf den Zielbereich Wirtschaftsstruktur beschränkt ist (**gebietsbezogene Fachplanung**[484]). Nach § 4 Abs. 2 GRWG muß sich diese Fachplanung im Rahmen der mehrjährigen Finanzplanung des Bundes (§ 9 StWG) und der Länder halten. Der Rahmenplan ist für den Zeitraum der Finanzplanung aufzustellen, jedes Jahr sachlich zu prüfen und demgemäß fortzuschreiben (Prinzip der gleitenden Planung). Die zeitliche Gleichschaltung der vierjährigen Fach- mit der allgemeinen Finanzplanung[485] stellt die **mittelfristige Zeitperspektive**[486] der Rahmenplanung heraus. Aus dem Umstand, daß der Rahmenplan Zielvorstellungen für die Wahrnehmung der Gemeinschaftsaufgabe entwickelt,

---

[482] Bereits aus diesem Grunde kann der Rahmenplan keine Gesetzesqualität besitzen, im übrigen vgl. T. **Maunz** (1980), Art. 91 a RdNr. 49 und C. **Wagner** (1976), S. 157.
Je nachdem, ob Planung als Ergebnis der gesetzlichen Normfestlegung (z. B. Haushaltsgesetz im Verhältnis zur Finanzplanung) oder als deren Ausgangspunkt in Erscheinung tritt (z. B. Bauleitplanung), kann man sie als "gesetzesvorbereitende" oder als "gesetzesvollziehende" Planung bezeichnen, E.-W. **Böckenförde** (1972 b), S. 435; F. **Ossenbühl** (1974), S. 27.

[483] Während die "Ordnungsplanung" als Negativplanung lediglich schädliche Entwicklungen des naturwüchsigen Kräftespiels auffangen soll (Anpassungsplanung), will die "Entwicklungsplanung" die ökonomischen und sozialen Abläufe final beeinflussen, indem sie (rahmenartige) Raum-, Zeit- und Ressourcenfestlegungen trifft. Siehe D. **Aderhold** (1973), S. 30; F. **Ossenbühl** (1974), S. 27 und 31 f.; F. **Wagener** (1978 a), S. 153 und (1976), S. 99.

[484] Nach ihrem Sachbereich ist die "Fach-" von der "Querschnittsplanung" zu unterscheiden. Erstere ist projekt- und/oder gebietsbezogen und befaßt sich mit sektoral, regional oder institutionell bestimmten Fachmaterien (Z. B. Verkehrsplanung, Agrarstrukturförderung). Letztere dagegen wirkt ressortübergreifend und soll einzelne in den Wirkungen ihrer Maßnahmen miteinander konkurrierende oder komplementär in Beziehung stehende Sachbereiche öffentlicher Verwaltung integrieren (z. B. Raumordnung). Vgl. R. **Hendler** (1979), S. 618 f.; R. **Jochimsen**/P. **Treuner** (1974), S. 31; W. **Schmitt Glaeser**/E. **König** (1980), S. 323; F. **Wagener** (1978 a), S. 153 und (1976), S. 99.

[485] H. von **Mangoldt**/F. **Klein** (1974), Art. 91 a Anm. VI b bb; S. **Marnitz** (1974), S. 77; H. **Mehrländer**/D. **Louda** (1981 a), S. 13; H. **Ruhe** (1969), S. 398.

[486] Nach dem Zeithorizont kann zwischen "kurzfristiger" (1 - 2 Jahre), "mittelfristiger" (3 - 7 Jahre) und "langfristiger" Planung (7 - 15 Jahre) differenziert werden, E. W. **Böckenförde** (1972 b), S. 436; F. **Ossenbühl** (1974), S. 28.

jedoch keine Bestimmungen über seine Implementierung (Detailplanung, Ausführung, Abrechnung und Überwachung)[487] trifft und auch nicht treffen darf, diese Aufgabe vielmehr gemäß § 9 Abs. 1 GRWG den Ländern vorbehalten ist, ist desweiteren zu folgern, daß der Rahmenplan im Schwergewicht der Zielplanung[488] zuzuordnen ist, und daß er **keine Detailplanung** beabsichtigt[489].

Am ehesten bietet noch die Differenzierung nach der **Wirkungsweise** Anhaltspunkte für die Funktion des Rahmenplanes im Planungssystem der GRW. Aus § 8 Satz 2 GRWG ergibt sich, daß die Regierungen in Bund und Ländern bei der Aufstellung der Haushaltsentwürfe an die im Rahmenplan festgelegten Beschlüsse über die für das nächste Jahr erforderlichen Mittelansätze gebunden sind[490]. Diese negative Bindungswirkung der gemeinsamen Rahmenplanung verleiht dem Rahmenplan nicht nur den Charakter einer politisch wirksamen Entscheidung[491], sondern sie entfaltet auch eine beschränkte recht-

---

487 P. **Becker** (1971), S. 18 zu § 9; D. **Keller** (1975), Sp. 801; H. **Ruhe** (1969), S. 400; **Seifert-Geeb** (1970), S. 166 b; B. **Tiemann** (1970 b), S. 164.

488 Von den Planungsstufen aus gesehen läßt sich der Planungsprozeß grob in "Ziel-" und "Durchführungsplanung" unterteilen. Zielplanung bezweckt die abstrakte Abstimmung und Festlegung der Ziele und Aufgaben (Aufgabenplanung) und deren Umsetzung in "konkrete" Programme (Programmplanung), woran sich die Durchführungsplanung anschließt, die die in den Programmen niedergelegten Aktivitäten ressortgebunden und sektorspezifisch zu verwirklichen hat. Vgl. C. **Brünner** (1978), S. 151 f. und 153 f. sowie F. **Ossenbühl** (1974), S. 27 f. Zur Weiterentwicklung der Zielplanung in der GRW W. **Albert** (1982), S. 102 ff.

489 Dagegen betonen die Vertreter der Länder immer wieder die "Überverflechtung" in der Form, daß der Planungsausschuß der GRW sich in erheblichem Maße auch mit Fragen der Detailplanung und Durchführung befasse, vgl. P. **Becker** (1977), S. 33 ff.; J. J. **Hesse** (1977), S. 8 sowie aus der Praxis B. **Breuel** (1979 a), S. 12 f. und H. H. **Karry** (1979), S. 11.
So ist z. B. die Landeswirtschaftsministerkonferenz der Ansicht, daß sich die gemeinsame Rahmenplanung auf übergeordnete Gesichtspunkte der regionalen Strukturpolitik konzentrieren solle, weshalb der PRW nur Eckwerte und Leitlinien festlegen dürfe, während die Länder diesen Rahmen eigenverantwortlich auszufüllen hätten, indem sie unter Einhaltung der Rahmenbeschlüsse z. B. die Schwerpunktorte und die jeweiligen Förderpräferenzen festlegten, vgl. K.-P. **Wild** (1978), S. 5.

490 Begründung der BReg. zum GRWG, BT-Drs. V/4092 vom 16.4.1969, S. 8 zu § 8; P. **Becker** (1971), S. 17 zu § 8; R. **Goroncy** (1970 b), S. 313; H. C. F. **Liesegang**/R. **Plöger** (1971), S. 233; H. **Mehrländer**/D. **Louda** (1981 a), S. 14; W. **Patzig** (1969), S. 893; H. **Ruhe** (1969), S. 400; R. **Schmidt** (1974 b), S. 97; **Seifert-Geeb** (1970), S. 166 a.

491 Dies betonen H. **Mehrländer**/D. **Louda** (1981 a), S. 13 und **Seifert-Geeb** (1970), S. 166 a.

liche Verbindlichkeit im Bund-Länder-Verhältnis [492] insoweit, als die Plan-Mittel nur zur Durchführung der im Rahmenplan aufgeführten Entwicklungsaktionen verwendet werden dürfen. Eine positive Bindungswirkung derart, daß die eingeplanten Mittel stets und immer abgerufen werden müssen, schreibt § 8 Satz 2 GRWG hingegen nicht vor. Demnach werden die Exekutiven lediglich zur Zielverwirklichung eines Finalprogramms ohne in Einzelfragen gehende Rechtsbindungswirkung nach außen ermächtigt [493]. Obgleich dem Rahmenplan als "Staatsinternum" [494] keine Rechtsansprüche Dritter erwachsen [495], führt er durch die Festlegung der Förderungsvoraussetzungen allerdings zu einer Selbstbindung der Verwaltung [496].

Nach alledem ist die Funktion des Rahmenplanes der GRW weder die Umsetzung regionalpolitischer Leitlinien in bindendes Recht (normative Planung) noch die bloß unverbindliche Darstellung möglicher gewünschter Raumentwicklungen (indikative Planung), sondern vielmehr die **für die Wirtschaftsverwaltung maßgebliche Festlegung räumlich-struktureller Steuerungsrichtungen in einem mehrjährigen Zeitintervall** [497]. Wegen dieser **influenzierenden Wirkung** wird der

---

[492] W. Cholewa (1972 a), S. 229; H. C. F. Liesegang (1978), Art. 91 a RdNr. 30 ; C. Wagner (1976), S. 157 f.

[493] M. Pfeifer (1975), S. 324.

[494] B. Tiemann (1970 a), S. 238 und (1970 b), S. 164.

[495] T. Maunz (1980), Art. 91 a RdNr. 49; M. Pfeifer (1975), S. 324; D. Schmidt (1975), S. 116; B. Tiemann (1970 a), S. 238.

[496] D. Schmidt (1975), S. 116; C. Wagner (1976), S. 158; vgl. a. P. Lamberg (1977), S. 269 f.

[497] Vgl. H. H. Koch, Investitionszulagengesetz und Bund-Länder-Rahmenplanung in der regionalen Strukturpolitik, Nskrpt. Fulda 1979, S. 9 f.
Abstufungen in der Rechtsverbindlichkeit kennzeichnen die "indikative", "influenzierende" und "imperative" Planung. Die indikative oder informative Planung beschränkt sich auf die Sammlung und Verarbeitung von Daten als Grundlage von Trends und Vorausberechnungen; insoweit stellt sie ein rein empfehlendes Orientierungsmittel dar (z. B. konzertierte Aktion nach § 3 StWG). Dagegen versucht die influenzierende Planung durch gezielte Anreiz- oder Abschreckungsmittel (Subventionen oder Steuern) das Verhalten der Planadressaten indirekt und plankonform zu steuern (z. B. früher der Grüne, Blaue oder Goldene Plan zur Förderung der Landwirtschaft, der Seeschiffahrt oder des Sportes). Der imperative oder normative Plan schließlich zwingt zu strikter Befolgung und setzt die Planung ausnahmslos in bindendes Recht um (z. B. Zwangsbewirtschaftung, Planfeststellungsbeschluß). Siehe D. Aderhold (1973), S. 32 ff.; R. Herzog (1975), Sp. 1826; H. P. Ipsen (1966), S. 81 f.; K. Redeker (1968), S. 537 f.; K. Seemann (1980), S. 412.

Rahmenplan im juristischen Schrifttum als "staatsleitender Gesamtakt auf verfassungsrechtlicher Basis" bezeichnet [498].

In der Gesamtbetrachtung erweist sich der Rahmenplan somit als mittelfristig ausgerichtetes, auf Teilräume bezogenes rahmenartiges Steuerungsinstrument, das als gesetzesvollziehende Fachplanung zudem Elemente der Ziel- und Entwicklungsplanung enthält, im staatlichen Innenverhältnis eine Bindung der bereitgestellten Haushaltsmittel an die geplanten Vorhaben erzeugt und im Außenverhältnis die angestrebten Planvorgaben durch den Einsatz abgestufter Maßnahmen indirekt zu verwirklichen sucht [499].

b) <u>Organisation und Finanzierung der Rahmenplanung</u>

Zuständig für das Aufstellen und Beschließen der Rahmenpläne ist gemäß § 6 Abs. 1 Satz 1 GRWG der **Planungsausschuß** (PRW). Er ist ein verfassungsrechtlich neuartiges Organ von Bund und Ländern [500] und das institutionelle Koordinierungsgremium des Planungssystems [501]. In ihm vollzieht sich auf dem Gebiet der regionalen Strukturpolitik die gemeinsame Willensbildung der Exekutiven des Bundes und aller Länder, indem innerhalb der verfassungsrechtrechtlichen und gesetzlichen Grenzen selbständig die Planungsentscheidungen mit den aufgezeigten Rechtswirkungen getroffen werden sollen [502].

---

498 **B. Tiemann** (1970 a), S. 237 im Anschluß an **J. Kölble**, Pläne im Bundesmaßstab oder auf bundesrechtlicher Grundlage, in: J. J. Kaiser (Hrsg.), Planung I, Baden-Baden 1965, S. 91 ff. (99); **B. Tiemann** (1970 b), S. 163; ihm folgend **D. Keller** (1975), Sp. 801; **H. C. F. Liesegang** (1978), Art. 91 a RdNr. 30; ders./R. **Plöger** (1971), S. 233; **T. Maunz** (1980), Art. 91 a RdNr. 49; **W. Patzig** (1981), S. 37; **M. Pfeifer** (1975), S. 324; **C. Wagner** (1976), S. 157; ähnlich für den Rahmenplan nach dem HSchBFG **R. Wimmer** (1970), S. 309.

499 Mit Recht weist **W. Cholewa** (1972 a), S. 229 darauf hin, daß der Rahmenplan nach der bestehenden Rechtslage indessen nicht so verstanden werden darf, "als sei er lediglich ein Bilderrahmen, in den die Länder den nun einmal wesentlichen Bestandteil eines Gemäldes selbst hineinmalen".

500 **W. Patzig** (1969), S. 892; **H. Ruhe** (1969), S. 399; **H. Zimmermann** (1970 b), Sp. 961.

501 S. **Marnitz** (1974), S. 17; **B. Tiemann** (1970 a), S. 240; **W. Zohlnhöfer** (1970), S. 697.

502 **H. Kundoch** (1977), S. 6; S. **Marnitz** (1974), S. 92; **W. Patzig** (1969), S. 892.

Laut § 1 der nach § 6 Abs. 3 GRWG erlassenen Geschäftsordnung (GOPRW)[503] führt der Planungsausschuß die Bezeichnung "Planungsausschuß für die Gemeinschaftsaufgabe 'Verbesserung der regionalen Wirtschaftsstruktur'", abgekürzt "Planungsausschuß für regionale Wirtschaftsstruktur". Ihm gehören der Bundesminister für Wirtschaft als ständiger Vorsitzender[504] sowie der Bundesminister der Finanzen und ein Minister bzw. Senator jedes Landes an. Die Sitzungen des Planungsausschusses, zu denen weitere Personen zugelassen werden können, sind nicht öffentlich (§ 12 Abs. 1 und 2 GOPRW). Dabei beschließt der Planungsausschuß mit einer Mehrheit von drei Vierteln der anwesenden Simmen (§ 6 Abs. 2 GRWG). Da jedes Land eine Stimme hat, die Stimmenzahl des Bundes der Zahl der Länder entspricht (§ 6 Abs. 1 Sätze 3 und 4 GRWG) und die Bundesstimmen nur einheitlich abgegeben werden können (vgl. § 10 Abs. 4 GOPRW), bedürfen die Beschlüsse bei Anwesenheit aller Mitglieder (22 Stimmen) immer der Zustimmung des Bundes (11 Stimmen) und der Mehrheit der Länder (mindestens 6 Stimmen)[505]. Die gleiche Stimmenzahl

---

[503] Vom 6.5.1970, abgedruckt im Anhang von **P. Becker** (1972), S. 75 ff.

[504] Anders Art. I Ziff. 4 a des Gesetzesantrages des Landes Niedersachsen zur Änderung der GRW, aaO (Anm. 331), wonach der Vorsitz im PRW jährlich zwischen dem BMWi und dem Minister/Senator für Wirtschaft eines Landes wechseln sollte. Der niedersächsische Entwurf ist inzwischen im Wirtschaftsausschuß des Bundesrates behandelt worden, vgl. BR-Drs. 280/81 vom 29.6.1981. Der Wirtschaftsausschuß empfahl dem Plenum des Bundesrates eine abgewandelte Fassung des niedersächsischen Antrages, die der Bundesrat in seiner Sitzung am 10.7.1981 auch angenommen hat.

[505] Nach diesem Abstimmungsmodus unter Geltung des qualifizierten Mehrheitsprinzips sind mithin genauso viele Länderstimmen wie bei einer Beschlußfassung nach dem einfachen Mehrheitsprinzip erforderlich, wenn der Bund nur eine Stimme innehätte, vgl. **H. Faber** (1973), S. 215.
Eine derartige Stimmenneuverteilung (Bund und Länder je eine Stimme) und geänderte Beschlußfassung sah der in Anm. 331 zitierte niedersächsische Änderungsentwurf in Art. I Ziff. 4 b vor. Nach dem jetzigen Bundesratsentwurf können die Länder mit Zwei-Drittel-Mehrheit auch ohne den Bund bei der Festlegung der Ziele, der Intensität und den Voraussetzungen der Förderung entscheiden; dagegen sind sie bei Entscheidungen über die Haushaltsmittel und die Fördergebiete auf die Zustimmung des Bundes weiter angewiesen. Vor allem in dem ersten Punkt liegt eine Stärkung der Länderstellung im PRW – die allgemeines Ziel der Gesetzesnovellierung sein soll – weil der Bund nunmehr theoretisch (!) überstimmt werden könnte, wohingegen nach der geltenden Rechtslage ein Beschluß gegen die Stimmen des Bundes nicht zustande kommen kann. Allerdings macht der Gesetzentwurf für diesen Fall außerdem zur Voraussetzung, daß mindestens acht Länder gemeinsam stimmen.
Einen weiteren originellen Vorschlag hat **R. Wieting** (1976), S. 616 unterbreitet, demzufolge das Stimmenverhältnis der Länder untereinander im PRW nach ihrem Fördergebietsanteil gewichtet werden soll. Danach stünden z. B. Niedersachsen drei, Hessen zwei und Baden-Württemberg nur eine Stimme zu.

des Bundes soll der gleichberechtigten Partnerschaft und hälftigen Kostentragung zwischen Bund und Ländern Rechnung tragen [506]. Freilich setzt die Entscheidungsfunktion des Planungsausschusses voraus, daß sich seine Mitglieder vorher mir ihren Regierungen abstimmen [507].

Zur Vorbereitung seiner Beratung und Beschlußfassung hat der Planungsausschuß gemäß § 4 der Geschäftsordnung einen **Unterausschuß** eingesetzt. Dieser wird aus einem Beauftragten des Bundesministers für Wirtschaft als Vorsitzendem sowie aus Beauftragten der Mitglieder des Planungsausschusses gebildet [508] und erhält die Beratungsgegenstände vom Planungsausschuß zugewiesen (§ 15 GOPRW). Der Unterausschuß soll selbst keine sachlichen Beschlüsse fassen, sondern sich auf die Abgabe von Stellungnahmen und Empfehlungen zu den ihm zugewiesenen Beratungsgegenständen beschränken [509] – eine in der täglichen Entscheidungspraxis hingegen kaum befolgte Richtschnur [510].

---

506 Begründung der BReg. zum GRWG, aaO (Anm. 490), S. 7 zu § 7; P. Becker (1971), S. 15; H. Mehrländer/D. Louda (1981 a), S. 16; H. Ruhe (1969), S. 399; R. Schmidt (1974 b), S. 98.

507 Begründung der BReg. zum GRWG, aaO (Anm. 490), S. 7 zu § 6; Seifert-Geeb (1970), S. 166 a; B. Tiemann (1970 b), S. 164.
Auf der Bundesebene stimmt das BMWi seine Haltung in den Gremien der GRW mit den anderen an der Regionalpolitik beteiligten Bundesressorts im "IMNOS" ab. Dieser "Interministerielle Ausschuß für Notstandsgebietsfragen" ist 1950 von der BReg. eingesetzt worden. Ihm gehören neben fast allen Bundesministerien der BRH, die BfA, das BfgW und die BfLR an. Der IMNOS ist ferner für die Abstimmung der Förderungsmaßnahmen für das Zonenrandgebiet zuständig. Mit der Erweiterung seiner Aufgaben hat sich der Ausschuß 1964 in "Interministerieller Ausschuß für regionale Wirtschaftspolitik" umbenannt, seine alte Abkürzung jedoch beibehalten. Der Abstimmung im IMNOS geht eine Beratung der grundsätzlichen Fragen im "Arbeitskreis für regionale Wirtschaftspolitik" (ARW) voraus, dem neben dem BMWi Vertreter der kommunalen Spitzenverbände, des DIHT, BDI, ZDH, DBV und DGB angehören.
Vgl. W. Albert (1972 a), S. 2und 3; P. Becker (1972), S. 59 FN 3; H. Mehrländer/D. Louda (1981 a), S. 16.

508 Der Unterausschuß für regionale Wirtschaftsstruktur setzt sich im wesentlichen aus dem früheren Arbeitskreis der Regionalreferenten des Bundes und der Länder zusammen, vgl. P. Becker (1972), S. 60 FN 4; H.-J. von der Heide (1975), S. 126.

509 U. a. ausdrücklich P. Becker (1971), S. 16 zu § 6; vgl. a. Begründung der BReg. zum GRWG, aaO (Anm. 490), S. 7 zu § 6.

510 So spricht der 11. Rahmenplan, aaO (Anm. 13), S. 21 FN 2 selbst davon, daß der Unterausschuß das Vorliegen des Primäreffekts bei Betrieben des tertiären Sektors "feststellt". Auch über die Förderungsfähigkeit jeder Investition zur Schaffung sog. hochwertiger Arbeitsplätze "entscheidet" der Unterausschuß, ebenda, S. 25 Tz. 4.8.

Das **Verfahren der Planaufstellung** wird im wesentlichen dadurch vorbereitet, daß die Länder bis zum 1. März eines jeden Jahres [511] Maßnahmen zur Aufnahme in den Rahmenplan vorschlagen (§ 7 Abs. 1 Satz 1 GRWG). Daneben hat laut § 7 Abs. 3 GRWG auch der Bundesminister für Wirtschaft das Recht, dem Planungsausschuß eigene Vorschläge zu unterbreiten [512]. Der Inhalt der Anmeldung richtet sich nach dem Inhalt des Rahmenplanes und enthält darüber hinaus eine erläuternde Begründung der Maßnahmen (§ 7 Abs. 2 GRWG). Dabei ist zu beachten, daß die "Eckwerte" der Rahmenplanung (Fördergebietsabgrenzung, Förderungsinstrumentarium, Präferenzsystem, Festlegung der Schwerpunktorte, des allgemeinen Fördervolumens und seiner Verteilung auf die Länder) [513] nicht jedes Jahr im Planungsausschuß neu beschlossen werden müssen, sondern in der Regel nur in bestimmten Zeitabschnitten überprüft und angepaßt werden, wie z. B. in den Fällen der Gebietsneuabgrenzungen zum 4. und 10. Rahmenplan [514]. Bei festliegenden Eckwerten enthalten die Länderanmeldungen nur noch die Arbeitsplatz-Zielvorgaben für die einzelnen Förderregionen und die Verteilung der gemeinsamen Finanzmittel auf einzelne Maßnahmearten und Gebietseinheiten des jeweiligen Sitzlandes, die dann im Rahmenplan zusammengefaßt werden [515]. "Gegenstimmen einzelner Länder gegen die Beschlußfassung über den Rahmenplan im Planungsausschuß richteten sich daher auch immer nur gegen die Rahmenplan-Eckwerte oder die Tatsache, daß sie nicht verändert wurden" [516]. In ihrer Fallstudie kommen **Reissert** und **Schnabel** zu dem Ergebnis, daß wegen des extrem hohen Konsensbe-

---

[511] Mit der Begründung, dieser Zeitpunkt habe bisher in keinem Jahr eingehalten werden können, verlangt der Bundesratsentwurf zur Änderung des GRWG, aaO (Anm. 504), Ziff. 5 eine Verschiebung des Letztanmeldetermins auf den 1.10. eines jeden Jahres. Die Erstfassung des GRWG schrieb zunächst den 1.2. als Ausschlußtermin vor; durch Gesetz vom 23.12.1971 (BGBl. I S. 2140) ist die Frist dann bis zum 1.3. eines Jahres hinausgeschoben worden.

[512] Dazu S. **Marnitz** (1974), S. 109 f.

[513] K. **Ganser** (1978), S. 52.

[514] Ausführlich zur Aufstellung längerfristiger Eckdaten für die Rahmenplanung der GRW B. **Reissert/F. Schnabel** (1976), S. 87 ff. Zur Übernahme des Systems der Regionalen Aktionsprogramme in den 1. Rahmenplan P. **Becker** (1972), S. 60 ff.

[515] B. **Reissert/F. Schnabel** (1976), S. 84.

[516] Ebenda, S. 85.

darfes in der GRW nicht zuletzt aufgrund der Multilateralisierung des Planungssystems faktisch ein Zwang zur Einstimmigkeit herrscht, weshalb nur durch die systematische Minimierung der Konfliktwahrscheinlichkeiten - dem "Handlungsgesetz vertikaler Politikverflechtung - der der GRW immanenten Tendenz zur Selbstblockierung entgegengearbeitet werden kann [517]. Strategien sind in diesem Zusammenhang die Entscheidungssegmentierung und -sequenzierung, Tendenzen zur Gleichbehandlung aller Beteiligten, Besitzstandswahrung der Länder, Konfliktvertagung und Eingriffsverzicht des Bundes gegenüber landeseigenen Förderungsprogrammen.

Die **Finanzierung** der Gemeinschaftsaufgaben schließlich erfolgt ebenfalls gemeinsam durch Bund und Länder, denn in der finanziellen Mitbeteiligung des Bundes liegt das zweite Wesensmerkmal der Verbundsysteme [518]. Gemäß Art. 91 a Abs. 4 GG trägt der Bund 50 % der Aufwendungen für die Verbesserung der regionalen Wirtschaftsstruktur in jedem Land [519], wobei nur die Zweckausgaben und Investitionskosten ("investitionsmäßige Anfinanzierung"), nicht jedoch die Verwaltungs- und Folgekosten erfaßt werden (Art. 104 a Abs. 5 GG).

3. Das Programmimplementierungssystem der Gemeinschaftsaufgabe

Nach der Aufstellung des Rahmenplanes haben die Bundesregierung und die Landesregierungen gemäß § 8 Satz 2 GRWG die für die Durchführung des Rahmenplanes im nächsten Jahr erforderlichen Mittelansätze in die Entwürfe ihrer Haushaltspläne aufzunehmen. Auch der Bundestag und die Landtage, obgleich Art. 91 a Abs. 4 Satz 4 GG ihre Haushaltshoheit ausdrücklich nicht der Bindung an die Rahmen-

---

517 B. Reissert (1975), S. 76; ders./F. Schnabel (1976), S. 218 ff.; F. Schnabel (1976 b), S. 184 ff.

518 P. Becker (1971), S. 19 zu § 10; H. Ruhe (1969), S. 400; B. Tiemann (1970 b), S. 165.

519 Zum sog. "Abrechnungs- und Erstattungsprinzip" im einzelnen §§ 10 f. GRWG und H. C. F. Liesegang (1978), Art. 91 a RdNr. 33; S. Marnitz (1974), S. 126 f.; H. Mehrländer/D. Louda (1981 a), S. 20 f.; H. Ruhe (1969), S. 400; B. Schmidt-Bleibtreu/F. Klein (1980), Art. 91 a RdNr. 16.

pläne unterwirft [520], haben regelmäßig die Mittelansätze der Rahmenpläne in den Haushaltsplänen berücksichtigt [521]. Hier zeigt sich die oft beklagte bürokratisch-faktische Präjudizierung der parlamentarischen Haushaltsentscheidungen [522]. Da es sich bei den Gemeinschaftsaufgaben um Aufgaben der Länder handelt, stellt § 9 Abs. 1 GRWG klar, daß die **Durchführung** des Rahmenplanes den Ländern obliegt, während Bundesregierung und Bundesrat lediglich ein Unterrichtungsrecht besitzen (Art. 91 a Abs. 5 GG, § 9 Abs. 2 GRWG). In der Hauptsache rechnen zur Programmimplementierung die Einzelplanung [523], d. h. die Ausfüllung des Rahmenplanes zu einer umfassenden und in sich geschlossenen Planung, und der verwaltungsmäßige Vollzug der gesamten Planung, d. h. die Vergabe der Mittel an die Begünstigten einschließlich ihrer Überwachung auf die Einhaltung der Zuwendungsbedingungen, die technische Ausführung und die Erstellung der Schlußabrechnung [524]. Außer der Mitwirkung im Planungssystem verleiht Art. 91 a GG dem Bund folglich keine direkten Exekutivbefugnisse [525]. Insoweit schließt das Grundgesetz eine gemeinsame Verwaltung durch Bund und Länder aus, vermeidet also eine systemwidrige Mischverwaltung [526].

---

[520] Dagegen wollen H. C. F. Liesegang/R. Plöger (1971), S. 233 f die Haushaltshoheit der Parlamente sogar rechtlich durch den Grundsatz der Bundestreue eingeschränkt sehen, der einseitige, lediglich die eigenen Interessen berücksichtigende Veränderungen an den im Rahmenplan festgelegten Mittelansätzen verbiete.

[521] B. Reissert/F. Schnabel (1976), S. 85.

[522] W. Cholewa (1974), S. 4; G. Kisker (1977), S. 695 und (1971), S. 290; K. König (1977), S. 80 f.; F. Klein (1972), S. 310 f.; J. Kölble (1972), S. 709 f.; H. Kundoch (1977), S. 6; F. Lehner (1979), S. 6; H. C. F. Liesegang (1978), Art. 91 a RdNr. 37; T. Maunz (1980), Art. 91 a RdNr. 12; I. von Münch (1973), S. 79; W. Patzig (1969), S. 893; F. Rietdorf (1972), S. 515; H. Soell (1972), S. 419 ff.; R. Wahl (1978 b), S. 513; W. Zeh (1979), S. 16; differenzierend dagegen P. Becker (1977), S. 36 ff.

[523] Der Gesetzentwurf des Bundesrates, aaO (Anm. 504), Ziff. 7, stellt nunmehr eindeutig klar, daß die Einzelplanung Aufgabe der Länder ist.

[524] Begründug der BReg. zum GRWG, aaO (Anm. 490), S. 9 zu § 9; P. Becker (1971), S. 18 zu § 9; S. Marnitz (1974), S. 159; H. von Mangoldt/F. Klein (1974), Art. 91 a Anm. VI 4 a; H. Ruhe (1969), S. 400; Seifert-Geeb (1970), S. 166 b; B. Tiemann (1970 a), S. 242.

[525] T. Maunz (1980), Art. 91 a RdNr. 13.

[526] R. Goroncy (1970 b), S. 313; B. Tiemann (1970 b), S. 164. R. Loeser, Theorie und Praxis der Mischverwaltung, Berlin 1976, S. 90 meint, daß das Zusammenspiel von Bund und Ländern im Rahmen der Gemeinschaftsaufgaben per definitionem keineswegs eine Mischverwaltung bedeute, daß aber Bund und Länder während der Aufstellung der Rahmenpläne "mischverwaltend" zusammenarbeiten.

Im Vergabesystem, der Endstufe der Planimplementierung, entscheiden die Länder nach allgemeinen Richtlinien über die Förderanträge der gewerblichen Investoren und kommunalen Körperschaften [527]. Allerdings darf von der rechtlichen Beschränkung des Bundes auf die Mitwirkung an der Planaufstellung nicht auf den wirklichen Bundes- bz. Landeseinfluß im Stadium der Durchführung des Rahmenplanes rückgeschlossen werden [528]. Dies erhellt am Beispiel der Mittelvergabe schon ein Blick in den Rahmenplan und in das Investitionszulagengesetz (InvZulG). Danach bilden die Investitionszulagen, auf die ein Rechtsanspruch besteht [529], die Basisförderung, wohingegen die Fördermittel der GRW, die vom Land nach pflichtgemäßem Ermessen vergeben werden [530], bis zu den regionalpolitisch zulässigen Höchstgrenzen die Zusatzförderung darstellen [531]. Die steuerfreien Investitionszulagen werden von den Finanzämtern aber erst dann gewährt, wenn der Bundesminister für Wirtschaft oder das ihm unterstellte Bundesamt für Gewerbliche Wirtschaft eine Bescheinigung nach § 2 InvZulG über die Förderungswürdigkeit des Investitionsvorhabens erstellt hat [532]. Will ein gewerblicher Investor die zulässigen Förderungshöchstpräferenzen ausschöpfen, kommt es folglich zu einer "Verzahnung" von Investitionszulage und Gemeinschaftsaufgabemitteln sowie zu einer entsprechenden "Verflechtung" der Verwaltungsverfahren. Da der Antrag auf die Investitionszulagebescheinigung der Bundesbehörde mit der Stellungnahme der für die Bewilligung der Gemeinschaftsaufgabehilfen zuständigen Landesbehörde vorzulegen ist, beeinflußt der Bund letztlich in der Mehrzahl der Fälle mit der Bewilligung oder Ablehnung der Bescheinigung nach § 2 InvZulG indirekt auch die Ermessensentscheidung des Landes über die Gewährung von Ge-

---

527 K. Ganser (1978), S. 52.

528 In der folgenden Beziehung erscheint die Politikverflechtungsanalyse von B. Reissert/F. Schnabel (1976) um einen wesentlichen Punkt verkürzt.

529 § 1 Abs. 1 und Abs. 2 Satz 1 InvZulG.

530 U. a. D. Schmidt (1975), S. 116.

531 11. Rahmenplan, aaO (Anm. 13), S. 21 Tz. 2.3.2.; P. Becker (1974), S. 5; ders./D. Schmidt (1981), S. 6.

532 Für Vorhaben mit einem Investitionsvolumen bis einschließlich zehn Mio. D-Mark ist das BfgW, bei einem darüber hinausgehenden Investitionsvolumen der BMWi zuständig, siehe P. Becker (1974), S. 22 und D. Schmidt (1980), S. 4/1 und 4/2.

meinschaftsaufgabenmitteln[533]. Geht man realistischerweise davon aus, daß ein Land in der Regel weder die Vergabe von Gemeinschaftsmitteln verweigern wird, wenn die Bundesbehörde die Bescheinigung nach § 2 InvZulG erteilt hat, noch im umgekehrten Falle die beantragten Hilfen gewähren wird, so erstreckt sich damit das "letzte entscheidende Wort"[534] des Bundes auf einen wesentlichen Teil des Vergabesystems und damit der Implementierung der Rahmenplanung[535]. Andererseits darf nicht verkannt werden, daß die Landesbehörden nicht strikt an die im Rahmenplan beschlossene regionale und sektorale Mittelaufteilung gebunden sind. Da zwischen den Mittelansätzen sowohl der Regionalen Aktionsprogramme eines Landes als auch der einzelnen Maßnahmearten (Arbeitsplatz- bzw. Infrastrukturförderung) "eine gewisse Flexibilität" besteht, können die Länder sogar noch nach Aufstellung der Planziele "gewöhnliche" Mittelumschichtungen vornehmen[536]. Haben also die Länder in dieser Beziehung **global** Handlungsspielräume dazugewonnen, so haben sie andererseits bei der **konkreten** Vergabe der Investitionshilfen wegen der Verknüpfung von Investitionszulagen und Gemeinschaftsaufgabenmitteln an Entscheidungsfreiheit verloren[537].

---

533 Vgl. **W. Albert** (1972 b), S. 26.

534 **J. A. Frowein** (1973), S. 29.

535 Zu einer anderen Bewertung kommt - freilich aus rein normativ-rechtlicher Sicht - **C. Wagner** (1976), S. 161 f. Demgegenüber betont selbst **W. Albert**, der frühere Regionalreferent beim BMWi, daß der Bund über das Steuerungsinstrument der Investitionszulage verfüge, die bei Großprojekten kaum aus Landesmitteln substituierbar sei. Er kenne keine Beispiele, wonach Länder Förderungen großen Stils ohne die Inanspruchnahme der Investitionszulage zustande gebracht hätten, die jedoch nur bei Einhaltung der GRW-Kriterien fließe, siehe **W. Albert**, in: A. Baestlein (1977), S. 62.
P. Becker (1977), S. 35 kritisiert sogar generell, daß bei der Schaffung der GRW versäumt worden sei, die Entscheidungskompetenz über die Investitionszulage auf die Länder zu übertragen. Nunmehr wirke der Bund seit Beginn der GRW darauf hin, den Inhalt des Rahmenplanes an den Wortlaut des InvZulG und an dessen Entscheidungspraxis anzugleichen.

536 11. **Rahmenplan**, aaO (Anm. 13), S. 11 Tz. 5.1. Erst wenn die Abweichung über 10 % der Planzahlen hinausgeht, soll der PRW konsultiert werden, vgl. **B. Reissert/F. Schnabel** (1976), S. 86 m.w.Nachw. Allgemein zum Entscheidungsspielraum der Länder für Abweichungen von der Zielplanung der GRW **W. Albert** (1982), S. 113.

537 Insoweit bedarf das Ergebnis von **B. Reissert/F. Schnabel** (1976), S. 86, daß auch die Durchführung der Rahmenpläne den Ländern weitgehende Handlungsspielräume belasse, einer korrigierenden Klarstellung.

4. Bürokratismus ohne Transparenz - Das Organisationsmodell der Gemeinschaftsaufgabe

Im "Spätföderalismus"[538] wird die vertikale Koordination zum Surrogat für die durch die Sperre des Art. 79 Abs. 3 GG ausgeschlossene Aufgabenzentralisierung[539]. Auf dem Sektor der Wirtschaftsförderung stellt der Programmplanungsprozeß der GRW das organisatorische Abbild der Politikverflechtung von Bund und Ländern dar. Art. 91 a GG verknüpft die zwei Grundmuster der innerbundesstaatlichen Kooperation, nämlich die Zusammenarbeit der Länder untereinander (horizontale Dimension) und die Zusammenarbeit der Länder mit dem Bund (vertikale Dimension) derart miteinander, daß zwar zur Sicherung der Entscheidungsfähigkeit des Fachverbundes qualifizierte Mehrheitsentscheidungen der Planungsgremien möglich bleiben, daß jedoch jedem Land zur Wahrung seiner Autonomie ein Vetorecht gegen Vorhaben, die sein Gebiet betreffen, eingeräumt wird[540]. Ausgehend von der Idee einer problembereichsübergreifenden Planung und beseelt von dem Streben nach einer Angleichung der Lebensverhältnisse im Bundesgebiet[541] markieren die Gemeinschaftsaufgaben den vorläufigen Schlußpunkt des Wandels vom "föderativen" über den "unitarischen" hin zum "kooperativen" Bundesstaat[542].

Gleichwohl gelangte dieses Verfassungsinstitut nach dem "Hosianna der ersten Stunde" alsbald in das "Crucifige der Kritik"[543]. Denn seit der Verfassungsreform von 1969 zeigt es eine zunehmende Auf-

---

538 W. Zeh (1979), S, 19 und (1977 b), S. 476.
539 G. Lehmbruch (1977 b), S. 463.
540 R. Wahl (1981), S. 332 und 328.
541 Zu beiden Aspekten H. Boldt (1979), S. 13.
542 Zu den Entwicklungslinien H.-P. Schneider (1981), S. 103 ff. Zu Recht weist G. Kisker (1977), S. 689 f. darauf hin, daß eine intensive Verzahnung und Kooperation von Zentralstaat und Gliedstaaten dem deutschen Bundesstaatsrecht seit Anbeginn (1867) eigen war.
543 E. Busch, Politikverflechtung zwischen Bund, Ländern und Gemeinden, DVBl. 1975, S. 88 ff. (89). Zu der schon frühzeitig vorgebrachten Kritik an den Gemeinschaftsaufgaben siehe S. Marnitz (1974), S. 18 ff. FN 7 bis 9. Einen Überblick über die heutige verfassungsrechtliche und -politische Grundsatzdiskussion gibt W. Patzig (1981), S. 60 ff. und 75 ff.

gaben- und Finanzverfilzung bei gleichzeitig abnehmendem, sich wechselseitig blockierendem Handlungspotential [544]. Insgesamt, so lautet der überwiegende Befund, haben die Gemeinschaftsfinanzierungen ein kompliziertes, höchst schwerfälliges und eher bürokratisches denn politisches Planungs- und Entscheidungsmuster konstitutionalisiert, welches die Handlungs- und Veränderungsfähigkeit des politischen Gesamtsystems erheblich reduziert hat [545]. Nach nunmehr über zehnjähriger Dauer scheint die regionale Strukturpolitik, wie sie als Gemeinschaftsaufgabe von Bund und Ländern konzipiert ist, sich zu einer Bedrohung des föderativen Staatssystems auszuweiten [546]. Unbeschadet vieler Einzelargumente konzentriert sich die immer vehementer vorgebrachte Kritik am "Komplementär-Föderalismus" [547] und seinen ausgeprägtesten "Entartungserscheinungen", den Gemeinschaftsaufgaben, auf zwei grundsätzliche Problemkreise: den Verlust an gesamtstaatlicher Steuerungskapazität und hiermit verbunden die Gefährdung der Eigenstaatlichkeit der Länder sowie die infolge der zunehmenden Bürokratisierung des Planungsprozesses bedingte Beeinträchtigung der Parlamentsfunktion [548].

Es wäre zu erwarten gewesen - und juristisch geschulte Autoren haben dies auch erwartet [549] - daß der Bund mit der Institutionalisierung der Gemeinschaftsaufgaben politische Einflußmöglichkeiten dazugewinnen würde, zumal der Anstoß zu ihrer Einführung zum Teil von den Ländern ausging, die politischen Parteien und Verbände im übrigen schon seit langem ihre Interessen in erster Linie auf

---

544 F. A. Cato (1975), S. 98.
545 Statt vieler und letztlich auch unverdächtig F. W. Scharpf (1974 b), S. 242.
546 U. van Suntum (1981 c), S. 216.
547 F. Wagener (1978 a), S. 156.
548 Eine kurze Zusammenfassung des verwaltungswissenschaftlichen Diskussionsstandes gibt E. Denninger (1979), S. 118 ff.
549 O. Barbarino (1973), S. 21; H. Faber (1973), S. 211, 213 f. und 219; R. Goroncy (1970 a), S. 111; C. Heinze (1972), S. 130 f. und 137; C. Keding (1969), S. 685; G. Kisker (1971), S. 285 und 287; F. Klein (1972), S. 295 f.; H. C. F. Liesegang/R. Plöger (1971), S. 232; H. Soell (1972), insbes. S. 429.

der Bundesebene durchzusetzen suchen und nicht zuletzt die Parteienkonkurrenz zunehmend die Föderalstruktur zu überlagern droht [550]. Dieser Erwartung stand und steht jedoch entgegen, daß nichthierarchische Politikverflechtungssysteme eine multilaterale Konsensbildung erfordern, der sich die einzelnen Akteure nur schwer entziehen können [551]. Aufgrund der Multilateralisierung des Entscheidungsprozesses verhandelt der Bund nicht mehr wie noch zu Zeiten der Fondsverwaltung mit jedem einzelnen Land getrennt, sondern er trifft heute in den Planungsausschüssen auf die gesamte, wenn auch nicht unbedingt vereinigte Front der Länder [552]. Der extrem hohe Konsensbedarf gerade in der GRW bewirkt dabei faktisch einen Zwang zur Einstimmigkeit [553], so daß die Länder bei der Entscheidungsfindung nicht einfach übergangen werden können. Damit aber hat der Bund gegenüber dem früheren nichtlegalisierten Zustand an Dominanz verloren: Weder bei der Formulierung der Konzeption der Förderungsprogramme noch bei deren Ausgestaltung spielt er heute die beherrschende Rolle [554]. Grob gesprochen kann der Bund nur in dem Maße "befehlen", wie er "zahlt" [555]. Ihm ist es jedoch nicht gelungen, den Verlust seiner einseitigen finanziellen Einflußmöglichkeiten durch seine Beteiligung an den gemeinsamen Programmplanungsprozessen zu kompensieren. Allenfalls kann der Bund über seine Finanzbeteiligung ein Stück Steuerungsautonomie der Länder kaufen, was statt eines imperialistischen freilich eher ein partizipatives Verflechtungsmuster nahelegt.

Dieser durch die große Finanzreform von 1969 reduzierten Steuerungskapazität des Bundes entspricht allerdings keineswegs ein Zuwachs an Handlungskompetenzen auf seiten der Länder [556]. Denn

---

550 Vgl. hierzu H.-P. Schneider (1981), S. 113 ff.

551 D. Fürst (1978), S. 193.

552 H. Boldt (1979), S. 13.

553 Ausführlich die Fallstudie zur Regionalförderung von B. Reissert/F. Schnabel (1976), S. 87 und 219; F. Schnabel (1976 b), S. 184.

554 G. Kisker (1977), S. 691. Vielmehr bemüht sich der Bund, durch "Informations- und Überzeugungsstrategien" die Problemperzeption der Beteiligten zu harmonisieren, vgl. B. Reissert/F. Schnabel (1976), S. 231.

555 F. Lehner (1979), S. 7.

556 F. W. Scharpf (1974 b), S. 241.

auch sie sind auf die Ziele und Vorhaben der gemeinsamen Rahmenplanung verpflichtet und verlieren insofern autonome Dispositionsbefugnisse, als sie in ihrer Investitionspolitik immer stärker in das vertikale Verhandlungssystem eingebunden werden. Der Zwang zur Ausgabenbeteiligung verwischt die Grenzen der Finanzverantwortung [557] und stellt die Freiheit der Länder in Frage, über die Prioritäten und Kriterien der Erfüllung ihrer öffentlichen Daseinsvorsorgeaufgaben selbst zu entscheiden [558]. Politikverflechtung zwingt den Bund wie die Länder zu vielseitigen Konsultationen und wechselseitigen Abstimmungen ihrer Politiken auch in autonomen Kompetenzbereichen [559]. Darüber hinaus führt der gleichgerichtete sektorale Interessenhintergrund in den Verbundplänen - wie Wagener es umschreibt - zu einer Art "vertikaler Ressortkumpanei"[560] oder "Fachbruderschaft" [561], die wiederum eine horizontal integrierte Aufgaben- und Entwicklungsplanung in Bund und Ländern behindert [562]. Bei genauerer Betrachtung erweist sich freilich der Befund, daß im Organisationsmodell der Gemeinschaftsaufgabe sowohl der Zentral- als auch die Gliedstaaten an Handlungspotentialen verloren haben [563], nur scheinbar als Paradoxon. Vielmehr ist diese Entwicklung die zwangsläufige Konsequenz des Zusammenlebenmüssens in einem "Doppelhaus, in das die verantwortlichen Konstrukteure keine Trennwand eingezogen haben" [564].

---

557 E. Denninger (1979), S. 120.
558 O. Barbarino (1975), S. 110 und (1973), S. 20; D. Feger (1979), S. 417; A. Möller (1981), S. 203.
559 Dazu F. Lehner (1979), S. 5.
560 F. Wagener (1978 a), S. 155 und (1975), S. 134.
561 Ders. (1982), S. 86, (1981), S. 111 und (1977), S. 588.
562 Zur Kritik dieser Ressortorientierung und Politiksegmentierung O. Barbarino (1973), S. 20; D. Fürst (1982), S. 89 ff.; A. Funk/H. Häußermann/H.-D. Will (1976), S. 293; K. Ganser (1980 b), S. 14; G. Kisker (1977), S. 694; P. Kistner (1973), S. 72 f.; K. König (1977), S. 79; F. Rietdorf (1972), S. 516; F. W. Scharpf/F. Schnabel (1978), S. 34; F. Wagener (1978 a), S. 156; R. Wahl (1978 b), S. 513; W. Zeh (1979), S. 16. Nicht ganz so skeptisch zur Querkoordinierung wie die voranstehenden Stimmen P. Becker (1977), S. 31 f.
563 F. Schnabel (1980), S. 66.
564 H. H. Koch auf dem Symposium "Regionalpolitik im Wandel", das am 24.5.1981 in Bonn vom DIHT und der GRS veranstaltet wurde.

Doch die "Versäulung" der Fachressorts und Exekutiven bewirkt nicht nur eine verminderte Steuerungspotenz des gesamten politischen Systems, sondern auch eine Zurückdrängung der Kontrolle der Legislative sowie ein Hervortreten bürokratischer Problemverarbeitungsmuster. Beides hat zur Folge, daß Sachprobleme weniger output-orientiert, d. h. entsprechend dem Nutzen für die Adressaten der Problemlösungen, sondern vielmehr input-orientiert bearbeitet, d. h. an dem politisch-ökonomischen Kostenaufwand und den institutionellen Eigeninteressen der Problemlöser ausgerichtet werden[565]. Die parlamentarischen Vertretungskörperschaften, vor allem die Landesparlamente, sind an den Planungs- und Entscheidungsprozeduren der GRW kaum beteiligt[566] und können sich faktisch den kooperativen Zwängen wegen der Unabänderbarkeit der Mehr-Ebenen-Absprachen nicht entziehen[567], wobei allerdings einschränkend zu berücksichtigen ist, daß gerade im Bereich der regionalen Strukturpolitik die Länderparlamente offenbar auch davor zurückschrecken, politische Kosten zu übernehmen[568]. Umgekehrt verstärkt die "Bund-Länder-Verfilzung"[569] die politische Position der beteiligten Exekutiven innerhalb ihrer eigenen Körperschaften[570]. Durch den Hinweis auf die fehlende Alleinverantwortlichkeit können sich die Fachbrüder nicht nur dem politischen Druck der Interessenverbände entziehen, sondern die im Kartell verflochtenen Programme und Domänen lassen sich auch anderen Ressorts gegenüber leichter durchsetzen bzw. Änderungswünsche schneller abwehren[571] (doppelter Autonomiegewinn). Allerdings besteht der

---

565 D. Fürst (1978), S. 194.

566 Der Gesetzentwurf eines Zweiten Gesetzes zur Änderung der Gesetze über die Gemeinschaftsaufgaben, BT-Drs. 7/1614 vom 13.2.1974, der dem Bundestag eine frühere Mitwirkung an der Rahmenplanung sichern sollte, wurde nicht verabschiedet. In der Praxis allerdings werden die Parlamente dadurch am Planungsprozeß beteiligt, daß den Landesparlamenten die Anmeldungen des jeweiligen Bundeslandes zum Rahmenplan (vgl. § 10 Abs. 3 LHO BW) und den Bundestagsausschüssen der Entwurf des Rahmenplanes mit einer bewertenden Stellungnahme des BMWi vorgelegt wird.

567 O. Barbarino (1975), S. 110; F. Lehner (1979), S. 6; F. Wagener (1978 a), S. 155 f. und (1977), S. 588; vgl. a. P. Klemmer (1982), S. 145.

568 P. Becker (1977), S. 37.

569 F. Wagener (1981), S. 109.

570 G. Kisker (1977), S. 693.

571 Ausführlich F. W. Scharpf/B. Reissert/F. Schnabel (1976), S. 237 ff.

Preis für die Aufteilung der Verantwortung auf mehrere Schultern [572] in den völlig unbefriedigenden Haftungs- und Sanktionsmechanismen im Falle von Fehlentscheidungen [573]. So ist es z. B. im Bereich der regionalen Wirtschaftsstrukturpolitik üblich, populäre Maßnahmen wie Mittelzuweisungen an eine Region als eigene Erfolge zu feiern [574], wohingegen Mittelkürzungen dem Widerstand der jeweils anderen Partner zugeschoben werden können [575]. Da weder der Bund noch ein einzelnes Land für die reale Entscheidungsfindung insgesamt verantwortlich gemacht und (Fehl-)Entscheidungen kaum einem bestimmten Handlungsträger zugerechnet werden können, bezeichnet **Lehner** die Politikverflechtungssysteme "mit Fug und Recht als Föderalismus ohne Transparenz" [576].

Restriktiver auf die Effizienz der Aufgabenerfüllung als die Entmachtung der Parlamente [577] und die Entmündigung der Öffentlichkeit [578] wirkt sich das segmentierte, unflexible und bürokratische Problemlösungsverhalten innerhalb der GRW aus, das in mancherlei Hinsicht die Aussagen der ökonomischen Theorie der Bürokratie bestätigt [579]. Nicht so sehr die Ortsferne der Rahmenplaner [580], sondern die "barocke Schwerfälligkeit" [581] und strukturelle Starr-

---

572 D. Fürst (1978), S. 195.
573 U. van Suntum (1981 a), S. 56 und P. Klemmer (1982), S. 145.
574 Als Beispiel mögen die Ausführungen des früheren niedersächsischen Wirtschaftsministers E- Küpker in: Reden zur Wirtschaft Nr. 1, "Wirtschaftsetat 1975", Hannover 1975, S. 10 dienen.
575 Etwa die Antwort des nordrhein-westfälischen Wirtschaftsministers R. Jochimsen auf die Parlamentsanfrage zum "Sonderprogramm für Stahlstandorte in Nordrhein-Westfalen", Plenarprotokoll 9/44 vom 24.3.1982, S. 2425 ff.
576 F. Lehner (1979), S. 8.
577 G. Kisker (1971), S. 291 FN 1108 spricht im Anschluß an W. Haussmann von einer "Depossedierung" der Parlamente.
578 W. Zeh (1979), S. 17 beschreibt diesen Tatbestand damit, "daß man wissen muß, was läuft", wenn man Einfluß auf die Verhandlungen nehmen will.
579 Siehe die Beiträge von A. Downs, W. A. Niskanen und A. Katz, aaO (Anm. 187). Die Bürokratisierung des Entscheidungsablaufes in der GRW ist zu einem zentralen Kritikpunkt der Länder geworden, vgl. B. Breuel (1979), S. 12 f.; L. Funcke (1979), S. 14; H. H. Karry (1979), S. 11.
580 So D. Feger (1979), S. 418.
581 E. Denninger (1979), S. 120.

heit des Verwaltungsapparates [582] prägen das Verflechtungssystem. Dort lavieren Bundes- und Länderbürokraten einen komplizierten Kurs in der Abstimmungsmaschinerie [583] und unterlaufen nicht nur die politische Gestaltungsfreiheit der Parlamente, sondern auch der betroffenen Regierungen [584]. Die Verlagerung der Entscheidungskompetenzen auf die Ministerialbürokratien des Bundes und der Länder schlägt auf die Verhandlungsstruktur [585] durch: Die Reduktion der akuten Symptome des Problemdrucks ist wichtiger als die Therapie der Problemursachen; politische Kosten in Form von Konflikten und negativen Sanktionen werden höher bewertet als ökonomische Kosten; Macht-, Positions- und Statusgewinne gehen sachgerechten Lösungen vor [586]. Erst in diesem Entscheidungsverhalten zahlt sich für die beteiligten Bürokraten der politische Nutzen der Politikverflechtung aus, nämlich:

> "Auf jeden Fall als Akteur auf der politischen Bühne vertreten zu sein, wenn der Vorhang geöffnet wird. In Kauf genommen wird, daß keiner der Akteure mehr das Spiel und die Rolle spielen kann, die er eigentlich gerne hätte und auch das Stück nicht mehr zu erkennen vermag, das aufgeführt wird. Dies erscheint weniger schwer zu wiegen als ein konstitutioneller Kontrakt, nach dem zwar jeder sein Stück und seine Rolle selbständig proben darf, aber es völlig ungewiß ist, ob und wann es zu seiner Aufführung kommt" [587].

---

[582] K.-P. Wild (1979), S. 17.
[583] F. A. Cato (1975), S. 98.
[584] H. Boldt (1979), S. 14.
[585] Zum Verhandeln als der dominierenden Bearbeitungstechnik W. Zeh (1979), S. 16.
[586] D. Fürst (1978), S. 195.
[587] F. Schnabel (1980), S. 67.

II. Die programmatische und finanzielle Ausgestaltung der Gemeinschaftsaufgabe

Als Teil der staatlichen "Wachstumsvorsorge"[588] zählt die regionale Strukturpolitik zu den materiellen Staatsaufgaben[589]. Mithin muß zum formellen Erfordernis, daß der Staat die Aufgabe erfüllt, das inhaltliche der Verfolgung von Angelegenheiten des Gemeinwesens hinzutreten[590]. Im Zielbereich "Wirtschaftsstruktur" bildet die Gemeinschaftsaufgabe nach Art. 91 a Abs.1 Ziff. 2 GG das wichtigste Instrument zur Beeinflussung der Bevölkerungs- und Arbeitsplatzverteilung im Raum[591]. Ist das "rechtsstaatliche Minimum" der Planungsermächtigung, also die Legalstruktur (Bestimmung des Planungssubjektes, Ordnung des Planungsverfahrens, Definition der Planungsaufgabe, Aufstellung der für die planerische Abwägung maßstäblichen Grundsätze)[592] im Gesetz über die Gemeinschaftsaufgabe "Verbesserung der regionalen Wirtschaftsstruktur" niedergelegt, so wird die nähere materielle Ausgestaltung der Gemeinschaftsförderung, d. h. die Programmstruktur erst in der Bund-Länder-Rahmenplanung vorgenommen. Dieser "Wirklichkeitsausschnitt"[593] des Rahmenplanes ist wiederum vor dem Hintergrund der mittlerweile dreißigjährigen Geschichte der bundesdeutschen Regionalförderung zu sehen.

---

588 H. P. Ipsen (1966), S. 87 und in: VVDStRL Bd. 24 (1966), S. 222.
589 H. C. F. Liesegang (1978), Art. 91 a RdNr. 5.
590 W. Haase (1972), S. 40.
591 V. Schmidt (1976), S. 655.
592 P. Badura, Das Planungsermessen und die rechtsstaatliche Funktion des Allgemeinen Verwaltungsrechts, in: Bayerischer Verfassungsgerichtshof (Hrsg.), Verfassung und Verfassungsrecht. Festschrift zum 25-jährigen Bestehen des Bayer. Verfassungsgerichtshofes, München 1972, S. 157 ff. (175).
593 W. Hoppe (1974), S. 645.

1. Regionalpolitische Entwicklung und Entstehungsgründe

Die öffentliche Wirtschaftsförderung ist keine Erfindung der Politik der "sozialen Marktwirtschaft" [594], obwohl sie im Grunde genommen ein "Kind der fünfziger Jahre" [595] ist. Zwar gab es öffentliche Hilfsprogramme für strukturelle Notstandsgebiete z. B. schon nach dem Ersten Weltkrieg ("Ostpreußenhilfe" [596] und "Ostlandhilfe" [597]), doch erfuhr die heutige Wirtschaftsentwicklungspolitik ihre programmatische Ausprägung erst nach dem Zweiten Weltkrieg [598]. Die Chronik der regionalen Strukturpolitik des Bundes ist in ihren Grundzügen in Übersicht 1 zusammengestellt.

Die eigentliche Geburtsstunde der Regionalförderung schlug im Jahre 1951, als die Bundesregierung ein 100 Mio. D-Mark umfassendes Förderungsprogramm für die unter den Kriegsfolgen besonders leidenden sowie die traditionell schon rückständigen Gebiete bereitstellte [599]. Diese **Notstandsgebiete** - später **Sanierungsgebiete** genannt - schlossen agrarische Problemregionen wie den Bayerischen Wald, die Eifel oder das Emsland [600] ebenso ein wie die Industriestädte Kiel, Wilhelmshaven und Salzgitter, in denen durch Kriegszerstörung, Demontage und Produktionsverbote zahlreiche Arbeitsplätze verlorengegangen waren [601]. Als zweite Förderregion kam

---

594 V. Charbonnier (1970), S. 26.

595 H. H. Eberstein (1972), S. 6.

596 Gesetz vom 18.5.1929 (RGBl. I S. 97).

597 Gesetz vom 31.3.1931 (RGBl. I S. 117).

598 V. **Charbonnier** (1970), S. 26. Zur Entwicklungslinie der Wirtschaftsförderung vom Merkantilismus bis zur Gegenwart daselbst, S. 26 ff. und H.-J. **von der Heide** (1976), S. 158 ff.

599 Siehe im einzelnen W. **Giel** (1954), S. 580 ff. Die ebenfalls ab 1950 anlaufende Berlinhilfe bzw. -förderung wird wegen der räumlichen und politischen Sonderstellung Berlins im folgenden außer acht gelassen; zu ihrer Entwicklung ausführlich K. **Geppert/K. Hornschild** (1979), S. 16 ff.

600 Das 1950 eingeführte Emslandprogramm war richtungsweisend für die Ausgestaltung und Abwicklung weiterer landwirtschaftlicher Regionalprogramme, z. B. des Programms Nord (1953), des Küstenplans (1955) und des Alpenplans (1955), siehe H. H. **Koch/H.-P. Steinmetz** (1981 d), S. 160 m.w.Nachw.

601 W. **Albert** (1971), S. 2; W. **Giel** (1964), S. 113; ders./G. **Wegge** (1970), Sp. 2640; R. **Schmidt** (1974 a), S. 535; R. **Struff** (1975), S. 106.

Übersicht 1

Die Chronik der regionalen Strukturpolitik des Bundes

Zeitraum	Bezeichnung der Fördergebiete	Abgrenzungsmerkmale	Abgrenzungsmethode	Haushaltsmittel (in Mio.DM)	Umfang der Fördergebiete (in % des Bundesgebietes incl. West-Berlin) Fläche	Einwohner
Von 1951 bis 1963	Notstands- bzw. Sanierungsgebiete	- Arbeitslosenquote - Kriegszerstörungen, bezogen auf das landwirtschaftliche Betriebsvermögen - Überbesatz an landwirtschaftlichen Arbeitskräften	- Abgrenzung durch IMNOS - keine Bindung an Kreisgrenzen - Überschreiten der Mindestschwelle von mind. einem Notstandsmerkmal in Gebieten von mind. Landkreisgrösse oder über 100.000 Einwohnern	100	ca. 26 (1957)	ca. 14 (1957)
	darunter ausserhalb des Zonenrandes	- dito	- dito		ca. 16	ca. 8
1953	Zonenrand	politische Überlegungen: Bundestagsbeschluß	Kreisgrenzen: 40 km breiter Streifen von Flensburg bis Passau längs der Grenze zur DDR		19 (1968)	12 (1968)
1959, 1961, 1963, 1966, 1968	Zentrale Orte, ab 1964 Bundesausbauorte	Klein- u. Mittelstädte in ländlichen, schwach strukturierten Gebieten: - Gebietsmittelpunkt mit unterbeschäftigten Arbeitskräften - Erreichbarkeit für Pendler (max. 1 Stunde) - Mindesausstattung an sanitären, kulturellen und schulischen Einrichtungen - Ansatzpunkte für die Industrialisierung	IMNOS-Beschlüsse auf Vorschlag der Landesregierungen: 1968 insges. 81 Gemeinden (1959: 16), davon 22 außerhalb der Bundesausbaugebiete und des Zonenrandes - Einwohner pro Gemeinde bzw. pro zentralörtlichem Bereich mittlerer Stufe	anfangs 10 später 20	---	2 (1968)

Zeit-raum	Bezeichnung der Fördergebiete	Abgrenzungsmerkmale	Abgrenzungsmethode	Haushaltsmittel (in Mio. DM)	Umfang der Fördergebiete (in % des Bundesgebietes incl. West-Berlins	
					Fläche	Einwohn.
1963	Bundesausbaugebiete (ohne Bundesausbauorte)	- Bruttoinlandsprodukt/Kopf der Wirtschaftsbevölkerung - Wanderungssaldo - Industriebesatz	- Restriktion: Gebietsumfang gemäß den bisherigen Sanierungsgebieten - Konzentration auf die schwächsten Gebiete: Kreisebene - Mindestgröße: Landkreis od. 100.000 Einwohner od. 500 km² - Reihung der Kreise nach Höhe des BIP/Kopf 1957, Fortschreibung mittels der beiden anderen Indikatoren (1958-60, 1962)	ca. 150	40 [1]	19 [1]
1968/69	dito	dito	Korrektur und Aktualisierung		43 [1]	21 [1]
1969	12 Regionale Aktionsprogramme	- Wanderungssaldo - Bevölkerungsdichte - Industriebesatz - Realsteuerkraft - Bruttoinlandsprodukt	- ehemalige Bundesausbaugebiete: Unterschreiten von jeweils drei der fünf Kennziffern im Landkreis - Einbringen der ländereigenen Fördergebiete: ohne einheitliche Kriterien - "politische Aufrundung"	320 [2]	48	26
1970	20 Regionale Aktionsprogramme	dito	dito		58	31
1972	1. Rahmenplan der Gemeinschaftsaufgabe "Verbesserung der regionalen Wirtschaftsstruktur"	dito	21 Regionale Aktionsprogramme	532 [2]	59	34
1975	4. Rahmenplan	- Prognose 1977: Arbeitsplatzdefizit/Arbeitskräftenachfrage - Lohn- u. Gehaltssumme/Arbeitnehmer od. BIP/Wirtschaftsbevölkerung od. BIP/Beschäft. - physische Infrastrukturausstattung (Länge von Straßen-, Eisenbahn- u. Stromnetzen; Gasversorgungspotent.; Schul-, Studier-, Krankenhausplätze - Wohnungsqualität	- Restriktionen: 34 % der Bevölkerung im Bundesgebiet; Mindestgebietsgröße 200.000 Einwohner oder 1.000 km² - Gebietsraster: gemeindescharf abgegrenzte Arbeitsmarktregionen (Pendlerverflechtungen) - Ordnung der Räume nach Rangfolge für die Indikatoren einzeln (Rangziffer) - Gewichtung der drei Indikatoren im Verhältnis 1:1:0,5 - Addition der gewogenen Rangziffern zur regionalen Meßziffer; > 250 = Fördergebiet	588 [2]	61	34

Zeit-raum	Bezeichnung der Fördergebiete	Abgrenzungsmerkmale	Abgrenzungsmethode	Haushaltsmittel (in Mio. DM)	Umfang der Fördergebiete (in % des Bundesgebietes incl. West-Berlins Fläche	Einwohner
1978	7. Rahmenplan	dito	20 Regionale Aktionsprogramme	588 [2]	67	36
1981	10. Rahmenplan		18 Regionale Aktionsprogramme	470 [2]	50	30
		- Arbeitsmarktindikatoren: * Prognose 1985: Arbeitsplatzdefizit/Arbeitskräftenachfrage * reg. Arbeitslosenquote 1976 - 1980 - Einkommensindikatoren: * Lohn- u.Gehaltssumme/Arbeitnehmer für 1978 * BIP/Wohnbevölkerung für 1978 - komplexer Infrastrukturindikator Verkehrs-, Energie-, Umwelt-, Ausbildungs- u. soziale Infrastruktur	- Restriktionen: 30 % der Bevölkerung im Bundesgebiet; Zonenrand und Saarland Förderstatus sui generis - Gebietsraster: 179 gemeindescharf abgegrenzte Arbeitsmarktregionen (Pendlerverflechtungen) - Gewichtung der drei Gesamtindikatoren im Verhältnis 1:1:0,5 - Mittelneuquotierung: Multiplikation des kumulierten Bevölkerungsrichtwertes je nach Förderdringlichkeit mit einem Quotienten von 1,25/1,0/ 0,75 %			

(1) Einschließlich des Zonenrandes
(2) Einschließlich der Landesbeteiligung, aber ohne die Zusatzmittel für Sonderprogramme und ohne die Steuerausfälle durch die Investitionszulage

Quelle: Modifiziertes und aktualisiertes Schema aus:
F. Buttler/K. Gerlach/P. Liepmann, Grundlagen der Regionalökonomie, Reinbek bei Hamburg 1977, S.117 - 119 sowie
R. Struff, Regionale Wirtschaftspolitik auf dem Prüfstand, structur 1975, S. 105 ff. (107).

infolge der politischen Teilung Deutschlands 1953 das **Zonenrandgebiet** - ein etwa 40 km breiter Geländestreifen von Flensburg bis Passau [602] - hinzu, das aus diesem Grunde eine Sonderstellung in der Wirtschaftsförderung einnehmen sollte [603]. Die Auswahl der Notstandsgebiete [604] und die Abwicklung der Förderungsprogramme [605] oblag weitgehend dem 1950 auf Bundesebene gegründeten "Interministeriellen Ausschuß für Notstandsgebietsfragen" (IMNOS) [606], wurde also trotz der verfassungsrechtlichen Bedenken maßgeblich alleine vom Bund bestimmt [607].

Mit der Zusammenfassung der bisher getrennten Förderungsprogramme für Notstands- und Zonenrandgebiete in dem neuen "**Regionalen Förderungsprogramm der Bundesregierung**" nahm 1954/55 die zweite Phase der regionalen Wirtschaftsentwicklungspolitik in der Bundesrepublik ihren Anfang [608]. Nach der Beseitigung der unmittelbaren Kriegsschäden lag das Schwergewicht nunmehr auf der Förderung strukturschwacher Regionen [609]. Den Rückzug aus der Flächenförderung nach dem "Gießkannenprinzip" und ersten Schritt zur Schwerpunktbildung leitete 1959 das "**Entwicklungsprogramm für zentrale Orte in ländlichen, schwachstrukturierten Gebieten**" [610] ein [611].

---

602 Beschluß des Deutschen Bundestages vom 2.7.1953, BT-Prot. I/14007 B. Vgl. nunmehr die in der Anlage zu § 9 ZRFG aufgeführten Stadt- und Landkreise.

603 Vgl. § 2 Abs. 4 a GRWG und §§ 1, 2 ZRFG; **M.-A. Butz** (1980), S. 17 ff. Zu den Anfangsmaßnahmen der Zonenrandförderung **W. Giel** (1964), S. 584 ff.; zu den aktuellen Strukturproblemen R. **Bunzenthal** (1981), S. 5 und F. **Sackmann** (1978), S. 108 ff.

604 Zu den damaligen Abgrenzungskriterien der Arbeitslosenquote siehe **W. Giel** (1954), S. 581 und J. H. **Müller** (1973), S. 3.

605 Siehe zuletzt die "Richtlinien über die Verwendung der Bundeshaushaltsmittel für das Regionale Förderungsprogramm der Bundesregierung" vom 4.9.169 (BAnz. Nr. 174 vom 19.9.1969, S. 1 ff.), die heute noch für Fördermaßnamen gelten, die nicht in die GRW übernommen worden sind, gleichwohl aber mit Bundesmitteln weiter finanziert werden, z. B. Frachthilfen, Beihilfen zur Abgeltung von Wildschäden an der Zonengrenze etc., vgl. **W. Albert** (1972 a), S. 3.

606 Zur Aufgabenstellung und Zusammensetzung siehe oben Anm. 507.

607 F. **Schnabel** (1976 b), S. 181.

608 H. H. **Eberstein** (1972), S. 8.

609 Vgl. H. **Brede**/W. **Siebel** (1975), S. 13 f. und A. **Funk**/H. **Häußermann**/H.-D. **Will** (1976), S. 289 f.

610 **BMWi** (Hrsg.), Entwicklungsprogramm für zentrale Orte in ländlichen, schwach strukturierten Gebieten, Bonn 1959.

Danch wurden als Kristallisationskerne des regionalen Industrialisierungsprozesses [612] zentralörtliche Gemeinden gefördert, die ein gewisses Mindestmaß an infrastruktureller Ausstattung aufweisen sollten [613]. Die Auswahl der geeigneten Orte und der als nötig befundenen Ausbauprojekte nahm wiederum der IMNOS auf der Basis der Vorschläge der Länder vor [614]. Im Laufe der Zeit stieg die Zahl dieser 1964 in **Bundesausbauorte** umbenannten Gemeinden, die die Vorläufer der heutigen gewerblichen Schwerpunktorte darstellten [615], mangels "genügend politischen Standvermögens" [616] von anfangs 16 auf 81 im Jahre 1968 an (vgl. Übersicht 1). Neben diesen Bundesausbauorten mit jährlich 20 Mio. D-Mark förderte die Bundesregierung seit 1963 mit rund 150 Mio. D-Mark pro Jahr die sog. **Bundesausbaugebiete**, die aufgrund einer allgemeinen Neuabgrenzung [617] aus den bisherigen Sanierungsgebieten hervorgegangen waren [618]. Gewissermaßen zog diese Neuorientierung der Förderpolitik den Schlußstrich unter die bisherige "Feuerwehrpolitik" [619] bzw. "Hansaplast-Politik" [620] und markierte die Hinwendung zu einer planmäßigen "inneren Entwicklungspolitik" [621], äußerlich sichtbar auch in der 1964 erfolgten Umbenennung des IMNOS in "Interministeriellen Ausschuß für regionale Wirtschaftspolitik" [622]. Spätestens jetzt war die Abkehr von der "Förderungsbedürftigkeit" hin zur Betonung der "Förderungswürdigkeit" in der Regionalpolitik vollzogen [623].

---

611 W. **Albert** (1975), S. 105; H. H. **Eberstein** (1975), S. 1; K. **Geppert**/K. **Hornschild** (1979), S. 20.

612 W. **Albert** (1972 b), S. 24 und (1970), S. 238.

613 W. **Albert** (1971), S. 4 f.; W. **Giel** (1964), S. 115; H.-R. **Peters** (1976), S.213.

614 W. **Zohlnhöfer** (1970), S. 696.

615 W. **Albert** (1971), S. 4 und (1970), S. 238.

616 J. H. **Müller** (1973), S. 5.

617 Zu den damaligen Abgrenzungskriterien BIP/Kopf der Wirtschaftsbevölkerung, Industriebesatz und Wanderungssaldo J. H. **Müller** (1973), S. 4.

618 W. **Giel** (1964), S.115; O. **Wolff von Amerongen** (1976), S. 88.

619 H.-F. **Eckey** (1978 a), S. 123.

620 O. **Schlecht** (1972), S. 174.

621 C. **Noé** (1971 a), S. 8 und (1971 b), S. 62.

622 So die Wertung von K. **Kröll** (1968), S. 32.

623 F. **Buttler**/K. **Gerlach**/P. **Liepmann** (1977), S. 120; O. **Wolff von Amerongen** (1976), S. 88.

Die ökomomische Rezession der Jahre 1966/67, die außer den traditionellen Entwicklungsgebieten vor allem die monostrukturierten Bergbaugebiete traf, offenbarte die Interdependenzen sowohl zwischen sektoraler und regionaler Strukturpolitik [624] als auch zwischen Struktur- und Konjunkturpolitik [625]. Einerseits wurden die regionalpolitischen Fördergebiete von der nachlassenden Konjunktur am stärksten in Mitleidenschaft gezogen, andererseits konnten immanent vorhandene Wachstumsreserven durch eine aktive Strukturpolitik mobilisiert werden [626]. So trat zu den ländlich strukturierten und den Zonenrandgebieten eine dritte Fördergebietskategorie hinzu: die industriellen Problemgebiete [627] (Ruhr und Saar). Zum Zwecke der Industrieansiedlung in den **Montangebieten** wurden deshalb mit Hilfe des Steinkohlebergbaugesetzes [628] im Zeitraum von 1968 bis 1971 Investitionsprämien in Höhe von 2 Mrd. D-Mark vergeben. Innerhalb von vier Jahren waren also ebenso viele sektorale Fördermittel in die Bergbaugebiete geflossen wie in den 17 vergangenen Jahren in alle regionalen Förderungsgebiete zusammen [629]. Diese massive, mit den klassischen Rückstandsgebieten konkurrierende Förderung auf der einen und hohe Arbeitslosenquoten im Bayerischen Wald, in der Eifel und im Emsland auf der anderen Seite hatten schließlich die politische Bereitschaft zur Folge, die Rolle des Regionalen Förderungsprogrammes der Bundesregierung neu zu überdenken [630]. Die verantwortlichen Regionalpolitiker in Bund und Ländern mußten erkennen, daß es nur ein durch die jährlichen Wachstumsraten begrenztes Potential an ansiedlungswilligen mobilen Sachkapitals gab [631], um das die verschiedenen Förderungs-

---

[624] H. Brede/W. Siebel (1975), S. 14.

[625] W. Albert (1975), S. 105, (1971), S. 6 und (1970), S. 239.

[626] W. Giel/G. Wegge (1970), Sp. 2641.

[627] Vgl. W. Albert (1972 b), S. 24 und H. Brede/W. Siebel (1975), S. 14.

[628] Erstes Gesetz zur Anpassung und Gesundung des deutschen Steinkohlebergbaues und der deutschen Steinkohlebergbaugebiete vom 15.6.1968 (BGBl. I S. 365), dessen § 32 eine 10 % steuerfreie Investitionsprämie vorsah.

[629] B. Reissert/F. Schnabel (1976), S. 77.

[630] Siehe W. Albert (1971), S. 7; K. Geppert/K. Hornschild (1979), S. 20.

[631] A. Möller (1981), S. 201; F. Schnabel (1976 b), S. 181.

programme konkurrierten. Der Ansiedlungswettlauf wurde noch verschärft durch die Existenz landeseigener Regionalprogramme, deren Fördergebiete und -konditionen zum Teil von dem Bundesprogramm erheblich abwichen, so daß die Bundes- und Landesmittel weitgehend unkoordiniert und ohne wechselseitige Verstärkungswirkung eingesetzt wurden [632]. Mit der Absicht, das Schwerpunktprinzip in der regionalen Wirtschaftsförderung konsequent durchzusetzen und vom "Wildwuchs" der Landesförderungen soviel wie möglich in eine gemeinsame Konzeption einzubeziehen [633], trat die regionale Strukturpolitik in ihre dritte und vorläufig letzte Phase.

Zunächst unabhängig von der verfassungsrechtlichen Diskussion um die Einführung der Gemeinschaftsaufgaben [634] begannen Anfang 1968 im Bundesministerium für Wirtschaft die Vorarbeiten für die Erarbeitung eines "neuen Planungsinstruments" [635] : die Aufstellung der "**Regionalen Aktionsprogramme**" [636]. Da dieses neuartige Konzept alsbald die Zustimmung der Länder und der kommunalen Spitzenverbände fand [637], einigten sich der Bund und die Länder in bilateralen Verhandlungen darauf, die für die regionale Strukturpolitik zur Verfügung stehenden Mittel in die zunächst 12 und später 20 bzw. 21 Regionalen Aktionsprogramme einzustellen. Im Mai 1971 waren schließlich alle Fördergebiete der Bundesrepublik von den Regionalen Aktionsprogrammen erfaßt [638]. Das Grundziel der "Arron-

---

632 Vgl. B. Reissert/F. Schnabel (1976), S. 77.

633 W. Albert (1972 b), S. 24.

634 Es ist bemerkenswert, daß gerade die Regionalreferenten des Bundes und der Länder damals dafür eintraten, die regionale Wirtschaftsförderung nicht zum Gegenstand einer Gemeinschaftsaufgabe zu machen, siehe W. Albert, Förderung in der Bewährungsprobe. Neuabgrenzung der Gemeinschaftsaufgabe "Verbesserung der regionalen Wirtschaftsstruktur", wirtschaft und standort 10/1973, S. 2; ders., in: A. Baestlein (1977), S. 59. Offenbar ahnten sie, daß die multilaterale Entscheidungsstruktur die (Re-)Aktionsfähigkeit des Planungsverbundes beeinträchtigen würde.

635 W. Albert (1970), S. 239.

636 BMWi (Hrsg.), Intensivierung und Koordinierung der regionalen Strukturpolitik, Bonn 1968; dazu H. H. Eberstein (1969), S. 375 ff.

637 P. Becker (1972), S. 60; W. Giel/G. Wegge (1970), Sp. 2642.

638 P. Becker (1972), S. 61. Ausführlich zur Aufstellung der ersten Regionalen Aktionsprogramme H. Mehrländer/D. Louda (1981 b), S. 25 ff.

dierung der Bundesfördergebiete mit Landesfördergebieten"[639] bestand in der Abstimmung der Regionalförderung des Bundes und der Länder, der Betonung des Schwerpunktprinzips und der Schaffung einheitlicher Maßstäbe für das Fördersystem sowie den Maßnahmenkatalog[640].

Damit schienen die mit der Rezession 1966/67 sichtbar gewordenen vertikalen Koordinationsprobleme gelöst: "Das Förderungsprogramm des Bundes war mit den Programmen der Länder zusammengefaßt, die Instrumentalisierung der Förderung war einheitlich definiert, die Schwerpunktorte und ihre Präferenzierung waren festgelegt"[641]. Ihren verfassungsrechtlichen Abschluß und ihre gesetzliche Verfestigung fand die Entwicklung der Regionalpolitik vom punktuellen Eingriff der Nachkriegsjahre über die Flächenförderung bis hin zur Schwerpunktförderung[642] in der Installierung der GRW. Als ihr 1. Rahmenplan am 1. Januar 1972 in Kraft trat, hatte er das Konzept der Regionalen Aktionsprogramme fast unverändert übernommen[643]. Seitdem ist dieses gesamtstaatliche Planungsinstrument - von den grundlegenden Gebietsneuabgrenzungen der Jahre 1975 und 1981 abgesehen[644] (vgl. Übersicht 1) - ohne wesentliche Änderungen beibehalten worden. Im Ergebnis hatte sich demnach das Regionale Förderungsprogramm der Bundesregierung, wie **Albert**, der maßgebliche Architekt des bundesdeutschen Regionalförderungssystems, feststellt, "von einem Notstandsprogramm weiterentwickelt zur Keimzelle einer umfassenden regionalen Investitionslenkung"[645].

---

639 W. **Albert** (1972 a), S. 5. Diese "Fördergebietsarrondierung" erfolgte freilich auf sehr pragmatischem Wege, weniger aufgrund wissenschaftlicher Abgrenzungskriterien, die erst der Fördergebietsabgrenzung 1975 zugrunde gelegt werden konnten, vgl. B. **Reissert/F. Schnabel** (1976), S. 79. Zum "Aushandlungsprozeß" dieser Neuabgrenzung anschaulich F. **Schnabel** (1976 b), S. 182 ff.

640 J. H. **Müller** (1973), S. 5; B. **Reissert/F. Schnabel** (1976), S. 79.

641 F. **Schnabel** (1976 b), S. 182.

642 R. **Schmidt** (1974 a), S. 536.

643 Ausführlich P. **Becker** (1972), S. 60 ff.

644 Zu den systematischen Vorarbeiten der Gebietsneuabgrenzung 1975 siehe H. **Mehrländer** (1975), S. 106 ff.; zu derjenigen von 1981 D. **Louda** (1981), S. 286 ff.

645 W. **Albert** (1970), S. 240.

Betrachtet man die Entwicklungsgeschichte der Strukturförderungspolitik, so lassen sich für die Entstehung der Regionalen Aktionsprogramme und der Gemeinschaftsaufgabe im wesentlichen drei regionalpolitisch motivierte Gründe anführen: Zunächst versprachen sich die Regionalpolitiker von der gemeinsamen Bund-Länder-Planung einen nicht unerheblichen **Effizienzgewinn**. Durch die Vereinheitlichung der Bundes- und Landesprogramme und der regional und sektoral bedingten Entwicklungsprogramme sollte die mittelverschwenderische Konkurrenz der Länder und Regionen um die Ansiedlung gewerblicher Investoren eingeschränkt oder gar eliminiert werden[646]. Die Regionalen Aktionsprogramme wollten die bislang eigenständig verwalteten landeseigenen Förderungsprogramme entbehrlich machen[647] und durch den koordinierten und geballten Mitteleinsatz zu einer Intensivierung der regionalen Strukturpolitik führen. In diesem Sinne sagte die in Angriff genommene räumliche und sachliche Schwerpunktbildung der "Töpfchenwirtschaft" und "Gießkannenpolitik"[648] den Kampf an. Durchbrechungen des Schwerpunktprinzips, des Präferenzsystems und konkurrierende Förderungen außerhalb der Aktionsräume sollten fortan nicht mehr möglich sein[649]. Außer diesem Bedeutungszuwachs verfolgte man einen **Transparenzgewinn** der Strukturpolitik[650]. Die Erarbeitung der Regionalen Aktionsprogramme und ihre Übernahme in die GRW beabsichtigten eine grössere Klarheit, Übersichtlichkeit und Einheitlichkeit der regionalen Wirtschaftspolitik. Die Programmverschmelzung wollte die Zersplitterung in vielzählige und differierende Bundes- und Landesprogramme aufheben[651]. Aus dem Nebeneinander sollte ein Miteinander und damit eine sowohl effektivere als auch transparentere Förderung werden[652]. Daneben bezweckte die Gemeinschaftsaufgabe

---

646 W. Albert (1971), S. 12; K. Ganser (1978), S. 64 f.; B. Reissert/F. Schnabel (1976), S. 79 und 95; vgl. a. P. Becker (1972), S. 61 f.

647 B. Reissert/F. Schnabel (1976), S. 79.

648 W. Albert (1971), S. 11.

649 Ebenda, S. 12.

650 O. Schlecht (1972), S. 171.

651 F. Schnabel (1976 b), S. 182.

652 W. Albert (1975), S. 105; F. Buttler/K. Gerlach/P. Liepmann (1977), S. 120; K. Geppert/K. Hornschild (1979), S. 21.

schließlich einen **Gewinn an Verteilungsgerechtigkeit**, indem sie durch die Finanzbeteiligung des Bundes zusätzlich zum allgemeinen Finanzausgleich einen sachorientierten Ausgleichseffekt zwischen finanzstarken und finanzschwachen Ländern erzielen sollte [653]. Nicht zuletzt an der Verwirklichung dieser "Verflechtungsfunktionen" wird sich der Erfolg und die Berechtigung der GRW messen lassen müssen, wenn sie tatsächlich den Meilenstein auf dem Wege zu einer rationaleren regionalen Strukturpolitik bilden soll, für den sie gelegentlich ausgegeben wird [654].

Unabhängig von der Realisierung dieser regionalpolitischen Motivationen brachte die Schaffung der GRW jedenfalls eine grundlegende Neugestaltung der institutionellen und instrumentellen Rahmenbedingungen regionaler Wirtschaftsentwicklungspolitik mit sich. In organisatorischer Hinsicht wurde das frühere System der bilateralen Absprachen zwischen dem Bund und jedem einzelnen Land durch ein **multilaterales Planungssystem** ersetzt[655], in dem statt der bisherigen "hierarchischen" oder "imperialistischen" Handlungsverarbeitung im Rahmen der Bundesfondsverwaltung nunmehr die "partnerschaftlichen" oder "partizipativen" Verflechtungsmuster des Planungsausschusses vorherrschen[656]. Was die materielle Ausgestaltung angeht, so stellten die Regionalen Aktionsprogramme die bis 1968 übliche Kreditförderung auf eine **Zuschußfinanzierung** um[657]. Außerdem wurden vor allem die verfügbaren **Haushaltsmittel** beträchtlich **erhöht** (vgl. Übersicht 1), wenn auch die letzte Fördergebietsreduzierung eine 20 %-ige Mittelkürzung auf nunmehr 470

---

[653] K. Ganser (1978), S. 64; H. Zimmermann (1970 b), Sp. 962.

[654] So der für die regionale Strukturpolitik verantwortliche Unterabteilungsleiter im BMWi C. Noé (1971 b), S. 62. Kritisch F. A. Cato (1975), S. 97 f.

[655] Siehe oben S. 103 ff. und R. Goroncy (1970 b), S. 315 f.; D. Garlichs (1980), S. 74; F. Schnabel (1980), S. 52 und (1976 b), S. 182.

[656] Vgl. R. Goroncy (1970 b), S. 316 f. Zur Unterscheidung zwischen imperialistischer und partizipativer Politikverflechtung J. J. Hesse (1977), S. 14.

[657] W. Albert (1971), S. 8; H. H. Eberstein (1975), S. 2.

Mio. D-Mark pro Jahr nach sich zog[658]. Ansonsten zeigt die Geschichte der Regionalförderung, daß sich der **Umfang der Fördergebiete**, was sowohl die Fläche als auch die Einwohnerzahl angeht, beständig **ausgedehnt** hat; erst der 10. Rahmenplan signalisiert eine Umkehr im Sinne stärkerer räumlicher Konzentration.

2. Wirtschaftspolitische Konzeption und Förderungsprinzipien der Gemeinschaftsaufgabe

Eine sinnvolle Wirtschafts- und Sozialgestaltung setzt ein umfassendes Handlungskonzept voraus[659]. Dieses wird wiederum maßgeblich von der ihm zugrundeliegenden wirtschaftspolitischen Konzeption geprägt. Hierunter versteht man die rationale Verbindung von allgemeinen und langfristigen bedeutsamen Zielen, Grundsätzen und Methoden der Wirtschaftspolitik zu einem Leitbild, nach dem sich das wirtschaftspolitische Handeln richten soll[660]. Eine derartige Korrelation von "Handlung" und "Idee" ist Basis jedweder rationa-

---

[658] In dieser Summe sind allerdings die 50 %-igen Landesbeteiligungen bereits mitenthalten. Die 20 %-ige Haushaltskürzung 1981 durch den Bund stieß bei den betroffenen Landes- und Kommunalpolitikern zum Teil auf geharnischte Kritik, vgl. z. B. den Minister für Wirtschaft und Verkehr des Landes Schleswig-Holstein, J. **Westphal** (1981 a), S. 158 ("ein Schritt in die falsche Richtung") und das Schreiben des **Deutschen Städte- und Gemeindebundes** an den BMWi und die Wirtschaftsminister bzw. -senatoren der Länder vom 8.4.1981, in dem von einem "strukturpolitischen Kahlschlag" die Rede ist, siehe Städte- und Gemeindebund 1981, S. 173 f. (174). Kritisch auch **H.-J. von der Heide** (1981 a), S. 14 f. und selbst **W. Albert** (1982), S. 111.

[659] Vgl. **W. Haase** (1972), S. 48.

[660] Grundlegend T. **Pütz**, Die wirtschaftspolitische Konzeption, in: H. J. Seraphim (Hrsg.), Zur Grundlegung wirtschaftspolitischer Konzeptionen, Berlin 1960, S. 9 ff. (11); H. G. **Schachtschabel**, Wirtschaftspolitische Konzeptionen, Stuttgart-Berlin-Köln-Mainz 1967, S. 13 ff. Vgl. a. H.-R. **Peters** (1971), S. 11 und P. **Klemmer** (1976), S. 48. Einen weiten Begriff der wirtschaftspolitischen Konzeption vertritt **N. Kloten** (1968), S. 23. Hiernach handelt es sich um einen gedachten Zusammenhang von mehr oder weniger realistischen und systemkonformen Zielen und Mitteln.
Zu den Stufen der Durchführbarkeit konkreter Wirtschaftspolitik (empirische Realisierbarkeit der Zielfunktion, politische Durchsetzbarkeit des Instrumentariums, gesellschaftliche Gestaltbarkeit und normative Akzeptabilität) siehe G. **Gäfgen**, Politische Ökonomie und Lehre von der Wirtschaftspolitik, in: H. Körner/P. Meyer-Dohm/E. Tuchtfeldt/C. Uhlig (Hrsg.), Wirtschaftspolitik - Wissenschaft und politische Aufgabe, Festschrift zum 65. Geburtstag von K. Schiller, Bern-Stuttgart 1976, S. 123 ff.

len Regionalpolitik[661]. Denn der Zusammenhang zwischen dem regionalpolitischem Zielsystem und dem regionalpolitischen Instrumentenkataolg (vgl. die Abbildungen 4 und 5) wird erst durch die Anwendung der Grundsätze der regionalen Strukturpolitik hergestellt [662]. Diese Grundprinzipien sollen daher im Mittelpunkt der folgenden Ausführungen stehen. Dabei gilt es allerdings zu beachten, daß jede Art von Politik - bewußt oder unbewußt - auf einem oder mehreren theoretischen Modellen beruht, d. h. auf der Vorstellung von realen Wirkungszusammenhängen über die (qua Politik zu gestaltenden) gesellschaftlichen Faktoren [663]. Da in konkreten Räumen die Isolierung einzelner Ursachen zur Erforschung raumstruktureller Interdependenzen nicht möglich ist [664], kommt der Modellbildung in Regionalwissenschaft und Raumplanung eine besondere Bedeutung zu [665]. In den vergangenen Jahren und Jahrzehnten ist eine Vielzahl von Raumnutzungsmodellen entwickelt worden, die die Analyse soziökonomischer Raumstrukturen zum Gegenstand und die Eingang in die regionalpolitischen Grundsätze und damit auch in das strukturpolitische Handlungskonzept gefunden haben. Aus der Pluralität der theoretischen Modelle stützt sich das Handlungsprogramm der GRW vor allem auf eine abgewandelte Form der "Export-Basis-Theorie" und auf Aspekte der "Zentralen-Orte-Konzeption" in Verknüpfung mit der "Wachstumspoltheorie" [666].

a) **Das Konzept der kombinierten Arbeitsplatz- und Infrastrukturförderung**

Das "Grundmuster" der in der Bundesrepublik betriebenen regionalen Strukturpolitik besteht aus einem finanziellen Anreizsystem, das Finanzhilfen für einerseits arbeitsplatzschaffende bzw. -sichernde

---

[661] Zum Nutzen dieser formallogischen Erkenntnistechnik (Lageanalyse, Zielbestimmung, Mitteleinsatz) in der Regionalforschung G. Fischer (1973), S. 13 ff.

[662] F. Wolf (1974), S. 13.

[663] Vgl. P. Klemmer (1972), S. 102.

[664] M. Bahlburg, Modelle der Raumforschung, in: ARL (Hrsg.), Handwörterbuch der Raumforschung und Raumordnung, Bd. II, 2. Aufl. Hannover 1970, Sp. 1999.

[665] H.-G. Barth (1978), S. 26.

[666] K.-H. Brümmer/B. Schulte (1979), S. 235; H.-R. Peters (1976), S. 211.

Investitionen der privaten Wirtschaft und für andererseits den Ausbau der kommunalen Infrastruktur gewährt[667]. Demgemäß unterscheidet § 1 Abs. 1 GRWG ebenso wie frühere Regelungen[668] zwischen direkten und indirekten Wirtschaftsförderungsmaßnahmen. Zu ersteren zählt das Gesetz die Förderung der gewerblichen Wirtschaft[669] bei Errichtung, Ausbau, Umstellung oder grundlegender Rationalisierung von Gewerbebetrieb; zur zweiten Kategorie rechnet die Förderung des Ausbaus der Infrastruktur, soweit es für die Entwicklung der gewerblichen Wirtschaft erforderlich ist, durch Industriegeländeerschließung, Ausbau wirtschaftsnaher kommunaler Infrastruktureinrichtungen und öffentlicher Fremdenverkehrseinrichtungen sowie Errichtung oder Ausbau einzelner Bildungs- und Schulungsstätten[670]. In Bezug auf die Infrastrukturverbesserung stellt die Gemeinschaftsaufgabe, legt man die funktionale Abgrenzung **Jochimsens** zugrunde[671], mithin den Versuch dar, die das föderative System der Bundesrepublik konstituierenden Elemente der institutionellen Infrastruktur so zu modifizieren, daß sie eine bedarfsgerechte Ausstattung der Volkswirtschaft mit Elementen der materiellen Infrastruktur erlauben[672]. Von ihrem Selbstverständnis her liegt der Schwerpunkt der bisherigen regionalen Wirtschaftsentwicklungspolitik allerdings eindeutig auf der finanziellen Förderung privater Investitionen[673]. Infolgedessen kann nicht

---

667 H. Friderichs (1975), S. 103; K. Gerlach/P. Liepmann (1973), S. 270; H.-J. Klein (1975), S. 110 f.

668 Siehe die **Richtlinien für das Regionale Förderungsprogramm der BReg.**, aaO (Anm. 605), zu II. A und die **Grundsätze der regionalen Wirtschaftspolitik**, aaO (Anm. 80), Tz. 5.

669 Unter dem Begriff der "gewerblichen Wirtschaft" in § 1 Abs. 1 Ziff. 1 GRWG sind Gewerbebetriebe nach der Definition des § 1 der Gewerbesteuerdurchführungsverordnung in der Fassung vom 30.5.1962 (BGBl. I S. 372) zu verstehen.

670 Im Unterschied zur bestehenden Rechtslage sehen der in Anm. 331 zitierte niedersächsische Gesetzesantrag und der in Anm. 504 angeführte Bundesratsentwurf zur Änderung des GRWG in Art. I Ziff. 1 a die ersatzlose Streichung dieses enumerativen Infrastrukturmaßnahmenkataloges vor.

671 Siehe oben S. 69.

672 W. Zohlnhöfer (1970), S. 684.

673 BMWi (1980), S. 7 Tz. 5; W. Albert (1972 a), S. 14; H. d'Orville (1979), S. 141. Seit der Rezession 1974 rangiert die Sicherung vorhandener Arbeitsplätze eindeutig vor der Schaffung neuer Arbeitsplätze, vgl. C. Flore (1976), S. 777.

von einem gleichbedeutenden oder gleichrangigen Verhältnis zwischen Gewerbe- und Infrastrukturförderung gesprochen werden[674]. Vielmehr steht die Förderung des Ausbaus und der Verbesserung der Infrastruktur lediglich im Zusammenhang mit den in erster Linie an die gewerbliche Wirtschaft zu vergebenden Beihilfen zur Einrichtung und Erhaltung von Dauerarbeitsplätzen[675]. Das richtigerweise als **kombinierte regionale Arbeitsplatz- und Infrastrukturförderung** zu charakterisierende Förderungsystem der GRW zeichnet sich - abgesehen von der sachlichen und räumlichen Schwerpunktbildung - generell durch fünf zentrale Handlungsgrundsätze aus.

Unter regionalpolitischen Gesichtspunkten verfolgt die Gemeinschaftsaufgabe zunächst das **Konzept der Anreizwirkung**, indem nämlich bereits vor der Durchführung privater Investitionen entweder öffentliche Leistungen erbracht (in Form wirtschaftsnaher Infrastrukturvorgaben) oder bewilligt werden (in Form gewerblicher Finanzierungshilfen)[676]. Die Gemeinschaftsaufgabe arbeitet folglich nicht mit Ge- oder Verboten, sondern sie gibt "incentives"[677], um die Investitions- und Standortentscheidungen der Unternehmen entsprechend den regionalpolitischen Zielfunktionen zu beeinflussen. Aus dem breiten Spektrum der strukturpolitischen Einflußinstrumente (vgl. Abbildung 5) beschränkt sich die Gemeinschaftsaufgabe damit auf die Palette der Anreizpolitik. Gegenüber dem "Belohnungsprinzip", d. h. der Förderung nach Durchführung der Investitionen, hat das Anreizprinzip den Vorteil, daß die Investoren die bewilligten Mittel schon in ihre langfristigen Investitions- und Finanzierungspläne einkalkulieren können[678], ihre Investitionsaktivität mithin von Anfang an gesteigert werden kann.

---

[674] So aber H. H. Eberstein (1975), S. 5 und (1972), S. 26; ihm folgend C. Puls (1976), S. 87. Ein gleichrangiges Verhältnis zwischen Infrastruktur- und Arbeitsplatzförderung kann höchstens vom eingesetzten Mittelvolumen, nicht jedoch vom subventionierten Investitionsvolumen aus gesehen, angenommen werden.

[675] Vgl. a. die **Grundsätze der regionalen Wirtschaftspolitik**, aaO (Anm. 80), Tz. 5.

[676] F. Wolf (1975), S. 435.

[677] Dazu O. Wolff von Amerongen (1976), S. 83; C. Puls (1976), S. 22; H. Zimmermann (1970 a), S. 76 ff.

[678] F. Wolf (1975), S. 435.

Zum zweiten liegt dem Maßnahmenkatalog des § 1 Abs. 1 GRWG insoweit eine selektive Basis zugrunde, als lediglich die **Raummobilität des Produktionsfakors Kapital** indirekt gesteuert werden soll [679]. Durch die großräumige Umlenkung privater Kapitalströme in die Fördergebiete sollen dort wirtschaftliche Wachstumsprozesse induziert und regionale Einkommens- und Versorgungsdisparitäten abgebaut werden. Instrumente zur Beeinflussung des Mobilitätsverhaltens der Arbeitnehmer [680], z. B. über die Förderung haushaltsorientierter (soziokultureller) Infrastruktur zwecks Variation der Wohnortfaktoren, finden kaum Berücksichtigung [681]. Nicht nur die betriebsbezogenen Finanztransfers, sondern auch die wirtschaftlich-technischen Infrastrukturhilfen der GRW kommen primär und direkt den Unternehmen als externe Ersparnisse zugute [682].

Drittens schließlich weist die Gemeinschaftsaufgabe eine **quantitative** und **qualitative Arbeitsplatzkonzeption** auf, weil die finanzielle Förderung der Unternehmen von der Schaffung zusätzlicher bzw. der Sicherung vorhandener Dauerarbeitsplätze [683] abhängt [684]. Dieses Programmelement beruht auf der Annahme, daß nur durch die Einrichtung dauerhafter und höherqualifizierter Arbeitsplätze Beschäftigung, Einkommen und Sozialprodukt beständig erhöht werden können und eine sich selbst tragende Wirtschaftsentwicklung der Region vonstatten gehen kann [685]. Während bei der Errichtung einer Betriebsstätte immer neue Arbeitsplätze geschaffen und bei der Betriebserweiterung die Zahl der bestehenden Dauerarbeitsplätze

---

679 E. Ahlers/A. Baumhöfer (1980), S. 230; C. Böhret/W. Jann/E. Kronenwett (1980), S. 78; W. Cholewa (1972 a), S. 229; P. Klemmer (1976), S. 64.

680 Eine Subventionierung der Arbeitskräfte zum Zwecke eines vermehrten Einsatzes dieses Produktionsfaktors wird in systematischer Weise nur von der BfA durch Zuschüsse zum Arbeitsentgelt geleistet, vgl. §§ 54, 91 ff., 97 ff. AFG.

681 K. Gerlach/P. Liepmann (1973), S. 270; H. d'Orville (1979), S. 130.

682 W. Zohlnhöfer (1970), S. 694.

683 Als "Dauerarbeitsplatz" wird im allgemeinen ein Arbeitsplatz angesehen, der voraussichtlich mindestens einen Konjunkturzyklus bestehen wird, vgl. E. Ahlers/A. Baumhöfer (1980), S. 235 FN 10.

684 11. Rahmenplan, aaO (Anm. 13), S. 21 Tz. 2.2.; R. Struff (1975), S. 106.

685 E. Ahlers/B. Baumhöfer (1980), S. 229; W. Albert (1982), S. 105 ff.

in angemessenem Umfange erhöht werden müssen [686], sind Umstellung oder grundlegende Rationalisierung nur dann förderungswürdig, wenn sie für den Fortbestand des Betriebes und zur Sicherung der dort bestehenden Dauerarbeitsplätze erforderlich sind [687]. Das "Arbeitsplatzzwischenziel" ist also sowohl quantitativ, d. h. auf die Beseitigung langfristig drohender oder bestehender regionaler Arbeitsplatzdefizite ausgerichtet [688] (Arbeitsplatzmangel) als auch qualitativ orientiert (Arbeitsplatzstruktur), indem nämlich zusätzliche Prämien für die Schaffung hochwertiger Arbeitsplätze im Forschungs-, Entwicklungs- und Führungsbereich gewerblicher Produktionsbetriebe vergeben werden können [689]. Damit hat die Gemeinschaftsaufgabe nicht zuletzt im Gefolge der steigenden Massenarbeitslosigkeit eine Wende zur regionalen Arbeitsmarktpolitik vollzogen, eingeleitet im Jahre 1975 durch den 4. Rahmenplan, als die Förderregionen nunmehr nach Arbeitsmärkten abgegrenzt und die Förderungsbedürftigkeit auch nach Arbeitsmarktindikatoren definiert wurde [690].

In ordnungspolitischer Hinsicht sucht das Konzept der kombinierten Arbeitsplatz- und Infrastrukturförderung den **Grundsatz der Wettbewerbsneutralität** dadurch zu wahren, daß für bereits in den Fördergebieten ansässige Unternehmen Wettbewerbsnachteile - z. B. durch die Förderung von Neuansiedlungen - vermieden werden sollen [691]. Denn auch regionsinterne Betriebe können in den Genuß der Beihilfen kommen, wenn sie ihren Betrieb erweitern, umstellen oder rationalisieren und damit zu den Zielen der Regionalförderung

---

[686] Nach dem **11. Rahmenplan**, aaO (Anm. 13), S. 23 Tz. 2.6.2. gelten als angemessen 50 neue Dauerarbeitsplätze oder die Erhöhung um 15 % (bis einschließlich dem 5. Rahmenplan 20 %) der im Durchschnitt der vorausgegangenen zwei Jahre vorhandenen Arbeitsplätze.

[687] **11. Rahmenplan**, aaO (Anm. 13), S. 23 Tz. 2.6.3. Eine Sicherung bestehender Arbeitsplätze liegt auch dann vor, wenn zwar die Anzahl der Arbeitsplätze reduziert wird, aber die überwiegende Zahl der vor der Investition vorhandenen Arbeitsplätze nach Abschluß der Investition als Dauerarbeitsplätze angesehen werden kann, **P. Becker/D. Schmidt** (1981), S. 52.

[688] **F. Wolf** (1975), S. 14.

[689] Diese Förderungsart gilt seit dem 10. Rahmenplan. Dazu **C Noé** (1981), S. 387.

[690] 4. Rahmenplan, BT-Drs. 7/3601, S. 5.

[691] **H. H. Eberstein** (1972), S. 28 f.; **F. Wolf** (1974), S. 21.

beitragen, nämlich Arbeitsplätze schaffen bzw. erhalten. Und im Falle der Neuansiedlung bezwecken die Finanzhilfen lediglich einen gewissen Ausgleich für die in den Fördergebieten bestehenden wettbewerblichen Nachteile gegenüber den wirtschaftlichen Ballungsräumen (Marktferne, Fehlen von "Fühlungsvorteilen" etc.) und den dort ansässigen überregionalen Konkurrenten [692].

Daneben trägt die Gemeinschaftsaufgabe den **Grundsätzen der Starthilfe** und der **Subsidiarität** Rechnung. Gemäß § 2 Abs. 2 Satz 1 GRWG werden Gewerbebetriebe nur durch Start- und Anpassungshilfen und nur dann gefördert, wenn zu erwarten ist, daß sie sich im Wettbewerb behaupten können. Die staatliche Investitionskostenverbilligung begreift sich folglich bloß als "Hilfe zur Selbsthilfe" [693]. Dauersubventionen kommen im Rahmen der regionalen Wirtschaftspolitik nicht in Betracht, wodurch verhindert werden soll, daß die Fördermittel zur Erhaltung strukturschwacher Branchen und Betriebe benutzt werden. Ergänzend fordert § 2 Abs. 4 GRWG eine angemessene Eigenmittelbeteiligung des Subventionsempfängers [694]. Da die Haushaltsmittel der GRW stets zusätzliche Mittel sind, werden sie erst dann vergeben, wenn alle anderen öffentlichen und privaten Finanzierungsmöglichkeiten ausgeschöpft worden sind [695].

Neben diesen allgemeinen regional- und ordnungspolitischen Prinzipien legt § 2 Abs. 1 Satz 3 GRWG im besonderen fest, daß sich die Förderung auf sachliche und räumliche Schwerpunkte konzentrieren soll [696]. In dieser sektoralen und regionalen Schwerpunktbildung

---

692 I. Hoffmann (1972), S. 129.

693 H. H. Eberstein (1972), S. 32. C. Puls (1976), S. 92 sieht hierin einen Ausfluß des Prinzips "Soviel Steuerung wie nötig, so wenig Intervention wie möglich".

694 Ebenso die **Grundsätze der regionalen Wirtschaftspolitik**, aaO (Anm. 80), Tz. 6 und die **Richtlinien für das Regionale Förderungsprogramm der BReg.**, aaO (Anm. 605), unter I.

695 11. Rahmenplan, aaO (Anm. 13), S. 20 Tz. 1.3.; **Richtlinien für das Regionale Förderungsprogramm der BReg.**, aaO (Anm. 605), unter I.

696 Bislang setzt der RRW die räumlichen und sachlichen Schwerpunkte im Rahmenplan fest. Dagegen sollen nach dem von Niedersachsen im Bundesrat eingebrachten Änderungsentwurf, aaO (Anm. 331), Art. I Ziff. 2, dem sich der Bundesrat mit geringfügigen Änderungen angeschlossen hat, aaO (Anm. 504), die Schwerpunktgemeinden und die sachlichen Schwerpunkte künftig von den Ländern selbst festgelegt werden.

werden die eigentlichen Voraussetzungen für eine effizientere Regionalpolitik gesehen [697], sollen sie doch gemäß der staatlichen Koexistenz-Strategie die Wachstums- und die Ausgleichsfunktion der regionalen Strukturpolitik [698] zum Tragen bringen.

b) Das Prinzip der sektoralen Konzentration

Die Gemeinschaftsaufgabe begrenzt den Kreis der förderungsberechtigten Unternehmen auf Betriebe, die überwiegend Güter herstellen oder Leistungen erbringen, die ihrer Art nach regelmäßig überregional abgesetzt werden [699]. In diesem Sinne finden nur diejenigen gewerblichen Investitionen Unterstützung, die einen sog. "Primäreffekt" aufweisen [700]. Er tritt nach den Regelungen des Rahmenplanes ein, wenn die Investition geeignet ist, durch Schaffung zusätzlicher Einkommensquellen das Gesamteinkommen in dem jeweiligen Wirtschaftsraum unmittelbar und auf Dauer nicht unwesentlich zu erhöhen [701]. Die Praxis der Regionalförderung geht nun davon aus, daß dies dann der Fall ist, wenn das Produktionsergebnis außerhalb der Regionsgrenzen seinen Absatz findet [702], d. h. überregional abgesetzt wird. Mit anderen Worten werden nur diejenigen Branchen gefördert, die "fernabsatzorientiert" sind und damit zusätzliche Einkommensströme in die Region leiten [703]. In erster Linie von solchen für den überregionalen Markt produzierenden Betrieben erwarten die Regionalpolitiker eine dauerhafte Steigerung des Gesamteinkommens einer Region [704]. Folgerichtig

---

697 W. Albert (1972 a), S. 9.

698 Siehe oben S. 74 f.

699 Dazu statt vieler W. Albert (1980), S. 456; G. Berg (1975), S. 265; K.-H. Hansmeyer (1980), S. 4. In der Verwendung des Artbegriffes liegt nach H. Faber (1981), S. 102 eine "typisierende Betrachtungsweise" im Sinne einer Tatsachenvermutung, die für bestimmte Warenarten den Nachweis des überregionalen Absatzes erübrigt.

700 So expressis verbis der 11. Rahmenplan, aaO (Anm. 13), S. 20 Tz. 1.2.1. und schon die Richtlinien für das Regionale Förderungsprogramm der BReg., aaO (Anm. 605), unter I. Die Verwaltungsrechtsprechung zum Primäreffekt behandelt H. H. Koch (1982), S. 199 ff. und 211 ff.

701 H. H. Koch/H.-P. Steinmetz (1981 a), S. 296.

702 P. Klemmer (1976), S. 64.

703 E. Ahlers/A. Baumhöfer (1980), S. 234.

704 BMWi (1980), S. 7 Tz. 3; W. Albert (1980), S. 456.

bleiben die Förderungsmittel auf Betriebe des verarbeitenden Gewerbes [705] - Industrie und Handwerk, ausgenommen Baugewerbe - und Fremdenverkehrsbetriebe [706] konzentriert [707]. Den gewerblichen Produktionsbetrieben gleichgestellt sind lediglich einzelne Ferndienstleistungsunternehmen des Versandhandels, des Import-Export-Handels, Hauptverwaltungen des Bank-, Kredit- und Versicherungsgewerbes, Buchverlage und Hersteller von soft-ware für die Datenverarbeitung [708]. "Neue Arbeitsplätze in den genannten Bereichen bedeuten im allgemeinen zusätzliche Einkommen in einer Region (Primäreffekt); zusätzliche Einkommen bedeuten höhere Nachfrage nach Konsumgütern und Dienstleistungen, so daß weitere Investitionen induziert werden, also weitere Arbeitsplätze ohne eine besondere Förderung entstehen (Sekundäreffekt)" [709]. Dabei gehen die Planungen in den Regionalen Aktionsprogrammen von dem Arbeitsplatzmultiplikator 2 aus, wonach auf jeden geförderten Arbeitsplatz im sekundären Wirtschaftsbereich ein weiterer insbesondere im tertiären Bereich ohne ausdrückliche Förderung entsteht [710].

Die Konzeption des Primäreffekts besitzt "Ähnlichkeit mit der Export-Basis-Theorie" [711], die teilweise sogar als "ökonomische Leitidee" [712] der GRW angesehen wird. Im Mittelpunkt des auch Basic-Nonbasic-Konzept genannten Theoriegebäudes steht die Hypo-

---

[705] Die Wirtschaftszweige, welche zum verarbeitenden Gewerbe zählen, sind unter den Nrn. 200 bis 299 in der vom **Statistischen Bundesamt** herausgegebenen Systematik der Wirtschaftszweige von 1961 aufgeführt.

[706] Den gewerblichen Produktions- und Fremdenverkehrsbetrieben sind seit dem 4. Rahmenplan deren Ausbildungsstätten gleichgesetzt, siehe 11. **Rahmenplan**, aaO (Anm. 13), S. 21 Tz. 2.1.

[707] Ebenda.

[708] Diese sektorale Erweiterung gilt seit dem 5. Rahmenplan. Seit dem 7. Rahmenplan können weitere Betriebe des tertiären Sektors gefördert werden, wenn der Unterausschuß für regionale Wirtschaftsstruktur festgestellt hat, daß die Unternehmen die Voraussetzungen des Primäreffekts erfüllen, vgl. 11. **Rahmenplan**, aaO (Anm. 13), S. 21 FN 2.

[709] W. Albert (1972 a), S. 9; vgl. a. H. Faber (1981), S. 104.

[710] Strukturbericht 1970 der BReg., BT-Drs. VI/761 vom 8.5.1970, S. 9 Tz. 10; W. Albert (1972 a), S. 11; vgl. a. H. Kistenmacher (1970), Sp. 152.

[711] K. Gerlach/P. Liepmann (1973), S. 272. Zur Darstellung und Kritik der Export-Basis-Theorie H. H. Koch (1982), S. 119 ff. und 134 ff.

[712] M. Köppel (1980), S. 187.

these, daß der Basissektor der Wirtschaft eines Raumes die ökonomischen Existenzgrundlagen für die Bevölkerung dieser Region und für den sie versorgenden Nichtbasissektor darstellt [713]. Als "basic" werden diejenigen Tätigkeiten der Region bezeichnet, die ihre Güter und Dienstleistungen außerhalb des eigenen Gebietes absetzen (z. B. Industrie) bzw. an Wirtschaftssubjekte verkaufen, die von außerhalb kommen (z. B. Fremdenverkehr) [714]. Dagegen erfaßt der Begriff "non-basic" Tätigkeiten, die auf das Bereitstellen von Gütern und Leistungen für die Region selbst gerichtet sind (z. B. nahversorgungsorientiertes Handwerk und Einzelhandel) [715]. Da der non-basic-Sektor seine Entwicklungsimpulse aus der Region selbst empfängt, ist er nicht Grundlage der Regionalentwicklung, sondern als deren "Mitläufer" anzusehen [716]. Gegenüber diesen nur dem lokalen Markt dienenden (sekundären) Aktivitäten setzen die (primären) Exportaktivitäten des Basissektors einen intraregionalen Multiplikatorprozeß [717] in Gang, der über die Erhöhung des regionalen Einkommens zu einer Nachfragesteigerung nach regionalen Gütern und Dienstleistungen im Nichtbasissektor führt und somit zum Wirtschaftswachstum dieses Raumes beiträgt [718]. Aufgrund der Exporte des "motorischen Leistungsbereiches" strömen also zusätzliche Erlöse in die Region, die wegen ihrer Einkommens- und Beschäftigungseffekte die Herstellung weiterer Produktionen und die Schaffung von (Folge-)Arbeitsplätzen innerhalb der Region auslösen ("induzierter Leistungsbereich") [719]. Da der Exportsektor als "Impulssender" nach der Economic-base-Theorie die ökonomische Basis des regionalen Wirtschaftswachstums bildet, soll auch nur

---

[713] H.-G. Barth (1978), S. 30; H. H. Koch (1982), S. 126 ff.; R. Jochimsen/P. Treuner/K. Gustafsson (1970), S. 88 f.

[714] R. Brüderle (1970), S. 6 f.; H. Kistenmacher (1970), Sp. 150.

[715] Vgl. K. Rittenbruch, Zur Anwendbarkeit der Exportbasiskonzepte im Rahmen von Regionalstudien, Berlin 1968, S. 21 ff., der zudem auf S. 22 betont, daß die Trennung von "basic" und "non-basic" quer durch alle Wirtschaftsbereiche verlaufen kann.

[716] R. Brüderle (1970), S. 7; R. Jochimsen/P. Treuner/K. Gustafsson (1970), S. 89.

[717] H. Kistenmacher (1970), Sp. 150 f.

[718] M. Köppel (1980), S. 187; H.-R. Peters (1976), S. 215.

[719] G. Berg (1975), S. 265.

er entsprechend der Wachstumsfunktion der regionalen Strukturpolitik Eingang in die Förderung finden [720]. Restriktive Konsequenz daraus ist der weitgehende Ausschluß des Dienstleistungssektors aus der Förderungspalette, da er als sich selbst entwickelnder Wirtschaftsbereich betrachtet wird, sofern nur in der Region eine ausreichende Nachfrage besteht [721].

c) Das Prinzip der regionalen Konzentration

Nach § 1 Abs. 2 GRWG werden die Förderungsmaßnahmen im Zonenrandgebiet, das durch § 9 ZRFG definiert ist, und in Gebieten durchgeführt,

- deren Wirtschaftskraft erheblich unter dem Bundesdurchschnitt liegt [722] oder erheblich darunter abzusinken droht [723] oder

- in denen Wirtschaftszweige vorherrschen, die vom Strukturwandel in einer Weise betroffen [724] oder bedroht sind, daß negative Rückwirkungen auf das Gebiet in erheblichem Umfang eingetreten oder absehbar sind.

Auf dieser gesetzlichen Grundlage hat der Planungsausschuß Anfang 1981 die **Gemeinschaftsfördergebiete** insgesamt neu abgegrenzt (vgl. Übersicht 1 und Abbildungen 6 und 7) [725]. Als Gebietsraster dient weiterhin ein flächendeckendes System von 179 Arbeitsmarktregionen, das sich an den Pendlerverflechtungen orientiert (sog. "Klemmer-III-Regionen") [726]. Das Zonenrandgebiet und das Saarland sind

---

720 F. Wolf (1974), S. 15. Kritisch zu diesem Ansatz insbesondere K. Gerlach/P. Liepmann (1973), S. 273 ff.; H. H. Koch (1982), S. 124 ff. ; H. d'Orville (1979), S. 127 f.; A. Richmann, Kritik der Export-Basis-Theorie als "Basis" der regionalen Wirtschaftspolitik in der Bundesrepublik Deutschland, RuR 1979, S. 268 ff.; F. Wolf (1974), S. 168 ff.

721 In diesem Sinne ausdrücklich H. Mehrländer/D. Louda (1981 a), S. 9. Speziell zur Förderung des tertiären Sektors siehe die Nachweise oben in Anm. 39.

722 Z. B. die früheren Bundesausbaugebiete.

723 Z. B. das Zonenrandgebiet.

724 Z. B. die Steinkohlebergbaugebiete.

725 Die verantwortlichen Regionalplaner im BMWi gehen davon aus, daß die Neuabgrenzung 1981 mindestens fünf Jahre lang tragfähig bleibt, siehe C. Noé (1981), S. 388.

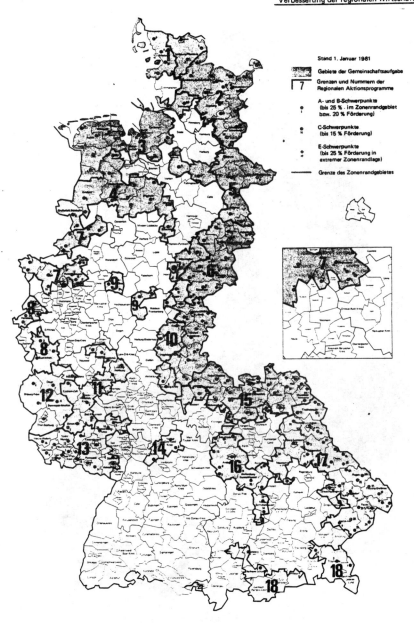

Abbildung 6

Gebiete der Gemeinschaftsaufgabe
"Verbesserung der regionalen Wirtschaftsstruktur"

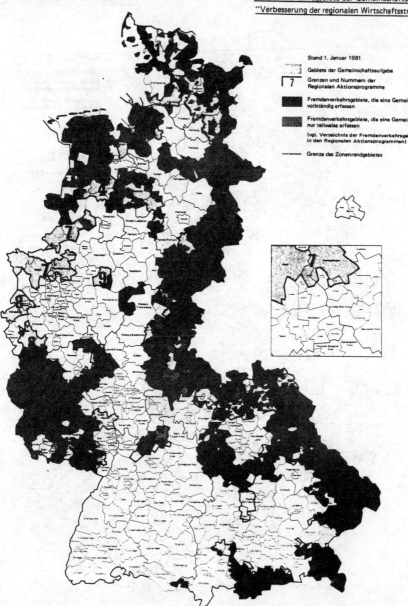

Abbildung 7
Fremdenverkehrsgebiete der Gemeinschaftsaufgabe
"Verbesserung der regionalen Wirtschaftsstruktur"

vorab aus politischen Gründen als förderungsbedürftige Gebiete festgelegt worden [727]. Aus der Fülle möglicher Indikatoren zur Beurteilung der Fördergebietseigenschaft der übrigen Regionen hat der Planungsausschuß fünf Indikatoren ausgewählt [728]: Zwei Arbeitsmarktindikatoren (Arbeitskräftereservequotient [729] und regionale Arbeitslosenquoten in Form von 5-Jahres-Durchschnitten [730]), zwei Einkommensindikatoren (Lohn- und Gehaltssumme je Arbeitnehmer [731] und Bruttoinlandsprodukt je Kopf der Wohnbevölkerung [732]) und einen komplexen Infrastrukturindikator (Verkehrs-, Energie-, Umwelt-, Ausbildungs- und soziale Infrastruktur) [733]. Die Arbeits-

---

726 Dieses von P. Klemmer, Abgrenzung regionaler Arbeitsmärkte in der Bundesrepublik Deutschland für die Zwecke der Gemeinschaftsaufgabe "Verbesserung der regionalen Wirtschaftsstruktur", Bochum 1973, für die Neuabgrenzung 1975 entwickelte Gebietsraster ist nicht mit den Verwaltungsgrenzen der Dienststellen der Arbeitsverwaltung identisch, sondern trägt ökonomischen Verflechtungsbeziehungen Rechnung, auch wenn es entsprechend dem regionalpolitischen Gestaltungswillen der Länder schon damals modifiziert wurde, vgl. H. Mehrländer (1975), S. 107 ff. und G. Seele (1982), S. 59 FN 25.

727 Siehe die Beschlüsse des PRW zur Neuabgrenzung der Fördergebiete, Tz. 5, in: der landkreis 1981, S. 172 f. (173). Für das Zonenrandgebiet folgt diese Verpflichtung schon aus § 1 Abs. 2 GRWG i. V. m. § 9 ZRFG, obwohl mehr als die Hälfte der Zonenrandregionen - nach dem Bevölkerungsrichtwert gerechnet - nicht den für die Aufnahme als Fördergebiet erforderlichen Schwellenwert erfüllen, vgl. C. Noé (1981), S. 386.

728 Dazu D. Louda (1981), S. 286 f. und C. Noé (1980), S. 103 f.

729 Der "Arbeitskräftereservequotient" wird aus Regionalprognosen des Arbeitsplatzangebotes und der -nachfrage für das Jahr 1985 ermittelt und ist als Saldo aus Arbeitsplatznachfrage und Arbeitsplatzangebot bezogen auf die Arbeitsplatznachfrage definiert, D. Louda (1981), S. 286.

730 Dieser Indikator wird aus den regionalen Arbeitslosenquoten der Jahre 1976 bis 1980 als ungewichteter Durchschnittswert berechnet und indiziert in gewissem Maße die Konjunkturempfindlichkeit regionaler Arbeitsmärkte, C. Noé (1980), S. 103.

731 Die "Lohn- und Gehaltssumme je Arbeitnehmer", die für das Jahr 1978 berechnet wird, ist Ausdruck für die Möglichkeiten zur Einkommenserzielung in den Regionen, näherungsweise auch für die Arbeitsproduktivitäten und zum Teil auch für qualitative Arbeitsmarktprobleme, D. Louda (1981), S. 287.

732 Das "BIP WoB" gibt die in einem Teilraum erwirtschafteten Einkommen wieder und ist insoweit Maßstab für die regionale Wirtschaftskraft, C. Noé (1980), S. 104.

733 Dieser aus einer Vielzahl bedeutsamer Infrastrukturkategorien zusammengesetzte Standortindikator zeigt an, in welchen Teilräumen Infrastrukturengpässe die Beschäftigungs- und Einkommenserzielungschancen vermindern, C. Noé (1981), S. 385.

markt- und Einkommensaspekte wurden im Auswahlverfahren gleichgewichtet; die Infrastrukturwerte gingen in die Berechnung nur mit halbem Gewicht ein (Modell A) [734]. Mit Hilfe dieser Abgrenzungskriterien wurden die 73 strukturschwächsten Arbeitsmarktregionen in die neue Fördergebietskulisse aufgenommen [735] und 18 Regionale Aktionsprogramme gebildet, in denen knapp 30 % der Gesamtbevölkerung auf einer Fläche von rund 50 % des Bundesgebietes leben [736].

---

[734] Daneben wurden noch zwei andere Modellrechnungen diskutiert: Die Gewichtung der Arbeitsmarkt-, Einkommens- und Infrastrukturwerte nach dem "Modell B" betrug 50:40:10; nach dem "Modell C" standen die Indikatoren in einem Verhältnis von 40:50:10.
Mittlerweile ist gegen die abstrakte Gebietsneuabgrenzung schon wieder Kritik erhoben worden. Z. B. ist die Region "Lindau" nur deshalb Fördergebiet geworden, weil alle Indikatoren nur auf die Bundesrepublik bezogen berechnet, die Arbeitsplätze und das Einkommen der großen Zahl von Pendlern nach Österreich und in die Schweiz hingegen nicht berücksichtigt worden sind.

[735] Der kumulierte Bevölkerungsrichtwert der 73. Arbeitsmarktregion (Coburg) beträgt 28,05 %. Werden die 1,75 % für die Sonderregelung des Saarlandes hinzuaddiert, erhält man den neuen Fördergebietsumfang von 29,77 % der Bevölkerung des Bundesgebietes.
"Eindeutiger Verlierer" der Neuabgrenzung 1981 ist Baden-Württemberg, dessen bisherige Fördergebiete mit Ausnahme der Arbeitsmarktregion Baden aus der GRW herausfallen, das also vier Fünftel seiner Fördergebiete verloren hat. Es wundert darum nicht, daß das Land Baden-Württemberg in der PRW-Sitzung vom 8.7.1981 als einziges stimmberechtigtes Mitglied gegen den 10. Rahmenplan stimmte. Überhaupt liegen rund die Hälfte aller ausscheidenden Fördergebiete - gemessen an der Bevölkerung - in Baden-Württemberg und Bayern.
Trotz des Ausscheidens eines Teiles ihrer Gebiete aus der Förderkulisse profitieren die Länder Bayern, Niedersachsen und Nordrhein-Westfalen von den neuen Regelungen über die Mittelverteilung, die sich künftig nicht mehr nur nach dem Bevölkerungsanteil, sondern auch nach der Förderdringlichkeit der Regionen richtet. Bezogen auf die 73 Arbeitsmarktregionen, das Saarland und das Zonenrandgebiet wurden drei Fördergruppen gebildet, die je nach Dringlichkeit mit einem Quotienten von 1,25/1,0/0,75 mit dem kumulierten Bevölkerungsrichtwert multipliziert werden.
Für die ausscheidenden Regionen wurde schließlich eine Übergangsregelung vereinbart, wonach Investitionszulagen noch bis Ende 1983 vorgesehen sind, während die Investitionszuschüsse nur bis Ende 1982 beantragt werden können. Zu diesen Beschlüssen des PRW vom 14.4.1981 siehe Städte- und Gemeindebund 1981, S. 172 f. und ASG-Rundbrief 32/5-6 aus 1981, S. 80 f.

[736] Vgl. ASG-Rundbrief 32/5-6 aus 1981, S. 81. Das GRWG enthält keine Höchstgrenze bezüglich der Fördergebietsausdehnung. Demgegenüber sieht der niedersächsische Gesetzesantrag zur Änderung des GRWG, aaO (Anm. 331), in Art. I Ziff. 3 a eine derartige Obergrenze vor. Danach sollen die Fördergebiete nicht mehr als 50 % der Bundesfläche und/oder 25 % der Bundesbevölkerung auf sich vereinigen. Der Wirtschaftsausschuß des Bundesrates hat in seiner vom Plenum des Bundesrates angenommenen Empfehlung, aaO (Anm. 504), Ziff. 3, die gesetzliche Regelung des Fördergebietsumfanges abgelehnt. Seiner Ansicht nach besteht lediglich ein Koordinationsbedarf bei der Intensität der Förderung und der Förderungspräferenzen in Schwerpunktgemeinden, nicht jedoch in der Art und lediglich in Grundsätzen in den Voraussetzungen der Förderung.

Die Feinabgrenzung der Fördergebiete richtete sich nach den Gemeindegrenzen, wurde also gemeindescharf vorgenommen [737].

Gemäß dem Grundsatz, neben sachlichen auch räumliche Schwerpunkte zu setzen (§ 2 Abs. 1 Satz 3 GRWG), dürfen die Haushaltsmittel der GRW nur in den im Rahmenplan ausgewiesenen Fördergebieten und nur unter Beachtung des Schwerpunktprinzips verwendet werden [738]. Innerhalb der Aktionsräume konzentriert sich somit die Förderung der gewerblichen Produktionsbetriebe und der ihnen gleichgestellten Dienstleistungsunternehmen auf sog. **Schwerpunktorte**, die als die "Glückskinder des wirtschaftlichen Gefüges" [739] aufgrund ihres Entwicklungspotentials Kulminationspunkte für die weitere ökonomische Entwicklung einer bestimmten Region dastellen [740] und deren Funktion die Bündelung der erwerbsstrukturellen Förderungsmaßnahmen von Bund, Ländern und Gemeinden ist [741]. Deshalb wird die Schwerpunktkonzeption als "Grundpfeiler zur Erreichung der regionalpolitischen Ziele" angesehen [742]. Nach wie vor ist allerdings umstritten, ab welcher Größenordnung (Zahl der Beschäftigten bzw. Einwohner im Einzugsbereich) eine Gemeinde als förderungswürdiger Schwerpunktort anerkannt werden soll [743]. Die offizielle Rahmenplanung ging bisher davon aus, daß eine Mindestzahl von 20.000 Einwohnern im Einzugsbereich nicht unterschritten und die Gesamtzahl der Schwerpunktorte in einem Bundesland so bemessen sein sollte, daß daraus im Landesdurchschnitt eine Einwohnerzahl von

---

[737] Den Ländern wurde im Rahmen der Neuabgrenzung 1981 eine sog. "Dispositionsreserve" zugestanden, wonach sie an den Randzonen der Arbeitsmarktregionen Korrekturen und Feinabgrenzungen bis zu 2 % der Fördergebietsbevölkerung eines Landes im Wege des Austausches von anderen Gebietsteilen vornehmen dürfen. Der Gesamtumfang der Fördergebiete bleibt danach unberührt, vgl. C. Noé (1981), S. 385.

[738] 11. Rahmenplan, aaO (Anm. 13), S. 20 Tz. 1.1.

[739] W. Cholewa (1972 a), S. 229.

[740] H. Mehrländer/D. Louda (1981 b), S. 12; H. d'Orville (1979), S. 122.

[741] J. Uhlmann (1978), S. 194.

[742] F. Wolf (1974), S. 18 m. w. Nachw.

[743] Vgl. N. Kloten/K. Höpfner/W. Zehender (1972), S. 85 f. und W. Jann/E. Kronenwett (1979), Bd. 1, S. 273.

60.000 im Einzugsbereich des Schwerpunktortes resultiert[744]. Trotz dieser Sollvorgaben erreichten die Schwerpunktorte 1980 unterschiedliche Größenordnungen zwischen 3.000 und 267.000 Einwohnern[745]. Zu diesem Qualitäts- kommt das Quantitätsproblem hinzu: Wies der 1. Rahmenplan schon 312 Schwerpunktorte aus, so waren es im 9. Rahmenplan bereits 329; erst der 10. Rahmenplan reduzierte die Anzahl auf 270. Im Laufe der Zeit mußte also der Planungsausschuß aufgrund politischer Kompromisse mit den vorschlagsberechtigten Ländern so manches "Schwerpünktchen" anerkennen[746]. In der Gesamtbetrachtung jedoch wurden fast ausschließlich zentrale Orte der Länder als Schwerpunktorte festgelegt[747].

Damit ist bereits angedeutet, daß hinter dem räumlichen Schwerpunktprinzip "in seltener Reinheit"[748] die auf **Christaller** zurückgehende **Theorie der zentralen Orte** steht[749]. Ein zentraler Ort ist eine Gemeinde, in der sich zentrale Dienstleistungseinrichtungen für ein Gebiet (Krankenhäuser, Gymnasien, Theater, spezielles Dienstleistungsgewerbe etc.) gruppieren[750]. Diese Orte er-

---

[744] Zu dieser Maßgabe, die seit dem 4. Rahmenplan Geltung beansprucht, siehe u.a. E. Ahlers/A. Baumhöfer (1980), S. 233; W. Albert (1972 a), S. 7; H. H. Eberstein (1969), S. 373; D. Ewringmann/G. Zabel (1976), S. 753; H. Mehrländer/ D. Louda (1981 a), S. 38; C. Puls (1976), S. 85; B. Reissert/F. Schnabel (1976), S. 92.
Die Bayerisches Staatsregierung hat allerdings aus grundsätzlichen Erwägungen schon frühzeitig der Forderung des Bundes widersprochen, als Schwerpunktorte für Neuansiedlungen nur Orte festzulegen, die einen Einzugsbereich von mindestens 20.000 Einwohnern aufweisen, vgl. **Bayerisches Staatsministerium für Wirtschaft und Verkehr** (1970), S. 17.

[745] K.-H. Hansmeyer (1981), S. 13 und (1980), S. 4.

[746] W. Albert (1972 a), S. 13. Demgegenüber ist zum 12. Rahmenplan beabsichtigt, die Zahl der Schwerpunktorte noch weiter herabzusetzen, vgl. G. Seele (1982), S. 61 FN 40.

[747] J. Uhlmann (1978), S. 194. Bislang besteht noch keine konzeptionelle Identität zwischen den Planungsräumen der GRW und denen des BROP, vgl. H. P. Gatzweiler (1976), S. 740 und 741 f.; G. Kroner, Programmregionen der Bundesraumordnung und Regionale Arbeitsmärkte, Inf.z.Raumentw. 1976, S. 729 ff.

[748] K.-H. Hansmeyer (1980), S. 4.

[749] W. Christaller (1968), S. 21 ff. (theoretische Grundlegung) und S. 137 ff. (Anwendung der Theorie auf die siedlungsgeographische Wirklichkeit). Zur Darstellung und Kritik der Zentrale-Orte-Theorie H. H. Koch (1982), S. 162 ff.

[750] R. Klöpper (1970), Sp. 3850. Vgl. a. **Bundesvereinigung der kommunalen Spitzenverbände** (o.J.), S. 5; K. Kummerer/N. Schwarz/H. Weyl (1975), S. 9 f.

füllen demnach für ihren Einzugsbereich eine Versorgungsfunktion und stellen als lokale Ballung Kristallisationskerne für ihr Umland dar [751]. Die Zentralität eines Ortes bestimmt sich nach dem "Bedeutungsüberschuß", den seine zentralen Einrichtungen nach Abzug der von der ortsansässigen Bevölkerung beanspruchten Güter und Dienstleistungen für die Versorgung des Umlandes aufweisen [752]. Da die einzelnen zentralen Güter und Dienstleistungen unterschiedliche Nachfragereichweiten besitzen, bildet sich ein hierarchisches System von zentralen Orten höherer und niederer Rangordnung (Ober-, Mittel-, Unter- und Kleinzentren) [753], wobei diese untereinander insoweit in funktionaler Abhängigkeit stehen, als die größeren zentralen Orte Versorgungsfunktionen für die unteren übernehmen und diese wiederum den übergeordneten Zentralorten diejenigen Versorgungsfunktionen abnehmen, die auf der unteren Ebene erfüllt werden können [754]. Dabei konzentriert sich die Regionalpolitik auf die Förderung der Mittelzentren und der mit diesen über Entwicklungsachsen [755] (Bandinfrastruktur wie Eisenbahn, Autobahn etc.) verbundenen Verflechtungsbereiche mittlerer Stufe, da ihnen für die möglichst vollständige und gleichmäßige Versorgung der Bevölkerung eine eminente Bedeutung zukommt [756]. Zentrale-

---

751 H. H. Eberstein (1972), S. 30. H. Lossau (1978), S. 195 sieht hierin einen Ansatzpunkt der Konzeption der "ausgeglichenen Funktionsräume".

752 W. Christaller (1968), S. 26 f.; D. Fürst/J. J. Hesse (1981), S. 27 f.; R. Klöpper (1970), Sp. 3853; H.-R. Peters (1976), S. 212; R. Wahl (1978 a), Bd. II, S. 12.

753 Vgl. K.-H. Hansmeyer (1980), S. 4; J. Kretzmer, Zur Frage des weiteren Ausbaues der zentralen Orte, Informationen des Instituts für Raumordnung 1970, S. 285; R. Wahl (1981 a), Bd. II, S. 15.

754 H. H. Eberstein (1972), S. 30; R. Klöpper (1970), Sp. 3855 ff.; Bundesvereinigung der kommunalen Spitzenverbände (o.J.), S. 13.

755 Schwerpunkt- und Entwicklungsachsenbildung sind interdependet, H. d'Orville (1979), S. 122. Eine Ergänzungsfunktion der Entwicklungsachsen gegenüber der in zentralen Orten konzentrierten Verdichtung behaupten I. Hoffmann (1972), S. 107 ff.; G. Müller (1970 a), Sp. 2472 und 2475; R. Wahl (1978 a), Bd. II, S. 41 ff. Demgegenüber stellen D. Fürst/J. J. Hesse (1981), S. 31 f. klar, daß die wachstumsorientierten Entwicklungsschwerpunkt- und -achsenkonzepte, die durch räumliche Konzentration wirtschaftlicher und politischer Aktivitäten die Agglomerationsvorteile für die ökonomische Entwicklung stärker ausnutzen wollen, im Konflikt zu dem flächendeckenden und versorgungsorientierten Zentrale-Orte-Ansatz stehen.

756 H. d'Orville (1979), S. 120 m. w. Nachw. Vgl. a. R. Wahl (1978 a), Bd. II, S. 15.

Orte-Politik im Rahmen der regionalen Strukturpolitik ist daher sowohl ordnungsorientiert (Raumordnung) als auch entwicklungsorientiert (Wirtschaftsentwicklung) [757].

Da die Zentrale-Orte-Konzeption in ihrem Kern eine Standorttheorie des Dienstleistungssektors ist, läßt sie sich nicht ohne weiteres auf die Standortstruktur des (nach dem Konzept des Primäreffekts in erster Linie förderungswürdigen) sekundären Sektors übertragen [758]. Gleichwohl ist zu bedenken, daß durch den Ausbau mittlerer Zentren und Entwicklungsachsen aufgrund ihrer Bedeutungsüberschüsse eine bestimmte Nachfrage auf umliegende kleinere Zentren ausgeht und in den raumordnungspolitischen Schwerpunkträumen nachhaltige und weiträumige Entwicklungs- und Wachstumsimpulse ausgelöst werden können [759]. Zunächst aus rein ökonomisch-funktionaler Sicht begreift das **"Wachstumspol-Modell"** [760] die wirtschaftliche Entwicklung als "dynamisches Zusammenspiel von konkurrenzbezogenem Innovationsdruck, agglomerationsgeförderten Inventionspotentialen und der in Verdichtungsräumen hohen Resonanzbereitschaft für Innovationen" [761]. Danach können nur die regionalen Wachstumsindustrien die Wirtschaftsentwicklung in der Region positiv beeinflussen [762]. Wachstumspole sind räumliche Zusammenballungen ökonomischer Aktivitäten, die über einen Kern motorischer Industrien verfügen [763], die also in Form von Industriekomplexen, aber auch als regionale Agglomerationszentren auftreten [764]. Von

---

757 I. Hoffmann (1972), S. 100; K.-H. Hansmeyer (1968), S. 44 ff.; N. Kloten/K. Höpfner/W. Zehender (1972), S. 16.

758 Vgl. H.-R. Peters (1976), S. 212.

759 BROP, aaO (Anm. 56), S. III; H. Lossau (1978), S. 195.

760 Das Konzept der "Wachstumspole" geht zurück auf F. Perroux, Note sur la notion de "pôle de croissance", Economie Appliquée, Tome VIII (1955), S. 307 ff. Die Spielarten dieser Theorie werden häufig auch "Wachstumszentren-" oder "Entwicklungspoltheorie" genannt, vgl. P. Klemmer (1972), S. 102 m. w. Nachw. und H. H. Koch (1982), S. 155 ff. Zur Entwicklungsgeschichte siehe J. Uhlmann (1978), S. 29 ff.

761 D. Fürst/J. J. Hesse (1981), S. 31.

762 P. Tennagels (1980), S. 42.

763 K.-H. Brümmer/B. Schulte (1979), S. 236.

764 H.-R. Peters (1976), S. 213. Insoweit kann man von "sektoralen" und "regionalen" Wachstumspolen sprechen, siehe J. Uhlmann (1978), S. 30 und 31.

den regionalen Schlüsselindustrien gehen Wachstumsimpulse, sog. Polarisationseffekte [765], auf andere Produktionseinheiten aus und induzieren andere Wachstumspole [766]. Auf diese Weise entstehen kleine und mittlere Agglomerationen im Raum, bei denen nach einer gewissen Zeit ein sich selbst tragender Entwicklungsprozeß ("take off") einsetzt [767]. Entscheidend für die Regionalförderung ist somit die Schaffung eines Systems begrenzter Agglomerationen durch die Errichtung regionaler Wachstumszentren [768].

Verknüpft man die Aussagen der Zentrale-Orte-Konzeption und der Wachstumspoltheorie, dann "ist ein Ort Wachstumszentrum, wenn in ihm von einem sektoralen motorischen Bereich in Verbindung mit der Zuordnung einer bestimmten Zentralität Entwicklungsimpulse vom zentralen Ort bis zur Peripherie des diesem Ort zugehörigen Hinterlandes (gesamtes Kraftfeld des Wachstumszentrums) ausgehen" [769]. Da die Entwicklungschancen dieses "regional-sektoralen" Wachstumszentrums [770] insbesondere von seinem Zentralitätsniveau abhängen, sind solche Orte als industrielle Schwerpunktorte auszuweisen, die zugleich über eine bestimmte Zentralitätsstufe mit adäquater Infrastruktur verfügen [771]. Indem die Regionalförderung auf räumliche Entwicklungsschwerpunkte konzentriert wird, liegt ihr die Strategie der **dezentralen Konzentration** zugrunde [772], d.h. der aktiven Sanierung rückständiger Gebiete im großen Maßstab bei passiver Sanierung im kleinen Rahmen. Und exakt dieses Konzept verfolgt - zumindest in der Regionaltheorie - das Schwerpunktprinzip, indem es als raumordnerisches und siedlungsstrukturelles

---

[765] Allgemein werden technische, psychologische, geographische und Einkommenspolarisationseffekte unterschieden, siehe R. Brüderle (1970), S. 11; K.-H. Brümmer/B. Schulte (1979), S. 236 und H. H. Koch (1982), S. 155 ff. und 158 f.

[766] C. Böhret/W. Jann/E. Kronenwett (1980), S. 77; K.-H. Brümmer/B. Schulte (1979), S. 236.

[767] C. Noé (1971 a), S. 26; vgl. a. K. Kummerer/N. Schwarz/H. Weyl (1975), S. 55.

[768] G. Berg (1975), S. 265.

[769] P. Tennagels (1980), S. 42 f.

[770] J. Uhlmann (1978), S. 31.

[771] H. d'Orville (1979), S. 123.

[772] K.-H. Brümmer/B. Schulte (1979), S. 235; H. d'Orville (1979), S. 117; H.-R. Peters (1976), S. 214; R. Struff (1975), S. 106.

Grundgerüst durch die schwerpunktmäßige Förderung entwicklungsfähiger Regionen eine räumliche Konzentration ökonomischer Aktivitäten und Ressourcen induzieren [773] und damit neben der Wachstums- auch der Ausgleichsfunktion regionaler Wirtschaftsstrukturpolitik Rechnung tragen will. Allerdings ist das Schwerpunktprinzip in der GRW verbindlich nur für die direkte Förderung der Errichtung und Erweiterung, nicht jedoch der Umstellung und Rationalisierung eines Gewerbebetriebes vorgeschrieben; Fremdenverkehrsvorhaben werden zudem in allen im Rahmenplan ausgewiesenen Fremdenverkehrsgebieten gefördert [774]. Ebenfalls nicht auf Schwerpunktorte beschränkt ist die Infrastrukturförderung, auch wenn sie sich faktisch überwiegend auf jene konzentriert [775]. Darüber hinaus läßt der Rahmenplan weitere Ausnahmen vom Schwerpunktprinzip zu [776], nämlich wenn

- in der Betriebsstätte nach Durchführung der Investition überwiegend Dauerarbeitsplätze für Frauen vorhanden sind oder

- der Betrieb durch Rohstofflager an bestimmte Standorte gebunden ist oder

- der Betrieb erhebliche Belästigungen oder Gefährdungen in Wohnsiedlungsgebieten hervorruft.

3. Voraussetzungen, Art und Intensität der Förderung

Mit der Wirtschaftsförderungspolitik nimmt die öffentliche Hand eine ihrer Steuerungsfunktionen gegenüber der Volkswirtschaft wahr (vgl. Abbildung 3) [777]. Das eine wesentliche Steuerungsinstrument ist die Arbeitsplatzförderung, das andere besteht in der Infrastrukturförderung. Beide Förderungsmaßnahmen unterscheiden sich nach Voraussetzungen, Art und Intensität der Regionalförderung.

---

773 Vgl. G. Berg (1975), S. 265.
774 11. Rahmenplan, aaO (Anm. 13), S. 23 Tz. 2.6.3. und 2.7.
775 B. Reissert/F. Schnabel (1976), S. 83.
776 11. Rahmenplan, aaO (Anm. 13), S. 22 Tz. 2.6.1.2.
777 V. Charbonnier (1970), S. 47.

a) Förderungsvoraussetzungen

Der 11. Rahmenplan der GRW hält acht Grundförderungstatbestände auseinander [778]:

- Errichtung gewerblicher Produktionsbetriebe [779],

- Erweiterung bereits ansässiger gewerblicher Produktionsbetriebe [779/780],

- Umstellung oder grundlegende Rationalisierung gewerblicher Produktionsbetriebe [779/781],

- Förderung von Fremdenverkehrsbetrieben [782],

- Erschließung von Industriegelände [783],

- Ausbau von Verkehrsverbindungen, Energie- und Wasserversorgungsleitungen und -verteilungsanlagen, Anlagen für die Beseitigung bzw. Reinigung von Abwasser und Abfall,

- Geländeerschließung für den Fremdenverkehr sowie Ausbau öffentlicher Fremdenverkehrseinrichtungen und

- Errichtung oder Ausbau von Ausvildungs-, Fortbildungs- und Umschulungsstätten [784], soweit ein unmittelbarer Zusammenhang der geplanten Maßnahmen mit dem Bedarf der regionalen gewerblichen Wirtschaft [785] an geschulten Arbeitskräften besteht.

---

778 11. Rahmenplan, aaO (Anm. 13), Teil II, S. 20 ff.

779 Ausgenommen Baugewerbe, aber einschließlich gleichgestellter Dienstleistungsunternehmen, siehe oben S. 138.

780 Als "Erweiterung" gilt auch, wenn im direkten Zusammenhang mit einer städtebaulichen Sanierungs- und Entwicklungsmaßnahme nach dem StBauFG, aus Gründen des Umweltschutzes oder wegen Mangels an geeigneten Grundstücksflächen in einem anderen als dem bisherigen Standort innerhalb derselben Gemeinde eine Betriebsstätte errichtet wird, 11. Rahmenplan, aaO (Anm. 13), S. 23 Tz. 2.6.2.

781 Eine Investition ist dann als "Umstellung" oder "grundlegende Rationalisierung" anzusehen, wenn sie sich auf eine Betriebsstätte oder einen wichtigen Teil einer solchen bezieht, deren Wirtschaftlichkeit erheblich steigert und der Investitionsbetrag, bezogen auf ein Jahr, die in den letzten drei Jahren durchschnittlich verdienten Abschreibungen (ohne Sonderabschreibungen nach § 3 ZRFG) um mindestens 50 % übersteigt, 11. Rahmenplan, aaO (Anm. 13), S. 23 Tz. 2.6.3.

782 Gefördert werden nur solche "Fremdenverkehrsbetriebe", die mindestens 30 % ihrer Umsätze mit eigenen Beherbergungsgästen erzielen, "Campingplätze", deren Stellplätze überwiegend einem ständig verkehrenden Gästekreis zur Verfügung stehen und "Fremdenzimmer" in ländlichen Gebieten, in denen der Fremdenverkehr Nebenerwerbsmöglichkeiten für die Bevölkerung bietet, wenn diese Zimmer tatsächlich dem Fremdenverkehr nachhaltig nutzbar gemacht werden, 11. Rahmenplan, aaO (Anm. 13), S. 23 Tz. 2.7.

Wie bereits dargelegt, ist materielle Voraussetzung der Förderung gewerblicher Investitionen die Einrichtung bzw. Sicherung von Dauerarbeitsplätzen (Quantitätskriterium). Seit dem 10. Rahmenplan der GRW ist - zunächst bis Ende 1983 befristet - nunmehr eine neuartige Förderungsform für die Schaffung hochwertiger Arbeitsplätze vorgesehen [786] (Qualitätsaspekt der Arbeitsplatzförderung). Damit haben stärker qualitativ und innovationsorientierte Elemente in die regionale Strukturpolitik Eingang gefunden. Denn bislang wurde es als Leerstelle des traditionellen Fördersystems empfunden, daß die finanziellen Anreizeffekte für Unternehmen, bei denen zwar die Investitionskosten je Arbeitsplatz niedrig sind, die aber dennoch qualifizierte Arbeitsplätze schaffen, äußerst gering waren [787]. Nach der hiermit eingeführten neuen Förderform kann für die Einrichtung von hochwertigen Arbeitsplätzen im Forschungs-, Entwicklungs- und Führungsbereich gewerblicher Produktionsbetriebe zusätzlich zur üblichen Grundförderung eine feste Prämie pro hergerichtetem Arbeitsplatz gewährt werden [788]. Solche "Managementarbeitsplätze" sind nur Arbeitsplätze für kaufmännische oder technische Angestellte in leitender Stellung mit voller Aufsichts- und Dispositionsbefugnis oder für Angestellte im Forschungs- und Entwicklungsbereich des Unternehmens. Förderungsbedingungen sind allerdings, daß der subventionierte Arbeitsplatz ein Jahreseinkommen von mindestens 50.000 D-Mark vermittelt [789] und daß die durchgeführte Investition die durchschnittlichen Investitionskosten je Arbeitsplatz (1982: 196.000 D-Mark) nicht überschreitet [790].

---

[783] Der Begriff "Industriegeländeerschließung" erfaßt auch die Gewerbegeländeerschließung für Handwerks- und Handelsbetriebe mit überregionalem Absatz, H. Mehrländer/D. Louda (1981 a), S. 10.

[784] Z. B. Berufs- und Fachschulen.

[785] Im Sinne der sektoralen Förderkonzeption, d. h. bezogen auf Betriebe mit überregionalem Absatz.

[786] 10. Rahmenplan, aaO (Anm. 29), S. 24 f. Tz. 4.

[787] C. Noé (1981), S. 388.

[788] 11. Rahmenplan, aaO (Anm. 13), S. 24 f. Tz. 4.4. und 4.5. Dieser Arbeitsplatzzuschuß ist seiner Art nach dem Personalzuschuß der F+E-Förderung ähnlich.

[789] Der hierzu erforderliche Einkommensnachweis ist fünf Jahre lang zu führen.

[790] 11. Rahmenplan, aaO (Anm. 13), S. 24 Tz. 4.1.

Hinsichtlich der anderen Fördertatbestände ist noch hervorzuheben, daß im Rahmen der Fremdenverkehrsförderung bei der Erweiterung eines Betriebes anstelle der Schaffung neuer Arbeitsplätze die Bereitstellung zusätzlicher Betten bzw. fremdenverkehrsmäßig genutzter Campingstellplätze treten kann. Danach ist eine Förderung bei einer Erhöhung der Betten- bzw. Stellplatzzahl um mindestens 20 % möglich [791]. Zudem kann eine Modernisierung (qualitative Verbesserung des Angebots) wie eine grundlegende Rationalisierung gefördert werden [792]. Als Träger förderungswürdiger Infrastrukturinvestitionen kommen vorzugsweise Gemeinden und Gemeindeverbände in Betracht. Nicht gefördert werden Infrastrukturmaßnahmen des Bundes und der Länder sowie natürlicher und juristischer Personen, die auf Gewinnerzielung ausgerichtet sind [793].

b) Instrumentarium und Intensität der Förderung

Als finanzielle Förderungsarten sieht § 3 GRWG die Gewährung von Investitionszuschüssen, Darlehen, Zinszuschüssen und Bürgschaften vor. Aus diesem Katalog haben die Rahmenpläne als Regelförderung das Instrument der **Investitionszuschüsse** ausgewählt [794], auf dessen Bewilligung kein Rechtsanspruch besteht [795]. Hinsichtlich der Förderung der gewerblichen Wirtschaft sind folgende Besonderheiten zu beachten. Im Ausführungsgesetz nicht enthalten ist die (steuerfreie) **Investitionszulage**, die zwar aufgrund eines speziellen Gesetzes vergeben wird [796], aber dennoch im System der Rahmenpläne die Rolle der Basisförderung spielt [797]. Zuerst muß der Investor also die Investitionszulage beantragen, wobei die Spanne zwischen ihr und dem Förderungshöchstsatz durch den Zuschuß aus den GA-Mit-

---

791 11. Rahmenplan, aaO (Anm. 13), S. 24 Tz. 2.7.2.
792 Ebenda, S. 24 Tz. 2.7.3.
793 § 2 Abs. 2 Satz 2 GRWG und 11. Rahmenplan, aaO (Anm. 13), S. 26 Tz. 7.2.
794 Vgl. 11. Rahmenplan, aaO (Anm. 13), S. 21 Tz. 2.3.1.
795 Zu den rechtlichen Voraussetzungen P. Lamberg (1977), S. 368 ff.
796 InvZulG vom 2.1.1979 (BGBl. I S. 24) in der Fassung vom 25.6.1980 (BGBl. I S. 737).
797 11. Rahmenplan, aaO (Anm. 13), S. 9 Tz. 3.3. und S. 23 Tz. 2.3.2. Siehe auch oben S. 109.

teln ausgefüllt werden kann. Darf für ein Investitionsvorhaben indessen keine Investitionszulage gewährt werden, dann können die Investitionskosten auch nur durch den Zuschuß (sog. Solozuschuß) bis zur zulässigen Höhe verbilligt werden[798]. Ergänzt wird die Zuschußförderung der GRW noch durch ein **Bürgschaftssystem**, wonach die Länder an die gewerbliche Wirtschaft modifizierte Ausfallbürgschaften gewähren können, an denen der Bund mit gesonderter Erklärung bis zu einem Gesamtbetrag von fünf Mio. D-Mark je Einzelfall und Jahr eine Garantie von 50 % übernimmt[799]. Die Bürgschaften sollen in der Regel 90 % des Darlehensbetrages nicht übersteigen, die Laufzeit der Kredite soll 15 Jahre nicht überschreiten und die Zinsen der verbürgten Kredite dürfen nicht über den marktüblichen Zinsen liegen.

Bemessungsgrundlage der Finanzhilfen sind in jedem Falle die tatsächlichen Investitionskosten. Im Rahmen der **Infrastrukturförderung** werden die Kosten des Grundstücks- und Grunderwerbs in den förderungsfähigen Betrag nicht mit einbezogen[800]. Danach liegt der Anteil der Investitionszuschüsse an den Kosten der geförderten Infrastrukturmaßnahmen im Bundesdurchschnitt bei 50 bis 60 %[801]. Innerhalb der Länder ist die Festsetzung des Beteiligungsverhältnisses jedoch sehr unterschiedlich. Während in Niedersachsen, Rheinland-Pfalz und im Saarland alle Projekte in gleicher Höhe bezuschußt werden, differenziert Baden-Württemberg nach haushalts- und konjunkturpolitischen Kriterien, Bayern nach der Grenzlandnähe des Projektes und Hessen nach der landespolitischen Bedeutung der Maßnahme einer- und der kommunalen Finanzkraft andererseits[802]. Insgesamt bestehen für die Infrastrukturförderung - eine angemessene Eigenbeteiligung des Trägers vorausgesetzt - keine finanziellen Höchstbeträge.

---

798 11. Rahmenplan, aaO (Anm. 13), S. 21 Tz. 2.3.2.
799 Im einzelnen 11. Rahmenplan, aaO (Anm. 13), S. 25 f. Tz. 6.
800 11. Rahmenplan, aaO (Anm. 13), S. 26 Tz. 7.2.
801 B. Reissert/F. Schnabel (1976), S. 86; H. d'Orville (1979), S. 136.
802 B. Reissert/F. Schnabel (1976), S. 86.

Demgegenüber gelten bezüglich der **Förderung der privaten Wirtschaft** bestimmte Obergrenzen. Zunächst erfolgen Zuschüsse nur für den Teil der Investitionskosten je geschaffenem oder gesichertem Arbeitsplatz, der das Zehnfache der durchschnittlichen Investitionskosten je gefördertem Arbeitsplatz in den vergangenen drei Kalenderjahren (zur Zeit 196.000 D-Mark) nicht übersteigt[803]. Dagegen dürfen gemäß § 2 Abs. 2 Ziff. 6 InvZulG nur diejenigen Vorhaben durch Investitionszulagen gefördert werden, deren Investitionskosten je geschaffenem oder gesichertem Arbeitsplatz das Dreißigfache der durchschnittlichen Investitionskosten je gefördertem Arbeitsplatz in den förderungsbedürftigen Gebieten in den vorangegangenen drei Kalenderjahren nicht übersteigen[804]. Unabhängig von dieser Differenzierung sehen die Rahmenpläne darüber hinaus ein gestaffeltes Präferenzsystem vor, das nach Lage (innerhalb oder außerhalb des Zonenrandgebietes) und Bedeutung des Schwerpunktortes unterschiedliche Förderungshöchstgrenzen für die gewerbliche Wirtschaft festlegt. Danch darf die Förderung aus Mitteln der GRW einschließlich der Investitionszulagen die Investitionskosten je nachdem, ob die Investition in einem A-, B-, C- oder E-Schwerpunktort vorgenommen wird, nur um nachstehende Höchstsätze verbilligen[805]:

A = übergeordneter Schwerpunkt im Zonenrandgebiet : 25 %

B = übergeordneter Schwerpunkt außerhalb des Zonenrandgebiets : 20 %

C = normaler Schwerpunkt : 15 %

E = Schwerpunkt in extremer Zonenrandlage : 25 %

---

[803] 11. **Rahmenplan**, aaO (Anm. 13), S. 22 Tz. 2.4.

[804] Diese Regelung galt bis zum Inkrafttreten des 10. Rahmenplanes auch für die GA-Förderung, vgl. **9. Rahmenplan**, BT-Drs. 8/3788 vom 13.3.1980, S. 21 Tz. 2.2.

[805] 11. **Rahmenplan**, aaO (Anm. 13), S. 22 Tz. 2.6.1.1.

Von diesem Präferenzsystem hängt auch die Höhe der Zusatzförderung für qualitativ hochwertige Arbeitsplätze ab. Sie beträgt in einem 25 %-Schwerpunktort maximal 15.000 D-Mark, in einem 20 %-Schwerpunktort 12.000 D-Mark und in einem 15 %-Schwerpunktort 9.000 D-Mark; ausgenommen sind Schwerpunkte mit mehr als 100.000 Einwohnern [806]. Diese zusätzliche Prämie darf allerdings nur dann voll ausgeschöpft werden, wenn bestimmte prozentuale Höchstsätze, die in einem A- bzw. E-Schwerpunktort auf 50 %, in einem B-Schwerpunktort auf 40 % und in einem C-Schwerpunktort bzw. außerhalb von Schwerpunktorten auf 30 % der durchschnittlichen Investitionskosten des zu schaffenden hochwertigen Arbeitsplatzes angesetzt sind, nicht überschritten werden [807].

In sachlicher Hinsicht reichen die Investitionskostenverbilligungen von 10 % (Umstellung bzw. grundlegende Rationalisierung) über 15 und 20 % bis hin zu 25 % (Neuerrichtung in A- bzw. E-Schwerpunktorten). Die genannten Förderungssätze stellen Höchstwerte dar, d. h. sie dürfen nicht überschritten, können aber unterschritten werden. Auch in dieser Beziehung besteht zwischen den Bundesländern eine differierende Vergabepraxis: Schöpfen einige Länder nahezu automatisch die Förderungshöchstgrenzen aus, so versuchen Schleswig-Holstein, Niedersachsen, Hessen und Bayern im Einzelfall unterhalb des jeweiligen Höchstsatzes zu bleiben ("bargaining power") [808]. Eine ausführliche Zusammenstellung der zuschußfähigen gewerblichen und infrastrukturellen Investitionsvorhaben nach sachlicher und räumlicher Differenzierung enthalten die Übersichten 2 und 3; zusätzlich hierzu gibt die Übersicht 2 noch die jeweils statthafte Höhe der Subventionierung an.

---

[806] 11. Rahmenplan, aaO (Anm. 13), S. 25 Tz. 4.4. und S. 24 Tz. 4.1.
[807] Ebenda, S. 25 Tz. 4.5.
[808] B. Reissert/F. Schnabel (1976), S. 85.

Übersicht 2

Höchstsätze bzw. Höchstbeträge der Investitionszuschüsse aus Mitteln der Gemeinschaftsaufgabe (einschließlich Investitionszulagen) an die gewerbliche Wirtschaft

	Gewerbliche Produktions- und Dienstleistungsbetriebe Fördergebiete der Gemeinschaftsaufgabe						Fremdenverkehrsbetriebe Fremdenverkehrsgebiete der Gemeinschaftsaufgabe	
	A-Schwerpunktort	B-Schwerpunktort	C-Schwerpunktort	E-Schwerpunktort	außerhalb von Schwerpunkten [1]		Zonenrandgebiet mit hohem Struktureffekt	Übrige Gebiete
					Zonenrandgebiet oder hoher Struktureffekt	Übrige Gebiete		
Errichtung und Erwerb	25 % (10 %)	20 % (8,75 %)	15 % (8,75 od.10 %)	25 % (10 %)	15 % –	10 % –	25 % (10 %)	15 % (8,75 %)
Fernverlagerungen aus Nichtfördergebieten in Fördergebiete [2]	25 % (10 %)	20 % (8,75 %)	15 % (8,75 od.10 %)	25 % (10 %)	15 % –	10 % –	25 % (10 %)	15 % (8,75 %)
Erweiterung	20 % (10 %)	15 % (8,75 %)	10 % (8,75 od.10 %)	20 % (10 %)	10 % (3) –	10 % (3) –	10 % (10 %)	10 % (8,75 %)
Nahverlagerungen sowie Fernverlagerungen innerhalb der Fördergebiete [2]	20 % (10 %)	15 % (8,75 %)	10 % (8,75 od.10 %)	20 % (10 %)	10 % (3) –	10 % (3) –	10 % (10 %)	10 % (8,75 %)
Umstellung oder grundlegende Rationalisierung	10 % (10 %)	10 % –	10 % (4) (10 %)	10 % (10 %)	10 % (4) –	10 % –	10 % (10 %)	10 % (4) (8,75 %)
Schaffung hochwertiger Arbeitsplätze [5]	15.000 DM	12.000 DM	9.000 DM	15.000 DM	9.000 DM	9.000 DM	–	–

(1) Voraussetzungen: Schaffung von überwiegend Dauerarbeitsplätzen für Frauen oder Männer, der Betrieb ist durch Rohstofflager an bestimmte Standorte gebunden oder Betrieb ruft erhebliche Belastigungen oder Gefährdungen in Wohnsiedlungsgebieten hervor.
(2) Begriffsklärung: Fernverlagerungen sind Betriebsverlagerungen, bei denen die überwiegende Zahl der Arbeitskräfte neu eingestellt wird. Nahverlagerungen sind Betriebsverlagerungen, bei denen die überwiegende Zahl der Arbeitskräfte weiterbeschäftigt wird.
(3) Die Förderung gilt nur für vor dem 01. 01. 1977 errichtete oder erworbene Betriebsstätten.
(4) Die Investitionszulage wird nur im Zonenrandgebiet gewährt.
(5) Voraussetzungen: Die Investitionskosten für den einzelnen Arbeitsplatz dürfen nicht mehr als 190.000 DM betragen und bei einer Förderung in Schwerpunktorten muß dieser weniger als 100.000 Einwohner haben.

Quelle: Eigene Zusammenstellung nach den Angaben des 10. Rahmenplanes der Gemeinschaftsaufgabe "Verbesserung der regionalen Wirtschaftsstruktur", BT-Drs. 9/697 vom 28.7.1981, S. 21 ff.

Übersicht 3

Investitionszuschüsse aus Mitteln der Gemeinschaftsaufgabe an Gemeinden und Gemeindeverbände für spezielle Infrastrukturinvestitionen

	Fördergebiete der Gemeinschaftsaufgabe					Fremdenver-
	A-Schwer-punktort	B-Schwer-punktort	C-Schwer-punktort	E-Schwer-punktort	außerhalb von Schwerpunkt-orten	kehrsgebiete der Gemein-schaftsaufgabe
Erschließung von Industrie-gelände	●	●	●	●	●(1)	
Verkehrsver-bindungen	●	●	●	●	●	
Energie- und Wasserversor-gungsleitun-gen und -ver-teilungen	●	●	●	●	●	
Anlagen für die Beseiti-gung bzw. Rei-nigung von Abwasser	●	●	●	●	●	
Geländeer-schließung für den Frem-denverkehr						●
Öffentliche Einrichtungen des Fremden-verkehrs						●
Ausbildungs-, Fortbildungs- und Umschu-lungsstätten (2)	●	●	●	●	●	

(1) Nur in Verbindung mit konkreten Errichtungs- und Erweiterungsvorhaben, soweit in der Betriebs-stätte nach Durchführung der Investition überwiegend Dauerarbeitsplätze für Frauen vorhanden sind und/oder auch die in angemessener Zahl zusätzlich zu schaffenden Dauerarbeitsplätze überwiegend für Frauen bestimmt sind oder der Betrieb durch Rohstofflager an bestimmte Stand-orte gebunden ist oder der Betrieb erhebliche Belästigungen oder Gefährdungen (z.B. Emissionen, Geräusche, Erschütterungen, Strahlungen) in Wohnsiedlungsgebieten hervorruft.

(2) Nur soweit ein unmittelbarer Zusammenhang der geplanten Maßnahmen mit dem Bedarf der regiona-len gewerblichen Wirtschaft an geschulten Arbeitskräften besteht.

Quelle: Eigene Zusammenstellung nach den Angaben des 10. Rahmenplanes der Gemeinschaftsaufgabe "Verbesserung der regionalen Wirtschaftsstruktur", BT-Drucks. 9/697 vom 28.7.1981, S. 26.

4. Exkurs: Komplementäre Regionalförderungen des Bundes

Die Koordinationsfunktion der GRW wird vor allem auf den "integrierte(n) Einsatz des gesamten regionalpolitischen Instrumentariums (regionale Investitionszulage als durch Gesetz garantierte Basisförderung; Investitionszuschüsse aus Mitteln der Gemeinschaftsaufgabe als variable Ergänzungsförderung; flankierende Kreditprogramme des ERP-Sondervermögens; zeitlich befristete Sonderprogramme für strukturschwache Gebiete; indirekte Auswirkungen der Rahmenplanung auf andere regionalpolitisch bedeutsame Planungen des Bundes und der Länder)" bezogen [809]. Im folgenden soll daher auf die wichtigsten Wirtschaftsförderungsmaßnahmen eingegangen werden, die der Bund in alleiniger Verantwortung zusätzlich zur gemeinsam mit den Ländern getragenen Strukturpolitik betreibt. Da diese komplementären Bundesförderungen mehr oder minder stark in das System der GRW integriert sind, ist es gerechtfertigt, sie innerhalb des Handlungsrahmens der Gemeinschaftsaufgabe zu behandeln.

a) Regionale Investitionszulage nach dem Investitionszulagengesetz

Zusammen mit dem Gesetz über die Gemeinschaftsaufgabe "Verbesserung der regionalen Wirtschaftsstruktur" bildet das Investitionszulagengesetz die wichtigste Rechtsgrundlage für das regionalpolitische Handeln des Staates [810]. Wie bereits ausgeführt, er-

---

[809] 11. Rahmenplan, aaO (Anm. 13), S. 9 Tz. 3.3.
[810] D. Schmidt (1975), S. 116; R. Schmidt (1974 a), S. 547.
Im Laufe der Geschichte des InvZulG sind immer wieder Zweifel an seiner Verfassungsmäßigkeit geltend gemacht worden, siehe C. **Heinze**, Nochmals: Die Verfassungsmäßigkeit von Steuerbegünstigungen aus Gründen volkswirtschaftlicher Förderungswürdigkeit, DB 1974, S. 499 f. (Verfassungsmäßigkeit des Investitionszulagenkriteriums bejaht); M. **Pfeifer** (1975), S. 324 ff. (unzulässige Verweisung des § 2 Abs. 2 Ziff. 1 a InvZulG auf den Rahmenplan angenommen; keine verfassungsrechtlichen Bedenken in dieser Frage sieht das BVerwG DVBl. 1980, 645, 647); K. **van der Velde**, Die Verfassungsmäßigkeit von Steuerbegünstigungen aus volkswirtschaftlich förderungswürdigen Gründen, DB 1973, S. 2317 f. (Verfassungsmäßigkeit derartiger Rechtsvorschriften bejaht); K. **Vogel** (1977), S. 837 ff. (Verstoß gegen das in Art. 110 GG verankerte haushaltsrechtliche Bruttoprinzip angenommen).

füllt die regionale Investitionszulage (§ 1 InvZulG)[811] die Funktion der Basisförderung in der GRW. Sie wird sowohl allein (Solozulage) als auch gemeinsam mit dem Investitionszuschuß aus GA-Mitteln gewährt. Im Gegensatz zu jenem besteht auf die Investitionszulage bei Erfüllung der gesetzlichen Voraussetzungen ein Rechtsanspruch[812]. Gemäß § 1 Abs. 1 InvZulG wird Steuerpflichtigen[813], die durch eine Bescheinigung nach § 2 InvZulG nachweisen, daß sie in einem förderungsbedürftigen Gebiet eine gewerbliche Betriebsstätte errichten oder erweitern und daß die Errichtung oder Erweiterung volkswirtschaftlich besonders förderungswürdig ist und den Zielen und Grundsätzen der Raumordnung und Landesplanung entspricht, auf Antrag für die im Zusammenhang mit der Errichtung oder Erweiterung[814] der Betriebsstätte vorgenommenen Investitionen eine Investitionszulage gewährt. Nach § 1 Abs. 2 InvZulG wird auf Antrag auch für Investitionen eine Zulage gewährt, die im Zusammenhang mit der Umstellung oder grundlegenden Rationalisierung einer im Zonenrandgebiet belegenen gewerblichen Betriebsstätte vorgenommen werden, wenn durch die Bescheinigung nach § 2 InvZulG nachgewiesen wird, daß die Umstellung oder grundlegende Rationalisierung ebenfalls volkswirtschaftlich besonders förderungswürdig ist und den Zielen und Grundsätzen der Raumordnung und Landesplanung nicht widerspricht.

Im Zonenrandgebiet beträgt die Investitionszulage 10 % und in den übrigen Gebieten 8,75 % der begünstigten Investitionskosten (§ 1 Abs. 4 InvZulG)[815]. Sie kann bis zur im Rahmenplan der GRW festgelegten Höchstpräferenz mit allen anderen öffentlichen Hilfen (außer dem ERP-Regionaldarlehen) kumuliert werden[816]. Die Investi-

---

[811] Daneben gibt es noch Investitionszulagen für Forschungs- und Entwicklungsinvestitionen (§ 4 InvZulG), für bestimmte Investitionen im Bereich der Energieerzeugung und -verarbeitung (§ 4 a InvZulG) und zur Konjunkturbelebung (§ 4 b InvZulG).

[812] Dazu und allgemein zum öffentlich-rechtlichen Anspruch auf Wirtschaftsförderung P. Lamberg (1977), S. 269 f.

[813] Im Sinne des Einkommensteuer- und Körperschaftsteuergesetzes.

[814] Als "Erweiterung" gelten gemäß § 2 Abs. 2 Ziff. 4 ebenso wie nach dem Rahmenplan auch die in Anm. 780 aufgeführten Maßnahmen.

[815] Zur Bemessung der Investitionszulage G. Söffing (1980), S. 29 ff.

[816] Seit dem 9. Rahmenplan, aaO (Anm. 804), S. 21 Tz. 2.1.3. ist auch die Forschungs- und Entwicklungszulage mit der regionalen Investitionszulage begrenzt kumulierbar.

tionszulage ist kein Zuschuß im strengen Sinne; sie wird aus den Einnahmen an Einkommen- oder Körperschaftsteuer gewährt (§ 5 Abs. 3 Satz 1 InvZulG) und kann deshalb im Regelfalle als Steuergutschrift oder Steuerermäßigung bezeichnet werden[817]. Damit verringert sie zwar das nach Art. 106 Abs. 3 Sätze 1 und 2 GG dem Bund und den Ländern gleichrangig zustehende Steueraufkommen. Da aber das Investitionszulagengesetz als Bundesgesetz Anspruchsberechtigte, begünstigte Investitionsvorhaben und Wirtschaftsgüter sowie die sonstigen Förderungsmodalitäten selbst festlegt und da der Nachweis der Förderung im Einzelfall von einer Bundesbehörde erteilt wird, die sich mit der von der Landesregierung bestimmten Stelle lediglich ins Benehmen zu setzen hat (§ 2 Abs. 1 InvZulG), ist die Förderung nach dem Investitionszulagengesetz dennoch als alleinige Wirtschaftsförderung durch den Bund zu qualifizieren[818].

Bemerkenswert deutlich ist die klare **Verzahnung des Investitionszulagengesetzes mit den Rahmenplänen der GRW**[819]. Diese "Konkordanz"[820] zwischen der Investitionszulagen- und der Gemeinschaftsaufgabenförderung wird sowohl in sachlicher (Primäreffekt, Arbeitsplatzkriterien) als auch in räumlicher Beziehung (Förderungsgebiete, Schwerpunktorte) in großem Maße sichergestellt[821]. Die **sachliche Integration** findet im Investitionszulagengesetz ihren rechtlichen Ausdruck zunächst darin, daß ebenso wie bei der Gemeinschaftsaufgabe ein gewerbliches Investitionsvorhaben nur dann volkswirtschaftlich besonders förderungswürdig ist, wenn in der Betriebsstätte überwiegend Güter hergestellt oder Leistungen erbracht werden, die ihrer Art nach regelmäßig überregional abgesetzt werden, das Investitionsvorhaben somit geeignet ist, unmittelbar und auf Dauer das Gesamteinkommen in dem jeweiligen Wirt-

---

817 H. Faber (1981), S. 96; vgl. a. G. Söffing (1980), S. 7. Zum Meinungsstand über den steuer- oder subventionsrechtlichen Charakter der Investitionszulage P. Tettinger, Die Investitionszulage als Instrument des Wirtschaftsverwaltungs- und Steuerrechts, DVBl. 1980, S. 632 ff. (636).

818 K. Lange (1981 a), S. 100.

819 V. Götz (1981), S. 3; R. Schmidt (1974 b), S. 94.

820 BVerwG DVBl. 1980, S. 644 (645); P. Becker/D. Schmidt (1981), S. 6 sprechen von einer Einbeziehung der Investitionszulage in die GRW.

821 Zum folgenden V. Götz (1981), S. 6 ff. Zur Verwaltungsrechtsprechung zum sachlichen Integrationselement "Primäreffekt" H. H. Koch (1982), S. 199 ff.

schaftsraum nicht unwesentlich zu erhöhen (§ 2 Abs. 2 Ziff. 3 InvZulG). Darüber hinaus müssen bei Betriebserweiterungen oder -verlagerungen die bestehenden Dauerarbeitsplätze um mindestens 15 % erhöht oder mindestens 50 neue Dauerarbeitsplätze geschaffen werden; bei Fremdenverkehrsbetrieben reicht eine Erhöhung der Bettenzahl um mindestens 20 % aus (§ 2 Abs. 2 Ziff. 4 InvZulG). Auch müssen Umstellung und grundlegende Rationalisierung für den Fortbestand der Betriebsstätte und zur Sicherung der dort bestehenden Dauerarbeitsplätze erforderlich sein (§ 2 Abs. 2 Ziff. 5 InvZulG). Und schließlich darf der Subventionswert der in Anspruch genommenen öffentlichen Hilfen einschließlich der Investitionszulagen die im Rahmenplan der GRW festgelegten Höchstsätze nicht überschreiten (§ 2 Abs. 2 Ziff. 7 InvZulG).

In **räumlicher Hinsicht** wird die regionale Investitionszulage dadurch in die Gemeinschaftsaufgabenförderung einbezogen, daß das Zonenrandgebiet und das Steinkohlenbergbaugebiet Saar schon gesetzlich als förderungsbedürftige Gebiete festgelegt sind (§ 3 Abs. 1 Ziffn. 1 und 2 InvZulG). Die übrigen Fördergebiete definiert § 3 Abs. 1 Ziff. 3 InvZulG übereinstimmend mit § 1 Abs. 2 GRWG, wobei die aufgrund § 3 Abs. 1 Satz 2 und Abs. 2 InvZulG erlassene 5. Fördergebiets- und Fremdenverkehrsgebietsverordnung aus dem Jahre 1982 in Ausführung hierzu diejenigen Gebiete der Kreise, kreisfreien Städte, Gemeinden und Gemeindeteile zu förderungsbedürftigen Gebieten erklärt, die im 10. Rahmenplan der GRW als Fördergebiete ausgewiesen sind [822]. Zudem sind die Errichtung oder Erweiterung einer Betriebsstätte nur in einem im Rahmenplan ausgewiesenen Schwerpunktort förderungswürdig (§ 2 Abs. 2 Ziff. 1 a InvZulG).

b) **Wirtschaftsförderung durch das Zonenrandförderungsgesetz**

Das Zonenrandförderungsgesetz hält eine umfangreiche Palette von Maßnahmen zur Steigerung der wirtschaftlichen Leistungskraft des Zonenrandgebietes bereit. Gemäß § 2 ZRFG ist dieser Grenzraum zum Ausgleich von Standortnachteilen, zur Sicherung und Schaffung von

---

[822] BGBl. I 1982, S. 324.

Dauerarbeitsplätzen sowie zur Verbesserung der Infrastruktur bevorzugt zu berücksichtigen bei der Vergabe öffentlicher Aufträge und bei Maßnahmen zur Förderung der gewerblichen Wirtschaft und des Ausbaus der Infrastruktur, wie sie deckungsgleich § 1 Abs.1 GRWG vorsieht [823]. Desweiteren werden Maßnahmen zum Ausgleich der durch die Teilung Deutschlands bedingten Frachtmehrkosten durchgeführt. Neben einer speziellen Förderung unternehmens- und haushaltsorientierter Infrastrukturmaßnahmen durch den Bund (§§ 4 ff. ZRFG) sieht § 3 ZRFG zudem steuerliche Sonderabschreibungen für Investitionen in einer im Zonenrandgebiet gelegenen Betriebsstätte vor [824].

Die Bundesbehörden, bundesunmittelbaren Planungsträger und bundesunmittelbaren Körperschaften, Anstalten und Stiftungen des öffentlichen Rechts sind durch § 1 Abs. 2 ZRFG gehalten, der Förderung dieses benachteiligten Raumes [825] im Rahmen der ihnen obliegenden Aufgaben besonderen Vorrang einzuräumen. Auch § 2 Abs. 4 a GRWG stellt die Sonderstellung der Zonenrandförderung innerhalb der GRW noch einmal eindeutig heraus [826]. Die Verzahnung der Regionalförderung nach dem Zonenrandförderungsgesetz und nach dem Gesetz über die Gemeinschaftsaufgabe "Verbesserung der regionalen Wirtschaftsstruktur" [827] ist außerdem dadurch sichergestellt, daß das Zonenrandgebiet schon von Gesetzes wegen als Fördergebiet im Sinne des § 1 Abs. 2 GRWG festgelegt ist. Überdies ermöglichen die Rahmenpläne in unmittelbarer Nähe der Zonengrenze in begründeten Ausnahmefällen Abweichungen vom Schwerpunktprinzip und gewähren eine einzelbetriebliche Förderung bis zu 25 % [828]. Auch ist die Infrastrukturförderung abweichend von den Rahmenplanregelungen möglich, insbesondere was die Höhe der Eigenbeteiligung des Maßnahmenträgers und die Notwendigkeit des Infrastrukturausbaus für die Entwicklung der gewerblichen Wirtschaft betrifft.

---

823 Zur Abgrenzung zwischen § 2 Ziff. 1 ZRFG und § 1 Abs. 1 GRWG siehe **M.-A. Butz** (1980), S. 114 ff.

824 Zu den Einkommens- und Kapazitätseffekten der Zonenrandförderung **H. Nuppnau**, Wirkungen der Zonenrandförderung, Hamburg 1974, insb. S. 88 ff.

825 Siehe **R. Bunzenthal** (1981), S. 5 und **F. Sackmann** (1978), S. 108 ff.

826 Dazu **M.-A. Butz** (1980), S. 112 f.

827 **H.-J. von der Heide** (1981 b), S. 284 hält beide Förderungen für eine im Kernbereich deckungsgleiche Einheit.

c) **Regionalförderung im Rahmen des ERP-Programms**

Anfänglich nur für den Wiederaufbau der kriegszerstörten westeuropäischen Wirtschaft vorgesehen, dient das "European Recovery Program" (ERP) [829] in der Bundesrepublik heute der kontinuierlichen Förderung der Wirtschaft in bestimmten Sektoren und Regionen. Gesetzliche Grundlage des Förderungsprogramms stellt das Gesetz über die Verwaltung des ERP-Sondervermögens aus dem Jahre 1953 dar [830]. Aufgrund § 7 dieses Gesetzes sind für jedes Rechnungsjahr alle Einnahmen und Ausgaben des Sondervermögens vom Bundesminister für Wirtschaft im Einvernehmen mit dem Bundesminister der Finanzen in einem Wirtschaftsplan zu veranschlagen, der durch Gesetz vom Parlament festzustellen ist [831]. Die Ausgestaltung der einzelnen Förderungsmßnahmen und die Regelung der Vergabebedingungen erfolgen in gesonderten Richtlinien. Aus der Vielzahl der Maßnahmearten [832] interessieren in diesem Zusammenhang vor allem zwei Programme:

Nach den Richtlinien für das **ERP-Regionalprogramm** [833] können aus Mitteln des ERP-Sondervermögens Darlehen mit einem Zinssatz von zur Zeit 8,5 % pro Jahr (7,5 % im Zonenrandgebiet) an

---

828 Hierzu und zum folgenden Punkt 11. **Rahmenplan**, aaO (Anm. 13), S. 26 Tz. 8.

829 Das "ERP-Programm" wurde am 5.6.1947 von dem damaligen US-amerikanischen Aussenminister **G. C. Marshall** in seiner berühmten Rede vor Studenten der Harvard-Universität verkündet. Der Marshallplan und seine Folgeprogramme stellten dem vom 2. Weltkrieg zerstörten Europa Güter (Lebensmittel, Medikamente, Maschinen etc.) im Werte von insgesamt 13 Mrd. US-Dollar zur Verfügung. Für Westdeutschland einschließlich Berlin belief sich die gesamte US-amerikanische Nachkriegswirtschaftshilfe auf fast 3,3 Mrd. Dollar. Die deutschen Importeure bezahlten die amerikanischen Waren in D-Mark, die als Sondervermögen zusammengefaßt und als langfristige Darlehen zum Wiederaufbau an die deutsche Wirtschaft vergeben wurden. Diese D-Mark-Gegenwerte übertrugen die Vereinigten Staaten im Abkommen vom 15.12.1949 auf die Bundesrepublik, die seither über dieses Sondervermögen im Rahmen der Zweckbestimmung "Förderung der deutschen Wirtschaft" verfügt. Ausführlich **BMWi** (1982), S. 6 f.

830 ERP-Verwaltungsgesetz vom 31.8.1953, BGBl. I S. 1312.

831 Vgl. ERP-Wirtschaftsplangesetz 1982 vom 27.7.1982, BGBl. I S. 1065.

832 Das gesamte ERP-Programm unterteilt sich in sechs Förderungstypen (in Klammern die Anzahl der Einzelprogramme 1982): 1. Kleine und mittlere Unternehmen (7); 2. Struktur- und Anpassungshilfen (2); 3. Umweltschutz (3); 4. Berlin (6); 5. Exportfinanzierung (1); 6. Gewährleistungen (6).

833 **BMWi** (1982), S. 32 f.; abgedruckt auch im **11. Rahmenplan**, aaO (Anm. 13), S. 198 Anhang L.

- kleine und mittlere gewerbliche Unternehmen hauptsächlich des Handels, Handwerks, Gaststätten- und Beherbergungsgewerbes sowie an

- Unternehmen des Kleingewerbes

für Investitionen in Gebieten der GRW vergeben werden, soweit die Vorhaben keinen Primäreffekt aufweisen und daher Investitionszulagen und Zuschüsse aus GA-Mitteln nicht in Frage kommen [834]. Dem ERP-Regionaldarlehen kommt folglich die Funktion der Ergänzung der Gemeinschaftsaufgabe speziell im Hinblick auf mittelständische Unternehmen (intraregionaler Leistungsbereich) zu. Der Verzicht auf die Durchführung des Schwerpunktprinzips stellt den regionalpolitischen Versorgungsaspekt mit Dienstleistungen des unmittelbaren Bedarfs heraus [835]. Förderungswürdige Investitionen sind die

- Errichtung,

- Erweiterung,

- Umstellung und grundlegende Rationalisierung [836]

eines Betriebes, wobei die Erweiterung zu einer angemessenen Zahl neuer Dauerarbeitsplätze führen soll. Auf das Darlehen des Bundes besteht kein Rechtsanspruch. Es kann bei angemessener Eigenfinanzbeteiligung bis zur örtlichen Höchstpräferenz mit allen anderen öffentlichen Hilfen kombiniert werden, ausgenommen andere ERP-Darlehen, Investitionszulagen und -zuschüsse der GRW (Kumulierungsverbot). Die Kreditlaufzeit beträgt bei höchstens zwei tilgungsfreien Jahren maximal zehn Jahre (15 Jahre im Falle von Bauvorhaben) bei einer Auszahlung von 100 % und einem Darlehenshöchstbetrag von 300.000 D-Mark.

---

[834] Unbeschadet hiervon können kleine und mittlere Unternehmen neben der regionalen Investitionszulage Darlehen aus den Programmen M I und M II der KfW beantragen.

[835] **P. Tennagels** (1980), S. 106 f.; **H.-J. Klein** (1975), S. 110.

[836] Hierzu gehört im Beherbergungsgewerbe auch der Einbau von Naßzellen und insbesondere Investitionen zur Erstellung familiengerechter Ferienunterkünfte, **BMWi** (1982), S. 32.

Aufgrund der Richtlinien für das **ERP-Gemeindeprogramm** [837] können aus Mitteln des ERP-Sondervermögens Darlehen des Bundes mit einem Zinssatz von 8 % im Jahr (Stand: 1982) an

- Gemeinden und Gemeindeverbände

sowie bei überwiegender Beteiligung der Kommunen auch an

- andere Körperschaften oder Anstalten des öffentlichen Rechts und
- kommunale Wirtschaftsunternehmen

für Investitionen zur Verbesserung der Standortqualität durch Steigerung des Wohn- und Freizeitwertes gewährt werden. Die Vorhaben wie z. B. Errichtung oder Ausbau von

- Kindertagesstätten oder Kindergärten,
- öffentlichen Sportanlagen und Schwimmbädern,
- Mehrzweckhallen,
- Naherholungsgebieten und
- Freizeitzentren

müssen in Schwerpunktorten der GRW durchgeführt werden. Ausgeschlossen ist die Finanzierung von Schulen, Krankenhäusern, Verkehrsverbindungen einschließlich Parkmöglichkeiten und Fremdenverkehrseinrichtungen. Zweck dieses ERP-Programms ist somit die Erweiterung der Infrastrukturförderung der GRW um Aspekte einer primär haushaltsorientierten (soziokulturellen) Infrastruktur [838]. Die in ihrer Höhe nicht beschränkten Darlehen, auf die ebenfalls kein Rechtsanspruch besteht, werden zu 100 % ausgezahlt und besitzen eine Höchstlaufzeit von zehn Jahren (bei Bauvorhaben bis 15 Jahren), wovon wiederum maximal zwei Jahre tilgungsfrei sind.

---

837 BMWi (1982), S. 52 f.; 11. Rahmenplan, aaO (Anm. 13), S. 199 Anhang M.
838 P. Tennagels (1980), S. 107.

5. Mobile Verteilungsstrategie mit sachlichen und räumlichen Diskriminierungsregeln - Das Handlungsmodell der Gemeinschaftsaufgabe

In der Gesamtschau zeichnet sich die Förderungskonzeption der GRW durch drei zentrale Programmelemente aus:

- Ansatzpunkt der Regionalförderung ist die **Raummobilität des arbeitsplatzschaffenden Produktionskaptitals**,

- als systemkonformes Einflußinstrumentarium wird ein **Anreizprogramm** eingesetzt und

- zur optimalen Zielverwirklichung erfolgt die Förderung **sektoral** und **regional konzentriert**.

Auf diese Grundbausteine reduziert und imperativ formuliert läßt sich im Anschluß an **Böhret, Jann** und **Kronenwett** das Handlungsmodell der GRW folgendermaßen umschreiben:

"Gestalte mittels spezifischer Anreize die Kapitalertragssituation in strukturschwachen Räumen so günstig, daß Kapitalbesitzer zu Standort- und Investitionsentscheidungen zugunsten dieser Räume veranlaßt werden. Fördere gezielt, d. h. diskriminierend, indem die Fördermittel räumlich nur auf wenige Schwerpunkte konzentriert werden und damit sachlich möglichst hochwertige Arbeitsplätze (in fernabsatzorientierten Bereichen) geschaffen werden. Nur so stellen sich die gewünschten Entwicklungseffekte für eine Region ein" [839].

Zur Verwirklichung der regionalpolitischen Koexistenz-Strategie, d. h. zur Sicherung ihrer Wachstums- und Ausgleichsfunktion soll die regionale Wirtschaftsförderung mit anderen Worten "diskriminierend" wirken, indem sie bestimmte Arten von Investitionen in ganz bestimmten Orten bevorzugt. Diese "mobile Verteilungsstrategie" der klassischen Standortpolitik ist heute jedoch "weitgehend irrelevant" geworden [840] und wird wegen ihrer sektoral einseitigen

---

[839] C. Böhret/W. Jann/E. Kronenwett (1980), S. 79.

[840] D. Fürst, Regionale Wirtschaftspolitik im marktwirtschaftlichen System - Grundlagen und Instrumente aus wirtschaftspolitischer Sicht, Vortrag auf der wirtschaftspolitischen Fachtagung des Thomas-Dehler-Instituts "Regionale Strukturpolitik auf dem Prüfstand" am 5.3.1982 in Straubing.

Auswahl, ihrer bloß quantitativen Kapitalorientierung sowie betrieblicher Mitnahmeeffekte, schrumpfender Ansiedlungspotentiale und steigendem Rationalisierungsdruck in ihrer wirtschaftsstrukturellen Wirkung zunehmend problematisch [841]. Das konzeptionelle Defizit des Handlungsmodells der GRW liegt darin, daß es dem seit Beginn der siebziger Jahre sich vollziehenden Strukturwandel der Engpaßfaktoren des regionalen Wachstums nicht Rechnung getragen hat, sondern weiterhin fast ausschließlich auf die unternehmerischen Kostennachteile in den förderungsbedürftigen Gebieten im Vergleich zu den Ballungsräumen abstellt, wie sie sich in den fünfziger und sechziger Jahren als die entscheidenden regionalen Entwicklungsengpässe darstellten. In den achtziger Jahren sind die funktionalen Disparitäten der regionalen Wirtschaftsstruktur indessen weniger in einem Mangel an Realkapital schlechthin und in der wirtschaftsnahen und verkehrsmäßigen Infrastruktur als vielmehr in Defiziten in der Sozial- und Kommunikationsinfrastruktur, dem Angebot an Humankapital und dem Zugang zu wissenschaftlich-technologischen Informationen zu sehen. Demgegenüber beschränkt sich die praktizierte Regionalförderung immer noch auf die Kostenseite der Investitionen und hierbei auch (fast) ausschließlich auf die Produktionskosten im engeren Sinne (betriebliche Investitionslücken), vernachlässigt folglich die für die Erfolgschancen einer Investition ebenso wichtigen Marktpotentiale und Fühlungsvorteile (funktionale Innovationsrückstände). Schließlich kann auch eine regionale Arbeitsmarktpolitik, wie sie in der GRW seit dem 4. Rahmenplan ansatzweise verfolgt wird, nicht nur einseitig beim Arbeitsplatzangebot, d. h. letztlich den Investitionen der Unternehmen ansetzen, sondern muß darüber hinaus auch die Arbeitsplatznachfrage, d. h. die Qualifikation der Arbeitnehmer mit einbeziehen. Gerade Humankapitalinvestitionen sind arbeitsplatzbezogen und tragen damit zur konjunkturellen und strukturellen Stabilität regionaler Arbeitsmärkte eher bei als reine Realkapitalinvestitionen [842], werden jedoch vom Fördersystem der GRW nur am Rande erfaßt.

---

[841] Hierzu und zum folgenden stellvertretend H.-J. Ewers/R. Wettmann/J. Kleine/ H. Krist (1980), S. 13 ff. m. w. Nachw. und F. Spreer (1981), S. 693 ff.

[842] G. Diekmann (1981), S. 511.

Trotz aller Wirksamkeits- und Machbarkeitszweifel an der exogenen Entwicklungsstrategie bilden ihre überkommenen sachlichen und räumlichen Diskriminierungsregeln nach wie vor den Kern der herrschenden regionalpolitischen Programmatik [843]. Während der Rahmenplan das sachliche Outputziel des Primäreffekts folgerichtig noch strikt durchführt - im Unterschied etwa zum ERP-Regionalprogramm, wonach ja Investitionsvorhaben mittelständischer Unternehmer genau dann gefördert werden, wenn sie keinen "überregionalen Absatz" aufweisen - läßt er allerdings Durchbrechungen der räumlichen Schwerpunktbildungen schon selbst zu (z. B. Frauenarbeitsplätze, Infrastrukturmaßnahmen). Weiter durchlöchert wird das Schwerpunktkonzept im übrigen in der Zonenrandförderung. Das zentrale Verfahrensziel der regionalen Konzentration auf Schwerpunkte findet also bereits in der Programmkonkretion nur unvollständig seinen Niederschlag, obgleich die räumliche Diskriminierungsregel als das "Herzstück" der bundesrepublikanischen Regionalpolitik bezeichnet wird [844]. Manche Autoren gehen sogar so weit, daß sie gegenüber dem Schwerpunktprinzip sonstige Wirtschaftsförderung als prinzipiell bedenklich ansehen [845]. Auch wenn das Schwerpunktsystem aufgrund programmatischer Verwässerung in einer Vielzahl von Fällen seine lenkende Funktion verloren hat [846], lassen sich für seine stringente Anwendung innerhalb einer mobilen Verteilungsstrategie gewichtige Argumente anführen:

- Bereits die begrenzten öffentlichen Ressourcen und Mittelaufwendungen gebieten eine Bündelung der regionalpolitischen Ansiedlungsanreize auf Schwerpunktorte, weil gerade angesichts finanzieller Restriktionen die vorhandenen Mittel nicht mit der Gießkanne über die gesamte Förderfläche vergossen werden dürfen, sondern gezielt zum Einsatz kommen müssen [847].

---

843 C. Böhret/W. Jann/E. Kronenwett (1980), S. 76 f.

844 Ebenda, S. 90.

845 H. Faber (1981), S. 392 f. FN 2 im Anschluß an H. Kliemann (1978), S. 6.

846 K.-H. Hansmeyer (1980), S. 4. Zur Verwässerung des Schwerpunktprinzips u.a. H. H. Eberstein (1972), S. 31; H. Lossau (1978), S. 159 f.; J. H. Müller (1973), S. 16 und 19; R. Wieting (1976), S. 615; F. Wolf (1974), S. 19.

847 H. H. Eberstein (1972), S. 31.

- Nur auf dem Wege der Schwerpunktbildung kann die vorhandene oder auszubauende Infrastruktur, die heute einen erheblichen Mittelaufwand einschließlich der Folgekosten erfordert, effektiv und rentabel bereitgestellt und ökonomisch rational genutzt und ausgelastet werden ("Unteilbarkeiten", "economies of scale") [848].

- Das industrielle Ansiedlungspotential ist seit Jahren tendenziell rückläufig ("Trendwende"), so daß nur noch relativ wenige Gemeinden zu standortattraktiven Zentren ausgebaut werden sollten [849].

- Erst eine Schwerpunktbildung in schwach strukturierten Regionen vermittelt die für die Standortattraktivität so wichtigen "Kommunikations- und Fühlungsvorteile" und macht externe Ersparnisse der Produktion sowie andere Agglomerationsvorteile betriebswirtschaftlich nutzbar [850].

- Die auf diese Weise sich entwickelnde Wirtschaftskraft gewerblicher Schwerpunkte strahlt auf das Umland (Einzugsbereich) aus; dort wohnende Erwerbstätige finden im Schwerpunktort Beschäftigung. Die Ausgabe dieser zusätzlichen Einkommen in der Region begünstigt den Tertiärsektor ("Multiplikatoreffekt"), während die Naherholungs- und Fremdenverkehrsfunktion des näheren Umlandes ihrerseits zur Steigerung der Attraktivität des Schwerpunktortes beiträgt [851].

- Überdies ist eine auf Arbeitsmarkt- und Dienstleistungszentren ausgerichtete räumliche Verdichtung unabdingbare Voraussetzung für leistungsfähige Nah- und Schnellverkehrssysteme und damit für die Erschließung ländlicher Räume überhaupt [852].

- Schließlich kann die regional konzentrierte Ansiedlung einer Vielzahl von Betrieben zu einer sektoralen Differenzierung und zu vielseitigen Berufsausübungsmöglichkeiten und demnach zu einer Stabilisierung des regionalen Arbeitsmarktes führen [853].

Gleichwohl weist auch das Schwerpunktkonzept - wie jede Modellbildung - eine "Schwachstelle" auf: Modellaufbau wie -ablauf setzen Wirtschaftswachstum und Investitionsbereitschaft voraus, d.h. zwei Vorbedingungen, die heutzutage eher "skeptisch" beurteilt werden,

---

[848] H. H. Eberstein (1969), S. 373; W. Jann/E. Kronenwett (1979), Bd. 1, S. 217 f.; H. Mehrländer (1977), S. 24 f.; vgl. a. W. Albert (1972 a), S. 6.

[849] F. Wolf (1974), S. 173.

[850] C. Böhret/W. Jann/E. Kronenwett (1980), S. 77; H. H. Eberstein (1969), S. 373; H. d'Orville (1979), S. 123.

[851] H. Kliemann (1981), Teil I, S. 7.

[852] F. Wolf (1975), S. 434.

[853] F. Wolf (1974), S. 176.

die aber andererseits Prämissen jedweder regionalen Strukturpolitik sind [854].

6. Mittelvolumen und Ergebnisse der Regionalförderung

Seit dem 1. Rahmenplan sind die in der Gemeinschaftsaufgabe einschließlich der Investitionszulagen veranschlagten (nicht die effektiv verausgabten) Mittel von knapp 0,9 Mrd. D-Mark auf über 2,1 Mrd. D-Mark im 9. Rahmenplan gestiegen [855]. Auf den ersten Blick erscheint hiermit zum Zwecke der Strukturverbesserung ein gewichtiges Finanzvolumen seinen bewußten Einsatz zu finden. Wenn man sich allerdings vergegenwärtigt, daß es kaum einen staatlichen Politikbereich geben dürfte, der nicht räumlich differenzierende Effekte aufweist und daß die regional nicht gezielt eingesetzten und kontrollierten öffentlichen Finanzströme sich auf rund eine halbe Billion D-Mark belaufen [856], so relativiert sich der prima facie herausgehobene finanzpolitische Stellenwert, den die Gemeinschaftsaufgabe im Rahmen der Wirtschafts- und Raumordnungspolitik einnimmt [857]. Denoch steht außer Zweifel, daß die Wirtschaftsentwicklungspolitik - was ihren Mittelaufwand angeht - in der Bundesrepublik seit ihren Anfängen erheblich intensiviert worden ist. Mittlerweile kann sich eine quantitative Bilanz der GRW auf eine Datenbasis für acht Jahre stützen [858]. Danach haben Bund und Länder zusammen im Zeitraum vom 1. Januar 1972 bis zum 30. September 1979 für die Fördergebiete der GRW Haushaltsmittel in Höhe von 4.943.810 D-Mark verausgabt [859]. Hinzu kommen noch die durch die

---

[854] H. Kliemann (1981), Teil I, S. 9.

[855] M. Köppel (1980), S. 196.

[856] Einschließlich der Sozialversicherungsleistungen, H. Zimmermann, Öffentliche Finanzströme und regionalpolitische Fördergebiete, Vortrag auf dem vom DIHT und der GRS veranstalteten Symposium "Regionalpolitik im Wandel" am 24.6.1981 in Bonn.

[857] H. Zimmermann, ebendort, entwarf das treffende Bild eines "unbeobachteten Elefanten" (öffentliche Finanzströme), der sich hinter einer "beobachteten Maus" (Wirtschaftsförderungsvolumen) verstecken wolle.

[858] W. Albert (1980), S. 456.

[859] Eigene Berechnung nach den Angaben des BfgW, Statistik im Rahmen der Gemeinschaftsaufgabe "Verbesserung der regionalen Wirtschaftsstruktur", I 6 - Az.: 26700 vom 6.11.1979 und I 6 - Az.: 26800 vom 2.11.1979.

Inanspruchnahme von regionalen Investitionszulagen verursachten Ausfälle an Steuereinnahmen in Höhe von 4.745.090 D-Mark[860]. Und in den Jahren 1972 bis 1978 machten die ausschließlich für Fördergebiete vorgesehenen ERP-Kredite des Bundes an die gewerbliche Wirtschaft 1,94 Mrd. D-Mark (ERP-Regionalprogramm) und an die Kommunen 1,18 Mrd. D-Mark (ERP-Gemeindeprogramm) aus[861]. Insgesamt gab der Staat damit im Rahmen der regionalen Strukturpolitik in den Gemeinschaftsfördergebieten etwa 500 D-Mark je Einwohner bzw. rund 1.200 D-Mark pro Erwerbstätigen zur Verbesserung der Wirtschaftsstruktur aus[862].

Die Ergebnisse der **Förderung privater Investitionen** aus GA-Mitteln gibt Übersicht 4 wieder[863]. Hiernach sind hauptsächlich folgende Resultate hervorzuheben. Im Zeitraum vom Januar 1972 bis einschließlich September 1979 sind über 9.000 Investitionsvorhaben der gewerblichen Wirtschaft mit einem Investitionsvolumen von mehr als 35 Mrd. D-Mark durch 2,2 Mrd. D-Mark an Investitionszuschüssen subventioniert worden. Nach ihren eigenen Angaben haben die begünstigten Unternehmen dadurch über 220.000 Arbeitsplätze neu einge-

---

[860] Eigene Berechnung nach den Angaben von **M. Köppel** (1980), S. 196 Tabelle 3 (Die genannte Summe erfaßt allerdings schon den Zeitraum bis 31.12.1979). Im Durchschnitt tragen Bund und Länder je 47 % und die Kommunen 6 % der Steuerausfälle.

[861] **BMWi** (1980), S. 12.

[862] Ebenda, S. 12.

[863] Die hiesige Übersicht unterscheidet sich in ihren Zahlenangaben nicht nur wegen des längeren Berichtszeitraums von der offiziellen Statistik des **BMWi**, sondern auch grundlegend wegen der Art und Weise der Zusammenstellung der vorfindbaren Daten. Vom Abdruck der vom **BMWi** (1980), S. 13 f. zusammengestellten Förderergebnisse wurde hauptsächlich deshalb abgesehen, weil diese Tabelle bei näherer Betrachtung als "unlauter" im Vergleich zu den (nichtöffentlichen) Statistiken der **BfgW** angesehen werden muß. Obwohl die Übersicht des **BMWi** lediglich die tatsächlich eingesetzten GA-Mittel zur Förderung privater Investitionen unter Weglassung des Investitionszulagenvolumens anführt (das mehr als doppelt so hoch wie das Zuschußvolumen ist), stellt sie diesem relativ gering erscheinenden GA-Mittelaufwand doch, was die Zahl der Investitionsvorhaben, der geschaffenen und gesicherten Arbeitsplätze und das Investitionsvolumen betrifft, nicht nur die aufgrund der GA-Mittel mit und ohne Investitionszulagen induzierten, sondern auch die allein mit der Investitionszulage (Solozulage) ohne GA-Mittel geförderten Vorhaben und Ergebnisse gegenüber, ohne die tatsächliche Höhe der durch die Investitionszulagen bedingten Steuerausfälle mit anzugeben ("Täuschung durch pflichtwidriges Unterlassen"). Naturgemäß erscheinen die "Erfolge" der Gemeinschaftsförderung dann in einem - politisch und bürokratisch erwünschten - helleren Lichte.

Übersicht 4

Ergebnisse der Arbeitsplatzförderung mit Gemeinschaftsaufgabenmitteln im Zeitraum vom 01.01.1972 bis zum 30.09.1979

	Zahl der Investitionsvorhaben	Investitionsvolumen in Mio. DM	Neue Arbeitsplätze	Gesicherte Arbeitsplätze	Bewilligte Zuschüsse in Mio. DM	Errichtungen		Erweiterungen		Umstellungen und Rationalisierungen	
						Anzahl	Invest.Vol in Mio. DM	Anzahl	Invest.Vol in Mio. DM	Anzahl	Invest.Vol in Mio.DM
Schleswig-Holstein	691	4.987,31	20.503	32.747	333,96	211	2.516,69	406	1.958,26	74	512,36
Niedersachsen	2.134	9.601,49	58.008	31.982	497,04	635	4.708,62	1.381	4.338,50	118	554,37
Bremen	68	204,90	2.504	--	14,91	16	36,97	52	167,93	--	--
Nordrhein-Westfalen	1.871	3.859,63	28.623	13.390	215,39	543	978,13	1.178	2.757,39	150	124,11
Hessen	1.150	2.763,14	21.724	30.409	166,78	298	748,56	711	1.656,76	141	357,81
Rheinland-Pfalz	1.237	3.605,08	24.092	33.649	251,26	330	697,03	745	2.574,45	162	333,60
Saarland	544	4.331,18	27.208	21.649	251,54	198	1.315,29	315	2.304,30	31	711,60
Baden-Württemberg	208	1.268,40	22.758	5.685	97,99	53	341,12	142	861,79	13	65,49
Bayern	1.419	4.907,45	31.698	101.691	371,51	338	740,54	832	3.085,07	249	1.081,84
Total	9.322	35.528,57	226.118	271.202	2.200,39	2.622	12.082,96	5.762	19.704,44	938	3.741,17

Quelle: Bundesamt für Gewerbliche Wirtschaft, Statistik im Rahmen der Gemeinschaftsaufgabe -Verbesserung der regionalen Wirtschaftsstruktur-, I 6 - Az.:26800 vom 02.11.1979, Tabelle M 1 B.
(Erfaßt sind alle sowohl nur mit Gemeinschaftsaufgabenmitteln geförderten Investitionsvorhaben als auch mit Gemeinschaftsaufgabenmitteln und Investitionszulagen geförderte Vorhaben - Differenzen in den Endsummen sind rundungsbedingt)

richtet und über 270.000 Arbeitsplätze in ihrem Bestand gesichert. Auf Erweiterungsinvestitionen entfielen 55,5 %, auf Errichtungsinvestitionen 34 % und auf Umstellungs- und Rationalisierungsinvestitionen 10,5 % des bezuschußten Investitionsvolumens. Rechnet man die ausschließlich mit regionalen Investitionszulagen in Höhe von knapp 4,8 Mrd. D-Mark [864] geförderten Vorhaben noch hinzu, so sind in dem maßgeblichen Zeitraum 30.271 Investitionen der Wirtschaft mit einem Investitionsvolumen von 74.966.680 D-Mark finanziell unterstützt worden [865]. Folglich sind etwa zwei Drittel aller Förderfälle bzw. weit über die Hälfte des geförderten Investitionsvolumens nur mit der Investitionszulage subventioniert worden [866]. Uneingeschränkt durch die Solozulage sind damit 371.372 neugeschaffene und 547.919 bestehende Arbeitsplätze gefördert [867], d. h. 40 bzw. 50 % mehr Arbeitsplätze - auf der Basis der Angaben der unterstützten Unternehmen - eingerichtet bzw. erhalten worden [868] als mit Solozuschüssen aus der GRW und kumulierten Investitionszulagen und -zuschüssen zusammengenommen. Gemessen am Investitionsvolumen verteilen sich 10 % der gesamten Förderfälle auf Investitionen unter einer Mio. D-Mark und je 30 % auf Investitionen mit einem Volumen von einer bis zehn Mio. D-Mark, zehn bis 100 Mio. D-Mark bzw. 100 Mio. und mehr D-Mark [869]. Über ein Drittel des Gesamtinvestitionsvolumens wurde im Zonenrandgebiet getätigt [870]. Auf Investitionen in Schwerpunktorten konzentrierten sich mehr als zwei Drittel des finanziell unterstützten gewerblichen Investitionsvolumens [871], wobei zu bedenken ist, daß Frem-

---

[864] Siehe oben S. 172.
[865] BfgW, aaO (Anm. 859), I 6 - Az.: 26800, Tabelle M 1 A.
[866] BMWi (1980), S. 12.
[867] Eigene Berechnung nach den Angaben des BfgW, aaO (Anm. 859), I 6 - Az.: 26800. Die Summe wurde aus der Subtraktion der Werte der Tabelle M 1 B von denen der Tabelle M 1 A gebildet.
[868] Die vieldiskutierte Problematik der "Mitnahmeeffekte", d. h. der berechtigten Frage, ob die Arbeitsplatzinvestitionen nicht auch ohne die Fördermittel durchgeführt worden wären, soll vorerst ausgeklammert bleiben. Zum Diskussionsstand L. Hübl/R. Ertel (1980), S. 43 ff. und neuestens U. Freund (1982), S. 61 ff.
[869] BMWi (1980), S. 15.
[870] Ebenda, S. 15.
[871] W. Albert (1980), S. 456.

denverkehrsinvestitionen sowie Betriebsumstellungen und -rationalisierungen sowieso nicht an das Schwerpunktprinzip gebunden sind und der Rahmenplan für die Errichtung oder Erweiterung gewerblicher Produktionsbetriebe im übrigen begrenzte Ausnahmen zuläßt [872].

Die Datenbasis der **Infrastrukturförderung innerhalb der GRW** ist der Übersicht 5 zu entnehmen. Hiernach steht fest, daß im Zeitraum vom 1. Januar 1972 bis 30. September 1979 5.000 Infrastrukturvorhaben mit einem Investitionsvolumen von über 5,8 Mrd. D-Mark durch mehr als 2,7 Mrd. D-Mark an Zuschüssen gefördert wurden. Je ein Viertel des subventionierten Investitionsvolumens entfiel auf Fremdenverkehrseinrichtungen einerseits und Abwasser-, Abwasserbeseitigungs- und Abfallbeseitigungsanlagen andererseits. Auf Industriegeländeerschließungen beschränkte sich ein Fünftel des Investitionsvolumens, gefolgt von der Förderung von Ausbildungs-, Fortbildungs- und Umschulungsstätten (11 %) und dem Ausbau von Verkehrsverbindungen (7 %) [873]. Über 60 % des Volumens der Infrastrukturinvestitionen wurden ebenfalls in Schwerpunktorten und etwa 40 % im Zonenrandgebiet durchgeführt [874].

Wegen der Einzelheiten der Förderzahlen für die beiden regionalpolitisch gezielten **ERP-Programme** wird auf die Übersicht 6 verwiesen. Betont sei lediglich, daß in den Jahren 1972 bis 1978 mit Kreditzusagen für zinsverbilligte Darlehen fast 30.000 Investitionsvorhaben kleinerer und mittlerer Gewerbebetriebe mit einem Volumen von über 9,4 Mrd. D-Mark gefördert werden konnten. Im gleichen Zeitraum sind auf dem Sektor der haushaltsorientierten Infrastruktur rund 1.600 Investitionsmaßnahmen mit einem Gesamtvolumen von fast 2,4 Mrd. D-Mark dank zinsgünstiger ERP-Darlehen in Höhe von über 900 Mio. D-Mark verbilligt worden.

---

[872] Siehe oben S. 150.
[873] Alle Berechnungen nach des Statistik des **BfgW**, aaO (Anm. 859), I 6 - Az.: 26700.
[874] **BMWi** (1980), S. 15.

Übersicht 5

Ergebnisse der Infrastrukturförderung mit Gemeinschaftsaufgabenmitteln im Zeitraum vom 01.01.1972 bis zum 30.09.1979

	Zahl der Investitionsvorhaben	Investitionsvolumen in Mio. DM	Bewilligte Zuschüsse in Mio. DM	Öffentlicher Fremdenverkehr		Abwasserreinigung und -beseitigung sowie Abfallbeseitigung		Industriegeländeerschließung		Aus-, Fortbildungs- und Umschulungsstätten	
				Anzahl	Invest.Vol in Mio. DM	Anzahl	Invest.Vol in Mio. DM	Anzahl	Invest.Vol in Mio. DM	Anzahl	Invest.Vol in Mio. DM
Schleswig-Holstein	690	785,77	372,25	325	205,06	49	99,58	136	179,87	87	125,40
Niedersachsen	939	1.577,96	633,59	257	352,74	214	358,57	248	331,63	43	216,07
Bremen	7	12,59	3,25	-,-	-,-	-,-	-,-	5	6,84	-,-	-,-
Nordrhein-Westfalen	74	102,44	49,66	33	16,48	4	36,39	-,-	-,-	-,-	-,-
Hessen	831	409,00	209,47	649	169,14	11	39,78	119	105,06	14	23,20
Rheinland-Pfalz	328	357,51	161,77	160	159,82	3	4,62	102	129,02	15	41,69
Saarland	390	710,93	441,46	59	85,42	151	298,64	64	95,00	11	112,93
Baden-Württemberg	249	450,32	105,65	21	35,83	72	277,14	88	71,10	17	17,62
Bayern	1.492	1.430,90	766,32	363	475,08	376	297,34	322	270,53	100	146,94
Total	5.000	5.837,43	2.743,42	1.867	1.489,58	880	1.412,05	1.084	1.189,05	287	683,85

Quelle: Bundesamt für Gewerbliche Wirtschaft, Statistik im Rahmen der Gemeinschaftsaufgabe -Verbesserung der regionalen Wirtschaftsstruktur-, I 6 - Az.: 26700 vom 06.11.1979, Tabelle M 1.
(Erfaßt ist auch das Sonderprogramm der Gemeinschaftsaufgabe im Rahmen des Programms für Zukunftsinvestitionen, aus dem vorrangig Fußgängerzonen und Parkmöglichkeiten gefördert wurden - Aufgeschlüsselt sind nur die vier dominierenden Infrastrukturbereiche - Differenzen in den Endsummen sind rundungsbedingt)

Übersicht 6

Ergebnisse der Regionalförderung mit ERP-Mitteln im Zeitraum vom 01.01.1972 bis zum 31.12.1978

	ERP-Regionalprogramm			ERP-Gemeindeprogramm		
	Zahl der gewerbl. Investitionsvorh.	Investitionsvolumen in Mio. DM	Zugesagte Kredite in Mio. DM	Zahl der kommunalen Investitionsvorh.	Investitionsvolumen in Mio. DM	Zugesagte Kredite in Mio. DM
Schleswig-Holstein	4.336	1.141,5	325,7	145	191,9	90,8
Niedersachsen	8.513	2.470,8	644,0	317	412,3	157,8
Bremen	79	29,9	7,5	5	46,6	13,0
Nordrhein-Westfalen	3.213	1.117,9	276,2	279	320,6	121,4
Hessen	3.501	1.050,0	268,3	142	183,7	79,7
Rheinland-Pfalz	2.377	698,0	180,2	94	100,5	42,9
Saarland	1.460	387,4	107,6	118	140,3	46,5
Baden-Württemberg	1.354	582,0	124,1	171	268,0	90,8
Bayern	5.118	1.880,0	438,7	314	702,9	266,1
Total	29.951	9.457,5	2.372,3	1.585	2.366,8	909,0

Quelle: Bundesministerium für Wirtschaft, Wirksame Regionalpolitik - Fortschritte in den Regionen, Bonn 1980, S. 17 Tabelle 3.

TEIL D

DIE WIRTSCHAFTSENTWICKLUNGSPOLITIK DER BUNDESLÄNDER UND DER KOMMUNALEN GEBIETSKÖRPERSCHAFTEN AUSSERHALB DER GEMEINSCHAFTSAUFGABE "VERBESSERUNG DER REGIONALEN WIRTSCHAFTSSTRUKTUR"

Die Verwirklichung regional- und strukturpolitischer Ziele ist in jedem Falle mit dem Einsatz politischer Steuerungsinstrumente verbunden [875]. Deren zweckoptimale Koordination im Sinne der Erzeugung positiver und der Vermeidung negativer externer Effekte zwischen den Handlungsstrategien verschiedener Akteure [876] kann in einem föderativen Staatswesen nur auf der Basis eines für die vertikalen Entscheidungsträger weitgehend verbindlichen Handlungsprogramms erfolgen, welches auf der Grundlage einer möglichst konkreten Zielbestimmung die regionale Verteilung der raumwirksamen Maßnahmen und Mittel festlegt [877]. Eine solche gesamträumliche Koordinierungsfunktion wurde und wird noch immer der Gemeinschaftsaufgabe "Verbesserung der regionalen Wirtschaftsstruktur" zugeschrieben [878], war sie doch seinerzeit mit der erklärten Absicht angetreten, die regionale Strukturpolitik in der Bundesrepublik Deutschland zu vereinheitlichen und konkurrierende Förderungen außerhalb ihrer Aktionsräume zu unterbinden [879]. Auch die Wissenschaft ging damals davon aus, daß kein Bundesland eigene Projektplanungen außerhalb der Rahmenplanung verwirklichen werde - allein schon wegen der dann von jedem Land einzeln zu tragenden Finanzierungskosten [880]. Im Rückblick auf diese ehrenwerten Hoff-

---

[875] Ausgenommen ist der Fall der "passiven Sanierung", d. h. dem Entleerenlassen strukturschwacher Regionen, H. S. Seidenfus (1968), S. 126.

[876] Siehe oben S. 83.

[877] G. Berg (1975), S. 266.

[878] BMWi (1980), S. 8 f.

[879] W. Albert (1971), S. 12.

[880] Vgl. H. Faber (1973), S. 214.

nungen der Theorie wie der Praxis belehrt uns die tatsächliche Entwicklung der regionalen Strukturpolitik allerdings landauf und landab eines Besseren. Statt der aus der Sicht der Bundesplaner erwünschten Konformität ist die bundesdeutsche Regionalförderung vielmehr durch eine unkoordinierte und bei näherem Hinsehen verwirrende Vielfalt unterschiedlichster Strukturförderungsprogramme auf Bundes-, Landes- und kommunaler Ebene gekennzeichnet [881]. Obwohl es der Gemeinschaftsaufgabe mit dem 10. Rahmenplan gelungen ist, die Ausdehnung der Fördergebiete und die Anzahl der Schwerpunktorte spürbar zu vermindern, ist sie doch weiterhin vor allem mit den verschiedenen Landesförderungen konfrontiert, die außerhalb ihres Handlungsrahmens durchgeführt werden. In Ansehung dieses "Störpotentials" [882] - das noch durch die später zu beleuchtende Pluralität kommunaler Wirtschaftsentwicklungsmaßnahmen verstärkt wird - drängt sich die bislang selten gestellte Frage auf, ob denn die Gemeinschaftsaufgabe überhaupt noch ihrem angesichts der obwaltenden Umstände bereits reduzierten Anspruch, Rahmenbedingungen für die Aktivitäten von Bund, Ländern und Gemeinden auf dem weiten Felde der regionalen Wirtschaftsförderung zu setzen [883], zu genügen in der Lage ist. Um dieses "Niveaufixierungsproblem" [884] des vertikalen Politikverflechtungssystems GRW erfassen zu können, werden in diesem Arbeitsabschnitt zunächst die Wirtschaftsentwicklungskonzeptionen der Bundesländer in programmatischer Hinsicht vorgestellt; hieran anschließend wird in einem gesonderten Teil der Ausführungen den Erscheinungsformen kommunaler Gewerbeförderung nachgegangen.

---

[881] Dies beklagen - allerdings ohne empirische Aufschlüsselung - IHK Hannover-Hildesheim (1977), S. 16; K.-D. Krömmling (1977), S. 5; U. Engelen-Kefer (1974), S. 139; H. d'Orville (1979), S. 77 ff.

[882] So die Charakterisierung von F. Schnabel (1976 a), S. 807.

[883] 11. Rahmenplan, aaO (Anm. 13), S. 8 Tz. 3.3.

[884] Dazu allgemein F. W. Scharpf (1978 b), S. 25 und (1976), S. 26. Speziell zur GRW B. Reissert/F. Schnabel (1976), S. 99, 230 und 231.

I. Die regionale Wirtschaftsstrukturpolitik der Bundesländer

Das Erscheinungsbild der regionalen Strukturpolitik in der Bundesrepublik ist geprägt von der primären Zuständigkeit der Bundesländer für diesen Politikbereich [885]. An dieser Kompetenzverteilung hat im Grundsatz auch Art. 91 a GG festgehalten [886]. Bestanden schon seit Anfang der fünfziger Jahre neben dem vom Bund in alleiniger Regie durchgeführten Regionalen Förderungsprogramm autonome Förderungsprogramme der Länder, so haben mit der Einführung der GRW einige Bundesländer die bisher für die Landesförderung verausgabten Haushaltsmittel als Komplementärleistungen zu den nunmehr vom Bund eingebrachten GA-Mitteln eingesetzt [887]. Dennoch blieben weiterhin selbständige Wirtschaftsentwicklungsmaßnahmen der Länder, innerhalb eigener Fördergebiete und aufgrund eigener Förderungskonditionen, aber außerhalb der gemeinsamen Bund-Länder-Rahmenplanung bestehen und entzogen sich damit der Koordination des Bundes. Nicht umsonst halten es sich gerade die größeren Länder zugute, daß auf ihrer Verwaltungsebene eine größere Flexibilität in der Förderung und eine bessere Anpassung an landesspezifische Wirtschaftsstrukturen möglich sei [888]. Während die für die Gemeinschaftsaufgabe zur Verfügung stehenden Finanzmittel seit dem 1. Rahmenplan nur langsam erhöht und nunmehr - als Signal zum Subventionsabbau [889] - sogar fühlbar gekürzt wurden (vgl. Übersicht 1), "scheint der Umfang der landeseigenen Förderung in dem Maße zuzunehmen, in dem das Bewußtsein über die Bedeutung der Regionalpolitik gerade auch unter erschwerten wirtschaftlichen Rahmenbedingungen wächst" [890]. Dieser Tatbestand legt sogleich

---

[885] K. Geppert/K. Hornschild (1979), S. 25; H. Jürgensen (1981), S. 227; H. Kliemann (1978), S. 10.

[886] Bayerisches Staatsministerium für Wirtschaft und Verkehr (1970), S. 48; A. Klein (1982), S. 29; R. Wahl (1981), S. 329; J. Westphal (1976), S. 154; K.-P. Wild (1978), S. 2 sowie die Nachw. oben in Anm. 464.

[887] H. E. Hötger (1978), S. 1.

[888] Aus der Sicht Baden-Württembergs A. Klein (1982), S. 36.

[889] C. Noé (1981), S. 387.

[890] K.-P. Wild (1978), S. 13.

die Frage nahe, ob die Landesprogramme nicht die Förderintentionen und -konditionen der GRW durchkreuzen und den - viel geschmähten - Subventionswettlauf zwischen den Ländern doch weiter zulassen. Obwohl es den Planungsgremien der Gemeinschaftsaufgabe bislang nicht gelungen ist (und auch zukünftig nicht gelingen wird), Konzeptionen, Methoden, Finanzvolumen und Förderungsergebnisse dieser Landesförderungen zu erarbeiten [891] und obgleich deshalb der Rahmenplan der GRW nur am Rande von den landesspezifischen Regionalprogrammen Notiz nimmt [892], scheint es nichtsdestoweniger der Mühe wert, diese zusätzlichen Wirtschaftsförderungsaktivitäten auf Länderebene wenigstens in Umrissen näher zu beleuchten, um einen annähernden Eindruck von der Intensität der staatlichen Wirtschaftsentwicklungspolitik in Bund und Ländern zu erhalten.

1. Zum regionalpolitischen Stellenwert der Landesförderung

In der Bundesrepublik Deutschland steht jährlich nur ein begrenztes Industrie- und Gewerbeansiedlungspotential zur Verfügung. Denn im Bundesgebiet gibt es nach neueren Schätzungen im Laufe eines Jahres lediglich noch rund 250 Unternehmen mit etwa 12.000 Arbeitsplätzen, die sich mit ihren Betriebsstätten an einem neuen Standort ansiedeln wollen [893]. Aber selbst wenn man einer älteren Äußerung Alberts folgt, wonach sich seiner Erfahrung nach ungefähr 100.000 Arbeitsplätze pro Jahr in regionale Standorte lenken lassen [894], so zeigen doch auch diese Zahlenangaben, wie limitiert das Reservoir an arbeitsplatzschaffenden Investitionen ist. Und

---

[891] Dieses Vorhaben ist am "Informationswert" der von den Bundesländern zur Verfügung gestellten Daten und der erteilten Auskünfte gescheitert, vgl. F. Schnabel (1976 a), S. 807.

[892] Im 11. Rahmenplan, aaO (Anm. 13), weisen nur die Länder Schleswig-Holstein (S. 32 f. und 40 f.), Niedersachsen (S. 46, 55, 60 und 65); Rheinland-Pfalz (S. 96, 102 und 113), Baden-Württemberg (S. 117) und Bayern (S. 126, 132, 140 f. und 145) auf die Möglichkeit landeseigener Fördermittel, die nicht in Grunderwerbssteuerbefreiungen bestehen, hin.

[893] N. Schneider (1981), S. 33, wohingegen H. Börkicher (1981), S. 358 gar nur noch von 190 Betrieben mit knapp 8.600 Arbeitsplätzen, G.-U. Brandenburg (1981), S. 130 dagegen noch von 300 Unternehmen mit 15.000 Arbeitsplätzen ausgehen.

[894] W. Albert, in: A. Baestlein (1977), S. 63.

exakt um diese "knappen Güter" dreht sich der Ansiedlungswettbewerb in der Wirtschaftsförderung. Eine Umfrage im Fördergebiet der GRW im letzten Quartal des Jahres 1981 hat eindeutig ergeben, daß hohe Ansiedlungskonkurrenzen hauptsächlich an den Grenzen der Bundesländer in Erscheinung treten, wogegen im jeweiligen Landesinneren der Wettlauf um die Gunst gewerblicher Investoren gering bzw. ohne jede Bedeutung ist [895]. Offensichtlich ist hier die Konkurrenz zwischen den Regionen [896] der Konkurrenz einzelner Bundesländer um finanz- und steuerstarke Investoren gewichen [897].

Diese "Grenzorientiertheit" [898] regionaler Wirtschaftspolitik läßt sich auch in einigen Landesförderungsprogrammen nachweisen, die Teilräume in ihre finanzielle Förderpalette einbeziehen, die nicht zum Gebiet der GRW zählen, dafür aber an der Grenze zu anderen Bundesländern bzw. westeuropäischen Nachbarstaaten liegen. Derar-

---

[895] H. H. Koch/H.-P. Steinmetz (1981 a), S. 296.

[896] Vgl. die Beiträge in W. Buhr/F. Friedrich (Hrsg.), Konkurrenz zwischen kleinen Regionen, Baden-Baden 1978.

[897] Gegen diesen Subventionswettlauf der Länder wettert insbesondere die niedersächsische Wirtschaftsministerin B. Breuel, so z. B. in der wirtschaftspolitischen Debatte des Niedersächsischen Landtages vom 5.6.1980, vgl. NWi 12/1980, S. 7 und in der ARD-Fernsehsendung "Subventionieren wir die Marktwirtschaft zu Tode?" am 6.6.1980, 21.45 Uhr.
Der Stand um die Landesbürgschaften für die Fa. Povel (Nordhorn), die Lutter-Werke, die Rollei-Werke (Braunschweig) oder die Ferrowerke (Emden) bestätigen die berechtigten Zweifel der Ministerin an der Eignung staatlicher Finanzhilfen zur Rettung von Arbeitsplätzen. So zeigt sich die streitbare Wirtschaftsministerin denn auch gegenüber fußkranken Firmen durchaus zugeknöpft, vgl. Handelsblatt Nr. 100 vom 26.5.1981, S. 5, was sie jedoch in anderen Fällen nicht daran hinderte, die Ansiedlung von Großfirmen wie z. B. der MTU Motoren- und Turbinen-Union GmbH in Langenhagen-Godshorn bei Hannover im Jahre 1979 mit 52 Mio. D-Mark zu fördern, damit dieses Unternehmen 500 neue Arbeitsplätze einrichtete.
Auch kürzlich beugte sich Frau Breuel erneut "ökonomischen Sachzwängen" und wird die mit großen Schwierigkeiten kämpfenden Olympia Werke AG in Wilhelmshaven mit 18 Mio. D-Mark an Zuschüssen, von denen allein 12 Mio. D-Mark aus der Kasse der GRW fließen, und mit 5 Mio. D-Mark für den Abkauf des Büromaschinen-Museums in Braunschweig unterstützen, vgl. F.A.Z. Nr. 149 vom 2.7.1981, S. 11 und den Art. "Friesland in Not" im Stern Nr. 30 vom 16.7.1981, S. 116 ff. (122). Als Gegenleistung sichert die Unternehmensleitung die Erhaltung von insgesamt 5.570 Arbeitsplätzen in Niedersachsen zu. Um die Sicherung von 3.000 Arbeitsplätzen über 20 Jahre hinweg geht es im Falle Hanomag in Hannover. Insgesamt belaufen sich hier die Vergünstigungen der niedersächsischen Landesregierung zusammen mit der Stadt Hannover auf rund 75 Mio. D-Mark, siehe F.A.Z. Nr. 149 vom 2.7.1981, S. 11 und Nr. 301 vom 30.12.1981, S. 13.

[898] H. H. Koch/H.-P. Steinmetz (1981 a), S. 296.

tige zusätzliche Landesförderungen bergen die Gefahr in sich, die Ausgleichs- und Wachstumsfunktion der GRW außer Kraft zu setzen und damit die Wirksamkeit eines Instrumentes der auf Gerechtigkeit wie Effizienz der Allokation der Produktionsfaktoren im Raum gerichteten strukturpolitischen Koexistenz-Strategie des Gesamtstaates [899] zu beeinträchtigen - vorausgesetzt natürlich, den Anreizen der GRW selbst wird ein regionalpolitischer Lenkungseffekt zugeschrieben [900]. Ohne die Handlungs- und Wirkungsformen der landeseigenen Regionalprogramme konkret untersucht zu haben, trifft man häufig die gutgläubige Feststellung an, die regionale Strukturpolitik auf Länderebene trüge nur ergänzenden bzw. subsidiären Charakter [901]. So beschließt **Hötger** seine gerade begonnenen Ausführungen mit der lapidaren Behauptung, daß die zusätzliche regionale Gewerbeförderung der Bundesländer sowohl unterstützende Wirkung für die im Rahmen der GRW beschlossenen Maßnahmen als auch - soweit sie außerhalb der Gemeinschaftsfördergebiete zum Einsatz komme - ergänzende und nicht konkurrierende Wirkung habe [902].

In der Tat ähneln die Programm- und Vergaberichtlinien der Länder den Regelungen des Rahmenplanes der GRW. Unterschiede ergeben sich im wesentlichen aus der räumlichen Abgrenzung des Einsatzgebietes und aus differierenden sachlichen Förderungskonditionen. Auch wenn die Fördersysteme der Gemeinschaftsaufgabe und der Bundesländer verfahrensrechtlich getrennt sind, können ihre Wirkungen nicht unabhängig voneinander gesehen werden [903]. Infolgedessen erscheint die Aussage, die Landesförderung könne infolge der niedrigen Förderpräferenzen die Gemeinschaftsaufgabenförderung nicht unterlau-

---

899 Siehe oben S. 74 f.

900 Zum Diskussionsstand um die Bedeutung finanzieller Hilfen als Ansiedlungsanreize siehe zusammenfassend R. **Clemens** (1981), S. 36 ff.; U. **Freund**/G. **Zabel** (1978 b), S. 99 ff.; L. **Hübl**/R. **Ertel** (1980), S. 43 ff. und P. **Tennagels** (1980), S. 110 ff.

901 H.-F. **Eckey** (1978 a), S. 140, der dem Problem der verselbständigten Landesförderungsprogramme in seiner problemorientierten Einführung ganze fünf Seiten widmet, sowie K.-H. **Hansmeyer** (1981), S. 12.

902 H. E. **Hötger** (1978), S. 1, der die Förderungsmaßnahmen der Bundesländer in der mehrere hundert Seiten umfassenden, von H. H. **Eberstein** herausgegebenen Loseblattsammlung auf dreieinhalb Seiten abhandelt.

903 So mit Recht U. **Wartenberg** (1981), S. 140.

fen[904], ohne eingehendere Wirkungsanalyse als zu voreilig. Vielmehr kann - theoretisch - ein Landeszuschuß in Höhe von 10 % der Investitionskosten in einem Ballungsgebiet mit guter Infrastruktur durchaus mit einem GA-Zuschuß von 25 % im peripheren Zonenrandgebiet konkurrieren[905]. Auf diese Weise kann - immer unter der Prämisse der regionalpolitischen Wirksamkeit direkter einzelbetrieblicher Finanzhilfen - die mit der Gemeinschaftsaufgabe bezweckte Förderungsselektion (sektorale und regionale Konzentration) durch autonome Subventionspraktiken der Länder (fehlender Primäreffekt, zu geringe Zahl zu schaffender Arbeitsplätze, fehlendes Schwerpunktkonzept) um einen Großteil ihrer Struktureffekte gebracht und die ökonomische Wertigkeit der Investitionshilfen in den Gemeinschaftsfördergebieten neutralisiert oder gar überkompensiert werden. Darüber hinaus sind Fallgestaltungen denkbar, in denen zwar Landesmittel im Aktionsraum der GRW, aber zu abweichenden Bedingungen eingesetzt werden. So berichten **Reissert** und **Schnabel**[906] über zwei niedersächsische Projekte, die aufgrund "politischer Verpflichtungen" in Schwerpunktorten der GRW mit Zuschüssen zu günstigeren Konditionen als denen der Rahmenpläne (25 % Förderungs statt 15 %) vom Land alleine durchgeführt wurden.

Bevor somit die ökonomisch relevante Frage, ob und gegebenenfalls unter welchen Bedingungen eigenständige Landesförderungen das Fördersystem der GRW "konterkarieren"[907], beantwortet und hieraus rechtliche Schlüsse in Bezug auf die Zulässigkeit derartiger Förderungsaktivitäten außerhalb des Ordnungsrahmens der GRW gezogen werden können, muß daher zuvor die Variationsbreite der Regionalentwicklungsprogramme der Länder analysiert werden. Bei dieser Bestandsaufnahme kommt es sowohl auf den sachlichen als auch auf den räumlichen Bezug der Landesaktivitäten zur Gemeinschaftsauf-

---

904 So aber **H. E. Hötger** (1978), S. 1; **H. Kliemann** (1978), S. 10; **K.-P. Wild** (1978), S. 15.
905 Vgl. **U. Wartenberg** (1981), S. 141 und **H. D. Barbier** (1980), S. 33.
906 **B. Reissert/F. Schnabel** (1976), S. 98.
907 In diesem Sinne **D. Ewringmann/G. Zabel** (1976), S. 766; **IHK Hannover-Hildesheim** (1977), S. 18; **K.-D. Krömmling** (1977), S. 5.

gabe an. In sachlicher Hinsicht ist darauf zu achten, ob die Fördermittel analog zu den Bedingungen des Rahmenplanes oder nach anderen, von den jeweiligen Landesbehörden nach eigenen Präferenzen bestimmten Konditionen vergeben werden. Unter regionalen Aspekten ist zu untersuchen, ob die zusätzlichen Landesmittel innerhalb oder außerhalb der Aktionsprogramme und Schwerpunktorte der GRW eingesetzt werden.

2. Die Regionalförderungsprogramme der Länder im Überblick

Im Mittelpunkt der folgenden Ausführungen steht die programmatisch-materielle Ausgestaltung der regionalen Wirtschaftsförderung durch die Bundesländer. Damit ist schon angedeutet, daß es nicht um die Aufdeckung spektakulärer Ad-hoc-Subventionen zur Industrieansiedlung geht (wofür sich wohl in jedem Land zahlreiche Beispielsfälle finden ließen [908]), sondern um die möglichst systematische Beschreibung der landesspezifischen Wirtschaftsentwicklungsprogramme. Da sich die Diskussion um die konterkarierenden Effekte und das Störpotential der Landesförderung inhaltlich auf die direkte, d. h. einzelbetriebliche Investitionsförderung konzentriert [909], bleiben die mittelbaren Wirtschaftsförderungsmaßnahmen der Länder (z. B. Infrastrukturausbauprogramme) außer Be-

---

[908] Siehe oben Anm. 897. Insbesondere die Stadtstaaten entwickeln auf diesem Sektor erhöhte Aktivitäten. Man denke z. B. an die Ansiedlung der Reynolds Metals Company durch die Freie und Hansestadt Hamburg, deren Vorleistungen mehr als 25 % des gesamten Investitionsvolumens der Aluminiumhütte betrugen, vgl. den Art. "Hart am Rande der Legalität", Der Spiegel Nr. 10 vom 28.2. 1972, S. 44 ff. (57 und 60).
Anders geht das Land Berlin vor. Es baute z. B. für die Automobilfirma Ford die Werksanlagen für die Fertigung von Kunststoffteilen und verpachtete sie zusammen mit dem Grundstück auf die Dauer von mindestens 26 Jahren an den Automobilhersteller, vgl. Hessisch-Niedersächsische Allgemeine Zeitung vom 17.1.1980.
Ebenfalls um einen Automobilkonzern ging das Ringen des Bremer Senats. Nach inoffiziellen Schätzungen subventionierte die Freie Hansestadt Bremen die Werkserweiterung von Daimler-Benz mit ungefähr 500 Mio. D-Mark. Das Automobilwerk will dafür bis 1984 seine Bremer Belegschaft um 1.500 Mann verstärken, siehe die Art. "Monopoly mit Mercedes", Stern Nr. 28 vom 3.7.1980, S. 124 und 128 und "Bleibt nicht viel", Der Spiegel Nr. 14 vom 2.4.1979, S. 87 und 89.

[909] Vgl. B. Reissert/F. Schnabel (1976), S. 96.

tracht. Eine weitere thematische Eingrenzung ergibt sich daraus, daß das Schwergewicht der nachstehenden Übersicht auf den Regionalprogrammen liegt, deren Hauptzweck auf eine Verbesserung der regionalen Wirtschaftsstruktur zielt; Landesprogramme, die primär keine regionalpolitischen Zielsetzungen verfolgen (z. B. Mittelstands-, Existenzgründungs- und Technologieförderungsprogramme) werden - wie im Falle Bremens und des Saarlandes - ausgespart [910]. Im übrigen beschränkt sich die Abhandlung auf das Bundesgebiet; die Wirtschaftsförderung des Landes Berlin bleibt wegen dessen politischer, ökonomischer und geographischer Sondersituation ebenfalls ausgeblendet. Aufgrund der mangelnden Transparenz der landeseigenen Wirtschaftsförderung[911] lassen sich unterschiedliche "Informationsdichten" in der Aufarbeitung der einzelnen Programme nicht gänzlich vermeiden. Rühmliche Ausnahmen machen in diesem Zusammenhang die Länder Nordrhein-Westfalen und Bayern, die ihre Förderungskonzeptionen mehr oder weniger weitgehend offengelegt haben[912]. Den nordrhein-westfälischen und bayerischen Regionalförderungsprogrammen wird daher besondere Aufmerksamkeit gewidmet.

a) **Schleswig-Holstein**

Im Rahmen ihres "**Landesinvestitionsprogramms zur Industrieförderung (LPI)**" gewährt die schleswig-holsteinische Wirtschaftsverwaltung an private gewerbliche Unternehmen einschließlich Dienstleistungsbetrieben mit überregionaler wirtschaftlicher Bedeutung für Investitionen zur Errichtung, Erweiterung, Rationalisierung und Umstellung von Betrieben Investitionszuschüsse, deren Höhe sich nach der wirtschaftlichen Bedeutung des Investitionsvorhabens richtet (in der Regel zwischen 5 und 10 %, bei Fremdenverkehrsmaßnahmen bis 15 %) oder Zinszuschüsse für Kredite mit einer Lauf-

---

[910] Hierüber informieren die von allen Landeswirtschaftsministerien bzw. -senatoren herausgegebenen Mittelstandsförderungs- und sonstigen Informationsbroschüren.

[911] Diese Klage erhoben schon F. **Schnabel** (1976 a), S. 807 und U. **Wartenberg** (1981), S. 141.

[912] **Ministerpräsident des Landes Nordrhein-Westfalen** (1979), S. 43 ff. und **Bayerisches Staatsministerium für Wirtschaft und Verkehr** (z. B. 1978), insbes. S. 9 ff. und 20 ff.

zeit von zehn Jahren einschließlich zweier tilgungsfreier Jahre (Der Effektivzinssatz für Endkreditnehmer kann bis auf 4 % p. a. verbilligt werden) [913].

Dieses Programm bezweckt die Aufstockung bzw. Ergänzung bestehender Förderungsmöglichkeiten durch die Unterstützung von wirtschafts- und regionalpolitisch bedeutsamen Investitionsvorhaben in den Fällen, "in denen bestimmte, im Rahmenplan der Gemeinschaftsaufgabe geforderte Voraussetzungen nicht oder nicht in vollem Umfange erfüllt werden"[914]. Schwerpunktmäßig stellt die Landesförderung auf besonders strukturschwache Gebiete – vor allem im Landesteil Schleswig – ab, bezieht aber auch den Kreis Pinneberg ein[915], der bis zum 10. Rahmenplan als einziger schleswig-holsteinischer Landkreis nicht zu den GA-Fördergebieten zählte, und führt volkswirtschaftlich wichtige Investitionsvorhaben "auch einmal außerhalb der Schwerpunkte" durch[916].

b) **Hamburg**

Die Freie und Hansestadt Hamburg ist das einzige Bundesland, das nicht vom "Geldsegen" der Gemeinschaftsaufgabe beglückt wird. Wohl nicht zuletzt aus diesem Grunde ist der Hamburger Senat seit langem der Überzeugung, daß "die gemeinsamen Maßnahmen von Bund und Ländern ... außerhalb der eigentlichen Fördergebiete, insbesondere aber in der Metropole Hamburg, ihre Ergänzung finden (müssen)"[917]. Im Rahmen der "Leitlinien der Hamburger Wirtschaftspolitik" werden daher in besonders gelagerten Fällen vor allem unternehmerische

---

913 **Minister für Wirtschaft und Verkehr des Landes Schleswig-Holstein** (1978), S. 21 f.

914 Ebenda, S. 21 und **WFG Schleswig-Holstein mbH** (o.J.), S. 31.

915 **Minister für Wirtschaft und Verkehr des Landes Schleswig-Holstein** (1978), S. 21; **WFG Schleswig-Holstein mbH** (o.J.), S. 31.

916 So der schleswig-holsteinische Wirtschaftsminister J. Westphal in einer Rede vor dem Schleswig-Holsteinischen Landtag am 30.1.1974, in: Schleswig-Holsteinischer Landtag (Hrsg.), Plenarprotokolle der 49. bis 58. Sitzung, Kiel 1974, S. 3380 ff. (3383).

917 **Behörde für Wirtschaft, Verkehr und Landwirtschaft der Freien und Hansestadt Hamburg** (1976), S. 23.

Maßnahmen mit dem Ziel einer Verbesserung der Produktivitäts- und Wachstumschancen der Hamburger Wirtschaft durch Zuschüsse oder Darlehen gefördert, soweit sie von besonderer regionalwirtschaftlicher oder strukturpolitischer Bedeutung sind [918]. Ein fester Förderungssatz besteht nicht. Mit diesen Anstrengungen versucht die Hansestadt, ihrer "regionalpolitischen Aufgabe, Entwicklungsimpulse auszustrahlen", gerecht zu werden [919].

c) Niedersachsen

Zwar hält es der Niedersächsische Minister für Wirtschaft und Verkehr nicht für sinnvoll, "daß z. B. die Länder parallel zu einem Bundesprogramm fördern" [920]. Ungeachtet dieses politischen Bekenntnisses sieht sich das Land nichtsdestominder in der glücklichen Lage, ansiedlungswilligen Investoren gleich zwei eigene und bedeutsame "strukturpolitische Instrumente" offerieren zu können. Um seine Wirtschaftskraft und Wirtschaftsstruktur zusätzlich zu verbessern, hat Niedersachsen im Jahre 1977 als Sondervermögen des Landes den **"Wirtschaftsförderungsfonds Niedersachsen"** gegründet [921]. Seit dem Haushaltsjahr 1978 werden dem Sondervermögen jährlich 100 Mio. D-Mark, davon mindestens 30 Mio. D-Mark für die Förderung privater Investitionen, im Haushaltsplan bereitgestellt [922], die sich aus den Einnahmen aus bergbaulichen Staatsvorbehalten (Erdöl- und Erdgasförderzinsaufkommen) speisen. Mit den Mitteln des Sondervermögens fördert das Land neben Infrastrukturmaßnahmen vor allem Investitionen der gewerblichen Wirtschaft, insbesondere bei Errichtung, Erweiterung, Umstellung oder grundlegender Rationalisierung und Modernisierung von Betrieben, im

---

918 Zu den Förderungsbedingungen siehe E. Dittes (1979), S. 76.
919 **Behörde für Wirtschaft, Verkehr und Landwirtschaft der Freien und Hansestadt Hamburg** (1976), S. 23.
920 **Niedersächsischer Minister für Wirtschaft und Verkehr** (1980), S. 34.
921 Gesetz über ein Sonderprogramm zur Wirtschaftsförderung des Landes Niedersachsen vom 8.11.1977, GVBl. Nr. 43 vom 10.11.1977, S. 589 ff.
922 § 4 Abs. 1 des Gesetzes. Nach einer Meldung der F.A.Z. Nr. 197 vom 27.8.1981, S. 4, hat die niedersächsische Landesregierung mit einem Nachtragshaushalt zum Etat 1981 den Wirtschaftsförderungsfonds auf 133,5 Mio. D-Mark erhöht, um der gewerblichen Wirtschaft zusätzliche Darlehen zur Verfügung stellen zu können.

wesentlichen durch die Vergabe zinsgünstiger Darlehen [923]. Antragsberechtigt sind hauptsächlich mittelständische Unternehmen aus Industrie, Handwerk, Bauwirtschaft, Verkehr, Handel und dem Beherbergungsgewerbe [924]. Antragsvoraussetzung ist in allen Fällen, daß das Investitionsvorhaben "volkswirtschaftlich förderungswürdig und betriebswirtschaftlich vertretbar" ist [925]. Die Darlehen belaufen sich auf 30.000 bis 300.000 D-Mark bei einer Auszahlung von 100 %, einem Zinssatz von 5 %, in unmittelbarer Zonengrenznähe von 3 % im Jahr und einer Laufzeit von höchstens zwölf Jahren mit maximal zwei tilgungsfreien Anlaufjahren [926]. Eine Beschränkung auf besondere Fördergebiete enthalten weder die gesetzliche Grundlage noch die Ausführungsrichtlinien.

Daneben vergibt die niedersächsische Wirtschaftsverwaltung Investitionszuschüsse vorrangig in Gebieten außerhalb der Gemeinschaftsaufgabe "Verbesserung der regionalen Wirtschaftsstruktur" [927]. Der Fördersatz beträgt bei Errichtung, Erweiterung, Verlagerung, grundlegender Rationalisierung oder Modernisierung von Produktions- oder Fremdenverkehrsgebieten bis zu 7,5 % der Investitionskosten, bei Umstellung des Produktionsprogramms und bei Erstinnovationen, die beide von Betrieben des gewerblichen Mittelstandes vorgenommen werden, bis zu 15 % der förderungswürdigen Kosten. Aus diesem Programm erhielt im Jahre 1979 die gewerbliche Wirtschaft einschließlich des Fremdenverkehrsgewerbes Landeszu-

---

[923] § 2 Abs. 1 Ziff. 1 des Gesetzes und Ziff. 3 der Richtlinien des Niedersächsischen Ministers für Wirtschaft und Verkehr für die Gewährung von Darlehen zur Wirtschaftsförderung des Landes Niedersachsen vom 28.1.1982, Nds. MBl. Nr. 7 vom 19.2.1982, S. 147.
Daneben bestimmt Ziff. 3.2 der Richtlinien, daß auch Vorhaben der Existenzgündung unter bestimmten Bedingungen gefördert werden können.

[924] Ziff. 1 der Richtlinien.

[925] Ziff. 2.1 der Richtlinien. Dieser Begriff der "volkswirtschaftlichen Förderungswürdigkeit" ist allerdings nicht gleichbedeutend mit dem Begriff der "volkswirtschaftlich **besonderen** Förderungswürdigkeit" in § 2 Abs. 2 InvZulG.

[926] Ziffn. 7 und 8 der Richtlinien.

[927] Richtlinien des Niedersächsischen Ministers für Wirtschaft und Verkehr für die Förderung von Maßnahmen zur Verbesserung der Wirtschaftsstruktur des Landes Niedersachsen, Nds. MBl. Nr. 31 vom 29.7.1975, S. 946.

schüsse in Höhe von 34,7 Mio. D-Mark, womit ein Investitionsvolumen von 409,1 Nio. D-Mark bezuschußt wurde [928] (zum Vergleich: der von Niedersachsen aufzubringende Mittelanteil an der GRW einschließlich der Infrastrukturförderung belief sich im gleichen Jahr auf 59,9 Mio. D-Mark [929].).

d) Nordrhein-Westfalen

Im August 1979 hat die nordrhein-westfälische Landesregierung ihre bis dato schon extensive eigene Regionalförderung als Folge der Ruhrkonferenz vom 8. und 9. Mai 1979 räumlich ausgeweitet und in ihrer Intensität verstärkt [930]. Nach den Richtlinien für die Gewährung von Investitionshilfen zur Verbesserung der regionalen Wirtschaftsstruktur [931] kommt das **"Regionale Wirtschaftsförderungsprogramm"** des Landes Nordrhein-Westfalen sowohl in Gebieten der Gemeinschaftsaufgabe (sog. übrige Gebiete) als auch in sonstigen wirtschafts- und strukturschwachen Landesfördergebieten (Schwerpunktorte und übrige Gebiete) zum Einsatz (vgl. Abbildung 8). In seinen eigen Fördergebieten unterscheidet das Land zwischen Arbeitsmarktregionen mit annähernd gleich großen Strukturproblemen wie in den Fördergebieten der GRW und Arbeitsmarktregionen mit erheblichen Strukturproblemen. In beiden Gebieten werden ebenfalls Schwerpunktorte ausgewiesen, auf die sich die Förderung konzentrieren soll [932]. Dennoch ist eine Förderung auch in den Nichtschwerpunktorten der Gemeinschaftsaufgaben- und der Landesfördergebiete vorgesehen.

---

928 Eigene Berechnung nach den Angaben des **Niedersächsischen Ministers für Wirtschaft und Verkehr** (1980), S. 36.

929 8. Rahmenplan, aaO (Anm. 28), S. 11.

930 Handelsblatt Nr. 153 vom 10./11.8.1979, S. 3; **Landesregierung Nordrhein-Westfalen** (1979), S. 53.

931 Richtlinien für die Gewährung von Investitionshilfen zur Verbesserung der regionalen Wirtschaftsstruktur des Landes Nordrhein-Westfalen (Regionales Wirtschaftsförderungsprogramm), Runderlaß des Ministers für Wirtschaft, Mittelstand und Verkehr vom 15.8.1978 (MBl. NW Nr. 110 vom 27.9.1978, S. 1528), geändert durch Runderlaß vom 8.8.1979 (MBl. NW Nr. 82 vom 11.10.1979, S. 1808).

932 Ziff. 2.4. der Richtlinien.

Abbildung 8

Fördergebiete und Förderschwerpunkte des Regionalen Wirtschaftsförderungprogramms Nordrhein-Westfalens

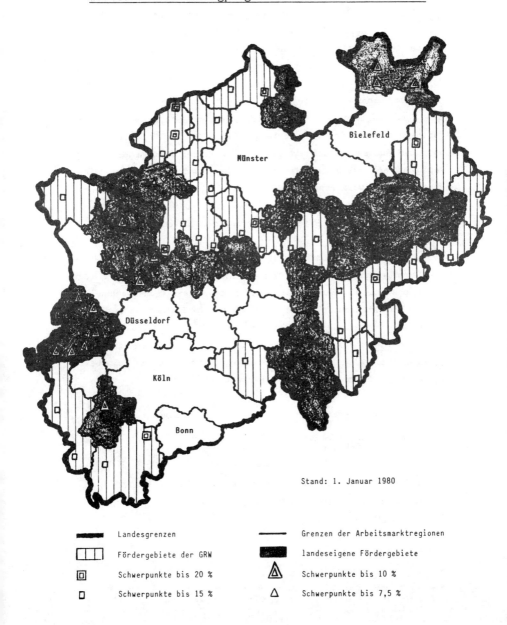

Zur Ermittlung der Förderungswürdigkeit der sonstigen wirtschafts- und strukturschwachen Regionen ging die Landesregierung wie bis 1981 auch der Planungsausschuß der GRW methodisch zunächst von den drei Teilindikatoren der prognostizierten Arbeitsmarktlage, der Einkommenssituation und der Infrastrukturausstattung aus[933]. Aufgrund der seit langem anhaltenden hohen Arbeitslosigkeit im Ruhrgebiet sah sich das Land veranlaßt, für seine Neuabgrenzung der Fördergebiete zwei weitere Indikatoren alternativ zu verwenden. Zum einen sind diejenigen Arbeitsmarktregionen zusätzlich als Fördergebiete anerkannt worden, deren Arbeitslosenquote im Durchschnitt der Septemberwerte 1976 bis 1978 um 33,3 % oder mehr über dem Bundesdurchschnitt lagen[934]. Ferner sind Arbeitsmarktregionen als Fördergebiete aufgenommen worden, in denen Wirtschaftszweige vorherrschen (Monostruktur), die vom Strukturwandel in einer Weise betroffen oder bedroht sind, daß negative Rückwirkungen in erheblichem Umfange eingetreten oder absehbar sind[935].

Die Förderungsvoraussetzungen des nordrhein-westfälischen Wirtschaftsentwicklungsprogramms entsprechen denen der GRW. In der Regel besteht die Finanzhilfe aus einem Investitionszuschuß[936], da die Investitionszulage ja nur in den im Rahmenplan ausgewiesenen Schwerpunktorten gewährt werden darf[937]. Antragsberechtigt sind nur Unternehmen, deren zu fördernde Investitionen einen Primäreffekt aufweisen[938]. Im einzelnen können folgende Gewerbebetriebe (ohne Fremdenverkehr) bezuschußt werden:

- Betriebe des verarbeitenden Gewerbes (ohne Baugewerbe),

- ihnen gleichgestellte fernabsatzorientierte Dienstleistungsunternehmen[939] und

---

933 Ministerpräsident des Landes Nordrhein-Westfalen (1979), S. 44.

934 Landesregierung Nordrhein-Westfalen (1979), S. 54.

935 Ministerpräsident des Landes Nordrhein-Westfalen (1979), S. 49.

936 Ziff. 3.1. der Richtlinien.

937 § 2 Abs. 2 Ziff. 2 InvZulG.

938 Ziff. 4.1. der Richtlinien.

939 Die Aufzählung in Ziff. 4.11. der Richtlinien des Landes Nordrhein-Westfalen entspricht der Auflistung des **11. Rahmenplanes**, aaO (Anm. 13), S. 21 Tz. 2.1.

- Betriebe des Handwerks und des Kleingewerbes, wenn sie den überwiegenden Teil ihrer Erzeugnisse überregional absetzen oder als Zulieferbetriebe gelten [940].

Die Fördersätze für die Errichtung oder Erweiterung von Betriebsstätten betragen 10 %, 7,5 % oder 5 % der Investitionskosten; sie können bei Investitionen mit hohem Struktureffekt um bis zu 5 % erhöht werden [941]. Daneben werden der Erwerb, die grundlegende Rationalisierung und Umstellung sowie die Verlagerung von Betrieben unter gewissen Voraussetzungen gefördert. Eine Zusammenstellung der maximalen Förderungshöchstsätze nach Fördergebiet und Investitionsmaßnahme ist aus Übersicht 7 ersichtlich.

Übersicht 7

Höchstsätze der Investitionszuschüsse in Prozent der Investitionskosten an gewerbliche Produktions- und Dienstleistungsbetriebe (ohne Fremdenverkehr) aus Mitteln des Regionalen Wirtschaftsförderungsprogramms Nordrhein-Westfalen

	Übrige Fördergebiete der Gemeinschaftsaufgabe	Schwerpunktorte mit gleich großen Strukturproblemen wie in den Gebieten der Gemeinschaftsaufgabe	Gebiete mit gleich großen Strukturproblemen wie in den Gebieten der Gemeinschaftsaufgabe	Schwerpunktorte mit erheblichen Strukturproblemen	Gebiete mit erheblichen Strukturproblemen
Errichtung und Erwerb von Betrieben (1)	10	10	7,5	7,5	5
Fernverlagerungen aus Nichtfördergebieten in Fördergebiete	10	10	7,5	7,5	5
Erweiterung von Betrieben (1)	10	--	7,5	--	5
Nahverlagerungen sowie Fernverlagerungen innerhalb der Fördergebiete	10	--	7,5	--	5
Grundlegende Rationalisierung und Umstellung	10	5	5	5	5
Verlagerungen ohne Arbeitsplatzeffekt	10	5	5	5	5

(1) Bei Investitionen mit hohem Struktureffekt können ausnahmsweise die Höchstsätze für Errichtung und Erweiterung um bis zu 5 % erhöht werden.

Quelle: Runderlaß des Ministers für Wirtschaft, Mittelstand und Verkehr vom 15. 8. 1978 (MBl.NW S.1528), geändert durch Runderlaß vom 8. 8. 1979 - I/B - 30 - 45 (MBl. NW S. 1808).

Zusätzlich zu den Fremdenverkehrsgebieten der GRW (vgl. Abbildung 7) weisen die Richtlinien des Landes Nordrhein-Westfalen ebenfalls eigene Fremdenverkehrsgebiete aus. Förderungsart, -voraussetzungen und -maßnahmen ähneln wiederum den Bestimmungen des Rahmenplanes. Danach können sowohl in den Gemeinschafts- als auch in den sonstigen wirtschafts- und strukturschwachen Fremdenverkehrsgebieten des Landes die Errichtung, der Erwerb und die Erweiterung gewerblicher Beherbergungsbetriebe mit einem Investitionszuschuß bis 15 %, die grundlegende Rationalisierung bis maximal 10 % (bei Investitionen mit hohem Struktureffekt bis 15 %) subventioniert werden [942]. Voraussetzung ist, daß der Betrieb nicht nur geringfügig der Beherbergung dient oder er in ländlichen Gebieten liegt, in denen der Fremdenverkehr Nebenerwerbsmöglichkeiten für die Bevölkerung bietet. Daneben können Bauvorhaben vornehmlich kleinerer und mittlerer Unternehmen nach Wahl des Antragstellers auch durch Gewährung zinsgünstiger Kredite bis zur Höhe von 35 % der Baukosten unterstützt werden [943].

Die Ergebnisse der regionalen Wirtschaftsförderung in Nordrhein-Westfalen sind in der Tat erheblich (vgl. Übersicht 8). So hat in den Jahren 1972 bis 1978 die Landeswirtschaftsverwaltung mit eigenen Finanzhilfen, d. h. ohne Bundesbeteiligung ein gewerbliches Investitionsvolumen gefördert, das sogar noch geringfügig höher ausfiel als dasjenige, das Bund und Land gemeinsam im Rahmen der GRW mitfinanzierten (5,72 Mrd. im Vergleich zu 5,66 Mrd. D-Mark). Addiert man das durch diese öffentlichen Hilfen induzierte Investitionsvolumen hinzu, dann ergibt sich, daß aus Landesmitteln gut drei Viertel des gesamten Investitionsvolumens in Höhe von 8.551.250 D-Mark finanziell unterstützt wurden, während der Bund durch seine 50 %-Beteiligung an der GRW lediglich Investitionen in Höhe von 2.831.250 D-Mark subventionierte. Ein ähnliches

---

[940] In diesem Falle genügt laut Ziff. 4.12. der nordrhein-westfälischen Richtlinien ein mittelbarer überregionaler Absatz.
[941] Ziff. 5.3. der Richtlinien.
[942] Ziff. 6. der Richtlinien.
[943] Ziff. 6.22. der Richtlinien.

Übersicht 8

Ergebnisse der Förderung der gewerblichen Wirtschaft (einschließlich Fremdenverkehr) in Nordrhein-Westfalen im Zeitraum vom 01.01.1972 bis zum 31.12.1978

	Investitionsvolumen in Mio. DM	geschaffene oder gesicherte Arbeitsplätze
Mit Gemeinschaftsaufgabenmittel und/oder Investitionszulagen gefördert	5.662,5	61.114
Nur mit Mitteln des Landes gefördert	5.720,0	57.626
Total	11.382,5	118.740

Quelle: Eigene Berechnungen nach den Angaben des Bundesministers für Wirtschaft (Hrsg.), Wirksame Regionalpolitik, Bonn 1980, S. 13 Tabelle 1 und des Ministerpräsidenten des Landes Nordrhein-Westfalen (Hrsg.), Landesentwicklungsbericht, Düsseldorf 1979, S. 44 ff. Tabellen 15 und 19

Bild zeichnet sich hinsichtlich der Arbeitsplatzförderung ab. Sind in dem Zeitraum von 1972 bis 1978 nach den Angaben der Unternehmen mit Hilfe von GA-Mitteln 61.114 Arbeitsplätze errichtet bzw. erhalten worden, so stehen dem 57.626 nur durch Landesmittel gesicherte oder geschaffene Arbeitsplätze gegenüber. Folglich sind rund drei Viertel der Arbeitsplätze ausschließlich durch nordrhein-westfälische Landesmittel (einschließlich der Gemeinschaftsaufgabenanteile) gefördert worden.

Angesichts derartiger Erfolgszahlen nimmt es nicht Wunder, daß die Landesregierung von Nordrhein-Westfalen ihre regionale Strukturpolitik finanziell aufgestockt hat. So machten im Jahre 1979 die Ausgaben der landeseigenen Förderung etwa 2 % des Haushaltsansatzes aus; wird noch die Landesbeteiligung an der GRW hinzugerechnet, erhöhen sich die verplanten Ausgaben auf fast 3 % des gesamten nordrhein-westfälischen Haushaltsansatzes für 1979 [944]. Betrugen die im Rahmen der Gemeinschafts- und der Landesaufgabe bewilligten Zuschüsse aus Haushaltsmitteln des Landes 1977 absolut noch rund 100 Mio. D-Mark, so wurden im Haushaltsjahr 1980 für Finanzhilfen schon 270 Mio. D-Mark veranschlagt [945] (inklusive der Infrastrukturförderung und des Landesanteils an der GRW in Höhe von ganzen 24,25 Mio. D-Mark [946]). Folglich beliefen sich die 1980 außerhalb der GRW eingesetzten Landesmittel auf das Zehnfache des Betrages, den das Land zur Gemeinschaftsaufgabe beisteuerte. Damit nimmt Nordrhein-Westfalen innerhalb der Bundesländer unangefochten die Spitzenstellung ein.

e) Hessen

Auch Hessen hält eine landesinterne Förderungsspezialität bereit: die "gewerblichen Entwicklungsschwerpunkte" und "Entlastungsorte" außerhalb der Fördergebiete der GRW. Durch die zusätzliche Ausweisung dieser 21 Landesförderorte ist in Hessen praktisch keine Gemeinde mehr als 20 bis 25 km von dem nächsten Schwerpunktort entfernt [947]. Vornehmlich in diesen Förderorten werden zur Mitfinanzierung von Investitionsvorhaben gewerblicher Unternehmen (vorzugsweise Produktionsbetriebe aus Industrie, Handwerk und Kleingewerbe) aus den Mitteln des **"Strukturverbesserungsplanes des Landes Hessen"** Kredite und Investitionszuschüsse vergeben [948]. In den GA-Gebieten werden nur Investitionen gefördert, für die ein

---

944 G. Zill (1981), S. 64.

945 Ministerpräsident des Landes Nordrhein-Westfalen (1979), S. 50.

946 9. Rahmenplan, aaO (Anm. 804), S. 11 und 12. In diesen Werten ist der Landesanteil am Sonderprogramm "Infrastrukturmaßnahmen in Schwerpunktorten der Gemeinschaftsaufgabe und für den Fremdenverkehr in Fremdenverkehrsgebieten" mit enthalten.

947 W. Jann/E. Kronenwett (1979), Bd. 1, S. 297.

948 Ziff. IV der Richtlinien des Hessischen Ministers für Wirtschaft und Technik für die Gewährung von Finanzierungshilfen des Landes Hessen an die gewerbliche Wirtschaft vom 2.7.1973, StAnz. Nr. 32 vom 6.8.1973, S. 1413; HLT (1979), Programm II.1.

Investitionszuschuß aus GA-Mitteln nicht gewährt werden kann [949]. Außerhalb der Gemeinschaftsfördergebiete sowie der Entwicklungsschwerpunkte und Entlastungsorte ist eine Förderung dann möglich, wenn von dem Vorhaben ein "außergewöhnlich hoher struktur- oder arbeitsmarktpolitischer Effekt" ausgeht [950]. Die Investitionskostenverbilligung durch das Darlehen oder den Investitionszuschuß zur Errichtung, Verlagerung, Erweiterung, Umstellung oder grundlegender Rationalisierung der Betriebsstätte beträgt einheitlich 8 %, im Fördergebiet der GRW bis zu 15 % unter Anrechnung gegebenenfalls der Investitionszulage [951].

In sachlicher Hinsicht muß das Investitionsvorhaben "volkswirtschaftlich förderungswürdig und betriebswirtschaftlich vertretbar" sein [952]. Förderungswürdig sind vor allem Vorhaben, die geeignet sind, die wirtschaftliche Struktur des Landes Hessen nachhaltig zu verbessern oder volkswirtschaftlich vordringliche Vorhaben, die im besonderen Interesse des Landes liegen, zu ermöglichen. Auf eine Konkretisierung der quantitativen und qualitativen Arbeitsplatzziele verzichten die Richtlinien; in der Vergabepraxis wird allerdings die Bereitstellung einer "angemessenen Zahl" zusätzlicher Arbeitsplätze erwartet [953]. Standen bis zum Jahre 1980 für dieses Programm jährlich etwa neun Mio. D-Mark zur Verfügung, so wurde der Mittelansatz 1981 im Zuge der Haushaltssanierung um die Hälfte auf 4,5 Mio. D-Mark verringert [954]. Hessen spielt somit in der Bundesrepublik die Rolle eines "subventionspolitischen Musterknabens".

---

949 W. Jann/E. Kronenwett (1979), Bd. 1, S. 168.
950 HLT (1979), Programm II.1.
951 Ebenda.
952 Ziff. I. 2.1. der Richtlinien. Der insoweit mit den Förderrichtlinien des Niedersächsichen Ministers für Wirtschaft und Verkehr, aaO (Anm. 925), übereinstimmende Begriff der "volkswirtschaftlichen Förderungswürdigkeit" darf ebenfalls nicht mit dem Rechtsbegriff "volkswirtschaftlich **besonderer** Förderungswürdigkeit" in § 2 Abs. 2 InvZulG verwechselt werden.
953 HLT (1979), Programm II.1.
954 Vgl. den Art. "Fördermittel am Beispiel Hessen", impulse 5/1981, S. 165.

In den hessischen Ferien- und Naherholungsgebieten (keine regionale Begrenzung) können überdies die Errichtung, Erweiterung, Umstellung, Rationalisierung und Modernisierung von Fremdenverkehrsbetrieben durch einen Landeszuschuß gleichfalls in Höhe von 8 % der Investitionskosten gefördert werden[955]. Antragsberechtigt sind Beherbergungs- und Gaststättenbetriebe, Kurheime, kleinere Kursanatorien, private Campingplätze, Skiliftanlagen und private Zimmervermieter.

f) Rheinland-Pfalz

Der regionalen Strukturpolitik kommt, zumindest was die Höhe der eingesetzten öffentlichen Finanzen angeht, in Rheinland-Pfalz seit langem ein herausgehobener Stellenwert zu. Belief sich z. B. im Haushalt 1981 der Landesanteil an der Gemeinschaftsaufgabe auf "nur" 18,6 Mio. D-Mark, so betrugen demgegenüber die zusätzlich für Zwecke der einzelbetrieblichen Förderung bereitgestellten Landesmittel 46 Mio. D-Mark[956]. Zum weitaus größten Teil werden diese ergänzenden Haushaltsmittel in den Schwerpunktorten der GRW und entsprechend den Konditionen des Rahmenplanes verwandt[957]. Die betriebsbezogene Regionalförderung außerhalb des Gebietes der Gemeinschaftsaufgabe erfolgt, da Rheinland-Pfalz keine eigenen Landesfördergebiete festgelegt hat, lediglich "in besonders gelagerten Ausnahmefällen" bei Errichtung und Erweiterung gewerblicher Produktions- und Fremdenverkehrsbetrieben mit Zuschüssen aus Landesmitteln, die "deutlich" unter der Gemeinschaftsaufgabenförderung liegen müssen[958]. Als Rechtsgrundlage werden der Landeshaushalt sowie die "sinngemäß anzuwendenden" Regelungen des Rahmenplanes der GRW genannt. Die grundlegende Rationalisierung, Modernisierung oder Umstellung gewerblicher Produktions- und Fremdenverkehrsbetriebe kann dagegen mit einem Landeszuschuß bis 7,5 %,

---

955 HLT (1979), Programm II.3.
956 U. Eicheler (1982), S. 163.
957 Ebenda. Vgl. a. B. Reissert/F. Schnabel (1976), S. 96.
958 Ministerium für Wirtschaft und Verkehr Rheinland-Pfalz (1979), S. 11; U. Eicheler (1982), S. 163.

bei besonders hohem Struktureffekt bis zu 10 % der Investitionskosten außerhalb der GA-Fördergebiete verbilligt werden [959].

g) Baden-Württemberg

Anders als seine Nachbarländer Rheinland-Pfalz und Bayern hat Baden-Württemberg neben den Gebieten der Gemeinschaftsaufgabe sog. Landesförderungsgebiete ("Württembergisches Allgäu", "Nagold-Neckar-Zollernalb", "Oberrhein-Schwarzwald" und "Villingen-Schwenningen-Schramberg") und außerhalb dieser Regionen sog. Landesausbauorte (zehn Gemeinden) ausgewiesen [960]. Das Land grenzt seine Landesfördergebiete mit Hilfe von vier Indikatoren ab: Löhne und Gehälter je Arbeitnehmer, Löhne und Gehälter je Industriebeschäftigten, Steuerkraft je Einwohner und Entwicklung der Zahl der Industriebeschäftigten [961]. Die Verwendung allein dreier Einkommensindikatoren zeigt, daß in Baden-Württemberg nicht Arbeitsmarktprobleme, sondern der Abbau unbefriedigender Einkommenserzielungsmöglichkeiten im Vordergrund des regionalpolitischen Bemühens steht. Als Landesausbauorte werden hauptsächlich gewerbliche Mittelpunkte peripher gelegener, wirtschaftsschwacher Gebiete ausgewählt, die jedoch aufgrund der landesüblichen Abgrenzungskriterien nicht den Status eines Fördergebietes erlangen würden [962]. Daneben existieren "Quasi-Fördergebiete", d. h. Gemeinden, die wie Landesausbauorte bzw. Landesfördergebiete behandelt werden, und "Quasi-Quasi-Fördergebiete", d. h. Mittelbereiche, in denen strukturpolitisch bedeutsame Vorhaben zur Auflockerung der einseitigen Struktur vorzugsweise gefördert werden können, obwohl diese Räume keine anerkannten Fördergebiete darstellen [963].

---

[959] Erlaß des Ministeriums für Wirtschaft und Verkehr vom 24.2.1976 und vom 16.8.1978, vgl. **Ministerium für Wirtschaft und Verkehr Rheinland-Pfalz** (1979), S. 12.

[960] **Landeskreditbank Baden-Württemberg** (1978), S. 33 f.

[961] W. Jann/E. Kronenwett (1979), Bd. 1, S. 298.

[962] Ebenda, S. 299. Vgl. a. **A. Klein** (1982), S. 32 f.

[963] **Landeskreditbank Baden-Württemberg** (1978), S. 34 und 35. Nach Meinung von W. Jann/E. Kronenwett (1979), Bd. 1, S. 300 verdanken diese den Förderregionen gleichgestellte Gebiete ihre Existenz den "Reisen der Politiker übers Land".

Im Rahmen des "**Strukturentwicklungsprogramms**" des Landes Baden-Württemberg [964] können gewerbliche Unternehmen mit mehr als 300 Beschäftigten bzw. bei Investitionskosten über 2,5 Mio. D-Mark einen einheitlichen Investitionszuschuß in Höhe von 10 % erhalten, wenn sie einen Betrieb in "geeigneten zentralen Orten" der Landesfördergebiete und in Landesausbauorten errichten oder Betriebserweiterungen und Rationalisierungsvorhaben in den Landesfördergebieten (in allen Orten) oder in den einzelnen Landesausbauorten vornehmen. Das zu fördernde Vorhaben soll zur Verbesserung der Leistungsfähigkeit der gewerblichen Wirtschaft und der wirtschaftlichen Struktur beitragen [965]. Außerhalb der Landesfördergebiete und der Landesausbauorte können gewerbliche Investitionsvorhaben dieser Größenklasse nur ausnahmsweise gefördert werden, nämlich wenn sie von erheblichem strukturpolitischen Interesse sind.

Nach ihren Richtlinien für "**Darlehensprogramme zur Förderung der mittelständischen gewerblichen Wirtschaft und der in der Wirtschaft tätigen freien Berufe**" [966] gewährt die Landeskreditbank Baden-Württemberg an Betriebe mit nicht mehr als 300 Beschäftigten, sofern die Kosten des Investitionsvorhabens 2,5 Mio. D-Mark nicht übersteigen, an Stelle des 10 %-igen Zuschusses aus dem Landeshaushalt ein zinsgünstiges Darlehen mit einem entsprechenden Subventionswert und einer Laufzeit bis maximal 15 Jahren, davon bis zu zwei Jahren tilgungsfrei. Förderungstatbestände sind:

- Betriebserrichtungen der mittelständischen Industrie in grösseren zentralen Orten der Landesfördergebiete und in Landesausbauorten sowie des Handwerks, Handels, Dienstleistungs- und Kleingewerbes in zentralen Orten der Landesfördergebiete und in Landesausbauorten.

---

964 Bekanntmachung des Ministeriums für Wirtschaft, Mittelstand und Verkehr und des Finanzministeriums Baden-Württembergs über Richtlinien für Finanzhilfen des Landes zur Durchführung des Programms zur Förderung der gewerblichen Wirtschaft - Strukturentwicklungsprogramm - vom 19.12.1967, vom 16.4./6.5.1969 und vom 18.1.1978, StAnz. für Baden-Württemberg Nr. 102 vom 23.12.1967, S. 4, Nr. 39 vom 17.5.1969, S. 5 und Nr. 21 vom 15.3.1978, S. 4.

965 W. Jann/E. Kronenwett (1979), Bd. 1, S. 173.

966 Bekanntmachung des Ministeriums für Wirtschaft, Mittelstand und Verkehr und des Finanzministeriums Baden-Württemberg über Richtlinien für Darlehensprogramme der Landeskreditbank zur Förderung der mittelständischen gewerblichen Wirtschaft und der in der Wirtschaft tätigen freien Berufe vom 24.4.1978, Gemeinsames Amtsblatt des Landes Baden-Württemberg Nr. 25 vom 10.8.1978, S. 631.

- Betriebserweiterungen der mittelständischen Industrie, des Handwerks, Handels, Dienstleistungs- und Kleingewerbes (ohne regionale Begrenzung) sowie von freiberuflichen Praxen mit überörtlicher Bedeutung in allen Orten der Landesfördergebiete und in den Landesausbauorten, sofern eine angemessene Zahl von möglichst qualifizierten Arbeitsplätzen geschaffen wird.

- Betriebsverlagerungen von Betrieben der mittelständischen Industrie, des Handwerks, Handels, Dienstleistungs- und Kleingewerbes sowie von freiberuflichen Praxen mit überörtlicher Bedeutung, wenn mit der Verlagerung der Praxis eine Erweiterung oder eine wesentliche Leistungssteigerung verbunden ist (ohne regionale Begrenzung).

- Rationalisierungs-, Umstellungs- und Anpassungsvorhaben von Betrieben der mittelständischen Industrie, des Handwerks, Handels, Dienstleistungs- und Kleingewerbes sowie von freiberuflichen Praxen (ohne regionale Begrenzung).

Unter den Voraussetzungen, die für die Förderung in Landesfördergebieten und Landesausbauorten gelten, kann mit den hierfür vorgesehenen Subventionsarten und -werten die gewerbliche Wirtschaft auch in den Fördergebieten der Gemeinschaftsaufgabe ergänzend gefördert werden. Außerdem können außerhalb der Gemeinschafts- und in den Landesfremdenverkehrsgebieten Investitionen von Fremdenverkehrsunternehmen, die zur Entwicklung des Fremdenverkehrs beitragen, durch zinsverbilligte längerfristige Darlehen bis zu einem Subventionswert von 10 % der Investitionssumme verbilligt werden [967]. Gerade die baden-württembergischen Darlehensprogramme zeigen die in Süddeutschland übliche Verknüpfung von Regional- und Mittelstandsförderung, weil diese Subventionsform wegen ihrer längerfristigen Finanzierungswirkungen als die effektivere Förderung für kleinere und mittlere Betriebe angesehen wird [968]. Insoweit treten die regional- und raumordnungspolitischen Ausgleichsziele hinter das gesellschaftspolitische Ziel der Stärkung der mittelständischen Leistungskraft zurück, was sich auch in der weniger stringenten Durchführung des Schwerpunktprinzips in der Landesförderung offenbart. In den zurückliegenden Jahren hat Baden-Württemberg für Zwecke der Strukturverbesserung im Durchschnitt etwa 40 bis 50 Mio. D-Mark jährlich ausgegeben [969].

---

[967] Landeskreditbank Baden-Württemberg (1978), S. 10 Programm 5.
[968] A. Klein (1982), S. 36.
[969] Siehe B. Reissert/F. Schnabel (1976), S. 97.

h) Bayern

Finanzierungshilfen zugunsten der gewerblichen Wirtschaft werden in Bayern sowohl nach der Gemeinschaftsaufgabe als auch nach den "Bayerischen regionalen Förderungsprogrammen"[970] gewährt. Die Bayerische Staatsregierung definiert ihre Landesprogramme als "eine wichtige Ergänzung und eine echte Alternative zur Förderung im Rahmen der Gemeinschaftsaufgabe und des Investitionszulagengesetzes"[971]. Infolgedessen weicht die bayerische Strukturpolitik – was sowohl die räumliche als auch die sachliche Selektion angeht – zum Teil erheblich von der Förderungskonzeption der GRW ab. Die Mittel stehen für Investitionsvorhaben im Zonenrandgebiet (sog. Grenzland), in den GA-Gebieten und in sonstigen wirtschaftlich schwachen Gebieten sowie ländlichen Gebieten, im Bereich des Fremdenverkehrs darüber hinaus in Fremdenverkehrs- und Naherholungsgebieten zur Verfügung[972]. Im Ergebnis kommt als Einsatzgebiet ganz Bayern mit Ausnahme weniger Verdichtungsgebiete in Betracht[973]. Dabei konzentriert sich die Förderung auch nicht auf festliegende Schwerpunktorte[974] (d. h. in der Regel Mittelzentren), sondern die "strukturpolitischen Förderungsmaßnahmen müssen ... auf die notwendige Entwicklung von Unter- und Kleinzentren Rücksicht nehmen"[975]. Dieses "flexible Schwerpunktprinzip" ist wesentliches Merkmal der bayerischen Regionalförderung, weil es der kleinräumlichen Siedlungsstruktur des Freistaates sowie dem Umstand Rechnung tragen soll, daß für eine Großzahl von Nebenerwerbslandwirten wohnortnahe Arbeitsplätze von besonderer Wichtigkeit sind[976]. Bayern hält das Schwerpunktsystem für zu

---

[970] Z. B. die Richtlinien zur Durchführung der bayerischen regionalen Förderungsprogramme 1979/80 für die gewerbliche Wirtschaft, Bekanntmachung des Bayerischen Staatsministeriums für Wirtschaft und Verkehr vom 25.6.1979, Bay. StAnz. Nr. 28/1979, S. 8.

[971] Bayerisches Staatsministerium für Wirtschaft und Verkehr (1978), S. 26.

[972] Ziff. II.1. der Richtlinien.

[973] B. Reissert/F. Schnabel (1976), S. 97.

[974] H. H. Koch/H.-P. Steinmetz (1982), S. 494.

[975] Bayerisches Staatsministerium für Wirtschaft und Verkehr (1978), S. 11.

[976] Bayerisches Staatsministerium für Wirtschaft und Verkehr (1970), S. 17 f. Zu den gegensätzlichen Vorstellungen der Bundesregierung und der Bayerischen Staatsregierung über das Schwerpunktprinzip vgl. K.-H. Hübler, Unterschiedliche Auffassungen zwischen dem Bund und dem Land Bayern zur Verbesserung und Entwicklung der Raum- und Siedlungsstruktur, structur 1974, S. 97 ff.

starr, eben weil es eine gezielte Mittelstandsförderung betreibt [977].

Aus demselben Grunde verzichten die regionalen Förderungsprogramme in sektoraler Hinsicht auf das Erfordernis des Primäreffektes; an der Durchführung der Investitionsvorhaben muß lediglich ein "volkswirtschaftliches und regionalwirtschaftliches Interesse" bestehen [978]. Auch schreiben die Richtlinien explizit nicht die Errichtung oder Sicherung einer quantifizierten Zahl von Arbeitsplätzen vor, wenn auch die Staatsregierung "der Schaffung zusätzlicher Arbeitsplätze in den Fördergebieten herausragende strukturpolitische Bedeutung" beimißt [979]. Leitbild der regionalen Strukturpolitik in Bayern ist somit die Herausbildung einer ökonomisch sinnvollen agrargewerblichen Mischstruktur [980] im Sinne einer dezentralen, räumlich ausgewogenen Entwicklung der bayerischen Wirtschaft [981].

Förderungsberechtigt sind Unternehmen der Industrie, des Handwerks, des handwerksähnlichen Gewerbes, des Fremdenverkehrs und - in begründeten Ausnahmefällen - des Dienstleistungsgewerbes, sofern sie Investitionen zur Neuansiedlung, Erweiterung, Rationalisierung oder Modernisierung vornehmen [982]. Ferner kann die Einrichtung hochqualifizierter Arbeitsplätze im Forschungs-, Entwicklungs- und Managementbereich gefördert werden [983]. Als Instrumente kommen vornehmlich zinsgünstige Darlehen mit einem Zinssatz von 3,5 %, 4 % oder 5 % jährlich und einer Laufzeit bis zu maximal 20 Jahren, davon jeweils bis zu drei Jahren tilgungsfrei in Be-

---

977 J. A. Frowein (1973), S. 33; A. Szöllősi, In Bayern wirkt noch Ludwig Erhards Geist, F.A.Z. Nr. 223 vom 26.9.1981, S. 15.

978 Ziff. I.3. der Richtlinien.

979 Bayerisches Staatsministerium für Wirtschaft und Verkehr (1978), S. 11.

980 Vor Ziff. I. der Richtlinien.

981 Bayerisches Staatsministerium für Wirtschaft und Verkehr (1978), S. 9; H. H. Koch/H.-P. Steinmetz (1982), S. 494.

982 Ziff. I.2. der Richtlinien.

983 Bayerisches Staatsministerium für Landesentwicklung und Umweltfragen (1982), S. 88.

tracht [984]. Zusammen mit dem Darlehen oder anstelle eines solchen kann ein Investitionszuschuß gewährt werden, über dessen Höchstgrenze die Bestimmungen keine Auskunft erteilen [985]. Vielmehr können in den bayerischen Regionalprogrammen anders als nach den Rahmenplänen der GRW auch die Subventionshöchstwerte für jeden einzelnen Standort innerhalb einer administrativ vorgegebenen Bandbreite von Fall zu Fall festgelegt werden [986]. Seit 1979 ist in Bayern auch die Möglichkeit vorgesehen, die Vergabe zinsverbilligter Landesdarlehen mit der regionalen Investitionszulage nach §§ 1 ff. InvZulG in den GA-Fördergebieten zu koppeln, wobei dann die Förderhöchstsätze des Rahmenplanes eingehalten werden müssen [987].

Obgleich die Staatsregierung der Meinung ist, Art und Umfang der Landesförderung seien so beschaffen, "daß Konfliktfälle mit den Zielen der Förderung im Rahmen der Gemeinschaftsaufgabe grundsätzlich nicht auftreten werden" [988], sind Substitutions- und Verdrängungseffekte des Landes- gegenüber dem Gemeinschaftsaufgabenprogramm nicht völlig ausgeschlossen. Nach einer Modellrechnung von **Reissert** und **Schnabel**, welcher die jeweils günstigste Förderung in der GRW (Zuschuß von 25 %) und in den bayerischen Regionalprogrammen (Darlehen mit einem Zinssatz von 3,5 % auf 15 inclusive zweier tilgungsfreier Jahre) zugrunde gelegt wurde, haben bei einem Marktzins von etwa 7,6 % beide Fördermaßnahmen denselben Subventionswert [989]. In Hochzinsjahren wie z. B. 1974 und 1981 erweist sich damit die Darlehensförderung des Freistaates für Subventionsempfänger als wesentlich günstiger als die Zuschußförderung der GRW. Dieser Eindruck verstärkt sich, wenn man die Mittelverwendung und den Mitteleinsatz der bayerischen Landesför-

---

984 Ziff. II.A. der Richtlinien.
985 Ziff. II.B. der Richtlinien.
986 B. Reissert/F. Schnabel (1976), S. 97.
987 Bayerische Staatsregierung (1981), S. 38.
988 So schon das **Bayerische Staatsministerium für Wirtschaft und Verkehr** (1970), S. 49.
989 B. Reissert/F. Schnabel (1976), S. 97.

derung in Relation zur Gemeinschaftsaufgabe setzt. Als Beispiel seien die Ergebnisse der Förderung der gewerblichen Wirtschaft in Bayern im Jahre 1977 herausgegriffen (Übersichten 9 und 10):

Übersicht 9
Förderung der gewerblichen Wirtschaft (ausgenommen Fremdenverkehr) in Bayern im Jahre 1977

	Investitions-volumen (1)	neugeschaffene Arbeitsplätze[1]	Gemeinschaftsaufgabe Investitions-zulagen in Mio. DM	Gemeinschaftsaufgabe Investitions-zuschüsse in Mio. DM	Bayerische Regionalprogramme Investitions-zuschüsse in Mio. DM	Bayerische Regionalprogramme Darlehen in Mio. DM (Kreditbetrag)
Gebiet der Gemeinschafts-aufgabe	1.407,2	8.042	47,2	63,7	8,0	309,6
sonstige wirtschaftsschwache und ländliche Gebiete	250,3	1.897	--	--	2,7	98,2
Total	1.657,5	9.939	47,2	63,7	10,7	407,8

(1) Im induzierten Investitionsvolumen und in der Arbeitsplatzförderung sind auch einmalige Investitionszuschüsse des Bundes in Höhe von knapp 3,6 Mio. DM im Rahmen der Zonenrandförderung (Kapitalisierung der Frachthilfe) erfaßt.

Quelle: Eigene Zusammenstellung aus: Bayerisches Staatsministerium für Wirtschaft und Verkehr (Hrsg.), Bericht über die wirtschaftliche Entwicklung der strukturschwachen Gebiete Bayerns, München 1978, S. 25 ff.

Aus den beiden Übersichten ergibt sich eindeutig, daß das Hauptgewicht der bayerischen Wirtschaftsentwicklungspolitik in der alternativen Ergänzung der Gemeinschaftsaufgabe liegt. Regional gesehen werden nämlich die verfügbaren Landesmittel im Verhältnis 3 : 1 in den GA-Gebieten eingesetzt. Außerdem tritt klar hervor, daß der Schwerpunkt der Förderung der gewerblichen Wirtschaft in der Vergabe von Darlehen besteht, landeseigene Investitionszuschüsse demgegenüber kaum ins Gewicht fallen. Diese Befunde be-

Übersicht 10
Förderung des Fremdenverkehrsgewerbes in Bayern im Jahre 1977

	Investitionszulagen in Mio. DM	Investitionszuschüsse in Mio. DM	Darlehen in Mio. DM
Förderung aus Mitteln der Gemeinschaftsaufgabe	4,1	4,0	--
Förderung aus Mitteln der Bayer. Regionalprogramme	--	0,9	33,2
Total	4,1	4,9	33,2

Quelle: Eigene Berechnung nach: Bayerisches Staatsministerium für Wirtschaft und Verkehr (Hrsg.), Bericht über die wirtschaftliche Entwicklung der strukturschwachen Gebiete Bayerns, München 1978, S. 47 f.

schränken sich nicht auf das Jahr 1977, sondern gelten mit mehr oder weniger Abweichungen auch für hier nicht untersuchte Zeiträume. So wurden in den Jahren 1979/80 in den strukturschwachen und peripheren Gebieten Bayerns insgesamt regionale Finanzierungshilfen in Höhe von über einer Mrd. D-Mark vergeben; das sind etwa 20 % mehr als 1977/78. Davon wurden 247 Mio. D-Mark als Zuschüsse und rund 780 Mio. D-Mark als zinsgünstige Darlehen gewährt. Der Anteil der Landesmittel belief sich auf ca. 94 %. Rund zwei Drittel der subventionierten Investitionen und der Fördermittel entfielen auf die Grenzland- und überwiegend strukturschwachen Regionen, der Rest verteilte sich auf sonstige ländliche Räume[990]. Allein im Jahre 1979 erhöhten sich die im Staatshaushalt eingeplanten Landesdarlehen gegenüber 1978 um 11,2 %. In diesem Zeitraum wurden aus den bayerischen regionalen Förderungsprogrammen

---

[990] Vgl. Bayerisches Staatsministerium für Landesentwicklung und Umweltfragen (1982), S. 88.

576,1 Mio. D-Mark Darlehen und 88,9 Mio. D-Mark Zuschüsse bereitgestellt, während sich die im Rahmen der GRW gewährten Zuschüsse nur auf 74 Mio. D-Mark beliefen[991]. Von den Mittelvolumina aus gesehen nimmt somit die landesspezifische Wirtschaftsförderung innerhalb der bayerischen Regionalpolitik eindeutig den ersten Platz vor der Gemeinschaftsaufgabe ein.

3. Defizite in der Programmkonkretion - Die Wesensmerkmale der landeseigenen Regionalprogramme

Soweit die Bundesländer Programm- und Vergaberichtlinien erlassen haben, genügen diese in Verbindung mit dem zweckbestimmenden Mittelansatz im Haushaltsplan den verfassungsmäßigen Anforderungen an die Leistungs- und Planungsverwaltung[992]. Wie der Rahmenplan der GRW schließen alle Landesregelungen einen Rechtsanspruch auf die Gewährung einer Finanzhilfe aus, behalten also die Entscheidung dem pflichtgemäßen Ermessen der Landesbehörde (Wirtschaftsministerium), der Landesbank (z.B. Nordrhein-Westfalen), einem speziellen Kreditausschuß (z. B. Niedersachsen und Hessen) oder der Wirtschaftsförderungsgesellschaft (z. B. Hessen) vor.

Auch die **Förderungstatbestände** und die **begünstigten Wirtschaftszweige** entsprechen denen der Gemeinschaftsaufgabe: Subventioniert werden nur Investitionen zur

- Errichtung, Erweiterung, Rationalisierung, Modernisierung und Umstellung

---

991 Siehe **Bayerische Staatsregierung** (1981), S. 39.

992 **A. Kuhn** (1972), S. 72 ff. Lediglich das Land Niedersachsen hat zur Ausführung eines seiner Wirtschaftsförderungsprogramme ein Gesetz erlassen, das die Grundlagen der Förderung regelt, siehe oben Anm. 921.
Zur Diskussion um die Ausdehnung des "Vorbehalts des Gesetzes" auf die Leistungsverwaltung mit der Folge, daß Subventionen nur aufgrund eines parlamentarisch beschlossenen Gesetzes gewährt werden dürfen, siehe **J. Pietzcker**, Vorrang und Vorbehalt des Gesetzes, JuS 1979, S. 710 ff. (711 ff. m. w. Nachw.). Hierfür tritt z. B. **A. Pöttgen**, Verfassungsrechtliche Grenzen staatlicher Wirtschaftsförderung durch Subventionen, Diss. Köln 1965, S. 103 ff. (130 ff.) ein.

- von Betrieben der Industrie, des Handwerks, des Fremdenverkehrs (und in der Regel ausnahmsweise) des Dienstleistungsgewerbes.

Nur Niedersachsen hat als einziges Bundesland das Baugewerbe im Unterschied zum Rahmenplan der GRW explizit in eines seiner Programme aufgenommen. Die seitens der Bundesländer vor allem angewandten **Förderungsinstrumente** [993] sind

- Investitionszuschüsse (Subventionswert 5 bis 15 %) und
- Darlehen (Zinssatz 3 bis 6 %).

Bremen und das Saarland sind die einzigen Bundesländer, die keine eigenen regionalpolitisch motivierten Investitionszuschüsse vergeben [993a]. Die Investitionsförderung durch zinsverbilligte Darlehen läßt sich von derjenigen durch Zinszuschüsse nicht exakt abgrenzen [994]. In den meisten Ländern ist das Verfahren derart ausgestaltet, daß ein öffentliches Kreditinstitut (z. B. Wirtschaftsaufbaukasse Schleswig-Holstein, Westdeutsche Landesbank, Finanzierungs-Aktiengesellschaft Rheinland-Pfalz, Landeskreditbank Baden-Württemberg, Landesanstalt für Aufbaufinanzierung in Bayern) zinsgünstige Darlehen an die gewerblichen Unternehmen gewährt und dafür vom Land Zinszuschüsse erhält. Empfänger der Zinszuschüsse bzw. Darlehen sind fast ausschließlich mittlere und kleine Unternehmen, deren Förderung zwar nicht regional beschränkt ist, sich aber dennoch überproportional auf die jeweiligen Fördergebiete konzentriert [995].

Auch die Landesprogramme verfolgen das Konzept der **Anreizwirkung**, indem sie die räumliche Mobilität des **Faktors Kapital** indirekt zu lenken suchen. Dagegen verhält sich die landeseigene Regional-

---

[993] Daneben kommen insbesondere noch Zinszuschüsse, Steuervergünstigungen, Landesbürgschaften und Kapitalbeteiligungen zur Anwendung, die jedoch nicht primär regionalpolitischen Zielen dienen, sondern in der Regel zur Mittelstandsförderung Verwendung finden.

[993a] Nach einer Meldung der F.A.Z. Nr. 262 vom 11.11.1982, S. 2 hat sich die saarländische Regierung entschlossen, für 1983 ein "Landesprogramm zur Verbesserung der Beschäftigungslage und der regionalen Wirtschaftsstruktur" in einer Größenordnung von 39 Mio. D-Mark aufzulegen. Damit sollen teilweise die bei der GRW ausfallenden Mittel ersetzt und im übrigen sinnvoll ergänzt werden.

[994] K. Geppert/K. Hornschild (1979), S. 40.

[995] Ebenda, S. 40 und 41.

förderung in ihrer sachlichen und räumlichen Programmkonkretion zunehmend "kontraintentional" zur Gemeinschaftsaufgabe. Deren regionalpolitisches Handlungsmodell wurde in der Weise charakterisiert, daß sich die Förderung sachlich auf Wirtschaftszweige mit überregionalem Absatz und auf arbeitsplatzschaffende bzw. -sichernde Sachinvestitionen und räumlich auf ein begrenztes Gebiet und darin auf möglichst wenige Schwerpunktorte konzentrieren soll [996]. Langfristig wirksame Struktureffekte sind hiernach nur durch eine sektoral und regional diskriminierende Investitionsförderung zu erreichen. Demgegenüber bezwecken die vorgestellten Landesprogramme eine "programmatische Ergänzung" der GRW insofern, als sie allesamt in den Fällen zur Anwendung kommen, in denen eine finanzielle Förderung aus GA-Mitteln (sachlich und/oder räumlich) nicht möglich ist. Damit werden jedoch die Diskriminierungsregeln der Gemeinschaftsaufgabe entwertet [997].

a) Fehlende sachliche Schwerpunktbildung

Was die sachlichen oder materiellen Selektivitätskriterien angeht, so schreibt allein das Regionale Wirtschaftsförderungsprogramm des Landes Nordrhein-Westfalen das Erfordernis des **Primäreffektes** im Sinne der Rahmenplanregelung vor [998]. Die übrigen Richtlinien, sofern sie überhaupt auf die Förderungswürdigkeit gewerblicher Investitionsmaßnahmen eingehen, sprechen lediglich von der "volkswirtschaftlichen und regionalpolitischen Bedeutsamkeit" (Schleswig-Holstein) [999], der "besonderen regionalwirtschaftlichen oder strukturpolitischen Bedeutung" (Hamburg) [1000], der "volkswirtschaftlichen Förderungswürdigkeit" (Hessen und Niedersachsen) [1001] oder von einem "volkswirtschaftlichen und regionalwirtschaftlichen

---

[996] Siehe oben S. 137 ff., 140 ff. und 167 ff.

[997] C. Böhret/W. Jann/E. Kronenwett (1980), S. 83.

[998] Siehe oben S. 192.

[999] Minister für Wirtschaft und Verkehr des Landes Schleswig-Holstein (1978), S. 21.

[1000] E. Dittes (1979), S. 76.

[1001] Ziff. I. 2.1. der hessischen Förderungsrichtlinien, aaO (Anm. 948) und Ziff. 2.1. der niedersächsischen Darlehensrichtlinien, aaO (Anm. 923).

Interesse"[1002] (Bayern) an dem Vorhaben. Mit Ausnahme Nordrhein-Westfalens folgen die Landesprogramme daher nicht dem sektoralen Basistheorem der regionalen Strukturpolitik, nur diejenigen Branchen und Betriebe zu fördern, deren Güter und Dienstleistungen überregionalen Absatz finden und daher im Sinne der Export-Basistheorie nur geeignet erscheinen, zusätzliche Einkommenseffekte in der Region zu erzeugen[1003].

Für die Wirtschaftsentwicklung der strukturschwachen Gebiete entscheidender als das Vorliegen eines Primäreffektes stellt sich stattdessen nach den offiziellen Verlautbarungen der Landesregierungen die Schaffung neuer, sicherer und ertragsreicher **Dauerarbeitsplätze** dar[1004]. Doch auch in dieser Beziehung legen die Programme die implementierenden Verwaltungsinstanzen keineswegs eindeutig fest. Lediglich Nordrhein-Westfalen und Niedersachsen gehen mit positivem Beispiel voran und setzen ein quantifiziertes Arbeitsplatzziel bei Erweiterungsinvestitionen analog den Rahmenplanregelungen fest[1005]. Andere Richtlinien formulieren bloß, daß eine angemessene Zahl neuer Arbeitsplätze durch die geförderte Investition bereitgestellt werden solle (Baden-Württemberg, Bayern)[1006]; die meisten Programme indessen schweigen sich auch in diesem Kristallisationspunkt der Regionalförderung aus.

1002 Ziff. I. 3. der bayerischen Förderungsrichtlinien, aaO (Anm. 970).

1003 Siehe oben S. 138 ff.

1004 **Bayerisches Staatsministerium für Wirtschaft und Verkehr** (1978), S. 43; **Minister für Wirtschaft, Verkehr und Landwirtschaft des Saarlandes**, Regionale Wirtschaftsförderung, Saarbrücken 1979, S. 2; **Minister für Wirtschaft und Verkehr des Landes Schleswig-Holstein** (1975), S. 18. E. Albrecht, Das Land schafft neue Arbeitsplätze, Handelsblatt vom 17.4.1980, Beilage "Niedersachsen", S. 1; **B. Breuel** (1980), S. 34; **dies.**, Das Schaffen von Arbeitsplätzen bleibt weiter die Hauptaufgabe in Niedersachsen, Handelsblatt vom 19.4.1979, Beilage "Niedersachsen", S. 1; **J. Westphal** (1981 b), S. 14.

1005 Ziff. 5.211. der nordrhein-westfälischen Förderungsrichtlinien, aaO (Anm. 931) sieht die Einrichtung 50 neuer bzw. die Erhöhung der vorhandenen Arbeitsplätze um mindestens 15 % vor. Nur letzteres bestimmt Ziff. 3.21. der niedersächsischen Darlehensrichtlinien, aaO (Anm. 923).

1006 **Landeskreditanstalt Baden-Württemberg** (1978), S. 8 Ziff. 2.1.; Ziff. I 2 a) der bayerischen Förderungsrichtlinien, aaO (Anm. 970).

Generell gesehen zeichnet sich die Regionalförderung auf der Länderebene folglich dadurch aus, daß es die verantwortlichen "Programmplaner" vermeiden, eine Politik zu konzipieren, die verbindliche Voraussetzungen und Anhaltspunkte für die materielle Ausfüllung und stringente Durchsetzung von sachlichen Förderungsschwerpunkten enthält. Aus den Landesprogrammen lassen sich im "Ernstfall" keine konkreten Handlungsanweisungen ableiten, vielmehr dienen sie eher umgekehrt dazu, fast jede Förderungsaktivität – auch dank mehr oder minder großzügiger Ausnahmeregelungen – im nachhinein zu rechtfertigen. Insoweit erfüllen die Richtlinien zwar eine legitimatorische Funktion (gegenüber dem die Haushaltsmittel bewilligenden Parlament, dem Subventions-(nicht-)empfänger, dem in strukturschwachen Regionen lebenden Bürger), eine politisch-selektive Steuerung der die Mittel verausgabenden Administration nehmen sie jedoch nicht vor. Der tiefere Grund für den Mangel an materieller Programmkonkretion liegt allerdings nicht darin, daß die sachlichen Konzentrationsmaximen in der regionalen Strukturpolitik von den regionalpolitischen Akteuren abgelehnt würden. Gerade das Gegenteil ist der Fall: theoretische Konzeption und Prinzipien der Regionalförderung, ihre "hergebrachten Grundsätze"[1007], werden in der Öffentlichkeit in seltener Einmütigkeit verteidigt. Vielmehr dürfte eine triftige Erklärung für das inhaltliche Programmdefizit in den Selektivitätsstrukturen des politischen Systems selbst angelegt sein. Regionale Strukturpolitik konkurriert im politischen Aushandlungs-, Planungs- und Finanzierungsprozeß mit anderen Formen der Wirtschaftsförderung (sektorale und unternehmensgrößenorientierte Strukturpolitik, Technologieförderung etc.). Je restriktiver nun ein dieser Konkurrenz ausgesetzter Politikbereich die Bedingungen seiner eigenen Möglichkeiten definiert, desto schlechter werden seine Chancen, einen größtmöglichen "Marktanteil" zu erringen, denn "Programmkonkurrenz ist für selektiv ausgerichtete Politiken tendenziell gegenproduktiv"[1008]. Zudem beweisen "Förderer" ihre Aktivität und Daseins-

---

1007 So die Bundesregierung, BT-Drs. 7/419 vom 28.3.1973, S. 20.
1008 C. Böhret/W. Jann/E. Kronenwett (1980), S. 86.

berechtigung damit, daß sie Geld ausgeben; sie sind "Wirtschaftsförderer" und nicht "Wirtschaftsverhinderer" und bevorzugen daher Programme, die die Alternativen, alles gleichzeitig fördern zu können, nicht vorn vorneherein ausschließen, d. h. "Programmvorgaben", die ihnen Handlungsspielräume offenhalten oder gar erweitern [1009].

b) **Mangelnde räumliche Schwerpunktsetzung**

Völlig durchbrochen werden in den Landesprogrammen schließlich die räumlichen Diskriminierungsregeln der herrschenden regionalen Strukturpolitik. Ist in den Gremien der Gemeinschaftsaufgabe nach langer Anlaufzeit und in Ansehung schwindender öffentlicher Finanzen endlich das "politische Kunststück"[1010] gelungen, die **Förderkulisse** der GRW auf 50 % der Fläche des Bundesgebietes herunterzudrücken, so könnte sich dieser "Sieg der Vernunft" bei einem Blick auf die Landesfördergebiete schnell als "Pyrrhussieg" entlarven. Allerdings läßt sich die Eskalation der ländereigenen Fördergebiete, die über die GA-Gebiete hinausgehen, nicht genau feststellen, da die Flächenstaaten mit Ausnahme Nordrhein-Westfalens und Baden-Württembergs keine formalen Gebietsabgrenzungen vorgenommen oder aber wie Hessen nur Entwicklungsschwerpunkte und Entlastungsorte ausgewiesen haben. So umfassen z. B. allein in Nordrhein-Westfalen, einem im Ländervergleich finanz- und strukturstarkem Land, die Gemeinschafts- und Landesfördergebiete mindestens zwei Drittel der gesamten Landesfläche (vgl. Abbildung 8).

Nach den Schätzungen einer für das **DIW** durchgeführten Erhebung dürften die Gebiete der GRW vor der Neuabgrenzung 1981 zusammen mit allen Landesfördergebieten und -orten etwa 80 % der Gesamtfläche der Bundesrepublik mit rund 50 % der Bundesbevölkerung abgedeckt haben [1011]. Auch wenn infolge der Reduzierung der Ge-

---

1009 C. Böhret/W. Jann/E. Kronenwett (1980), S. 99, 95 und 89.
1010 G. Hennemann (1981), S. 4.
1011 K. Geppert/K. Hornschild (1979), S. 25.

meinschaftsfördergebiete von diesen Zahlen Abstriche zu machen sind, steht der Gesamtumfang der mittlerweile erreichten Fördergebietskulisse in keinem Verhältnis mehr zu dem ursprünglichen Ziel, die Wettbewerbssituation strukturschwacher Räume zu verbessern, weil die zwischen Regionen diskriminierenden und damit lenkenden Effekte der regionalen Strukturpolitik zunehmend fortfallen [1012]. Im übrigen wird die politisch als Beweis für die Anpassungs- und Handlungsfähigkeit der GRW gefeierte Einschränkung der Förderregionen und Schwerpunktorte [1013] dann wieder entwertet bzw. aufgehoben, wenn sich die begründete Befürchtung realisieren sollte, daß aus der Gemeinschaftsförderung herausfallende Regionen in die Landesförderungsprogramme übernommen werden [1014]. Der allseits erwünschte Struktur- und Lenkungseffekt der Gebietsreduzierung wäre dann weitgehend verspielt und die Zweifel **Wartenbergs**, ob die Politikbezeichnung **regionale** Wirtschaftsförderung noch zutreffend ist [1015], voll und ganz gerechtfertigt.

[1012] Zu dieser kritischen Einschätzung gelangte das **RWI** schon im Hinblick auf den alten Gebietsstand der GRW, vgl. Handelsblatt Nr. 34 vom 18.2.1981, S. 5 und **M. Köppel** (1980), S. 203.

[1013] C. Noé (1981), S. 386.

[1014] In der Tat spricht viel für die Vermutung, daß von der Gebietsreduzierung betroffene Arbeitsmarktregionen und Landkreise Ausgleichsmaßnahmen seitens der Länder durchsetzen werden. Z. B. hat der DIHT Zuschriften von Landeswirtschaftsministerien erhalten, aus denen hervorgeht, daß selbst einige der nach außen für einen Subventionsabbau eintretenden Industrie- und Handelskammern Hilfsmaßnahmen von der Landesregierung zugunsten aus der Förderung herausfallender Regionen gefordert haben. Hierin liegt wohl der tiefere Grund, daß sich der DIHT bundesweit dafür einsetzt, die in der GRW reduzierte Förderkulisse nicht durch Länderprogramme und Länderförderpraxis wieder aufzuheben oder gar auszuweiten, vgl. DIHT (1980 a), S. 31.
In Nordrhein-Westfalen wird z. B. die Arbeitsmarktregion Aachen (deckungsgleich mit der kreisfreien Stadt und dem Landkreis Aachen) nach der zweijährigen Übergangszeit aus der GA-Förderung ausscheiden. Inzwischen (Juli 1981) meldet der Arbeitsamtsbezirk jedoch schon mehr als 8 % Beschäftigungslose, F.A.Z. Nr. 138 vom 11.8.1981, S. 4. Nach dem im Lande Nordrhein-Westfalen zur Abgrenzung der landesinternen Fördergebiete verwandten Arbeitslosenindikator (siehe oben S. 192) müßte daher die Region Aachen bei einer landesspezifischen Neuabgrenzung mindestens den Status eines Fördergebietes mit erheblichen Strukturproblemen erhalten. Im Ergebnis käme dies einer "Fördergebietsüberwälzung" von der Gemeinschafts- auf die Landesförderung gleich.
Mit Recht hat daher der DIHT wiederholt gefordert, daß auch die Bundesländer ihre Wirtschaftsförderung einschränken und eindeutigen, nachprüfbaren Kriterien unterwerfen sollten, vgl. DIHT (1981), Tz. 7 und (1980 b), Tz. III.1.

[1015] U. Wartenberg (1981), S. 141.

Doch auch mit einer durchgreifenden Fördergebietsreduzierung sowohl auf Bundes- als auch auf Landesebene ist es nicht getan, solange z. B. in Ländern wie Hessen, Baden-Württemberg und Bayern ein Anteil von etwa 25 bis 30 % der Mittel der einzelbetrieblichen Förderung nicht in die ausgewiesenen Fördergebiete fließt [1016]. Zudem kommt innerhalb der Fördergebiete den **Schwerpunktorten** nicht die Rolle zu, die sie als Kristallisationspunkte der zukünftigen Entwicklung spielen sollen. Landeseigene Schwerpunktorte besitzen nur Nordrhein-Westfalen und in gewisser Weise auch Hessen und Baden-Württemberg, die ihre guten Vorsätze aber sogleich dadurch wieder verwässert haben, daß in den übrigen Landesförderregionen oder auch außerhalb der offiziellen Fördergebiete und -orte ("Quasi-Fördergebiete") gewerbliche Investitionsvorhaben unter bestimmten Voraussetzungen ebenfalls subventioniert werden können. Die übrigen Bundesländer haben sich erst gar nicht der Mühe unterzogen, eigene Schwerpunktorte politisch "auszuhandeln". Konzentrieren sich im Rahmen der GRW immerhin noch mehr als zwei Drittel des bezuschußten Investitionsvolumens auf die Gemeinschaftsschwerpunkte [1017], so agiert auch hier die Landesförderung wesentlich "flexibler" (z. B. Bayern). Aufgrund ihrer am Beispiel Hessens und Baden-Württemberg durchgeführten räumlichen Verteilungsanalyse bezweifeln **Böhret**, **Jann** und **Kronenwett** die Gültigkeit des zweiten regionalpolitischen Basistheorems, daß nämlich die Fläche der Förderung nur die Kulisse für die Konzentration auf wenige Schwerpunktorte abgebe. Statt dessen gelangen die Autoren zu der Einschätzung, zum Teil geschehe in der "Kulisse" mehr als auf der eigentlichen "Bühne" der Förderung, zum Teil gebe es aber auch so viele Schwerpunkte, daß kaum noch zu unterscheiden sei, wo die Kulisse aufhöre und die Bühne anfange [1018].

[1016] Exemplarisch für Hessen und Baden-Württemberg C. **Böhret/W. Jann/E. Kronenwett** (1980), S. 90; für Bayern siehe S. 205 ff.

[1017] Siehe oben S. 174.

[1018] C. **Böhret/W. Jann/E. Kronenwett** (1980), S. 91.

Eine wesentliche Erklärung für die Entstehung zusätzlicher regionaler Wirtschaftsentwicklungsprogramme ist nach den Erkenntnissen des RWI darin zu erblicken, daß sich im Laufe der Zeit neben den traditionellen Fördergebieten neue Problemregionen herausgebildet haben, die zwar vom sektoralen Strukturwandel hart betroffen, aber vom Indikatorensystem der GRW bislang nicht erfaßt worden sind [1019]. Als Beispiel mag das im Rahmen des Regionalen Wirtschaftsförderungsprogramms des Landes Nordrhein-Westfalen durchgeführte "Aktionsprogramm Ruhr" gelten, das u. a. deshalb geschaffen wurde, weil dort die meisten Arbeitsplätze im Montansektor (Steinkohlebergbau, Eisen- und Stahlindustrie) vorherrschen und das Ruhrgebiet unter dieser Monostruktur besonders zu leiden hat [1020]. Hier überschneiden sich regionale und sektorale Strukturprobleme und werfen die Problematik auf, ob negative Auswirkungen sektoraler Entwicklungstrends auf Arbeitsmarkt und Wirtschaftskraft einer Region mit regionalpolitischen Instrumenten gelöst werden sollen [1021]. Denn die räumliche Ausdehnung der Fördergebiete erfaßt dann oftmals zentral gelegene, wirtschaftlich hochentwickelte und infrastrukturell überdurchschnittlich ausgestattete Räume. Beispielsweise werden durch das "Aktionsprogramm Ruhr" Neuansiedlungen von Gewerbebetrieben in den Städten Bochum

---

1019 Handelsblatt Nr. 34 vom 18.2.1981, S. 5 und M. Köppel (1980), S. 204. Vgl. a. R. Adlung/C. S Thoroe (1980), S. 1 f.
Ein weiterer Grund für die Intensivierung der Landeswirtschaftsförderung speziell im nördlichen Bundesgebiet dürfte in der Verstärkung des Nord-Süd-Gefälles liegen. Die großräumige Wirtschaftsentwicklung führte im Norden zu einem Wirtschaftsgefüge, das sich aus eher traditionellen Funktionen wie landwirtschaftliche Produktion und Grundstoff- und Produktionsgütererzeugung zusammensetzt. Der Süden der Bundesrepublik ist dagegen durch ein breiter gestreutes Spektrum moderner Industriezweige des Investitions- und Verbrauchsgüter produzierenden Gewerbes, flankiert durch einige besonders expansive Dienstleistungsbereiche charakterisiert. Der langfristige Strukturwandel hat zwar alle Regionen erfaßt, dies jedoch in unterschiedlicher Stärke. So hat er in Baden-Württemberg das geringste und in Hessen, Rheinland-Pfalz und im Saarland das höchste Ausmaß erreicht. Die steigende Wirtschaftskraft der süddeutschen Regionen zeigt sich dabei nicht nur in ständig steigenden Anteilen an der Bruttowertschöpfung, sondern auch in niedrigeren Arbeitslosenquoten und zunehmenden Einzahlungen in den horizontalen Länderfinanzausgleich. Siehe ausführlich R. Brune/M. Köppel (1981), S. 241 ff.

1020 Vgl. Landesregierung Nordrhein-Westfalen (1979), S. 56.

1021 R. Adlung/C. S. Thoroe (1980), S. 11; Bayerisches Staatsministerium für Wirtschaft und Verkehr (1978), S. 11; R. Eberle (1979), S. 8; A. Möller (1981), S. 204; K.-P. Wild (1979), S. 17.

Dortmund, Essen und Mühlheim mit Investitionszuschüssen von 7,5 %, in Duisburg, Gelsenkirchen und Oberhausen gar in Höhe von 10 % gefördert [1022]. Langfristig muß die Einbeziehung von Regionen mit sektoralen Strukturproblemen – unabhängig von ihrer Standortlage und ihrem gesamtwirtschaftlichen Entwicklungsniveau – in die regionale statt in eine sektoral gezielte Wirtschaftsförderung zu Lasten der Gebiete mit räumlichen Standortnachteilen und echten Entwicklungsrückständen gehen ("Zementierung wirtschaftlicher Ballungen") [1023]. Dennoch zeigt die Regionalförderung in derartigen sektoralen Problemregionen, daß in der Wirtschaftsentwicklungspolitik oftmals andere als regionale Ziele ausschlaggebend sind. Somit geht auch die regional orientierte räumliche Schwerpunktsetzung innerhalb eines Bundeslandes ebensowenig mit den Auswahlmechanismen des politischen Prozesses einher ("Wahlreisen übers Land") wie eine sachliche Konzentration der Förderung.

c) Programmkonkurrenzen

Die regionalpolitische Bestandsaufnahme hat erwiesen, daß die sachlichen und räumlichen Diskriminierungsregeln der traditionell verteilungspolitisch ausgerichteten regionalen Strukturpolitik in den Planungen der Gemeinschaftsaufgabe konsequenter und stringenter durchgesetzt sind als in den undifferenzierteren und allumfassenden Landesprogrammen:

> "Grob zusammengefaßt und etwas überspitzt kann man daher sagen, daß im Rahmen der Länderprogramme beinahe alles möglich ist, sowohl die strikte Einhaltung der Outputziele des Politikbereiches wie auch eine an ganz anderen Kriterien orientierte Förderpolitik, während die Festlegungen im Rahmen der GRW den implementierenden Instanzen zwar auch einen großen Entscheidungsspielraum lassen, aber doch die Verteilung der Fördermittel mehr 'vorprogrammieren' als die Landesprogramme" [1024].

1022 Landesregierung Nordrhein-Westfalen (1979), S. 55.

1023 Bayerisches Staatsministerium für Wirtschaft und Verkehr (1978), S. 12 f.; Bayerische Staatsregierung (1981), S. 9. Zur Kritik speziell des "Aktionsprogramms Ruhr", nach dem in den Jahren 1980 bis 1984 für das Ruhrgebiet allein 6,9 Mrd. D-Mark ausgegeben werden sollen, siehe K.-H. Hansmeyer (1981), S. 39 f.

1024 W. Jann/E. Kronenwett (1979), S. 345.

In der Programmatik am präzisesten präsentiert sich - von seiner bedenklichen räumlichen Ausdehnung abgesehen - das Regionale Wirtschaftsförderungsprogramm des Landes Nordrhein-Westfalen. Alle anderen Wirtschaftsentwicklungsprogramme sind unter dem normativen Geltungsanspruch der Diskriminierungsregeln mehr oder minder "ein sicheres Anzeichen dafür, **daß auf der Ebene der Programmkonkretisierung politisch-administrative Handlungsspielräume verschenkt werden**"[1025]. Denn wenn die theoretischen Prämissen der überkommenen mobilen Verteilungsstrategie, wonach die Entwicklung strukturschwacher Räume Erfolge nur bewirken kann, wenn sie auf bestimmte Wirtschaftszweige und auf möglichst wenige, größere Zentren konzentriert wird, richtig sind, dann würde der ungezielte Einsatz von (Landes-)Mitteln, der diese Differenzierungsregeln nicht befolgt, nicht nur zu einer Verschwendung öffentlicher Finanzen führen, sondern auch getreu dem Motto: "Wenn man alle beglückt, beglückt man keinen"[1026], Struktureffekte dort vereiteln, wo sie regional erwünscht sind und damit unter Umständen sogar die Effizienz der gemäß den herkömmlichen regionalpolitischen Outputzielen ausgegebenen Gelder in Frage stellen[1027]. Verknüpft man die räumliche und sie sachliche Programmebene, dann ergeben sich im Spannungsverhältnis zwischen landeseigener und Gemeinschaftsaufgabenförderung vier Konstellationen[1028]:

- **Fall 1:**
  Die Landesförderung kommt innerhalb der Förderregionen der GRW entsprechend den Konditionen der Rahmenpläne zur Unterstützung von Investitionsvorhaben zum Einsatz, für deren Finanzierung die begrenzten GA-Mittel nicht ausreichen.

- **Fall 2:**
  Die Bundesländer gewähren ihre Finanzhilfen aufgrund selbst bestimmter und vom Rahmenplan abweichender Bedingungen, aber noch innerhalb der Gemeinschaftsfördergebiete.

1025 In Bezug auf die Regionalförderungsprogramme in Hessen und Baden-Württemberg C. **Böhret/W. Jann/E. Kronenwett** (1980), S. 85 (Hervorhebungen im Original).

1026 W. **Albert**, in: A. Baestlein (1977), S. 63.

1027 C. **Böhret/W. Jann/E. Kronenwett** (1980), S. 85.

1028 Vgl. a. B. **Reissert/F. Schnabel** (1976), S. 96.

- **Fall 3:**
  Die Landesmittel gelangen außerhalb der im Rahmenplan ausgewiesenen Aktionsräume zu den gleichen Grundsätzen wie im Rahmenplan oder zu niedrigeren Fördersätzen zur Anwendung.
- **Fall 4:**
  Die Investitionshilfen der Länder werden ebenfalls außerhalb der GA-Gebiete, jedoch zu besseren Förderungskonditionen als denen der Rahmenpläne vergeben.

In der Praxis lassen sich die Regionalförderungsprogramme der Länder nicht mit Ausschließlichkeit der einen oder anderen Fallgruppe zuordnen, weil sie alle Mischformen der vier Grundtypen darstellen. Aus der Sicht der GRW unbedenklich, da ihre Wirkungen wenn überhaupt, dann nur verstärkend, erscheint lediglich die rheinland-pfälzische Landeswirtschaftsförderung insoweit, als sie Projekte nach den Bestimmungen des Rahmenplanes (Primäreffekt, Schwerpunktkonzept) fördert, für die der Mittelplafonds der GRW nicht ausreicht (**Fall 1**). Dagegen verhalten sich die Zuschußförderungen der Länder Schleswig-Holstein, Niedersachsen, Nordrhein-Westfalen, Hessen und Baden-Württemberg hier und dort offen, in der Regel aber programmatisch "verdeckt" zunehmend kontraintentional zur Gemeinschaftsaufgabe, weil sie, obgleich zu niedrigeren Präferenzen, so doch nach abweichenden Kriterien (zum Teil fehlender Primäreffekt, in allen Ländern Durchlöcherungen des Schwerpunktsystems) Investitionshilfen zum einen innerhalb des GA-Gebietes (**Fall 2**) und zum anderen außerhalb dieser Regionen (**Fall 3**, hierzu rechnen auch Hamburg und Rheinland-Pfalz) gewähren und damit Gefahr laufen, eine wirksame Einkommensverbesserung in den strukturschwachen Regionen zu verfehlen (z. B. wegen zu geringer Zahl geschaffener Arbeitsplätze) und die siedlungsstrukturellen und raumordnerischen Steuerungseffekte des Schwerpunktkonzeptes zu durchkreuzen ("Flächen- und Gießkannenförderung"). Völlig aus dem Ordnungsrahmen der GRW heraus fallen die Darlehensförderungen in Niedersachsen, Baden-Württemberg und Bayern, die die Voraussetzungen der **Fallgruppen 2 und 3** erfüllen, d. h. entweder innerhalb oder außerhalb der Aktionsräume der GRW, jedenfalls aber aufgrund anderer und sehr oft günstigerer Konditionen zum Einsatz kommen ("Verdrängungseffekte").

Nach alledem steht als Ergebnis dieser Programmanalyse schon jetzt fest, daß mit der Installierung der Gemeinschaftsaufgabe "Verbesserung der regionalen Wirtschaftsstruktur" entscheidende Fortschritte hinsichtlich der sachlichen und räumlichen Konzentration der Haushaltsmittel und der konzeptionellen Abstimmung zwischen Bund und Ländern zur Verwirklichung einer übergeordneten und einheitlichen regionalpolitischen Koexistenz-Strategie des Gesamtstaates (Sicherung der Wachstums- und der Ausgleichsfunktion regionaler Strukturpolitik) nicht erzielt worden sind [1029]. In aller Schärfe werden die Konkurrenzen zwischen den Fördersystemen der Gemeinschaftsaufgabe und der Länder einerseits und der Landesprogramme untereinander andererseits jedoch erst dann deutlich, wenn in die Untersuchung die Intensität und das Volumen der Landesförderungen mit einbezogen werden.

4. Intensität und Volumen der Landeswirtschaftsförderung

Wiederum als einziges Bundesland besitzt Nordrhein-Westfalen ein in sich abgestuftes Präferenzsystem (vgl. Übersicht 7), dessen Höchstgrenzen von 5 bis 10 %, ausnahmsweise 15 % der Investitionskosten reichen. Feste und nicht differierende Fördersätze weisen die Zuschußprogramme der Länder Niedersachsen, Hessen und Baden-Württemberg auf (zwischen 7,5 und 15 %). Alle anderen Länder haben keine Subventionsobergrenzen in ihren Zuschuß- und/oder Darlehensprogrammen festgelegt, sondern entscheiden von Fall zu Fall, wobei sie in der Regel unterhalb der Investitionskostenverbilligungen nach der GRW bleiben (Ausnahme: Darlehensprogramme). Hierin kann zumindest ein positives Ergebnis der Einführung der Gemeinschaftsaufgabe gesehen werden, daß es ihr gelungen ist, wenigstens die Konkurrenz der Förderhöchstsätze zwischen den Bundesländern weitgehend zu eliminieren. Diese Beobachtung schließt indessen nicht aus, daß die Landesförderung trotz geringerer Subventionswerte nicht doch z. B. in Ballungsräumen attraktiver ist als die höhere Gemeinschaftsförderung in peripheren, ländlichen Gebieten [1030].

[1029] Zu einem ähnlichen Ergebnis gelangen auch K. Geppert/K. Hornschild (1979), S. 21.

[1030] Anderer Auffassung, aber meines Erachtens zu global C. Böhret/W. Jann/E. Kronenwett (1980), S. 107 FN 26.

Was die Gemeinschaftsaufgabe nicht erreicht hat, ist Einfluß auf das außerhalb ihres Bezugsrahmens von den Bundesländern eingesetzte Finanzvolumen zu gewinnen [1031]. In den Jahren 1968 bis 1971, d. h. vor Inkrafttreten des 1. Rahmenplanes, verdoppelten die Bundesländer (ohne Berlin) ihr jährliches Mittelvolumen für Wirtschaftsförderungsmaßnahmen von etwa 140 Mio. auf rund 280 Mio. D-Mark [1032]. In der gleichen Zeit nahmen die Bundesmittel - bedingt durch die Einführung der Investitionsprämie in Steinkohlebergbaugebieten und der Investitionszulage - um das Sechsfache zu: sie stiegen von 191 Mio. auf knapp 1,2 Mrd. D-Mark. Für die Zeit seit dem Anlaufen der GRW liegen öffentlich zugängliche Statistiken bis einschließlich des Jahres 1977 vor.

Die Entwicklung des Finanzvolumens der Wirtschaftsförderung in diesem sechsjährigen Erhebungszeitraum schlüsselt die Übersicht 11 getrennt nach Förderungsinstrumenten und Bundesländern auf. Stellt man zunächst auf eine rein **instrumentelle Betrachtung** ab, so nimmt innerhalb der regional orientierten Subventionsarten - wie es nicht anders zu erwarten war - die Investitionszulage nach § 1 InvZulG die Spitzenstellung ein, gefolgt von den GA-Zuschüssen, den Landeszuschüssen, den Landeskrediten und an letzter Stelle den ERP-Darlehen. Dabei können die landeseigenen Regionalprogramme auf erhebliche finanzielle Größenordnungen zurückblicken. Denn im Berichtszeitraum steht den Investitionszuschüssen aus GA-Mitteln in Höhe von knapp 1,5 Mrd. D-Mark ein landeseigenes Zuschußvolumen von über einer Mrd. D-Mark gegenüber. Wird noch der Subventionswert der in einigen Ländern vorgezogenen Darlehensförderung hinzugerechnet, dann überschreitet die länderspezifische Regionalförderung die Gemeinschaftsförderung sogar um etwas mehr als 60 Mio. D-Mark. Selbst wenn man den Umfang der regionalen In-

---

[1031] Dies nimmt angesichts der überbordenden Vielzahl unterschiedlichster Subventionsprogramme und -arten gar nicht wunder: Nach einer Untersuchung des **Kieler Instituts für Weltwirtschaft** gibt es in den Haushalten von Bund und Ländern nahezu 10.000 Haushaltsstellen mit subventionserheblichen Positionen, vgl. wirtschaft und standort 4/1981, S. 18. Nach einer Mitteilung der Wirtschaftswoche existieren in der Bundesrepublik derzeit 200 bis 250 staatliche Programme mit der Zielrichtung Wirtschaftsförderung, siehe Wirtschaftswoche Nr. 10 vom 5.3.1982, S. 76.

[1032] Hierzu und zum folgenden **K. Geppert/K. Hornschild** (1979), S. 45.

Übersicht 11

Das Volumen der Wirtschaftsförderung in der Bundesrepublik Deutschland (ohne Berlin) im Zeitraum vom 01.01.1972 bis zum 31.12.1977

	Fördergebietsanteil Fläche in % (1)	Bevölk. in % (1)	Gemeinschaftsaufgabe Investitions-zulagen in Mio. DM	Gemeinschaftsaufgabe Investitions-zuschüsse in Mio. DM	Landesaufgabe Investitions-zuschüsse in Mio. DM	ERP-Kredite (2) Kreditbetrag in Mio. DM	ERP-Kredite (2) Subventions-wert in Mio. DM	Landeskredite Kreditbetrag in Mio. DM	Landeskredite Subventions-wert in Mio. DM
Schleswig-Holstein	96	90	328,0	242,2	50,4	314,1	34,8	327,0	31,3
Hamburg	--	--	--	--	170,4	50,7	4,1	--	--
Niedersachsen	72	68	952,3	322,1	250,5	707,5	66,3	20,0	5,3
Bremen	20	20	21,4	10,6	--	27,5	2,2	--	--
Nordrhein-Westfalen	34	20	645,6	136,2	396,3	696,5	55,6	--	--
Hessen	58	30	354,9	118,7	34,6	343,1	35,4	6,7	1,5
Rheinland-Pfalz	74	51	165,7	168,2	8,5	233,5	18,5	--	--
Saarland	100	100	265,7	147,6	--	108,5	8,8	52,4	4,2
Baden-Württemberg	33	15	321,6	69,1	94,9	418,6	33,4	1.510,1	147,1
Bayern	70	52	781,1	266,4	63,1	560,7	56,2	2.846,4	284,6
Total	63	36	3.836,3	1.481,1	1.068,7	3.460,7	315,3	4.762,6	474,0

(1) Es gilt der Gebietsstand vor der Neuabgrenzung 1981
(2) Als ERP-Kredite sind nicht nur die Regionaldarlehen, sondern alle Kreditprogramme des Bereichs kleinere und mittlere Unternehmen aufgeführt.

Quelle: Eigene Zusammenstellung aus: K. Geppert/K. Hornschild unter Mitarbeit von W. Schöning, Vergleich von Präferenzsystem und Präferenzvolumen im Land Berlin und in den übrigen Bundesländern, Berlin 1979, S. 27 Übersicht 3 und S. 48 ff. Tabellen 8 bis 17.

vestitionszulagen in die Betrachtung einbezieht, beläuft sich der Mittelanteil der Landesprogramme an den Gesamtmitteln noch auf etwa 20 % (ohne Landeskredite) bzw. 30 % (einschließlich Landesdarlehen). Zu bedenken ist allerdings, daß die Länder die Hälfte der Ausgaben der Gemeinschaftsaufgabe und - ebenfalls gleich dem Bund - rund 47 % der durch die Investitionszulagen bedingten Steuerausfälle [1033] zu tragen haben. Wird demgemäß das in der letzten Übersicht angegebene Gesamtvolumen an Subventionen zwischen Bund und Ländern aufgeteilt, so haben die Länder in den Jahren 1972 bis 1977 für Zwecke der Wirtschaftsförderung insgesamt 4.086,4 Mio. D-Mark, der Bund hingegen nur 2.859 Mio. D-Mark aufgebracht. Damit liegt das Schwergewicht der Mittelaufwendungen im Rahmen der regionalen Strukturpolitik, wie es der verfassungsrechtlichen Kompetenzverteilung entspricht, eindeutig bei den Ländern.

Die **länderspezifische Betrachtung** offenbart, daß Nordrhein-Westfalen, Niedersachsen und Hamburg die meisten Landeszuschüsse vergeben. So war in dem Untersuchungszeitraum die Summe der Investitionszuschüsse aus dem Landesprogramm in Nordrhein-Westfalen dreimal so hoch wie die der GA-Zuschüsse; und die von Niedersachsen bereitgestellten Zuschüsse aus der Landesförderung bewegten sich z. B. auf einem höheren Niveau als die in Schleswig-Holstein von Bund und Land zusammen eingesetzten Zuschüsse aus der GRW. Auch in Baden-Württemberg liegen die Landeszuschüsse (ohne die Darlehen) immerhin um mehr als ein Drittel über den Zuschüssen, die das Land aus der Gemeinschaftsaufgabe selbst erhalten hat. Die von der GRW nicht gesegnete Freie und Hansestadt Hamburg stellt allein geringfügig höhere eigene Zuschüsse zur Verfügung als sie z. B. der rheinland-pfälzischen Wirtschaft aus GA-Mitteln zufließen. Die Stellung Baden-Württembergs und Bayerns in diesem Ländervergleich ist zudem vor dem Hintergrund zu sehen, daß dort das Gros der Finanzhilfen in Form zinsverbilligter Darlehen vergeben wird. Wird deren Subventionswert mitberücksichtigt, dann nimmt - was das absolute Volumen der Landesförderung betrifft -

---

[1033] BMWi (1980), S. 11. Um die restlichen 6 % wird der den Gemeinden nach Art. 106 Abs. 5 GG zustehende Anteil am Aufkommen der Einkommensteuer geschmälert. K. Vogel (1977), S. 841 hält diese Praxis für verfassungswidrig.

der Freistaat Bayern nach Nordrhein-Westfalen den zweiten, das Land Niedersachsen den dritten und Baden-Württemberg den vierten "Rang" ein. Schleswig-Holstein und Hessen teilen sich die nachfolgenden Plätze, wohingegen Rheinland-Pfalz und das Saarland die "Schlußlichter" bilden. Lediglich der Stadtstaat Bremen hält in der fraglichen Zeitspanne keine Mittel aus einem regionalorientierten Landesprogramm bereit.

Weiterhin verdeutlicht Übersicht 11, daß die Differenzen in der Höhe der zusätzlich zur Gemeinschaftsaufgabe eingesetzten Mittel in den Ländern - abgesehen von deren unterschiedlicher Finanzkraft und Strukturstärke - in einem gewissen Maße auch von der Größe des Anteils der jeweiligen Landesfläche und -bevölkerung an den Fördergebieten der GRW (Stand: 1977) bestimmt wird[1034]. Diese Beobachtung, die auf die meisten Flächenstaaten zutrifft, ist ein untrügliches Indiz für den dem Politikbereich der regionalen Wirtschaftsstrukturverbesserung immanenten Drang zur "Flächenförderung". Ist das Landesgebiet ohnehin schon vollständig bzw. zu mindestens zwei Dritteln in die Gemeinschaftsförderung einbezogen (Saarland, Schleswig-Holstein und Rheinland-Pfalz), so ist das Volumen der Landesförderung entsprechend gering bzw. gleich Null. Macht der von der GRW umfaßte Gebietsanteil nur etwa ein Drittel des Landes aus (Nordrhein-Westfalen, Baden-Württemberg), dann ist die landeseigene Förderung verhältnismäßig hoch. Darüber hinaus scheint das für die regional orientierte Förderung der gewerblichen Wirtschaft außerhalb der GRW zur Verfügung gestellte Finanzvolumen der Länder auch von dem maßnahmenspezifischen Einsatz der GA-Mittel selbst abzuhängen. Im Zeitraum von Januar 1972 bis September 1979 verwandte z. B. Bayern mehr als doppelt so viele Zuschüsse aus der GRW für den Infrastrukturausbau als für die einzelbetriebliche Förderung, nämlich 766,3 Mio. im Vergleich zu 371,5 Mio. D-Mark[1035]. Dementsprechend müssen dann natürlich die "komplementären" Landesmittel höher ausfallen, um die geringere Zuschußquote bei der direkten Arbeitsplatzförderung ausgleichen zu können.

[1034] Zu dieser Überlegung siehe auch U. Wartenberg (1981), S. 141.
[1035] Siehe S. 173 Übersicht 4 und S. 176 Übersicht 5.

Eine **einzeljährliche Aufschlüsselung** des von den Ländern für die regionale Strukturpolitik verausgabten Finanzvolumens enthält die Übersicht 12. Auch aus dieser Aufstellung lassen sich signifikante Entwicklungslinien herauslesen. Während in den Jahren 1972 bis 1977 die jährlichen Mittelanteile der Länder an der Gemeinschaftsaufgabe und an der Investitionszulage in der Regel nur geringfügig von dem Jahresdurchschnittswert (424 Mio. D-Mark) nach oben oder unten abwichen, fielen die Schwankungen der Landesförderungsmittel wesentlich stärker aus. Die Investitionszuschüsse aus Landesmitteln waren in den Jahren 1972 bis 1974 umfangreicher als die GA-Beteiligungen der Länder, sanken diesen gegenüber 1975 und 1976 leicht ab (nicht zuletzt als Folge der Rezession 1974/75) und stiegen 1977 wieder über die Länderanteile an der GRW hinaus. Für ihre eigene Regionalförderung gaben die Landesregierungen je nach Konjunktur- und Finanzlage zwischen 185 Mio. (1974) und 340 Mio. D-Mark (1977) pro Jahr aus. Bemerkenswert ist im Berichtszeitraum der sprunghafte Anstieg der Vergabe zinsgünstiger Darlehen, deren Subventionswert (Jahresdurchschnit 79 Mio. D-Mark) sich seit 1972 um das Zwölffache von 11,8 auf 142,4 Mio. D-Mark im Jahre 1977 erhöhte [1036]. In jedem der untersuchten Jahre war das Volumen der außerhalb der GRW eingesetzten Haushaltsmittel der Länder (Summe aus Landeszuschüssen und Landesdarlehen) beträchtlich höher als ihr Mittelanteil an der Gemeinschaftsfinanzierung: die Spanne reicht von 64,8 Mio. (1975) bis 202,7 Mio. D-Mark (1972) im Jahr (vorletzte Zeile der Übersicht 12). In ihrer Gesamtheit hielten also die Länder für ihre eigenen Regionalprogramme mehr Gelder bereit als für das gemeinsame Bund-Länder-Programm. Erst wenn man die Landesbeteiligungen an der Investitionszulage hinzunimmt, kehrt sich das Bild um. Nunmehr ist der Umfang der autonomen Regionalförderung geringer als die Aufwendungen der Länder für die Gemeinschaftsaufgabe und die Investitionszulage zusammen (letzte Zeile der Übersicht 12). Hierbei ist allerdings auffällig, daß sich dieser Negativsaldo seit 1974 kontinuierlich verringert hat. Im Gegenzug nimmt der Überschuß der Landesförderung gegenüber dem Länderanteil an den GA-Zuschüssen seit 1975 ständig zu. Hier-

---

[1036] In diesen Zahlenwerten sind allerdings nicht die Mittel des Darlehensprogramms aus dem erst 1978 angelaufenen "Wirtschaftsförderungsfonds Niedersachsen" enthalten.

Übersicht 12

Die Mittelaufwendungen der Bundesländer (ohne Berlin) im Rahmen der regionalen Wirtschaftsförderung in den Jahren 1972 bis 1977

in Mio. D-Mark	1972	1973	1974	1975	1976	1977	Jahresdurchschnitt
Länderanteile an der Gemeinschaftsaufgabe:							
Investitionszulagen	348,6	364,8	376,2	272,2	217,5	223,7	300,5
Investitionszuschüsse	84,3	71,8	84,1	158,8	163,6	178,1	123,4
Total	432,9	436,6	460,3	431,0	381,1	401,8	424,0
Landesförderungen:							
Investitionszuschüsse	275,2	196,2	123,0	124,6	150,4	199,3	178,1
zinsverbilligte Darlehen (Subventionswert)	11,8	27,4	61,3	99,0	132,1	142,4	79,0
Total	287,0	223,6	184,3	223,6	282,5	341,7	257,1
Saldo der Landesförderung bezogen auf den Länderanteil an den GRW-Zuschüssen	+202,7	+151,8	+100,2	+64,8	+118,9	+163,6	+133,7
Saldo der Landesförderung bezogen auf den Länderanteil an den Investitionszulagen und GRW-Zuschüssen	-145,9	-213,0	-276,0	-207,4	-98,6	-60,1	-166,8

Quelle: Eigene Berechnungen nach: K. Geppert/K. Hornschild unter Mitarbeit von W. Schöning, Vergleich von Präferenzsystem und Präferenzvolumen im Land Berlin und in den übrigen Bundesländern, Berlin 1979, S. 48 ff. Tabellen 8 bis 17.

aus ist zumindest für die Jahre 1975 bis 1977 deutlich eine steigende Tendenz des Mittelvolumens der Landesprogramme abzulesen, das im Jahre 1977 nur noch um 60 Mio. D-Mark unter der Summe der Landesbeteiligungen an der Gemeinschafts- und Investitionszulagenförderung lag.

Angesichts des Umstandes, daß die vorgestellte, einzig öffentlich bekannte Statistik noch nicht die Intensivierungen der regionalen Wirtschaftsförderung berücksichtigen konnte, die einige Bundesländer (z. B. Zuschußförderung im Rahmen des Aktionsprogramms Ruhr, Darlehensprogramm des Wirtschaftsförderungsfonds Niedersachsen) erst in der Zeit nach 1977 in die Wege leiteten und in Anbetracht der ab 1981 erfolgten 20 %-igen Mittelkürzung der Gemeinschaftsaufgabe, aufgrund deren die beteiligten Länder nur noch Haushaltsmittel für das Gemeinschaftsprogramm in Höhe von jährlich 235 Mio. D-Mark bereitzustellen brauchen[1037], erscheint die Behauptung keineswegs gewagt, daß heutzutage der Umfang der landeseigenen Regionalförderung die Länderaufwendungen für die Investitionszuschüsse aus GA-Mitteln und die Investitionszulage bei weitem erreicht, mit ziemlicher Sicherheit sogar übertroffen hat. Eindeutig überrundet hat die Landeswirtschaftsentwicklungspolitik bereits den von Bund und Ländern eingebrachten Mittelplafonds für Zuschüsse aus der Gemeinschaftsaufgabe.

Diese Expansion des außerhalb des Handlungsrahmens der GRW zur Anwendung kommenden Finanzvolumens gibt der eingangs vorgebrachten Kritik an der Mischfinanzierung, daß sie den Subventionswettlauf zwischen den Bundesländern nicht habe unterbinden können[1038], voll und ganz Recht und entlarvt die der Gemeinschaftsaufgabe in die Wiege gelegten Hoffnungen, sie könne konkurrierende Förderungen außerhalb ihrer Aktionsräume verhindern, allein schon weil hierfür kein Land finanzstark genug sei[1039], als fromme Wunschvorstel-

---

[1037] Im Bundeshaushalt belaufen sich die Einsparungen bei der GRW auf 59 Mio. D-Mark im Jahr, vgl. BMF (Hrsg.), Bundeshaushalt 1981, Bonn 1981, S. 31.

[1038] Siehe oben S. 6.

[1039] Siehe oben S. 178.

lungen. Zehn Jahre nach Beginn der Gemeinschaftsförderung stellen die Zusatz- und Kontrastprogramme der Länder nicht nur wegen ihrer andersartigen "Programmatik", sondern auch aufgrund ihres erheblichen Mittelvolumens aus der Perspektive der GRW ein nicht zu unterschätzendes Störpotential dar. Auf die hierdurch hervorgerufenen Zweifel, ob denn die Gemeinschaftsaufgabe noch fähig ist bzw. jemals in der Lage war, die ihr zugeschriebene regionalpolitische Koordinationsfunktion zur Gewährleistung sowohl der Wachstums- als auch der Ausgleichsfunktion der regionalen Wirtschaftsstrukturpolitik wirksam auszuüben, d. h. auf die Zweifel an der inneradministrativen Durchsetzbarkeit des Handlungsmodells der GRW, wird nach Darstellung der Einsatzmöglichkeiten der kommunalen Wirtschaftsförderung ausführlich zurückzukommen sein.

II. Die Politik der kommunalen Gebietskörperschaften zur Verbesserung der Wirtschaftsstruktur

Wieder einmal ist die kommunale Wirtschaftsförderung "ins Gerede" gekommen [1040]. Schon Mitte der sechziger Jahre und Anfang der siebziger Jahre hatten sich die Gemüter an dem manche Blüten treibenden Konkurrenzkampf der Städte und Gemeinden untereinander um die Gunst gewerbesteuerträchtiger Wirtschaftsunternehmen erhitzt [1041]. Heute dagegen drehen sich die politischen Auseinandersetzungen zwischen Bund, Ländern und Kommunen um das Spannungsverhältnis der kommunalen zur staatlichen Strukturpolitik. Denn in letzter Zeit wird den Städten und Landkreisen immer öfters ein "kurzsichtiges Feilschen um Investoren und Arbeitsplätze" [1042], gar ein "Konterkarieren der regionalen Wirtschaftspolitik" [1043] vorgeworfen. Speziell auf dem Sektor der Verbesserung der regionalen Wirtschaftsstruktur werden "markante kommunale Widerstandsnester" ausgemacht [1044].

[1040] H.-J. von der Heide (1981 c), S. 22; P. Mombaur im Vorwort zu K. Lange (1981 a), S. V. Zum neuerlichen Streitstand siehe H. Börkicher (1981), S. 359 und die Glosse von H. Tiedeken, Kommunale Wirtschaftsförderung - ein Reizwort?, der landkreis 1982, S. 151 f.

[1041] Ausschlaggebend war seinerzeit die spektakuläre Ansiedlung des Chemiekonzerns Du Pont de Nemours in der Gemeinde Uentrop im Landkreis Unna durch die dortige Wirtschaftsförderungsgesellschaft, die sich die öffentliche Hand rund 20 Mio. D-Mark für Grundstückssubventionen kosten ließ, vgl. Der Spiegel Nr. 21 vom 19.5.1965, S. 52.
Allgemeines Kopfschütteln hat auch eine berühmt-berüchtigte "Förderleistung" der Stadt Hannover aus dem Jahre 1970 ausgelöst. Damals schloß die Stadt ihre Pferderennbahn auf der "Bult" und verkaufte das Gelände an den IBM-Konzern zu Ansiedlungszwecken, ohne allerdings eine Ansiedlungsgarantie zu vereinbaren. Ohne Angabe von Gründen entschied dann 1971 die Unternehmensleitung des Büromaschinen-Giganten, nicht nach Hannover umzusiedeln, vgl. Der Spiegel Nr. 31 vom 26.7.1971, S. 30 ff.
Zu weiteren Beispielen zweifelhafter Wirtschaftsförderungsaktivitäten der Kommunen siehe den Art. "Hart am Rande der Legalität", Der Spiegel Nr. 10 vom 28.2.1972, S. 44 ff. und W.-H. Müller (1976), S. 185.

[1042] Vgl. die Art. "Special:'Industrieansiedlung'" in der Wirtschaftswoche Nr. 31 vom 1.8.1980, S. 27 ff. und "Wirtschaftspolitik nicht den Bürgermeistern überlassen" im Handelsblatt Nr. 65 vom 1.4.1980, S. 1.

[1043] D. Ewringmann/G. Zabel (1976), S. 766; IHK Hannover-Hildesheim (1977), S. 18; H. Kliemann (1978), S. 3, 11, 14 und 16; R. G. Schmedes (1978), S. II und den Art. "Wirtschaft nicht auf eigene Faust fördern", HAZ vom 9.1.1980, S. 5.

[1044] H. Faber (1982), S. 29.

Seinen eigentlichen Anfang nahm der Streit um die regionalpolitischen Grenzen der kommunalen Gewerbeförderung in einer Sitzung des **Unterausschusses** für die Gemeinschaftsaufgabe "Verbesserung der regionalen Wirtschaftsstruktur", auf der der damalige Regionalreferent im Bundeswirtschaftsministerium **Albert** die Länder eindringlich ermahnte, sicherzustellen, daß die Kommunen die Fördersysteme von Bund und Ländern nicht unterlaufen, nachdem seit dem Herbst 1978 einige Ländervertreter wiederholt vorgetragen hatten, es würden immer neue kommunale Wirtschaftsförderungsmaßnahmen aus dem Boden sprießen. Aufgeschreckt wurde das Expertengremium dadurch, daß plötzlich Landkreise Wirtschaftsförderungsrichtlinien erließen, in denen manche Ausschußmitglieder eine Gefährdung der staatlichen Bemühungen um eine ausgewogene Regionalpolitik erblickten. Auf der anderen Seite fühlte sich die Bundesregierung zu einem Handeln veranlaßt, weil sie erst kurz zuvor gegenüber der Europäischen Kommission versichert hatte, in der Bundesrepublik gebe es keine tatsächlichen und rechtlichen Anhaltspunkte für direkte Geldleistungen kommunaler Körperschaften an ansiedlungswillige Betriebe.

Im Laufe der Beratungen des Unterausschusses erklärten sich die kommunalen Spitzenverbände zu einer Mitwirkung an einer interessengerechten Lösung bereit. Überlegungen im Planungsausschuß der GRW, als "moralische Waffe"[1045] einen "Beschluß" über die Einschränkung der kommunalen Wirtschaftsförderung zu fassen, sind jedoch an ihrem Einspruch gescheitert[1046]. Eine gemeinsame "Empfehlung" von Bund und Ländern unter Beteiligung der Kommunalverbände, die an die kommunale Solidarität appelieren sollte, sah sich demgegenüber zunächst dem Widerstand der Wirtschaftsminister ausgesetzt, die infolge der Mitwirkung der kommunalen Interessenvertreter eine Verwässerung in der Aussage befürchteten. Vielmehr faßten die **Wirtschaftsminister** auf ihrer Konferenz am 27. und 28. 8.1980 in Kiel einen Beschluß, in welchem sie sich im Hinblick

---

1045 **W. Albert** auf der 13. Sitzung des Ausschusses für Raumordnung, Strukturförderung und Umwelt des Deutschen Städte- und Gemeindebundes am 14./15.11.1979 in Bergkamen.

1046 Zum möglichen Inhalt dieser "Erklärung" und zum vereinigten kommunalen Widerstand gegen derartige Absichten **H. Förster** (1980), S. 873.

auf direkte Wirtschaftsförderungsmaßnahmen der Gemeinden und Gemeindeverbände - einschließlich von ihnen getragener Förderungsgesellschaften - u. a. dafür einsetzten, daß solche Maßnahmen in Nichtfördergebieten der GRW "grundsätzlich unterbleiben" und in Fördergebieten der GRW "ebenfalls grundsätzlich unterbleiben" sollen, "wenn eine Förderung aus Mitteln der Gemeinschaftsaufgabe nicht zulässig ist"[1047].

Aufgrund dieses ministeriellen Beschlusses hat der Gesamtvorstand der Bundesvereinigung der **kommunalen Spitzenverbände** in seiner 23. Sitzung am 8. September 1980 in Bonn eine Entschließung verabschiedet, in der zwar die Notwendigkeit einer engen Kooperation zwischen Bund, Ländern und kommunalen Gebietskörperschaften bei allen Bemühungen zur Verbesserung der Wirtschaftsstruktur betont, gleichzeitig aber auch das ureigenste Recht der Kommunen auf eigenständige Wirtschaftsförderung, betriebsindividuelle Förderungsmaßnahmen eingeschlossen, verteidigt wird[1048]. Auch der

---

[1047] Der vollständige Wortlaut des Beschlusses der Wirtschaftsminister ist abgedruckt bei **H.-J. von der Heide** (1981 c), S. 22 und (1981 b), S. 284.
Schon früher untersagte in **Nordrhein-Westfalen** der gemeinsame Runderlaß des **Innenministers** - III B 2 - 5/11-500/61 - und des **Finanzministers** - I F 2 - Tgb. Nr. 7371/61 - vom 13.12.1961 (MBl. NW 1962, S. 77) generell direkte Wirtschaftsförderung durch die Kommunen. Die maßgebliche Passage dieses Erlasses, der indessen nach dem Urteil des **VG Münster**, DÖV 1963, S. 622 ff. in dieser Beziehung als rechtswidrig angesehen wird, lautet: "Es ist nicht Aufgabe der Gemeinden (GV), analog den Förderungsplänen von Bund und Land unter Einsatz erheblicher finanzieller Mittel und unter Überschreitung der auf diesem Gebiet gegebenen rechtlichen Grenzen Wirtschaftsförderung zu betreiben... Offene oder versteckte Zuwendungen an Gewerbebetriebe oder eine teilweise Übernahme des Unternehmerrisikos auf die kommunalen Körperschaften sind weder kommunalrechtlich vertretbar, noch wirtschaftspolitisch erwünscht."
Nicht durchweg, aber in der Tendenz doch als unzulässig stuft der (unveröffentlichte) Runderlaß des **Niedersächsischen Ministers des Innern** - 34-02.261/1 - vom 4.11.1975 die unmittelbare kommunale Wirtschaftsförderung ein. Der Erlaß, dessen Rechtmäßigkeit im Rahmen eines verwaltungsgerichtlichen Klageverfahrens bislang noch nicht überprüft worden ist, führt dazu u. a. aus: "Es ist daran festzuhalten, daß die Förderung eines privaten Unternehmens durch Kredite, Zuschüsse und dergleichen - auch wenn sie die Arbeitsplatzsicherung zum Ziel hat - grundsätzlich nicht Angelegenheit einer kommunalen Gebietskörperschaft ist. Solche unmittelbaren Förderungsmaßnahmen sind im allgemeinen nicht nur unzweckmäßig, sondern stoßen auch auf erhebliche rechtliche Bedenken."

[1048] MittDST Nr. 1178 vom 24.9.1980, S. 458 f. Früher schon das **Präsidium des Deutschen Städtetages** (1976), insbes. Ziffn. 6, 7, 12 und 19.

Hauptausschuß des Deutschen Städtetages forderte auf seiner Festsitzung vom 27. November 1980 in Bonn anläßlich des 75-jährigen Bestehens des Deutschen Städtetages in seinem 18-Punkte-Katalog die "Respektierung des Rechts auf Wirtschaftsförderung" der Städte [1049]. Auf Beschluß des Präsidiums des Deutschen Städtetages wurde sogar der Bundeskanzler ersucht, der Problematik staatlich-kommunaler Wirtschaftsentwicklungspolitik sein besonderes Augenmerk zu widmen [1050].

In der Zwischenzeit untersuchte im Auftrage der Arbeitsgemeinschaft der Innenminister und auf Anregung der Wirtschaftsministerkonferenz die Arbeitsgruppe "Kommunale Wirtschaft" des Arbeitskreises "Kommunale Angelegenheiten" der Innenministerkonferenz die äußerst konfliktträchtige Thematik [1051]. Die in diesem Unterausschuß erarbeitete Stellungnahme, die die Billigung der Kommunalabteilungsleiter der Länderinnenminister fand und die am 12. März 1981 von der **Innenministerkonferenz** zustimmend zur Kenntnis genommen wurde, sprach sich u. a. dafür aus, daß bei direkten Wirtschaftsförderungsmaßnahmen der Kommunen und von ihnen getragener Wirtschaftsförderungsgesellschaften "aus rechtlichen und wirtschaftspolitischen Gründen Zurückhaltung geboten (ist). Direkte Wirtschaftsförderung ist nur ausnahmsweise zulässig; sie darf der staatlichen Wirtschaftspolitik nicht widersprechen" [1052]. Diese Empfehlung der Innenminister hat schließlich der **Planungsausschuß für regionale Wirtschaftsstruktur** auf seiner Sitzung vom 22. März 1982 wortwörtlich als eigene Stellungnahme in den 11. Rahmenplan der GRW übernommen [1053].

[1049] Wiedergegeben bei F. **Wagener**, 75 Jahre Deutscher Städtetag, DÖV 1981, S. 55 ff. (57).

[1050] Siehe W. **Kelm**, Kommunale Wirtschaftsförderung in Gefahr?, Wirtschaftsreport 1980 der Stadt Münster, S. 5.

[1051] Kommunalpolitischer Rundbrief Nr. 8/1980, S. 48.

[1052] Der vollständige Wortlaut der Empfehlungen der Innenminister findet sich bei R. **Altenmüller** (1981 a), S. 209 und (1981 b), S. 623.

[1053] 11. **Rahmenplan**, aaO (Anm. 13), S. 14 Tz. 7.

Obwohl es die Innenministerkonferenz im Endergebnis den einzelnen Länderressorts selbst überließ, in welcher Weise diese die Empfehlungen in die Praxis umsetzen wollen [1054], zeigt die Befassung der Ministerkonferenzen und des Bund-Länder-Planungsausschusses mit dem Fragenkreis der Schrankenziehung zwischen den Wirtschaftsförderungskompetenzen von Staat und Kommunen doch deren verfassungs- und verwaltungspolitische Brisanz auf. Dies umso mehr, als den kommunalen Gebietskörperschaften, sollten sie die "Empfehlungen" zur kommunalen Wirtschaftsförderung nicht beherzigen, offen damit gedroht wird, den "Rahmen" der kommunalen Wirtschaftsförderung in einem besonderen Gesetz zu verdeutlichen [1055].

1. Zum regionalpolitischen Stellenwert kommunaler Wirtschaftsförderung

Regionale und kommunale Wirtschaftspolitik sind in erster Linie Strukturpolitik [1056]. Als Wirtschaftsförderung umfassen sie die Gesamtheit aller staatlich-kommunalen Maßnahmen, die darauf abzielen, die räumliche Wirtschaftsstruktur nach eigens definierten Zielen zu beeinflussen und festzulegen [1057]. Wirtschaftspolitik auf kommunaler Ebene ist faktisch mit Wirtschaftsförderung gleichzusetzen [1058]. Ihr Handlungsspielraum wurde und wird maßgeblich durch den Umstand bestimmt, daß erhebliche Disparitäten in der kommunalen Finanzausstattung [1059] zu verstärkten interkommunalen

---

[1054] Hierüber bestehen allerdings zwischen den Ländern Meinungsverschiedenheiten, vgl. schon F.-L. Kneneyer (1980), S. 500 f. FN 26.

[1055] R. Altenmüller (1981 a), S. 209 unter Berufung auf das im Jahre 1979 im Nordrhein-Westfälischen Landtag eingebrachte WFöRG, LT-Drs. 8/4460 vom 25.4. 1979. Dabei vergißt der Autor freilich zu erwähnen, daß dieser Gesetzentwurf der Landesregierung am massiven Widerstand gerade der Kommunen und ihrer Spitzenverbände gescheitert ist.

[1056] Für die regionale Wirtschaftspolitik R. Jochimsen (1967), S. 15 ff. unf 19 f.; für die kommunale Wirtschaftspolitik W. Kelm (1980), S. 12.

[1057] Vgl. W. Doni (1977), S. 1.

[1058] R. Mayntz (1981 a), S. 12.

[1059] Zu den steuergesetzlichen und wirtschaftsstrukturellen Ursachen lokaler Steuerkraftdivergenzen siehe B. Schaab (1972), S. 90 ff. Zu dem tatsächlichen Ausmaß des interkommunalen Finanzkraftgefälles vgl. K.-H. Hansmeyer (1981), S. 8 ff.

und interregionalen Konkurrenzen um ansiedlungswillige Unternehmen führen [1060]. In den siebziger Jahren ist die Konkurrenz um Arbeitskräfte zwischen Betrieben, die den Ansiedlungsmarkt der sechziger Jahre beherrschte, durch eine Konkurrenz um Investoren zwischen Standorten abgelöst worden [1061]. Hinzugetreten ist in den achtziger Jahren der Wettlauf der kommunalen Gebietskörperschaften um die Aufnahme als Schwerpunktort oder Fördergebiet in den Rahmenplan der GRW bzw. in die Landesförderungsprogramme oder um die Verbesserung eines bereits bestehenden Förderstatus [1062]. Immer mehr Städte und Landkreise gehen dazu über, vorhandene oder empfundene Stand- und Wohnortnachteile (schlechte überregionale Verkehrsanbindung, hohe Ver- und Entsorgungskosten, geringer Freizeitwert, schlechtes Image etc.) gegenüber den hochagglomerierten Ballungsräumen, aber auch gegenüber den im Rahmen der staatlich-regionalen Strukturpolitik geförderten und mit Strukturproblemen behafteten Gebieten durch die Vergabe eigener Finanzierungshilfen oder sonstiger finanzieller Vergünstigungen auszugleichen [1063]. Mehr denn je steht die Förderung von Industrie, Handwerk und Gewerbe im Mittelpunkt der kommunalen Wachstumspolitik [1064].

Dennoch ist kommunale Wirtschaftsförderung nicht erst eine in den letzten beiden Jahrzehnten ins tagespolitische Blickfeld getretene Erscheinung [1065]. Ihre Anfänge reichen bis in das Zeitalter des Merkantilismus zurück [1066]. Erschien die kommunale Gewerbeförderung früher, d. h. bis zum Ende des Zweiten Weltkrieges - zumindest aus der Sicht der beteiligten Kommunen - noch als "eine fast problemlose Aufgabe" [1067], so stellte **Köttgen** schon 1963 fest, daß die "in Sache und Methode stark aktivierte Wirtschaftspolitik

---

[1060] K. Ganser (1979), S. 9 FN 10.
[1061] K. Roesler (1977), S. 471; H. Heuer (1977 a), S. 550 ff.
[1062] H. H. Koch/H.-P. Steinmetz (1981 b), S. 468; G. Zill (1981), S. 109.
[1063] Zu dem letzten Motiv ausführlich W. Berger (1980), S. 395.
[1064] So schon H. Klüber (1971), S. 293.
[1065] C. Flämig (1974), S. 17.
[1066] Zur geschichtlichen Entwicklung siehe H.-J. von der Heide (1976), S. 158 ff.; A. Köttgen (1963), S. 9 ff.; E. Linden (1972), S. 11 ff.; F. Möller (1963), S. 52 ff.
[1067] E. Linden (1972), S. 14.

des Staates die hergebrachten Bedingungen kommunaler Wirtschaftsförderung erheblich verändert" hatten [1068]. Da die regionale Wirtschaftsentwicklungspolitik des Bundes und der Länder in Zielsetzung und Instrumenteneinsatz der lokalen Strukturförderung stark verwandt ist, stehen beide heute eher in Konkurrenz denn in Harmonie zueinander [1069]. Viele der kommunalen Selbstverwaltungskörperschaften haben wirtschaftspolitische Leitlinien bzw. Wirtschaftsentwicklungspläne erarbeitet [1070], die die Steuerungsrichtung der ökonomischen Entwicklungsplanung verbindlich festlegen sollen. Als Mittel zur Behebung ökonomischer Strukturschwächen setzten sie zunehmend eigene Wirtschaftsförderungsprogramme und -richtlinien ein, die in der Regel eine umfangreiche, der staatlichen Strukturpolitik ähnliche Förderungspalette für ansiedlungs- und investitionswillige Unternehmen bereithalten [1071]. Spätestens hiermit war der eingangs dieses Abschnittes beschriebene Konflikt zwischen staatlicher und kommunaler Strukturpolitik unausweichlich geworden.

Angesichts dieser in bestimmten Zeitabständen immer wieder zu beobachtenden "Übertrumpfungstechnik" [1072] auf der unteren Verwaltungsebene nimmt es nicht Wunder, daß in ebenso regelmäßigen Zeitintervallen der lautstark vorgetragene Ruf nach einer "Zentralisierung bzw. Entkommunalisierung" der Wirtschaftsförderung erschallt [1073]. Auch die Vertreter der staatlichen Wirtschaftspolitik argwöhnen, daß der über kommunale Finanzhilfen zugunsten der gewerblichen Wirtschaft sich konstituierende "Bürgermeisterwettbewerb" in Konkurrenz zur Regionalförderung des Bundes und der

---

1068 A. Köttgen (1963), S. 12.
1069 Vgl. C. Flämig (1974), S. 19.
1070 Siehe Difu (1980), S. 2; am Beispiel der Stadt Datteln W. Sauer (1979), S. 43.
1071 H. H. Koch (1981), S. 23 ff.
1072 So schon der SARO (1961), S. 97.
1073 Z. B. der Direktor der BfLR K. Ganser (1977), S. 52 und der stellvertretende Vorsitzende der Wirtschafts- und Finanzpolitischen Kommission der SPD W. Roth in einem Interview der Wirtschaftswoche Nr. 31 vom 1.8.1980, S. 28. Zu früheren Überlegungen der Jungsozialisten siehe Der Spiegel Nr. 31 vom 26.7.1971, S. 33.

länder trete und die Ziele und Aufgaben der regionalen Strukturpolitik beeinträchtige [1074]. Aufgeschreckt durch derartige Kassandrarufe beschwören selbst kommunale Interessenvertreter die Städte, Gemeindden und Landkreise, ihre strukturpolitischen Maßnahmen (soweit wie möglich) danach auszurichten, daß sie nicht zu Konflikten mit der staatlichen Förderpolitik führen, sondern eher zu deren Ergänzung beitragen [1075]. Obgleich die raumbezogenen Wirkungen der Wirtschaftsförderung durch Gemeinden und Gemeindeverbände in Theorie und Praxis bisher nur vereinzelt untersucht worden sind [1076], herrscht die Meinung vor, daß zusätzliche einzelbetriebliche kommunale Förderungsmaßnahmen die regionalpolitischen Investitionshilfen von Bund und Ländern in ihrer Anreizwirkung erheblich abschwächen und um einen Großteil ihrer Wirkungen bringen können [1077] und damit Gefahr laufen, die strukturpolitische Koexistenz-Strategie des Staates [1078] zu durchkreuzen.

Zweifellos hat die kommunale Gewerbeförderung, da der Standortwettbewerb heute nicht zuletzt zwischen Regionen stattfindet, einen regionalen Bezug erhalten [1079]. Richtigerweise ist sie deshalb als Teilbereich der regionalen Wirtschaftsförderung anzusehen [1080]. Vor allem in diesem Aspekt der Raumbezogenheit drückt sich die Sonderstellung der kommunalen innerhalb der gesamtstaatlichen Wirtschaftspolitik aus: Im Unterschied zur Kompetenz des Gesamtstaates ist die Zuständigkeit der einzelnen Kommune an das

---

1074 So der nordrhein-westfälische Wirtschaftsminister R. Jochimsen (1981), S.12.

1075 H.-J. von der Heide (1981 c), S. 29; W. Kelm (1980), S. 13.

1076 P. Eichhorn, Effizienzanalyse kommunaler Wirtschaftsförderung, Berlin 1977, insb. S. 19 ff. und 31 ff.; ders./P. Friedrich (1970), S. 17 ff. (Teil E); D. Fürst/K. Zimmermann (1973), S. 111 ff.; W. Kelm, Kosten- und Nutzenvergleich im Rahmen kommunaler Wirtschaftsförderung, Kommunalwirtschaft 1973, S. 205 ff.; B. Wrobel, Wirkungskontrolle kommunaler Wirtschaftsförderung, in: GfW Nordrhein-Westfalen mbH (Hrsg.), Thema: Wirtschaftsförderung, Heft 2, Düsseldorf 1979, S. 27 ff.; G. Zabel (1979), S. 241 ff.

1077 R. Altenmüller (1981 a), S. 201, 204, 205 und 208; D. Ewringmann/G. Zabel (1976), S. 766; K. Ganser (1979), S. 9 FN 10; H. Kliemann (1978), S. 3, 11, 14 und 16; B. Reissert/F. Schnabel (1976), S. 106 FN 138.

1078 Siehe oben S. 74 f.

1079 R. Gilleßen (1977), S. 538.

1080 Siehe oben S. 25 m. w. Nachw.

Örtlichkeitsprinzip gebunden [1081] und erstreckt sich ihr wirtschaftspolitisches Handeln naturgemäß auf das jeweilige Gemeinde- bzw. Kreisgebiet sowie dort vornehmlich auf ortsansässige Unternehmen [1082].

Es wäre allerdings falsch, aus der Gebiets- und Adressatenbeschränktheit kommunalpolitischen Handelns zu schließen, kommunale Wirtschaftspolitik umfasse bloß die politisch-ökonomische Steuerung eines in sich geschlossenen und autonomen gesellschaftlichen Subsystems "Kommune". Eine isolierte lokale Wirtschaftspolitik kann es nicht geben [1083]. Politik auf kommunaler Ebene wird gerade durch das Dilemma bestimmt, daß die Kommune oftmals herausragender Erscheinungsort sozialökonomischer Krisen (z. B. Arbeitslosigkeit), jedoch nicht zugleich der Ort ihrer Lösung ist [1084]. So liegt die primäre wirtschaftspolitische Verantwortung bei den staatlichen Gebietskörperschaften, die im Gegensatz zur Kommune im Rahmen ihrer Wirtschaftspolitik mit anderen Einflußgrößen arbeiten. Anstelle der Verhaltensbeeinflussung eines relativ überschaubaren Adressatenkreises sucht die staatliche Wirtschaftspolitik mit einem globalen Mitteleinsatz volkswirtschaftliche Makrodaten (Beschäftigung, Stabilität, Wachstum, Einkommen) und - in regionalpolitischer Hinsicht - die räumliche Verteilung der Produktionsfaktoren Kapital und Arbeit zu steuern [1085]. Vermittelt über die allgemeine ökonomische Situation, die Lage der öffentlichen Haushalte und die Investitionsbereitschaft der Privatunternehmen wirkt sich die staatliche Konjunktur- und Wachstumspolitik auf die kommunalpolitischen Handlungsbedingungen aus [1086]. Auch die regionale und sektorale Strukturpolitik von Bund und Ländern bilden für die kommunale Wirtschaftsentwicklungspolitik externe Vorgaben, die sie als generelle wirtschaftspolitische Rahmenset-

---

1081 O. Schneider (1975), S. 52.
1082 Siehe D. Keil (1978), S. 9.
1083 R. Göb (1977), S. 383.
1084 D. Breithaupt/H. Krümplmann/F. Reidenbach/K. D. Streb/J. van Trott/G. Weibel (1979), S. 2.
1085 G. Zill (1981), S. 57.
1086 R. Mayntz (1981 b), S. 162.

zung nur marginal beeinflussen kann und daher als vorgegebenes Faktum zu akzeptieren hat [1087]. Auf der anderen Seite fließt aber auch die Wirtschaftspolitik der Kommunen als ökonomisches Rahmendatum in die staatliche Wirtschaftspolitik ein. Denn die Raumbezogenheit kommunaler Wirtschaftsförderung betrifft ja nur die Lokalisierung des Instrumenteneinsatzes, dessen Auswirkungen dagegen sehr wohl überörtlicher Natur sein können [1088]. Das Auftreten derartiger externer Effekte ("spill overs") zieht regelmäßig politische (und damit auch rechtliche) Konfliktsituationen nach sich: zunächst einmal in der vertikalen Dimension, d. h. zwischen Staat (Bund und/oder Land) und Kommunen (Stadt, Gemeinde und/oder Kreis) und zum anderen auf der horizontalen Ebene, d. h. im Verhältnis der Kommunen untereinander [1089].

2. Handlungspotential und Handlungsbewußtsein der Kommunen im Aktionsfeld "regionale Wirtschaft"

Um diesen neuerlichen "Kardinalproblemen" der kommunalen wie der staatlichen Wirtschaftsentwicklungspolitik [1090] nachzugehen, sollen daher die Eigenaktivitäten der kommunalen Gebietskörperschaften in Sachen Wirtschaftsförderung untersucht und der regionalpolitischen Konzeption des Staates gegenübergestellt werden. Die Handlungsintensität der Kommunen ist nun gleichfalls in Abhängigkeit einerseits von ihrer Einbindung in die überlokalen ökonomischen und politischen Handlungssysteme ("kommunalpolitische Umwelt") und andererseits von der subjektiven Wahrnehmung dieser Konkurrenz- und Standortlagen ("wirtschaftspolitisches Selbstverständnis") zu sehen. Darum werden zunächst das Verhältnis der Kommunen zu Staat und Wirtschaft in der Regionalpolitik verdeutlicht und

---

1087 J. Schulz zur Wiesch (1977), S. 32.
1088 O. Schneider (1975), S. 52; H. S. Seidenfus (1968), S. 137.
1089 O. Schneider (1975), S. 52. Vgl. a. G. Zill (1981), S. 57 und D. Keil (1978), S. 10.
1090 Siehe exemplarisch zur staatlich-kommunalen Problemdimension H.-P. Steinmetz (1982), S. 77 ff. und zu den interkommunalen Kompetenzkonflikten J.-G. Krieg (1982), S. 319 ff. und H.-J. von der Heide (1981 c), S. 29 f.

sodann die Einschätzungen und Motive der mit der kommunalen Strukturförderung betrauten Akteure vorgestellt, um hierauf aufbauend Erklärungen für das dortige Auftreten spezifischer wirtschaftsstrukturverbessernder Handlungsmuster finden zu können [1091].

Eine begriffliche Eingrenzung sei noch erlaubt. In den folgenden Ausführungen wird unter "Kommunen" der durch Art. 28 Abs. 2 GG geschützte institutionelle Bereich der kommunalen Selbstverwaltung verstanden, der also Gemeinden ebenso umfaßt wie die kreisfreien Städte und die Landkreise. Auf problembereichsspezifische Aufgabendifferenzierungen zwischen kreisangehörigen Gemeinden einer- und Landkreisen andererseits [1092] wird weitgehend verzichtet. Diese Einschränkung erscheint deshalb vertretbar, weil sich der Konterkarierungsvorwurf gegen die Wirtschaftsförderung auf allen kommunalen Selbstverwaltungsebenen richtet.

a) Vertikale Bestimmungsfaktoren

Die Förderung der Wirtschaft zählt zu den freiwilligen Selbstverwaltungsangelegenheiten der Gemeinden und Landkreise. Auch wenn diese Gestaltungsaufgabe durch die staatliche Gesetzgebung nicht unmittelbar normiert ist und somit - von den Bestimmungen des kommunalen Wirtschafts- und Haushaltsrechts sowie des Bau- und Raumordnungsrechts abgesehen - rechtlich zunächst nicht näher eingeschränkt ist, könnte das wirtschaftspolitische Handlungspotential der Kommunen doch durch ihre vertikale Einbeziehung in die übergreifende Wirtschafts- und Regionalpolitik des Staates merklich restringiert sein. Auf diese Weise könnte die kommunale Infrastrukturpolitik z. B. durch die finanziellen Anreizprogramme

---

1091 Zur Kombination objektiv-struktureller und subjektiv-intentionaler Verwaltungsforschung siehe P. Grottian (1974), S. 36 ff.

1092 Aus juristischer Sicht J.-G. Krieg (1982), S. 319 ff.; aus realanalytischer Sicht C. Schumacher (1981), S. 128 ff.
Ein konkretes Beispiel der Kooperation zwischen Kreis und Gemeinden schildert anhand des Landkreises Kleve R. Gilleßen (1979), S. 538 ff. Allgemein sind Wirtschaftsentwicklungsaktivitäten auf der Kreisebene umso wahrscheinlicher, je kleiner die kreisangehörigen Gemeinden sind, vgl. zur Durchsetzungsfähigkeit der Kreise in der Wirtschaftsförderung C. Schumacher (1981), S. 149 ff. Auf diesen Umstand hat schon E. Falck (1932), S. 261 hingewiesen.

in den Rahmenplänen der GRW auf indirektem (Um-)Wege staatlich reguliert [1093] und hierdurch die der direkten kommunalen Gewerbeförderung angeblich immanente regionalpolitische Störmunition zu einem Teil entschärft werden. Obgleich dem Staat in der Wirtschaftspolitik die Hauptträgerrolle zufällt, nehmen innerhalb des gesamtwirtschaftlichen Kreislaufes auch die Kommunen eine bestimmende Funktion wahr. Dies folgt schon aus dem Stellenwert der kommunalen Investitionstätigkeit im gesamten öffentlichen Sektor:

Übersicht 13

Die Sachinvestitionen von Bund, Ländern und Gemeinden in der Bundesrepublik Deutschland

	Bund	Länder	Gemeinden
1961	24,6 %	18,0 %	57,4 %
1967	23,8 %	19,0 %	57,2 %
1971	15,9 %	18,8 %	65,3 %
1975	17,0 %	18,0 %	65,0 %
1976	15,5 %	19,0 %	65,5 %

Quelle: G. Zill, Kommunale Wirtschaftsförderung in Großbritannien und in der Bundesrepublik Deutschland, in: R. Mayntz, (Hrsg.), Kommunale Wirtschaftsförderung, Stuttgart-Berlin-Köln-Mainz 1981, S.59.

Danach tragen die Gemeinden nahezu zwei Drittel aller öffentlichen Sachinvestitionen (Baumaßnahmen, Instandsetzungen, Neuanschaffung beweglicher Güter und Grundvermögens etc.). Auch ihr Anteil an den Gesamtausgaben aller Gebietskörperschaften liegt noch bei etwa einem Viertel [1094]. Die gesamtwirtschaftliche Akzentsetzung wird folglich vom Finanzverhalten der Kommunen maßgeblich beeinflußt

---

1093 Zu diesem Argumentationsstrang H.-E. **Haverkamp**, Die kommunale Perspektive: Staatliche Regulative der kommunalen Entwicklungspolitik und -planung, in: J. J. Hesse (Hrsg.), Politikverflechtung im föderativen Staat, Baden-Baden 1978, S. 89 ff.

1094 D. Breithaupt/H. Krümplmann/F. Reidenbach/K. D. Streb/J. van Trott/G. Weibel (1979), S. 3.

("Parallelpolitik")[1095]. Bezogen auf die ökonomischen Ziele der Globalsteuerung bestehen zwischen Staat und Kommunen keine grundsätzlichen Interessengegensätze, was die Kommune "zum natürlichen Verbündeten einer wachstumsorientierten staatlichen Wirtschaftspolitik" macht[1096]. Interessenkonflikte entstehen erst, wenn das Verhalten der einen verwaltungspolitischen Ebene den Bestrebungen der anderen Instanzen zuwiderläuft, etwa wenn eine expansive kommunale Investitionstätigkeit sich konträr zur "bremsenden" staatlichen Konjunkturpolitik verhält oder wenn eine aggressive kommunale Industrieansiedlungspolitik die Zielvorstellungen der regionalen Strukturpolitik unterminiert.

Damit ist die Frage, ob die kommunale Wirtschaftspolitik gegenüber der staatlichen Förderpolitik tatsächlich in einem eindeutigen Abhängigkeitsverhältnis steht[1097], allerdings keineswegs beantwortet. Die vertikale Einbindung der Kommunen in das Wirtschaftsplanungssystem des Staates bewirkt nämlich keine eindimensionale Abhängigkeit, weil die staatliche Seite ihrerseits auf die Aktivitätsbereitschaft der Kommunen angewiesen ist. Gerade die Verbesserung der regionalen Wirtschaftsstruktur erfaßt nicht nur die Staatsverwaltung, sondern gilt auch als genuine Domäne der kommunalen Selbstverwaltung[1098]. Der Erfolg der strukturpolitischen

---

[1095] Zu den Problemen des prozyklischen Wirtschaftsverhaltens der Gemeinden und der Verstetigung der Gemeindefinanzen siehe u. a. **F. Brückmann/J. Kromphardt** (1977), S. 142 ff.; **D. Dickertmann/A. Siedenberg**, Konjunkturpolitische Instrumente der Länder und Gemeinden, AfK 1971, S. 274 ff. (282 ff. und 289 ff.); **Institut FSt.**, Zur Einbeziehung der Gemeinden in die Konjunkturpolitik, Institut FSt. Brief 144, Bonn 1974, insbes. S. 20 ff.; **H. Krämer/M. Schüler/G. Stümpfing/D. Weis**, Gemeindehaushalt und Konjunktur, Köln und Opladen 1966; **R. R. Klein/E. Münstermann**, Kommunen und Konjunkturpolitik, AfK 1978, S. 213 ff.; **A. Köttgen**, Zur Diskussion über das konjunkturpolitische Instrumentarium des Bundes gegenüber Ländern und Gemeinden, in: ders., Kommunale Selbstverwaltung zwischen Krise und Reform, Stuttgart-Berlin-Köln-Mainz 1968, S. 255 ff.; **Präsidium des DST** (1976), S. 195; **Städteverband Rheinland-Pfalz**, Zyklisches und antizyklisches Wirtschaftsverhalten der Gemeinden, Mitgliederversammlung vom 10.12.1976 in Lahnstein; **K. Stern**, Konjunktursteuerung und kommunale Selbstverwaltung, in: Ständige Deputation des DJT (Hrsg.), Verhandlungen des 47. DJT, Bd. I (Gutachten), Teil E.

[1096] R. **Mayntz** (1981 a), S. 14.

[1097] So jedenfalls **J. Schulz zur Wiesch** (1977), S. 33.

[1098] R. **Braun** (1977), S. 3; **G. Lausen** (1967), S. 45 und 47.

Maßnahmen des Bundes und der Länder hängt insbesondere davon ab, ob diese mit den Wirtschaftsentwicklungsaktivitäten der Kommunen in Einklang stehen [1099]. Obwohl das "Wetter" für eine positive oder negative Wirtschaftsentwicklung in der Region "oben" gemacht wird, kommt es im Endergebnis entscheidend darauf an, die staatlichen Hilfen sinnvoll mit den Handlungsmöglichkeiten auf der kommunalen Ebene zu verbinden [1100]. Ohne die aktive Unterstützung der Städte, Gemeinden und Landkreise in Planung und Vollzug der entsprechenden Programme und Handlungen ist jede Förderung durch staatliche Stellen "auf Sand gebaut" [1101]. Staatliche Steuerungen sozioökonomischer Entwicklungsprozesse laufen ins Leere, "wenn die Kommune die Ressourcen, über die oft nur sie allein verfügt, nicht mobilisiert und zur Verfügung stellt" [1102]. Diese "Sperrriegelfunktion" [1103] oder "Veto-Macht" [1104] der Kommunen resultiert in der regionalen Strukturpolitik vor allem daraus, daß die Gemeinden und Landkreise in doppelter Hinsicht in diesen Politikbereich einbezogen sind: nicht nur als potentielle Adressaten staatlicher Zuschüsse zum Infrastrukturausbau, sondern in erster Linie als diejenigen Institutionen, die erst die Grundvoraussetzungen für die regionalwirtschaftliche Entwicklung zu schaffen haben [1105]:

- Die gemeindliche Bauleitplanung muß das passende Industrie- und Gewerbegebiet am richtigen Ort ausgewiesen haben (quantitatives und qualitatives Flächenangebot),

- das Industriegelände muß an das überregionale Verkehrsnetz angeschlossen sein,

---

1099 R. Jochimsen (1981), S. 11.

1100 F. Quidde (1969), S. 113.

1101 H.-J. von der Heide/W. Cholewa (1972), S. 4.

1102 R. Mayntz (1981 b), S. 169. Zu dieser "Steuerung von unten" siehe A. Baestlein/G. Hunnius/W. Jann/M. Konukiewitz (1980), insbes. S. 124 f.

1103 J. Schulz zur Wiesch (1978), S. 37.

1104 H. Faber (1982), S. 9 und 10.

1105 H.-J. von der Heide/W. Cholewa (1972), S. 2 und 3.

- öffentliche Ver- und Entsorgungseinrichtungen für Energie, Wasser, Abwasser und Abfall müssen vorhanden und ausreichend sein (unternehmensorientierte Infrastruktur) und

- ein Mindestbestand an sonstigen öffentlichen und privaten Dienstleistungen (Schul- und Bildungswesen, Freizeitangebote, Einkaufsmöglichkeiten, Wohnungsangebot) muß gewährleistet sein.

Die Letztverfügungsgewalt über diese infrastrukturellen Vorleistungen, die die Kommunen erbringen müssen, damit die staatliche Regionalförderung überhaupt ansetzen kann, sichert diesen letztlich eine faktische Machtstellung in der regionalen Wirtschaftsstrukturpolitik. So berichtet **Mayntz** in der von ihr geleiteten Untersuchung über kommunale Wirtschaftsförderung, "daß von zuständiger Stelle auf Landesebene die mangelnde Bereitschaft vieler Kommunen in Fördergebieten, Gewerbeland rechtzeitig zu erschließen und vorzuhalten, um ansiedlungswillige Unternehmen zu gegebener Zeit überhaupt ein Angebot machen zu können, als ernsthafte Restriktion bei der Verwirklichung des regionalpolitischen Programms angesehen wurde"[1106]. Doch gründet sich die Machtposition der Kommunen innerhalb der Regionalpolitik keineswegs nur auf die Möglichkeiten der "Steuerung von unten"[1107], aufgrund deren sie sich der Steuerungsrichtung der staatlichen Regionalprogramme "passiv" entziehen können, sondern auch auf die - wie in diesem Abschnitt noch gezeigt werden wird - bemerkenswerte Fähigkeit der Kommunen, eigene Wirtschaftsförderungsprogramme aufzulegen, um mit deren Hilfe die räumliche Wirtschaftsstruktur "aktiv" zu gestalten[1108].

1106 R. Mayntz (1981 b), S. 169.

1107 G. Zill (1981), S. 109.

1108 Dazu H. Faber (1982), S. 32 f. und H. H. Koch/H.-P. Steinmetz (1981 b), S. 468 ff. Im übrigen steht den Kommunen noch eine dritte Abwehrstrategie gegen Ingerenzen und Interferenzen staatlicher Steuerungsprogramme zur Verfügung, nämlich die aufgrund ihrer institutionalisierten oder informellen Mitwirkung im Planungsprozeß mögliche inhaltliche Entschärfung der Programmstrukturen. Als Beispiel für diesen Typus des "Herunter-Koordinierens" mag das oben auf S. 229 angeführte Beispiel der "aktiven" Mitarbeit der kommunalen Spitzenverbände in den Sitzungen des Unterausschusses für regionale Wirtschaftsstruktur, die sich mit Problemen der kommunalen Wirtschaftsförderung befaßten, gelten.

b) Horizontale Verteilungskonflikte

Stellen folglich die politisch-institutionellen Rahmenbedingungen der staatlichen Wirtschaftspolitik keine einschneidenden Restriktionen für eine expansionswillige Wirtschaftsentwicklungspolitik der Gemeinden und Kreise dar, darf diese Erkenntnis dennoch nicht zu dem voreiligen Schluß verleiten, die Kommunen verfügten über umfassende wirtschaftspolitische Handlungsspielräume, die ihnen wirksame Problemlösungskapazitäten verliehen. Die Wirksamkeit der kommunalen Wirtschaftsförderung wird nämlich desweiteren von den betriebswirtschaftlichen Kalkülen ihres Adressatenkreises sowie dem strukturpolitischen Verhalten der kommunalen Mitbewerber bestimmt. Insgesamt hängen die wirtschaftspolitischen Steuerungspotentiale zuerst von der überlokalen Bestimmtheit der ökonomischen Situation und den Standortentscheidungen der Privatunternehmen ab [1109]. International oder national verursachte Konjunktur- und Strukturkrisen schlagen auf die kommunale Ebene durch (Arbeitslosigkeit, Steuerausfälle), ohne dort einer endgültigen Lösung zugeführt werden zu können. Vielmehr werden die Entwicklungschancen der Kommunen, der Ausbau ihrer Infrastruktureinrichtungen und die Erfüllung ihrer öffentlichen Versorgungsfunktionen ("Daseinsvorsorge") im besonderen Maße von der staatlichen Ausgestaltung des Steuersystems geprägt [1110]. Wo z. B. wie in der Bundesrepublik Deutschland die Kommunalfinanzen zu einem Großteil auf der - in der Regel statischen - Grundsteuer und der - dynamischen - Gewerbesteuer beruhen, muß das Bestreben jeder Gemeinde praktisch darauf gerichtet sein, möglichst viele ertragsreiche Gewerbebetriebe, die hohe Steuereinnahmen erwarten lassen, am Ort neu anzusiedeln bzw. vorhandene Unternehmen wenigstens an einer Abwanderung zu hindern [1111]. Eine erfolgreiche Betriebsansiedlung oder -erweiterung bringt der Gemeinde regelmäßig folgende finanzielle Mehreinnahmen [1112]:

1109 G. Zill (1981), S. 123.

1110 H. Klüber (1974), S. 18. Als weitere Einflußfaktoren der Realsteuerkraft der Kommunen nennt B. Schaab (1972), S. 53 ff. die Gemeindegröße, die örtliche Wirtschaftskraft und die lokale Wirtschaftsstruktur.

1111 H. Klüber (1974), S. 19.

1112 A. Evers/M. Lehmann (1972), S. 195.

- erhöhtes Gewerbesteueraufkommen,

- vermehrte Grundsteuereinnahmen,

- höherer Ertrag aus dem Einkommensteueranteil durch steigende Beschäftigtenzahlen,

- zahlreichere Einnahmen aus Bagatellsteuern, Gebühren und Entgelten durch erhöhten Konsum sowie

- vermehrte Schlüssel- und Zweckzuweisungen seitens des Staates.

An der Steuerabhängigkeit der Kommunen und insbesondere an der Attraktivität der Gewerbesteuer als kommunale Steuereinnahmequelle hat die Gemeindefinanzreform von 1969[1113] im Prinzip nicht viel geändert[1114], wenn auch der kommunale Anteil an der Einkommensteuer mittlerweile zur am kräftigsten sprudelnden Einnahmequelle der Gemeinden avanciert ist[1115]. Ob nunmehr das Steueränderungsgesetz 1979[1116] die Schlußphase der deutschen Gewerbebesteuerung eingeläutet hat[1117], bleibt vorerst abzuwarten. Jedenfalls bezieht die kommunale Wirtschaftsförderung auch heute noch "ihre Existenzberechtigung nicht nur aus der Garantie der kommunalen Selbstverwaltung, sondern gleichzeitig auch aus der Abhängigkeit der kommunalen Einnahmen vom kommunalen Gewerbesteueraufkom-

---

[1113] Finanzreformgesetz vom 12.5.1969 (BGBl. I S. 359) und Gemeindefinanzreformgesetz vom 8.9.1969 (BGBl. I S. 1587).

[1114] C. Puls (1976), S. 121; F. Wolf (1977), S. 520; vgl. a. K. Ganser (1979), S. 9.

[1115] Vgl. A. Münscher, Die Verteilung der Gemeinde-Einkommensteuer nach raumordnungspolitischen Leitlinien, Inf.z.Raumentw. 1978, S. 115. Durch die damalige Steuerneuverteilung zwischen Bund, Ländern und Gemeinden erhielten letztere einen 14 %-Anteil am Aufkommen der Einkommensteuer zugewiesen, mußten jedoch rund 40 % des Gewerbesteueraufkommens als Gewerbesteuerumlage an den Staat abführen.

[1116] Gesetz vom 30.11.1978 (BGBl. I S. 1849). Hierdurch wurde u. a. die in einigen Bundesländern von den Kommunen erhobene Lohnsummensteuer abgeschafft und als Ausgleich die Gewerbesteuerumlage von 120 auf 80 % des Grundbetrages gesenkt sowie der kommunale Anteil an der Einkommensteuer auf 15 % erhöht. Nach K.-H. Hansmeyer (1981), S. 35 entschärfte dieser Austausch der Gemeindeeinnahmen zwar die interkommunale Konkurrenz um Arbeitsplätze, wofür jedoch seit der Gemeindefinanzreform 1969 als neues Problem die Konkurrenz der Gemeinden um Einwohner auftrat.

[1117] G. H. Milbradt, Überlegungen zu einer Reform des kommunalen Steuersystems aus ökonomischer Sicht, DVBl. 1981, S. 522 im Anschluß an K. Littmann, Art. "Gewerbesteuer", in: Handbuch der Finanzwissenschaft Bd. II, 3. Aufl. Tübingen 1980, S. 607 ff. (630).

men"[1118]. Deshalb kommt es für die Kommunen weiterhin darauf an, ihrem chronischen Geldmangel durch eine Unternehmensansiedlungspolitik zu begegnen[1119]. Zur Verwirklichung dieses Zieles sind die Kommunen auf die Bereitschaft der Unternehmen angewiesen, sich an einem Standort im Gemeinde- bzw. Kreisgebiet niederzulassen, ihre Betriebsstätte dort zu erhalten und eventuell gar zu erweitern[1120]. Das wirtschaftspolitische Interesse einer Kommune muß also dahin gehen, solche Güter und Leistungen (Industrie- und Gewerbeflächen, Infrastruktureinrichtungen)[1121] anzubieten oder zu erbringen, die zunächst die bereits ansässigen Unternehmen zur Aufrechterhaltung ihres Standortes veranlassen und gleichzeitig deren langfristige Existenzerhaltung sichern und die darüber hinaus den Bedürfnissen potentiell anzusiedelnder Gewerbebetriebe bestmöglich entsprechen[1122]. In welchem Standort sich ein Unternehmen letztendlich ansiedelt, hängt wiederum davon ab, in welcher Region oder Kommune die Differenz zwischen dem Nutzen aus den Leistungen der öffentlichen Hand sowie aus den Fühlungsvorteilen am Standort und dem Betrag, der für beides in Form von Steuern und Abgaben zu erbringen ist, am größten ausfällt[1123]. Dies ist in der Regel in den Agglomerationen oder Wachstumszentren der Fall. Einen realiter nicht optimalen Standort vermögen erst betriebsbezogene Zuwendungen des Staates oder der Kommune aufzuwerten (vgl. Abbildung 9).

Das "strukturpolitische Dilemma" der Kommunen besteht nun darin, daß die Gemeinde oder der Kreis mit niedrigerem Entwicklungsniveau gegenüber den hochagglomerierten Verdichtungsgebieten relativ höhere (Vor-)Leistungen bei gleichzeitig geringerer Wirtschafts- und Finanzkraft erbringen muß, um für einen standortsuchenden In-

---

1118 G. Zill (1981), S. 115 f.

1119 D. Breithaupt/H. Krümplmann/F. Reidenbach/K. D. Streb/J. van Trott/G. Weibel (1979), S. 15.

1120 R. Mayntz (1981 a), S. 13 f.

1121 Siehe J. Sieveking (1973), S. 120 ff.

1122 D. Ewringmann/K. Zimmermann (1973), S. 285 f. Zur unterschiedlichen Interessenlage der Kommunalpolitiker, der Unternehmer, der Arbeitnehmer, der Einwohner und der Allgemeinheit an einzelnen kommunalen Wirtschaftsförderungsmaßnahmen siehe K. Lange (1981 b), S. 179 ff.

1123 C. Puls (1976), S. 134.

Abbildung 9

Der optimale Standort nach der Nutzen-Kosten-Differenz

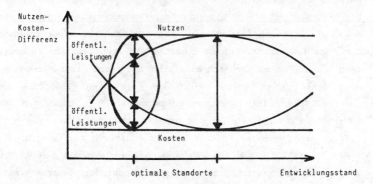

Quelle: C. Puls, Regionale und kommunale Wirtschaftsförderung, Bamberg 1976, S. 135.

vestor in Frage zu kommen [1124]. Im Ausgleich derartiger regionaler Wettbewerbsvorteile liegt denn auch die innere Rechtfertigung der regionalen wie der kommunalen Wirtschaftsförderung. Als Anbieter von Standorten werden die Kommunen jedoch in die Rolle wirtschaftlicher Akteure gedrängt, die in Konkurrenz zueinander um die Gunst ansiedlungs- bzw. verlagerungswilliger Unternehmen buhlen müssen [1125]. Auf diesem "Käufermarkt" [1126] stehen Anbieter (Kommune) und Nachfrager (Unternehmen) in einer spezifischen "do-ut-des-Beziehung". Auf der einen Seite verfolgt die Kommune das Ziel des möglichst starken Einnahmezuwachses durch Neuansiedlung von Unternehmen mit möglichst intensiver Sicherung des Gewerbebestandes zur Vermeidung von Krisenanfälligkeiten, wobei sowohl die Attrahierung als auch die Bestandssicherung der Betriebe noch mit möglichst geringem Kostenaufwand (einschließlich der Folgekosten) vonstatten gehen soll. Auf der anderen Seite strebt das Unternehmen nach einem seinem speziellen Anspruchsniveau entsprechenden

---

1124 C. Puls (1976), S. 136.

1125 H. Nokielski (1981), S. 19.

1126 H. Afheldt (1970), S. 100 ff.; W.-H. Müller (1976), S. 187; K. Roesler (1977), S. 471.

neuen Standort zu ebenfalls möglichst geringen Kosten und - auf die Wirtschaftsförderungsmaßnahmen bezogen - einer möglichst starken Internalisierung externer Ersparnisse, d. h. vor allem kommunaler Vor- und Sonderleistungen gegenüber anderen Unternehmen [1127].

Kommunale Wirtschaftsförderung kann darum nur noch in Kenntnis derjenigen Marktfaktoren konzipiert werden, die über Standortangebot und -nachfrage entscheiden, nicht zuletzt deshalb, weil optimale Standortvoraussetzungen zugleich wesentliche Prämisse zur nachhaltigen Verbesserung der Standortbedingungen der heimischen Wirtschaft sind [1128].

Die Bestimmungsfaktoren der kommunalen Standortattraktivität variieren nun je nach Betriebszugehörigkeit zum industriellen bzw. tertiären Sektor, Standorterrichtungstyp (Neugründung, Zweigstellengründung, Verlagerung), Unternehmensgröße, Standortgebundenheit und Standortelastizität (Distanzempfindlichkeit) [1129]. Im allgemeinen werden als potentielle Standortfaktoren Gewerbe- und Industrieflächen und -gebäude, Arbeitskräftepotential, Verkehrsanbindung, Versorgungs- und Entsorgungseinrichtungen, Beschaffungs- und Absatzverflechtung, finanzielle Förderung, kulturelle und soziale Einrichtungen, Wohn- und Freizeitwert und Image der Gemeinde genannt [1130]. Ohne auf die Gewichtung der einzelnen Determinanten eingehen zu wollen, dürfte es einleuchten, daß bei Vorliegen spezifischer Standortqualitäten die Attraktivität einer Kommune als Wohn- und Standort der Nachfrage nach spezifischen Standortanforderungen unterliegt (vgl. Abbildung 10) und damit von den Verhandlungsbedingungen zwischen Kommune und Unternehmen über die Gewährung kommunaler Wirtschaftsförderungsmaßnahmen bestimmt wird, zumal sich beide Verhandlungspartner Vorteile (Steuermehreinnahmen,Betriebskostenersparnis) aus dieser spieltheore-

---

1127 D. Ewringmann/K. Zimmermann (1973), S. 286 und 289.

1128 W.-H. Müller (1976), S. 187.

1129 B. Wrobel (1977 b), S. 38. Im Zeitablauf verändert sich natürlich die Standortgunst einer Region einmal absolut durch getätigte oder unterlassene Investitionen in der Region selbst und dann relativ durch die Entwicklung der Standorttatbestände in anderen Regionen, vgl. K.-B. Netzband (1972), S. 41.

1130 Statt vieler BDI/DGT/DIHT/DLT (1967), S. 7; C. Eick (1975), S. 17; R. Gilleßen (1979), S. 538; W. Kelm (1974), S. 15; K.-B. Netzband (1972), S. 41; J. Sieveking (1973), S. 120; B. Wrobel (1977 b), S. 42 f.

Abbildung 10

Angebots- und Nachfragefaktoren der Standort- und Wohnortwahl

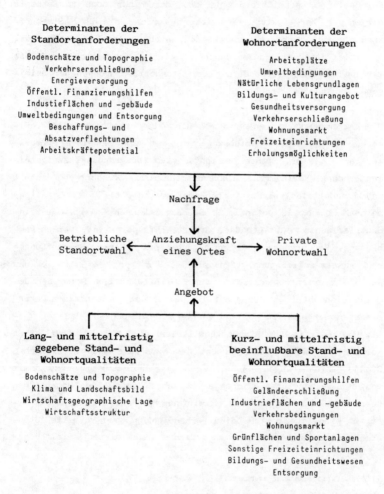

Quelle: C. Eick, Kommunale Wirtschaftsförderung und Standortfaktoren, Bremen 1975, S. 13.

tischen Situation versprechen, weil nämlich jeder Teil versucht, den Spielgewinn auf Kosten des anderen zu maximieren ("zweiseitiges Ausbeutungsverhältnis"[1131]). Obgleich die als Anreiz gedachten kommunalen Leistungsangebote zum Gegenstand der Verhandlungen gemacht werden, sind die Kommunen in diesem "bargaining"-Prozeß regelmäßig der schwächere Teil, nehmen also die Rolle des "Ausgebeuteten" ein.

Der Ausgang des "Pokerspiels"[1132] um kommunale Vergünstigungen ist nicht nur eine Variable der ökonomischen Macht des Unternehmens einerseits und des finanzpolitischen Spielraums der Kommune andererseits, sondern in der Hauptsache eine Resultante der interkommunalen bzw. interregionalen Konkurrenzen um das Nachfragepotential ansiedlungsinteressierter Gewerbebetriebe. Auch heute noch gilt die Feststellung, daß sich die Kommunen in der Wirtschaftsförderung gegenseitig als die schärfsten Konkurrenten betrachten[1133] und sich auf einem Markt "verkaufen", auf dem die umworbenen Unternehmen bis zu einem gewissen Grade die Konditionen bestimmen und der - da das Standortangebot schneller wächst bzw. langsamer sinkt als die Nachfrage - demzufolge als typischer Käufermarkt funktioniert[1134]. Mit den veränderten welt- und binnenwirtschaftlichen Rahmenbedingungen[1135] und dem daraufhin gesunkenen Ansiedlungspotential[1136] scheint die Hektik in der kommunalen Wirtschaftsförderung zwar abgeklungen zu sein[1137], so daß das in plakatierenden Schwarz-Weiß-Farben gemalte Schreckens-

---

[1131] D. Ewringmann/K. Zimmermann (1973), S. 290; D. Fürst/K. Zimmermann (1974), S. 225.

[1132] G. Rogge (1971), S. 1087.

[1133] Für die fünfziger Jahre M. Adenauer, Wirtschaftsförderung, in: H. Peters (Hrsg.), Handbuch der kommunalen Wissenschaft und Praxis Bd. III, Berlin-Göttingen-Heidelberg 1959, S. 898 ff. (902); für die sechziger Jahre G. Lausen (1967), S. 47; für die siebziger Jahre H. Heuer (1977 a), S. 550 ff.; für die achtziger Jahre G. Zill (1981), S. 120.

[1134] H. Afheldt (1970), S. 100; H. Heuer (1977 a), S. 551; W.-H. Müller (1976), S. 187.

[1135] Siehe oben S. 8.

[1136] Siehe B. Wrobel (1978), S. 267 ff.

[1137] H. Nokielski (1981), S. 33.

bild des "unerträglichen und kurzsichtigen"[1138] oder gar "hemmungslosen und teilweise unwürdigen"[1139], letztlich immer "ruinösen" Konkurrenzkampfes[1140] der Gewerbestandorte untereinander heutzutage nicht mehr ausnahmslos der kommunalen Wirklichkeit entspricht. Doch trotz der Verknappung des Ansiedlungspotentials veranlassen horizontale Verteilungskonflikte, verursacht durch Ungleichgewichte in der Finanzausstattung und zum Teil verstärkt durch die räumlich bewußt diskriminierende staatliche Regionalförderung, die Städte, Gemeinden und Landkreise weiterhin, sich eifrig um ihre eigene ökonomische Substanz zu kümmern[1141]. Als Folge des abgeschwächten Wirtschaftswachstums hat sich der kommunale Wettlauf um Arbeitsplätze und Einwohner, das "Kind unseres Steuersystems"[1142], mit zunehmenden Alter aus den schwächer strukturierten Räumen zurückgezogen und in die Ballungsgebiete verlagert; dort spielt er sich vorwiegend zwischen den Städten (Ballungskern) und ihren Umlandgemeinden (Ballungsrand) ab[1143].

Da eine nennenswerte Konkurrenz der Betriebe um Standorte nicht stattfindet, ist deren Verhandlungsposition bedeutend stärker als die der Kommunen[1144]. Dies gilt umso mehr, falls die autonomen und häufig überlokal operierenden Unternehmen, abgesehen von der fast überall vorfindbaren Basisinfrastruktur, auf keine speziellen, nur von einer bestimmten Gemeinde offerierten Standortqualitäten angewiesen sind[1145]. Indem die Kommunen tendenziell gleichartige "öffentliche Güter" anbieten, müssen sie sich notwendigerweise privatwirtschaftlichen Konkurrenzbedingungen unterwer-

---

[1138] So der frühere Oberstadtdirektor von Solingen F. Schmitz-Herscheidt in der Wirtschaftswoche Nr. 31 vom 1.8.1980, S. 27.

[1139] D. Breithaupt/H. Krümplmann/F. Reidenbach/K. D. Streb/J. van Trott/G. Weibel (1979), S. 40.

[1140] K. Ganser (1977), S. 51.

[1141] G. Zill (1981), S. 120.

[1142] G. Rogge (1971), S. 1089.

[1143] Mit Beispielen aus der Praxis H. Heuer (1977 a), S. 550 f. und (1977 c), S. 21.

[1144] D. Ewringmann/K. Zimmermann (1973), S. 290.

[1145] R. Mayntz (1981 a), S. 14.

fen [1146]. Allerdings wird die wirtschaftspolitische Steuerungsfähigkeit einer Kommune in dem Maße beeinträchtigt, indem sie zur Verwirklichung ihrer Politik auf die Handlungsbereitschaft einzelner Unternehmen direkt angewiesen ist [1147]. Dies muß nicht so weit gehen, daß die Kommunalverwaltung zum "Büttel der Unternehmensinteressen" degeneriert [1148], deutet aber dennoch auf ein mangelndes Handlungspotential in der Wirtschaftsförderung hin, das auf einen Verlust an kommunaler Autonomie schließen läßt [1149]. Zurückzuführen ist der restringierte Wirkungsspielraum kommunaler Wirtschaftsentwicklungspolitik allerdings weniger auf die politisch-institutionellen Rahmenbedingungen der Kommunalpolitik, wie es die gängige Diskussion unterstellt [1150], sondern vielmehr auf die überlokale Bestimmtheit der Wirtschaftslage (ökonomische Rahmenbedingungen), die relative Nicht-Steuerbarkeit der Unternehmen (Adressatenverhalten) und die interkommunale Konkurrenz um Arbeitsplätze und Beschäftigte (Steuersystem) [1151].

1146 A. Evers/M. Lehmann (1972), S. 197 f.

1147 R. Mayntz (1981 a), S. 14.

1148 Diese Befürchtung hegt H. Heuer (1977 a), S. 551.

1149 H. Nokielski (1981), S. 19.

1150 Die Auffassung von dem zunehmenden Substanzverlust der kommunalen Selbstverwaltung wird sowohl von der Rechtswissenschaft - zuletzt K. Stern, Gemeindeselbstverwaltung und Staatsverfassung, in: Städte und Staat. Neue Schriften des DST Heft 43, Stuttgart-Berlin-Köln-Mainz 1981, S. 35 ff. (43 ff.); G. Püttner, Handlungs- und Entfaltungsspielraum der kommunalen Selbstverwaltung, ZRP 1980, S. 227 ff.; F.-L. Knemeyer, Gewährleistung des notwendigen Handlungs- und Entfaltungsspielraums der kommunalen Selbstverwaltung, NJW 1980, S. 1140 ff. (1141 f.); F. Wagener (1982), S. 85 ff. - als auch von den "kritischen" Sozialwissenschaften vertreten, exemplarisch J. Gotthold, Die Funktion der Gemeinden im gesamtstaatlichen Planungsprozeß, PVS Bd. 19 (1978), S. 343 ff. (347 ff.); M. Rodenstein, Thesen zum Funktionswandel der kommunalen Selbstverwaltung in Deutschland, in: R. Emenlauer/H. Krymer u. a., Die Kommune in der Staatsorganisation, Frankfurt 1974, S. 35 ff. (67 ff.); dies., Konflikte zwischen Bund und Kommunen, in: R. R. Grauhan (Hrsg.), Lokal Politikforschung Bd. 2, Frankfurt-New York 1975, S. 310 ff.
Zur verwaltungswissenschaftlichen Kritik dieser "Erosionsthese", die die Garantie der kommunalen Selbstverwaltung durch Verrechtlichung, "goldenen Zügel" und Verplanung zunehmend ausgehöhlt sieht, H. Faber (1982), S. 20 ff. Die verschiedenen Theorien zur kommunalen Selbstverwaltung werten H. H. Koch/ H.-P. Steinmetz, Grundlagen des Rechts auf kommunale Selbstverwaltung, JA 1982, S. 386 ff. (391 ff.).

1151 Vgl. a. R. Mayntz (1981 b), S. 170.

c) Wirtschaftspolitische Zielstruktur

Haben die vorangegangenen Ausführungen gezeigt, daß die Wirtschaftsentwicklungsaktivitäten der Gemeinden und Landkreise nur in geringem Maße von den vertikalen "staatlich-politischen" Rahmendaten, dafür aber in erster Linie von den horizontalen "ökonomisch-kommunalen" Handlungszwängen bestimmt werden, so fragt sich nunmehr, wie das funktionelle Selbstverständnis der kommunalen Wirtschaftsförderung auf diese lokalen Umweltbedingungen reagiert. Einen ersten Anhaltspunkt darüber, wie die kommunalen Organe ihre eigene wirtschaftspolitische Rolle erfassen, vermitteln die Zielvorgaben, die sich die Kommunen auf dem Sektor der Wirtschaftsförderung gesetzt haben. Zunächst fühlen sich die kommunalen Instanzen für das wirtschaftliche Geschehen innerhalb ihrer Gebietsgrenzen selbst verantwortlich und leiten aus der Identifizierung mit der kommunalen Gemeinschaft, dem Interesse an ihrem Wohlergehen und ihrem "besseren Abschneiden" im Vergleich zu anderen Kommunen die Berechtigung für wirtschaftsbezogene Aktivitäten schlechthin ab [1152]. Als vorrangige Globalziele ihrer wirtschaftspolitischen Betätigung geben die Kommunen in Befragungen (nach der Reihenfolge der absoluten Nennhäufigkeit) regelmäßig an [1153]:

1. Schaffung und Sicherung von Arbeitsplätzen (Arbeitsplatzziel),

2. Schaffung und Erhaltung einer ausgewogenen Wirtschaftsstruktur (Strukturziel) und

3. Stärkung der kommunalen Wirtschafts- und Finanzkraft (Einnahmeziel).

Bei genauerer Betrachtung erweist sich das Ziel der Verbesserung der Wirtschaftsstruktur und der Standortbedingungen freilich nur als Instrument zur Realisierung der Arbeitsplatz- und Einnahme-

---

1152 G. Zill (1981), S. 67 und 69,

1153 Difu (1980), S. 3; G. Zill (1981), S. 73 f. Vgl. a. W. Doni (1977), S. 2 f.; J. Formanek/J. Schulz (1974), S. 331; A. Hanselitsch, Ziele und Probleme der kommunalen Wirtschaftsförderung, in: KDZ (Hrsg.), Fragen der kommunalen Wirtschaftsförderung, Wien 1978, S. 29 ff. (33); H. Heuer (1977 b), S. 6; W. Kelm (1974), S. 14 und (1973), S. 53; T. Kriegseisen (1978), S. 43 f.; F. Möller (1963), S. 58 ff.; W. Sauer (1979), S. 43; K.-D. Stark (1978), S. 17.

ziele, weshalb es jenen untergeordnet ist [1154]. Dennoch belegt bereits diese allgemeine Zieltrias, daß die für die kommunale Wirtschaftsförderung Verantwortlichen die Problemsituation auf dem (lokalen) Arbeitsmarkt als einen, wenn nicht gar den entscheidenden handlungsauslösenden Faktor ansehen. Als Unterziele und damit als Mittel zur Erreichung dieses Oberzieles nennen diejenigen Körperschaften, welche eigene Wirtschaftsförderungsprogramme verabschiedet und in Kraft gesetzt haben, darüber hinaus [1155]

- Die Steigerung der Ertrags- und Konkurrenzfähigkeit der ansässigen und ansiedlungswilligen Unternehmen,

- die Verbesserung der gewerblichen Beschäftigtenstruktur und der Versorgung der Bevölkerung,

- die Entwicklung des Fremdenverkehrs sowie

- den Ausbau der kommunalen Infrastruktur.

Detailliertere und quantifizierbare weitere Zielgrößen erarbeiten die Kommunen indessen nur dann, wenn deren Existenz Voraussetzung für den Erhalt staatlicher Finanzhilfen ist [1156] (z. B. in den Bereichen der Stadtsanierung, Verkehrsinfrastruktur, Krankenhausbau etc.).

d) **Vertikale und horizontale Problemperzeption**

Die Zielintention kommunaler Strukturpolitik allein gibt jedoch noch keinen Aufschluß darüber, wie die Kommunen die Handlungsmöglichkeiten ihrer eigenen Wirtschaftspolitik einschätzen. Um dies zu erfahren, soll auf eine Umfrage bei ausgewählten Landkreisen innerhalb des Gebietes der Gemeinschaftsaufgabe "Verbesserung der regionalen Wirtschaftsstruktur" zurückgegriffen werden [1157]. Von

---

1154 So mit Recht K. Lange (1981 a), S. 7.
1155 H. H. Koch (1981), S. 22.
1156 G. Zill (1981), S. 75.
1157 Die Untersuchung wurde vom Verfasser zusammen mit H. H. Koch im Dezember 1980 abgeschlossen. Ihr lag der Gebietsstand der GRW vor der Neuabgrenzung 1981 zugrunde. Die Ergebnisse sind veröffentlicht in H. H. Koch/H.-P. Steinmetz (1981 a), S. 294 ff.

der Gesamtzahl der 113 befragten Wirtschaftsförderungsinstitutionen auf Kreisebene [1158] betreiben lediglich 17 vornehmlich bayerische Landkreise keine nennenswerte Wirtschaftsentwicklungspolitik [1159]. Die übrigen 96 "aktiven" Landkreise dagegen setzen ein mehr oder minder umfangreiches Instrumentarium zur bewußten und gezielten Verbesserung ihrer Wirtschaftsstruktur ein [1160].

Zusätzlich zu den staatlichen Finanzierungshilfen gewährt über die Hälfte dieser Kreise direkte materielle Hilfen sowohl an ansiedlungs- und investitionswillige Unternehmen zur Durchführung betrieblicher Investitionen als auch an kreisangehörige Gemeinden zum Ausbau der lokalen Infrastruktur [1161]. Als indirekte Maßnahmen werden in allen Landkreisen Werbungsmaßnahmen, Standort- und Finanzierungsberatungen sowie - seltener - Vermittlungstätigkeiten angeboten. Unter strukturpolitischem Handeln versteht die kommunale Verwaltung folglich keine "interventionistische" (Raum-) Steuerung, sondern das marktförmig verpackte Angebot an die Unternehmen, ihre kommunale Dienstleistungspalette in Anspruch zu nehmen ("Standort-Marketing"). Demgemäß definieren sich die kommunalen Wirtschaftsförderer kaum als bewußte ökonomische Akteure, vielmehr überwiegt eindeutig die Leistungsorientierung gegenüber dem Adressaten in der positiven Erwartung, dieser werde sich schon zielkonform zu den kommunalen Entwicklungsplanungen verhalten [1162].

In Bezug auf die staatliche Regionalpolitik ergibt die Befragung, daß die Landkreise den Einfluß der staatlich-regionalen Strukturpolitik auf ihre eigenen Förderungsmaßnahmen recht unterschiedlich

---

[1158] Dies sind 48 % aller Landkreise der Bundesrepublik Deutschland.

[1159] Jene Kreise liegen entweder im Zonenrandgebiet oder in unmittelbarer Nähe zu hochagglomerierten Wirtschaftszentren. Als Erklärung für das Fehlen eigenständiger Förderungsmaßnahmen in diesen 17 Kreisen bietet sich an, daß entweder die Wirtschaftskraft der Wachstumszentren noch auf diese Regionen ausstrahlt und dort regionales Wachstum induziert, oder aber daß die Planung und Implementierung autonomer Wirtschaftsförderungsprogramme angesichts des übergroßen Konkurrenzdruckes und der überwiegenden Standortvorteile der Verdichtungsräume von vorneherein als aussichtslos angesehen werden.

[1160] Schon in der Weimarer Republik betrachteten die Kreisverwaltungen die Förderung der Wirtschaft als ihre "vornehmste Aufgabe", E. Falck (1932), S. 245.

[1161] Vgl. a. H. H. Koch (1981), S. 22.

[1162] Ebenso G. Zill (1981), S. 71 f.

bewerten. Obgleich 41,3 % der Wirtschaftsförderer in den Kreisen der Meinung sind, ihre Aktivitäten würden durch den Staat stark beeinflußt, verspüren 43,7 % der Kreisverwaltungen nur einen schwachen und immerhin 15 % gar keine restringierenden Wirkungen. Demnach vermag die primär an finanziellen Anreizen ausgerichtete staatliche Förderpraxis die Maßnahmen zur Wirtschaftsstrukturverbesserung von knapp 60 % der Landkreise nach deren Auffassung nur gering bzw. überhaupt nicht zu beeinflussen.

Kann die staatliche Regionalförderung eine autonome Förderung durch die kommunalen Gebietskörperschaften schon nicht (indirekt) lenken oder gar erübrigen, so liegt eine weitere Ursache für den Einsatz kommunaler Förderungsinstrumente in der Ansiedlungskonkurrenz der Regionen untereinander begründet[1163]. Ausschließlich ein Kreis verspürt keine Konkurrenz mit benachbarten Räumen, wohingegen ein Drittel den Konkurrenzkampf als gering, jedoch zwei Drittel der Befragten als überaus stark einstufen. Die Feststellung, daß der horizontale Wettlauf um Investoren zwischen Standorten eine nicht zu unterschätzende Restriktion kommunaler Strukturpolitik darstellt[1164], spiegelt sich damit auch in den Einschätzungen der Wirtschaftsförderer wider. Eine starke Konkurrenz wird als Folge der Wirtschaftsentwicklungsaktivitäten und Standortgegebenheiten benachbarter Räume immer dann empfunden, wenn die Landkreise an nichtgeförderte Regionen angrenzen. Demgegenüber wird der Wettkampf um standortsuchende Unternehmen in den Fällen als gering angesehen, in denen[1165]

- eine extreme Zonenrandlage vorliegt,
- benachbarte Kreise ebenfalls Konkurrenzen verspüren oder
- Kreise Standortnachteile gegenüber solchen Regionen aufweisen, die räumlich enger mit wirtschaftsstarken Wachstumszentren verflochten sind[1166].

1163 H. H. Koch/H.-P. Steinmetz (1981 a), S. 295.
1164 Difu (1980), S. 3; G. Zill (1981), S. 120 ff.
1165 H. H. Koch/H.-P. Steinmetz (1981 a), S. 295.
1166 An konkreten Beispielen W. Hasselmann/H. Spehl, Die Wirtschaftsverflechtungen in Hessen - eine Anwendung der Input-Output-Analyse, Münster (Westf.) 1971, S. 88 ff.

Die Aussagen über die handlungsbestimmenden Konkurrenzsituationen hängen indessen auch mit den Wachstumsaussichten der heimischen Wirtschaft zusammen, wie sie sich aufgrund der Standortstrukturen der befragten Landkreise darstellen. Lediglich 5,4 % der Kreise beurteilen die Entwicklungschancen der in ihrem Gebiet ansässigen Gewerbebetriebe als überdurchschnittlich, während 75,7 % die Wachstumsperspektiven als zufriedenstellend und immerhin 18,9 % sogar als schlecht einstufen.

e) Entwicklungsintensitäten der staatlichen Regionalförderung

Aufschlußreich ist schließlich die Korrelation der Einschätzungen über die eigene Konkurrenz- und Standortlage mit der Frage, ob die wirtschaftsstrukturelle Entwicklung des Kreisgebietes durch staatliche Hilfen im Rahmen der regionalen Wirtschaftspolitik gefördert worden ist. Insgesamt findet sich allein in vier bayerischen Landkreisen nach Meinung der Verantwortlichen keine Beeinflussung [1167]. Jeweils rund 48 % der Wirtschaftsförderungsinstitutionen geben dagegen an, regionalpolitische Hilfen hätten die Entwicklung ihrer Region stark bzw. gering beeinflußt [1168]. Mit anderen Worten ließe sich dieses Verhältnis auch so beschreiben, daß fast die Hälfte der Landkreise durch das "Versagen" des Staates zu eigener Initiative veranlaßt worden ist. Allerdings kann ein geringer Beeinflussungsgrad zunächst wiederum nur für diejenigen Kreise festgestellt werden, deren Gebiet einen hohen Nichtförderanteil an der GRW aufweist und die in der Nähe von Wirtschaftszentren liegen. Andererseits fallen aber auch zahlreiche Landkreise insbesondere an der Westgrenze des Bundesgebietes auf, die geringe Konkurrenz verspüren, denen darüber hinaus offensichtlich aber auch staatliche Finanzspritzen bislang nicht zu helfen vermochten. Demgegenüber ist im Zonenrandgebiet sowie in vereinzelten Mittelzentren nach Auskunft der Landkreise die Wirtschaftsentwicklung durch staatliche Finanzierungshilfen er-

---

[1167] Dabei handelt es sich um solche Kreisregionen, deren Gebietsanteil an der GRW nur etwa 5 bis 10 % der Kreisfläche ausmacht und die eine Nahtstelle zwischen Förder- und Nichtfördergebieten bilden.

[1168] H. H. Koch/H.-P. Steinmetz (1981 a), S. 295.

heblich gefördert worden. Hier bemerken die Befragten zugleich einen hohen Konkurrenzdruck. Das Verhältnis zwischen geringer Konkurrenz und starker Beeinflussung durch die Regionalpolitik ist hingegen nur in den Randzonen der Bundesrepublik anzutreffen. Dieser Befund deutet auf einen hohen Handlungsbedarf solcher Gebietskörperschaften hin, die konkurrenzempfindlich sind und deshalb Finanzmittel wirksam in Investitionsprogramme umsetzen müssen. In diesen Regionen werden folgerichtig auch die Wachstumsmöglichkeiten im Rahmen der Standortgegebenheiten zufriedenstellend eingeschätzt.

Durchgängige negative oder positive Einschätzungen sind in keinem der befragten Landkreise anzutreffen. Geringe Entwicklungsbeeinflussung korreliert vielmehr besonders häufig mit zufriedenstellenden Wachstumschancen bei geringem bis hohem Konkurrenzdruck. Lediglich die im Zonenrandgebiet und an den Ländergrenzen liegenden Landkreise empfinden hohe Ansiedlungskonkurrenz, schlechte Wachstumsaussichten, aber einen starken Einfluß der staatlichen Hilfsprogramme. In der Gesamtschau ist die Konkurrenzempfindlichkeit am größten, wenn die Landkreise unmittelbar an nichtgeförderte Regionen angrenzen. Es ist sicher kein Zufall, daß intensive Ansiedlungskonkurrenzen hauptsächlich an den Grenzen der Bundesländer in Erscheinung treten ("Grenzorientiertheit"[1169]). Hier wird auch der Einfluß der staatlichen Wirtschaftsförderung, bezogen auf die Entwicklung des Landkreises, als besonders stark empfunden. Nahezu ausschließlich an den Ländergrenzen bzw. Randzonen der Bundesrepublik scheinen diese staatlichen "Initialzündungen" regionalökonomische Wirkungen zu erzeugen. Im Landesinneren sind dagegen die Konkurrenz um Investoren und die Entwicklungsintensität der Regionalpolitik gering bzw. fast ohne jede Bedeutung.

f) Wechselbeziehungen

Im Gesamtergebnis hat die Befragung - wie es auch nicht anders zu erwarten war - durchaus unterschiedliche Sichtweisen des mit der Strukturförderung in den Landkreisen betrauten Personenkreises

---

[1169] H. H. Koch/H.-P. Steinmetz (1981 a), S. 296.

offenbart. Dennoch haben sich einige markante Grundlinien in den Aussagen herauskristallisiert. Zunächst basiert das wirtschaftspolitische Selbstverständnis der Kommunen innerhalb der gesamtstaatlichen Wirtschaftspolitik vorwiegend auf ihrer Funktion als öffentlicher Leistungsträger [1170]. Auf dieser Rollendefinition aufbauend offerieren die Landkreise ein Dienstleistungsangebot an die Unternehmen, in dessen materieller Ausgestaltung und zielorientiertem Einsatz (Arbeitsplatzförderung) sie sich durch die übergeordnete Struktur- und Regionalpolitik von Bund und Land überwiegend nicht eingeschränkt sehen. Aber nicht nur in dieser vertikalen Dimension, sondern auch auf der horizontalen Ebene entsprechen die Einschätzungen der Landkreise weitgehend der eingangs analysierten Problemsituation: als entscheidende Restriktion ihrer eigenen Bestrebungen und Handlungsstrategien empfinden die kommunalen Wirtschaftsförderer das gegenseitige Konkurrenzverhalten. Allerdings scheint die interkommunale bzw. interregionale Ansiedlungskonkurrenz auch stimulierend zu wirken, denn in diesem Falle werden gleichzeitig die Wachstumschancen der ansässigen Wirtschaft als im großen und ganzen zufriedenstellend eingeschätzt. Ein eher gegensätzliches Bild bietet die Beurteilung der Entwicklungsintensität der staatlichen Strukturförderung. Jeweils knapp die Hälfte der Wirtschaftsförderer beobachten entweder einen starken oder nur einen geringen Einfluß der staatlichen Regionalpolitik auf die Entwicklung ihres Kreisgebietes. Dabei ist die geringe Entwicklungsbeeinflussung besonders häufig bei zufriedenstellenden Wachstumsaussichten und geringem bis hohem Konkurrenzdruck vorzufinden. Regional betrachtet spielen sich die Hauptaktivitäten der Wirtschaftsstrukturförderung offenbar an den Ländergrenzen und weniger im Landesinneren ab [1171]. Auf welche Art und Weise die kommunalen Körperschaften ihr problemspezifisches Selbstverständnis und ihre wirtschaftspolitischen Zielsetzungen in konkrete und praktische Wirtschaftspolitik umsetzen, wird im Mittelpunkt des folgenden Abschnittes stehen.

[1170] Zu dem gleichen Ergebnis gelangt G. Zill (1981), S. 126.
[1171] Siehe auch oben S. 182.

3. Kommunale Wirtschaftsförderungsrichtlinien – Programmplanung am Beispiel der Landkreise

Die Kommunalverwaltungen haben trotz gewisser Ermächtigungen im Bau- und Bodenrecht kaum Möglichkeiten, direkten Einfluß auf die Investitions- und Standortentscheidungen der privatwirtschaftlichen Unternehmen auszuüben. Wie jede andere Gebietskörperschaft auch sind sie jedoch in der Lage, die Entscheidungskriterien der Privatunternehmungen und damit deren Entscheidung selbst zu beeinflussen [1172]. Ein Teil dieser Entscheidungsgrundlagen ist nicht (geographische Lage, Bodenschätze) oder kaum (gesamtwirtschaftliche Situation) veränderbar; andere Entscheidungsbedingungen fallen in die Verwaltungskompetenz der Bundes- und Landesbehörden (Förderungsprogramme des Bundes und der Länder, überregionaler Verkehrsausbau). Der dritte große Einflußbereich schließlich liegt im Entscheidungsfeld der kommunalen Entwicklungspolitik (Bauleitplanung, Flächenerschließung, Bestandssicherung). Während die staatliche Regionalförderung die Stabilität und das Wachstum der Wirtschaft in den (anerkannten) Fördergebieten sichern und gleichwertige Lebensverhältnisse im Bundesgebiet verwirklichen soll[1173], umfaßt die Wirtschaftspolitik der kommunalen Selbstverwaltungskörperschaften alle Maßnahmen und Bestrebungen zur Stärkung der lokalen Wirtschaftskraft. Dabei zielt die **indirekte** oder **mittelbare kommunale Wirtschaftsförderung** auf die generelle Verbesserung der Standort- und Wohnortqualitäten einer Gemeinde oder eines Kreises für alle potentiell ansiedlungs- und investitionswilligen Betriebe (z. B. über Steuer- und Tarifpolitik, Liegenschaftspolitik, Infrastrukturpolitik), wohingegen die **direkte** oder **unmittelbare Gewerbeförderung** individuell bei einzelnen Betrieben ansetzt, indem sie deren Ansiedlungs- oder Investitionsentscheidung (indirekt) zu lenken versucht (z. B. durch offene oder verdeckte Subventionsleistungen)[1174].

[1172] Vgl. J. Formanek/J. Schulz (1974), S. 331.

[1173] Siehe oben S. 56 ff. sowie ausführlich H.-F. Eckey (1978 a), S. 66 ff. und 81 ff. und E. Lauschmann (1976), S. 238 ff.

[1174] Grundlegend H. Kliemann (1978), S. 3 ff.; H. H. Koch/H.-P. Steinmetz (1981 c), Teil II, S. 29; K. Lange (1981 a), S. 9 f.; F. Möller (1963), S. 49 ff.; SARO (1961), S. 97; F. Schmitz-Herscheidt (1979), S. 198; F. Zimmermann (1964), S. 217 und 219. In der Zielrichtung weiter K. Lange (1977), S. 874; ihm folgend F.-L. Knemeyer (1980), S. 497 und A. von Mutius (1980), S. 151.

Eine wichtige Säule der kommunalen Wirtschaftspolitik bilden die öffentlichen Finanzierungshilfen [1175]. Gegen diese Form der direkten Wirtschaftsförderung richten sich denn auch die "Konterkarierungsvorwürfe". Nach einer Umfrage des Difu bei 120 Städten mit mehr als 50.000 Einwohnern gewähren rund 15 % der befragten Städte direkte finanzielle Vergünstigungen an die gewerbliche Wirtschaft [1176]. Dagegen kommt diese Erhebung bei 113 Kreisverwaltungen im Fördergebiet der GRW sogar zu dem Ergebnis, daß dort über 50 % der befragten Landkreise Investitionshilfen vergeben [1177]. Allerdings lag der Ausgangspunkt für die Lenkungsversuche betrieblicher Investitionen mittels finanzieller Anreize nicht bei den Kommunen, sondern außer in der Regionalpolitik auf europäischer Ebene im (früheren) Regionalen Förderungsprogramm des Bundes [1178]. Neben den Landesförderungsprogrammen ist die kommunale Gewerbesubventionierung damit ein treffendes Beispiel dafür, daß der "Sündenfall" der ersten Subvention fortlaufend neue Subventionen nach sich zieht [1179].

Wie dem auch sei, in der Bundesrepublik Deutschland dürfte es heute kaum noch Kommunen geben, in denen ein Unternehmer sich nicht für eine geplante Betriebsniederlassung finanzielle Beihilfen in irgendeiner Form verschaffen kann [1180]. Vor allem die Kreise setzen als Instrumente zur Behebung regionaler Strukturschwächen zunehmend eigene Wirtschaftsförderungsprogramme ein. Offenbar erscheint es diesen Kommunalverwaltungen notwendig, dem ansiedlungs- und erweiterungswilligen Unternehmen durch das Vorhalten von Vergaberichtlinien über das Ausmaß staatlicher Subventionen hinaus zusätzliche Anreize in Form von Geld- oder geldwerten Leistungen zu offerieren [1181]. Darüber hinaus ist der auf der Ebene der Land-

---

1175 C. Eick (1975), S. 18.
1176 Difu (1980), S. 3.
1177 H. H. Koch/H.-P. Steinmetz (1981 b), S. 468.
1178 G. Rogge (1971), S. 1087 f.
1179 H. Faber (1982), S. 32.
1180 So schon G. Rogge (1971), S. 1088.
1181 Zu den Motiven für die Konzeptualisierung kommunaler Wirtschaftsentwicklungsprogramme B. Winnemöller (1978), S. 228 ff.

kreise zu beobachtende Prozeß rechtlicher Verfestigung der kommunalen Strukturförderung aber auch eine Folge des zweistufigen kommunalen Verwaltungsaufbaues. Gerade für eine Kreisverwaltung liegt es nahe, ihr Wirtschaftsförderungsprogramm in Richtlinien zu fassen, um auf diesem Wege abschließend und aus ihrer Sicht eindeutig eine Kompetenzabgrenzung gegenüber den mit universellem Wirkungskreis ausgestatteten kreisangehörigen Gemeinden zu finden [1182]. Da im Verhältnis zur Gemeinschaftsaufgabenförderung sowohl aus ordnungs- und regionalpolitischen als auch aus rechtlichen Erwägungen die "größten Schwierigkeiten"[1183] in der Gewährung konkurrierender kommunaler Finanzhilfen an die Wirtschaft gesehen werden, nehmen die nachstehenden Ausführungen eine empirische Auswertung kommunaler Wirtschaftsförderungsprogramme vor.

a) Regionales Erscheinungsbild

Von den befragten 113 Landkreisen gewähren immerhin 50,4 % Finanzierungshilfen an die gewerbliche Wirtschaft und/oder an kreisangehörige Gemeinden, wobei 29,2 % der Kreise ihre Vergabepraxis in einer oder mehrerer Richtlinien verrechtlicht haben (vgl. Übersicht 14). Danach haben allein die saarländischen Landkreise keine Wirtschaftsförderungsrichtlinien erlassen und vergeben keine eigenständigen Finanzmittel. Die meisten Finanzierungshilfen gewähren die Kreise der Bundesländer Schleswig-Holstein, Niedersachsen, Rheinland-Pfalz und Hessen (zwischen 100 und 60 % der Befragten). In den Ländern Niedersachsen, Rheinland-Pfalz und Schleswig-Holstein findet sich auch das Gros der Wirtschaftsförderungsprogramme. Manche Kreisverwaltungen haben bis zu drei Vergaberichtlinien erlassen, nämlich Richtlinien zur Förderung der gewerblichen Wirtschaft, des Fremdenverkehrs und des Ausbaus der gemeindlichen Infrastruktur.

1182 Vgl. H.-J. von der Heide (1981 c), S. 28. Schon für die Zeit nach dem Ersten Weltkrieg stellte E. Falck (1932), S. 237, 251 und 259 eine eindeutige Tendenz der Landkreise fest, ihren Kompetenzbereich ständig zu erweitern.

1183 W. Albert auf der 13. Sitzung des Ausschusses für Raumordnung, Strukturförderung und Umwelt des Deutschen Städte- und Gemeindebundes am 14./15.11.1979 in Bergkamen.

Übersicht 14

Das regionale Auftreten der Wirtschaftsförderungsprogramme in den Landkreisen

	Zahl der befragten Landkreise	Finanzhilfen gewährende Landkreise				Wirtschaftsförderungsrichtlinien	
		Absolute Anzahl	davon ohne Richtlinien	davon mit Richtlinien		Absolute Anzahl pro Bundesland	Höchstzahl pro Landkreis
Schleswig-Holstein	4	4	-	4		6	2
Niedersachsen	22	18	7	11		15	3
Nordrhein-Westfalen	13	4	3	1		1	1
Hessen	10	6	4	2		4	3
Rheinland-Pfalz	15	15	4	11		18	3
Saarland	4	-	-	-		-	-
Baden-Württemberg	11	1	-	1		1	1
Bayern	34	9	6	3		3	1
Total	113	57	24	33		48	0 - 3

Allein sieben Landkreise decken mit ihren Richtlinien Wirtschaftsräume ab, die größer als ihr jeweiliger Anteil am Fördergebiet der GRW sind. In der Regel grenzen wiederum die Kreise, die eigene Wirtschaftsförderungsmaßnahmen anbieten und diese in Form von Richtlinien publiziert haben, unmittelbar an Nichtfördergebiete bzw. untereinander an Landkreise an, die selbst Förderungsrichtlinien in Kraft gesetzt haben. Derartige hauptsächlich in Niedersachsen und Rheinland-Pfalz zu beobachtende Blockbildungen im Auftreten von Richtlinien können als Indiz dafür gelten, daß die Existenz solcher Programme auch davon abhängt, ob der Nachbarkreis ebenfalls Wirtschaftsförderungsrichtlinien vorsieht[1184]. Etwas überspitzt ließe sich sagen, daß ein Gutteil der Subventionen nur deshalb gezahlt wird, weil man es sich nicht leisten kann, hinter den kommunalen Konkurrenten zurückzustehen[1185]. Dabei sind sich die Kreisverwaltungen des raumbedeutsamen Einflusses ihrer Wirtschaftsentwicklungsplanungen durchaus bewußt. Typischerweise treten die Richtlinien regional immer dann in Erscheinung, wenn nach Meinung der für die Strukturpolitik in den betreffenden Körperschaften verantwortlichen Personen[1186]

- die eigene Wirtschaftsförderung durch die regionale Strukturpolitik des Staates nur schwach beeinflußt wurde,

- zwischen den Kreisen Ansiedlungskonkurrenzen bestehen (sofern keine Konkurrenz um Investoren verspürt wird, existieren auch keine Richtlinien),

- die Wachstumschancen der heimischen Wirtschaft zufriedenstellend eingeschätzt werden (werden sie überdurchschnittlich beurteilt, sind keine Vergaberichtlinien festzustellen),

- die Entwicklung der Kreise durch staatliche Hilfen im Rahmen der regionalen Strukturpolitik gering beeinflußt worden ist (ist die Wirtschaftsentwicklung überhaupt nicht induziert worden, treten auch keine kommunalen Förderungsprogramme auf).

1184 In mehreren bayerischen und schleswig-holsteinischen Landkreisen wurden die Vergaberichtlinien direkt vom benachbarten Landkreis abgeschrieben.

1185 G. Rogge (1971), S. 1088.

1186 H. H. Koch/H.-P. Steinmetz (1981 a), S. 298.

Mithin erweist der empirische Befund, daß der Handlungsbedarf und die Wirkungsspielräume der Landkreise in der regionalen Wirtschaftsstrukturpolitik sich primär nach ihrer regionalwirtschaftlichen Gesamtlage bestimmen [1187]. Wird diese ohnehin schon günstig eingeschätzt, sehen sich die durch die GRW geförderten Landkreise zu keinen zusätzlichen direkten Wirtschaftsentwicklungsmaßnahmen veranlaßt. Stufen die Selbstverwaltungskörperschaften dagegen ihre ökonomische Situation als aussichtslos ein, versprechen sie sich auch keine weitergehenden Anreizwirkungen durch das Vorhalten kommunaler Förderungsrichtlinien. Erst wenn die wirtschaftliche Situation als entwicklungsfähig beurteilt wird, werden autonome Maßnahmen initiiert und in Richtlinien festgehalten. Von den 48 ausgewerteten Kreisrichtlinien regeln 33 Programme die Förderung der gewerblichen Wirtschaft einschließlich des Fremdenverkehrs (Arbeitsplatzförderung). Kumulativ oder alternativ hierzu sehen 22 Richtlinien die Förderung der kreisangehörigen Gemeinden (Infrastrukturförderung) vor.

b) **Arbeitsplatzförderung**

In allen Wirtschaftsförderungsrichtlinien zielen die kommunalen Aktivitäten darauf ab, die Standort- und Investitionsentscheidungen privater Unternehmen über bestimmte Anreize und Leistungsangebote in die entwicklungspolitisch gewünschten Bahnen zu lenken ("mobile Kapitalverteilungsstrategie"). Ebenso wie Bund und Länder in ihren Programmen gewähren die Landkreise aufgrund ihrer Richtlinien in der Regel Finanzhilfen zur Strukturverbesserung an Betriebe

- der Industrie,
- des Handwerks und
- des Fremdenverkehrs.

1187 H. H. Koch/H.-P. Steinmetz (1981 b), S. 471.

Tatbestandvoraussetzung ist gleichsam, daß es sich bei dem zu fördernden Investitionsvorhaben um die

- Neuerrichtung,

- Erweiterung,

- Umstellung, Modernisierung oder grundlegende Rationalisierung

eines Produktions- oder Fremdenverkehrsbetriebes handelt. Während die Gemeinschaftsaufgabe und auch das nordrhein-westfälische Wirtschaftsförderungsprogramm lediglich einzeln aufgeführte Unternehmensarten des Tertiärsektors berücksichtigen[1188], sieht ein Großteil der Kreisrichtlinien dagegen materielle Hilfen ausdrücklich für den **gesamten Dienstleistungsbereich** vor. Nach dem regionalpolitischen Handlungsmodell der GRW sind gewerbliche Investitionen nur dann volkswirtschaftlich besonders förderungswürdig, wenn sie einen "Primäreffekt" erzielen[1189]. Im allgemeinen können auch Dienstleistungsbetriebe einen überregionalen Absatz von Waren und Leistungen bewirken, wenn auch zwischen den einzelnen Branchen Unterschiede bestehen[1190]. Die im Rahmenplan der GRW als förderungswürdig anerkannten Dienstleistungsunternehmen wie Bank-, Kredit- und Versicherungsgesellschaften sind in der Praxis freilich in den seltensten Fällen dazu zu bewegen, sich in strukturschwachen peripheren Räumen niederzulassen[1191]. Indem die Wirtschaftsförderungsrichtlinien der Landkreise auch anderen Unternehmen des tertiären Sektors (z. B. Großhandels-, Verkehrs- und Speditionsbetriebe) Investitionsanreize zukommen lassen, füllen sie eine "Förderlücke" aus, um auf diese Weise ihren Leistungsexport zu steigern und damit einen Einkommenszufluß in ihre Region zu erreichen.

1188 Aufgeführt im **11. Rahmenplan**, aaO (Anm. 13), S. 21 Tz. 2.1. und in den Richtlinien für die Gewährung von Investitionshilfen zur Verbesserung der regionalen Wirtschaftsstruktur des Landes Nordrhein-Westfalen, aaO (Anm. 931), Ziff. 4.11.

1189 Siehe oben S. 137 f.

1190 J. Frerich/R. Pötzsch (1975), S. 279 ff.; L. Hübl/R. Ertel (1980), S. 10 ff.; W. Ort/W. Neusser/I. Leisinger/J. Munkel (1976), S. 42 ff.

1191 H. H. Koch (1981), S. 23.

Gleichfalls im Unterschied zu den Regelungen der GRW beziehen einige Kommunalrichtlinien auch Investitionen des **Baugewerbes** (ebenso das Darlehensprogramm des Wirtschaftsförderungsfonds Niedersachsen) und **Existenzgründungen in freien Berufen** (ebenso z. B. das Landeskreditprogramm Baden-Württemberg) in ihre Förderungspalette mit ein, wenn sie einen strukturverbessernden Effekt erwarten lassen. Zudem werden selbst **Betriebsverlagerungen**[1192] im Kreisgebiet subventioniert, um dem vor Ort weitverbreiteten Bedürfnis Rechnung zu tragen, Gewerbebetriebe wegen fehlender Erweiterungsflächen, aufgrund städtebaulicher Belange oder wegen gewerbeaufsichtsrechtlicher Auflagen (Umweltschutz) an einen anderen Standort zu verlagern. Der arbeitsplatzschaffende und -sichernde Effekt einer Betriebsverlagerung hat deshalb große volkswirtschaftliche Bedeutung, weil die gewerbliche Investitionsquote seit 1976 sich in erster Linie auf Ersatz-, Rationalisierungs- und Verlagerungsinvestitionen stützt, weniger jedoch auf die Erweiterung der Produktionskapazitäten und erst recht nicht auf Unternehmensneugründungen sich erstreckt[1193]. Dieser Entwicklung lag auch die im Zuge der Rezession 1974/75 gewonnene Einsicht zugrunde, daß allzu viele der vormals in den Fördergebieten neu angesiedelten Produktionsstätten (Zweigstellengründungen) sich bloß als "verlängerte Werkbänke" herausstellten, die mit dem Ziel der Ausnutzung höherer Arbeitsmarktreserven in den wirtschaftsschwachen Regionen errichtet und unter verschlechterten Wirtschafts- und Arbeitsmarktverhältnissen schnell wieder aufgegeben wurden.

Eine extensive Förderung des Dienstleistungs- und Baugewerbes, der freien Berufe sowie von intraregionalen Betriebsverlagerungen trägt die Gefahr in sich, die sachliche Diskriminierungsregel der mobilen Verteilungsstrategie der Gemeinschaftsaufgabenförderung zu unterminieren. Nach dieser sektoralen Konzentrationsmaxime der

---

[1192] Eine derartige Förderungsmöglichkeit innerhalb der staatlichen Strukturpolitik sah ein Gesetzesentwurf der CDU/CSU-Bundestagsfraktion zur Änderung des InvZulG vor, BT-Drs. 8/2780 vom 26.4.1979.

[1193] H.-P. Steinmetz (1982), S. 78.

traditionellen regionalen Strukturpolitik sollen nur export- oder fernabsatzorientierte Wirtschaftsbereiche oder Investitionsmaßnahmen gefördert werden [1194], nicht aber Folgebereiche, zu denen außer einem Großteil des Dienstleistungsgewerbes auch das Baugewerbe und die freien Berufe zählen. Die Förderung derartiger Unternehmen wie auch von Betriebsverlagerungen innerhalb des Kreisgebietes muß nach der Intention des Handlungsmodells der GRW als bedenklich erscheinen, da hierdurch im Regelfalle keine zusätzlichen Einkommensquellen in die Region gelenkt werden, vielmehr etwaige sonstige Struktureffekte unter Umständen gar verhindert werden [1195]. Für die Übernahme des "Exportkriteriums" hat sich jedoch keine einzige der kommunalen Wirtschaftsförderungsrichtlinien entschieden. Statt dessen stellen mehr als zwei Drittel der Programme auf das **"Arbeitsplatzkriterium"** ab [1196]. Danach wird unabhängig von einem überregionalen Güter- oder Leistungsexport und damit möglichen Einkommenszufluß in die Region ein gewerbliches Investitionsvorhaben bereits dann gefördert, wenn es der Schaffung neuer bzw. der Sicherung vorhandener Dauerarbeitsplätze dient und damit mittelbar zur Erhöhung des regionalen Sozialprodukts und Einkommens beiträgt. Folgerichtig machen die betreffenden Kommunalrichtlinien die Vergabe ihrer Finanzhilfen von der Einrichtung bzw. dem Erhalt von Arbeitsplätzen abhängig [1197]. Um sicherzustellen, daß die subventionierten Arbeitsplätze auch tatsächlich geschaffen bzw. erhalten werden, verlangen die Richtlinien das Führen eines Verwendungsnachweises [1198]. Die programma-

---

1194 Siehe oben S. 137 ff.

1195 Vgl. C. Böhret/W. Jann/E. Kronenwett (1980), S. 85.

1196 R. Jochimsen/P. Treuner/K. Gustafsson (1970), S. 79 ff. nennen als weitere Förderungskriterien noch das "Produktivitätskriterium" (derjenige Betrieb ist zu fördern, der im Vergleich zu anderen eine überdurchschnittliche Produktivität aufweist) und das "Wachstumskriterium" (die Förderung hat sich auf sog. Wachstumsindustrien zu konzentrieren).

1197 Ausdrücklich zur Arbeitsplatzschaffung und -erhaltung als Orientierungsgrundlage kommunaler Wirtschaftsförderungsrichtlinien B. **Winnemöller** (1978), S. 229 und 230.

1198 Dennoch soll nicht verschwiegen werden, daß diese Kontrolle nur unter Schwierigkeiten möglich ist; z. B. kann der gleichzeitige Arbeitsplatzabbau an anderer Stelle des Betriebes nicht immer ausgeschlossen werden oder es ist vor Erhalt der Subvention die Zahl der alten Arbeitsplätze merklich reduziert worden. Allerdings stellt sich das Problem der "Mitnahmeeffekte" bei jeder Art der Vergabe betriebsbezogener Finanzierungshilfen.

tische Ausrichtung der Vergaberichtlinien auf die Arbeitsplatzförderung erscheint konsequent, wenn man bedenkt, daß das Arbeitsplatzziel an oberster Stelle der wirtschaftspolitischen Zielstrukturen der Kommunen rangiert [1199]. In der Verfolgung des Arbeitsplatzkriteriums zeigen sich die Kreisrichtlinien somit wesentlich "programmatischer" als die meisten Landesförderungsprogramme, die es an jedweder arbeitsplatzbezogenen Programmkonkretisierung haben fehlen lassen.

In weitgehender Übereinstimmung mit den Vorschriften des Rahmenplanes der GRW vollzieht sich demgegenüber die in 20 der 33 Richtlinien zur Förderung der gewerblichen Wirtschaft vorgesehene **Fremdenverkehrsförderung**. In sachlicher Beziehung fordern die Kommunalrichtlinien entweder die Erhöhung der Bettenzahl in Beherbergungsbetrieben [1200] oder der Zahl der Sitzplätze in Gaststätten, eine Vermehrung des Angebotes an Fremdenzimmern [1201] oder auch die Bereitstellung neuer Dauerarbeitsplätze in einem Fremdenverkehrsbetrieb schlechthin. Tourismus und Fremdenverkehr haben sich zu einem wirtschafts- und regionalpolitischen Faktor ersten Ranges entwickelt [1202] ("Ferien auf dem Lande", "Urlaub auf dem Bauernhof"). Regionalpolitisch ist er vor allem für entlegenere Gebiete von Bedeutung, die wenig Industrie aufweisen und in der Hauptsache von der landwirtschaftlichen Produktion leben. Wie die staatlichen Instanzen haben damit auch die Landkreise die Notwendigkeit erkannt, rückläufige Chancen in der Industrieansiedlung im Interesse der Wirtschaftsstrukturverbesserung unterentwickelter Gebiete zukünftig durch eine intensivere Förderung des tertiären Sektors, wozu auch das Fremdenverkehrsgewerbe rechnet, zu kompensieren [1203]. Damit erweist sich die Fremdenverkehrsförderung zugleich als ein wirksames Instrument gegen die Landflucht [1204].

[1199] Siehe oben S. 252.

[1200] Ebenso **11. Rahmenplan**, aaO (Anm. 13), S. 24 Tz. 2.7.2.

[1201] Ebenda, S. 23 Tz. 2.7.

[1202] **R. Burchard**, Der Beitrag des Fremdenverkehrs zur Verbesserung der regionalen Wirtschaftsstruktur, IKO 1975, S. 123 ff.; **H.-J. von der Heide** (1971), S. 1 ff.; **G. Lausen** (1967), S. 54 f.; **E. Linden** (1972), S. 45; **W. Oppitz** (1979), S. 531 ff.; **H. d'Orville** (1979), S. 145 ff.

[1203] **H.-J. von der Heide** (1971), S. 3.

[1204] **W. Oppitz** (1979), S. 532.

Unter dem Aspekt der Unternehmensgrößenorientierung sprechen sich schließlich zahlreiche Wirtschaftsförderungsrichtlinien expressis verbis für die vorrangige Unterstützung kleinerer und mittlerer Betriebe aus [1205]. In der Tat sind die Landkreise als Initiatoren konkreter **Mittelstandsförderung** eher als die staatlichen Körperschaften diesem Ziel verpflichtet [1206], weil sie als kleinräumige Gebietseinheiten mit vergleichsweise geringem Finanzvolumen verstärkt an der Ansiedlung und Bestandssicherung mittelständischer Betriebe interessiert sein müssen. Für eine ausgewogene Wirtschafts- und Sozialstruktur kleinerer Gebietskörperschaften bietet die Existenz einer Vielzahl wirtschaflich gesunder Klein- und Mittelbetriebe prinzipiell die beste Gewähr [1207]. Doch entspricht die Hinwendung der Wirtschaftsförderungsprogramme zu kleineren Firmen offenbar auch einem bewußten Handlungskalkül: Mittelständische Betriebe sind als Verhandlungspartner von den Kommunen leichter in ihrem Sinne zu beeinflussen als Großunternehmen, die nur allzu oft ihre Geschäftsinteressen gegenüber den Kommunen durchzusetzen wissen [1208].

c) Infrastrukturförderung
‾‾‾‾‾‾‾‾‾‾‾‾‾‾‾‾‾‾‾‾‾‾

Bekanntermaßen zählt die Infrastrukturpolitik zu dem klassischen Instrumentarium der Wirtschaftspolitik, um privatwirtschaftliche Entscheidungen indirekt entsprechend den regional- und raumordnungspolitischen Zielvorstellungen zu beeinflussen. Auch für die Städte, Gemeinden und Landkreise besteht Wirtschaftsförderung nicht nur darin, Finanzhilfen zu gewähren oder Industrie- und Gewerbegebiete auszuweisen, sondern auch aus dem aufeinander abgestimmten Ausbau der Infrastrukturbereiche und damit einhergehend in der Steigerung der lokalen und regionalen Wohnort- und Stand-

---

[1205] Allgemein R. **Frechen**, Mittelstandspolitik als Wettbewerbs- oder Strukturpolitik?, Köln 1972, insbes. S. 102 ff.

[1206] Ausführlich B. **Winnemöller** (1978), S. 229.

[1207] G. **Rinsche** (1968), S. 139 f. Zu den Anforderungen an eine mittelstandsorientierte kommunale Wirtschaftsförderung R. **Clemens** (1981), S. 56 ff. Speziell zur Ausrichtung der Wirtschaftsentwicklungspolitik auf junge Kleinunternehmen E. **von Einem** (1981), S. 19.

[1208] G. **Zill** (1981), S. 77.

ortattraktivität[1209] (vgl. Abbildung 11). Soweit es für die Verbesserung der Wirtschaftsstruktur notwendig ist, unterstützen die Kreise in ihren Förderungsrichtlinien den Ausbau der kommunalen Infrastruktur und - über die staatliche Wirtschaftsförderung hinausgehend - sogar die Liegenschaftspolitik der Gemeinden[1210]. Öffentliche Infrastrukturinvestitionen, d. h. die Bereitstellung derjenigen Güter und Dienstleistungen, die für die Funktionsfähigkeit der Volkswirtschaft lebensnotwendig sind, werden vornehmlich in den Bereichen der Wasser- und Energiewirtschaft, des Verkehrs- und Kommunikationswesens, der Ausbildung und Forschung, des Gesundheitswesens und der allgemeinen Verwaltung getätigt[1211]. Die kommunale Infrastruktur umfaßt davon kurz gesprochen das qualitative und quantitative Niveau der öffentlichen Ausstattung und den Standard der Umweltbedingungen einer Gemeinde[1212]. Als finanziell förderungsfähige Investitionsmaßnahmen der Gemeinden erkennen die Kreisrichtlinien an[1213]:

- Erschließung, Erwerb und Bereitstellung von Industrie- und Gewerbegrundstücken,

- Erwerb von Vorratsbaugelände,

- Neuerrichtung, Erweiterung und Modernisierung öffentlicher Fremdenverkehrseinrichtungen,

- Durchführung fremdenverkehrstypischer Maßnahmen wie das Anlegen von Park- und Grünanlagen, Rad- und Wanderwegen, Waldrast- und Campingplätzen sowie

- Maßnahmen der Denkmalspflege (äußere Gestaltung von Kulturdenkmälern).

Obwohl die planmäßige und umfassende Vorratshaltung erschlossener und verfügbarer Gewerbeflächen ein relativ junges Instrument der kommunalen Wirtschaftsförderung darstellt[1214], war das Vorhanden-

---

1209 Siehe J. Sieveking (1973), S. 120.
1210 H. H. Koch (1981), S. 24.
1211 Statt vieler E. Tuchtfeldt (1970), S. 130 f.
1212 J. Sieveking (1973), S. 120.
1213 H. H. Koch/H.-P. Steinmetz (1981 b), S. 469 f.
1214 R. Göb (1977), S. 381; G. Ludwig (1978), S. 3 ff. Nach der Umfrage des Difu (1980), S. 3 betreiben 82,5 % der befragten Städte mittlerweile eine Bodenvorratspolitik.

sein ausreichender (und möglichst preisgünstiger) Gewerbegrundstücke schon immer eines der ausschlaggebenden Kriterien für die betriebliche Standortwahl[1215]. Mit ihren Programmen zur Förderung der Liegenschaftspolitik bezwecken die Landkreise die direkte Verbilligung der den Gemeinden entstehenden Grundstückserwerbs- und Erschließungskosten, wobei sie versuchen, auf dem Wege finanzieller Anreize die gemeindliche Vorwegplanung künftiger Reserveflächen für Industrie, Handwerk und Gewerbe voranzutreiben[1216].

Sind die Subventionen an gewerbliche Wirtschaftsbetriebe eindeutig dem (politisch und rechtlich) umstrittenen Bereich der direkten Wirtschaftsförderung zuzurechnen, so zählen die (zwar direkten) Finanzhilfen der Landkreise an ihre Gemeinden für Zwecke des Infrastrukturausbaues und der Bodenvorratshaltung doch zur (bislang nicht angezweifelten) mittelbaren kommunalen Wirtschaftsförderung. Auf diese funktionsspezifische Differenzierung bei der Vergabe direkter Finanzierungshilfen wird im Rahmen der Diskussion der "Konterkarierungsthese" zurückzukommen sein.

d) Förderungsinstrumente und -intensitäten

Wie die Förderungstatbestände entsprechen auch die Förderungsinstrumente der Kommunalrichtlinien den staatlichen Wirtschaftsentwicklungsprogrammen. Auch die Landkreise beschränken sich, indem sie die räumliche Mobilität des Produktionskapitals zu beeinflussen suchen, auf den Einsatz direkter, aber als Anreizmittel indirekt wirkender Beihilfen. Nach der Reihenfolge der absoluten Nennhäufigkeit werden die Subventionen ausschließlich in Form von

- Investitionszuschüssen,

- Zinszuschüssen,

1215 Vgl. die Zusammenstellung der verschiedenen Umfrageergebnisse bei L. Hübl/ R. Ertel (1980), S. 66 Übersicht 4 im Anschluß an U. Freund/G. Zabel (1978 b), S. 99 ff. und die Umfrage der Wirtschaftswoche Nr. 31 vom 1.8.1980, S. 30 ff. Aus kommunalpolitischer Sicht W. Berger (1980), S. 395.

1216 Zur quantitativen (größenmäßigen) Umorientierung in der Bodenvorratspolitik K. Wilborg, Bei Gewerbeflächen tut's etwas kleiner auch, F.A.Z. Nr. 200 vom 31.8.1981, S. 13.

- Darlehen und/oder

- Bürgschaften

gewährt [1217]. Der relativ geringe Einsatz von Bürgschaften erklärt sich aus den Bestimmungen des kommunalen Haushaltsrechts, wonach die Übernahme von Bürgschaften grundsätzlich der aufsichtsbehördlichen Genehmigung bedarf [1218]. Indessen wäre eine stärkere Vergabe von Darlehen zu erwarten gewesen, nachdem sich gerade die Hauptansprechpartner kommunaler Wirtschaftsförderungsprogramme, nämlich die mittelständischen Unternehmen, vorrangig an der Inanspruchnahme (zinsgünstiger) Darlehen und weniger an Zuschüssen interessiert zeigen [1219].

Als Bemessungsgrundlage der Investitionszuschüsse dient entweder die Zahl der geschaffenen oder gesicherten Arbeitsplätze; die Zuschüsse bewegen sich dann je nach Kreis zwischen 1.000 und 5.000 D-Mark pro Arbeitsplatz (Festsätze) [1220]. Oder die Kapitalzuschüsse richten sich wie bei der GRW nach den tatsächlich entstehenden Investitionskosten; in diesem Falle können sie bis zu 15 % von bis zu zwei Mio. D-Mark Gesamtaufwendungen betragen. Die Höhe der Zinszuschüsse für die gewerbliche Wirtschaft beläuft sich in der Regel auf 3 bis 5 %, ausnahmsweise 10 % jährlich des Kreditbetrages, die Laufzeit beschränkt sich auf drei bis fünf, ausnahmsweise zehn Jahre. Zum Teil enthalten die Richtlinien auch Bestimmungen über die Höchstgrenze der Zinsverbilligung insgesamt (bis 100.000 D-mMark) und des zu verbilligenden Darlehens (bis zwei

---

1217 H. H. Koch/H.-P. Steinmetz (1981 a), S. 297.

1218 Z. B. §§ 52 Abs. 1 HKO i. V. m. 104 Abs. 2 HGO; §§ 65 NLO i. V. m. 93 Abs. 2 NGO.

1219 Etwa W. Berger (1980), S. 395. Schon im Jahre 1970 kritisierte das Bayerische Staatsministerium für Wirtschaft und Verkehr (1970), S. 38 f., daß die schematische Zuschußfinanzierung anstelle einer Darlehensfinanzierung nach Maß nicht den Durchfinanzierungsbedürfnissen kleiner und mittlerer Betriebe entspreche. Vgl. a. H. H. Karry (1979), S. 12.

1220 Ein derartiges Zuschußsystem lag bis zum Jahre 1963 auch dem Regionalen Förderungsprogramm des Bundes zugrunde. Hiernach konnte ein entstehender Arbeitsplatz mit 10.000 D-Mark gefördert werden, vgl. W. Albert (1972 a), S. 17. Auch die GRW hat seit dem 10. Rahmenplan diese Förderungsart wiederentdeckt, soweit es sich um die Einrichtung von "Managementarbeitsplätzen" handelt, siehe oben S. 156.

Mio. D-Mark). Kommunale Darlehen werden bis zu 10 % der Investitionskosten bei einem Zinssatz von 2,5 % und einer Laufzeit von zehn Jahren vergeben, Bürgschaften bis zu einer Höchstgrenze von 100.000 D-Mark auf die Dauer von drei Jahren übernommen.

Ähnlich der Strukturförderung des Bundes und der Länder fällt in den Kommunalrichtlinien die Subventionierung der Gemeinden höher aus als die der privaten Wirtschaft[1221]. So können die Zuschüsse bis zu 50 %, in einem Falle gar bis zu 100 % des Investitionsaufwandes der Gemeinde, der nicht durch anderweitige Zuwendungen gedeckt ist, reichen und die Zinsbeihilfen bis auf $66\,^2/_3$ % jährlich des Festzinssatzes sich erhöhen. Auch in der kommunalen Wirtschaftsförderung gilt folglich der Erfahrungssatz, daß Wirtschaftsförderer ihre Daseinsberechtigung dadurch unter Beweis stellen, daß sie Geld ausgeben.

Das für die Gemeinschaftsaufgabenförderung und auch das Regionale Wirtschaftsförderungsprogramm des Landes Nordrhein-Westfalen konstitutive Prinzip der gestaffelten Förderungshöchstpräferenzen je nach Einstufung der gewerblichen Schwerpunktorte (vgl. Übersichten 2 und 7) wird in die Wirtschaftsförderungsprogramme der Kreise mangels örtlicher Schwerpunktbildung grundsätzlich nicht übernommen. Damit setzen sich außer den Landesprogrammen auch die Kreisrichtlinien dem Einwand aus, das regionalpolitische Präferenzgefälle und Schwerpunktortkonzept zu untergraben[1222] (wobei die Gegner einzelbetrieblicher Wirtschaftsförderung nachgeordneter Gebietskörperschaften den Problemkreis der faktischen Geltung und politischen Durchsetzbarkeit des Schwerpunktprinzips in der bundesdeutschen Regionalförderungspraxis freilich stillschweigend übergehen). Lediglich ein Landkreis hält eine räumliche Schwerpunktsetzung für sinnvoll und weist in seinen Richtlinien zur Förderung der gewerblichen Wirtschaft entsprechend den Zielvorstellungen des Landesentwicklungsprogramms und des betreffenden

---

1221 Siehe H. H. Koch (1981), S. 25.
1222 H. Kliemann (1978), S. 6 ff.; H. Faber (1982), S. 32 f.

Regionalen Raumordnungsprogramms A- und B-Förderorte aus. In den übrigen Gemeinden dieses Landkreises (C-Förderorte) ist eine Investitionsförderung nur dann möglich, wenn es sich bei den zu unterstützenden Projekten um Maßnahmen der Eigenentwicklung dieser Gemeinden handelt, d. h. um Erweiterungen und Rationalisierungen bestehender Betriebe oder um dazu erforderliche Infrastrukturinvestitionen, soweit sie sich auf den Bedarf der ortsansässigen Bevölkerung beschränken[1223].

e) Exkurs: Sonstige subventionspolitische Einflußinstrumente

Wie die empirische Auswertung erweist, beschränken sich die kommunalen Wirtschaftsförderungsprogramme auf die Handhabung direkter Kapitalhilfen in Form von verlorenen Zuschüssen, Darlehen oder Bürgschaften. Damit ist jedoch die Palette des subventionspolitischen Instrumentariums der Kommunen keineswegs erschöpft. Vielmehr sind in der Praxis der kommunalen Gewerbeförderung vor allem drei weitere, nicht in Richtlinien niedergelegte finanzielle Förderungsarten gebräuchlich, nämlich die verbilligte Bereitstellung von Bauflächen bzw. -gebäuden, die Gebühren- und Beitragsstundung bzw. -ermäßigung und die besondere Steuervereinbarung[1224]. Die bereits erwähnte Umfrage des **Difu** kommt zu dem Ergebnis, daß dieses finanzpolitische Instrumentenbündel von den befragten Städten in der folgenden Intensität eingesetzt wird[1225]:

- Veräußerung gemeindeeigener Gewerbeflächen
  a) unter Verkehrswert : 56,4 %
  b) zu einem Mischpreis : 35,6 %

- Steuerstundung : 60,2 %

- Steuererlaß : 44,2 %

- Sondertarife für öffentliche Ver- und
  Entsorgungsleistungen : 41,2 %

1223 Die Gründe für diese räumlich differenzierende Handlungsorientierung liegen vornehmlich in dem politischen Übergewicht des Kreises gegenüber den kreisangehörigen Gemeinden.

1224 W.-H. Müller (1978), S. 714 und (1976), S. 185.

1225 Difu (1980), S. 3. Vgl. auch die Erkenntnisse von G. Zill (1981), S. 103 f. und 105.

Dieser Befund bestätigt die Aussage, daß mindestens jede zweite Kommune, die sich aktiv mit der Förderung der Wirtschaft befaßt, deren materielle Unterstützung für vordringlich und erfolgversprechend hält [1226]. Freilich füllt auch diese Aufzählung das Sortiment betriebsspezifischer finanzieller Förderungsmaßnahmen der Kommunen bei weitem noch nicht aus. Beispielsweise zählt das von der **Gesellschaft für Wirtschaftsförderung in Nordrhein-Westfalen** zusammengestellte "NRW-Handbuch für Investoren" in einem gesonderten Kapitel als zusätzlichen Service der Standorte – und damit aus Landessicht offenbar erwünscht – weitere materielle Hilfen der Kommunen aus den Bereichen der Boden-(vorrats-)politik (Vergabe langfristiger Nutzungsrechte zu unterdurchschnittlichen Pachtzinsen, subventionierter Grundstückstausch), der Abgabenpolitik (Stundung von Investitionsbeiträgen zur Herstellung öffentlicher Infrastruktureinrichtungen, Stundung von Vorauszahlungen auf Investitionsbeiträge, Stundung von Stellplatzablösungen) und der Steuerpolitik (Variationen von Hebesätzen) auf [1227]. In diesem offiziellen Werbeprospekt nocht nicht enthalten sind etwa die Freistellung von Erschließungsbeiträgen und die teilweise oder vollständige Übernahme betrieblicher Kosten für Kanalisation, Straßenanschluß, Versorgungsanschlüsse (Gas, Wasser, Elektrizität) oder selbst für den Umzug des Betriebes [1228].

All diese – keinesfalls auf Vollständigkeit bedachten – Auflistungen zeigen, daß die tatsächliche Variationsbreite des finanzpolitischen Anreizinstrumentariums der kommunalen Körperschaften zugunsten der Privatwirtschaft wesentlich umfangreicher und differenzierter ausfällt als es die Wirtschaftsförderungsrichtlinien auf den ersten Blick nahelegen. Es ist sogar zu vermuten, daß Grundstückssubventionen, individuelle Abgaben- und Tarifgestaltungen und die Übernahme fixer Kosten die ersten Plätze in der

---

1226 W.-H. Müller (1978), S. 717.

1227 GfW in Nordrhein-Westfalen mbH (1978), Kap. 16, S. 3. Siehe auch die von der WIBERA AG in den Jahren 1965 bis 1975 durchgeführte Inhaltsanalyse kommunaler Werbeaktivitäten zur Wirtschaftsförderung von 491 bundesdeutschen Städten und Gemeinden, wiedergegeben bei W.-H. Müller (1978), S. 719 f., insbes. lfd. Nrn. 6, 29, 32 f., 57, 78, 84, 99 f., 104, 131, 135 f., 139, 143 und 147.

1228 B. Wrobel (1977 a), S. 3.

Rangskala der direkten kommunalen Gewerbeförderung einnehmen [1229]. Die Gründe dafür, warum sich die Kommunalprogramme auf die Regelung der Vergabe direkter Finanzhilfen beschränken, sind wohl zu einem Teil darin begründet, daß sich die kommunalen Programmplaner primär an der instrumentellen Ausgestaltung der staatlichen Regionalförderungsprogramme orientierten. Auf der anderen Seite haben die Kommunen wahrscheinlich aber auch deshalb von einer "Verrechtlichung" ihres übrigen subventionspolitischen Instrumentariums abgesehen, weil dessen Einsatz entweder rechtlich unzulässig oder zumindest in seiner Statthaftigkeit bestritten ist [1230]. Ein dritter Grund für das kommunale Stillschweigen über das gesamte Spektrum des finanzpolitischen Instrumentariums dürfte schließlich darin liegen, daß in Ansehung der interkommunalen Konkurrenzen eine Geheimhaltung der eigenen Subventionspraxis naturgemäß vorgezogen wird.

f) Programmverrechtlichung

In der Praxis der kommunalen Strukturpolitik ist die rechtliche Ausgestaltung der Wirtschaftsförderungsprogramme weitgehend angeglichen. Voraussetzungen, Art und Umfang der Förderung sind in Richtlinien gefaßt, die vom Kreistag beschlossen und veröffent-

---

1229 Dafür sprechen jedenfalls die Erhebung des **Difu** (1980), S. 3 und der Report über Industrieansiedlung "Hart am Rande der Legalität", in: Der Spiegel Nr. 10 vom 28.2.1972, S. 44 ff.

1230 So ist nach allgemeiner Ansicht der "Realsteuererlaß" bzw. die "Steuerermässigung" abgabenrechtlich unzulässig, siehe **K. Lange** (1977), S. 880 und **L. Stahl** (1970), S. 50 f. jeweils m. w. Nachw. Dieses Verbot wird jedoch durch besondere Steuervereinbarungen umgangen, dazu **W.-H. Müller**, Aufgaben, Handlungs- und Planungsziele der kommunalen und regionalen Wirtschaftsförderung, Vr 1978, S. 37 ff. (38).
Ebenfalls bereitet die "subventionierte Zurverfügungstellung von Grundstücken" im Hinblick auf das gemeindewirtschaftsrechtliche Gebot, Vermögensgegenstände an Dritte in der Regel nur zu ihrem vollen Wert zu veräußern oder zu überlassen (z. B. §§ 109 Abs. 1 Satz 2 und Abs. 2 HGO; 79 Abs. 1 Satz 2 und Abs. 2 NGO) rechtliche Schwierigkeiten. Kritisch z. B. **R. Altenmüller** (1981 a), S. 206. Faktisch allerdings ist die kommunale Grundstückspreispolitik kaum einer effektiven Kontrolle zugänglich.
Lediglich der "Erlaß der Grundstückserschließungsbeiträge" bietet im Grundsatz wegen der Bestimmung des § 135 Abs. 5 BBauG keinen Anlaß zu rechtlichen Zulässigkeitszweifeln, so jedenfalls **BVerwG** VerwRspr. 20, S. 446 ff., wonach das öffentliche Interesse einer Gemeinde an der Ansiedlung eines Industriebetriebes dessen Freistellung von Erschließungsbeiträgen rechtfertigen kann.

licht sind und die allesamt den Charakter von Kreissatzungen tragen [1231]. Angesichts der flexiblen Entscheidungsstruktur der kommunalen Wirtschaftsförderung, nämlich regelmäßig unmittelbar vor Ort mit dem gesprächsbereiten Unternehmen eine ad-hoc-Entscheidung zu treffen, überrascht die dennoch erzielte Programmdichte in den Förderungsrichtlinien. Obwohl sich die Wirtschaftsförderung auf die Betreuung individueller Firmen konzentriert und damit auf eine zwischen den Förderungsadressaten bewußt diskriminierende Vorgehensweise abstellt [1232], sie also "eingeplante Freiräume" beansprucht, stehen die ausgewerteten kommunalen Richtlinien, was die materielle Programmkonkretion angeht, den ländereigenen Regionalprogrammen keineswegs nach. Im Gegenteil, auch wenn beide Programmtypen die Festschreibung sachlicher und räumlicher Diskriminierungsregeln, wie sie sich die Gemeinschaftsaufgabe zu eigen gemacht hat, mehr oder minder vernac lässigen, verhalten sich die meisten Kreisrichtlinien in ihrer Programmplanung aufgrund ihrer strikten Befolgung des Arbeitsplatzkriteriums letzten Endes doch um einige Grade handlungskonformer zur GRW als so manches Landesförderungsprogramm.

Wie der Rahmenplan der GRW und die Landesrichtlinien schließen die kommunalen Vergabesatzungen einen Rechtsanspruch auf den Erhalt einer Finanzierungshilfe aus [1233]. Grundsätzlich werden die Beihilfen direkt an den Subventionsempfänger ausgezahlt. Nur ein niedersächsischer und zwei bayerische Landkreise vergeben die Geldmittel an ihre Gemeinden mit der Auflage, sie an die investierenden Unternehmen weiterzuleiten. Über die Bewilligung wird ein schriftlicher Bescheid erteilt, der zumeist mit Bedingungen und

---

1231 H. H. **Koch**/H.-P. **Steinmetz** (1981 b), S. 470.

1232 Zu den Entscheidungsprozessen in der Wirtschaftsförderung G. **Zill** (1981), S. 99 f.

1233 Zur rechtlichen Diskussion um die Zulässigkeit der Vergabe öffentlicher Finanzierungshilfen ohne spezialgesetzliche Grundlage A. **Kuhn** (1972), S. 72 ff. Speziell zur Nichtanwendbarkeit des "Vorbehalts des Gesetzes" auf die kommunale Wirtschaftsförderung OVG **Lüneburg**, Die Gemeinde (Schleswig-Holstein) 1976, S. 397; K. **Lange** (1981 a), S. 48 ff. sowie L. **Stahl** (1970), S. 53 ff.

Auflagen versehen wird [1234]. Die übrigen mehr oder weniger detaillierten Verfahrensvorschriften (Verwendungsnachweis, Rückforderungsrecht, Versagungsgründe) sollen einem Mißbrauch der Subventionen zu anderen als strukturverbessernden Zwecken vorbeugen [1235].

Im übrigen ist sich die Mehrzahl der kommunalen Wirtschaftsförderungsrichtlinien - ganz im Unterschied zu den länderspezifischen Regionalprogrammen - über das eigene regionalpolitische Konfliktpotential durchaus im klaren. Um die raumordnungspolitischen Zweck-Mittel-Programme (insbesondere die Landesentwicklungs- und regionalen Raumordnungspläne) in ihrem Vollzug nicht zu behindern, schreiben vielzählige Kreissatzungen vor, daß die eigenen Förderungsmaßnahmen den Zielen der Raumordnung und Landesplanung nicht zuwiderlaufen dürfen [1236]. Zudem formulieren andere Richtlinien sog. "Kompatibilitätsgebote" und "Kumulationsverbote" [1237]. Hiernach darf die Landkreisförderung eine Investitionskostenverbilligung aus Bundes- und Landesmitteln lediglich ergänzen und damit zusätzliche Anreize für die Wirtschaft in dem strukturschwachen Kreisgebiet geben. Eine Förderung aus Geldern des Landkreises kommt daher grundsätzlich nicht in Frage, wenn die Investition bereits aus anderen öffentlichen Mitteln gefördert oder die Subvention nach den Kreissatzungen auf eine andere Förderung angerechnet wird. Allerdings sehen auch einige "selbstbewußte" Land-

---

[1234] In den neun von insgesamt 37 Landkreisen, die eine regionale WFG gegründet haben, und die zugleich Finanzhilfen an die gewerbliche Wirtschaft vergeben, ist außer dem Wirtschaftsförderungsamt regelmäßig auch die WFG in das Vergabeverfahren eingeschaltet. Diese Mitsprache der privatrechtlich organisierten Förderungsinstitution geht in einem Falle sogar so weit, daß der Bewilligungsbescheid gar von ihr selbst "erlassen"wird. Allgemein zu Begriffsbestimmung, Gesellschafts- und Aufgabenstruktur von Wirtschaftsförderungsgesellschaften **H.-P. Steinmetz** (1981), S. 16 ff. Ein Test der in der Bundesrepublik Deutschland tätigen 54 Wirtschaftsförderungsgesellschaften findet sich bei **G.-U. Brandenburg** (1981), S. 128 und in der Wirtschaftswoche Nr. 10 vom 5.3.1982, S. 81.

[1235] Ihre Rechtssetzungsbefugnis selbst eindeutig überschritten haben allerdings mehrere Landkreise, indem sie in ihren Richtlinien einen generellen "Rechtswegausschluß" verfügten, immerhin jedoch dem Antragsteller anheim stellten, im Falle eines ablehnenden Bescheides die Entscheidung des Kreisausschusses zu "erbitten".

[1236] Diese Anpassungspflicht ergibt sich bereits aus § 5 Abs. 4 i. V. m. § 4 Abs. 5 ROG.

[1237] Zum folgenden **H. H. Koch/H.-P. Steinmetz** (1981 b), S. 470.

kreise in ihren Vergabesatzungen vor, daß ihre Finanzierungshilfen zusätzlich zu den Mitteln aus anderen Förderungsprogrammen gewährt werden können. Dieses "Kumulationsgebot"[1238] ist jedoch insoweit eingeschränkt, als die nach den Vorschriften der Gemeinschaftsaufgabe mögliche maximale Förderung nicht überschritten werden darf.

4. Mittelvolumen der kommunalen Gewerbesubventionierung

Nach den voranstehenden Ausführungen läßt sich das Gros der kommunalen Beihilfen an die private Wirtschaft in Finanzhilfen, Abgaben- und Tarifermäßigungen sowie Grundstückssubventionen aufteilen. Da diese Subventionsformen nur schwer einer Kontrolle zugänglich sind, erlaubt die zwar vorhandene, aber spärliche Datenlage keine allumfassende Analyse über Niveau und Entwicklungstendenzen der kommunalen Subventionspolitik. Überhaupt keine öffentlich einsehbaren Quellen existieren hinsichtlich der Höhe und des Umfangs der - trotz ihrer rechtlichen Zweifelhaftigkeit - weithin üblichen Steuer- und Tarifnachlässe sowie der Grundstückspreispolitik. Was die Vergabe direkter Finanzierungshilfen angeht, besteht die einzig bekannte Erhebung aus einer Hochrechnung des DIW auf der Basis einer Gemeinde- und Landkreisstichprobe[1239], deren Ergebnisse in der Übersicht 15 zusammengefaßt sind.

Danach haben die kommunalen Selbstverwaltungseinheiten in den Jahren 1974 bis 1976 Finanzhilfen in Höhe von knapp 350 Mio. D-Mark an die gewerbliche Wirtschaft gewährt. Auf die einzelnen Jahre umgerechnet beläuft sich der Subventionsbetrag auf 100 bis 130 Mio. D-Mark. Dieses Mittelvolumen verteilt sich auf etwa 11.000 Gemeinden und Landkreise[1240], wobei jeweils mehr als ein Drittel dieser Ausgaben auf die Gemeinden mit über 10.000 bzw. mehr als 100.000 Einwohnern entfällt. Bereits diese Zahlen erhel-

---

[1238] Unter einer "Kumulation" wird die Inanspruchnahme mehrerer verschiedener Finanzhilfen für dasselbe Wirtschaftsgut, denselben Neubau oder dieselbe Erweiterung eines Betriebes verstanden, G. Söffing (1980), S. 39.

[1239] K. Geppert/K. Hornschild (1979), S. 62 ff.

[1240] Ebenda, S. 62.

Übersicht 15

Das Volumen der Finanzhilfen der kommunalen Körperschaften an die gewerbliche Wirtschaft in den Jahren 1974 bis 1976

	1974 in Mio. DM	in %	1975 in Mio. DM	in %	1976 in Mio. DM	in %	Total in Mio. DM	in %
Gemeinden mit weniger als 10.000 Einwohnern	6,592	5,8	5,238	5,0	10,781	8,3	22,611	6,5
Gemeinden mit 10.000 bis unter 100.000 Einwohnern	39,378	34,8	40,180	38,0	57,221	44,2	136,779	39,3
Städte mit mehr als 100.000 Einwohnern	45,692	40,3	41,919	39,7	39,204	30,3	126,815	36,4
Ämter, Bezirksverbände, Samt- und Verbandsgemeinden	8,835	7,8	9,813	9,3	16,377	12,7	35,025	10,0
Landkreise	12,795	11,3	8,436	8,0	5,814	4,5	27,045	7,8
Total	113,292	100,0	105,586	100,0	129,397	100,0	348,275	100,0

Quelle: K. Geppert/K. Hornschild unter Mitarbeit von W. Schöning, Vergleich von Präferenzsystem und Präferenzvolumen im Land Berlin und in den übrigen Bundesländern, Berlin 1979, S. 63 ff. Tabellen 22 bis 26.

len, daß die Finanzhilfen der Kommunen im Vergleich zur staatlichen Wirtschaftsförderung innerhalb und außerhalb des Handlungsrahmens der GRW eine untergeordnete Stellung einnehmen [1241], wenn auch zugestanden werden soll, daß die kommunale Subventionspraxis - ebenso wie die landeseigene Regionalförderung - in der Zeit nach 1977 infolge der verschlechterten Wirtschaftssituation sicherlich intensiviert worden ist. Dennoch kommt man nicht an der Feststel-

---

[1241] So auch K.-H. Brümmer/B. Schulte (1979), S. 234 und F.-L. Knemeyer (1981), S. 9. Demgegenüber schätzen G. Zabel (1979), S. 242 und K.-H. Hansmeyer (1981), S. 36 f. für die Jahre 1970 bis 1975 den Wert aller kommunalen Ansiedlungssubventionen auf eine bis vier Mrd. D-Mark. In diesen mit Vorsicht zu begegnenden Zahlenangaben sind freilich nicht nur die einzelbetrieblichen Finanzbeihilfen, sondern auch die in der Regel ungleich höheren infrastrukturellen Vorleistungen der Kommunen mit enthalten, weshalb die angeführten Gesamtsubventionswerte keinen Rückschluß auf die Höhe der direkten Gewerbeförderung zulassen.

lung vorbei, daß die Summe aller Finanzhilfen der Gemeinden und Gemeindeverbände in jedem Jahr des Untersuchungszeitraumes nur etwa ein Fünftel des damaligen jährlichen Finanzvolumens der GRW ausmachte [1242]. Unter Hinzurechnung der durch die Inanspruchnahme von Investitionszulagen bedingten Steuerausfälle betragen die gemeinsamen Aufwendungen des Bundes und der Länder im Zeitraum von 1974 bis 1976 sogar das Zehnfache des kommunalen Mitteleinsatzes für Finanzhilfen [1243]. Ferner liegt auch das Zuschußvolumen aller eigenständigen Landesprogramme im Jahresdurchschnitt immerhin noch um die Hälfte über den Kommunalausgaben für Finanzierungshilfen (178 Mio. im Verhältnis zu 116 Mio. D-Mark durchschnittlich pro Jahr). Bei dem letzten Vergleich ist allerdings zu beachten, daß die Subventionswerte der Landeskredite in der Rechnung noch nicht enthalten sind [1244].

Trotz methodischer Unsicherheiten und analytischer Grauzonen auf dem weiten Feld der kommunalen Gewerbesubventionierung sei im Ergebnis die These erlaubt, daß sich die finanzpolitische Rolle der Kommunen in Relation zu Bund und Ländern innerhalb des Gesamtkonzertes der öffentlichen Wirtschaftsförderung eher bescheiden ausnimmt. Ohne auf eine hieb- und stichfeste Datenbasis zurückgreifen zu können, drängt sich dem Beobachter dessen ungeachtet der Eindruck auf, daß schon vor dem Hintergrund der Mittelvolumina sich die Konterkarierungsvorwürfe einiger Landesvertreter an die kommunalen Instanzen bloß als "Ablenkungsmanöver" von den eigenen "Untaten" erklären lassen, die bislang offensichtlich von der siegessicheren Erwartung geleitet wurden, daß sich die "Kanonen", mit denen die Länderexekutiven ihre Warnschüsse auf die "kommunalen Spatzen" abfeuern, so schnell wohl nicht gegen sie selbst richten werden [1245].

1242 Dieses betrug im Jahre 1974 532 Mio. und in den Jahren 1975 und 1976 588 Mio. D-Mark.

1243 In diesem Zeitraum belief sich die Summe der Haushaltsansätze für die GRW und der tatsächlich in Anspruch genommenen regionalen Investitionszulagen auf 1.177.893.300 D-Mark; eigene Berechnung nach den Angaben von M. Köppel (1980), S. 197 Tabelle 3.

1244 Vgl. S. 221 Übersicht 11.

1245 Vgl. die Verwunderung von G. Seele (1982), S. 57 über die geänderte Verhaltensweise eines Landes gegeüber seinen Gemeinden in Sachen kommunaler Wirtschaftssubventionen.

TEIL E

DIE POLITISCH-INSTITUTIONELLE DURCHSETZUNGSFÄHIGKEIT
DER GEMEINSCHAFTSAUFGABE "VERBESSERUNG
DER REGIONALEN WIRTSCHAFTSSTRUKTUR"

Die voranstehenden Ausführungen haben die programmatische Bestandsaufnahme der in der Bundesrepublik Deutschland praktizierten Wirtschaftsentwicklungspolitik abgeschlossen. Nachdem zunächst im Teil B die Notwendigkeit der regionalen Strukturpolitik in einem dezentral und privatkapitalistisch organisierten Wirtschaftssystem theoretisch hergeleitet und ihre politischen Durchsetzungschancen in einem föderativen Staatswesen abstrakt skizziert wurden, stellten die Teile C und D die verschiedenen Handlungskonzepte der regional orientierten Wirtschaftspolitik im Bund, in den Ländern, Kreisen und Gemeinden vor. Hierbei lag das Schwergewicht auf der Aufdeckung der strukturellen Kongruenzen und Interdependenzen, aber auch der materiell-instrumentellen Diskrepanzen zwischen den prozessual getrennten Strukturförderungsprogrammen auf den drei föderalen Verwaltungsebenen. In diesem Teil der Darlegungen steht dagegen die institutionell-organisatorische Problemdimension der Wirtschaftsförderungspolitik im Mittelpunkt. Es geht demgemäß um die bohrende Frage, ob angesichts des in den vorigen Kapiteln analysierten Ist-Zustandes der bundesdeutschen Regionalpolitik deren "Kernstück"[1246], die Gemeinschaftsaufgabe "Verbesserung der regionalen Wirtschaftsstruktur", dem selbstgesetzten Anspruch gerecht geworden ist oder werden kann, wirksame Rahmenbedingungen für die Aktivitäten von Bund, Ländern und Kommunen auf dem Gebiet der regionalen Wirtschaftsförderung zu setzen[1247]. Dieser Arbeitsabschnitt zielt somit auf die verwaltungsinternen Determinanten, unter denen der Einsatz

---

[1246] So u. a. R. Adlung/C. S. Thoroe (1980), S. 1.
[1247] 11. Rahmenplan, aaO (Anm. 13), S. 8 Tz. 3.3.; BMWi (1980), S. 8 f.; R. Altenmüller (1981 a), S. 207.

gesamtstaatlicher Steuerungsinstrumente innerhalb des öffentlichen Sektors und des politischen Prozesses im Hinblick auf eine übergeordnete Wirtschaftsentwicklungskonzeption planvoll koordiniert und organisiert werden kann. Gefragt wird also, wie die mitunter konträren institutionellen Eigeninteressen der Regionalpolitik betreibenden Gebietskörperschaften in Bezug auf eine gesamtwirtschaftlich ausgerichtete regionale Strukturpolitik ausgeglichen werden können.

Hierdurch sei zugleich klargestellt, daß außenstrukturelle Einflußfaktoren auf die Wirksamkeitsbedingungen der Wirtschafts- und Regionalpolitik (Verhältnis Politik versus Ökonomie) in diesem Kapitel weitgehend ausgeblendet bleiben. Damit soll keineswegs eine unbegrenzte "Autonomie der Politik" hypostasiert werden; gerade die in den neueren Sozialwissenschaften geführte Auseinandersetzung um die Staatsfunktionen hat einschneidende Grenzen des Steuerungspotentials im sozioökonomischen Umfeld des politischen Systems ("Umweltdetermination") ausgemacht[1248]. Es ist dies nicht der Ort, die politikwissenschaftliche Diskussion zu repetieren. Zur Verdeutlichung des Analyserahmens[1249] seien lediglich einige Anmerkungen erlaubt:

Überschätzt die "liberal-konservative" Staatslehre[1250] die möglichen Handlungsfreiheiten des Staates, indem sie auf dem naturbedingten Dualismus von politischem Staat und bürgerlicher Gesellschaft beharrt und vom Wunschbild des starken Staates als einer realen, souveränen Macht ausgeht, so unterschätzen die Vertreter

---

1248 Zum Diskussionsstand siehe H. **Abromeit** (1976), S. 3 ff.; B. **Blanke**/U. **Jürgens**/H. **Kastendiek** (1975), Kap. 6 bis 11; J. **Esser** (1975), Teil III bis V; B. **Guggenberger** (1974), S. 425 ff.; V. **Ronge** (1979), S. 18 ff.
Zur unterschiedlichen Einschätzung speziell des staatlichen Steuerungspotentials in der Raumplanung aus der Sicht der politökonomischen Staatstheorie einerseits und der soziologischen Verwaltungsforschung andererseits siehe D. **Fürst**/J. J. **Hesse** (1981), S. 129 ff.

1249 Zur Brauchbarkeit gesellschaftstheoretischer Paradigmata als Bezugssysteme auch der Wirtschaftsrechtstheorie vgl. H.-D. **Assmann** (1980 a), Teil III und P. **Nahamowitz** (1981), S. 34 ff.

1250 Stellvertretend E. **Forsthoff** (1974), z. B. S. 47.

der "neuorthodoxen" wie der "revisionistischen" Staatsfunktionenlehre [1251] die Wirkungsspielräume der Staatsadministration, wenn sie die einseitige Funktionalisierung des Staates durch ökonomisch determinierte Interessenpositionen (Staat als Vollzugsorgan der Wirtschaft bzw. des Monopolkapitals) unterstellen. Verabsolutieren die einen die prinzipielle Unabhängigkeit und die anderen die unmittelbare Unterordnung des Staates im Verhältnis zur Wirtschaft und können beide Extrempositionen deshalb die komplexen Austauschbeziehungen in den technisch hochdifferenzierten und privatwirtschaftlich organisierten Industrie- und Dienstleistungsgesellschaften westlicher Prägung nicht adäquat abbilden, so betont die neuere politologisch-soziologische Verwaltungsforschung die "relative Autonomie" politisch-administrativer gegenüber sozioökonomischen Prozessen [1252]. Danach kann und muß sich der Staat aus der ökonomischen Funktionsverklammerung lösen, um zum Zwecke der Funktionssicherung des Gesamtsystems die verschiedenen ökonomischen und sozialen Anforderungen gegeneinander ausbalancieren und koexistenzfähig machen [1253]. Die Effizienz politischer Steuerungsleistungen hängt damit zum einen von dem im politischen System verfügbaren Handlungsressourcen und zum anderen von den dort vor-

---

1251 So einerseits die "nicht-revisionistische Staatsanlyse", vertreten z. B. durch **W. Müller/C. Neusüß**, aaO (Anm. 174), **E. Mandel**, Der Spätkapitalismus, Frankfurt 1972; **E. Altvater**, Zu einigen Problemen des Staatsinterventionismus, in: Probleme des Klassenkampfes 3/1972, S. 1 ff.; **S. Flatow/F. Huisken**, Zum Problem der Ableitung des bürgerlichen Staates, in: Probleme des Klassenkampfes 7/1973, S. 83 ff.; siehe auch **B. Blanke/U. Jürgens/H. Kastendiek** (1975), Bd. 2, S. 414 ff. und andererseits die in der Sowjetunion, der DDR und in Frankreich entwickelte "Theorie des staatsmonopolistischen Kapitalismus", z. B. **Institut für Gesellschaftswissenschaften beim ZK der SED** (Hrsg.), Der Imperialismus der BRD, 2. Aufl. Frankfurt 1972; **P. Boccara** (Hrsg.), Der staatsmonopolistische Kapitalismus, Frankfurt 1973; vgl. a. **M. Wirth** (1973), insbes. S. 27 ff. und 85 ff.

1252 So z. B. die "funktional-strukturelle Systemtheorie" **N. Luhmanns**, vgl. aus dessen umfangreichen Veröffentlichungskatalog ders. (1972), S. 156 ff.
Ähnlich der "policy-science-Ansatz" von **F. W. Scharpf**, siehe z. B. ders. (1974 a), S. 8.
Auch der "systemtheoretische-politökonomische" Ansatz der Verwaltungsforschung geht von der relativen Autonomie der Politik gegenüber ihrer Umwelt aus, vgl. **P. Grottian/A. Murswieck** (1974), S. 24 ff. und 27 ff.

1253 **P. Grottian** (1974), S. 20.

handenen Bedingungen der Ressourcen-Nutzung ab [1254]. Plausible Erklärungen für die Ablaufmuster (struktur-)politischer Prozesse müssen folglich auch in der politischen Binnenstruktur gesucht und gefunden werden (vgl. Abbildung 3), denn schließlich sind binnenstrukturelle Probleme gleichfalls "struktureller" Natur und dürfen daher ebensowenig vernachlässigt werden wie solche der materiellen Basis [1255].

[1254] F. W. **Scharpf** (1974 a), S. 25.

[1255] A. **Baestlein**/G. **Hunnius**/W. **Jann**/M. **Konukiewitz** (1980), S. 128.
Ebenfalls am Tatbestand der "Restriktionen politischer Planung" setzt die neomarxistische Staatsanalyse an und stellt die Prognose auf, daß die politische Steuerung der sozioökonomischen Prozesse entweder unmittelbar an den Restriktionen der kapitalistischen Wirtschaftsstruktur ("ökonomische Krisentheorien") oder mittelbar an den Restriktionen der für die notwendigen Steuerungsleistungen nicht ausreichenden Rationalitätsstrukturen des politischen Systems bzw. der unzureichenden Legitimitätsbasis des sozialen Systems ("politische Krisentheorien") scheitern müsse (Eine Zusammenstellung dieser verfeindeten Theorielager vermittelt B. **Guggenberger** (1974), S. 425 ff.).
Die Richtigkeit dieser Argumentation unterstellt, ist eine in concreto wie auch immer geartete planrationale staatliche Politik prinzipiell unmöglich und (Wirtschafts-)Recht als Steuerungsmedium eine zu vernachlässigende, weil wirkungslose, bestenfalls sich selbst paralysierende Randbedingung. Jedoch müssen sich die rein politökonomischen Ansätze der Staatstheorie entgegenhalten lassen, daß sie von dem historisch konkret feststellbaren Ausschöpfungsgrad der Steuerungsressourcen des politischen Systems ("policy-making-capacity") abstrahieren und ihn als strukturell bedingt und irrevisibel unterstellen, ohne die zu identifizierenden Restriktionen auf ihre "Härte", d. h. Überwindbarkeit zu prüfen, vgl. M. J. **Buse** (1975), S. 114 und P. **Grottian**/A. **Murswieck** (1974), S. 35.
Zudem lassen sich die systembedingten Funktionserfordernisse des Staates im Verhältnis zur Wirtschaft nicht auf die Aufrechterhaltung des privaten Kapitalverwertungsprozesses reduzieren (hieraus leiten die Spielarten der ökonomischen Krisentheorie ihre Zusammenbruchstheoreme ab). Die ökonomische Legitimationsgrundlage des Staates beruht nicht auf der Verfaßtheit des Wirtschaftssystems als einem kapitalistischen (hieraus sollen sich nach den Varianten der politischen Krisentheorie die delegitimatorischen Krisenphänomene ergeben), sondern auf der ökonomische Effizienz garantierenden Funktionsfähigkeit und der soziale Gerechtigkeit versprechenden Integrationsfähigkeit des Wirtschaftssystems. Für die staatlich-regionale Strukturpolitik folgt deshalb hieraus der Imperativ, sowohl für die Effizienz als auch für die Gerechtigkeit der Allokation der Produktionsfaktoren im Raum zu sorgen, siehe oben S. 74 f.
Entscheidend für das wirtschaftspolitische Handeln des "crisis managements" ist darum primär die Sicherung und Weiterentwicklung der Leistungs- und Versorgungspotentiale des ökonomischen Systems, die erst in zweiter Linie der Aufrechterhaltung der kapitalistischen Produktionsweise dienen ("Umwegproblem"), siehe M. J. **Buse** (1975), S. 111. Zum staatlichen Interesse an der Leistungsfähigkeit der Wirtschaft vgl. auch V. **Charbonnier** (1970), S. 36 ff.

I. Die Retrospektive: Bisherige Koordinationseffekte der Gemeinschaftsaufgabe

Vor nunmehr über einem Jahrzehnt war die Gemeinschaftsaufgabe mit dem Anspruch angetreten, die regionale Wirtschaftsstrukturpolitik in der Bundesrepublik zu integrieren und zu koordinieren [1256]. Nach ihrem Selbstverständnis erstreckt sich die Koordinationsfunktion der GRW im Verhältnis des Bundes zu den Ländern darauf, daß die neben ihr bestehenden Landesförderungsprogramme mit regionaler Zweckbestimmung die Ziele der GRW nicht durchkreuzen dürfen. Außerdem sollen weitere regionalwirtschaftlich bedeutsame Politiken von Bund, Ländern und Kommunen aufeinander abgestimmt werden [1257], um eine möglichst hohe Wirksamkeit der regionalen Strukturpolitik zu erreichen. Im Prinzip will die Koordinierungsfunktion der GRW eine "Förderinflation" verhindern, indem sie einen Wettbewerbsrahmen für die Konkurrenz der Länder und Regionen um ansiedlungsinteressierte Unternehmen schafft [1258]. Deshalb bezweckt sie vor allem den integrierten Einsatz des gesamten regionalpolitischen Instrumentariums, wozu auf der Bundesebene die regionale Investitionszulage als durch Gesetz garantierte Basisförderung, die Investitionszuschüsse aus GA-Mitteln als variable Ergänzungsförderung, flankierende Kreditprogramme des ERP-Sondervermögens und zeitlich befristete Sonderprogramme für strukturschwache Räume rechnen. Daneben soll sich die Rahmenplanung indirekt auf andere regionalpolitisch bedeutsame Planungen des Bundes, der Länder und der Kommunen auswirken.

Zehn Jahre nach Inkrafttreten des 1. Rahmenplanes ist ein Resümee über die Koordinierungsleistungen der GRW sicherlich angebracht. Fassen wir die Ergebnisse der vorliegenden Untersuchung zusammen,

---

[1256] Zum folgenden 11. Rahmenplan, aaO (Anm. 13), S. 8 f. Tz. 3.3.; BMWi (1980), S. 8 f. Die dortigen Ausführungen finden sich erstmals im 8. Rahmenplan, aaO (Anm. 28), S. 8 Tz. 2.3., in dessen Teil I 1979 ein Abschnitt über die "Besonderheiten der regionalen Strukturpolitik im föderativen System" eingefügt wurde.

[1257] Das Motiv der vertikalen Koordination durch die Planungsgremien der Gemeinschaftsaufgaben betonen A. Funk/K. Häußermann/H.-D. Will (1976), S. 291.

[1258] O. Graf Lambsdorff (1980), S. 11; W. Patzig (1980), S. 143. Vgl. a. DIHT (1980 b), S. 5.

steht heute fest, daß die Gemeinschaftsaufgabe "Verbesserung der regionalen Wirtschaftsstruktur" die Verflechtungsfunktionen im großen und ganzen nicht erfüllt hat [1259]. Zweifelsohne hat die Gemeinschaftsaufgabe dafür gesorgt, daß innerhalb ihres Handlungsrahmens die Regeln für die Förderkonkurrenz der Länder eingehalten werden, insbesondere was Voraussetzungen, Art und Intensität der Förderung betrifft. In ihrem Außenverhältnis dagegen hat die Gemeinschaftsaufgabe allenfalls erreicht, daß die landeseigenen und kommunalen Zuschußprogramme sich in der Regel unterhalb der Förderhöchstsätze und des Präferenzsystems des Rahmenplanes bewegen. Indessen trifft diese faktische Bindungswirkung schon nicht mehr für die eigenständigen Darlehensprogramme der Länder und Kommunen zu, deren Subventionswerte oftmals für den Förderungsadressaten günstiger ausfallen. Auch hat die Gemeinschaftsaufgabe eine konzentrierte und koordinierte Mittelvergabe nicht erzielen können:

- Die Parallel- und Kontrastprogramme der Länder (Ausnahme: Nordrhein-Westfalen) und Kommunen haben das **Exportprinzip** nicht explizit übernommen. Nur wenige, vor allem kommunale Programme verfolgen darüber hinaus eine qualitative und quantitative **Arbeitsplatzkonzeption**.

  Von der landeseigenen Regionalförderung in starkem Maße durchbrochen wird die **Fördergebietseingrenzung** der GRW. Haben die Länder schon landesspezifische Fördergebiete ausgewiesen, dann stellt entweder deren räumliche Ausdehnung an sich die regionale Konzentrationsmaxime der Strukturpolitik in Frage, oder die Länderbehörden lassen weiterhin Förderungen außerhalb dieser Gebiete zu. Die meisten Länder haben jedoch erst gar keine zusätzlichen Gebiete ausgewiesen und verteilen ihre eigenen Mittel ohne regionale Begrenzung.

  Völlig durchlöchert wird von der landesinternen und der kommunalen Wirtschaftsförderung schließlich das **Schwerpunktsystem**. Kennen die Kommunen ein derartiges Konzept naturgemäß nicht, so haben einige Länder immerhin eigene Schwerpunkte festgelegt, lassen aber wiederum großzügige Ausnahmen zu oder brauchen dies erst gar nicht, da die ausgewählten Landesschwerpunktorte alle Gemeinden des Fördergebietes erfassen (Nordrhein-Westfalen).

[1259] Anders offenbar B. Reissert/F. Schnabel (1976), S. 99: "Abweichendes Verhalten einzelner Länder wurde dann wahrscheinlich bereits durch das multilateral organisierte Verflechtungssystem der Gemeinschaftsaufgabe in Grenzen gehalten, das harmonisierte Problemperzeption schuf und dessen Minimum an gegenseitigem Vertrauen offene Verstöße gegen vereinbarte Regelungen kaum zuläßt, auch wenn diese nicht unbedingt rechtlich erheblich sind."

- Die Durchschlagskraft der Landes- und der kommunalen Strukturförderung wird noch dadurch verstärkt, daß ihr **Finanzvolumen** zusammengenommen die Haushaltsmittel der GRW erheblich übersteigt und daher in der Lage ist, eine sektoral und regional andersartig gewichtete Verteilungspolitik durchzusetzen.

Im Ergebnis hat die Gemeinschaftsaufgabe zwar in **formeller Hinsicht** die Finanzzuweisungen des Bundes an die Länder im Bereich der Regionalförderung verfassungsrechtlich legalisiert und auf eine gesetzliche Grundlage gestellt (verfassungspolitischer Entstehungsgrund)[1260], doch hat sie auf **materiellem Gebiet** weder zu einem merklichen Gewinn an Effizienz und Transparenz noch an Verteilungsgerechtigkeit geführt (regionalpolitische Entstehungsgründe)[1261].

1. Effizienz und Transparenz?

Zunächst sollten die Regionalen Aktionsprogramme, die später in die Rahmenpläne der GRW übernommen wurden, mit den landeseigenen Förderungsprogrammen verschmolzen und letztere entbehrlich gemacht werden. Mit der angestrebten Vereinheitlichung der Bundes- und Landesprogramme wollte man die ruinöse Konkurrenz der Länder und Regionen um finanzstarke Investoren einschränken bzw. eliminieren. Ein koordinierter Mitteleinsatz sollte sowohl zu einer Intensivierung und Effizienzsteigerung (im Sinne eines Bedeutungszuwachses) als auch zu stärkerer Einheitlichkeit und Übersichtlichkeit der regionalen Strukturpolitik (im Sinne eines Transparenzgewinnes) führen. Statt dessen ist die regionalpolitische Programmlandschaft eher noch undurchsichtiger geworden[1262]. Jedes Bundesland, das etwas auf sich hält, verfügt heute (wieder oder immer noch) über ein autonomes, nicht in die Gemeinschaftsaufgabe

---

[1260] Siehe oben S. 90 ff.

[1261] Siehe oben S. 128 f.

[1262] Schon bei der Schaffung der Regionalen Aktionsprogramme im Jahre 1968 kritisierte der Freistaat Bayern, daß dieses Planungsinstrument die Effizienz und Transparenz der Strukturpolitik nicht verbessern werde, **Bayerisches Staatsministerium für Wirtschaft und Verkehr** (1970), S. 36.
Den kaum mehr überschaubaren Umfang der staatlichen Förderprogramme beklagte aus der Sicht der Wirtschaft der Präsident des DIHT **O. Wolff von Amerongen**, Strukturwandel als Herausforderung für den mittelständischen Unternehmer, Vortrag anläßlich des 20-jährigen Bestehens der ubw Unternehmensberatung für die Wirtschaft GmbH am 23.1.1980 in Berlin.

integriertes und in der Regel von ihrem sachlichen und räumlichen Handlungsmodell erheblich differierendes regionales Wirtschaftsförderungsprogramm [1263]. Derartige sowohl von den regionalpolitischen Konzeptionen als auch von den Finanzvolumina aus gesehen erhebliche Störpotentiale der Landesförderung werden noch durch die - wenn auch finanziell beschränkteren - Einsatzmöglichkeiten der kommunalen Gewerbeförderung verstärkt [1264]. Heute vollzieht sich der größte Teil der öffentlichen Regionalförderung nicht nur **außerhalb** des Planungs- und Finanzierungsrahmens der GRW, sondern auch - und dies ist das Entscheidende - zunehmend **kontraintentional** zu ihrem Handlungsprogramm. Vor allem die Prognose, daß mit der Schaffung der Regionalen Aktionsprogramme Durchbrechungen des Schwerpunktprinzips und konkurrierende Förderungen außerhalb der Aktionsräume künftig nicht mehr möglich seien [1265], ging an der rauhen regionalpolitischen Wirklichkeit vorbei, weil sie schlicht und einfach die struktur- und finanzpolitische Potenz der Bundesländer einerseits und der kommunalen Selbstverwaltungskörperschaften andererseits verkannte.

Ein übriges tut schließlich der Bund selbst, indem er sich nicht voll und ganz "programmintentional" verhält. Gemeint sind noch nicht einmal die vielen sektoralen Hilfsprogramme mit indirekt regionalen Auswirkungen, sondern in erster Linie die "ergänzenden" Regionalförderungen des Bundes. Nach dem ERP-Programm z. B. fördert der Bund betriebliche Investitionen unabhängig vom Vorliegen der sachlichen und räumlichen Outputziele "Primäreffekt" und "Schwerpunktort" [1266]. Mag diese "Lockerung" auch mittelstandspolitisch erwünscht sein, stellt sie dennoch einen klaren Verstoß gegen das offizielle regionalpolitische Handlungsmodell dar. Auch gegen die Sonderförderung des Zonenrandgebietes in seiner Gesamtheit innerhalb der Gemeinschaftsaufgabe und nach dem Zonenrandförderungsgesetz [1267] lassen sich solange Einwände erheben, als

---

[1263] Siehe oben S. 209 ff. und 212 ff.
[1264] Siehe oben S. 259 ff.
[1265] W. Albert (1971), S. 12.
[1266] Siehe oben S. 164 f.
[1267] Siehe oben S. 162 f.

solche Gebiete unabhängig von ihrer Bedürftigkeit in die Förderung einbezogen werden, die zu den wirtschaftsstärksten Regionen der Bundesrepublik zählen (z. B. Wolfsburg und Braunschweig-Salzgitter). Abgesehen von der Benachteiligung der wirklich förderungsbedürftigen Räume (z. B. in den extremen Zonenrandlagen) gilt hier, daß diese in strukturstarke Regionen fließenden Mittel besser umgelenkt oder eingespart werden könnten [1268].

Wie dem auch sei, angesichts des analysierten Gemengelages in der bundesdeutschen Wirtschaftsförderungspolitik wäre es mehr als vermessen, von einem infolge der Konstitutionalisierung der Gemeinschaftsaufgabe erzielten Bedeutungs- und Transparenzgewinn in der regionalen Strukturpolitik zu sprechen. Der einzig wirkliche "Erfolg", den sich die Gemeinschaftsaufgabe zugute halten kann, besteht darin, daß innerhalb ihres Verflechtungsprogramms bundeseinheitliche Förderungsregelungen angewendet werden. Diese "Koordinationsleistung" ist aber auch das Mindeste, was man von der Verbundplanung erwarten durfte. In Form der Gemeinschaftsaufgabe existiert somit zwar ein in sich verhältnismäßig geschlossenes Handlungskonzept, doch wird dessen strikte Anwendung bereits durch komplementäre Bundesförderungen aufgeweicht, bevor es endlich auf der Ebene der Länder und Kommunen durch autonome "Parallelprogramme" völlig diskreditiert wird.

2. Verteilungsgerechtigkeit?

Man könnte meinen, daß die Gemeinschaftsaufgabe noch am ehesten hinsichtlich der Verteilungsgerechtigkeit erfolgreich gewesen sei. Die gegenwärtig verfügbaren Erkenntnisse lassen vermuten, daß die Mischfinanzierung den Finanzausgleich zwischen den Ländern verstärkt hat [1269]. Auch deuten die Einkommens- und Arbeitsmarkt-

---

[1268] U. Wartenberg (1981), S. 142 f. Zur Kritik der gegenwärtigen Zonenrandförderung auch G. Hennemann (1981), S. 4 und P. Reuschenbach (1981), S. 3 f. Nach Auskunft des BMWi wären bei strikter Anwendung der kumulierten Bevölkerungswerte im Rahmen der Neuabgrenzung 1981 etwa 50 % des Zonenrandgebietes aus der GRW ausgeschieden, siehe Städte- und Gemeindebund 1981, S. 173.

[1269] F. Lehner (1979), S. 7.

entwicklungen auf Fortschritte in den Fördergebieten hin[1270]. So stieg das Bruttoinlandsprodukt je Kopf der Wohnbevölkerung (BIP/ WoB) in den 38 schwächsten Landkreisen einschließlich der kreisfreien Städte von 63,9 % des nach der Bevölkerung gewichteten Bundesdurchschnitts im Jahre 1970 auf 69,9 % im Jahre 1976 an. Und während die Förderregionen 1970 noch etwa 59 % aller Arbeitslosen in der Bundesrepublik stellten, waren es 1979 nur noch rund 40 %. Schließlich hat sich auch die räumliche Konzentration im letzten Jahrzehnt weder im industriellen noch im tertiären Sektor verstärkt; vielmehr scheint für diesen Zeitraum im Gegenteil eine schwache räumliche Dekonzentration feststellbar zu sein[1271].

Indessen ist es wegen der Vielfalt der Programme und Maßnahmen auf Bundes-, Landes- und kommunaler Ebene de facto nicht möglich, die eingetretenen Erfolge eindeutig der Gemeinschaftsförderung zuzurechnen[1272]. Die wirtschafts- und raumstrukturellen Fortschritte in den Regionen können genauso gut zu einem Teil auf die ergänzenden Landes- und kommunalen Eigeninitiativen oder unabhängig hiervon zu einem anderen Teil gar auf die primäre regionalwirtschaftliche Eigenentwicklung zurückzuführen sein. Da die Leistungen zur Verringerung des regionalen Entwicklungsgefälles im Bundesgebiet somit von mehreren Akteuren beansprucht werden können, steht auch in dieser Beziehung kein durchweg positiver Koordinationsbeitrag der GRW fest.

3. Resümee: Nicht-Durchsetzung der Koordinationsfunktion infolge regionalpolitischer Verselbständigungstendenzen

In der Rückschau bleibt festzuhalten, daß die Gemeinschaftsaufgabe den regionalpolitischen Vorschußlorbeeren, die ihr in die Wiege gelegt wurden (erhöhte Effizienz, Transparenz und Verteilungsgerechtigkeit durch verbesserte Koordination) bei weitem nicht gerecht geworden ist. Insgesamt gesehen hat sie es nicht ge-

---

[1270] Dazu BMWi (1980), S. 18 f. und O. Graf Lambsdorff (1980), S. 6.
[1271] So jedenfalls J. H. Müller (1981), S. 186; E. Nieth (1982), S. 1 ff.
[1272] Vgl. H. d'Orville (1979), S. 77.

schafft, die neben ihr bestehenden selbständigen Wirtschaftsentwicklungsprogramme auf ihr regionalpolitisches Handlungsmodell abzustimmen oder sogar in dieses zu integrieren. Vielmehr übertreffen in einigen - finanzstarken - Bundesländern die landesspezifischen Fördergebiete und Ausbauorte sowie die hierfür zur Verfügung gestellten Finanzmittel die strukturpolitische Relevanz der GRW erheblich [1273]. Derartige "Verselbständigungstendenzen" [1274] der an der Mischfinanzierung Beteiligten weisen deutliche Spuren von "administrativen Mitnahmeeffekten" [1275] auf: "Man paßt sich dem Verbund an und versucht gleichzeitig, alles 'herauszuholen', was möglich ist, um die eigenen Präferenzstrukturen zu erhalten" [1276]. Damit scheint die strukturpolitische Koexistenz-Strategie des Gesamtstaates gefährdet, weil die inneradministrativ zu vollziehende rationale Selektion zwischen den ökonomischen und den sozialen Funktionserfordernissen der regionalen Strukturpolitik (Förderungswürdigkeit versus Förderungsbedürftigkeit) [1277] nicht mehr gewährleistet ist.

Als Folge der mangelnden Selektivität ihrer Koordinationsfunktion hat die Gemeinschaftsaufgabe den Subventionswettlauf der Länder, Regionen und Kommunen nicht verhindern können. Insoweit ist es ihr auch nicht gelungen, bundeseinheitliche Rahmenbedingungen (sektorale und regionale Konzentrationsmaximen, Kriterien der Fördergebietsabgrenzungen, Wahrung des Präferenzsystems, Festlegung der Förderungshöchstsätze) für die gesamträumlich gezielte Wirtschaftsförderung im Bund sowie in den Ländern und Kommunen festzulegen und deren Einhaltung sicherzustellen. Erst recht nicht kann man von einem aufeinander abgestimmten und integrierten Einsatz der regionalwirtschaftlich ausgerichteten Politiken von Bund, Ländern und Kommunen reden. Statt dessen spricht alles dafür, daß

1273 In der Bewertung ebenso - wenn auch ohne empirische Überprüfung - **F. Schnabel** (1976 a), S. 806 und früher schon **R. Schmidt** (1974 b), S. 100.

1274 **D. Bullinger/K. Heim/W. R. Meyer** (1978), S. 40.

1275 **H. H. Koch** auf dem von der GRS und dem DIHT am 24.5.1981 in Bonn veranstalteten Symposium "Regionalpolitik im Wandel".

1276 **D. Bullinger/K. Heim/W. R. Meyer** (1978), S. 41.

1277 Siehe oben S. 74 f.

die Wirtschaftsentwicklungspolitik auf den verschiedenen föderalen Verwaltungsstufen je nach den spezifischen institutionellen Eigeninteressen kreuz und quer verläuft, sich eher behindert denn unterstützt und sich im Zweifel nach dem alten Glaubenssatz richtet, daß das Hemd dem eigenen Körper näher ist als der Rock.

Letztendlich ist das Schicksal der Gemeinschaftsaufgabe ein weiteres treffendes Beispiel für das institutionell bedingte Politikversagen zentralstaatlicher Planung im Bundesstaat, d. h. für das Auseinanderklaffen von Norm (Anspruch) und Faktizität (Wirklichkeit), welches sich dem Beobachter freilich nur bei der Analyse zusätzlicher Programmplanungen außerhalb des gemeinsamen Verflechtungsprogramms erschließt. Deshalb interessierten in diesem Punkte weniger die Entscheidungsabläufe innerhalb des Politikverflechtungssystems ("Immobilismus") und die materielle Umsetzung des Handlungskonzeptes während seines Vollzuges durch die ausführenden Verwaltungsinstanzen ("Programmverwässerung") - dazu hat die Implementationsforschung wertvolle Beiträge geliefert [1278] - sondern es kam in erster Linie darauf an, die Koordinierungsfunktion der GRW gegenüber alternativen Handlungsstrategien und -programmen der Länder und Kommunen zu eruieren. Das Organisationsmodell der Gemeinschafsaufgabe gewinnt seine praktische Bedeutung erst dann, wenn nach den Gründen der mangelnden Durchsetzbarkeit des Handlungsmodells der GRW gefragt wird.

[1278] Siehe die Arbeiten von B. Reissert/F. Schnabel (1976) und W. Jann/E. Kronenwett (1979). Allgemein zur Implementationsforschung H. Wollmann, Implementationsforschung - eine Chance für kritische Verwaltungsforschung?, in: ders. (Hrsg.), Politik im Dickicht der Bürokratie, Opladen 1980, S. 9 ff.

II. Die Perspektive: Mögliche Koordinationspotentiale der Gemeinschaftsaufgabe

Daß sich die Koordinierungsfunktion der GRW in ihrem Außenverhältnis bislang nicht hat durchsetzen lassen, ist vor allen Dingen darauf zurückzuführen, daß das Bund-Länder-Verflechtungsprogramm keine inneradministrative Bindungswirkung entfaltet hat. Aus diesem empirischen Befund kann allerdings noch lange nicht geschlossen werden, daß der Gemeinschaftsaufgabe kein entsprechendes Koordinationspotential zur Verfügung stehe. Bevor hierüber ein abschließendes Urteil gefällt werden darf, müssen vielmehr weitere tatsächliche und rechtliche "Prüfungen" angestellt werden. Eine derartige binnenstrukturelle Bindungswirkung setzt nämlich zwei interdependente Tatbestände voraus [1279]:

- Zuerst haben Bund, Länder und gegebenenfalls auch die Kommunen eine gemeinsame Programmplanung zu entwickeln und zu implementieren.

- Darüber hinaus sind autonome Parallel- oder Kontrastprogramme der einzelnen Gebietskörperschaften zu unterbinden.

Die erste Prämisse ist bei der Gemeinschaftsfinanzierung weitgehend erfüllt. Bund und Länder erstellen eine gemeinsame Rahmenplanung, bei deren Beratung die Kommunen im Unterausschuß der GRW indirekt über die kommunalen Spitzenverbände als Sachverständige beteiligt sind [1280]. Obgleich die Programmimplementierung in der Hauptsache von den Ländern unter Heranziehung der Kommunen vollzogen wird, verbleiben dem Bund dank seiner Entscheidungskompetenz über die Investitionszulagenbescheinigung und der ihm eingeräumten Verwendungskontrolle doch auch hier mehr oder minder intensive Einflußsphären [1281]. Von politischen Konfliktsituationen und Reibungsverlusten in den Stadien der Programmplanung und -implementierung abgesehen, bestimmt demnach im wesentlichen das Vorliegen der zweiten Voraussetzung die administrativen Durchset-

---

1279 Vgl. F. Schnabel (1976 a), S. 806.
1280 H.-J. von der Heide (1975), S. 127.
1281 Siehe oben S. 109 f.

zungschancen der Koordinationsfunktion. Hierbei geht es um den Nachweis, ob und in welchem Umfange aus den gesetzlichen Regelungen der GRW ein Verbot konterkarierender Zusatzförderungen gegenüber den Ländern und Kommunen zunächst normativ-rechtlich konstruiert und sodann politisch-faktisch realisiert werden kann. Mit anderen Worten hängt die verwaltungsinterne Durchsetzungsfähigkeit des Gemeinschaftsprogramms folglich einerseits von den der Koordinationsfunktion innewohnenden Verrechtlichungspotentialen (rechtliche Koordinationsressourcen) und andererseits von den ihr verfügbaren Vollzugspotentialen (politische Koordinationsressourcen) ab.

1. Das Verrechtlichungspotential der Koordinierungsfunktion

Giersch hat die Kooperation von Juristen und Sozialökonomen bei der rechtlichen Ausgestaltung wirtschaftspolitischer Maßnahmen einmal derart umschrieben, daß ersteren die Funktion eines Rechtswahrers und letzteren die eines Sachwalters zukomme [1282]. In der folgenden Diskussion um die Zulässigkeit eines autonomen Handelns der Länder und Kommunen auf dem Gebiet der regionalen Wirtschaftsstrukturpolitik soll deshalb sowohl dem ökonomischen Sachverständnis als auch dem Eigengewicht der rechtlichen Normen und Institutionen gleichberechtigt Rechnung getragen werden. Dies gilt umso mehr, als auch heute noch im Hinblick auf die Wirtschaftsförderung eine deutliche Neigung der Rechtswissenschaft besteht, "Erkenntnisse aus der traditionellen Dogmatik heraus zu entwickeln, ohne den Tatbestand der Wirtschaftsförderung in seinen wesentlichen Punkten zu durchleuchten" [1283]. Um diesem Vorwurf der Lebensfremdheit sozialwissenschaftlich nicht abgesicherter juristischer Dogmatik zu entgehen, haben die vorigen Kapitel versucht, die sozialökonomische und verwaltungspolitische Wirklichkeit der regionalen Strukturpolitik für den Inhalt von Rechtssätzen aufzuschlüsseln und für die Wirklichkeitserkenntnis aufzuklären [1284].

[1282] H. Giersch (1961), S. 341.

[1283] V. Charbonnier (1970), S. 19.

[1284] Zur Notwendigkeit der "Wirklichkeitsaufschlüsselung als Voraussetzung der Rechtserkenntnis" B. Rebe (1978), S. 39 ff. Neben dieser Informationsfunktion erläutert Rebe, S. 42 ff. die anderen drei Hilfsaufgaben der Wirtschafts- für die Rechtswissenschaften: Kritik und Kontrolle, Begriffsleihe sowie Vermittlung von Entwicklungsimpulsen.

Im juristischen Schrifttum werden die Rechtsprobleme der Durchsetzung der Koordinationsfunktion der Gemeinschaftsaufgabe gemeinhin unter dem Stichwort der "Sperrwirkung" diskutiert. Hierbei dreht es sich um die Kernfrage, ob und wenn ja, unter welchen Bedingungen und in welchem Ausmaße der Aktionsrahmen des Art. 91 a GG den öffentlichen Händen die Durchführung zusätzlicher "nach eigenem Befinden und unter alleiniger Kostentragung"[1285] aufgestellter autonomer Förderungsvorhaben rechtlich "versperrt". Im Grundsatz hängen die raumordnerischen Steuerungsanforderungen an die Einheit mit der jeweils territorial umfassenderen Kompetenz von der Zuständigkeitsabgrenzung der territorial kleineren Einheit ab[1286]. Danach stellt sich die Sperrwirkungsproblematik der GRW zwischen den drei Planungsebenen des Bundes, der Länder sowie der Kommunen. Wie bereits aufgezeigt, betreibt jede dieser Gebietskörperschaften eine aktive Wirtschaftsentwicklungspolitik: der Bund zusammen mit den Ländern gemäß Art. 91 a Abs. 1 Ziff. 2 GG und alleine in Komplementärprogrammen, die Länder mittels eigenständiger Regionalförderungsprogramme und die Gemeinden und Landkreise im Rahmen ihrer kommunalen Wirtschaftspolitik. Nach dem Grundsatz der sparsamen und wirtschaftlichen Haushaltsführung[1287] dürfte es Handlungskonflikte und Programmkonkurrenzen zwischen den verschiedenen Formen der staatlichen und kommunalen Fördersysteme an sich gar nicht geben. Im Geschehen vor Ort treten sie natürlich häufig auf: Der Bund entwickelt spezielle Strukturprogramme für von der Arbeitslosigkeit oder Rezession besonders stark betroffene Regionen[1288], die Länder, Städte und Regionen konkurrieren unterein-

---

1285 T. Maunz (1980), Art. 91 a RdNr. 66.

1286 F. W. Scharpf/F. Schnabel (1977), S. 18.

1287 Vgl. §§ 7 Abs. 1 BHO und 6 Abs. 1 HGrG sowie die entsprechenden Bestimmungen für die Landes- und kommunale Ebene.

1288 Von diesen Sonderprogrammen hat insbesondere das Ruhrgebiet profitiert, siehe z. B. das "Arbeitsmarktpolitische Programm der Bundesregierung für Regionen mit besonderen Beschäftigungsproblemen" vom Frühjahr 1979, von dessen bereitgestellten 900 Mio. D-Mark allein 600 Mio. D-Mark in das Ruhrgebiet flossen, oder genauer: die Ruhr hinunterflossen, vgl. FR Nr. 265 vom 13.11. 1980, S. 6 und Nr. 259 vom 6.11.1980, S. 5. Siehe auch die Kritik von F. Landwehrmann, Den Kohlenpott in Watte gepackt, Der Spiegel Nr. 41 vom 8.10. 1979, S. 49 ff. Ansonsten sind auch innerhalb des Ordnungsrahmens der GRW regionale Sonderprogramme nicht unbekannt, z. B. das Sonderprogramm für Standorte des Volkswagenwerkes von 1975, 4. Rahmenplan, aaO (Anm. 690), S. 119 und neuestens das Stahlstandorte-Sonderprogramm im 11. Rahmenplan, aaO (Anm. 13), S. 148 f.

ander um finanz- und steuerstarke Investoren und darüber hinaus beim Bund um die Vergabe regionalpolitischer Finanzhilfen; Bund Länder und Gemeinden sind sich schließlich nicht einig, wo sachliche und räumliche Schwerpunkte zu setzen sind.

Mithin wirft das bisher behauptete Problemfeld eine doppelte Fragestellung auf: einerseits die Suche nach den rechtlichen Grundlagen der Präklusionswirkung gegenüber den Ländern und Gemeinden und andererseits das Aufspüren der Kriterien, unter denen die verwaltungsinterne Durchsetzung des mit der GRW verfolgten regionalpolitischen Ziel-Mittel-Systems durch konkurrierende nachgeordnete Förderprogramme behindert oder unterlaufen wird. Zur besseren Übersichtlichkeit sollen die unterschiedlichen Rechtsmeinungen nach dem Grade der Intensität der behaupteten Ausschlußwirkung klassifiziert und demgemäß in zwei Theorielager aufgeteilt werden. Zunächst wird die Auffassung vorgestellt und auf ihre Schlüssigkeit überprüft, die eine (absolute) Sperrwirkung der Gemeinschaftsaufgabe mit der Konsequenz eines generellen Verbots betriebsbezogener Gewerbeförderung seitens der nachgeordneten Gebietskörperschaften postuliert; im Anschluß daran werden die Positionen erläutert und hinterfragt, die eine (relative) Bindungswirkung des Gemeinschaftsprogramms derart herleiten, daß zwar eigenständige direkte Förderungsaktivitäten der Länder und Kommunen statthaft sein sollen, diese jedoch nicht den Zielen und Grundsätzen der GRW zuwiderlaufen dürfen.

a) Die These von der Sperrwirkung

Das von den Verflechtungsprogrammen des Art. 91 a GG intendierte System der vertikal integrierten Fachplanung legt an sich die Überlegung nahe, aus den Regelungen über die Gemeinschaftsaufgaben eine generelle Sperrwirkung zu Lasten eines autonomen Vorgehens der nachgeordneten Gebietskörperschaften herauszulesen. In der Tat wurde eine derartige Ansicht schon kurz nach Inkrafttreten der Finanzverfassungsreform 1969 im Verhältnis zu den Ländern vertreten; neuerdings wird diese Forderung in modifizierter Form auch gegenüber den Kommunen erhoben.

aa) gegenüber den Bundesländern

In der verfassungsrechtlichen Literatur wird die Frage, ob dem Art. 91 a GG und seinen Ausführungsgesetzen eine Ausschließlichkeitsfunktion gegenüber den Ländern zukommt, kontrovers beantwortet. Die These von der absoluten Sperrwirkung hat zuerst Goroncy aufgestellt[1289]; ihm folgten Klein[1290] sowie Liesegang und Plöger[1291]. Ähnlich äußert sich Albert, der konkurrierende Förderungen (gemeint sind offensichtlich solche der Länder) ausserhalb der Aktionsräume der GRW für nicht möglich hält[1292]. Mit Entschiedenheit gegen diese Auffassungen hat sich die weit überwiegende Mehrheit in Wissenschaft und Praxis ausgesprochen[1293]. Letztlich hängt die Lösung dieses Streitpunktes davon ab, um wessen Aufgaben es bei dem Tatbestand der Gemeinschaftsfinanzierung eigentlich geht. Als normative Grundlagen einer möglichen Sperrwirkung kommen dabei Art. 91 a GG, das Gesetz über die Gemeinschaftsaufgabe "Verbesserung der regionalen Wirtschaftsstruktur" und der jeweils einschlägige Rahmenplan in Betracht.

Nach dem Wortlaut des **Art. 91 a Abs. 1 GG** wirkt der Bund bei der Erfüllung von Aufgaben der Länder mit. Diese Formulierung bekräftigt zunächst, daß die Gemeinschaftsaufgaben von ihrer Qualität her Länderaufgaben entsprechend der allgemeinen Kompetenzvertei-

---

[1289] R. Goroncy (1971), S. 86 und (1970 a), S. 111 f.

[1290] H. von Mangoldt/F. Klein (1974), Art. 91 a Anm. IV 2 a.

[1291] H. C. F. Liesegang/R. Plöger (1971), S. 232.

[1292] W. Albert (1971), S. 12.

[1293] In alphabetischer Reihenfolge P. Becker (1977), S. 36 und (1971), S. 13; W. Cholewa (1972 a), S. 230 und (1972 b), S. 175; H. Faber (1973), S. 214; J. A. Frowein (1973), S. 32 ff. und 49 LS 11; H.-J. von der Heide (1976), S. 183; G. Kisker (1971), S. 288; A. Klein (1982), S. 30; F. Klein (1972), S. 297; H. Kundoch (1977), S. 6; H. C. F. Liesegang (1978), Art. 91 a RdNr. 41; S. Marnitz (1974), S. 85 ff.; T. Maunz (1980), Art. 91 a RdNr. 67; H. Mehrländer/D. Louda (1981 a), S. 7 und 15 sowie (1981 b), S. 16; J. H. Müller (1973), S. 20; I. von Münch (1973), S. 73; W. Patzig (1969), S. 892; H. Ruhe (1969), S. 398; R. Schmidt (1974 b), S. 102; B. Schmidt-Bleibtreu/F. Klein (1980), Art. 91 a RdNr. 15; Seifert-Geeb (1970), S. 166 a; H. Soell (1972), S. 409; F. J. Strauß (1969), S. 103; B. Tiemann (1970 a), S. 225 f. und (1970 c), S. 727; C. Wagner (1976), S. 172; R. Wahl (1981), S. 329; K.-P. Wild (1978), S. 13 f.; H. Zimmermann (1970 b), Sp. 960; W. Zohlnhöfer (1970), S. 702 und 703.

lung des Art. 30 GG bleiben[1294]. Zudem stellt die Bestimmung klar, daß sich das Mitwirkungsrecht, aber auch die Mitwirkungspflicht des Bundes nicht notwendigerweise auf alle in Art. 91 a Abs. 1 Ziffn. 1 bis 3 GG genannten Aufgaben erstreckt, vielmehr die Ausführungsgesetze den kooperativ wahrzunehmenden Aufgabenkreis erst noch benennen müssen[1295]. Selbst **Goroncy** geht davon aus, "daß es im faktsichen Umfang der drei Aufgabenbereiche (des Art. 91 a GG, d. V.) einen Teilbereich geben kann, der vom Bund und von den Ländern gemeinsam erfüllt wird - der Mitwirkungsbereich des Bundes - und einen anderen, den das einzelne Land selbständig wahrnimmt"[1296]. Folglich schreibt bereits der Wortlaut des Art. 91 a GG keine generelle Sperrwirkung vor. Im übrigen widerspricht der Annahme einer solchen Ausschließlichkeitsfunktion nicht nur die Entstehungsgeschichte dieses Verfassungsartikels - die Regierungsbegründung zum Entwurf des Finanzverfassungsreformgesetzes bestätigte ausdrücklich, daß die Länder auch im Bereich der Gemeinschaftsaufgaben außerhalb der gemeinsamen Pläne noch nach eigenem Befinden Aufgaben durchführen können[1297] - sondern auch die Systematik der Grundgesetzvorschrift selbst. Nach Art. 91 a Abs. 3 Satz 2 GG ist die Aufnahme eines Vorhabens in die Rahmenplanung von der Zustimmung des betroffenen Landes abhängig. Unterstellt man eine Sperrwirkung, so haben die Länder zwar die (theoretische) Freiheit der Initiative, d. h. sie brauchen keine Anmeldungen zum Rahmenplan vorzunehmen, doch schließen sie dann nicht nur eine Mitwirkung des Bundes, sondern wegen der behaupteten Sperrwirkung zugleich auch ein eigenes Tätigwerden aus[1298]. In diesem Falle würde der Sitzlandvorbehalt für die Länder vollends zur bloßen "Farce"[1299], weil ihnen nur noch die

---

1294 Siehe oben Anm. 464.

1295 G. Kisker (1971), S. 288 FN 1097.

1296 R. Goroncy (1970 a), S. 110; ebenso B. Tiemann (1970 c), S. 727.

1297 Begründung zum Regierungsentwurf des Finanzreformgesetzes, aaO (Anm. 423), S. 50 Tz. 275.

1298 So aber R. Goroncy (1970 a), S. 111 und H. C. F. Liesegang/R. Plöger (1971), S. 232.

1299 G. Kisker (1971), S. 288; ebenso J. A. Frowein (1973), S. 32; F. Klein (1972), S. 296 f.; H. C. F. Liesegang (1978), Art. 91 a RdNr. 41; S. Marnitz (1974), S. 85; B. Tiemann (1970 a), S. 225 f. und (1971), S. 86 f.

Alternative verbliebe, das Vorhaben entweder als Gemeinschaftsaufgabe unter der Mitwirkung des Bundes durchzuführen oder gar nichts zu unternehmen.

Statuiert Art. 91 a GG selbst somit keine Sperrwirkung im Verhältnis zu den Bundesländern, so bleibt zu erörtern, ob das aufgrund Art. 91 a Abs. 2 GG ergangene **Gesetz über die Gemeinschaftsaufgabe "Verbesserung der regionalen Wirtschaftsstruktur"** ein Verbot eigenständiger Landesförderung anordnet oder wenigstens zuläßt. **Klein** führt aus, das der grundgesetzlichen Mitwirkungspflicht des Bundes entsprechende Recht seiner Mitwirkung würde inhaltsleer, wenn das autonome Vorgehen der Länder nicht in einem durch die Gemeinschaftsaufgabengesetze abgegrenzten Bereich ausgeschlossen wäre; die Notwendigkeit einer substantiellen Mitwirkungsbefugnis des Bundes gebiete es sogar, daß die Ausführungsgesetze den Mitwirkungsbereich des Bundes unter dem Blickwinkel der Sperrwirkung gegenüber den Ländern abschließend umgrenzten[1300]. Den rechtlichen Anknüpfungspunkt für die Kooperation und Abstimmung der Regionalförderung dadurch, daß möglichst viele Vorhaben und Maßnahmen zum Gegenstand der gemeinsamen Rahmenplanung werden, sieht **Goroncy** in § 1 GRWG und den dort genau umschriebenen Fördermaßnahmen[1301]. Seiner Meinung nach umreißt § 1 GRWG den Mitwirkungsbereich des Bundes nicht nur in der negativen Hinsicht, daß es keine Bundesbeteiligungen an nicht aufgeführten Maßnahmen geben kann, sondern auch in dem psoitiven Sinne, daß der Bund an den aufgeführten Maßnahmen stets und unter Ausschluß eines selbständigen Vorgehens der Länder mitwirke[1302].

1300 H. **von Mangoldt/F. Klein** (1974), Art. 91 a Anm. IV 2 a.

1301 R. **Goroncy** (1970 a), S. 111. **Goroncy**, ebenda, S. 112, nimmt aber lediglich beim GRWG und beim GemAgrKG eine gesetzliche Sperrwirkung an, nicht jedoch beim HSchBFG. Umgekehrt dagegen C. **Keding** (1969), S. 686, der offensichtlich eine Sperrwirkung nur beim HSchBFG sehen will, wenn er schreibt, daß dieses Ausführungsgesetz "den gesamten Bereich" Ausbau und Neubau von - damals nur - wissenschaftlichen Hochschulen einschließlich der Hochschulkliniken zur Gemeinschaftsaufgabe erklärt.

1302 R. **Goroncy** (1970 a), S. 111; gleichfalls H. **von Mangoldt/F. Klein** (1974), Art. 91 a Anm. IV 2 a.

Abgesehen davon, daß der Wortlaut des § 1 Abs. 1 und 2 GRWG für eine derartige Auslegung keinerlei Anhaltspunkte bietet, bestehen berechtigte Zweifel, ob durch ein einfaches Gesetz die verfassungsrechtliche Kompetenzverteilung zwischen Bund und Ländern aufgehoben oder verschoben werden kann [1303]. Zwar hat Art. 91 a Abs. 2 GG dem Gesetzgeber einen Spielraum dahingehend eingeräumt, Umfang und Grenzen des Mitwirkungsbereiches des Bundes einfachgesetzlich zu fixieren, doch darf die sektorale Beschränkung des Art. 91 a Abs. 1 Ziffn. 1 bis 3 nicht auf den gesamten Aufgabenbereich ausgeweitet werden, ohne daß die Gemeinschaftsaufgaben ihren Charakter als Landesaufgaben verlören [1304]. Wenn die bundesstaatlichen Fundamentalprinzipien der Artt. 30, 70 und 83 GG von der Vermutung der primären Landeszuständigkeiten ausgehen und selbst Art. 91 a GG seine Politikbereiche als Aufgaben der Länder definiert, dann muß sich verfassungssystematisch eine Sperrwirkung der Gemeinschaftsaufgaben entweder unmittelbar aus dem Grundgesetz und darin insbesondere aus Art. 91 a Abs. 1 ergeben oder sie besteht eben nicht; im letzten Falle kann sie auch nicht über ein Ausführungsgesetz hergestellt werden [1305]. Im übrigen lag auch den Autoren des Gemeinschaftsaufgabengesetzes die Annahme einer absoluten Sperrwirkung fern. Nach der Gesetzesbegründung der Bundesregierung bleiben nämlich weitere Förderungsmaßnahmen außerhalb der gemeinsamen Planung von diesem Gesetz unberührt, falls die dafür nötigen Mittel zusätzlich zu dem im Rahmenplan angegebenen Ansätzen zur Verfügung gestellt werden [1306].

Eine Sperrwirkung der Rahmenplanung könnte sich daher nur noch aus dem jeweiligen **Rahmenplan** selbst ergeben. Doch soweit kann oder will offenbar auch der Planungsausschuß nicht gehen. Denn im Teil I Abschnitt 3 des Rahmenplanes heißt es, daß neben der Gemeinschaftsaufgabe bestehende Landesförderungsprogramme mit re-

---

[1303] In diesem Sinne T. **Maunz** (1980), Art. 91 a RdNr. 68; F. **Klein** (1972), S. 298; C. **Wagner** (1976), S. 171.
[1304] So mit Recht B. **Tiemann** (1970 a), S. 225 FN 30.
[1305] Ebenda, S. 225 FN 32 und ders. (1971), S. 87.
[1306] Begründung der BReg. zum GRWG, aaO (Anm. 490), S. 5 f.

gionaler Zweckbestimmung verfassungsrechtlich möglich sind [1307].
Auch dem Rahmenplan kommt mithin keine Ausschließlichkeitsfunktion
in dem Sinne zu, "daß es den Ländern verwehrt wäre, neben den im
Rahmenplan aufgeführten Maßnahmen allein auf Grund eigener Planung
und auf eigene Kosten zusätzlich auch solche Maßnahmen durchzuführen, die unter den Katalog der Eingangsbestimmungen der Gesetze
fallen, also Gemeinschaftsaufgaben werden könnten. Darüber waren
sich Bund und Länder bei den Vorverhandlungen über die Finanzreform einig" [1308].

Diejenigen Teile des Politikbereiches der regionalen Wirtschaftsstrukturförderung, die nicht in der gemeinsamen Rahmenplanung enthalten sind, bleiben somit Aufgaben der Länder, woraus folgt, daß
die Gemeinschaftsaufgabe und der Rahmenplan keine Sperrwirkung
zu Lasten landesinterner Förderungsprogramme entfalten [1309]. Für
dieses Ergebnis spricht letzten Endes auch das politische Ziel
der Erhaltung und Sicherung der Handlungsfähigkeit und Reagibili-
tät in der Regionalpolitik (vgl. Abbildung 4). Es war sicher nicht
die Absicht der Mentoren der Gemeinschaftsaufgaben, den Ländern
zu untersagen, sich selbst zu helfen, falls die Programmplanung
der GRW - aufgrund ihrer inzwischen bekannten immanenten Selbstblockierungstendenzen und bürokratischen Schwerfälligkeiten -
nicht voranschreitet [1310]. Angesichts ihrer regionalpolitischen
Innovationsunfähigkeit und des strukturellen Immobilismus ihrer
Entscheidungsprozeduren muß es den Ländern vielmehr unbenommen
bleiben, auch außerhalb des Organisationsmodells der GRW Hilfsmaßnahmen zu konzipieren und zu realisieren, um regionalökonomische
Fehlentwicklungen zu verhindern und negativen Auswirkungen des
Strukturwandels entgegenzutreten, durch die als Folge des tiefgreifenden wirtschaftlichen Umstrukturierungsprozesses Arbeits-
und Ausbildungsplätze verlorengehen und Arbeitskräfte freigesetzt
werden [1311].

[1307] Z. B. 11. Rahmenplan, aaO (Anm. 13), S. 8 f. Tz. 3.3.
[1308] H. Ruhe (1969), S. 398.
[1309] So jetzt auch R. Wahl (1981), S. 329.
[1310] Vgl. bereits G. Kisker (1971), S. 288.
[1311] H. Kliemann (1978), S. 10.

bb) gegenüber den kommunalen Gebietskörperschaften

Im Ergebnis auf die Konstruktion einer absoluten Sperrwirkung der GRW gegenüber einzelbetrieblichen kommunalen Förderungsmaßnahmen laufen die Versuche hinaus, direkte Wirtschaftsförderungen durch kommunale Selbstverwaltungskörperschaften für rechtlich unzulässig zu erklären [1312]. Die Statthaftigkeit kommunaler Gewerbesubventionierung soll im folgenden weder aus allgemeinen kommunal- und haushaltsrechtlichen, europarechtlichen oder raumordnungsrechtlichen Gesichtspunkten [1313] noch aus den besonderen Zuständigkeitsbeziehungen zwischen Kreis und kreisangehörigen Gemeinden [1314] beleuchtet werden, sondern die Betrachtung hat sich entsprechend der Zielsetzung der Koordinierungsfunktion der GRW auf das Verhältnis staatlicher zu kommunaler Strukturpolitik zu beschränken. Zu untersuchen ist an dieser Stelle darum allein, ob die Gemeinschaftsaufgabe und ihre rechtlichen Ausprägungen (Verfassung, Gesetz, Rahmenplan) einer eigenständigen Subventionspolitik der Kommunen im Wege stehen, d. h. ob sie eine Sperrwirkung begründen können.

Da die Wirtschaftsförderung durch Gemeinden und Landkreise in den Aufgabenkatalogen der Kommunalordnungen expressis verbis nicht aufgeführt ist, kann als Ermächtigungsgrundlage betriebsbezogener Förderaktivitäten nur das kommunale Selbstverwaltungsrecht herangezogen werden. Für die **Gemeinden** statuieren Art. 28 Abs. 2 Satz 1 GG und die vergleichbaren Grundnormen der Länderverfassungen [1315] das Recht, alle Angelegenheiten der örtlichen Gemeinschaft im Rahmen der Gesetze in eigener Verantwortung zu regeln. In Ausführung dieser Verfassungsgarantie und des darin zum Aus-

---

1312 In diesem Sinne schon der oben in Anm. 1047 auszugsweise zitierte gemeinsame Runderlaß des Innen- und des Finanzministers des Landes Nordrhein-Westfalen vom 13.12.1961. Aus der Literatur halten unmittelbare Wirtschaftsförderung der Kommunen für unzulässig W. Kelm (1972), S. 442; H. Kliemann (1978), S. 7 ff. und F. Zimmermann (1964), S. 219 f.

1313 Dazu H.-P. Steinmetz, Inhalt und Zulässigkeit gemeindlicher Wirtschaftsförderungsrichtlinien, Stuttgart-München 1982, S. 29 ff. m. w. Nachw.

1314 Siehe J.-G. Krieg (1982), S. 319 ff.

1315 Art. 71 BadWürttVerf.; Artt. 10, 11, 83 BayVerf.; Art. 144 BremVerf.; Art. 137 HessVerf.; Art. 44 NdsVerf.; Art. 78 NRWVerf.; Art. 49 RhPfVerf.; Artt. 122, 123 SaarlVerf.; Art. 39 SchlH Landessatzung.

druck kommenden Grundsatzes der Universalität des gemeindlichen Wirkungskreises [1316] erklären die Gemeindeordnungen - im Wortlaut weitgehend übereinstimmend - die Gemeinden in ihrem Gebiet sogar zu den ausschließlichen und eigenverantwortlichen Trägern der öffentlichen Verwaltung, soweit die Gesetze nicht ausdrücklich etwas anderes bestimmen [1317]. Nach Art. 28 Abs. 2 Satz 2 GG genießen weiterhin die Gemeindeverbände und damit auch die **Landkreise** im Rahmen ihres gesetzlichen Aufgabenbereiches nach Maßgabe der Gesetze das Recht der Selbstverwaltung. Im Unterschied zur (vermuteten) Allzuständigkeit der Gemeinde ist der Wirkungskreis der Landkreise nicht universell, sondern durch staatliches Gesetz zugewiesen [1318]. In den Landkreisordnungen der Länder wird - wenn auch in unterschiedlicher Ausgestaltung - dieser gesetzesgeformte Kompetenzbereich generalklauselartig im Sinne der Ausgleichs- und Ergänzungsfunktion der Kreise umschrieben [1319].

Angesichts der vertikalen Aufgabenverflechtungen auf dem Sektor der Wirtschaftspolitik kann die Kompetenz zur einzelbetrieblichen Strukturförderung ausschließlich weder dem Bund oder Land noch

---

1316 Dazu **BVerfGE** 21, 117 (128 f.); 8, 122 (133 f.); T. **Maunz** (1977), Art. 28 RdNrn. 60 ff.; W. **Roters** (1976), Art. 28 RdNrn. 40 ff.; B. **Schmidt-Bleibtreu/** F. **Klein** (1980), Art. 28 RdNrn 9 ff.; K. **Stern** (1964), Art. 28 RdNrn. 86 ff.

1317 Z. B. §§ 2 GO NW; 2 Satz 1 HGO; 2 Abs. 1 NGO.

1318 Grundlegend K. **Stern** (1964), Art. 28 RdNr. 168 und (1972), S. 165. Siehe auch H. H. **Koch**/H.-P. **Steinmetz** (1981 c), Teil I, S. 5; A. **von Mutius** (1980), S. 20. Anders das sog. "funktionale Selbstverwaltungsverständnis", wonach ausgehend von der Schwierigkeit bzw. Unmöglichkeit der Abgrenzung zwischen örtlichen und überörtlichen Aufgaben der Landkreis zusammen mit den ihm angehörigen Gemeinden als ein funktional einheitlicher, lediglich in der Organisation differenzierter Leistungs- und Verwaltungsverbund angesehen wird, in dem die öffentlichen Aufgaben jeweils auf der Ebene erfüllt werden sollen, auf der sie von der Verwaltungs- und Finanzkraft am besten wahrgenommen werden können. Vgl. W. **Roters** (1976), Art. 28 RdNrn. 48 und 111 ff. sowie (1975), S. 27, 28 f. und 44 ff.; E. **Pappermann**, Die Zielrichtung der kommunalen Selbstverwaltungsgarantie, DVBl. 1976, S. 766 ff. (767 ff.); **ders.** (1975), insbes. S. 186 ff. und (1973), S. 508; E. **Laux**, Die administrative Funktion des Kreises, in: Verein für die Geschichte der Deutschen Landkreise e. V. (Hrsg.), Der Kreis, I. Bd., Köln-Berlin 1972, S. 93 ff. (126 ff.).
Speziell zum kommunalen Planungsverbund in der Wirtschaftsförderung H.-J. **von der Heide** (1976), S. 177 f.

1319 Z. B. §§ 2 Abs. 1 LKO NW; 2 Abs. 1 HKO; 2 Abs. 1 NLO.

den Gemeinden oder Kreisen zugeschrieben werden [1320]. Jedenfalls erstreckt sich nach den kommunalrechtlichen Zuständigkeitsregelungen die Verbandskompetenz der kommunalen Gebietskörperschaften im Regelfalle auch auf die Befugnis zur Strukturverbesserung in Form der Vergabe offener oder verdeckter Subventionen [1321], da derartige Maßnahmen entweder einen spezifischen örtlichen Bezug [1322] aufweisen (Neuansiedlung bzw. Bestandspflege von Betrieben

---

[1320] So auch R. Altenmüller (1981 a), S. 205.

[1321] Ganz h. M. Für die gemeindliche Gewerbeförderung: VG Münster, DÖV 1963, S. 622 ff.; OVG Lüneburg, Die Gemeinde (Schleswig-Holstein) 1976, S. 396 ff.; M.-A. Butz (1980), S. 171; W. Kelm (1972), S. 442; F.-L. Knemeyer (1981), S. 14 f.; ders./B. Rost-Haigis (1981), S. 244 f.; K. Lange (1981 a), S. 25 ff. und (1977), S. 875; A. von Mutius (1980), S. 152; F. Schmitz-Herscheidt (1979), S. 198 f.
Für die Wirtschaftsförderung der Landkreise: H.-J. von der Heide (1981 c), S. 26 ff. und (1976), S. 175; F.-L. Knemeyer (1981), S. 14 f. und (1980), S. 502 f.; J.-G. Krieg (1982), S. 319; A. von Mutius (1980), S. 152; G. Seele (1982), S. 57 f. und 63.

[1322] Nach der Rspr. des BVerfG, der sich das überwiegende Schrifttum angeschlossen hat, heben sich die Angelegenheiten der örtlichen Gemeinschaft von denen überörtlicher Natur dadurch ab, daß sie in dieser Gemeinschaft wurzeln oder einen spezifischen Bezug auf sie haben und von ihr eigenverantwortlich und selbständig bewältigt werden können, vgl. BVerfGE 50, 195 (201); 8, 122 (134). Ebenso z. B. K. Lange (1981 a), S. 30 ff.; A. von Mutius (1980), S. 17; B. Schmidt-Bleibtreu/F. Klein (1980), Art. 28 RdNr. 13; K. Stern (1964), Art. 28 RdNr. 86.
Demgegenüber geht die neuere, vor allem verwaltungswissenschaftlich orientierte Rechtslehre davon aus, daß die zunehmenden "Entörtlichungsprozesse" und "Funktionsverflechtungen" eine rechtsdogmatisch befriedigende Trennung zwischen örtlichen und überörtlichen Angelegenheiten verhindern, vgl. a. W. Blümel, Die Gemeinden und Kreise vor den öffentlichen Aufgaben der Gegenwart, VVDStRL Bd. 36 (1978), S. 171 ff. (245 m. w. Nachw.); G. Frank, Verrechtlichungsdefizite im Verhältnis kommunaler zu zentraler Politik, in: R. Voigt (Hrsg.), Verrechtlichung, Königstein/Ts. 1980, S. 188 ff.; R. Grawert, Gemeinden und Kreise vor den öffentlichen Aufgaben der Gegenwart, VVDStRL Bd. 36 (1978), S. 277 ff. (286 ff., 334 LS I. 3.); W. Roters (1976), Art. 28 RdNrn. 42 ff. m. w. Nachw. und (1975), S. 11 ff.
Ob man den Art. 28 Abs. 2 GG deshalb gleich als in sich widersprüchlich aufheben sollte, wie W. Roters (1975), S. 33 und 35 meint, mag dahingestellt bleiben. Denn solange diese Verfassungsbestimmung besteht, kann lediglich nach juristischen Neuinterpretationen der "örtlichen Angelegenheiten" gesucht werden, etwa indem auf den räumlichen Bezug nicht die Aufgabe selbst, sondern der Aufgabenerfüllung abgestellt wird, oder indem danach gefragt wird, ob die Aufgabe die Verwaltungs- und Finanzkraft der betreffenden Gemeinde übersteigt, oder indem überörtliche Angelegenheiten nur dann keine kommunalen Aufgaben mehr sind, wenn sie keinen besonderen örtlichen Bezug aufweisen. Vgl. T. Maunz (1977), Art. 28 RdNr. 61; A. von Mutius (1980), S. 18 f.; F. E. Knapp, Zuständigkeitsverteilung zwischen Kreis und kreisangehörigen Gemeinden, Frankfurt 1973, S. 6 ff.

im Gemeindegebiet) und/oder durch das öffentliche Interesse und gemeinsame Wohl der Gemeindeeinwohner gerechtfertigt sind (Schaffung und Erhaltung von Arbeitsplätzen in der Gemeinde, Steigerung und Sicherung des gemeindlichen Steueraufkommens [1323]) oder aber von überörtlicher Bedeutung sind (Ausgleich lokal unterschiedlicher Wirtschaftsstrukturen und Herstellung gleichwertiger Lebensverhältnisse im Kreisgebiet [1324]) und/oder die Leistungsfähigkeit der kreisangehörigen Gemeinden übersteigen (einheitliche Förderung der Wirtschaft und Versorgung der Bevölkerung des ganzen oder eines größeren Teiles des Kreises). Es kann demnach nicht ernsthaft bezweifelt werden, daß die Kommunen innerhalb ihres eigenverantwortlichen Aufgabenkreises und im Rahmen der Gesetze zunächst einmal grundsätzlich befugt sind, ebenso wie Bund und Länder direkte Wirtschaftsförderung zu betreiben [1325].

Allerdings ist zu bedenken, daß sich die Auswirkungen kommunaler Gewerbesubventionierung - ihre Lenkungseffekte unterstellt [1326] - nicht auf die örtliche Gemeinschaft oder das Kreisgebiet beschränken müssen, sondern oftmals auf das betreffende Umland mehr oder minder weit ausstrahlen [1327]. Etwaige "negative externe Effekte" kommunaler Kompetenzausübung sind jedoch in Anbetracht der engen politischen, ökonomischen, sozialen und kulturellen Verflechtungen zwischen Kommune und Region auch in anderen kommunalen Politikbereichen wie Verkehrsplanung, Baugeländeerschließung, Städtebau, und Vorhaltung soziokultureller Einrichtungen durchaus keine Sel-

---

1323 Zur Begründung siehe K. Lange (1981 a), S. 27 ff. und (1981 b), S. 183 ff. und 188 ff.

1324 Siehe J.-G. Krieg (1982), S. 321.

1325 Dieses Ergebnis entspricht - von notwendigen räumlich und sachlich begründeten Differenzierungen und rechtlich geregelten Einschränkungen abgesehen - damit dem "Grundsatz der Gleichrangigkeit der Aufgaben von Bund, Ländern und Gemeinden", wie er sich - kaum beachtet - z. B. in § 24 Abs. 1 StWG findet. Demgegenüber glaubt F. Zimmermann (1964), S. 220, die Wirtschaftsförderung durch gezielte Subventionen könne "ihrer Natur nach" nur noch als ein einheitliches Aufgabengebiet vom Staat sinnvoll wahrgenommen werden und gehöre darum nicht zu den örtlichen Aufgaben der Gemeinden. Ähnlich auch H. Kliemann (1978), S. 8 und 11; zweifelnd auch R. Altenmüller (1981 a), S. 204 und (1981 b), S. 620.

1326 Siehe unten S. 343 ff.

1327 Vgl. P. Eichhorn/P. Friedrich (1970), S. 17 ff.; G. Zabel (1979), S. 242.

tenheit[1328]. Gerade die - juristisch unumstrittene - indirekte Wirtschaftsplanung der Kommunen, z. B. der Infrastrukturausbau, zeitigt regelmäßig Wirkungen, die über den räumlichen Bereich der Kommune hinausgehen, ohne daß zugleich ein kommunaler Aufgabenentzug gefordert würde. Solche überlokalen bzw. überregionalen Rückwirkungen einer Angelegenheit der kommunalen Gemeinschaft schließen daher die Verbandskompetenz der kommunalen Körperschaften nicht aus [1329]. Dies gilt selbst dann, wenn die überörtlichen Belange das örtliche bzw. das auf das Kreisgebiet bezogene Interesse überwiegen sollten. Eine gewisse Gefahr, daß kommunale Wirtschaftsförderungsmaßnahmen Folgewirkungen haben, die mit den überörtlichen Interessen der Allgemeinheit, d. h. der staatlichen Gemeinschaft unvereinbar sind, wohnt allen Förderungsarten inne [1330]. Da die kommunale Zuständigkeit indessen nur im Rahmen bzw. nach Maßgabe der Gesetze besteht, ist es dem staatlichen Gesetzgeber unbenommen, bestehende kommunale Kompetenzen aus übergeordneten Gesichtspunkten zu beschränken, sofern er dabei den Wesensgehalt der kommunalen Selbstverwaltung unangetastet läßt [1331]. Greift der Gesetzgeber nicht ein, bleiben die Kommunen weiterhin zur Durchführung ihrer Maßnahmen berechtigt, solange diese auf spezifischen Notwendigkeiten in der Gemeinde oder im Kreis selbst beruhen und letztlich dem Wohl der kommunalen Gemeinschaft dienen. Eine öffentliche Aufgabe scheidet jedenfalls nicht allein deshalb aus dem kommunalen Wirkungskreis aus, weil neben ihrer örtlichen bzw. kreislichen Relevanz ein überwiegendes staatliches Interesse an ihr bestehen [1332]. Vom Faktum der prinzipiellen Zulässigkeit hat die "neuentflammte Auseinandersetzung um die kommunale Wirtschaftsförderung"[1333] darum zunächst einmal auszugehen.

1328 So mit Recht **K. Lange** (1981 b), S. 186 und (1977), S. 875; **A. von Mutius** (1980), S. 152; **F. Schmitz-Herscheidt** (1979), S. 199.

1329 Speziell zur Wirtschaftsförderung **K. Lange** (1981 a), S. 43 und (1977), S. 875 jeweils m. w. Nachw.; **A. von Mutius** (1980), S. 153.

1330 In diesem Sinne schon **VG Münster**, DÖV 1963, S. 622 ff. (624).

1331 **K. Lange** (1981 b), S. 186 und (1977), S. 875; **A. von Mutius** (1980), S. 152; **F. Schmitz-Herscheidt** (1979), S. 199. Vgl. allgemein **BVerfGE** 26, 172 (180 f.); 22, 180 (205); 17, 172 (182); 11, 266 (272 ff.).

1332 Siehe **K. Lange** (1977), S. 875 und **A. von Mutius** (1980), S. 153.

1333 **R. Altenmüller** (1981 b), S. 619 f.

Die Streitfrage, ob sich an dieser Grundwertung etwas seit der Konstitutionalisierung der GRW geändert hat, kann nicht mit einem Hinweis auf **Art. 91 a GG** beantwortet werden [1334]. Auch wenn alle drei Gemeinschaftsaufgaben für die Stellung der Kommunen innerhalb des politischen Systems und für die Erfüllung ihrer (infrastrukturellen) öffentlichen Daseinsvorsorgeaufgaben eine eminente Bedeutung haben, werden durch Art. 91 a GG dennoch Selbstverwaltungskompetenzen kommunalverfassungsrechtlicher Art unmittelbar nicht berührt [1335]. Vor allem wird die Institution der kommunalen Selbstverwaltung nicht dadurch beeinträchtigt, daß bestimmte Landesaufgaben nunmehr von Bund und Ländern gemeinsam in Angriff genommen werden [1336]. Folglich kann Art. 91 a Abs. 1 GG selbst keine direkte Sperrwirkung z. B. derart installieren, daß es den kommunalen Gebietskörperschaften verwehrt wäre, nach eigenem Befinden und unter alleiniger Kostentragung eigenständige Förderungsprogramme aufzulegen.

Nun vertritt allerdings **Kliemann** die Ansicht, infolge der Ende der sechziger und zu Beginn der siebziger Jahre eingetretenen Verrechtlichung auf dem Gebiet der regionalen Wirtschaftspolitik, hauptsächlich durch die weitgehende Änderung ihrer formalen Struktur als (frühere) gesetzesfreie Verwaltung hin zur gesetzlich im **Gesetz über die Gemeinschaftsaufgabe "Verbesserung der regionalen Wirtschaftsstruktur"**, im **Investitionszulagengesetz** und im **Zonenrandförderungsgesetz** abgesicherten Verwaltung, könne die regionale Strukturförderung in Form der direkten Subventionierung nicht mehr als Aufgabe einer Gemeinde oder eines Gemeindeverbandes betrachtet werden [1337]. Auch nach **Altenmüller** hat der Gesetzgeber mit dem Erlaß der die GRW ausfüllenden Regelungen zum Ausdruck gebracht, daß er die regionale Wirtschaftsförderung, die mit den Mitteln der betriebsbezogenen Förderung arbeite, als eine staatliche

---

1334 In diese Richtung zielt jedoch R. Altenmüller (1981 a), S. 207 f.
1335 W. Henrichs (1968), S. 75 f.; H.-P. Steinmetz (1982), S. 79; B. Tiemann (1970 d), S. 62.
1336 T. Maunz (1980), Art. 91 a RdNr. 69; B. Tiemann (1970 d), S. 62.
1337 H. Kliemann (1978), S. 6, 8, 9 und 11.

Aufgabe ansehe [1338]. Wäge man die Förderkompetenz der kommunalen Ebene aufgrund ihres Selbstverwaltungsrechtes auf der einen und die spezialgesetzlich ausgeprägte staatliche Förderzuständigkeit auf der anderen Seite gegeneinander ab, so gehe im Kollisionsfalle die speziellere Kompetenz vor, weshalb einzelbetriebliche Förderungsmaßnahmen der kommunalen Gebietskörperschaften, die Bund und Länder bei der Erfüllung ihres gesetzlichen Auftrages zur regionalen Wirtschaftsförderung behinderten, außerhalb des verfassungsrechtlich geschützten kommunalen Wirkungskreises stünden [1339].

Jenen Betrachtungen aus der Sicht der Staatsverwaltung ist selbstverständlich zuzugeben, daß staatliche Entscheidungen gegen die Zuständigkeit der Kommunen "im Rahmen der Gesetze" getroffen werden dürfen, indem die kommunale Aufgabe entweder gesetzlich entzogen oder konkreten gesetzlichen Einbindungen unterworfen wird, solange dabei der Kernbereich der kommunalen Selbstverwaltung unberührt bleibt [1340]. Gerade dies ist jedoch durch die drei genannten Wirtschaftsförderungsgesetze nicht geschehen: weder haben sie einen Aufgabenentzug oder eine konkrete Inpflichtnahme der kommunalen Strukturförderung in den Dienst der staatlichen Förderpolitik ausgesprochen noch läßt sich eine solche Deutung erkennbar aus ihrem Normengeflecht herauslesen. Obwohl das Gesetz über die Gemeinschaftsaufgabe "Verbesserung der regionalen Wirtschaftsstruktur" sowie auch das Investitionszulagen- und das Zonenrandförderungsgesetz die Qualität von "Gesetzen" im Sinne des Art. 28 Abs. 2 GG aufweisen, sie also die kommunale Selbstverwaltung in ihrem Umfange wirksam begrenzen könnten, lassen ihre Vorschriften in keinem Punkte erkennen, daß sie die kommunale Wirtschaftsförderung ausdrücklich oder stillschweigend in allgemeiner oder nur in spezieller Hinsicht einschränken oder gar unterbinden wol-

---

1338 R. Altenmüller (1981 b), S. 622.
1339 Ders. (1981 a), S. 207 f. Die gleiche Rechtsansicht enthalten die Hinweise der Innenministerkonferenz zur kommunalen Wirtschaftsförderung vom 12.3.1981, auf denen die oben auf S. 231 auszugsweise wiedergegebenen Empfehlungen der Ministerkonferenz und des PRW beruhen.
1340 Zu Inhalt und Schranken der kommunalen Garantienorm siehe K. Stern, Zur Lage der kommunalen Selbstverwaltung, in: P. Oberndorfer/H. Schambeck (Hrsg.), Verwaltung im Dienste von Wirtschaft und Gesellschaft, Festschrift für L. Fröhler zum 60. Geburtstag, Berlin-München 1980, S. 473 ff. (480).

len[1341]. Die bloße Vergesetzlichung der staatlichen Regionalförderung reicht mithin allein noch nicht aus, um etwaige Konflikte zwischen der regionalen und der kommunalen Wirtschaftssstrukturpolitik zugunsten der gesamtstaatlichen Entwicklungskonzeption der GRW aufzulösen.

Auch das in § 2 Abs. 1 Satz 3 GRWG verankerte Schwerpunktsystem, wonach sich die Regionalförderung auf sachliche und räumliche Schwerpunkte konzentrieren soll, ist für sich genommen nicht geeignet, betriebsbezogene Förderungsmaßnahmen der Gemeinden und Landkreise zu untersagen. Zunächst einmal erfaßt diese Gesetzesbestimmung nach ihrem insoweit eindeutigen Wortlaut und ihrer gesetzessystematischen Stellung lediglich die gemeinsame Förderung der in § 1 Abs. 1 GRWG genannten Maßnahmen durch den Bund und die Länder, erstreckt sich folglich schon nicht einmal mehr auf die landesinterne Wirtschaftsentwicklungspolitik außerhalb der GRW geschweige denn auf die direkten Gewerbeförderungen durch die kommunalen Selbstverwaltungseinheiten. Davon abgesehen konkretisiert § 2 Abs. 1 Satz 3 GRWG die sektoralen und regionalen Konzentrationsprinzipien der Bund-Länder-Gemeinschaftsförderung (Primäreffekt, Schwerpunktorte, Förderpräferenzen) selbst nicht, sondern ermächtigt vielmehr nur den Planungsausschuß für regionale Wirtschaftsstruktur, dementsprechende Förderschwerpunkte in der Rahmenplanung vorzuschreiben. Eine rechtsverbindliche und damit unter Umständen "sperrende" Schwerpunktsetzung erfolgt demnach - wenn überhaupt - erst durch den Normenkomplex des Rahmenplanes, nicht jedoch bereits durch das Gemeinschaftsaufgabengesetz als solches. Eine reine "Interessenabwägung" der sektoral und regional gewichteten und gesamträumlich orientierten staatlichen gegenüber den lediglich an lokalen Besonderheiten ausgerichteten kommunalen Förderkompetenzen reicht aber zur Beschneidung des Rechts der Kommunen auf Wirtschaftsförderung nicht aus [1342]. Denn der in Art.

[1341] Ausführlich K. Lange (1981 a), S. 110 ff.

[1342] Auch R. Altenmüller (1981 a), S. 208 und (1981 b), S. 622 scheint selbst Bedenken gegen seine Argumentationsweise zu verspüren, da er denjenigen Lesern, die seine "Methodik" der Abwägung der staatlich-kommunalen Förderungszuständigkeiten ablehnen, im darauf folgenden Abschnitt seiner Ausführungen eine entschärfte Ersatzlösung anbietet.

28 Abs. 2 GG normierte Vorbehalt des Gesetzes will die kommunale Selbstverwaltung nicht ohne Grund vor gesetzlosen Eingriffen schützen[1343].

Gleichwohl kann eine Einschränkung des kommunalen Handlungsspielraumes nicht allein durch, sondern auch aufgrund eines formellen Gesetzes erfolgen[1344], z. B. durch eine Rechtsverordnung oder einen administrativen Einzelakt, sofern diese nur auf eine hinreichend bestimmte Gesetzesgrundlage zurückgeführt werden können[1345]. Denkbar wäre deshalb, daß der **Rahmenplan** der GRW ein solches kommunalen Wirtschaftssubventionen Grenzen ziehendes untergesetzliches Normengebilde darstellt. Da die Rahmenplanregelungen allerdings kein generelles Verbot betriebsbezogener Kommunalförderungen enthalten[1346], könnte der rechtliche Anknüpfungspunkt einer Sperrwirkung allenfalls in den Festlegungen über die sachlichen und räumlichen Förderprämissen, d. h. in dem im Rahmenplan konkretisierten Schwerpunktsystem zu sehen sein. Nach seinem eigenen Selbstverständnis ist der Rahmenplan hingegen nur "für die Erfüllung der Gemeinschaftsaufgabe maßgeblich(.)"[1347]. Folgerichtig dürfen mit den GA-Mitteln "volkswirtschaftlich besonders förderungswürdige Investitionen der gewerblichen Wirtschaft" (sachliches Outputziel) "nur in den im Rahmenplan ausgewiesenen Fördergebieten unter Beachtung des Schwerpunktprinzips" (räumliches Outputziel) gefördert werden[1348]. Andere öffentliche Finanzhilfen dagegen unterliegen hiernach nicht den Konzentrationsmaximen der Bund-Länder-Rahmenplanung. Ebenso wie schon dem

---

1343 A. von Mutius (1980), S. 40.

1344 H. M., siehe A. von Mutius (1980), S. 38 m. w. Nachw.; W. Roters (1976), Art. 28 RdNr. 51; B. Schmidt-Bleibtreu/F. Klein (1980), Art. 28 RdNr. 11; K. Stern (1972), S. 167.

1345 Argumentum ex Art. 80 Abs. 1 Satz 2 GG, siehe grundlegend BVerfGE 26, 228 (237); a. A. T. Maunz (1977), Art. 28 RdNr. 51, der den Begriff "Gesetz" ausschließlich im förmlichen Sinne versteht.

1346 Zu derartigen Überlegungen G. Seele (1982), S. 60 FN 34. Der 11. **Rahmenplan** selbst, aaO (Anm. 13), S. 14 Tz. 7, läßt in seinen Empfehlungen zur kommunalen Wirtschaftsförderung direkte Gewerbeförderungen "ausnahmsweise" zu.

1347 Vgl. 11. Rahmenplan, aaO (Anm. 13), S. 8 Tz. 3.2.

1348 Ebendort, S. 20 Tz. 1.2. und Tz. 1.1.

Gesetz über die Gemeinschaftsaufgabe "Verbesserung der regionalen Wirtschaftsstruktur" können somit auch dem Rahmenplan der GRW keine unmittelbaren Rechtswirkungen in Bezug auf die Gewerbeförderungspolitik der Kommunen beigemessen werden. Darüber hinaus scheitert die Annahme einer Sperrwirkung der Rahmenplanung unabhängig von der Rechtsnatur des Rahmenplans als "staatsleitendem Gesamtakt"[1349] bereits daran, daß dem Gemeinschaftsaufgabengesetz keinerlei Hinweis darauf zu entnehmen ist, daß es zum Erlaß eines Planes ermächtige, der (konterkarierende) kommunale Wirtschaftsentwicklungsaktionen untersagen wolle[1350]. Infolgedessen genügt schon die gesetzliche Ermächtigungsgrundlage zur Planung nicht dem "Vorbehalt des Gesetzes" in Art. 28 Abs. 2 GG, wie er auch für administrative Beschränkungen der kommunalen Selbstverwaltung Geltung beansprucht[1351]. Aus dem gleichen sachlichen Grunde können im übrigen auch die **ERP-Programme** nicht die kommunale Gewerbeförderung einschränken, da weder das ERP-Verwaltungsgesetz noch das jährliche ERP-Wirtschaftsplangesetz eine hinreichend konkretisierte Ermächtigung enthalten, eigenständige kommunale Strukturverbesserungsaktivitäten zu limitieren[1352]. Nach alledem ist eine absolute Sperrwirkung der Gemeinschaftsaufgabe und ihrer rechtlichen Regelungen gegenüber den kommunalen Gebietskörperschaften abzulehnen. In dieser Hinsicht trifft die Feststellung **Webers** im Jahre 1964 vor dem 45. Deutschen Juristentage auch heute noch zu:

> "Wenn man es für richtig hält, Vorsorge dagegen zu treffen, daß die Gemeinden ihrerseits Wirtschaftsförderungsmaßnahmen treffen, die die regionale Wirtschaftsförderung durch Bund und Länder durchkreuzen, dann müßte in die Raumordnungsgesetzgebung des Bundes und der Länder oder jedenfalls der Länder eine Vorschrift aufgenommen werden, die die rechtliche Unzulässigkeit eines solchen Verfahrens außer Zweifel stellt"[1353].

1349 Siehe oben S. 103.
1350 So mit Recht K. **Lange** (1981 a), S. 112.
1351 Zum Diskussionsstand A. von **Mutius** (1980), S. 38 f.
1352 H.-P. **Steinmetz** (1982), S. 80. Anders K. **Lange** (1981 a), S. 115, der trotz der beiden ERP-Gesetze (siehe oben Anm. 830 und 831) davon ausgeht, daß die ERP-Richtlinien auf keinen hinreichenden gesetzlichen Grundlagen beruhen.
1353 W. **Weber**, Entspricht die gegenwärtige kommunale Struktur den Anforderungen der Raumordnung? Empfehlen sich gesetzgeberische Maßnahmen der Länder und des Bundes? Welchen Inhalt sollten sie haben?, in: Ständige Deputation des DJT (Hrsg.), Verhandlungen des 45. DJT Bd. I (Gutachten), München-Berlin 1964, Teil 5, S. 53.

b) Die Lehre von der Bindungswirkung

Kann folglich im gegenwärtigen Netz der Verrechtlichung der regionalen Wirtschaftsförderung die Koordinationsfunktion der GRW mit einer generellen Sperrwirkung zu Lasten autonomer Wirtschaftsentwicklungspolitiken rechtlich keinesfalls begründet werden, so darf aus diesem Befund noch nicht im Wege eines "argumentums e contrario" gefolgert werden, die im Grundsatz zulässigen gebietsbezogenen Strukturförderungen der Länder und Kommunen unterlägen keinerlei weiteren rechtlichen Bindungen. Die Großzahl der Autoren nämlich, die zu Recht eine Sperrwirkung der Gemeinschaftsaufgabe ablehnen, sehen gleichwohl eine Rechtspflicht der nachgeordneten Gebietskörperschaften, ihre eigenen Gewerbeförderungsmaßnahmen wenigstens auf das regionalpolitische Handlungsmodell der GRW abzustimmen. Auf den ersten Blick offerieren sich solche strukturpolitischen Ausgleichsbestrebungen als durchaus bestechende Alternative zur Sperrwirkungsthese, scheinen sie doch die reale Chance für die Entwicklung brauchbarer Abgrenzungskriterien zu eröffnen, die einerseits den beteiligten Planungsträgern ein Höchstmaß an Entscheidungs- und Gestaltungsfreiheit belassen und andererseits versprechen, die differierenden Förderprogramme sachgerecht gegeneinander auszubalancieren und gesamträumlich zu koordinieren. Doch wird im Unterschied zum Postulat einer absoluten Sperrwirkung die materielle Berechtigung der relativen Bindungswirkung der Gemeinschaftsaufgabe nicht nur von der Schlüssigkeit ihrer rechtlichen Konstruktion abhängen - hieran ist ja bereits die Sperrwirkungsthese gescheitert - sondern auch dadurch bestimmt, ob es ihr gelingt, empirisch nachprüfbare Konstellationen anzugeben, unter denen die inneradministrative Durchsetzung des Gemeinschaftsaufgabenprogramms durch konkurrierende Förderungskonzepte behindert oder unterlaufen wird ("Konterkarierungsthese").

aa) Normative Begründungsversuche

All dessen eingedenk steht in nicht wenigen offiziellen Stellungnahmen geschrieben, zusätzliche Regionalförderungen der Länder dürften nicht gegen die "Grundsätze" der GRW gerichtet sein [1354] oder nicht die "Zwecke" der Rahmenplanung vereiteln [1355] oder nicht deren "Zielen" zuwiderlaufen [1356]. Kisker äußert sich in dem Sinne, daß es den Ländern untersagt sei, dem vom Planungsausschuß festgelegten "Kurs" geradewegs entgegenzusteuern [1357]. Desgleichen führt Wild aus, die landesinterne Wirtschaftsförderung sei dann verfassungsrechtlich zweifelhaft, wenn die "Wirkungen" der Rahmenplanung wesentlich relativiert oder durchkreuzt würden [1358]. Andere Autoren meinen wiederum, daß die Länder bei ihren Förderaktivitäten, die sie außerhalb der GRW durchführen, nur darauf zu achten hätten, das im Rahmenplan gesetzte Präferenzsystem z. B. durch deutlich abgestufte Förderintensitäten in seiner Wirksamkeit nicht zu beeinträchtigen [1359]. Auch das **Bundesverwaltungsgericht** scheint einer Bindungswirkung der GRW nicht abgeneigt gegenüberzustehen, wenn es ausspricht, daß die Länder im Bereich ihrer Verwaltungskompetenzen die von Art. 91 a GG ausgehende "Sperrwirkung" (in der hier verwandten Terminologie meint das Gericht die "Bindungswirkung") zu beachten haben [1360] und sich zur Rechtfertigung seines obiter dictums auf die entsprechenden Betrachtungen von **Maunz** und **Frowein** beruft. Diejenigen Autoren, die sich der Mühe unterzogen haben, nach einer Rechtsgrundlage für die aufgestellten

---

1354 W. Cholewa (1972 a), S. 230 und (1972 b), S. 175; F. Klein (1972), S. 298 f.

1355 H. C. F. Liesegang (1978), Art. 91 a RdNr. 41; I. von Münch (1973), S. 73; C. Wagner (1976), S. 172 f.

1356 W. Albert (1971), S. 12; J. A. Frowein (1973), S. 34 und 49 LS 11; T. Maunz (1980), Art. 91 a RdNr. 67; H. Mehrländer/D. Louda (1981 a), S. 7 und (1981 b), S. 16; B. Schmidt-Bleibtreu/F. Klein (1980), Art. 91 a RdNr. 15; R. Wahl (1981), S. 329 f.

1357 G. Kisker (1971), S. 288.

1358 K.-P. Wild (1978), S. 14.

1359 P. Becker (1977), S. 36 f. und (1971), S. 13; ders., in: A. Baestlein (1977), S. 61; K. Geppert/K. Hornschild (1979), S. 25; H. Mehrländer/D. Louda (1981 a), S. 15; Seifert-Geeb (1970), S. 166 a.

1360 BVerwG DVBl. 1980, S. 644 f. (645).

Einschränkungen der Landeszuständigkeiten zu forschen, leiten die vermeintliche verfassungsrechtliche Anpassungspflicht der Landesförderungen an das Handlungsmodell der GRW entweder direkt aus Art. 91 a GG ab[1361] oder verweisen auf den von Smend[1362] herausgearbeiteten und von der Rechtsprechung des **Bundesverfassungsgerichts**[1363] verfestigten ungeschriebenen Verfassungsgrundsatz des bundesfreundlichen Verhaltens[1364].

In ganz ähnlicher Weise verfährt ein Teil der kommunalwirtschaftlichen Literatur. Soweit nicht sowieso schon allgemeine Schranken im Rahmen der staatlich-kommunalen Rechtsordnung eingreifen, sollen kommunale Gewerbeförderungsmaßnahmen dort ihre Grenze finden, wo sie "im Gegensatz zu den auf das Staatsgebiet oder die Region bezogenen Wirtschaftsförderungsmaßnahmen des Staates stehen"[1365]. Danach dürfen die Kommunen durch ihre Aktivitäten nicht die staatliche Förderpolitik infrag stellen, was bedeutet, daß sie vor allem das von Bund und Ländern geschaffene und in sich abgestufte Fördersystem der GRW nicht bedrohen dürfen[1366]. Insbesondere aus dem Gesamtzusammenhang der Regelungen der Gemeinschaftsaufgabe ergebe sich eine rechtliche Verpflichtung der kommunalen Selbstverwaltungskörperschaften, die im jeweils maßgeblichen Rahmenplan und in den Regionalen Aktionsprogrammen vorgesehenen Förderpräferenzen bei dem Gebrauch ihres kommunalpolitischen Ermessens zu

---

1361 I. von Münch (1973), S. 73; C. Wagner (1976), S. 172 f.

1362 R. Smend, Ungeschriebenes Verfassungsrecht im monarchischen Bundesstaat (1916), in: ders., Staatsrechtliche Abhandlungen, Berlin 1955, S. 39 ff. (51). Grundlegend aus neuerer Sicht H. W. Bayer, Die Bundestreue, Tübingen 1961, insbes. S. 23 ff. und 77 ff. sowie K. Stern (1977), S. 544 ff.

1363 Etwa BVerfGE 34, 9 (20 f., 38 f. und 44 f.); 12, 205 (255 ff.).

1364 G. Kisker (1971), S. 288; T. Maunz (1980), Art. 91 a RdNr. 67; G. Seele (1982), S. 57; K.-P. Wild (1978), S. 14.

1365 F.-L. Knemeyer (1981), S. 21; ders./B. Rost-Haigis (1981), S. 247. Für die Zeit vor der Konstitutionalisierung der GRW schon F. Möller (1963), S. 51. Abgeschwächt formulieren die Grundsätze kommunaler Wirtschaftsförderung des DST, daß die Städte bei ihrem strukturpolitischen Tun die übergeordneten Ziele der staatlichen Strukturpolitik zu berücksichtigen haben und daß betriebsindividuelle Fördermaßnahmen nur ausnahmsweise in Betracht kommen, Präsidium des DST (1976), S. 196 und 197. Ähnlich die Empfehlungen der Innenministerkonferenz und des PRW, aaO (Anm. 1052 f.).

1366 H.-J. von der Heide (1981 c), S. 29; H. Kliemann (1978), S. 8 und 10; F.-L. Knemeyer (1980), S. 505.

beachten[1367]. Im allgemeinen wird zur Begründung dieser Auffassungen wiederum das der Verfassungsordnung immanente Gebot der Bundes- und Landestreue angeführt, welches als zwar schwer justitiable, aber nichtsdestotrotz verbindliche Rechtsausübungsschranke kommunaler Strukturpolitik angesehen wird[1368]. Darüber hinaus stößt nach Meinung von der Heides eine extensive kommunale Wirtschaftsförderung dort an Grenzen, wo sie zu tiefgreifenden Benachteiligungen anderer Kommunen führen würde[1369]. Als normativer Ansatzpunkt dient ihm der auf Treu und Glauben zurückzuführende Grundsatz der kommunalen Solidarität[1370].

In Anbetracht ihrer gleichlautenden Argumentation können die vorgestellten Lösungsansätze im Unterschied zur These von der absoluten Sperrwirkung als Lehre von der relativen Bindungswirkung der Gemeinschaftsaufgabe gegenüber landeseigener und kommunaler Strukturförderung bezeichnet werden. Zunächst erscheint es indes schon für die **Bund-Länder-Kooperation** mehr als zweifelhaft, ob sich eine Anpassungspflicht der Landesförderungen - wie vereinzelt angenommen wird - direkt aus Art. 91 a GG herauslesen läßt. Diese Verfassungsbestimmung behandelt nach ihrem Wortlaut, Sinn und Zweck nur die gemeinschaftliche Erfüllung einzelner Landesaufgaben durch Bund und Länder und stellt nach ihrer Entstehungsgeschichte es den Landesverwaltungen ausdrücklich frei, derartige öffentliche Aufgaben auch außerhalb der gemeinsamen Rahmenplanung nach eigenem Befinden durchzuführen[1371].

1367 R. Altenmüller (1981 a), S. 208 und (1981 b), S. 622.
1368 R. Altenmüller, ebenda; H.-J. von der Heide (1981 c), S. 29 und (1976), S. 177; F. K. von Kempis (1970), S. 295; T. Maunz (1980), Art. 91 a RdNr. 70; G. Seele (1982), S. 57; vgl. a. B. Schmidt-Bleibtreu/F. Klein (1980), Art. 91 a RdNr. 15.
Auf die sog. Rechtspflicht zu bundes- und landesfreundlichem Verhalten stützen sich auch die Empfehlungen zur kommunalen Wirtschaftsförderung der **Innenministerkonferenz** vom 12.3.1981 und des **Planungsausschusses der GRW** vom 22.3.1982. Allgemein zum staatsfreundlichen Verhalten der Kommunen F. K. von Kempis (1970), insbes. S. 61 ff. und L. Macher, Der Grundsatz des gemeindefreundlichen Verhaltens, Berlin 1971, S. 143 ff.
1369 H.-J. von der Heide (1981 c), S. 29 f.
1370 Vgl. dazu schon F. K. von Kempis (1970), S. 31 ff.
1371 Siehe oben S. 299.

Auch der Berufung auf das wenig präzisierte Prinzip der Bundestreue gilt es mit Vorsicht zu begegnen. Einerseits enthält der im Bundesstaat geltende verfassungsrechtliche Grundsatz des Föderalismus zwar die Rechtspflicht des Bundes und seiner Untergliederungen zu "bundesfreundlichem Verhalten"[1372]. Aus diesem ungeschriebenen Verfassungsprinzip[1373] folgen denn auch konkrete, über die in der bundesstaatlichen Verfassung ausdrücklich normierten verfassungsrechtlichen Pflichten hinausgehende zusätzliche Pflichten der Länder gegenüber dem Bund[1374]. Dieses Gebot zu "gemeinschaftsfreundlichem Verhalten"[1375] kommt dann zum Tragen, wenn zwischen dem Bund und einem Land ein konkretes verfassungsrechtliches Verhältnis besteht – hier die Planung und Durchführung der Gemeinschaftsaufgabe nach Art. 91 a Abs. 1 Ziff. 2 GG – aus dem sich ein Recht des Bundes (oder des Landes) ergibt, von dem der Bund (oder das Land) mit Rücksicht auf die Pflicht zu bundesfreundlichem Handeln einen bestimmten Gebrauch nicht machen darf[1376]. Der Grundsatz der Bundestreue fordert daher, daß sowohl der Bund als auch die Länder bei der Wahrnehmung ihrer bestehenden Kompetenzen die gebotene und ihnen zumutbare Rücksichtnahme auf das wohlverstandene Gesamtinteresse des Bundesstaates und die Belange der übrigen Länder üben[1377]. Im Kern soll jedes Land verpflichtet sein, nicht auf die Durchsetzung eingeräumter Positionen zu dringen, die elementare Interessen eines anderen Landes schwerwiegend beeinträchtigen würde[1378].

Doch ist andererseits zu bedenken, daß diese bundesstaatliche Kompetenzausübungsschranke nicht politische Spannungen zwischen Bund und Ländern bzw. zwischen den Ländern lösen soll[1379]. Gerade

---

[1372] So bereits **BVerfGE** 1, 299 (315).

[1373] **BVerfGE** 12, 205 (254).

[1374] Zu den wichtigsten Fallgruppen siehe **K. Stern** (1977), S. 547 f.

[1375] So die Begriffsbildung von **R. Herzog** (1980), Art. 20 RdNr. IV, 64. **K. Stern** (1977), S. 545 spricht von "bündnisfreundlichem Verhalten".

[1376] Vgl. **BVerfGE** 21, 312 (326); 12, 205 (249 und 254 ff.); 8, 122 (138 f.); 6, 309 (361 f.); 4, 115 (140 f.); 1, 299 (315 f.).

[1377] **BVerfGE** 32, 199 (218).

[1378] **BVerfGE** 34, 216 (232).

[1379] **P. Busse** (1981), S. 139.

die Weite und Unbestimmtheit dieses Verfassungsgebotes erfordern "äußerste Zurückhaltung" in seiner Verwendung als judikative Streitentscheidung [1380]. Deshalb wird man die Bundestreue nur dann als verletzt ansehen können, wenn ein Land die ihm aus der bundesstaatlichen Kompetenzordnung zustehenden Rechte "offenbar mißbraucht" [1381]. Diese Feststellung setzt wohl nicht den Nachweis der "Treulosigkeit" oder "Böswilligkeit" eines Landes voraus; sie impliziert überhaupt keinen "Vorwurf" [1382]. Dennoch müßte im Falle einer Bindungswirkung aufgezeigt werden können, daß eine regional wie sektoral anders als im Gemeinschaftsaufgabenprogramm gewichtete Landesstrukturpolitik die Belange des Gesamtstaates und/oder die anderer Länder "mißbräuchlich" und "in unvertretbarer Weise" schädigt oder beeinträchtigt [1383]. Mit anderen Worten muß die Beweisführung angetreten werden, daß landesspezifische Regionalförderungen die intendierten gesamträumlichen Wirkungen der GRW untergraben bzw. wenigstens abschwächen. Vor einer übertriebenen Anwendung des bundesstaatlichen Treuegedankens auf die Bund-Länder-Kooperation in der regionalen Wirtschaftsstrukturpolitik sei daher alles in allem gewarnt.

Demgegenüber läßt sich im **Verhältnis des Staates zu den Kommunen** eine wirksame Einschränkung der kommunalen Gewerbesubventionierung schon von Rechts wegen in keinem Falle auf eine Treuepflicht zwischen Kommunen und Staat (staatsfreundliches Verhalten) oder der Kommunen untereinander (kommunale Solidarität) stützen. Denn hierbei handelt es sich bloß um ungeschriebene Rechtssätze, die schwerlich dem Vorbehalt des Gesetzes genügen, wie er in Art. 28 Abs. 2 GG verankert ist (Schrankenziehung nur durch oder aufgrund eines formellen Gesetzes) [1384]. Überdies kann das Prinzip der

---

[1380] K. Hesse, Grundzüge des Verfassungsrechts der Bundesrepublik Deutschland, 12. Aufl. Karlsruhe 1980, S. 110; ihm folgend E. Denninger (1979), S. 124.

[1381] R. Herzog (1980), Art. 20 RdNr. IV, 63 in einer zusammenfassenden Deutung der Rspr. des BVerfG.

[1382] BVerfGE 8, 122 (140);. B. Schmidt-Bleibtreu/F. Klein (1980), Art. 20 RdNr. 6 a.

[1383] Vgl. zum Prüfungsmaßstab BVerfGE 34, 9 (44); 34, 216 (232); 14, 197 (215); 12, 205 (239 f. und 254 ff.) und R. Herzog (1980), Art. 20 RdNr. IV, 63.

[1384] In diesem Sinne M.-A. Butz (1980), S. 174; K. Lange (1981 a), S. 120; A. von Mutius (1980), S. 153; H.-P. Steinmetz (1982), S. 80.

Bundestreue nicht ohne weiteres von den Bund-Landes auf die Staat-Kommune-Beziehungen übertragen werden. Anders als die Bundesländer unterliegen nämlich die kommunalen Körperschaften in ihren eigenverantwortlichen Selbstverwaltungsangelegenheiten und Aufgabenbereichen bereits einer gesetzlich geregelten Rechts-(Staats-)Aufsicht, deren normative Steuerungspotentiale ihnen gegenüber wesentlich umfangreicher ausgebildet sind als die normativen Einflußmöglichkeiten des Bundes auf die Landesbehörden [1385].

Mithin erscheint es auch aus rechtstheoretischen Gründen fragwürdig, den Gedanken der bundesstaatlichen Bündnistreue auf das Verhältnis des Staates zu den Kommunen analog anzuwenden [1386], sieht man einmal von der solchen Überlegungen von vorneherein entgegenstehenden Schutzfunktion des verfassungsrechtlichen Gesetzesvorbehalts ab. Im übrigen würde im konkreten Streitfalle ein Gebrauch dieses föderativen Treueprinzips schließlich daran scheitern, daß es das Vorhandensein eines (gesetzlich oder vertraglich) begründeten Rechtsverhältnisses zwischen den am "Bündnis"[1387] Beteiligten voraussetzt, eine solche unmittelbare Rechtsbeziehung zwischen den die regionale Strukturpolitik durchführenden Bundes- und Landesbürokratien und den direkte Gewerbeförderung betreibenden kommunalen Instanzen jedoch nicht besteht – die Kommunen sind an dem Programmplanungs- und -implementierungssystem der GRW nicht direkt beteiligt – und auch durch den Grundsatz des bundes- bzw. landesfreundlichen Verhaltens selbst nicht begründet werden kann [1388].

1385 Hierzu K. Lange (1981 a), S. 116 f. Mit dieser Feststellung soll nicht darüber entschieden sein, daß diese aufsichtsrechtlichen Steuerungsmittel des Staates auch tatsächlich gegenüber den kommunalen Körperschaften eingesetzt werden (können) – siehe dazu unten S. 358 ff. – doch stellt sich das Vollzugsproblem für die Durchsetzung der Bundes- und Landestreue gleichermaßen.

1386 Bekanntlich erfordert eine Rechts- bzw. Gesetzesanalogie sowohl das Bestehen einer Regelungslücke als auch die Vergleichbarkeit der Interessenlage des nicht geregelten Sachverhaltes mit dem bereits normierten Tatbestand, siehe K. Engisch, Einführung in das juristische Denken, 7. Aufl. Stuttgart-Berlin-Köln-Mainz 1977, S. 146 ff. und K. Larenz, Methodenlehre der Rechtswissenschaft, 3. Aufl. Berlin-Heidelberg-New York 1975, S. 366 ff.

1387 BVerfGE 1, 299 (315).

1388 In Bezug auf das Bund-Länder-Verhältnis ausdrücklich BVerfGE 42, 103 (117); 21, 312 (326); 13, 54 (75) und K. Stern (1977), S. 546.

In dem täglichen Geschäft der Wirtschaftsförderung freilich können all die geäußerten rechtlichen Bedenken auf sich beruhen, wenn sich herausstellen sollte, daß die behaupteten Rechtsausübungsschranken der wirtschaftspolitischen Kompetenzen der Länder und Kommunen in der Praxis sowieso nicht greifen. Der Leitsatz, daß die nachgeordneten Gebietskörperschaften in ihrer Programmplanung und -implementierung an eine übergeordnete Förderungskonzeption gebunden sind und sie nicht einfach durch konkurrierende und kontrastierende Förderungen untergraben dürfen, läßt sich theoretisch leicht formulieren, "hat aber im tatsächlichen Vollzug Haken und Ösen"[1389]. Die postulierte Bindung der Landes- und Kommunalförderungen an die "Grundsätze", "Zwecke" und "Ziele" der GRW und die damit verbundene Verpflichtung der autonomen Wirtschaftsentwicklungspolitiken, die "Wirkungen" der Rahmenplanung und ihres Präferenzgefälles nicht zu durchkreuzen, verlangen nämlich auf der empirischen Ebene den Beweis, daß die strukturpolitischen Aktivitäten der Länder und Kommunen gegenüber dem Gemeinschaftsaufgabenprogramm tatsächlich konterkarierende oder zumindest neutralisierende Effekte auslösen. Denn anderenfalls - wenn entweder die Regionalförderung nach der Gemeinschaftsaufgabe oder die Landes- und Kommunalförderungen oder alle zusammen regionalökonomisch völlig wirkungs-, d. h. folgenlos verfahren - ließen sich rechtliche Bedenken gegen rahmenplanwidrige Strukturpolitiken seitens der Bundesländer und kommunalen Gebietskörperschaften nur noch auf eine Art landes- bzw. kommunalpolitischen "Gesinnungsunwert"[1390] stützen. Eine "verwerfliche" Gesinnung ist für sich allein jedoch nicht "strafbar"; hinzutreten muß vielmehr noch der Handlungserfolg mindestens im Grade einer Gefährdung der Fördererfolge der GRW. Worauf es also letztlich ankommt, ist aufzuzeigen, in welchen denkbaren Konstellationen regionalpolitische Zielkonflikte zwischen dem Fördersystem der GRW auf der einen und den autonomen Förderungskonzeptionen auf der anderen Seite theoretisch überhaupt auftreten können, um sodann zu bestimmen, welches konkrete Stör-

---

[1389] H.-J. von der Heide (1981 c), S. 29.
[1390] Im Hinblick auf die kommunale Wirtschaftsförderung H. Faber (1982), S. 33.

potential der Vergabe regionalorientierter Subventionen wirklich innewohnt und welche strukturpolitische Lenkungsfunktion dem Einsatz von Finanzhilfen im betrieblichen Standortsuchprozeß schlechthin beizumessen ist.

bb) Regionalpolitische Zielkonflikte

In der bisherigen Darstellung wurde der Frage nachgegangen, inwieweit sich die Wirtschaftsentwicklungspolitik auf Landes- und kommunaler Ebene in programmatischer Hinsicht kontraintentional zum Handlungsmodell der GRW verhält. Unter jenem Aspekt der Politikformulierung ging es vor allem un zwei Argumentationsstränge, nämlich in welchem Ausmaße die landeseigene und kommunale Strukturpolitik die sachlichen und räumlichen Diskriminierungsregeln der GRW (Primäreffekt, Arbeitsplatzkonzeption; Fördergebietseingrenzung, Schwerpunktortesystem) befolgen oder hiervon abweichen. Damit ist zwar das regionalpolitische Konfliktpotential aufgedeckt, doch immer noch nicht empirisch erwiesen, ob die Förderungsaktivitäten der Länder und Kommunen auch tatsächlich die Ziele und Wirkungen der Gemeinschaftsförderung konterkarieren oder wenigstens neutralisieren. Besteht der Zweck einer verwaltungspolitischen Koordination der materiellen Staatstätigkeit generell darin, möglichst viele positive externe Effekte zwischen den verschiedenen Planungsinstrumenten und Handlungsstrategien zu erzeugen, hingegen negative Externalitäten weitgehend zu vermeiden[1391], so folgt hieraus für die im öffentlichen Sektor mit Hilfe der Koordinationsfunktion der GRW zu sichernde Wachstums- und Ausgleichsfunktion regionaler Wirtschaftsstrukturpolitik, daß störende Auswirkungen autonomer Regionalförderungen auf das mit dem Rahmenplan und den Regionalen Aktionsprogrammen intendierte gesamtstaatliche Entwicklungskonzept nur dann behauptet werden dürfen, wenn in der ökonomischen und sozialen Steuerungsdimension der GRW negative externe Effekte in Form von materiellen Zielkonflikten ausgemacht werden können. Die möglichen Zielkonflikte zwischen den prozessual und institutionell getrennten öffentlichen Strukturförderungen sind daher zuerst herauszuarbeiten.

1391 Siehe oben S. 83 und D. Fürst (1982), S. 83.

Als Teilziele des ökonomischen Leitbildes der regionalen Strukturpolitik werden gemeinhin die Sicherung des "Wachstums" und der "Stabilität" der regionalen Wirtschaft genannt[1392]. Eine wachstums- und stabilisierungspolitische Zielintention verfolgt an sich auch die von den Ländern[1393] und den Kommunen[1394] betriebene Wirtschaftsförderung. Das regionalpolitische **Wachstumsanliegen** besteht in der Schaffung der Voraussetzungen für ein gesamtwirtschaftlich optimales Wirtschaftswachstum, in dem die Wachstumsreserven in den Problemgebieten mobilisiert werden, um den Beitrag dieser Gebiete zum volkswirtschaftlichen Wachstum zu erhöhen[1395]. Führen sowohl die Bundesländer als auch die kommunalen Gebietskörperschaften in Räumen, die zu den Förderregionen der GRW zählen, eigenständige Strukturförderungen durch, so richten sich ihre Aktivitäten zusammen mit denen des Bundes auf die anerkannten Problemgebiete und verstärken damit regelmäßig nur die Wirkungen der Strukturpolitik. Sofern die Länder und Kommunen allerdings in eigener Regie Hilfsmaßnahmen in Gebieten inszenieren, die nicht von der GRW erfaßt werden, besteht die Gefahr, daß durch die Erhöhung der dortigen Standortattraktivitäten die Anziehungskraft der Gemeinschaftsfördergebiete beeinträchtigt wird. Doch kann hieraus nicht ohne weiteres auf eine Verletzung des Wachstumsziels geschlossen werden, weil das Wirtschaftswachstum, auch wenn die Gemeinschaftsaufgabe ihre Wachstumsanstrengungen auf die bedürftigsten Regionen konzentrieren mag, gleichwohl ein über diese Gebiete hinausreichendes und allgemein anerkanntes Ziel der Wirtschaftspolitik ist[1396]. Dem selbst von der GRW verfolgten Ziel eines **gesamt**wirtschaftlichen Wachstums[1397] dienen im Ergebnis aber auch die Wirtschaftsentwicklungsstrategien der öffentlichen Hände außerhalb der Bund-Länder-Rahmenplanung.

1392 Siehe oben S. 56 und 58 f.

1393 Z. B. das Bayerische Staatsministerium für Wirtschaft und Verkehr (1970), S. 10 f. und der Minister für Wirtschaft und Verkehr des Landes Schleswig-Holstein (1975), S. 7 f.

1394 Siehe oben S. 252 f.

1395 Grundlegend und statt vieler H. K. Schneider (1968), S. 4.

1396 K. Lange (1981 a), S. 108.

1397 11. Rahmenplan, aaO (Anm. 13), S. 6 f. Tz. 2.2.

Das **Stabilitätsziel** der Gemeinschaftsaufgabe verlangt eine Reduzierung der konjunkturellen und strukturellen Anfälligkeiten der Regionen durch den Abbau und die Vermeidung von Monostrukturen sowie die Schaffung und Erhaltung von Dauerarbeitsplätzen [1398]. Auch unter diesem zweiten ökonomischen Aspekt liegt auf der Hand, daß landeseigene und kommunale Gewerbeförderungen, die zusätzlich zum Einsatz der GRW in deren Aktionsräumen ergriffen werden, ebenfalls dem Zweck der Stabilisierung der regionalen Wirtschaft verpflichtet und auf eine Abschwächung der konjunkturellen Schwankungen und strukturellen Veränderungen gerichtet sind. Insoweit spricht viel für die Annahme, daß sich in diesem Falle die regionalpolitischen Handlungen der verschiedenen öffentlichen Träger eher ergänzen denn unterlaufen. Hingegen ist es wiederum nicht auszuschließen, daß landesspezifische und kommunale Stabilisierungspolitiken in Nichtfördergebieten der GRW die Bemühungen der Rahmenplanung neutralisieren und abschwächen. Dabei ist jedoch zu bedenken, daß das Motiv der Auflockerung einseitiger Wirtschaftsstrukturen als wirtschaftspolitische Richtschnur weder allein auf die Förderregionen der GRW bezogen ist noch auf diese beschränkt werden könnte. Da die stabilisierungspolitische Zielsetzung letztendlich auf eine Verstetigung und gleichgewichtige Entwicklung der regionalen Wachstumsprozesse hinausläuft, dient die regionale Stabilisierungspolitik zumindest mittelfristig auch der Verfestigung des **gesamt**wirtschaftlichen Wachstumsprozesses [1399]. Diese Bestrebungen sind aber auch den Landes- und Kommunalförderungen in den Teilen des Bundesgebietes eigen, die nicht vom Geldsegen der Gemeinschaftsaufgabe beglückt werden.

Somit zeigt sich, daß die autonomen Wirtschaftsentwicklungspolitiken der Landes- und Kommunalverwaltungen in Bezug auf das ökonomische Zielsystem der GRW durchaus positive externe Effekte hervorbringen, wenn sie durch zusätzliche Wachstumsimpulse und Stabilisierungsbemühungen zu erhöhter Effizienz der Allokation der

---

[1398] Erstmals wiederum **H. K. Schneider** (1968), S. 4.
[1399] Expressis verbis der **11. Rahmenplan,** aaO (Anm. 13), S. 7 Tz. 2.2.

Produktionsfaktoren im Raum beitragen. Etwaige ökonomische Zielkonflikte, die um das Begriffspaar "Wachstum" und "Stabilität" kreisen, vermögen demnach die Konterkarierungsthese vollends nicht zu rechtfertigen[1400]. Vielmehr treten negative Externalitäten zwischen den föderalen Strukturpolitiken am ehesten noch hinsichtlich der Ausgleichsfunktion der regionalen Strukturpolitik (Gerechtigkeit der Allokation)[1401] auf.

Das regionalpolitische Ziel sozialer Gerechtigkeit besteht in der Vermeidung bzw. Beseitigung interregionaler Disparitäten in der Verteilung der durchschnittlichen Pro-Kopf-Realeinkommen[1402] und in gewissem Maße auch in der Versorgung der Bevölkerung mit öffentlichen und privaten Dienstleistungen[1403]. Dieses außerökonomische Anliegen der GRW wird demnach eindeutig durch das raumordnungspolitische **Ausgleichsziel** bestimmt. Nun kann nicht von vorneherein geleugnet werden, daß die Zweckerreichung der GRW, nämlich wirtschaftlich zurückgebliebene Gebiete zu fördern und ihnen den Anschluß an die allgemeine sozialökonomische Entwicklung zu ermöglichen, durch verselbständigte und nicht auf die räumlichen Diskriminierungsregeln der Rahmenplanung Rücksicht nehmende Strukturpolitiken der Länder und Kommunen behindert, wenn nicht gar verhindert werden kann. Dies gilt zunächst für die Wirtschaftsförderung in den Nichtfördergebieten der GRW. Regionale Förderungsprogramme der Länder gehen von verschiedenen Vorstellungen dessen aus, was "förderungsbedürftig" und "förderungswürdig" ist. Infolge erheblich differenzierter Anspruchsniveaus können sich aufgrund der Regionalprogramme von Ländern unterschiedlichen Wohlstandes weitere Verschärfungen der wirtschaftlichen und sozialen Disparitäten im Bundesgebiet ergeben[1404]. Auch auf der kommunalen Ebene sind vor allem die wirtschaftsstarken und damit finanziell kräftigen bzw. kreditwürdigen Kommunen, die Gemeinden mit entsprechender

---

[1400] Aus der Sicht des Verhältnisses der staatlichen zur kommunalen Gewerbeförderung gleichfalls K. Lange (1981 a), S. 109.

[1401] Siehe oben S. 75.

[1402] Wegweisend H. K. Schneider (1968), S. 5 f.

[1403] 11. Rahmenplan, aaO (Anm. 13), S. 7 Tz. 2.2.

[1404] So schon der SARO (1961), S. 142.

politischer Stoßkraft, d. h. die Großstädte und Städte in den Verdichtungsgebieten[1405] in der Lage, erfolgreiche eigene gebietsbezogene Wirtschaftsförderung zu treiben und damit die Ballung immer weiter zu steigern[1406].

Spricht demnach die Wahrscheinlichkeit dafür, daß hauptsächlich finanz- und steuerträchtigen Bundesländer und Kommunen, sie sowieso schon über gute Einkommenserzielungsmöglichkeiten und gute Infrastrukturausstattungen verfügen, die Mittel für eine wirkungsvolle Wirtschaftsentwicklungspolitik besitzen und nutzen[1407], so darf dennoch nicht außer acht gelassen werden, daß auch eine ergänzende Wirtschaftsförderung in den Förderregionen selbst in sozialer Hinsicht negative Externalitäten hervorrufen und damit dem ausgleichspolitischen Anliegen der regionalen Strukturpolitik zuwiderlaufen kann, nämlich dann, wenn der mit dem abgestuften Präferenzsystem und/oder Schwerpunktortkonzept der GRW intendierte Lenkungseffekt privater Kapitale z. B. durch gleichhohe oder gar günstigere Investitionsanreize außerhalb der Schwerpunktorte relativiert wird. Gerade in der raumordnungspolitisch motivierten Ausgleichsfunktion der Schwerpunktorte als den Kristallisationskernen der künftigen Regionalentwicklung in den Fördergebieten liegt ja die innere Rechtfertigung für die Annahme, daß gegenüber dem Schwerpunktprinzip sonstige Gewerbesubventionierung als prinzipiell bedenklich erscheinen muß[1408]. Wenn die Prämisse stimmt, daß die autonome Strukturpolitik nachgeordneter Gebietskörperschaften - ihre Wirksamkeit unterstellt - primär lediglich mit dem regionalpolitischen Gerechtigkeitsziel kollidieren kann, avanciert das Schwerpunkt- und Präferenzsystem der GRW zur eigentlichen Meßlatte für das eigenständige landes- und kommunalpolitische Vorgehen in Sachen regionaler Wirtschaftsförderung, eben weil konkurrierende Förderungen außerhalb von Schwerpunktorten Gefahr

---

1405 Zum Potentialzuwachs der Städte und Verdichtungsräume J. J. Hesse (1977), S. 15 f.

1406 SARO (1961), S. 142.

1407 Vgl. im Hinblick auf die Gemeinden K. Lange (1981 a), S. 109.

1408 In diesem Sinne H. Faber (1981), S. 392 f. FN 2 im Anschluß an H. Kliemann (1978), S. 6.

laufen, den regionalpolitisch erwünschten Ausgleichseffekt zu hemmen oder zu vereiteln[1409]. In diesem Punkte findet dann wiederum die frühere Feststellung ihre Bestätigung, daß sich die regionale Wirtschaftsstrukturpolitik eigentlich nur auf metaökonomische, hauptsächlich ausgleichs- (raumordnungs-)politische Motive berufen kann[1410].

Die Diskussion um theoretische Zielkonflikte zwischen dem Fördersystem der Bund-Länder-Gemeinschaftsaufgabe und den Förderungskonzeptionen der Länder und Kommunen offenbart mithin, daß letztere nicht zwangsnotwendig und in jedem Falle konträr zu den Entwicklungsvorgaben der Rahmenplanung stehen müssen. Unter rein ökonomischen Aspekten können die verselbständigten Förderpolitiken sogar positive externe Effekte auslösen (Wachstum der regionalen Wirtschaft, Stabilisierung der räumlichen Wirtschaftsstruktur). Autonome Wirtschaftsentwicklungsplanungen "konterkarieren" die Regionalförderung im Rahmen der GRW folglich nicht schlechthin, sondern sie tendieren "nur" zu einer Nivellierung des regionalpolitischen Ausgleichszieles. Damit steuern sie zwar unter Umständen zu einer ökonomisch effizienteren Strukturpolitik bei, bergen gleichzeitig aber auch die Gefahr in sich, raumstrukturelle Fehlentwicklungen zu verstärken, indem sie zu einer raumordnerisch weniger ausgewogenen und insofern sozial weniger gerechten Allokation der Produktionsfaktoren Kapital und Arbeit im Raum beitragen. Unter diesem Blickwinkel ist aber die über die Koordinationsfunktion der GRW mit zu erfüllende Koexistenz-Strategie des Gesamtstaates, einen Ausgleich zwischen den wirtschaftlichen und sozialen Anforderungen an eine gesamträumlich orientierte Strukturpolitik anzustreben, zumindest potentiell gefährdet.

[1409] In dieser Vermutung lag im übrigen der eigentliche Grund, warum das BVerwG DVBl. 1980, S. 644 f. (645), die Einhaltung des Schwerpunktprinzips als Voraussetzung der "volkswirtschaftlich besonderen Förderungswürdigkeit" des insoweit noch unbestimmten § 1 Abs. 4 InvZulG a. F. angesehen hat.

[1410] Siehe oben S. 41 f.

cc) Regionalpolitische Entwicklungsfunktionen - Ansiedlungsförderung versus Bestandsförderung

Genauso wie die Verwirklichung ist auch die Verhinderung regionalpolitischer Ziele mit dem Einsatz von Instrumenten verbunden. Sind ausgleichspolitische Zielkonflikte zwischen den regionalen Strukturpolitiken theoretisch möglich und denkbar, so ist weiter zu fragen, welche Art von Instrumenten nun denn dieses regionalpolitische Störpotential zum Tragen bringt. Denn allein dieses zu entlarvende Instrumentarium wäre in der Lage, gegenüber dem Ausgleichsziel der GRW konterkarierende Effekte auszulösen und müßte - bejaht man eine Bindungswirkung der Bund-Länder-Rahmenplanung gegnüber den Regionalförderungen außerhalb der GRW - sich folgerichtig in seinem Einsatz an die Förderungsgrundsätze und Entwicklungsziele der GRW anpassen. Die Verfechter der Konterkarierungsthese machen sich die Antwort hierauf recht leicht: Nachdem sie schon weitgehend auf die Herausarbeitung des maßgeblichen Zielkonfliktes verzichtet haben, greifen sie ohne jede Skrupel auf die altbekannte Differenzierung zwischen **indirekten**, auf die generelle Verbesserung der Standortbedingungen für alle potentiell ansiedlungs- und investitionswilligen Unternehmen zielenden Maßnahmen zum einen und **direkten**, individuell bei den Betrieben selbst ansetzenden Förderungsinstrumenten zum anderen zurück und unterstellen letzteren der Einfachheit halber bei Überschreiten einer gewissen Förderungsintensität und beim Einsatz außerhalb der Schwerpunktorte oder Fördergebiete durchweg ein konterkarierendes Konfliktpotential[1411].

1411 Im Hinblick auf die Landesregionalförderung etwa:
D. Ewringmann/G. Zabel (1976), S. 766; B. Reissert/F. Schnabel (1976), S. 766; U. Wartenberg (1981), S. 141.
In Bezug auf die kommunale Wirtschaftsförderung vor allem:
R. Altenmüller (1981 a), insbes. S. 208 und (1981 b), S. 620, 621 und 622; H. Kliemann (1978), S. 7 ff.; G. Zabel (1979), S. 242.
Eine bemerkenswert undifferenzierte Haltung gegen eigenständige Landes- bzw. Kommunalförderungen in Form der Vergabe von Subventionen nehmen aus regionalpolitischer Sicht immer wieder die Vertreter der IHK Hannover-Hildesheim ein, siehe K.-D. Krömmling (1977), S. 5; R. G. Schmedes (1978), S. II sowie neuerlich F.-H. Hädicke in der Wirtschaftswoche Nr. 10 vom 5.3.1982, S. 76.

Diese rein instrumentelle Betrachtungsweise, die einzelbetrieblichen Fördermaßnahmen der Länder oder Kommuen (hauptsächlich den direkten Finanzhilfen) anlastet, daß sie, eben weil sie betriebsbezogenen Charakters seien, unter bestimmten Umständen – die zumeist im Dunkeln bleiben – die strukturpolitischen Maßnahmen insbesondere der GRW konterkarierten, diese stereotype Sichtweise ist landauf und landab weit verbreitet. Sie ist von Juristen frühzeitig eingeführt [1412] und von Sozialökonomen bedenkenlos übernommen worden [1413]. Auch die Beschlüsse der Wirtschaftsminister- und die Empfehlungen der Innenministerkonferenz und des Planungsausschusses für regionale Wirtschaftsstruktur haben sich der Dichotomie von mittelbarer, grundsätzlich nicht konterkarierender und unmittelbarer, regelmäßig konterkarierender Wirtschaftsförderung bedient [1414]. Obwohl keineswegs bewiesen, ist dieser empirischen Aussage, soweit ersichtlich, bislang nirgends widersprochen worden. Selbst diejenigen, gegen deren Interessen sie sich letzten Endes richtet, haben sie hingenommen [1415]. Dennoch ist sie wegen ihres Anspruches auf Universalität verhängnisvoll und falsch zugleich und in jedem Falle unbrauchbar, um die Konterkarierungsthese zu operationalisieren. Daß sie gleichwohl allgemein anerkannt ist, dürfte – um ein auf eine andere Materie gemünztes, aber nichtsdestoweniger übertragbares Bonmot **Stützels** zu gebrauchen – seinen tieferen Grund darin finden, daß "die Dümmlichkeit oder auch Dummheit, sprich: der Mangel an Phantasie bei vielen Beteiligten, sich ökonomische Zusammenhänge der geschilderten Art in ihrer Interdependenz und Zwangsläufigkeit klar zu machen" [1416], ebenfalls weit verbreitet ist. Nicht zuletzt deshalb wird ja die

---

1412 Erstmals in voller Schärfe und aufgrund praktisch-politischer Bedenken gegen direkte Gewerbeförderung der Gemeinden F. **Zimmermann** (1964), S. 217 ff.

1413 Z. B. **G. Zabel** (1979), S. 242.

1414 Siehe oben S. 230 und 231.

1415 Aus landespolitischer Sicht P. **Becker** (1977), S. 36 f. sowie aus kommunalpolitischem Blickwinkel H.-J. **von der Heide** (1981 c), S. 10 und G. **Seele** (1982), S. 57. Alle drei Autoren bejahen im Prinzip die faktische Möglichkeit, daß direkte landeseigene und kommunale Wirtschaftsförderung die Fördererfolge der GRW beeinträchtigen können, wenn sie auch im Ergebnis die verbleibenden regionalpolitischen Gestaltungsspielräume für ihre Verbände (Land bzw. Landkreis) recht weit interpretieren.

1416 W. **Stützel**, Der Klassenkampf um Wohnraum, F.A.Z. Nr. 181 vom 8.8.1981, S. 11.

rein instrumentelle Konterkarierungsthese entweder von Theoretikern vertreten, die die Praxis der Wirtschaftsförderung nicht erfahren haben oder aber von Praktikern verteidigt, die die zugehörige Regionaltheorie nicht kennengelernt haben.

Um derartigen Vorwürfen selbst zu entgehen, soll im folgenden anhand dreier ausgewählter Fallkonstellationen aufgezeigt werden, daß die Dichotomie mittelbare - unmittelbare Wirtschaftsförderung zur Verifizierung der Konterkarierungsthese theoretisch zu kurz und praktisch zu weit greift. Obwohl die Beispiele in verschlüsselter Form vorgestellt werden, entsprechen sie allesamt Sachverhalten, die sich tatsächlich im kommunalen Bereich zugetragen haben [1417]. Da sich die Konterkarierungsproblematik für die Landesregionalförderung in gleicher Weise stellt, wird auf eine gesonderte Darlegung landeseigener Förderungsfälle verzichtet.

Beispiel 1: Darlehensvergabe zur Arbeitsplatzsicherung

Der Landkreis Z. liegt im Zonenrandgebiet und gehört damit zu den Förderregionen der GRW. Seit Jahren besteht im Kreis eine hohe Frauenarbeitslosigkeit. In dieser Situation wurde der Kreisverwaltung von einem örtlichen Kreditinstitut signalisiert, daß sich eine Strickwarenfirma mit Sitz im Kreisgebiet, die fast ausschließlich Frauen beschäftigt, in akuten Liquiditätsschwierigkeiten befände, obgleich feste Lieferaufträge in Höhe von rund 500.000 D-Mark für die Zeit von sechs bis acht Monaten vorlägen. Da die Hausbanken aufgrund ihrer Statuten den Kreditrahmen zugunsten des von der Stillegung bedrohten Unternehmens nicht erweitern konnten, faßte der Kreistag des Landkreises Z. den Beschluß, dem Textilfabrikanten zur Überbrückung seiner Illiquidität ein mit 5 % zu verzinsendes Darlehen über einen Betrag von 200.000 D-Mark gegen Abtretung von der Firma in gleicher Höhe zustehenden Forderungen aus einem Liefervertrag zu gewähren. Das Darlehen ist einschließlich der Zinsen nach sechs Monaten pünktlich zurückgezahlt worden. Auf diese Weise gelang es, etwa 60 Frauenarbeitsplätze zu erhalten.
Mit Verfügung des zuständigen Regierungspräsidenten wurde der damalige Beschluß des Kreistages beanstandet, wogegen der Landkreis Z. Widerspruch erhoben hat. Hierauf erstattete der Regierungspräsident dem Innenminister Bericht über den Sachstand. Das Innenministerium hat von einer Entscheidung der Streitfrage, die inzwischen mehrere Jahre zurückliegt, bislang abgesehen.

1417 In allen drei Fällen ist dem Verfasser die Verwertung des Akteninhalts mit der Maßgabe gestattet worden, die Beteiligten namentlich nicht zu nennen.

Beispiel 2: Fremdenverkehrsförderung außerhalb der GRW

Die Stadt Bad B. gehört nicht dem Fremdenverkehrsgebiet der GRW an. Da das Staatsbad befürchtet, ohne öffentliche Förderung des Fremdenverkehrs Bade- und Kurgäste zu verlieren, vergibt die Stadtverwaltung gemäß den vom Rat der Stadt beschlossenen Richtlinien und dem bewilligten Haushaltsansatz an ansässige Beherbergungsbetriebe, die Modernisierungsinvestitionen durchführen, Zinszuschüsse zur Verbilligung von Kapitalmarktdarlehen. Der Zinszuschuß beträgt jährlich 3 % des jeweils in Anspruch genommenen Darlehens (Höchstbetrag: 130.000 D-Mark) und wird für die Dauer von fünf Jahren gezahlt. In den ersten drei Haushaltsjahren seit Verabschiedung der Richtlinien hat die Stadt Bad B. für diesen Zweck insgesamt 109.000 D-Mark aufgewandt. Dieser Betrag verteilte sich auf 42 Anträge mit einem Darlehensvolumen von insgesamt 2,7 Mio. D-Mark und einem Investitionsvolumen von knapp sechs Mio. D-Mark.

Die Modernisierungsrichtlinien wurden drei Jahre nach ihrem Inkrafttreten der Bezirksregierung als der zuständigen kommunalen Aufsichtsbehörde bekannt. Diese ließ die Stadt Bad B. wissen, daß die Gewährung von Schuldendiensthilfen ihrer Meinung nach genehmigungspflichtig und im übrigen eine unmittelbare Wirtschaftsförderung unzulässig sei, weshalb die Genehmigung nicht erteilt werden könne. In ihrer Entgegnung vertrat die Stadt den Standpunkt, ihre Gewerbeförderungsmaßnahmen seien in allen Punkten rechtmäßig. Daraufhin teilte die Bezirksregierung mit, daß sie dem Innenminister in der Angelegenheit erneut berichtet habe. Eine endgültige Entscheidung des Innenministeriums ist nicht ergangen, so daß die Stadt Bad B. seit einigen Jahren weiterhin nach ihren Richtlinien verfährt.

Beispiel 3: Arbeitsplatzschaffung durch eine GmbH

Der Landkreis L. ist Teil des Fördergebietes der GRW. Die Kreisstadt und zwei kreisangehörige Gemeinden sind nach dem 11. Rahmenplan als C-Schwerpunktorte des maßgeblichen Regionalen Aktionsprogrammes eingestuft. In diesen Orten vorgenommene Investitionen der gewerblichen Wirtschaft können demzufolge in Höhe von bis zu 15 % der Gesamtinvestitionskosten aus GA-Mitteln gefördert werden. Dessen ungeachtet vergibt die Wirtschaftsförderungsgesellschaft des Landkreises nach ihren Arbeitsrichtlinien an Unternehmen, die im Kreisgebiet - auch außerhalb der nach der Gemeinschaftsaufgabe förderungswürdigen Orte - u. a. eine Betriebsstätte neu errichten und dabei neue Arbeits- oder Ausbildungsplätze einrichten, Kapitalzuschüsse über 5.000 D-Mark je neugeschaffenem Arbeitsplatz, wenn hierfür Bau- und Einrichtungsinvestitionen von in der Regel mindestens 25.000 D-Mark erforderlich waren. Für das Zuschußprogramm stehen der Gesellschaft jährlich eine Mio. D-Mark zur Verfügung.

Obwohl die im Landkreis L. angewandte Wirtschaftsentwicklungspraxis seit langem bei der zuständigen Bezirksregierung und im Landesinnenministerium bekannt ist, sind die Arbeitsrichtlinien der Förderungsgesellschaft bislang nicht beanstandet worden.

Wird die Konterkarierungsthese danach beurteilt, ob die von ihr vorgenommene Differenzierung zwischen indirekten und direkten Wirtschaftsentwicklungsmaßnahmen geeignet ist, das regionalpolitische Konterkarierungspotential des in den geschilderten Beispielsfällen eingesetzten Instrumentariums schlüssig zu erfassen und exakt einzugrenzen, so drängen sich ernsthafte Zweifel an der Brauchbarkeit dieser Methode auf. Da sie lediglich auf die Art der verwandten Steuerungsinstrumente (Subventionen versus übrige Förderungsarten), nicht aber auf deren Entwicklungsfunktionen abstellt, muß die Vergabe von Finanzhilfen als Form direkter Gewerbeförderung in allen drei Fällen als strukturpolitisch bedenklich erscheinen, eben weil - so die Kernaussage - unmittelbare Wirtschaftsförderung generell zu konterkarierenden Effekten tendiere. Diese Wertung mag zwar für den dritten Ausgangsfall insoweit angehen, als die Neuansiedlung von Betrieben außerhalb von Schwerpunktorten subventioniert wird; im ersten Beispiel (Bestandssicherung eines lokalen Unternehmens) ist jedoch nicht ohne weiteres einsichtig, in welcher Hinsicht die kommunale Subventionsgewährung übergeordnete Entwicklungsziele und räumliche Ausgleichswirkungen der Rahmenplanung durchkreuzen oder zunichte machen sollte. Die zweite Fallgestaltung (Bestandsentwicklung ortsansässiger Gewerbebetriebe) steht gewissermaßen auf der Scheidelinie: Hier wird einerseits durchaus mehr als nur die vorhandene wirtschaftliche Substanz, der sog. regionalökonomische "status quo" erhalten (Fall 1), andererseits aber noch nicht das eigene Entwicklungsniveau durch eine Reduzierung des Ansiedlungspotentials auf Kosten anderer Standorte erhöht (Fall 3).

Worin liegen also nun die Fehlschlüsse der instrumentellen Betrachtungsweise? Und welche Kriterien sollten an ihrer Stelle verwendet werden, um etwaige konterkarierende Wirkungen ("negative externe Effekte") autonomer Regionalförderungen aufzuspüren? Die methodischen Denkfehler der Gegner direkter landeseigener und kommunaler Gewerbeförderung liegen nicht nur auf der Ebene der **Zielbeziehungen** zwischen den vertikal getrennten Strukturpolitiken, deren Konflikte untereinander zu analysieren sie bisher gänzlich unterlassen haben [1418], sondern auch auf der Ebene des Instrumenteneinsatzes, von dessen Funktionswandel sie keine Kenntnis genommen haben. Statt nach der je nach dem Entwicklungsziel verschiedenen **Funktion** des eingesetzten Instrumentariums zu fragen (Industrieerwerbsförderung = Fall 3; Gewerbe**bestandes**sicherung = Fall 1; Gewerbe**bestands**entwicklung = Fall 2), blickt die Instrumentalisierungsthese allein auf die **Struktur** der Instrumente (indirekte Wirtschaftsförderung; direkte Gewerbeförderung = Fälle 1 bis 3), zieht folglich den Strukturbegriff dem Funktionsbegriff vor und nimmt sich damit die Möglichkeit, nach der Funktion der Strukturbildung überhaupt zu fragen. Im Ergebnis bauen die Vertreter der instrumentellen Konterkarierungsthese ihre Argumentation auf einem Vorstellungsgebäude über Regionalförderung auf, das längst vergangenen Zeiten entspringt und das wegen der Brüchigkeit seiner Fundamente wie ein Kartenhaus in sich zusammenfallen muß.

In der Wirtschaftsentwicklungspolitik erfolgt die Vergabe regional orientierter Subventionen nicht mehr wie noch zu Zeiten der Rezession 1966/67 primär zum Zwecke der Industrieansiedlung in ländlichen Problemgebieten [1419]. Heutzutage liegen dem Einsatz von Finanzhilfen wesentlich differenziertere Funktionen zugrunde. Während der letzten 15 Jahre hat die wirtschaftsstrukturelle Entwicklung in der Bundesrepublik Deutschland nämlich einen tiefgreifenden Wandel erfahren, der zu einem völligen Umdenken in der Wirtschaftsförderung führen mußte. Angesichts des ständig schrumpfenden Industrieansiedlungspotentials [1420] geht es längst nicht ausschließlich um die "Industrieerwerbsförderung" [1421], es geht auch nicht mehr um die "Gewerbebestandspflege" im Sinne eines reinen Erhalts, sondern es geht vor allem um die "Bestandsentwicklung" der ansässigen Betriebe im Sinne einer Festigung und Auswei-

---

1418 Siehe demgegenüber oben S. 321 ff.
1419 Beispielhaft für die damalige Zeit H. H. **Eberstein** (1969), S. 373 ff. und W. **Mieth**, Art. "Industrieansiedlung", in: ARL (Hrsg.), Handwörterbuch der Raumforschung und Raumordnung Bd. II, 2. Aufl. Hannover 1970, Sp. 1251 ff. (1263).
1420 Siehe schon B. **Wrobel** (1978), S. 267 ff.
1421 D. **Bullinger** (1980), S. 229.

tung von Arbeitsplätzen durch Wegräumen von Entwicklungshemmnissen und Anwendung neuer Technologien sowie moderner Produktions- und Arbeitsverfahren [1422]. Will eine auf den Abbau interregionaler Einkommens- und Beschäftigungsdiskrepanzen abzielende Regionalpolitik mehr bewirken als eine permanente Umverteilung von Einkommen und Arbeitsplätzen zwischen den Regionen ("mobile Verteilungsstrategie"), muß sie danach trachten, innerregionale Entwicklungspotentiale zu erschließen ("endogene Entwicklungsstrategie"), um auf diese Weise die Einkommens- und Beschäftigungschancen in den Problemregionen nachhaltig zu verbessern [1423]. Im Mittelpunkt der staatlichen wie der kommunalen Strukturförderung wird zukünftig die bewußte Aktivierung der bereits existenten ökonomischen Entfaltungsmöglichkeiten in den Regionen stehen, indem vorhandene Entwicklungsengpässe beseitigt und zukünftige vermieden werden [1424]. Eine aktive Wirtschaftsstrukturpolitik darf sich nicht wie vormals in traditioneller Ansiedlungspolitik erschöpfen, sondern muß auch die Erhaltung der Existenzbedingungen der ansässigen Wirtschaft als ihre Aufgabe erfassen [1425]. Die Wirtschaftsförderer vor Ort scheinen diesen Entwicklungstrend erkannt zu haben. Eine Umfrage bei 150 Wirtschaftsförderungsinstitutionen hat ergeben, daß kaum noch Chancen für die Industrieneuansiedlung gesehen werden. Vielmehr stufen rund 80 % des mit der Gewerbeförderung betrauten Personenkreises die Sicherung des gegenwärtigen Gewerbebestandes als gleichrangige Aufgabe ein [1426].

Die hier zu entscheidende Frage ist jedoch, ob auch diejenigen, die die These der konterkarierenden Wirkungen direkter Wirtschaftsentwicklungsaktivitäten so vehement vertreten, den **Funktionswandel der Wirtschaftsförderung** ebenfalls nachvollzogen haben. Denn aus den veränderten Rahmenbedingungen der Strukturpolitik ergibt sich die Konsequenz, daß die Analyse konterkarie-

---

1422 W. Priesnitz (1981), S. 31.
1423 Vgl. etwa R. Adlung/C. S. Thoroe (1980), S. 9.
1424 N. Schneider (1981), S. 35.
1425 F. Mertens (1981), S. 442; V. Merx (1980), S. 8.
1426 H.-P. Steinmetz (1981), S. 24 f. Darauf, daß die Ansiedlung größerer Industriebetriebe auf der "grünen Wiese" hier und dort immer noch alleiniges Ziel der Wirtschaftsförderung ist, weist D. Bullinger (1981), S. 220 hin.

render Effekte direkter Gewerbeförderung zwei grundverschiedene Konstellationen zu unterscheiden hat: Es sind die Anstrengungen zur Attraktion neuer Betriebe von der Förderung der ansässigen Unternehmungen auseinanderzuhalten [1427]. Das an und für sich klassische Instrumentarium der Anreizpolitik in Form der Vergabe betriebsindividueller Subventionen wird nicht mehr nur zu Ansiedlungszwecken (Beispiel 3), sondern auch im Sinne einer Bestandssicherungs- und -entwicklungspolitik (Beispiele 1 und 2) eingesetzt. Demnach sind als Ergebnis direkter (und im übrigen auch indirekter) Wirtschaftsförderung die "importierten" von den "gebietsintern" geschaffenen oder gesicherten Einkommen und Arbeitsplätzen zu trennen. Im ersten Falle fördert die Subventionierung die "**Fremdentwicklung**", im zweiten Falle die "**Eigenentwicklung**" der Region [1428]. In beiden Konstellationen liegen der Gewerbeförderungspolitik unterschiedliche Intentionen zugrunde: Auf der einen Seite konkurriert der strukturfördernde Standort mit anderen Regionen um die Attrahierung von Betrieben und Arbeitsplätzen, auf der anderen Seite unterstützt der Standort die heimische Wirtschaft, um deren Bestand zu sichern oder weiterzuentwickeln und somit deren (interregionale) Wettbewerbsfähigkeit zu erhalten. Darüber hinaus betreffen beide Alternativen aber auch verschiedene Förderungstatbestände. Vollzieht sich die regionale Fremdentwicklung über Neuerrichtungsinvestitionen und Fernverlagerungen von Betrieben aus Nichtfördergebieten oder anderen För-

---

[1427] Die Aufgabe der Bestandskonsolidierung ansässiger Unternehmen betonen in der regionalen Wirtschaftspolitik: BDI/DGT/DIHT/DLT (1975), S. 4; G. Diekmann (1981), S. 510 f.; J. Hogeforster (1979), S. 68; L. Hübl/R. Ertel (1980), S. 50 ff.; H. Jürgensen (1981), S. 231; R. Meier (1980), S. 48; F.-G. Schauwienold, Bestandspflege ansässiger Unternehmen, Ruhrwirtschaft 3/1980, S. 92 ff.; F. Wolf (1980), S. 210 f. und (1979), S. 73 f.
Für die kommunale Wirtschaftsförderung: H. Börkicher (1981), S. 360; D. Bullinger (1981), S. 220 und (1980), S. 228 f.; L. Hübl/R. Ertel/K.-P. Möller (1981), S. 104 f.; W. Kelm (1980), S. 12 ff.; F.-L. Kneneyer (1981), S. 13 und 17; F. Mertens (1981), S. 442; ders., Wirtschaftsförderung und Bestandskonsolidierung bei ortsansässigen Wirtschaftsunternehmen, Kommunalwirtschaft 1980, S. 216 f.; V. Merx (1980), S. 7 f.; H. Nokielski (1981), S. 26 ff.; Präsidium des DST (1976), S. 196; W. Priesnitz (1981), S. 31; H. Troje, Wirtschaftsförderung durch Bestandspflege, Städte- und Gemeindebund 1979, S. 355 ff.

[1428] H.-P. Steinmetz (1982), S. 81.

derregionen, so stützt sich die Eigenentwicklung auf Erweiterungs-, Umstellungs-, Rationalisierungs- und Modernisierungsinvestitionen sowie auf Nahverlagerungen im Orts- bzw. Kreisgebiet oder innerhalb der Region.

Nun erweist sich bei genauerer Betrachtung dieser zweite, heutzutage gewichtigere und umfassendere Funktionsbereich der **Gewerbebestandsförderung** in Bezug auf die Zielsetzungen und Entwicklungsvorstellungen der GRW allerdings als weitgehend unproblematisch. Eine forcierte Subventionspolitik der Bundesländer oder kommunalen Gebietskörperschaften zugunsten der schon **ansässigen** Unternehmen - gleichgültig, ob innerhalb oder außerhalb der Schwerpunktorte und Fördergebiete der Regionalen Aktionsprogramme - kann dem Gerechtigkeitsziel der Gemeinschaftsaufgabe schwerlich zuwiderlaufen. Denn das ausgleichspolitische Anliegen der regionalen Wirtschaftsstrukturpolitik ist nicht darauf gerichtet, das in einer Region - sei sie nun ein Ballungsgebiet oder ein ländlicher, peripherer Raum - bereits vorhandene ("endogene")ökonomische Entwicklungspotential zu beschneiden oder in seiner Entfaltung zu hemmen, sondern die Gemeinschaftsaufgabe wie die herrschende regionale Strukturpolitik überhaupt sucht die räumliche Mobilität des Produktionsfaktors Kapital indirekt zu beeinflussen [1429], d.h. neu entstehende oder verlagerungsbereite Produktionskapitale im Sinne einer übergreifenden raumordnungspolitischen Konzeption in die Fördergebiete zu lenken. Aufgrund der "mobilen" oder "exogenen Förderungsstrategie" sollen die hochentwickelten Wirtschaftszentren ökonomische Entwicklungsimpulse vor allem durch die Auslagerung von Produktionskapazitäten an die strukturschwachen Räume abgeben [1430], quasi als eine Art "innere Entwicklungspolitik" wirken [1431]. Kurzum: Die traditionelle staatlich-regionale Strukturpolitik will nicht in die ökonomische Substanz der Regionen eingreifen und einzelnen Gebieten etwas wegnehmen (Bestandsschutz

---

1429 Siehe oben S. 133 f. und 167.

1430 H.-J. Ewers/R. Wettmann/J. Kleine/H. Krist (1980), S. 56 ff.; F. Spreer (1981), S. 692 f.; G. Stiens (1982), S. 20.

1431 So die Charakterisierung von C. Noé (1971 a), S. 8 und (1971 b), S. 62.

für die Besitzenden), sondern sie will in der Hauptsache den industriell-gewerblichen Neuansiedlungskuchen "gerechter" verteilen als es das "freie Spiel der Kräfte" ihrer Meinung nach erwarten läßt (Entwicklungsgarantie für die Armen).

Es versteht sich von selbst, daß innerhalb dieser ausgleichsorientierten Zielfunktion auch Raum für die Förderung vorhandener Entwicklungsstrukturen bleibt. Bereits die Rahmenpläne der GRW beschränken sich ja nicht nur auf die finanzielle Unterstützung von Betriebserrichtungen und -verlagerungen, sondern verbilligen auch Erweiterungs-, Umstellungs- und Rationalisierungsinvestitionen bestehender, nicht umsiedlungsbereiter Unternehmen (vgl. Übersicht 2), wenn sie einen Beitrag zur Eigenentwicklung der Region leisten. Steht die Zielintention der GRW einer landeseigenen oder kommunalen Bestandssicherungs- und -entwicklungspolitik mithin nicht entgegen, so verursachen derartige Eigenentwicklungsaktivitäten andererseits auch keine interregionale Streuung ihrer eigenen Entscheidungskompetenzen, d. h. sie vermeiden Subventionskonkurrenzen auslösende "spill-over"-Effekte. Da der regionale Wirkungsbereich der Bestandsförderung mit dem Entscheidungsraum tendenziell übereinstimmt, kommt es zu keinem - je aus der Sicht der betroffenen Gebietskörperschaften - "Export" bzw. "Import" öffentlicher Leistungen und werden auf die Zielstruktur der GRW bezogene "negative Externalitäten" vermieden.

Allerdings könnte gegen die strukturpolitische Zielkompatibilität bzw. -neutralität der Gewerbebestandsförderung eingewendet werden, daß die ansässigen Unternehmen ihre Neuinvestitionen nur dann durchführen, falls sie gleichwertige Subventionen erhalten, wie sie in anderen Regionen für Neuerrichtungsinvestitionen zur Verfügung stehen. Würden ihnen diese Finanzhilfen oder Steuervergünstigungen verweigert, drohten sie mit einer Abwanderung in andere ((Förder-)Standorte oder wanderten tatsächlich ab. Auf diese Weise würde dann der Subventionswettlauf der Länder und Regionen untereinander erneut entfacht. Dieser mögliche Einwand übersieht jedoch, daß der behauptete "Erpressungsmechanismus" bei

Kenntnis der Sachumstände nur in beschränktem Ausmaße funktionieren kann. Zunächst ist eine Kapitalmobilität immer mit zum Teil erheblichen Aufwendungen verbunden (Aufgabe von Betriebsgebäuden, Transport von Maschinen, Einstellung neuer Arbeitskräfte etc.)[1432] - "footloose industries" und "verlängerte Werkbänke" ausgenommen. Diese betriebswirtschaftlichen Kosten dürften einer interregionalen Kapitalwanderung allein wegen etwaiger Subventionszahlungen meistens schon entgegenstehen. Überdies hat eine im **Wissenschaftszentrum Berlin** durchgeführte verhaltenswissenschaftliche Untersuchung über die Mobilitätsbereitschaft von Unternehmen ergeben, daß die Bestimmungsfaktoren für einen vollständigen oder teilweisen Standortwechsel eines Betriebes nicht - wie vielfach angenommen wird - in der Attraktivität des Zielortes zu suchen sind[1433]. Vielmehr kommt **Bade** in dieser Studie zu dem Ergebnis, daß nur durch Unzulänglichkeiten des alten Standortes verursachte außerordentliche Produktionsschwierigkeiten[1434] ein Unternehmen veranlassen können, alternative Standorte bei seinen Investitionsentscheidungen mit ins Kalkül zu ziehen. Daneben wird diese Entscheidungssituation des Unternehmens vor allem durch seine eigenen Entwicklungsaussichten bestimmt[1435]. Sowohl die Ungewißheit über den Erfolg eines Standortwechsels als auch die geringe Neigung, dieses Risiko einzugehen, wirken daher restriktiv auf die regionale Mobilität eines Betriebes. All diese Determinanten des betrieblichen Beharrungsvermögens (Kosten, Standortgegebenheiten, Entwicklungsperspektiven) schließen es aus, daß ein Unternehmen nicht aufgrund von Standortengpässen, sondern nur wegen des anderweitigen Erhalts von Subventionen einen Standortwechsel glaubhaft vertreten und damit öffentliche Leistungen erhalten kann, die von vornherein keinen regionalpolitischen Lenkungseffekt aufweisen würden.

1432 Vgl. **R. Meier** (1980), S. 48.

1433 **F.-J. Bade** (1978), insbes. S. 6 ff.

1434 Die Praxis nennt hier vor allem den quantitativen und qualitativen Mangel an Erweiterungsflächen sowie Betriebsverlagerungen aus gewerbeaufsichts- oder umweltschutzrechtlichen Gründen, vgl. **V. Merx** (1980), S. 7 und **F. Mertens** (1981), S. 442.

1435 **F.-J. Bade** (1978), S. 13 ff.

Damit stellt sich heraus, daß der weite Bereich der regionalpolitischen Eigenentwicklung (Bestandssicherung und Bestandsentwicklung) im Hinblick auf die Planungskonzeption der GRW strukturpolitisch neutral verfährt. Die Vergabe einzelbetrieblicher Subventionen zur Unterstützung des ansässigen Gewerbebestandes (Ausgangsbeispiele 1 und 2) verhält sich durchaus konform zu dem ökonomischen und sozialen Zielsystem der Rahmenplanung wie der Regionalpolitik überhaupt. Diesen Tatbestand haben die Befürworter der instrumentellen Konterkarierungsthese verkannt und mußten ihn auch verkennen, weil sie ein undifferenziertes, der "guten alten Zeit" entlehntes Bild der Gewerbesubventionierung malen, auf dem sich die gesamte Wirtschaftsförderung noch fast ausschließlich um die Industrieansiedlung kümmert, das demzufolge auf eine funktionale Spezifizierung des regionalpolitischen Instrumentariums verzichtet und statt dessen einen mehr oder minder willkürlichen Trennungsstrich zwischen indirekten und direkten Wirtschaftsentwicklungsmaßnahmen zieht.

Nebenbei bemerkt ist deshalb die Instrumentalisierungsthese in sich schon nicht schlüssig. Bei getreuer Anwendung des Konterkarierungsgedankens müßte sie nämlich auch mittelbare Maßnahmen, z. B. den Infrastrukturausbau in Ballungsgebieten außerhalb von Schwerpunktorten und Fördergebieten, der nicht der Eigenentwicklung der Region und der Nahversorgung der Bevölkerung dient, sondern auf die Anziehung neuer Betriebe angelegt ist, in die Liste der die Ausgleichsfunktion konterkarierenden Instrumente aufnehmen – ein Ergebnis freilich, welches offenbar auch die Konterkarierungstheoretiker nicht wünschen und auch nicht wollen dürfen, da ansonsten ihr strukturelles Differenzierungskriterium vollends hinfällig würde. Lassen sie aber eine auf das Raumordnungskonzept der GRW nicht abgestimmte Infrastrukturpolitik ohne Einschränkungen zu [1436], dann müßten sie konsequenterweise auch die betriebsbezogenen Fremdenverkehrsmaßnahmen (Beispiel 2) aus ihrer

---

[1436] Z. B. R. Altenmüller (1981 a), S. 202 f. und (1981 b), S. 620; H. Kliemann (1978), S. 7 f.; offenbar auch B. Reissert/F. Schnabel (1976), S. 96. Siehe auch den Beschluß bzw. die Empfehlungen der Wirtschafts- bzw. der Innenministerkonferenz und des Planungsausschusses zur kommunalen Wirtschaftsförderung, oben S. 230 und 231 m. w. Nachw.

schwarzen Liste streichen. Denn ebenfalls wie die Infrastrukturist die Fremdenverkehrsförderung an kein Schwerpunktprinzip gebunden [1437] und wirkt - obwohl direkter Natur - lediglich mittelbar, weil das durch die Subventionierung verbesserte Fremdenverkehrsangebot von den Erholungssuchenden - genauso wie der Infrastrukturausbau durch die Unternehmen - erst angenommen werden muß, bevor ein unmittelbarer Einkommenszufluß in die Region stattfindet. Da die rein instrumentelle Konterkarierungsthese indessen weder die eine noch die andere Schlußfolgerung zieht, stellt sie sich pars pro toto als inkonsistente Handlungsanweisung an die Staatsverwaltung dar.

Sind hiermit die Denkfehler der instrumentellen Konterkarierungsthese entlarvt, so bleibt nichtsdestoweniger zu untersuchen, wie die andere Entwicklungsfunktion der Regionalförderung, die **Gewerbeerwerbsförderung** zu dem Ausgleichsanliegen der regionalen Strukturpolitik steht. Im Hinblick auf die Ansiedlungsförderung fällt die Einschätzung der Subventionspolitik der Bundesländer und Kommunen weniger positiv aus. Auf diesem Sektor kann eine unkontrollierte Subventionskonkurrenz zwischen den Gebietskörperschaften zu erheblichen Restriktionen einer ausgleichsorientierten Regionalpolitik führen. Denn das gesamtwirtschaftliche Ansiedlungspotential ist kein beliebig vermehrbares Gut, sondern aus der Sicht der Länder, Regionen und Gemeinden weitgehend eine exogen vorbestimmte Größe, die von bestimmten Angebotsfaktoren (internationale Wettbewerbsfähigkeit, nationale Wachstumsrate, regionale Infrastrukturausstattung und Qualifikation der Arbeitskräfte, lokale Engpaßfaktoren wie Grund und Boden etc.), aber auch von Nachfragefaktoren (Flächenbedarf, Agglomerationsvorteile, Freizeit- und Erholungswerte etc.) abhängt (vgl. Übersicht 11). Öffentliche Subventionen der Länder und Kommunen haben somit allenfalls auf die räumliche Lenkung des Ansiedlungspotentials, hingegen kaum auf seine Höhe Einfluß [1438]. In dieser Situation

---

1437 Siehe oben S. 150.
1438 Vgl. R. Meier (1980), S. 48.

treten negative Auswirkungen auf die Raumsstruktur ("Externalitäten") dann auf, wenn das Ansiedlungspotential für Standorte - wie es der Fall ist - hinter der Nachfrage der Standorte zurückbleibt. Da im Falle der finanziellen Ansiedlungsförderung die Wirkungs- und Entscheidungsbereiche nicht mehr kongruieren, entstehen regelmäßig "spill-overs" in Form der Überwirkung[1439]. Gezwungenermaßen gehen nunmehr zuerst die peripheren Regionen dazu über, mehr als nur die schlechten Standortbedingungen auszugleichen, was ja bereits mit Hilfe der staatlichen GA-Mittel geschehen soll. Mittelfristig werden die bessergestellten Regionen nachziehen mit der Folge, daß das gleiche Ansiedlungspotential wie zuvor jetzt mit einer noch höheren öffentlichen Unterstützung durchgeführt wird[1440] ("Nullsummenspiel"). Gesamtwirtschaftlich gesehen ist die Effizienz derartiger finanzieller Förderung infolge der systembedingten Abwerbungskonkurrenzen demgemäß nahezu Null[1441], weil sich das Ansiedlungspotential kaum erhöht hat.

Nun spricht alle Wahrscheinlichkeit dafür, daß in diesem Ansiedlungspoker gerade die finanz- und strukturstarken Länder und Kommunen die Einsätze diktieren, während die schwächeren "Mitspieler", die es an sich nötig hätten, keine gleichwertige Wirtschaftsförderung zu betreiben vermögen[1442]. Soll die ausgleichsorientierte Zielsetzung der regionalen Strukturpolitik verwirklicht werden, müssen jene Regionen geschützt werden, die im Pokerspiel mit erhöhten Einsätzen aus finanzpolitischen Erwägungen heraus nicht mithalten können, weil sonst die Gefahr besteht, daß diese ärmeren Landstriche bei der Aufteilung des "Ansiedlungskuchens" völlig leer ausgehen. In diesem Sinne stellen landeseigene und kommunale Ansiedlungsförderungen, die nicht in eine überregionale Entwicklungskonzeption eingebunden sind, durchaus eine potentielle Störgröße für die ausgleichspolitische Zielvorgabe einer gerechteren interregionalen Einkommensverteilung dar.

1439 Zur Unterscheidung zwischen Über- und Minderwirkungen als Unterfälle der externen Effekte D. Biehl (1979), S. 108;H. S. Seidenfus (1968), S. 137.

1440 D. Fürst/K. Zimmermann (1974), S. 223; R. Meier (1980), S. 48; H.-P. Steinmetz (1982), S. 81.

1441 Vgl. K.- H. Hansmeyer (1981), S. 37; G. Seele (1982), S. 60.

1442 So schon der SARO (1961), S. 140 ff.

Als Ergebnis dieser regionalpolitischen Funktionsanalyse ist somit festzuhalten, daß die globalen Konterkarierungsvorwürfe gegen die direkte Gewerbeförderung nachgeordneter Gebietskörperschaften in dieser Allgemeinheit nicht haltbar sind. Sie mögen für eine Zeit zutreffend gewesen sein, in der die "Industrie-aufs-Land"-Politik im Mittelpunkt jeglicher Wirtschaftsförderungsaktivitäten gestanden hat. Zur Entkrampfung des heutigen Spannungsverhältnisses zwischen den Strukturpolitiken von Bund, Ländern, Kreisen und Gemeinden tragen sie jedoch kaum bei. Um der Lösung dieser zentralen Frage nach den Zielkonflikten und Förderkonkurrenzen innerhalb der verschiedenen Regionalförderungssysteme näher zu kommen, ist es vielmehr notwendig, den instrumentellen Dualismus von indirekten und direkten Maßnahmearten zugunsten einer funktionellen Differenzierung dahingehend aufzugeben, ob es sich bei der zu untersuchenden Maßnahme um eine solche der regionalen Eigenentwicklung (gebietsautonome Strukturverbesserung durch Erweiterung, Umstellung, Rationalisierung, Modernisierung oder Nahverlagerung eines Betriebes) oder der Fremdentwicklung der Region (gebietsimportierte Strukturverbesserung durch Neuerrichtung und Fernverlagerung eines Unternehmens) handelt. Nur im letzten Falle kann eine eigenständige Wirtschaftsentwicklungspolitik der Bundesländer und kommunalen Selbstverwaltungskörperschaften die dem sozialen Ausgleich verpflichtete Regionalstrukturpolitik der GRW durchkreuzen oder unterlaufen. Damit scheiden die Ausgangsbeispiele 1 und 2 [1443] aus der Konterkarierungsdiskussion aus. Zugleich steht schon jetzt fest, daß die Gemeinschaftsaufgabe keine generelle Bindungswirkung gegenüber den verselbständigten Regional- und Kommunalförderungen entfalten kann. Differenzierende Regelungen scheinen eher angebracht. Noch nicht entschieden ist hingegen, ob die finanzielle Gewerbeansiedlungspolitik (Beispiel 3) tatsächlich konterkarierend wirkt. Diese Entscheidung hängt davon ab, ob den eingesetzten Finanzhilfen ein strukturpolitischer Lenkungseffekt zuerkannt werden kann oder ob sie lediglich betriebliche Mitnahmeeffekte auslösen und wer für solche Fälle die Beweislast trägt, die Planungsgremien der GRW oder die Landes- bzw. Kommunalinstanzen.

1443 Siehe oben S. 329 f.

dd) Räumliche Lenkungs- oder betriebliche Mitnahmeeffekte der Ansiedlungssubventionierung?

Bevor dem Problemkreis der Lenkungseffektivität von Ansiedlungsbeihilfen nachgegangen werden soll, ist zu klären, welchen Stellenwert industriell-gewerbliche Neuansiedlungen in der regionalen Wirtschaftsförderung überhaupt einnehmen. Nach einer Erhebung von **Stark** in nordrhein-westfälischen Städten für die Jahre 1970 bis 1975 entfallen ungefähr drei Viertel aller neu geschaffenen Arbeitsplätze auf Betriebsverlagerungen und Zweigstellengründungen, deren Impuls innergemeindlich war[1444]. Da in ländlichen Gemeinden diese Relation erheblich absinkt, schätzt **Zabel** mit allem Vorbehalt das Verhältnis zwischen importierten und gebietsautonom geschaffenen Arbeitsplätzen in neuen Arbeitsstätten auf 50 : 50[1445]. Für die achtziger Jahre fällt die Eröffnungsbilanz noch schlechter aus: Gab es in den Jahren 1963 bis 1965 im Bundesgebiet noch bis zu 1.000 Neuansiedlungen pro Jahr mit rund 50.000 neuen Arbeitsplätzen, ging die Zahl der Ansiedlungen 1970 auf 700, 1975 auf 250 und 1980 auf etwa 200 zurück[1446]. Seither halten sich die Ansiedlungen auf diesem Niveau, womit jährlich nur mehr höchstens 10.000 Arbeitsplätze durch Neuerrichtungen von Produktionsstätten eingerichtet werden. Demnach ist schon seit Jahren das gesamte Ansiedlungspotential in der Regionalförderung zahlenmäßig so gering, daß im Durchschnitt nur wenige Ansiedlungserfolge pro Region oder Kommune verbucht werden können[1447]. Zur Lösung regionaler oder kommunaler Wirtschaftsprobleme sind größere industriell-gewerbliche Neuansiedlungen praktisch endgültig entfallen[1448]. Damit entfällt aber auch das regionalpolitische Konfliktpotential der Ansiedlungssubventionierung außerhalb des Handlungsrahmens der GRW - abgesehen davon, daß dieses Stimmungsbild

---

[1444] K.-D. Stark (1978), S. 89 ff.
[1445] G. Zabel (1979), S. 242.
[1446] N. Schneider (1981), S. 33; H. Börkicher (1981), S. 358.
[1447] B. Wrobel (1978), S. 270.
[1448] Vgl. D. Bullinger (1981), S. 217 f.; G. Diekmann (1981), S. 510; K.-H. Hansmeyer (1981), S. 15 f.; N. Schneider (1981), S. 34.

das überkommene, allein auf die Raummobilität des Produktionskapitals ausgerichtete Fördersystem der regionalen Strukturpolitik gänzlich infrage stellt[1449].

Wie dem auch sei, als letztem empirischen Baustein in der Beweiskette der Konterkarierungsthese kommt dem strukturpolitischen Lenkungseffekt regionalorientierter Finanzhilfen die bestimmende Funktion zu. Diese Beweisführung ist allerdings noch nicht im Wege der offiziellen Vorgehensweise erbracht, wonach der Erfolg der regionalen Wirtschaftsstrukturpolitik vor allem an der Zahl der neuen eingerichteten bzw. alten gesicherten Arbeitsplätze gemessen wird[1450]. Derartige "Erfolgsstatistiken" unterstellen einen kausalen Zusammenhang zwischen dem getätigten Investitionsvolumen zur Arbeitsplatzschaffung bzw. -erhaltung und dem eingesetzten Instrumentarium insbesondere der Gemeinschaftsaufgabe[1451], verneinen somit indirekt andere Einflüsse auf das Investitionsverhalten der gewerblichen Wirtschaft und sagen gleichwohl nichts darüber aus, in welchem Umfange die neu entstandenen Arbeitsplätze nicht auch ohne öffentliche Subventionierung eingerichtet worden wären[1452]. Vielmehr lassen zahlreiche empirische Untersuchungen auf eine erhebliche Relevanz derartiger Mitnahmeeffekte schließen (vgl. Übersicht 16). Die Problematik der generellen Wirksamkeit regionalpolitischer Finanzhilfen ist darum nach **Hübl** und **Ertel** vor einem doppelten Hintergrund zu sehen[1453]:

- Zunächst einmal greifen diese Maßnahmen eher die Symptome als die Ursachen der bisher ausgebliebenen Ansiedlungserfolge auf. Da sie deshalb die Standortattraktivität nicht nachhaltig erhöhen, ist ihr angestrebter Erfolg langfristig keineswegs gesichert.

1449 Dazu R. Adlung/C. S. Thoroe (1980), S. 10 ff.; H. Heuer (1977 c), S. 20 ff.

1450 So aber das BMWi (1980), S. 12 ff.; dass., Fördererergebnisse in den Landkreisen und kreisfreien Städten, Bonn 1980 sowie die Zahlenangaben oben S. 171 ff.

1451 Voll und ganz zu Recht P. Tennagels (1980), S. 110.

1452 U. van Suntum (1981 a), S. 54. Kritisch auch H. Jürgensen (1981), S. 233 und J. Westphal (1976), S. 152.

1453 L. Hübl/R. Ertel (1980), S. 43 f.

Übersicht 16

Die Rangfolge der wesentlichen Standortfaktoren nach neun empirischen Untersuchungen

Autoren	Balassern	Brede	Brinkmann/ Schlebe	Freund/Zabel	Fürst/Zimmer- mann/Hansemeyer	Georgi/Gersch	IHK Koblenz	Kasu/Häßner	Wolf
Ansiedlungszeit- raum der befrag- ten Unternehmen	1966–1971	1955–1964	1970–1975	1970–1975	1966–1970	1959–1976	1967–1972	Nicht eingegrenzt	1945–1971
Ansiedlungsregion der befragten Unternehmen	Nordrhein- Westfalen	Bundesgebiet	Bundesgebiet	Saarland/Westp- falz	Schleswig-Hol- stein, Rheinland- Pfalz, Bayern, Hessen	Saarland	IHK-Bezirk Koblenz	Stadtregion Köln	Hessen
Rangfolge der 9 wichtigsten Standortfor- derungen	1. Verfügbare Arbeitskräfte	1. Arbeit	1. Flächen und Gebäude	1. Grundstücks- reserven für Er- weiterungs- möglichkeiten	1. Anschluß an überregionales Verkehrsnetz	1. Verkehrs- infrastruktur	1. Fehlende Aus- dehnungsmög- lichkeiten am alten Standort	1. Arbeitsmarkt	1. Quantitativ und qualitativ ausreichendes Betriebsgelände
	2. Grundstücks- reserven	2. Möglichkei- ten der räum- lichen Ausdeh- nung	2. Arbeits- kräfteangebot	2. Guter An- schluß an Auto- bahnen und Bundesstraßen	2. Grundstücks- reserven	2. Förderung durch die öffentliche Hand	2. Arbeitskräfte- reserven	2. Verkehr und Transport	2. Ausreichendes Arbeitskräfte- potential
	3. Grundstücks- preis	3. Boden	3. Absatz und Transport	3. Investitions- beihilfen des Staates	3. Preiswerte Grundstücke	3. Grundstücke und Gebäude	3. Sonstige Gründe (Roh- stoffvorkommen, Übernahmen)	3. Boden und Gebäude	3. Niedrige Grundstücks- preise
	4. Verkehrslage	4. Absatz	4. Private Gründe	4. Preiswerte Grundstücke	4. Angebot un- gelernter Arbeitskräfte	4. Arbeits- markt	4. Zentraler Lage zu den Hauptabsatzge- bieten	4. Allgemeine Infrastruktur	4. Öffentliche Finanzierungs- hilfen
	5. Erschlossenes Grundstück	5. Steuern und öffentliche Ver- günstigungen	5. Öffentliche Förderung	5. Ausreichendes Angebot an gut ausgebildeten Facharbeitern	5. Angebot von Fachkräften	5. Absatz- und Bezugsfaktoren	5. Verkehrsver- hältnisse	5. Absatz und Beschaffung	5. Vorhandene Betriebsgebäude
	6. Vorhandene Gebäude und Anlagen	6. Transport- kosten	6. Rohstoffe	6. Kundennähe	6./7./8. Niedrige Erschließungs- kosten	6. Infrastruktu- relle Eigen- schaften	6. Private Gründe	6. Industrielle Ballung	6. Günstige Verkehrslage zu Absatzmärkten
	7. Hilfe bei Grundstücks- erwerb	7. Fühlungsvor- teile		7. Niedrige Erschließungs- kosten	6./7./8. Investi- tionsbeihilfen, Sonderabschrei- bungen			7. Sonstige Faktoren	7. Sonstige standort- entscheidungs- gründe
	8. Baukosten	8. Personelle Präferenzen		8. Ausreichendes Angebot an un- gelernten Arbeitskräften	6./7./8. Kredit- hilfen			8. Öffentliche Förderung	8. Günstige Verkehrslage zu Bezugsmärkten
	9. Hilfe bei Grundstücks- erschließung	9. Natürliche Bedingungen		9. Starkes Inter- esse der Gemein- de an Problemen der Unternehmer	9. Gemeind- liches Interesse an Problemen der Unternehmer				9. Sonderab- schreibungen

Quelle: U. Freund/G. Zabel, Zur Effizienz der regionalpolitischen Industrieförderung in der Bundesrepublik Deutschland, RuR 1978, S. 99 ff. (101);
L. Hübl/R. Ertel, Regionale Wirtschaftsförderung, Hannover 1980, S. 66 Übersicht 4.

- Zum anderen hängt die grundsätzliche Eignung finanzieller Anreize zur Verwirklichung der gewünschten Ansiedlung von dem Stellenwert ab, den Finanzhilfen tatsächlich im unternehmensinternen Entscheidungsprozeß einnehmen.

Ohne auf die in der Übersicht 16 zusammengestellten Untersuchungsergebnisse[1454] im einzelnen eingehen zu wollen, ist hinsichtlich dieses letzten Punktes doch bemerkenswert, daß öffentliche Finanzhilfen in keiner der neun wiedergegebenen Erhebungen den ersten Platz innerhalb der Rangskala der neun wichtigsten Kriterien für die Standortwahl einnehmen. Statt dessen rangieren das Arbeitskräftepotential, die Gewerbeflächen und -gebäude sowie die Verkehrserschließung an oberster Stelle der Standortanforderungen. Nach dem bisherigen Erkenntnisstand[1455] gelten finanzielle Ansiedlungsvergünstigungen daher lediglich bei ausreichender Standortqualität als willkommene Verringerung des Investitionsrisikos[1456]. Ausschlaggebenden Charakter erhält die öffentliche Subventionsvergabe erst dann, wenn zwischen mehreren, im übrigen gleichwertigen Standorten ausgewählt werden kann und Unterschiede in der direkten Investitionsförderung vorliegen[1457]. Unter Zugrundelegung dieser Erkenntnisse wäre das regionalpolitische Konfliktpotential landeseigener oder kommunaler Ansiedlungssubventionen als gering zu veranschlagen, da andere Einflußfaktoren den Ausschlag im betrieblichen Standortsuchprozeß geben.

1454 Es handelt sich um die Untersuchungen von F. Graf von Ballestrem, Standortwahl von Unternehmen und Industriestandortpolitik. Eine empirische Beitrag zur Beurteilung regionalpolitischer Instrumente, Berlin 1974; H. Brede (1971); M. Brinkmann/K. Schliebe, Die Standortwahl der Industriebetriebe in der Bundesrepublik Deutschland und Berlin (West), Bonn 1975; U. Freund/G. Zabel (1978 a); D. Fürst/K. Zimmermann (1973); H. Georgi/V. Giersch, Neue Betriebe an der Saar. Bestandsaufnahme, Analyse, Perspektive, Mskrpt. Saarbrücken 1977; IHK zu Koblenz, Strukturpolitik mit Augenmaß, Mskrpt. Koblenz 1973; K.-H. Kaiser/L. Hörner, Standortbefragung von Industriebetrieben in der Stadtregion Köln, Mskrpt. Köln 1976; F. Wolf (1974).

1455 Zusammenfassend siehe R. Clemens (1981), S. 36 ff.; C. Eick (1975), S. 17 ff.; U. Freund/G. Zabel (1978 b), S. 99 ff.; L. Hübl/R. Ertel (1980), S. 43 ff.; P. Tennagels (1980), S. 110 ff.; K. Töpfer (1975 a), Sp. 2586 f.; aus früherer Sicht D. Fürst, Die Standortwahl industrieller Unternehmen: Ein Überblick über empirische Untersuchungen, JfS 1971, S. 189 ff.

1456 K.-D. Stark (1978), S. 12.

1457 H. Brede (1971), S. 100 ff.; D. Fürst/K. Zimmermann (1973), S. 119 ff. und 177 ff.; H. Jürgensen (1981), S. 233.

Dieser Befund scheint es sogar nahezulegen, die maßgebliche Einflußgröße der Standortentscheidung von Betrieben und der Wohnortwahl von Arbeitnehmern in der "Mobilitätsfunktion der Infrastruktur"[1458] zu sehen. Denn wegen ihres Doppelcharakters, sowohl die dynamische Entwicklung der regionalen Wirtschaft zu ermöglichen als auch die Lebensbedingungen der Wohnbevölkerung zu verbessern[1459], bildet die Infrastruktur die Grundlage sowohl privater als auch privatwirtschaftlicher Standortentscheidungen[1460]. Dementsprechend wird im politischen Raum sogar die Forderung erhoben, daß "der Staat sich grundsätzlich darum bemühen - aber auch darauf beschränken (sollte) - durch Infrastrukturförderung die notwendigen Rahmenbedingungen zu schaffen"[1461].

Neuerdings sind der bislang vorherrschenden Einschätzung, daß die direkte regionalpolitische Förderung für die standortsuchenden Unternehmen keinen gravierenden Standortfaktor darstelle[1462], d. h. daß der Mitnehmereffekt solcher Beihilfen sehr hoch sei, **Freund** und **Zabel** mit der Feststellung entgegengetreten, aufgrund ihrer Forschungen über die zwischen 1970 und 1975 im Raum Saarland/Westpfalz geförderten Betriebsansiedlungen habe sich ergeben, daß die regionalen wie die kommunalen Finanzhilfen zwar nur eine geringe Zieleffizienz, aber dennoch eine hohe räumliche Lenkungseffizienz besäßen[1463]. Ihrer Ansicht nach liefern die früheren Analysen heute keine gültigen Aussagen mehr, weil sie nicht ausschließlich auf Förderregionen beschränkt waren, sie fast nur Ansiedlungen untersuchten, die vor 1970 und damit vor der Neuord-

---

1458 R. **Jochimsen** (1966), S. 40 f.
1459 Siehe oben S. 69.
1460 C. **Eick** (1975), S. 25.
1461 B. **Breuel** (1980), S. 37. Kritisch zur Lenkungsfunktion der (materiellen) Infrastrukturförderung C. **Gee/U. Keller/P. Treuner**, Infrastrukturelle und wirtschaftsstrukturelle Bestimmungsgründe der industriellen Standortwahl, IREUS Schriftenreihe Bd. 4; Stuttgart 1980, S. 24 ff. und 152 f.
1462 Exemplarisch U. **Brösse**, Industrielle Zulieferbeziehungen als Standortfaktor, Hannover 1971, S. 47; ders./S. **Bruchkremer**, Erfolgskontrolle in der Regionalpolitik mit Hilfe eines regionalen Investitionsmodells, RuR 1981, S. 84 ff. (86).
1463 U. **Freund/G. Zabel** (1978 a), S. 154 ff. Ihnen folgend der Leiter des Forschungsprojektes K.-H. **Hansmeyer** (1981), S. 18 und (1980), S. 6.

nung der Regionalpolitik erfolgt sind und sie insbesondere die Betriebsgröße als die ausschlaggebende Variable überhaupt nicht berücksichtigten oder aber infolge ungünstig gewählter Klassenabgrenzungen nicht erkennen konnten [1464]. Laut **Freund** ist "das Problem der Mitnahmeeffekte in der GRW ... damit alles in allem wohl als bei weitem weniger schwerwiegend anzusehen, als es vordergründig den Anschein hat" [1465]. Nach dieser Auffassung könnten die nicht in die Konzeption der GRW eingefügten betriebsbezogenen Ansiedlungshilfen der Länder und Kommunen mithin durchaus eine das Ausgleichsziel der Rahmenplanung gefährdende Störgröße darstellen.

Allerdings stehen diesen Studien wiederum neuere Erhebungen gegenüber, welche die eher pessimistischen früheren Erkenntnisse in Bezug auf die regionale Lenkungsfunktion einzelbetrieblicher Subventionen bestätigen [1466]. So stützen nach Meinung von **Spehl** die Ergebnisse seiner Untersuchung zur regionalen Entwicklung industrieller Arbeitsplätze im Regierungsbezirk Trier für die Jahre 1969 bis 1976 trotz ihres großen Unschärfebereiches die These, "daß es in der Gemeinschaftsaufgabe Mitnahmeeffekte in erheblichem Umfange gibt, daß also in den Gebieten der GRW ein großer Teil der subventionierten Unternehmensinvestitionen auch ohne Förderung getätigt worden wäre" [1467]. Auch **Nassmacher** kommt aufgrund einer 1980 durchgeführten Umfrage bei 14 bundesdeutschen Städten und Landkreisen zu dem Ergebnis, daß die Unternehmen das Angebot an geeigneten Arbeitskräften, den betrieblichen Flächenbedarf und

---

1464 G. Zabel (1979), S. 246.

1465 U. Freund (1982), S. 76.

1466 Vgl. z. B. die Subventionsumfrage der Juniorenkreise der Deutschen Wirtschaft "Das süße Gift der Subventionen", Juniorenspiegel 1/1980, S. 3 ff.; dazu auch das Handelsblatt vom 26.3.1980, S. 1 und 5; früher schon die Umfrage bei neuangesiedelten Firmen in Fördergebieten durch die Industrie- und Handelskammern Baden-Württembergs, wirtschaft und standort 8/1975, S. 10 ff. Vgl. a. **A. Evers**, Zur Wirksamkeit der regionalen Wirtschaftsförderung als Entwicklungs- und Notstandspolitik, Inf.z.Raumentw. 1976, S. 811 ff. und **E. Recker**, Investitions- und Arbeitsplatzerfolge der Regionalpolitik, Inf.z.Raumentw. 1976, S. 821 ff. (822 ff.) sowie den Art. "Mitnahmeeffekte unter die Lupe genommen" im Handelsblatt Nr. 125 vom 6.7.1981, S. 3.

1467 H. Spehl (1981), S. 31.

die Verkehrserschließung als dominierend für ihre Ansiedlung in diesen Kommunen betrachteten [1468]. Desgleichen ergab die jüngste Erhebung des **Ifo-Instituts für Wirtschaftsforschung** zu regionalen Investitions- und Standortentscheidungen, daß die 3.284 befragten Unternehmen den privatwirtschaftlichen Faktoren bei ihrer Standortwahl Priorität beimessen (Arbeitskräfte, Lohnkosten), öffentliche Hilfen hingegen nur der Charakter zusätzlich in Betracht gezogener Nebenbedingungen zukommt [1469].

Nach alledem liegen unterschiedliche Einschätzungen über die Lenkungseffizienz regionalorientierter Wirtschaftssubventionen im Rahmen der GRW wie im allgemeinen überhaupt vor. Infolgedessen erscheint eine endgültige Stellungnahme und exakte Feststellung darüber, inwieweit landeseigene und kommunale Ansiedlungsbeihilfen das Zielsystem und die Struktureffekte der GRW unterlaufen, nicht möglich, zumal auch keine umfassenden Meßverfahren und Wirkungstheorien über die regionalen Fördermaßnahmen bestehen. Die verschiedenen theoretischen - zumeist wohlfahrtsökonomisch inspirierten - Ansätze in der Literatur sind kaum geeignet, Aussagen über den Wirkungsgrad der strukturpolitischen Einflußinstrumente zu machen [1470]. Ebenso läßt das im Aufbau begriffene **Erfolgskontrollsystem** in der regionalen Wirtschaftsstrukturpolitik nach dem gegenwärtigen Stande der Regionalwissenschaften keine eindeutigen Ergebnisfeststellungen zu [1471]. Eine Erfolgskontrolle müßte aber

---

[1468] Wirtschaftswoche Nr. 31 vom 1.8.1980, S. 30 ff.

[1469] Handelsblatt Nr. 170 vom 4.9.1980, S. 6.

[1470] H. **Heuer** (1977 b), S. 12; vgl. a. E. von **Einem** (1981), S. 19. Allgemein zur wohlfahrtstheoretisch fundierten Entscheidungsfindung J. **Frank** (1976), S. 95 f.

[1471] Dazu der **11. Rahmenplan**, aaO (Anm. 13), S. 16 ff. Tz. 9 und neuerdings D. **Louda**, Qualitative Erfolgskontrolle in der regionalen Wirtschaftspolitik, in: J. H. Müller/T. Dams (Hrsg.), Planung in der regionalen Strukturpolitik, Berlin 1982, S. 41 ff. Aus dem umfangreichen Schrifttum zur regionalpolitischen Erfolgskontrolle siehe nur A. **Jentzsch**/H.-W. **Pfeiffer** unter Mitarbeit von F.-J. **Klein**, Vorschläge zu einem System der Erfolgskontrolle regionaler Wirtschaftsförderung, Berlin 1976, S. 36 ff.; H.-J. **Klein** (1972), S. 37 ff.; N. **Kloten**/K. **Höpfner**/W. **Zehender** (1972), S. 109 ff.; E. **Lauschmann** (1976), S. 286 ff.; H. **d'Orville** (1979), S. 197 ff.; E. **Recker**, Methode und Ergebnisse einer Erfolgskontrolle der Gemeinschaftsaufgabe "Verbesserung der regionalen Wirtschaftsstruktur", in: Gesellschaft für Regionalforschung (Hrsg.), Seminarbericht 13, Heidelberg 1978, S. 185 ff.; G. **Voss** (1973), S. 25 ff. und 97 ff.

zu Aussagen darüber führen, ob und inwieweit die festzustellende Zielerfüllung dem eingesetzten Steuerungsinstrumentarium ursächlich zugerechnet werden kann[1472]. Hierzu ist neben einer Zielerreichungs- und Inanspruchnahme- (Vollzugs-)kontrolle vor allem eine Wirksamkeitskontrolle[1473] notwendig, welche die Wirkungen der benutzten Instrumente aufzeigen kann. Aus den verschiedensten Gründen ist indessen eine derartige Wirkungskontrolle heute noch nicht durchführbar. Zunächst ist es kaum möglich, eine regionalpolitische Maßnahme in ihrer Wirkung isoliert zu erfassen[1474]. Da außerdem das Hauptproblem der Wirksamkeitskontrolle, wie mit hinreichender Sicherheit diejenige Regionalentwicklung als Vergleichsentwicklung bestimmt werden kann, die sich ohne den Instrumenteneinsatz ergeben hätte, noch nicht gelöst ist, fehlt jede Grundlage für die Bestimmung der Differenzentwicklung, die durch den Einsatz regionalpolitischer Maßnahmen bewirkt wurde[1475].

In Rückschau auf die durch Befragungen der Förderungsadressaten (Unternehmen) eruierten Zweifel über die Lenkungseffizienz und damit Wirksamkeit regionaler Finanzhilfen ist es nicht ausgeschlossen, daß schon das direkte Anreizinstrumentarium der GRW regionalpolitisch weitgehend wirkungslos verfährt. Die Bund-Länder-Rahmenplanung kann ihre intendierte Lenkungsfunktion allerdings noch weniger ausüben, wenn sie in Konkurrenz zu anderen autonomen Wirtschaftsentwicklungspolitiken der Bundesländer und kommunalen Gebietskörperschaften steht. Demnach müßte eine Reduktion finanzieller Ansiedlungsanreize die Effizienz der Gemeinschaftsaufgabenförderung wirksam verbessern[1476]. Solange jedoch weder in positiver Hinsicht die Zielwirksamkeit der GRW noch in negativer Hinsicht die Zieldestruktion der verselbständigten

---

1472 H. Spehl (1981), S. 19; H.-P. Steinmetz (1982), S. 81.
1473 Dazu neuestens E. Hußmann (1981), S. 22 ff. und H. Spehl (1981), S. 30 ff. Früher schon H. M. Bölting, Wirkungsanalyse der Instrumente der regionalen Wirtschaftspolitik, Münster (Westf.) 1976, S. 5 ff. und 34 ff.
1474 E. Lauschmann (1976), S. 288.
1475 E. Hußmann (1981), S. 22.
1476 L. Hübl/R. Ertel (1980), S. 46 im Anschluß an K.-D. Stark (1978), S. 164.

Regionalförderungspolitiken faktisch feststehen, können die in der Wirtschaftsförderungspraxis möglicherweise bestehenden Konterkarierungseffekte nicht nachgewiesen werden.

Angesichts dieses "non liquet" steht keinesfalls fest, daß die kommunale und Landeswirtschaftsförderung in Form der Vergabe einzelbetrieblicher Ansiedlungssubventionen die Entwicklungskonzeption und -ziele der GRW durchkreuzen und in ihrer Wirksamkeit beeinträchtigen [1477]. Es kommt deshalb darauf an, ob die Unerweislichkeit des regionalpolitischen Störpotentials eigenständiger Gewerbeansiedlungspolitiken entweder zu Lasten der Gemeinschaftsaufgabe oder zu Lasten der Landes- bzw. Kommunalförderungen geht. Im ersten Falle wären für das Auftreten der Konterkarierungseffekte zusätzlicher Gewerbeförderungen die Planungsgremien der GRW beweispflichtig; da ihnen dieser Nachweis nach den vorstehenden Ausführungen kaum jemals gelingen dürfte, bleiben sie beweisfällig und können deshalb ihre strukturpolitischen Bedenken gegen Zusatzförderungen außerhalb der GRW rechtlich nicht durchsetzen. Im zweiten Falle schulden hingegen die Landes- bzw. Kommunalinstanzen den Beweis dafür, daß ihre eigenen Ansiedlungsvergünstigungen keine gemeinschaftsaufgabenwidrigen Zwecke verfolgen oder die Rahmenplanung unterlaufende Auswirkungen entfalten; können sie diesen positiven Beweis nicht erbringen, greift die Vermutung zugunsten des Handlungsmodells der GRW mit der Folge ein, daß der regionalpolitische Handlungsspielraum der nachgeordneten Verwaltungseinheiten bei Annahme einer Bindungswirkung des Gemeinschaftsaufgabenprogramms rechtlich eingeschränkt wird.

Wer diese sog. **materielle Beweislast** letzten Endes zu tragen hat, ist nach herrschender Ansicht eine Frage des materiellen Rechts [1478]. Danach gilt der Rechtsgrundsatz, daß die Nichterweis-

---

[1477] Demgegenüber unterstellt offenbar das **BVerwG** DVBl. 1980, S. 644 f. (645) eine derartige Lenkungseffizienz, wenn es schreibt, daß Konkurrenzförderungen außerhalb von Schwerpunktorten den regionalpolitisch erwünschten Erfolg der Rahmenplanung nachhaltig stören oder verhindern können.

[1478] Siehe **BVerwGE** 45, 131 (132); 19, 87 (94). Im Unterschied zum Zivilprozeß kennen der Verfassungs- und der Verwaltungsprozeß dagegen keine "Behauptungslast" und keine "formelle Beweislast" (Beweisführungspflicht), da deren Geltung dem Untersuchungsgrundsatz der §§ 26 Abs. 1 BVerfGG, 86 Abs. 1 VwGO widersprechen würde.

barkeit einer Tatsache zu Lasten des Beteiligten geht, der aus ihr eine ihm günstige Rechtsfolge herleitet[1479], was auch auf Sachverhalte Anwendung findet, die ihrer Natur nach nur schwer zu beweisen sind[1480]. Folglich hat derjenige, der ein Recht oder eine Befugnis in Anspruch nimmt, im Zweifel die Beweislast für die rechtsbegründenden Tatsachen zu tragen, wohingegen derjenige, der ein Recht leugnet, die Sachverhaltselemente nachweisen muß, die den Eintritt der der anderen Partei günstigen Rechtswirkungen verhindern sollen[1481]. Die Antwort darauf, welche Tatsachen rechtsbegründend und welche rechtsverhindernd sind, ist insbesondere nach dem Zweck der materiellrechtlichen Regelungen[1482] und aus der Gesamtheit der Normen des geltenden Rechts, vor allem des Verfassungsrechts und der in ihm erkennbaren Grundwertungen zu treffen[1483]. Dabei kann als Anhaltspunkt für diese Abgrenzung die Feststellung dienen, was als "Regel" und was als "Ausnahme" anzusehen ist[1484].

Unter Beachtung dieser Grundregeln muß die objektive Beweislast für die Existenz etwaiger die räumliche Ausgleichsfunktion der GRW störender Auswirkungen ("negativer Externalitäten") finanziell eigenständiger Ansiedlungsvergünstigungen bei den Gemeinschaftsaufgabengremien liegen[1485]. Denn nach der hier vertretenen Auffassung zur Zulässigkeit landesspezifischer und kommunaler Strukturpolitik steht die originäre Verbandskompetenz zur Planung und Implementierung von Wirtschaftsentwicklungsmaßnahmen den Ländern und Kommunen zu. Im Verhältnis des Bundes zu den Ländern folgt

---

1479 BVerwGE 47, 365 (375); 45, 131 (132); 44, 265 (269 f.); 41, 53 (55 ff.); 18, 168 (170 ff.); 3, 110 (115).

1480 Vgl. **BVerwGE** 49, 252 (258 f.).

1481 Siehe **BVerwGE** 44, 265 (269 f.); 20, 211 (213 ff.). Auf die prozessuale Stellung als Kläger oder Beklagter kommt es nicht dabei nicht an, **BVerwGE** 7, 242 (250).

1482 BVerwGE 44, 265 (270).

1483 Vgl. BVerfGE 52, 131 (145 ff.) und K. Stern, Verwaltungsprozessuale Probleme in der öffentlichrechtlichen Arbeit, 5. Aufl. München 1981, S. 155.

1484 Siehe F. O. Kopp, Verwaltungsgerichtsordnung mit Erläuterungen, 5. Aufl. München 1981, § 108 RdNr. 13 a.

1485 Bezogen auf das Verhältnis staatlich-kommunaler Wirtschaftsförderung ebenso - wenn auch ohne Begründung - W. Berger, in: Ständige Deputation des DJT (Hrsg.), Verhandlungen des 53. DJT, Bd. II, München 1980, N 198.

dies schon aus der föderalistischen Grundnorm des Art. 30 GG, wonach die Verbesserung der regionalen Wirtschaftsstruktur auch nach Konstitutionalisierung der GRW eine primäre Aufgabe der Bundesländer ist, an deren Erfüllung der Bund lediglich im Rahmen des Art. 91 a GG mitwirkt[1486]. Doch auch im staatlich-kommunalen Beziehungsgeflecht sind die Kommunen aufgrund der materiellen Verfassungsgarantie des Art. 28 Abs. 2 GG prinzipiell befugt, innerhalb ihres Wirkungskreises und der Gesetzesordnung direkte Wirtschaftsförderung zu betreiben[1487]. Die Vergabe betriebsindividueller Ansiedlungssubventionen durch die Landes- und/oder Kommunalverwaltungen stellt sich insofern nach der verfassungsrechtlichen Kompetenzabgrenzung und der in ihr zum Ausdruck kommenden Grundgedanken als der Regelfall der öffentlichen Wirtschaftsförderung dar, der durch die Mitwirkung des Bundes an den Gemeinschaftsaufgaben nicht aufgehoben werden soll. Da die Gemeinschaftsaufgabe jedoch erstens mit der Berufung auf eventuelle konterkarierende Effekte nachgeordneter Gewerbesubventionierung dieses ureigene Recht der Länder und Kommunen bestreitet, indem sie aus den behaupteten Störpotentialen eine für sie positive Rechtsfolge, nämlich ein Anpassungsgebot autonomer Ansiedlungsförderungen herleitet, ist sie nach den allgemein gültigen Beweislastregeln für die jenes Recht auf Wirtschaftsförderung verhindernden Tatsachen beweispflichtig. Und da die Unerweislichkeit von Tatsachen - hier des Auftretens gemeinschaftsaufgabenwidriger Effekte verselbständigter Ansiedlungspolitiken - zweitens grundsätzlich zu dessen Lasten geht, der aus ihnen eine ihm günstige Rechtsfolge ableitet, bleibt in solchen Fällen eines "non liquet" die Gemeinschaftsaufgabe beweisfällig.

Als Ergebnis dieser Überlegungen schält sich heraus, daß Konterkarierungs- und Verdrängungseffekte **direkter Ansiedlungsbeihilfen** außerhalb des Aktionsrahmens der GRW zwar theoretisch denkbar, empirisch aber nicht bewiesen und damit nach der hier vorgenommenen Beweislastverteilung rechtlich unbeachtlich sind, wohingegen

---

1486 Siehe oben S. 96 und 298 f. jeweils m. w. Nachw.
1487 Siehe oben S. 304 ff. m. w. Nachw.

sich die regionalpolitischen Bedenken gegen eine **finanzielle Gewerbebestandsförderung** durch nachgeordnete Verwaltungsinstanzen schon aus der Sicht der Gemeinschaftsaufgabe als unschlüssig darstellten. Mithin haben die Konterkarierungsvorwürfe gegen die autonomen Regionalförderungen auf Landes- und kommunaler Ebene ihre rechtsverhindernde Stoßrichtung eingebüßt. Das "schwere Geschütz", welches die Gegner dieser Art von Wirtschaftsförderung sich abzufeuern bemühten, hat sich bei genauerer Lageanalyse nur als "Theaterdonner" entpuppt. Die Länder und Kommunen trifft es jedenfalls nicht.

Dieser Befund bedeutet wiederum für die Ausgangsfrage nach der relativen Bindungswirkung der GRW gegenüber einem selbständigen Vorgehen der Länder und Kommunen, daß sich zwar mit Hilfe des Grundsatzes der Bundes- und Landestreue - unter Hintanstellung bestimmter juristischer Vorbehalte[1488] - in der Theorie gewisse Rechtsausübungsschranken derart konstruieren ließen, daß landes- oder kommunalpolitische Ansiedlungsvergünstigungen der Ansiedlungspolitik im Rahmen der GRW nicht zuwiderlaufen dürfen (Beachtung des Exportprinzips, des Präferenzgefälles, des Schwerpunktsystems und der Fördergebietsabgrenzung), daß aber solche rechtlichen Bindungen des wirtschaftspolitischen Handlungsermessens der Länder und Kommunen im Streitfalle nicht durchgreifen würden[1489]. Vor allem die großen Flächenstaaten - dies hat die Auswertung der Landesregionalförderungen ergeben - halten jetzt schon die gemeinsamen Grundsätze der GRW so "hoch", daß sie sie sowohl in Bezug auf die Förderfläche als auch hinsichtlich der Förderintensität mit Leichtigkeit und mit Häufigkeit unterlaufen können[1490].

Insgesamt ergibt sich hieraus für die Bewertung des Verrechtlichungspotentials der Koordinationsfunktion der GRW ein zwiespältiges Ergebnis. Scheitert die These von der Sperrwirkung

---

[1488] Siehe oben S. 316 ff. und 318 f.

[1489] Ebenso in Bezug auf die Landeswirtschaftsförderung, allerdings ohne empirische Beweisführung, R. Wahl (1981), S. 330.

[1490] F. Schnabel, in: A. Baestlein (1977), S. 62.

bereits daran, daß sie normativ nicht schlüssig aus den Regelungen der Gemeinschaftsaufgabe abgeleitet werden kann, so zerbricht die Lehre von der Bindungswirkung - von juristischen Konstruktionsbedenken abgesehen - spätestens daran, daß sich ein "offenbarer Rechtsmißbrauch" oder ein "regionalpolitisches Konfliktpotential" durch die eine gesonderte Wirtschaftsförderung betreibenden Länder und Kommunen nicht nachweisen lassen. Infolgedessen ist die Koordinationsfunktion der GRW **rechtlich** gegenüber den Gliedstaaten und kommunalen Selbstverwaltungseinheiten nicht durchsetzbar, weil erstens nicht feststeht, daß ihr finanzpolitisches Anreizinstrumentarium selbst zielwirksam handelt und zweitens etwaige ihre Entwicklungsfunktionen störende Auswirkungen der autonomen Regionalförderungen nicht erwiesen sind.

2. Das Vollzugspotential der Koordinierungsfunktion

Haben sich die Ausführungen dieses Teiles der Untesuchung bisher auf einerseits die wirtschafts- und regionalwissenschaftlichen und andererseits die rechtlichen Aspekte der inneradministrativen Durchsetzungsfähigkeit der Koordinationsfunktion der Gemeinschaftsaufgabe beschränkt, so ist abschließend noch auf die verwaltungswissenschaftliche Fragestellung einzugehen, ob denn das auf den Gesamtstaat ausgerichtete regionalpolitische Handlungsmodell der GRW - unabhängig von seinen rechtlichen Implikationen - überhaupt gegenüber den Bundesländern und kommunalen Körperschaften **politisch** durchsetzbar ist. Es sind nämlich allerlei Anzeichen dafür auszumachen, daß die Koordinierungsfunktion der GRW in dem bestehenden föderal-dezentralen politischen System der Bundesrepublik Deutschland nicht nur de lege lata, sondern auch de lege ferenda - etwa bei Aufnahme einer Sperr- bzw. Bindungsklausel in das Gemeinschaftsaufgabengesetz - institutionell nicht zu vollziehen wäre. Denn die Ausschöpfung derartiger Eingriffsbefugnisse und Verwaltungskompetenzen durch den Bund oder die Planungsgremien der GRW sähe sich mit der struktur- und finanzpolitischen Potenz der Länder und Kommunen konfrontiert. Deren faktische Machtstellung scheint die verfassungsrechtliche Frage nach der Sperr- bzw. Bindungswirkung politisch längst beantwortet zu haben.

a) gegenüber den Bundesländern

Im Rahmen ihrer Fallstudien zur bundesdeutschen Politikverflechzung kommen **Reissert** und **Schnabel** zu dem Ergebnis, daß die Planungs- und Finanzierungsverbünde zwischen Bund und Ländern - wenn auch von Fall zu Fall unterschiedlich - nicht nur durch dysfunktionale und probleminadäquate Tendenzen zur Gleichbehandlung, Besitzstandswahrung und Konfliktvertagung sowie fehlende Schwerpunktbildungen, sondern auch durch den Verzicht auf Eingriffe in die Landesprogramme gekennzeichnet sind [1491]. Hierunter ist die systematische Preisgabe von Steuerungsinstrumenten zu verstehen, mittels derer der Bund die Entscheidungsautonomie der am Verflechtungssystem beteiligten Länder einschränken könnte [1492]. Am deutlichsten ausgeprägt zeigt sich die Perfektionierung dieser "politischen Ausklammerungstechnik" [1493] in der regionalen Wirtschaftsförderung, obwohl doch aus der Sicht des vom Gesamtstaat vertretenen Ausgleichsanliegens eine Unterbindung der in Relation zur GRW günstigeren Förderungskonditionen in den landeseigenen Regionalprogrammen naheliegen würde.

Nach den Fallanalysen sieht der Bund von der Durchsetzung eines derartigen Verbotes oder von der Verhängung sonstiger negativer Sanktionen jedoch ab, um das Konfliktlösungspotential des Verbundsystems nicht über Gebühr zu strapazieren [1494]. Als symptomatisch für die Vermeidung einer Auseinandersetzung um die Landesförderung in den Ausschüssen der GRW mag folgende Aussage eines beteiligten Ministerialbeamten gelten: "Wenn wir das zum Streitfall bringen wollten, müßten wir mehr oder weniger eine Organklage anstrengen bei den Gerichten. Die Gemeinschaftsaufgabe wäre in dem Fall dann 'perdu'..." [1495]. Damit scheint der Bund nicht die politische

---

[1491] B. Reissert/F. Schnabel (1976), S. 225 ff.; F. Schnabel (1980), S. 64 f.
[1492] B. Reissert/F. Schnabel (1976), S. 229 f.
[1493] R. Berger (1977), S. 117.
[1494] B. Reissert/F. Schnabel (1976), S. 95 ff. und 99.
[1495] Anonym wiedergegeben bei B. Reissert/F. Schnabel (1976), S. 98. Das Zitat stammt höchstwahrscheinlich von dem früheren Regionalreferenten im BMWi W. Albert.

Kraft, sprich das nötige Handlungspotential zu besitzen,um den Konflikt mit einzelnen Ländern über deren außerhalb der GRW sich abspielende Gewerbeförderungen auszutragen und durchzustehen. Es fragt sich, ob es sich bei diesem Einzelergebnis der vorgenannten Fallstudie lediglich um die Beschreibung einer Praxis handelt, die sich im Laufe der Jahre faktisch herausgebildet hat, oder ob ausreichende Gründe für die Erklärung vorhanden sind, daß der Eingriffsverzicht des Bundes notwendigerweise aus den institutionellen und prozessualen Verhaltensmustern resultiert[1496].

Auf dem Sektor der Wirtschaftsförderung ist die Organisationsstruktur der GRW das bewußte Spiegelbild der Politikverflechtung von Bund und Ländern. Charakteristisch für deren vertikale Interaktionsbeziehungen sind die Multilateralisierung des Programmplanungsprozesses und die Installierung nichthierarchischer Dauerbeziehungen. Zudem handelt es sich um einen Politikbereich, der als Planungsaufgabe typischerweise besonders konsensabhängig ist[1497]. Die nicht geringe Zahl von zwölf formal gleichberechtigten Partnern und die gesteigerte Komplexität der materiellen Probleminterdependenzen bedingen einen "extrem hohen Konsensbedarf in der GRW"[1498]. Diese Konsensbedürftigkeit der Gemeinschaftsaufgabe und die relative Autonomie der föderalistisch verbundenen Teilsysteme machen es dem Bund unmöglich, Konflikte im Wege hierarchisch-autoritativer Entscheidungen zu regulieren[1499]. Vielmehr gilt in der GRW wie in allen anderen vertikalen Fachverbünden faktisch das Prinzip der Einstimmigkeit, weshalb Entscheidungsregeln vorherrschen, die darauf angelegt sind, den Konsensbedarf für Entscheidungen des Systems zu minimieren[1500] und die aus diesem Grunde bei Vollzugsentscheidungen zu einem systematischen Verzicht auf die Lösung des Niveaufixierungsproblems "Programm-

---

[1496] Darauf, daß einzelne Ergebnisse der Fallanalysen möglicherweise nur eine beschränkte Aussagekraft haben, macht zu Recht R. Wahl (1981), S. 326 aufmerksam.
[1497] R. Wahl (1981), S. 334.
[1498] F. Schnabel (1976 b), S. 184.
[1499] Vgl. K. König (1977), S. 80.
[1500] B. Reissert/F. Schnabel (1976), S. 218.

koordinierung der regionalen Wirtschaftsförderung" führen. Denn schon gedacht werden darf in den intergouvernementalen Planungsgremien nur, was konsensfähig ist[1501].

Naturgemäß würde eine Intervention des Bundes oder des Planungsausschusses der GRW in ein Landesförderungsprogramm den Widerstand des betroffenen Landes hervorrufen. Da aber die Verwirklichung des Gemeinschaftskonzeptes auf dem "langen Weg" von der allgemeinen Rahmenplanung über die Detailplanung bis zu den einzelnen Fördermaßnahmen auf die aktive Vollzugsbereitschaft jedes, auch des "gemaßregelten" Landes angewiesen ist, wenn ein "Entgleisen" der Programmimplementation in dem betreffenden Land verhindert werden soll[1502], kann sich der Bund ein "imperialistisches" Entscheidungsverhalten gegenüber einem oder mehreren Ländern nicht leisten. Er benötigt vielmehr zur Umsetzung der Rahmenplanung den Konsens seiner am Planungssystem partizipierenden "Ressort-Kumpanen"[1503]. Und genau hierauf baut die Machtressource der Länder auf. Diese für das Gesamtsystem freilich reduzierte (Re-)Aktionsfähigkeit ist der politisch-bürokratische Preis für einen Entscheidungsprozeß, "bei dem die Bürokratie von der Politik abgetrennt ist und ihr Handlungsprogramm nur noch auf einem vergleichsweise niedrigerem Konfliktniveau entwickeln und durchsetzen kann"[1504]. Damit erweist sich die Verminderung der Konflikthaftigkeit durch Eingriffsverzicht in Landesförderungen als konstitutives Systemmerkmal des opportunistischen und inkrementalen Problemlösungsverhaltens[1505] im Organisationsmodell der GRW, weil anderenfalls dessen immanente Selbstblockierungstendenzen vollends aufbrechen müßten[1506]. Unter solchen organisations- und entscheidungsstrukturellen Prämissen ist die politische Durchsetzung der Koordinationsfunktion der GRW gegenüber der verselbständigten Landeswirtschaftsförderung jedoch ausgeschlossen.

1501 R. Berger (1977), S. 119.
1502 Vgl. zum ganzen R. Wahl (1981), S. 334.
1503 F. Wagener (1978 a), S. 155 und (1975), S. 134.
1504 F. Schnabel (1980), S. 65.
1505 K. König (1977), S. 80.
1506 Vgl. generell zum Einsatz von Machtmitteln F. W. Scharpf (1977 a), S. 113.

b) gegenüber den kommunalen Gebietskörperschaften

Desgleichen hat sich die kommunale Wirtschaftsförderung de facto eine ingerenzfeste Position verschafft [1507], auch wenn sich hier die Verhältnisse wegen der nur mittelbaren Partizipation der Kommunen an dem Verflechtungssystem der GRW anders gestalten. Nach der Organisation der kommunalen Selbstverwaltung in der Bundesrepublik Deutschland sind administrative Einzeleingriffe in die Wirtschaftsentwicklungspolitik der Gemeinden und Landkreise nur innerhalb des Systems der staatlichen Aufsicht möglich, die den Ländern und dort in der Regel den Mittelinstanzen obliegt. Wollten die Planungsgremien der GRW etwaige "Auswüchse" der kommunalen Strukturpolitik beschneiden, müßten sie sich also vermittelt über die Landesbehörden der Instrumente der Kommunalaufsicht - Beanstandung, Anweisung, Ersatzvornahme, Kommissarbestellung [1508] - bedienen.

Doch auch die Kommunalaufsicht ist in wachsendem Maße von Eingriffsverzicht und Konsenswerbung geprägt; Beratung und Information herrschen vor, die hier in Rede stehenden repressiven Aufsichtsmittel liegen brach [1509]. Unabhängig von den problemspezifischen Besonderheiten der Wirtschaftsförderung wirkt das restriktiv erscheinende System der Staatsaufsicht schon in genereller Hinsicht keinesfalls imperativ. Bereits vor 15 Jahren konfrontierte **Glass** die formalen Aufsichtsrechte mit der "Realität der Kommunalaufsicht" und beschloß seine Arbeit mit der Feststellung, daß die in der Gemeindeordnung niedergelegten Aufsichtsmittel nur in seltenen Ausnahmefällen zur Anwendung gelangen, wobei insbesondere mit der zunehmenden Größe einer Kommune deren Fähigkeit wächst, sich einer wirksamen Kontrolle zu entziehen [1510]. Ebenso gelangte die materialreiche Untersuchung von **Borchert**, die bis zum Jahre 1972 reicht, zu dem Schluß, daß die Kommunalaufsicht

---

1507 So die Einschätzung von **H. Faber** (1982), S. 33.
1508 Vgl. z. B. die §§ 138 ff. HGO, 130 ff. NGO.
1509 **H. Faber** (1982), S. 38.
1510 C.-P. **Glass**, Die Realität der Kommunalaufsicht, Köln-Berlin-Bonn-München 1967, S. 144 ff.

von den ihr eingeräumten rechtlichen Befugnissen nur relativ wenig Gebrauch macht, sie sich vielmehr deutlich zurückhält, wenn es gilt, förmliche Aufsichtsmittel anzuwenden und sie trotz zahlreicher und erheblicher Rechtsverstöße nur in Ausnahmefällen eingreift[1511].

Auch in Bezug auf die kommunale Gewerbeförderung legen neuere Beobachtungen die Erkenntnis nahe, daß sich die Staatsaufsicht keinesfalls restringierend auswirkt. Entweder scheuen die eingeschalteten Landesinnenministerien vor einem Eingreifen zurück – hierfür stehen stellvertretend die im vorigen Abschnitt vorgestellten drei Ausgangsfälle kommunaler Wirtschaftspolitik, die sich um weitere Beispiele vermehren ließen – oder aber die von der Zentralinstanz ausgehenden staatlichen Steuerungsimpulse werden auf der mittleren Verwaltungsebene, den Regierungspräsidenten als den zuständigen (oberen) Aufsichtsbehörden, aufgefangen und umgeleitet. So lautet jedenfalls der Befund der von **Mayntz** veröffentlichten Fallstudien über kommunale Wirtschaftsförderung in Deutschland:

"Im Bereich der regionalen Wirtschaftspolitik konzentrieren sich beispielsweise die Regierungspräsidenten keineswegs auf die möglichst nachdrückliche Umsetzung des Förderkonzepts des Landes, das eine selektive Unterstützung der Kommunen in den Fördergebieten zu Lasten der anderen Gebiete im Bezirk verlangt. Wenn die Regierungspräsidenten schon kein eigenes regionales Konzept entwickeln und dafür arbeiten, dann schwächen sie doch zumindest die Steuerungsintention des Landes ab, indem sie Um- und Ansiedlungsvorhaben von Unternehmen zugunsten geförderter Standorte meist nur dann aktiv unterstützen, wenn damit kein Abzug aus einem anderen Ort im Bezirk verbunden ist, auch wenn dieser zu den nicht-geförderten Gebieten gehört. Die Regierungspräsidenten argumentieren, daß derartige Umsiedlungen regionalpolitisch für den Bezirk keinen Netto-Nutzen hätten, versuchen aber vor allem, die mit einer Abwerbung im Bezirk verbundenen Konflikte mit und zwischen den Kommunen zu vermeiden"[1512].

1511 H. **Borchert**, Kommunalaufsicht und kommunaler Haushalt, Siegburg 1976, S. 276.

1512 R. **Mayntz** (1981 b), S. 167.

Demnach kann von einer durchgängigen staatlichen Restriktion kommunaler Wirtschaftsförderungsspielräume keine Rede sein. Da vor allem die Bezirksplanungsbehörden für die ökonomischen Probleme der Kommunen ein offenes Ohr haben, fallen "Bargaining-Prozesse" oft zugunsten der Kommunen aus [1513]. Hinzu kommt, daß die Interaktionsdichte zwischen den unteren staatlichen Behörden und den Kommunen oftmals so hoch ist, daß persönliche Kontakte zwischen den verschiedenen Akteuren die Handlungsfreiheiten der kommunalen Ebene noch erheblich erweitern können. Folglich spricht nichts für die Annahme, die schlechthin "kommunal-(wirtschafts-)freundlich" praktizierte Staatsaufsicht sei objektiv in der Lage oder sehe sich auch nur subjektiv in der Lage, Eingriffe in die weitgehend gesetzesfrei sich vollziehende Strukturförderung der Gemeinden und Landkreise vorzunehmen, um die Koordinierungsfunktion der GRW binnenpolitisch zu gewährleisten - eine Koordinationsaufgabe, die nicht einmal der Bund gegenüber den Ländern sicherstellen kann.

3. Fazit: Nicht-Durchsetzbarkeit der Koordinationsfunktion aufgrund der Verrechtlichungs- und Vollzugsdefizite

Die Analyse der organisatorisch-institutionellen Durchsetzbarkeit der Gemeinschaftsaufgabe "Verbesserung der regionalen Wirtschaftsstruktur" im öffentlichen Sektor hat ergeben, daß dieser weder ein rechtlich noch ein politisch ausreichendes Potential zur Durchsetzung ihrer Koordinationsfunktion gegenüber den regionalpolitischen Verselbständigungstendenzen der nachgeordneten Gebietskörperschaften zur Verfügung steht. Indem die Untersuchung am Beispiel der regionalen Wirtschaftsförderung nicht nur die institutionellen Verrechtlichungs-, sondern auch die binnenstrukturellen Vollzugsdefizite dieses Politikbereiches offenlegt, verdeutlicht sie zugleich in exemplarischer Form die politisch-administrativen Grenzen zentralstaatlicher Programmplanung in einem föderativen Bundesstaat. Es soll deshalb nicht das Bestreben

---

[1513] G. Zill (1981), S. 119.

der Administratoren der Gemeinschaftsaufgabe bestritten werden, "durch Machtverlust zu Lustgewinn zu kommen"[1514], dennoch zeigt der Ist-Zustand der bundesdeutschen Regionalförderung unabhängig von karrierebedingten Glücksgefühlen in aller Deutlichkeit, daß der "Technokratentraum"[1515] einer wirkungsvollen "gesamtstaatlichen Steuerung unter der Oberleitung des Bundes"[1516] endgültig ausgeträumt ist. Aus dem praktizierten Umgang mit den Gemeinschaftsaufgaben zieht **Berger** folgende Bilanz: "Für eine richtig diagnostizierte Krankheit (ungenügend überregional abgestimmte Aufgabenerfüllung) wurde eine unzureichende Arznei (Gemeinschaftsaufgaben) gebraut, deren Conterganeffekte von Laienpriestern (vorwiegend juristisch ausgebildete Beamte) mit Kurpfuscher-Methoden geheilt werden sollen"[1517]. Diese – zugegebenermaßen sehr persönlich gehaltene – Globaleinschätzung eines Bonner Ministerialbeamten wird in einem für die GRW zentralen Punkt durch die vorliegende Studie bestätigt. Die für das Weiterleben dieser Gemeinschaftsaufgabe zumindest psychologisch bedrohliche administrative Krankheit der programmatisch kontraintentionalen und finanziell voluminösen Konkurrenzförderungen der Länder und Kommunen ist mit juristischen Arzneimitteln nicht zu kurieren; auch politische Therapieversuche des infizierten Gemeinschaftsleibes scheinen zur Erfolglosigkeit verdammt. Die tieferen Ursachen dieser medikamentösen Problemlösungsdefizite liegen freilich in der körperlichen Konstitution der erkrankten Patientin selbst begründet. Zunächst sind die inneren Abwehrkräfte der GRW zur Verhinderung von Verselbständigungstendenzen infolge ihrer inflexiblen Organisationsstruktur und ihres inkrementalistischen Entscheidungsverhaltens geschwächt mit der Folge

- der ungenügenden Reaktion auf neuanstehende Probleme des Strukturwandels (außer durch Sonderprogramme) und dem Festhalten an dem überkommenen Förderkonzept als dem kleinsten gemeinsamen Nenner sowie

---

1514 R. Berger (1977), S. 119.
1515 D. Garlichs (1980), S. 72.
1516 W. Zeh (1977 a), S. 137.
1517 R. Berger (1977), S. 117.

- des weitgehenden Verzichtes auf politischen Druck seitens des Bundes zur Überwindung der Widerstände der Fachressorts in den Ländern und der kommunalen Gebietskörperschaften gegen eine sachlich und räumlich diskriminierende Regionalförderung.

Darüber hinaus verarbeitet die Gemeinschaftsaufgabe nur unzureichend ihre Umwelteinflüsse, indem sie die finanz- und strukturpolitischen Potenzen und institutionellen Eigeninteressen der am Gemeinschaftsleben beteiligten wie der nicht angehörigen, aber betroffenen Gebietskörperschaften unterschätzt mit der Folge

- der fehlenden Bereitschaft der Länder und Kommunen, zum Zwecke einer gesamträumlich ausgeglichenen Wirtschafts- und Sozialstruktur eine finanzielle Ungleichbehandlung in der regionalen Wirtschaftsförderung durch die GRW und damit den Bund hinzunehmen sowie

- der mangelnden Bereitschaft insbesondere der Landeswirtschaftsministerien, regionalpolitische Kompetenzen an die intergouvernementalen Planungsgremien abzutreten.

Angesichts dieses Szenarios ist es gerechtfertigt, im Hinblick auf die Nicht-Durchsetzung der Koordinationsfunktion der GRW von einem konstitutionell bedingten "Politikversagen" zu sprechen. Um die Systemrationalität und das Selektionspotential des politisch-administrativen Handelns nicht nur auf dem Sektor der Wirtschaftsstrukturverbesserung zurückzugewinnen, dreht sich die heutige Reformdiskussion um einen neuen verfassungsrechtlichen Ordnungsrahmen für die Politikverflechtung[1518]. Die Suche nach alternativen Organisationsformen wird zeigen, ob - um im obigen Bilde zu bleiben - die Therapie sich auf punktuelle Eingriffe beschränken[1519] oder aber statt dessen nicht eine Totaloperation der GRW notwendig werden wird[1520]. Denn entsprechend der "Patho-

---

[1518] Siehe R. König (1977), S. 84.

[1519] In diese Richtung zielt die Gesetzesinitiative des Landes Niedersachsen, der sich der Bundesrat unter gewissen Modifikationen angeschlossen hat, siehe oben Anm. 504. Zu dem Grundentwurf siehe B. Breuel (1979), S. 12 f.; zu dem Bundesratsentwurf vgl. J. Westphal (1981 a), S. 158.

[1520] Auf einen Abbau der GRW und deren Ersetzung durch ein "Subventionsordnungsgesetz" zielt die langfristige Strategie des Landes Niedersachsen. Zu diesem Gesetzentwurf B. Breuel, in: Die Zeit Nr. 26 vom 22.6.1979, S. 23. Kritisch zu einem Subventionsregelungsgesetz H.-J. von der Heide (1981 a), S. 14 und (1981 b), S. 283.

logie von Reformen" kann man "Krankheitsbefunde an einem Kranken erst ganz aufarbeiten, wenn er tot ist"; vorher kann man "immer nur bestimmte Krankheitssymptome feststellen"[1521]. Bei der Aufarbeitung der Krankheitsursachen der Gemeinschaftsaufgabe sollte deshalb der gesellschaftliche Gesamtzusammenhang der regionalen Strukturpolitik nicht aus den Augen verloren werden, weil auch für die Wirtschaftsförderung die alte Weisheit gilt, daß das Ganze mehr ist als die Summe seiner Teile[1522].

1521 R. **Wiethölter**, in: KJ 1981, S. 1 unter Bezugnahme auf **W. Voegeli**, Einphasige Juristenausbildung. Zur Pathologie der Reform, Frankfurt 1979.

1522 R. **Ritschard**, Wirtschaftsförderung als Aufgabe von Kanton und Gemeinden, Die Schweizer Gemeinde Nr. 133/1980, S. 28 ff. (31).

TEIL F

ALTERNATIVEN UND GRUNDLINIEN EINER POLITISCH-ADMINISTRATIVEN NEUORGANISATION DER REGIONALEN WIRTSCHAFTSSTRUKTURPOLITIK - EIN SCHLUSSWORT

Das grundgesetzliche Institut der Gemeinschaftsaufgaben befindet sich nicht erst seit heute im Schußfeld der öffentlichen Kritik. Alsbald nach Auflösung der Bonner "Großen Koalition", die ja das Reformbauwerk verwirklicht hatte, wurden auch im politischen Raum, nachdem sich zuvor schon ein Großteil des verfassungsrechtlichen Schrifttums ablehnend geäußert hatte [1523], die besorgten Stimmen immer lauter [1524]. Mischfinanzierungen fallen zunehmend "in öffentliche Ungnade" [1525]. In den letzten Jahren sind vor allem einige Bundesländer für den Abbau der Gemeinschaftsaufgabe "Verbesserung der regionalen Wirtschaftsstruktur" eingetreten [1526].

[1523] O. Barbarino (1973), S. 20 ff. und (1971), S. 90 ff.; C. Heinze (1972), S. 135 ff.; G. Kisker (1971), S. 285 ff. P. Kistner (1973), S. 72 ff.; F. Klein (1972), S. 308 ff.; F. Meyers, Plädoyer wider die Gemeinschaftsaufgaben, F.A.Z. Nr. 138 vom 16.9.1971, S. 16; H. Soell (1972), S. 397 ff.

[1524] Die Abschaffung der Gemeinschaftsaufgaben wurde insbesondere von Vertretern der CDU/CSU gefordert, nachdem diese sich nach der Bundestagswahl 1969 auf die Bonner Oppositionsbänke versetzt sah. Siehe die Äußerungen des früheren Ministerpräsidenten von Baden-Württemberg, H. Filbinger, auf einer Pressekonferenz Anfang Juli 1971 in: "Keine guten Erfahrungen mit Gemeinschaftsaufgaben", StAnz. BW Nr. 52 vom 3.7.1971, S. 1 sowie ein Jahr später in den Stuttgarter Nachrichten vom 1.7.1972, S. 5.
Auch die Konferenz der Fraktionsvorsitzenden der CDU und der CSU im Bundestag und in den Landtagen hatte auf ihrer Tagung in Saarbrücken Anfang Juni 1971 eindeutig gegen die Gemeinschaftsaufgaben votiert, F.A.Z. Nr. 130 vom 8.6.1971, S. 4; ebenso die von den Ländern eingesetzte Länderkommission Verfassungsreform, F.A.Z. Nr. 188 vom 16.8.1972, S. 6.

[1525] F. Wagener (1982), S. 90.

[1526] B. Breuel (1979), S. 13 (Niedersachsen); R. Eberle (1979), S. 9 (Baden-Württemberg); A. Jaumann (1979), S. 10 (Bayern); L. Funcke (1979), S. 14 (Nordrhein-Westfalen). Zum Diskussionsstand in den Ländern siehe auch H. Köstering (1979), S. 154 und 155 FN 58; K.-P. Wild (1979), S. 17 sowie den Ergebnisbericht über die Tagung der Wirtschaftsministerkonferenz Ende Januar 1981 in Köln, wirtschaft und standort 4/1981, S. 18.

Trotz all der politischen Vorstöße entwickelt das "allenfalls ... mit Bedauern zu ertragende(.) Durchgangsstadium"[1527] indessen eine erstaunliche Überlebensfähigkeit, obwohl doch die veränderten Erwartungen und Bedingungen staatlicher Politik "zu neuen Verhaltensweisen" zwingen sollten [1528]. Diese Zähigkeit des Verbundsystems muß umso mehr verwundern, als inzwischen nicht mehr ernsthaft bestritten werden kann, daß die Politikverflechtung tatsächlich weniger leistet, als sie zur effektiven Problemverarbeitung leisten müßte, und daß sie zugleich in Politikbereichen praktiziert wird, in denen sie zur Problembearbeitung gar nicht notwendig ist[1529]. Haben sich im politischen Prozeß die Gemengelagen der etablierten Interessen etwa inzwischen schon dermaßen verfestigt, daß nur noch inkrementale Veränderungen möglich erscheinen?[1530] Für diese Deutung spricht zum einen der "politisch-bürokratische Nutzen" der Politikverflechtung für die institutionellen Eigeninteressen der spezialisierten "Promotoren" (Interessenvertreter, Fachbürokraten und Fachpolitiker) wie der "Generalisten" (Finanzpolitiker und Regierungschefs)[1531]. Ein weiteres Motiv für den Trend zur Politikverflechtung dürfte im Legitimationsbedarf des Bundes, genauer: seiner Regierungsmehrheit liegen, die sich den von ihr perzipierten Erwartungshaltungen der Bürger (Wohlstand, Sicherheit, Gerechtigkeit) ausgesetzt sieht und deshalb an der erreichten Bündelung der vertikal verstreuten Steuerungsinstrumente festhalten will [1532]. Wird dennoch eine ernstgemeinte Diskussion um die Reform der politisch-administrativen Binnenstruktur geführt, so herrscht im allgemeinen die Vorstellung

---

1527 G. Kisker (1971), S. 285.
1528 So der frühere Bundeskanzler H. Schmidt (1974), S. 237.
1529 Dies ist auf einen kurzen Nenner gebracht der Befund der Fallstudien von B. Reissert/F. Schnabel (1976), S. 230 ff. Allerdings nehmen die Autoren auf S. 232 den Sektor der regionalen Wirtschaftsförderung von den "Überverflechtungen" aus.
1530 Diesen Schlußstrich ziehen G. Lehmbruch (1977 a), S. 87 und F. W. Scharpf (1974 b), S. 244.
1531 Anschaulich F. W. Scharpf/B. Reissert/F. Schnabel (1976), S. 237 ff. und 240 ff.
1532 G. Lehmbruch (1977 a), S. 89; F. Schäfer (1977), S. 129 f.

vor, daß eine überzeugende und praktikable Alternative einer bundesstaatlichen Kooperation nirgends in Sicht sei[1533].

Entgegen dieser bislang offensichtlichen Resignation tauchen in jüngster Zeit hier und dort Hoffnungsschimmer am politischen Problemlösungshorizont auf. So hat der Bundesrat mittlerweile einen Änderungsentwurf zum GRW-Gesetz auf den Weg gebracht, der die regionalpolitische Eigenständigkeit der Länder gegenüber dem Bund erheblich stärken soll[1534]. Und ein Bundestagsabgeordneter stellte kürzlich sogar zur Disposition, ob es nicht besser wäre, "von dieser deformierten Bund-Länder-Gemeinschaftsaufgabe endgültig Abschied zu nehmen"[1535]. Auch wenn sich die nachstehenden Alternativüberlegungen der geschlossenen "Solidarität der 'Ressort-Kumpanen', deren gemeinsames Ziel vornehmlich darin besteht, die Kontinuität ihres Aufgabenbereiches gegenüber den Wechselfällen des politischen Alltages zu sichern"[1536], gegenüber sehen müssen, sollte gegen sie "nicht ins Feld geführt werden, sie seien zur Zeit politisch nicht durchsetzbar. Es muß genügen, wenn sie später einmal durchgesetzt werden können und in der Zwischenzeit doch wenigstens Einfluß auf die möglichen kleinen Schritte gewinnen"[1537].

Diese abschließenden Bemerkungen wollen nicht nur an den allseits bekannten Symptomen herumkurieren, sondern an die versteckten Wurzeln der mangelnden vertikalen Koordination in der Wirtschaftsförderung herangehen; sie wollen wenigstens in groben Umrissen die politisch-institutionellen Prämissen aufzeigen, unter denen

---

[1533] Aus der politischen Sphäre: **BMWi** (1980), S. 23; **O. Graf Lambsdorff** (1980), S. 13; **H. Holtenbrink**, Grundsätzlich bewährt, wirtschaft und standort 12/1979, S. 15 sowie die Stellungnahme der Konferenz der Finanzminister zum Zwischenbericht der Enquête-Kommission Verfassungsreform, wiedergegeben in: Enquête-Kommission Verfassungsreform (1976), S. 165.
Aus dem Wissenschaftsbereich: **H. Boldt** (1979), S. 14; **J. J. Hesse** (1977), S. 7; **F. Lehner** (1979), S. 3; **A. Möller** (1981), S. 204; **W. Patzig** (1981), S. 105; **F. Schnabel** (1976 b), S. 187.

[1534] Siehe oben Anm. 1519.

[1535] So der SPD-Abgeordnete **P. Reuschenbach** (1981), S. 4.

[1536] **F. Schnabel** (1980), S. 56.

[1537] **G. Kisker** (1975), S. 171.

die die materielle Wachstums- und Ausgleichsfunktion der regionalen Strukturpolitik verwaltungsintern absichernde regionalpolitische Koordinationsfunktion überhaupt erst wirksam wahrgenommen werden kann. Dabei lassen sich die Ausführungen von der Erkenntnis leiten, daß erstens eine koordinierte Politik effizienter ist als eine unkoordinierte, weil sie zur Erreichung ihrer Ziele in der Regel weniger und schwächere Eingriffe erfordert als eine nichtabgestimmte Politik [1538], daß zweitens eine formal institutionalisierte Koordination umso wichtiger wird, je größer die Anzahl der Träger regionalpolitischer Aktivitäten ist, je unterschiedlicher sich ihre faktische Machtstellung darstellt, eigene Zielvorstellungen zu realisieren und je stärker die intra- und interregionalen sozialökonomischen Verflechtungen sind [1539], und daß drittens der Koordinierungs- und Konsensfindungsbedarf minimiert und die notwendige Koordination durch den Abbau von Koordinationsbarrieren und die Schaffung von Koordinationsanreizen gestärkt werden muß [1540]. Den Interdependenzen zwischen der geringen Problemlösungskapazität des Zentralstaates und der Zunahme dezentralistischer bzw. regionalistischer Strömungen soll offen Rechnung getragen werden, wenn auch die Erkenntnis, daß sich gerade die hochtechnisierten und hochkomplexen Industrie- und Dienstleistungsgesellschaften westlicher Prägung nicht zentral, sondern nur mit Hilfe relativ autonomer Subsysteme steuern lassen, noch recht jungen Datums ist [1541].

[1538] R. Krüger (1969), S. 165 und 173 f.
[1539] E. Lauschmann (1976), S. 266.
[1540] D. Fürst/J. J. Hesse (1981), S. 134. Speziell zur Koordination zwischen der GRW und anderen Fachressorts siehe D. Fürst (1982), S. 88 ff.
[1541] G. Kisker (1975), S. 169.

I. Verfassungspolitische Alternativen

Da die Gemeinschaftsaufgabe "Verbesserung der regionalen Wirtschaftsstruktur" in ihrer überkommenen Struktur den von ihr erwarteten inneradministrativen Koordinationsbedarf für die regionale Wirtschaftsentwicklungspolitik bisher nicht befriedigt hat und auch zukünftig nicht wird erfüllen können, ist nach organisatorisch-institutionellen Alternativkonzepten und Verbesserungsvorschlägen Ausschau zu halten, die langfristig sowohl die rechtlichen Grundlagen für die Durchsetzung der Koordinationsfunktion in der regionalen Strukturpolitik schaffen als auch die politischen Bedingungen für deren plangemäßen Vollzug sicherstellen werden. Für eine Neuorganisation des politisch-bürokratischen Planungs- und Entscheidungsprozesses in der Regionalpolitik bieten sich prinzipiell zwei Kontrastmodelle an: einerseits die Beibehaltung des kooperativen Föderalismus, wenngleich unter gewissen Modifikationen, und andererseits die "große Lösung"[1542] eines weitgehend entflochteten und stärker dezentralisierten Wirtschaftsförderungssystems.

1. Neuverflechtung oder Rückentflechtung?

Znächst könnte man daran denken, das System der Gemeinschaftsaufgaben (Artt. 91 a, b GG) und Investitionshilfekompetenzen (Art. 104 a Abs. 4 GG) im Grundsatz beizubehalten und es lediglich in einigen Punkten durch Weiterentwicklungen der Verfahren und Instrumente zu einer **integrierten Verbundplanung** auszubauen. Genau auf diese "Reduktionsstrategie"[1543] hat sich die **Enquête-Kommission Verfassungsreform** festgelegt[1544] . Ihr Schlußbericht signa-

---

1542 Bayerische Staatsregierung (1981), S. 9.
1543 Treffend G. Lehmbruch (1977 b), S. 469.
1544 **Enquête-Kommission Verfassungsreform** (1976), Kap. 11, S. 148 ff. Daß deren Vorschläge keine wirkliche Alternative zur Politikverflechtung enthalten, gesteht selbst deren Vorsitzender zu, F. **Schäfer** (1977), S. 128. Nach R. **Wahl** (1978 b), S. 510 stehen die Vorschläge ganz im Zeichen des kooperativen Föderalismus. Vgl. a. H. **Donner** (1981), S. 286.

lisiert damit "im wesentlichen das Scheitern der Bemühungen, äußerst umstrittene Entwicklungen des bundesstaatlichen Systems zu korrigieren"[1545] . Was die vorgeschlagenen neuen Artt. 28 a und 104 b GG [1546] wohl bringen würden, wäre eine stärkere Harmonisierung der bisherigen Gemeinschaftsaufgaben und der Investitionsfinanzierungen [1547] . Ungelöst bliebe jedoch weiterhin das Faktum der programmatischen und finanziellen Verselbständigungstendenzen der am Verbund partizipierenden Länder und der kommunalen Selbstverwaltungskörperschaften. Folglich harrt aber auch das vertikale Koordinationsproblem zwischen den öffentlichen Planungsträgern nach wie vor auf seine Lösung.

Hält man den Trend zur Angleichung der gesellschaftlichen Lebensbedürfnisse ("Problemverstaatlichung") und hiermit einhergehend die Tendenzen einer immer forcierteren Aufgabenverlagerung auf übergeordnete Gebietskörperschaften ("Problemzentralisierung") für ungebrochen [1548], will man aber gleichwohl die "Überverflechtungen" des föderativ verfaßten Staates abbauen und die reduzierte Steuerungskapazität des politischen Gesamtsystems erhöhen, könnte man eine **Bilateralisierung der Bund-Länder-Kooperation** in Betracht ziehen, wie sie recht erfolgreich vor der Konstititutionalisierung der Gemeinschaftsaufgaben praktiziert wurde [1549] . Selbst wenn diese entschärften Verflechtungsmuster dem Bund dasjenige Stück Handlungspotential zurückgäben, das er durch die Finanzverfassungsreform 1969 verloren hat, würden sie dennoch - die verfas-

---

[1545] G. Lehmbruch (1977 b), S. 461. Ironisch zugespitzt bemerkt **Lehmbruch** weiter unten auf S. 467, die Kommission sei auf den Boden der Tatsachen zurückgekehrt, indem sie vor ihnen kapituliert habe.

[1546] Abgedruckt bei **Enquête-Kommission Verfassungsreform** (1976), S. 151 und F. Schäfer (1977), S. 127 f. Zu den Vorschlägen nehmen Stellung R. W. Schmitt, Vorschläge der Enquête-Kommission "Verfassungsreform" zur Rahmenplanung und zur Investitionsfinanzierung, BayVBl. 1977, S. 385 ff.; F. Wagener (1977), S. 587 ff.; R. Wahl (1978 b), S. 510 ff.

[1547] G. Lehmbruch (1977 a), S. 90.

[1548] Vgl. etwa F. W. Scharpf (1977 a), S. 104 f. und 109 ff. Kritisch zu dieser unbefragten "Unitarisierungsannahme" G. Lehmbruch (1977 b), S. 473 f. und F. Wagener (1981), S. 105.

[1549] Zum folgenden F. Schnabel (1976 b), S. 186.

sungsrechtlichen Zweifelsfragen des bundesstaatlichen Bilateralismus ausgeblendet[1550] - keinen grundlegenden Beitrag zur Bewältigung des regionalpolitischen Koordinationsbedürfnisses erbringen, weil auch hier die landeseigenen und kommunalen Regionalförderungen in ihrer Autonomie unberührt blieben. Eher ist zu erwarten, daß der Subventionswettlauf zwischen den Ländern, Regionen und Kommunen noch schärfere Züge annehmen würde, weil dann nicht einmal mehr ein orientierungsfähiges "Leitbild", wie es im Handlungsmodell der GRW immerhin verkörpert ist, zur Verfügung stünde.

Zeigen die Modifizierungen der bundesdeutschen Politikverflechtung keinen erfolgversprechenden Ausweg aus dem strukturpolitischen Dilemma der Abstimmung der föderalen Wirtschaftsentwicklungspolitiken, dann bleiben als alternative Organisationstypen nur die Modelle der Entflechtung oder Entkoppelung der Interaktionen zwischen Bund, Ländern und Kommunen übrig. In diesem Kontext ist der Vorschlag unterbreitet worden, die Aufgaben der regionalen Wirtschaftsstrukturverbesserung auf den Bund zu übertragen und als neuen Sektor der **Bundesauftragsverwaltung** (Art. 85 GG) auszugestalten[1551]. In diesem Falle hätte der Bund die alleinige Planungs- und Finanzierungskompetenz und wären die Länder auf die Ausführung der Bundesplanung beschränkt. Doch auch diese Organisationsstruktur hat ihre binnenstrukturellen Tücken. Abgesehen von den Schwierigkeiten, die indirekte Gewerbe- und die Infrastrukturförderung so abzugrenzen, daß den Ländern zwar noch ein Bestand an originären Aufgaben verbleibt, ihnen aber nichtsdestoweniger funktional äquivalente Förderungsmöglichkeiten verwehrt werden können[1552], ist auch hier zu bedenken, daß die administrativen Verfahren der Auftragsverwaltung sich längst denen der kooperierenden Verwaltung angenähert haben[1553]. Infolge dieser weitgehen-

---

1550 Siehe oben S. 91 f.
1551 F. W. Scharpf (1974 a), S. 244; F. Wagener (1978 b), S. 12 und (1977), S. 591.
1552 F. Schnabel (1976 b), S. 186.
1553 Dies weist D. Garlichs (1980), S. 76 ff. und 89 ff. überzeugend am Beispiel der Bundesfernstraßenplanung nach. Zu dieser Verflechtungspraxis anhand der allgemeinen Verwaltungsvorschriften in der Straßenbauverwaltung schon W. Blümel, Bundesstaatliche Aspekte der Verwaltungsvorschriften, AöR Bd. 93 (1968), S. 200 ff.

den Scheinzentralisierung der Auftragsverwaltung - wiederum bedingt insbesondere durch die institutionelle Trennung der Programmplanung von der -implementation - ist es kaum vorstellbar, daß der Bund die ihm dann allein obliegende Koordinationsfunktion gegenüber den nachgeordneten Verwaltungseinheiten wirksam ausüben könnte, zumal ja der weite Bereich der kommunalen Wirtschaftsförderung erst gar nicht von diesem bundesstaatlichen Entscheidungssystem erfaßt wird.

Scheidet eine Verlagerung der Verwaltungskompetenzen auf den Bund aus, stellt sich als Ausweg nur noch die **Dezentralisierung der Wirtschaftsstrukturpolitik** in Form der (Rück-)Übertragung der regionalpolitischen Zuständigkeiten entweder auf die Bundesländer - wie manche Landespolitiker es fordern[1554]- oder auf eine politisch aufzuwertende Regionalebene - wie es neuerdings einige Wissenschaftler vorschlagen[1555]. Für diese verschiedentlich diskutierten Dezentralisierungsmodelle spricht zunächst, daß die überkommenen praktizierten wie theoretischen Konzeptionen zur Regional- und Raumordnungspolitik - wie **Bullinger** es formuliert - hauptsächlich an zwei Ausblendungen leiden[1556]:

- Die herkömmlichen Ansätze sind zu stark ökonomisch-rational ausgerichtet und vernachlässigen andere, soziokulturelle wie auch politisch-durchsetzungsorientierte Aspekte und

- sie gehen von globalen Zielsetzungen und globalen Mittelkonzeptionierungen aus, die deshalb auch eine zentrale Politikausführung erfordern, somit keineswegs föderalistisch, sondern tendenziell immer auf eine Bevormundung der regionalen und lokalen Ebene angelegt sind.

Es ist dies nicht der Ort, die in der Föderalismustheorie normativ geführte Diskussion um die Vor- und Nachteile einer (De-)Zentralisierung politischer Entscheidungsbefugnisse in all ihren Einzel-

---

1554 Siehe oben Anm. 1526 m. w. Nachw.
1555 D. Fürst/J. J. Hesse (1980), S. 182 ff.; P. Klemmer (1982), S. 150 ff. und (1979 b), S. 22 ff.; H. Spehl (1981), S. 41 ff.; U. van Suntum (1981 a), S. 133 ff. Offensichtlich bekommt die Idee der Regionalisierung erneut Auftrieb, vgl. den Bericht über das von der GRS und dem DIHT veranstaltete Symposium "Regionalpolitik im Wandel", in: der landkreis 1981, S. 403 f.
1556 D. Bullinger (1980), S. 226 f.

heiten zu repetieren[1557]. In aller Kürze sei angemerkt, daß für eine dezentrale Organisationsstruktur die stärkere Berücksichtigung regional divergierender Präferenzen der Bevölkerung, der bessere Schutz von Minderheiten (Ausgleichsanliegen), die geringeren Informations- und Einigungskosten sowie die größere Innovationsfähigkeit sprechen. Gegen eine zu weitreichende Dezentralisierung lassen sich Reibungsverluste nennen, die aus bestimmten Merkmalen der öffentlichen Güter und Dienstleistungen resultieren wie räumlich externe Effekte (regionale Nutzen- und Kostenstreuung), infrastrukturelle Unteilbarkeiten (minimale Projektgröße), abnehmende Durchschnittskosten (optimale Betriebsgröße), Netz- und Systeminterdependenzen (z. B. Verkehrsinfrastruktur) sowie nationale Mindeststandards. Da dezentrale und zentrale Systeme somit Vorzüge und Mängel aufweisen, gilt es beide Elemente solange zu "mischen", bis ein **optimaler bundesstaatlicher Zentralisierungsgrad** gefunden ist [1558]. Im Hinblick auf die regionale Strukturpolitik folgt hieraus, das infolge der Institutionalisierung der GRW brachliegende Dezentralisierungspotential vermehrt auszuschöpfen, um sowohl zusätzliche Steuerungsreserven (Effizienz) als auch bessere Abstimmungsprozesse (Integration) in der Regionalpolitik zu erzielen. Je nach fachspezifischer Sicht können die Bestimmungsgründe einer stärkeren Dezentralisierung bzw. Regionalisierung der strukturpolitischen Kompetenzordnung auf vier verschiedenen Problemdimensionen gesichtet werden:

- Auf **verwaltungswissenschaftlicher Seite** wird auf die administrativen Schwächen zentralstaatlicher Planungen verwiesen; raumordnungspolitische Defizite erscheinen hiernach als politische Durchsetzungsprobleme der Zentralinstanz gegenüber den unteren Verwaltungseinheiten [1559].

- Eine **politikwissenschaftlich geprägte Analyse** interpretiert raumstrukturelle Fehlentwicklungen als Folge der Dominanz von Kapitalinteressen, die sich in räumlicher Zentralisierung durchsetzen; eine trendumlenkende Raumpolitik müsse daher die Interessen der "Raumopfer" als Basis einer raumbezogenen Gegenmachtbildung aktivieren [1560].

1557 Zum folgenden ausführlicher D. Biehl (1979), S. 104 ff.; R. L. Frey (1978), S. 105 ff. und (1977), S. 31 ff.; D. Fürst (1981), S. 194; P. Klemmer (1979 a), S. 16 ff. und (1979 b), S. 17 ff.

1558 R. L. Frey (1978), S. 108; D. Biehl (1979), S. 86 f.

- Der wirtschaftswissenschaftliche Dezentralisierungsansatz definiert Raumordnungsprobleme als Defizit des marktallokativen Koordinationsmechanismus; der Steuerungszugriff des Marktes soll deshalb abhand von Wettbewerbskonzeptionen zwischen den öffentlichen Händen durch den Abbau regionalpolitischer Monopole wiederhergestellt werden [1561].

- Neuere regionalwissenschaftliche Forschungen heben schließlich die zu starre und globale Fixierung der traditionellen Regionalpolitik auf die großräumige Umlenkung privater Kapitalinvestitionen hervor; vielmehr seien verstärkt die komparativen Begabungen und endogenen Entwicklungspotentiale zu fördern, deren differenziert-spezifische Nutzung eine dezentrale Steuerung der Regionalentwicklung impliziere [1562].

2. Konkordanz- oder Konkurrenzföderalismus?

Höhere Effizienz und stärkere Integration durch mehr Dezentralisierung politischen Handelns - "das scheint auf den ersten Blick eine antiquierte Forderung zu sein, die ihren Urheber in hoffnungslosen Gegensatz zu den dominierenden Denkströmungen der Gegenwart zu bringen droht" [1563], erschien doch gerade der kooperative Föderalismus als Instrument der Anpassung der föderativen Ordnung an die Erfordernisse des modernen Planungs-, Lenkungs- und Vorsorgestaates, weil er eine Steigerung der Effizienz staat-

---

1559 F. W. **Scharpf** (1977 b), S. 47 ff.; ders./F. **Schnabel** (1978), S. 29 ff. und (1977), S. 43 ff.; F. **Schnabel** (1976 a), S. 801 ff.; D. **Garlichs** (1980), S. 90 ff.

1560 F. **Naschold** (1978), insbes. S. 49 ff.; ders., Alternative Raumordnungspolitik, Inf.z.Raumentw. 1978, S. 61 ff.

1561 Diese in jüngster Zeit an Relevanz gewinnende Richtung der Föderalismustheorie geht zurück auf C. M. **Tiebout**, A Pure Theory of Local Expenditures, Journal of Political Economy Vol. 64 (1956), S. 416 ff. und die von ihm begründete Theorie des "fiscal federalism", wonach sich mobile Einwohner diejenige Gemeinde als Wohnort auswählen, die ihren Vorstellungen an Steuer- und Ausgabenpolitik am besten entspricht. Im deutschsprachigen Raum vertreten die "ökonomische Theorie des Föderalismus" u. a. R. L. **Frey** (1979), S. 28 ff. und (1977), S. 25 ff.; U. **van Suntum** (1981 a), S. 133 ff., (1981 b), S. 187 f. und (1981 c), S. 221 ff.; früher schon M. **Neumann**, Zur ökonomischen Theorie des Föderalismus, Kyklos Vol. XXIV (1971), S. 493 ff. Die wesentlichen Beiträge aus der anglo-amerikanischen Literatur sind zusammengestellt in: G. **Kirsch** (Hrsg.), Föderalismus, Stuttgart-New York 1977.

1562 M. **Schulz-Trieglaff** (1982), S. 19 ff. und (1981), S. 227 f.; F. **Spreer** (1981), S. 693 ff.; G. **Stiens** (1982), S. 22 ff.

1563 D. **Biehl** (1979), S. 85.

lichen Wirkens bei gleichzeitiger Erhaltung der Integrationsleistungen des bundesstaatlichen Aufbaues versprach [1564]. Mit der Politikverflechtung war und ist deshalb die Erwartung einer verstärkten Koordination staatlichen Handelns und einer integrierten Planung der öffentlichen Aufgaben verbunden [1565]. Als Mittel der institutionellen Koordination staatlich-kommunaler Politiken waren und sind die vertikalen Fachverbünde im allgemeinen und die Gemeinschaftsaufgabe "Verbesserung der regionalen Wirtschaftsstruktur" im besonderen allerdings wenig erfolgreich. Im Gegensatz zum bisherigen Trend wird darum allmählich wieder eine stärkere Betonung der Länderunterschiede und damit eine partielle Rückkehr zu größerer Unabhängigkeit der Bundesländer denkbar [1566]. In den letzten Jahren hat deshalb, nicht zuletzt aufgrund zunehmender ökonomischer Krisenerscheinungen, die Neigung von Bund und Ländern erheblich zugenommen, ihre Probleme nicht nur "kooperativ", sondern auch "kompetitiv" zu bewältigen, wodurch Bund und Länder in eine ungewohnte multilaterale Wettbewerbssituation getreten sind, die mit "Politikverflechtung" allein nicht mehr hinreichend charakterisiert werden kann [1567].

Wirkt Kooperation "unitarisierend" [1568], so wirkt Konkurrenz "differenzierend". Steht das bundesrepublikanische politische System mithin vor der unausweichlichen Wahl zwischen entweder einem "Vereinigungs-" oder einem "Differrenzierungsföderalismus" [1569]. Zunächst sind Föderalismus und Dezentralisation nicht

---

1564 Vgl. K. Hesse (1970), S. 144.
1565 F. Lehner (1979), S. 7.
1566 H. Boldt (1979), S. 14; R. Wimmer (1982), S. 66.
1567 H.-P. Schneider (1981), S. 115 und 113. Als Beispiel für den etappenweisen Abschied vom kooperativen Föderalismus mag die Verfassungsklage des Freistaates Bayern gelten, die dieser gegen die von der Bundesregierung im Rahmen ihrer Haushaltssanierungspläne 1981 einseitig vorgenommene 20 %-ige Kürzung der Bundesmittel für den Hochschulbau (Art. 91 a Abs. 1 Ziff. 1 GG) beim BVerfG einreichte (Bund-Länder-Streit gemäß Art. 93 Abs. 1 Ziff. 3 GG, §§ 68 ff. BVerfGG), vgl. F.A.Z. Nr. 145 vom 27.6.1981, S. 1 und 2 sowie Nr. 133 vom 11.6.1981, S. 3.
1568 K. Hesse (1970), S. 145.
1569 Zur Begriffsbildung W. Zeh (1977 b), S. 487 f.

parallel, sondern konträr verlaufende Dynamiken[1570]. Der deutsche Föderalismus ist nicht als Dezentralisierung der politischen Macht entstanden, sondern nahm als Vereinigungsprozeß seinen Ausgang in einem kontinuierlich zusammenwachsenden Staatenbund[1571]. Erst später wurde diese "historische" Auffassung (Delegations- oder unitarischer Föderalismus[1572]) zu einer "rationalen" Föderalismusinterpretation umgedeutet, welche die Berücksichtigung geschichtlicher, kultureller und landsmannschaftlicher Zusammenhänge durch den Gedanken der demokratiefördernden Machtverteilung, der "checks and balances" ersetzte. Selbst diese "modern" definierte Funktion des Föderalismus scheint indessen der wachsenden Differenziertheit und Komplexität der politischen Interessen nicht mehr voll und ganz gerecht zu werden. Denn der Föderalismus in einem hochindustrialisierten und -verdichteten Leistungsstaat kann durchaus eine weitere Zwecksetzung, d. h. Legitimationsfunktion in einem Differenzierungsprozeß finden, mit dessen Hilfe bestimmte Leistungen erbracht werden sollen, zu denen der Zentralstaat nicht in gleichem Maße befähigt ist[1573]. Unter Verwaltungs- und Steuerungsaspekten würde diese Form des "wettbewerbsorientierten Föderalismus" dann jene räumliche Kompetenzzuteilung auf die einzelnen Gebietskörperschaften kennzeichnen, die die jeweils effizienteste Aufgabenverteilung verspricht[1574]. Autonomie für die territorialen Teileinheiten bedeutet hiernach nicht regionale Neubegründung, sondern Erhaltung oder Wiedergewinnung der Selbständigkeit der dem Bundesstaat nachgeordneten Gebietskörperschaften durch politische Entflechtung[1575].

Demgemäß mündet die Tendenz einer gebietskörperschaftlichen Konfliktdezentralisierung[1576] in den optimalen Grad der Zentrali-

---

1570 W. Zeh (1977 a), S. 138.
1571 Vgl. W. Zeh (1979), S. 19.
1572 R. L. Frey (1979), S. 26.
1573 W. Zeh (1977 b), S. 488.
1574 P. Klemmer (1979 a), S. 21.
1575 Siehe K. König (1977), S. 76.
1576 D. Fürst/J. J. Hesse (1978), S. 192.

sation, d. h. in der aufgabenspezifischen und problemadäquaten Kombination dezentraler und zentraler Steuerungselemente in einer Föderation[1577]. Da es nicht ausgeschlossen ist, daß beide föderalistischen Entwicklungslinien, der Vereinigungsprozeß und das Dezentralisierungserfordernis, gleichzeitig miteinander und gegeneinander ablaufen können, stellt **Zeh** zu Recht die Frage, ob die außenpolitische und ökonomische Zielintention des Vereinigungsföderalismus in Deutschland nicht historisch überholt sei, während die gleichfalls ökonomische, aber innen- und verwaltungspolitische Zwecksetzung des Dezentralisationsföderalismus an Bedeutung zugenommen habe[1578]. In diesem Sinne "reaktiviert der kompetitive Föderalismus wesentliche Elemente des traditionellen Bundesstaatsgedankens, nämlich den politischen Wettbewerb mit der Chance des Experiments im kleinen überschaubaren Bereich, die Demonstration der Vielfalt unterschiedlicher Interessen und sachlicher Problemlösungsmöglichkeiten oder auch die dezentrale Entscheidung über Fragen von substanziellem Gewicht..."[1579]. Ein so verstandener Föderalismus begünstigt beide belebenden Elemente der Politik, den Wettbewerb und die Suche nach dem Kompromiß[1580]. Insoweit ist der "Dezentralisierungsföderalismus"[1581] zur Erhaltung seiner Funktionsfähigkeit und Vitalität auf ein gewisses Maß an gegenseitiger "Konkurrenz" angewiesen, um sich nicht in dauernder "Kooperation" zu erschöpfen, ohne andererseits in einer dauerhaften "Konfrontation" zwischen Bund und Ländern auszuarten. Der unitarische Konkordanzföderalismus der sechziger und beginnenden siebziger Jahre ist in den achtziger Jahren mithin im Begriff, sich in einen differenzierenden Konkurrenzföderalismus zurückzuverwandeln[1582].

1577 Vgl. D. Biehl (1979), S. 86 f.; R. L. Frey (1978), S. 108.
1578 W. Zeh (1977 b), S. 488.
1579 H.-P. Schneider (1981), S. 122.
1580 H. Herles, Mehr Liebe zum Bundesrat. Vorzüge und Schwächen des föderativen Aufbaus der Bundesrepublik, F.A.Z. Nr. 132 vom 10.6.1981, S. 12.
1581 R. L. Frey (1979), S. 26.
1582 H.-P. Schneider (1981), S. 117.

Eine abschließende Diskussion darüber, welcher Art die Leistungen sind, die eine föderalistische Verfassungsordnung für die Gesamtheit des politischen Systems erbringt und welche Folgeprobleme ein dezentral organisiertes Planungs- und Entscheidungssystem selbst wiederum hervorruft, kann an dieser Stelle nicht geleistet werden. Gesucht wird vielmehr ein abgestuftes System dezentralisierter Aufgabenbewältigung, in dem sowohl dem Bund als auch den Ländern und Kommunen spezifische regionalpolitische Funktionsbereiche zur eigenverantwortlichen Regelung übertragen werden sollen, denn "eine klare Abgrenzung der Zuständigkeiten von Bund und Ländern und eine klare und einfache Ordnung der föderativen Institutionen und Verfahren sind im Hinblick auf die Modernität unseres Problems nicht Hindernis, sondern Bedingung einer solchen Lösung"[1583]. Wenn bisher die negativen Konsequenzen der administrativen Aufgabenverflechtung und Aufgabenzentralisierung im Verhältnis zwischen Bund, Ländern und auch Kommunen zugunsten einer entflochtenen und dezentralisierten Wirtschaftsstrukturpolitik ins Feld geführt wurden, soll dennoch keiner generellen Ablehnung zentralstaatlicher Regelungen in diesem Politikbereich das Wort geredet werden. Gerade bei der öffentlichen Planungsaufgabe "Verbesserung der regionalen Wirtschaftsstruktur" besteht ein gesamtstaatliches Koordinationsbedürfnis in zweierlei Hinsicht:

- Die interregionale bzw. interkommunale Konkurrenz vor allem um das knappe Ansiedlungspotential nimmt ohne bundesstaatliche Ordnung Formen eines ruinösen Wettbewerbes an (Problem der Rahmensetzung).
- Der interregionale bzw. interkommunale Einkommensausgleich kann ohne eine Unterstützung des Bundesstaates nicht erreicht werden (Problem des Finanzausgleiches).

1583 C. Heinze (1972), S. 137. Vgl. a. H. Kundoch (1977), S. 7.

II. Verfassungspolitische Grundlinien

Eine der zentralen Aussagen der von **Scharpf** begründeten Theorie der Politikverflechtung ist die These von den "Problemerzeugungstendenzen der Dezentralisierung", die zu spezifischen "Fragmentierungsproblemen" (Niveau-, Niveaufixierungs-, Verteilungs- und Interaktionsprobleme) führe [1584]. Danach wird die Politikverflechtung als ein Aspekt des Auftretens externer Effekte in Form räumlicher Überwirkungen beschrieben und aus den feststellbaren Überschneidungen von Entscheidungsbereichen eine Verschwendung öffentlicher Ressourcen gefolgert (Informationskosten, Konfliktregelung/ Konsensbildung) [1585]. Bürokratischer Verflechtungsbedarf und Verflechtungsdruck werden gleichsam als gegeben unterstellt [1586]. Im Ergebnis geht die **Scharpf**sche Argumentation von impliziten und expliziten Annahmen aus, die auf ein Referenzsystem für die in der Bundesrepublik vorfindbaren Politikverflechtungssysteme hinauslaufen, welches idealtypisch als reines Zentralisierungsmodell bezeichnet werden kann, ohne aber dessen eigene Negativeffekte (Partizipations-, Frustations-, Bereitstellungs- und Internalisierungskosten) in Rechnung zu stellen [1587]. Geht man anders als **Scharpf** davon aus, daß die für föderative Ordnungen konstitutive Grundentscheidung eben darin besteht, spezielle Aufgaben und Kompetenzen den unteren Verwaltungsebenen zuzuordnen, selbst wenn dadurch Unstimmigkeiten in Form von negativen Externalitäten auftreten können, "dann gehört es gerade zu den Eigenschaften der 'übergeordneten' gesamtstaatlichen Wohlfahrtsfunktion, daß bereits in dieser Funktion die Gewichte so verteilt sind, daß bei Auftreten von unerwünschten Überschneidungseffekten eben nicht von vornherein die Lösung in einer Beschränkung des Entscheidungsbereichs der dezentralen Einheiten gesucht wird" [1588]. Denn in der Vergangenheit hat das föderalistische Entscheidungssystem

---

1584 F. W. **Scharpf** (1978), S. 24 ff. und (1976), S. 28 ff.
1585 F. W. **Scharpf** (1976), S. 28 ff., 36 ff. und 39 ff.
1586 J. J. **Hesse** (1977), S. 9.
1587 Vgl. D. **Biehl** (1979), S. 128.
1588 D. **Biehl** (1979), S. 129.

teilweise nur deshalb versagt, weil es nicht gelungen ist, eine "föderative Ordnungspolitik" zu betreiben[1589]. Je besser allerdings die vom Bund vorgegebene allgemeine Rahmenordnung und je klarer die Aufgabentrennung zwischen dem Bund und den Gliedstaaten ist, desto mehr föderative Dezentralisation ist möglich[1590]. Diese echte bundesstaatliche Lösung, die gesamtstaatlich erwünschte und notwendige Politikkoordination über eine Bundesrahmengesetzgebung bei gleichzeitig "entflochtener" dezentraler Aufgabenerfüllung herzustellen, ist der Theorie der Politikverflechtung gar nicht erst in den Blick gekommen[1591]. Die Möglichkeiten und Grenzen einer solchen bundesstaatlichen Ordnungspolitik sollen daher abschließend aufgezeigt werden.

1. Bundesstaatliche Rahmensetzung

Kisker nennt drei Kriterien, die seiner Meinung nach erfüllt sein müssen, um einen Bundesstaat optimal gemäß den Systemzwecken der höchstmöglichen Effizienz und Integration zu organisieren[1592]:

- Das Koordinationsbedürfnis ist bereits durch die Größe und Ausstattung der Subsysteme sowie durch die Art der ihnen zugewiesenen Aufgaben möglichst gering zu halten.

- Den diese Anforderungen genügenden Subsystemen dürfen keine Aufgaben entzogen werden, die sie eigenständig wahrnehmen können.

- Die erforderlichen Koordinationstechniken haben die eindeutige Zuordnung von Funktionen und entsprechender politischer Verantwortung zu erhalten.

[1589] R. L. Frey (1979), S. 53.

[1590] R. L. Frey (1977), S. 118.

[1591] Aus diesem Grunde haben B. Reissert/F. Schnabel (1976), S. 232 den Bereich der regionalen Wirtschaftsstrukturpolitik auch nicht zu den vertikalen "Überverflechtungen" gezählt, obgleich weder sie noch F. W. Scharpf jemals konkret nachgewiesen haben, daß auf diesem Sektor eine planerische (nicht finanzielle!) Beteiligung des Bundes an den Länderaufgaben auch wirklich notwendig ist.
Ebenso verkennt R. Wahl (1978 b), S. 515 ff., wenn er sich gegen "isolierte Entflechtungskonzepte" ausspricht, daß die Bundesrahmensetzung ein Instrument der bundesstaatlichen Koordination ist, das eben auf den vermeintlichen "Kernbestand von Verflechtung" weitgehend verzichtet und die institutionell notwendige Koordination gerade über eine Aufgabenentflechtung zu verwirklichen sucht.

Es liegt auf der Hand, daß das erstgenannte Kriterium wegen der unterschiedlichen Struktur und Finanzkraft der Bundesländer nicht erfüllt ist. Dieses "Grundübel"[1593] der vertikalen Politikverflechtung, daß sie nämlich einerseits von den finanzschwachen Ländern erzwungen[1594], andererseits aber von den strukturstarken Ländern in ihrer Effektivität reduziert wird, könnte am ehesten durch eine Radikalkur, sprich Neugliederung des Bundesgebietes in annähernd gleich leistungsfähige Einheiten nach Art. 29 GG aufgehoben werden. Doch brauchen die sowohl früher vom **Luther-Ausschuß**[1595] als auch später von der **Ernst-Kommission**[1596] unterbreiteten Vorschläge hier gar nicht erst erörtert zu werden, denn die politischen Realisierungschancen einer Länderneugliederung sind allemal gleich Null. Das Schicksal hat den Art. 29 GG nun einmal dazu bestimmt, "als Leiche im Keller der Verfassungsrechtler zu verwesen"[1597]. Wichtiger als die Neugliederung der Bundesrepublik erscheint denn auch die Schaffung einer den beiden anderen Kriterien entsprechenden bundesstaatlichen Kompetenzordnung. Dabei dreht sich die Auseinandersetzung längst nicht mehr um das "Ob" der Koordination, d. h. in welchen Politikbereichen die gebietskörperschaftliche Aufgabenwahrnehmung überhaupt koordiniert werden soll[1598], sondern es geht nur noch um das "Wie", d. h. das Ausmaß der zentralstaatlichen Koordination im Verhältnis zum tatsächlichen Koordinationsbedürfnis. In diesem Kontext schlägt **Kisker** vor, eine funktionsfähige Kompetenzabgrenzung statt nach

---

1592 **G. Kisker** (1975), S. 173.

1593 **B. Reissert** (1975), S. 80.

1594 Siehe oben S. 93 f.

1595 **BMI** (Hrsg.), Die Neugliederung des Bundesgebietes. Gutachten des von der Bundesregierung eingesetzten Sachverständigenausschusses, Köln-Berlin 1955.

1596 **BMI** (Hrsg.), Bericht der Sachverständigenkommission für die Neugliederung des Bundesgebietes, Bonn 1973. Dazu u. a. **G. Bovermann**, Bundesländer oder Provinzen? - Neugliederung als Angelpunkt, DÖV 1974, S. 6 ff.; **W. Ernst**, Wozu Neugliederung?, DÖV 1974, S. 12 ff.; **P. Feuchte**, Die Neugliederung im Rahmen der bundesstaatlichen Probleme, DÖV 1974, S. 9 ff.; **F. Rietdorf**, Die Neuordnung des Bundesgebietes - eine Existenzfrage des föderativen Systems, DÖV 1974, S. 2 ff.

1597 **G. Lehmbruch** (1977 b), S. 464.

1598 Siehe oben S. 367.

Sachbereichen nach der Regelungsintensität zu treffen[1599]. Eine sowohl auf das Regelungsbedürfnis als auch die Regelungswirkung abstellende gesamtstaatliche Politikkoordination sollte danach als Aufgabe des Bundes und nicht einer Bund-Länder-Gemeinschaft anerkannt werden[1600].

Somit erscheint die Rahmenregelung durch den Bund als das geeignete Instrument der vertikalen Harmonisierung im öffentlichen Sektor. Wird dem Bund die Kompetenz zur Rahmengesetzgebung auf dem Gebiet der regionalen Wirtschaftsstrukturpolitik übertragen, etwa nach Art. 75 GG, dann ist er in der Lage, den Ländern und auch den Kommunen Mindeststandards, aber auch Höchstwerte im Sinne seiner regionalpolitischen Koexistenz-Strategie (bundeseinheitlicher Ausgleich zwischen der Förderungswürdigkeit und der Förderungsbedürftigkeit der einzelnen Regionen) vorzuschreiben und hierüber die gewünschte Plankoordination zu verwirklichen. Die mangelnde Berücksichtigung regionaler Präferenzen läßt sich dadurch verhindern, daß der Bund sich darauf beschränkt, Ziele und Grundsätze der Regionalförderung vorzugeben, im übrigen aber den nachgeordneten Gebietskörperschaften in der Wahl der einzusetzenden Instrumente einen weiten Spielraum läßt[1601]. Dieses Konzept geht demnach von einem globalen Zielsystem aus, verzichtet jedoch bewußt auf globale Mittelkonzipierungen und zentralstaatliche Einheitsstrategien[1602]. Denn die Versuche zentraler Steuerung der Regionalentwicklung bergen vor allem die Gefahr, geringer gewordene Entwicklungspotentiale noch stärker zu zersplittern, weil der Bezug zu den regional differierenden Problemstellungen verloren geht[1603]. Der zukünftige regionalpolitische Instrumentenkasten wird deshalb differenzierter aussehen, d. h. neue Elemente aufweisen müssen, und die neuen Entwicklungskonzeptionen werden näher an die Region heranrücken, d. h. realitätsbezogener sein müssen[1604].

[1599] G. Kisker (1975), S. 185; ihm folgend R. Wahl (1978 a), Teil I, S. 147 ff.
[1600] G. Kisker (1977), S. 696.
[1601] R. L. Frey (1979), S. 43.
[1602] D. Bullinger (1980), S. 227; G. Stiens (1982), S. 20.
[1603] M. Schulz-Trieglaff (1981), S. 227.
[1604] G. Stiens (1982), S. 20 und 21.

Zur Durchführung dieser föderativen Dezentralisation greifen **Fürst** und **Hesse** auf die bislang kaum berücksichtigte, gleichwohl für Koordinationsprobleme bei Verflechtungsprozessen bedeutsame Differenzierung zwischen "soft-ware" und "hard-ware" zurück[1605]. Bezogen auf die Sektoralpolitiken bedeutet **soft-ware** die programmatische Rahmenaussage zur Steuerung des Politikfeldes (Programmstrukturen, Funktionserfordernisse, raumunabhängige Konfliktfelder) und **hard-ware** die materielle Umsetzung der Politik (räumliche und zeitliche Prioritäten, Zuordnung der Politik im Raum und in der konkreten Planung, organisatorische Abwicklung). Danach betrifft die erste Komponente raumautonome Entscheidungsprämissen, die bundeseinheitlich zu regeln sind, wohingegen der zweite, raumspezifische Komplex durch den dezentralen politisch-administrativen Prozeß erbracht werden kann. Im Rahmen der soft-ware könnten zu den länderübergreifenden Regelungen etwa zählen:

- die Festlegung der einzelnen Kriterien zur Fördergebietsabgrenzung (Arbeitsplatz- und Einkommensentwicklung, Infrastrukturausstattung) und eines Schwellenwertes für den Gesamtindikator (etwa 50 % der Fläche des Bundesgebietes und/oder 25 % der Wohnbevölkerung der Bundesrepublik),

- die Festsetzung von Höchstsätzen und Präferenzkategorien für die Förderung gewerblicher Investitionsvorhaben,

- die Bestimmung des Stellenwertes des kommunalen Infrastrukturausbaues,

- das Gebot der räumlichen und sachlichen Schwerpunktbildung bei der Arbeitsplatz- und Infrastrukturförderung sowie

- die Folgepflicht der Länder und Verfahrensregelungen in Konfliktfällen.

Im übrigen Bereich der hard-ware wären die Bundesländer z. B. autonom im Hinblick auf:

- die Auswahl der Fördergebiete unter Berücksichtigung landesspezifischer Ausgleichsvorstellungen bei der Ableitung des Gesamtindikators, wobei lediglich der vorgegebene Schwellenwert zu beachten ist,

---

[1605] D. **Fürst/J. J. Hesse** (1980), S. 185 f.; vgl. a. **dies.** (1978), S. 197 f.

- die Ausweisung der Schwerpunktorte,

- die Bestimmung des Maßnahmenkataloges für förderungswürdige private und öffentliche Investitionsvorhaben sowie

- die Höhe des einzusetzenden Mittelvolumens.

Die Auflistung der soft- und hard-ware-Komponenten eines "Wirtschaftsentwicklungsrahmengesetzes" zeigt, daß die planerische Aufgabenentflechtung zwischen Bund und Ländern nicht unbedingt dem Organisationsschema Rahmen-Detail folgen muß, sondern daß unter Umständen durch die präzise Festlegung von Eckwerten (z. B. Gebietsabgrenzungskriterien) der intendierte gesamträumliche Koordinationseffekt und die ebenfalls erwünschte gliedstaatliche Eigenständigkeit sich am ehesten verwirklichen lassen[1606]. Hier im Gesetzgebungsverfahren einen für beide Seiten befriedigenden Mittelweg zu finden, dürfte schwierig sein, erscheint aber auch nicht im vorhinein ausgeschlossen, weil dieses Bundesrahmengesetz schließlich der Zustimmung des Bundesrates unterliegt, ein Kompromiß in der Sache zwischen Bund und Ländern daher unausweichlich ist. Da die politische Entscheidung über die bundeseinheitliche Rahmensetzung dem Bundestag und Bundesrat gemeinsam zusteht (Art. 77 Abs. 2 GG), lassen sich die notwendigen Koordinationsregelungen auch gegen die Eigeninteressen einzelner Länder durchsetzen. Auf der anderen Seite obliegt die Konkretisierung der Rahmenordnung den Bundesländern selbst, wodurch das Haftungsprinzip ebenfalls wiederhergestellt wird, weil jedes Land für sich allein die Konsequenzen einer regionalpolitischen Fehlplanung zu tragen hat. Nur auf diesem Wege kann eine parlamentarische Kontrolle der Ausübung sowohl der Koordinationsfunktion (Bund) als auch der Steuerungsfunktion (Länder) der regionalen Wirtschaftsstrukturpolitik sichergestellt werden.

Eine derartige "Frontbegradigung"[1607] zwischen den Bundes- und Landeskompetenzen beseitigt zwar einen Großteil der Ursachen der mangelnden Wahrnehmung der Koordinationsfunktion durch die GRW

1606 G. Kisker (1975), S. 189.
1607 G. Kisker (1977), S. 696.

("Verflechtungsimmobilismus"), entscheidet damit aber weder über die Interaktionsmuster zwischen den für die Planung und den Vollzug der staatlichen Wirtschaftsentwicklungsmaßnahmen dann primär zuständigen Landesbehörden und den ihre eigenständige Strukturförderungspolitik betreibenden kommunalen Gebietskörperschaften noch über die Ausgestaltung des interkommunalen Kompetenzgefüges zwischen Landkreis und kreisangehörigen Gemeinden. Bezüglich des ersten Abgrenzungskomplexes würde es nach allen bisherigen Erfahrungen nicht weiterführen, in den bundesstaatlichen Ordnungsrahmen eine Bindungsklausel der Art aufzunehmen, daß die kommunalen Wirtschaftsentwicklungsplanungen die Ziele und Grundsätze der staatlichen Wirtschaftsförderung zu berücksichtigen haben und mit der übergeordneten Landesplanung abzustimmen sind [1608]. Vielmehr sollte auch im **Verhältnis des Landes zu den Kommunen** eine funktionsgerechte Arbeitsteilung gefunden werden. Zu einer sinnvollen und damit durchsetzbaren Aufgabentrennung zwischen Land und Kommune in der regionalen Strukturpolitik wird man allerdings nur dann kommen, wenn sie gegenüber der einzelnen Kommune vernünftig begründet und diese von der Notwendigkeit einer solchen Arbeitsteilung überzeugt werden kann [1609]. Dabei ist von dem Grundsatz auszugehen, daß strukturpolitische Probleme eben ihre regionsspezifischen Besonderheiten haben und daher am ehesten "auf der Basis der Kenntnis vor Ort" zu lösen sind [1610]. Dieser Aspekt der Raum- und Sachnähe spricht dafür, regionalpolitische Planungen und Maßnahmen soweit als irgend möglich den untergeordneten Gebietskörperschaften zur eigenverantwortlichen Entscheidung zu übertragen [1611], denn diese verfügen häufig über die besseren Informationen, können schneller auf geänderte regionalwirtschaftliche Rahmendaten reagieren und handeln vielleicht aufgrund ihrer größeren Bürgernähe motivierter und engagierter als die Zentral-

---

[1608] Diese Möglichkeit sahen schon die §§ 7 und 8 des Entwurfes der nordrhein-westfälischen Landesregierung über ein WFöRG vor, aaO (Anm. 1055), der nicht zuletzt aufgrund der beträchtlichen kommunalen Proteste im Düsseldorfer Landtag nicht zur Verabschiedung kam.
[1609] H. Kliemann (1981), Teil I, S. 13.
[1610] B. Breuel (1978), S. 14.
[1611] E. Lauschmann (1979), S. 7.

instanzen. Damit einher geht die Erwartung, daß sich die örtlichen und regionalen Gemeinschaften wieder vermehrt auf das eigene Entwicklungspotential, die natürlichen Wohn- und Standortvorteile, die gewerblichen Traditionen, die arbeitnehmerischen Qualifikationen und die kulturellen Überlieferungen besinnen, um auf der Grundlage dieser "Begabungen" komparative Vorteile im Wettbewerb mit anderen Regionen erzielen zu können[1612]. Freilich erfordert ein solcher dezentraler Ansatz eine detaillierte Kenntnis der regionalen Ausgangsbedingungen, den Mut zu kleinräumigen Lösungen und die Bereitschaft, regionalpolitische Strategien aus der Region heraus zu entwickeln[1613].

Aus nationaler Sicht keiner Regelung bedarf es zunächst bezüglich der indirekten Gewerbeförderung in Form der Werbung, Information, Beratung und Betreuung der ansiedlungs- und investitionswilligen Gewerbebetriebe. Dagegen wirft die finanzielle Investitionsförderung die schon beschriebenen Abstimmungsprobleme auf. Als Grundmuster einer landes- und kommunalpolitischen Arbeitsteilung bietet sich auch hier die Differenzierung nach den Entwicklungsfunktionen der Industrieansiedlungsförderung einerseits ("exogene Entwicklungsstrategie") und der Gewerbebestandsförderung andererseits ("endogene Entwicklungsstrategie") an[1614]. Danach bliebe dem Land die finanzielle Ansiedlungsförderung vorbehalten, daneben könnte es selbstverständlich auch im Rahmen seiner übergeordneten Entwicklungskonzeption die ökonomische Eigenentwicklung in den Förderregionen unterstützen. Die Subventionspolitik der Kommunen innerhalb wie außerhalb der landesspezifischen Fördergebiete bliebe demgegenüber auf die Sektoren der Gewerbebestandssicherung und -entwicklung beschränkt, so daß im Ergebnis - weil diese entwicklungspolitische Aufgabe nur einen räumlich begrenzten Bereich betrifft - Friktionen zwischen den Landes- und Kommunalförderungen weitgehend ausgeschlossen wären.

1612 Vgl. F. Spreer (1981), S. 693; G. Stiens (1982), S. 22.
1613 M. Schulz-Trieglaff (1982), S. 20.
1614 Siehe oben S. 332 ff. und F. Bingemer/K. P. Reuter/K. Roesler/K. Schilling (1978), S. 70 ff. sowie D. Bullinger (1980), S. 228.

Hingegen empfiehlt es sich nicht, in dem Wirtschaftsentwicklungsrahmengesetz eine generelle Aufteilung der **interkommunalen Wirtschaftsförderungskompetenzen** vorzusehen. Etwaige Strukturverbesserungsaktivitäten eines Landkreises hängen vor allem von der Zahl und Leistungskraft der kreisangehörigen Gemeinden[1615], aber auch vom Entwicklungsstand und der Struktur der regionalen Wirtschaft und den Entwicklungsperspektiven des jeweiligen Kreises ab[1616]. Eine gegenüber den Gemeinden durchsetzungsfähige Wirtschaftspolitik auf der Kreisebene ist umso wahrscheinlicher, je geringer die Wirtschafts- und Finanzkraft der Gemeinden und je schwerwiegender die ökonomischen Probleme sind. In diesem Falle kann eine regionale Wirtschaftsförderungsgesellschaft, die sich aus Landkreis (Koordination), Gemeinden (Planungshoheit) und Sparkasse (Geld und Kredit) zusammensetzt[1617], wichtige Integrationsfunktionen zwischen den kommunalen Gebietskörperschaften übernehmen, zumal dann, wenn sie – wie vereinzelt geschehen – das Gebiet mehrerer Landkreise umfaßt[1618] und somit nicht nur zur Regionalisierung der Wirtschafts- und Regionalpolitik, wie sie von Wissenschaft und Praxis gefordert wird[1619], sondern auch zu deren Dezentralisierung beiträgt. Andererseits ist die Durchsetzungsfähigkeit des Landkreises in der Strukturförderung geringer, wenn er wenigen großen oder gar zwei dominierenden Gemeinden oder Städten gegenübersteht, da nunmehr tendenziell der Anreiz für diese Gemeinden fehlt, durch die Wirtschaftsentwicklungspolitik des Kreises Kompensationsleistungen für eigene Defizite zu erhalten[1620]. In

---

1615 C. Schumacher (1981), S. 149 ff. Vgl. schon E. Falck (1932), S. 261.

1616 H.-J. von der Heide (1981 c), S. 30 f.

1617 F. Quidde (1969), S. 115; ihm folgend H. Schoof (1970), S. 146.

1618 Dazu H.-P. Steinmetz (1981), S. 23.

1619 Im einzelnen siehe die Beiträge in Heft 4/1980 der Zeitschrift Innere Kolonisation "Regionalisierung: Ein notwendiges oder entbehrliches Mittel" und in Heft 6.1977 der Inf.z.Raumentw. "Regionalisierung raumwirksamer Maßnahmen". Die Kooperation im kommunalen Bereich durch die verstärkte Bildung regionaler Fördergesellschaften, die das Gebiet mehrerer Städte und Kreise betreuen, betonen auch H.-J. von der Heide/W. Cholewa (1972), S. 6 und G. Lausen (1967), S. 49 ff.

1620 C. Schumacher (1981), S. 150 und 151.

Anbetracht dieser vielschichtigen Besonderheiten sollte die Verteilung der Gewerbeförderungskompetenzen zwischen Kreis und kreisangehörigen Gemeinden den jeweiligen kommunalen Körperschaften selbst überlassen bleiben.

In der Gesamtbetrachtung hat der hier unterbreitete Vorschlag einer Neuordnung des regionalpolitischen Kompetenzgefüges den unbestreitbaren Vorteil, daß sich die Koordinationsfunktion des Bundes anders als die der Bund-Länder-Gemeinschaftsaufgabe nunmehr schon qua Gesetz auf den gesamten Bereich der regionalen Wirtschaftsförderung erstreckt, d. h. jede Landes- und kommunale Wirtschaftsentwicklungsplanung oder -maßnahme durch die gesetzlichen Rahmensetzungen global koordiniert wird. Hierdurch werden programmatische und finanzielle Verselbständigungstendenzen verhindert, weil der rechtliche Ordnungsrahmen für alle öffentlichen Regionalförderungsprogramme und -aktivitäten Geltung beansprucht. Je klarer der Bund die Rahmenordnung zieht, desto eher werden Defizite in der Programmkonkretion vermieden. Darüber hinaus führt dieses Organisationsmodell eine eindeutige, in sich abgestufte Aufgabendisjunktion zwischen Bund, Ländern und Kommunen durch und weist die politischen Verantwortlichkeiten deutlich einem Entscheidungsträger zu. Im übrigen beseitigt die vertikale Politikentflechtung die den Ablauf von Planungsprozessen behindernde institutionelle Trennung der Programmplanung von der Programmimplementierung und erleichtert obendrein die horizontale Koordinierung der raumbedeutsamen Maßnahmen der verschiedenen Sektoralpolitiken[1621]. Der Bund bleibt auf die gesamträumliche Koordination der strukturpolitischen Koexistenz-Strategie (Sicherung der Wachstums- und Ausgleichsfunktion regionaler Strukturpolitik) und auf die Überwachung der Einhaltung der Wettbewerbsregeln beschränkt, während den nachgeordneten Gebietskörperschaften die Planung, Durchführung und Finanzierung der "regional angepaßten Entwicklungsstrategien"[1622] obliegt.

[1621] Als Beispiel einer erfolgreichen Querkoordinierung aller strukturrelevanter Fördermaßnahmen auf Landesebene mag der Bayerische Staatssekretärausschuß "Grenzgebiete, Zonenrandgebiet und andere wirtschaftsschwache Gebiete" gelten, dazu H. H. Koch/H.-P. Steinmetz (1982), S. 495.

[1622] M. Schulz-Trieglaff (1982), S. 20.

2. Komplementärer Finanzausgleich

Allerdings darf sich eine "Reform der Reform"[1623] nicht nur auf den Abbau der planerischen Verflechtungstatbestände beschränken, sondern muß auch die Finanz- und Steuerkraftdisparitäten zwischen den Ländern und zwischen den Kommunen berücksichtigen[1624]. Die verfassungspolitischen Entstehungsgründe der Gemeinschaftsaufgabe "Verbesserung der regionalen Wirtschaftsstruktur" haben ja gezeigt, daß die Politikverflechtung zu einem wesentlichen Teil ihr Dasein den Finanzungleichgewichten zwischen Bund und Ländern (vertikal) und der Länder untereinander (horizontal) verdankt[1625]. Eine Rückverlagerung der regionalpolitischen Verwaltungskompetenzen in die Hände der Länder muß daher auch mit einer Verlagerung von allgemeinen Finanzmitteln des Bundes an die Länder im Rahmen des **Finanzausgleichs** einhergehen. Es geht also um "gezielte Finanzausgleichsmaßnahmen" zugunsten derjenigen Gebietskörperschaften, deren eigene Finanzkraft für die Bewältigung ihrer strukturpolitischen Aufgaben nicht ausreicht[1626]. Ob hierzu der Länderanteil an der Umsatzsteuer erhöht[1627] oder ein "bedarfsorientierter" Finanzausgleich geschaffen werden sollte[1628], oder ob statt dessen lediglich die jetzigen Mittelanteile der Länder an der Mischfinanzierung des Bundes beibehalten und ihnen als zweckfreie Finanzmittel zur Verfügung gestellt werden sollten, kann an dieser Stelle offen bleiben, solange jedenfalls Einigkeit besteht, daß den Ländern zumindest ihr finanzieller Status quo durch den Finanzausgleich erhalten bleibt.

1623 G. Lehmbruch (1977 b), S. 463.

1624 So hat z. B. nach einer Berechnung von R. Brune/M. Köppel (1980), S. 226 Tabelle 1, bis zur Mitte der sechziger Jahre Nordrhein-Westfalen die höchsten Beiträge in den Länderfinanzausgleich geleistet, während heute die Hauptlast bei Baden-Württemberg liegt. Vgl. a. K.-H. Hansmeyer (1981), S. 6 f. (Finanzkraftunterschiede zwischen den Bundesländern) und S. 8 ff. (interkommunales Finanzkraftgefälle).

1625 Siehe oben S. 93 f.

1626 E. Lauschmann (1979), S. 8.

1627 O. Barbarino (1971), S. 95.

1628 O. Barbarino (1973), S. 22.

Auch zu den Vorstellungen über eine raumordnungsgerechtere Ausgestaltung des kommunalen Finanzsystems soll hier nicht abschließend Stellung bezogen werden [1629]. All diese finanzpolitischen Reformüberlegungen bedürfen einer genaueren Prüfung, als sie in diesem Schlußwort geleistet werden könnte. Lediglich vor einer voreiligen Abschaffung der Gewerbesteuer [1630], ohne über modifizierte Formen der Gewerbebesteuerung nachzudenken [1631], sei gewarnt, da die Kommunen ansonsten das Interesse an der Ansiedlung und Bestandsentwicklung der Gewerbebetriebe verlieren könnten [1632]. Nach der hier vertretenen Auffassung ist die vielgescholtene Ansiedlungskonkurrenz selbständiger Teilregionen um Einwohner und Unternehmen "bei Gewährleistung entsprechender Rahmenbedingungen sogar vorteilhaft im Sinne regionaler Effizienz, zumal sie sicherlich auch einen heilsamen Druck in Richtung auf die wirtschaftliche Bereitstellung eines sinnvollen öffentlichen Leistungsangebots ausübt"[1633].

Unterstützt durch einen mit globalen Finanzzuweisungen arbeitenden Finanzausgleich tritt damit an die Stelle eines nur schwach programmierenden Gemeinschaftsaufgabengesetzes, dem umfangreiche und zum Teil überaus detaillierte Rahmenpläne zur Seite stehen, ein "Wirtschaftsentwicklungsrahmengesetz" [1634] des Bundes, dessen

---

1629 Siehe **A. Biciste**, Das kommunale Finanzsystem - ein Instrument der Raumordnungspolitik?, Inf.z.Raumentw. 1978, S. 177 ff.; **K. Ganser** (1979), S. 8 ff.; **E. Münstermann**, Das kommunale Finanzsystem - ein Instrument der Raumordnungspolitik?, Inf.z.Raumentw. 1978, S. 149 ff.; **F.-K. Rehm**, Das kommunale Finanzsystem - ein Instrument der Raumordnungspolitik?, Inf.z.Raumentw. 1978, S. 161 ff. = der landkreis 1978, S. 502 ff.

1630 So **F. Wolf** (1977), S. 518 ff., (1975), S. 435 f. und (1974), S. 204.

1631 Vgl. etwa **F. Neumark**, Gedanken zur Steuer- und Finanzreform, WD 1978, S. 446 ff. (449); **H. Zimmermann**, Stärkung der kommunalen Einnahmeautonomie: Steuerverteilung und Finanzausgleich, in: Konrad-Adenauer-Stiftung (Hrsg.), Dezentralisierung des politischen Handelns (II), St. Augustin 1979, S. 60 ff. (69 f.).

1632 Auf diese Konsequenz weist zu Recht **W. Roth** in einem Interview der Wirtschaftswoche Nr. 31 vom 1.8.1980, S. 28 hin.

1633 **U. van Suntum** (1981 c), S. 224.

Planungsintensität zwar höher ist als die des GRW-Gesetzes, jedoch erheblich niedriger als die der Bund-Länder-Rahmenplanung [1635]. Um eine "ruinöse Konkurrenz" zwischen den nachgeordneten Gebietskörperschaften zu verhindern und um ein Mindestmaß an gesamtstaatlicher Koordination sicherzustellen, gibt der Bund die "Wettbewerbsregeln" in Form eines gesetzlichen Ordnungsrahmens vor, den dann die Länder und auch die Kommunen innerhalb ihrer Zuständigkeiten eigenverantwortlich ausfüllen. Auf diese Weise können Elemente der sachlichen Vielfalt und des politischen Wettbewerbs zur Geltung gebracht werden, ohne daß sich die föderalen Sektorpolitiken in ihrer administrativen Durchsetzung gegenseitig blockieren.

Da die gesamträumlich notwendige Koordinierung der gliedstaatlichen Förderpolitiken dem Bund obliegt, dieser indessen nicht mehr den Fesseln des multilateralen Planungs- und Finanzierungsverbundes unterliegt, spricht viel dafür, daß der Bund eher als in dem gegenwärtigen verflochtenen Entscheidungssystem in der Lage sein wird, seine Koordinationsfunktion gegenüber den dezentralen Verwaltungseinheiten wirksam auszuüben. Die Erfahrungen in anderen Bundesstaaten wie der Schweiz, den Vereinigten Staaten von Amerika oder Kanadas zeigen jedenfalls, daß auch in hochentwickelten Industrie- und Dienstleistungsgesellschaften Konzeptionen födera-

---

[1634] Ein solches "Bundesrahmengesetz zur Wirtschaftsentwicklung" ist nicht mit einem Subventionsordnungs- oder -regelungsgesetz gleichzusetzen, sondern könnte lediglich ein Teilelement einer umfassenden Neuordnung des gesamten Subventionswesens der öffentlichen Hände bilden, wie sie offenbar von der Wirtschaftsministerkonferenz angestrebt wird. Unter dem 13.1.1981 diskutierte die Ministerrunde nämlich über die "Möglichkeiten und Grenzen der Ordnung von Subventionen", wobei sie die Mängel des bisherigen Systems vor allem in den mangelhaften Zielvorgaben, Zuständigkeitsüberschneidungen, Mitnahmeeffekten, der Vielzahl von Förderprogrammen, dem Subventionswettlauf, der Subventionsgewöhnung, fehlender Erfolgskontrolle und flächendeckender Förderung sieht.
Am 26.1.1981 beauftragte die Wirtschaftsministerkonferenz schließlich den Arbeitskreis der Ministerien, einen "Subventionskodex" zu erarbeiten, vgl. wirtschaft und standort 4/1981, S. 18 und Handelsblatt Nr. 19 vom 28.1.1981, S. 3. Unter Vorsitz des Landes Niedersachsen ist ein entsprechender Beschlußvorschlag mittlerweile erstellt und von der Ministerkonferenz beschlossen worden, vgl. F.A.Z. Nr. 154 vom 8.7.1982, S. 11.

[1635] Vgl. H. Alexy/J. Gotthold (1980), S. 210 f.

tiver Dezentralisierung funktionieren können, wenn der politische Wille vorhanden ist, sich ihrer zu bedienen [1636]. Eine verstärkte Suche nach alternativen Organisationsmodellen der politisch-administrativen Binnenstruktur könnte deshalb in der Bundesrepublik Deutschland langfristig durchaus zu einer Ablösung der gesamten Politikverflechtung führen [1637]. Auf diesem beschwerlichen Wege haben die hiesigen Ausführungen sicher nur wenige Hinweise und Anregungen vermittelt. Für eine verfassungspolitische Korrektur der ineffizienten Auswüchse des föderativen Systems bei gleichzeitiger Wahrung eines Mindestmaßes an bundesstaatlicher Integration wäre es aber - wie **Lehmbruch** mit Recht gefordert hat - "nötig, daß überhaupt erst einmal sauber - und sozialwissenschaftlich fundiert - analysiert wird, wieviel Vereinheitlichung unerläßlich ist, wieviel Harmonisierung im Interesse der Gesellschaft (nicht der Verwaltung!) geboten und verträglich ist und wieviel Gefälle hingenommen werden kann" [1638]. Denn ohne eine solche Analyse der gesamtgesellschaftlichen Kontextbeziehungen wird es kaum gelingen, die Wirksamkeits- und Durchsetzungspotentiale von Dezentralisierungsstrategien "zur Lösung des generellen Unbehagens an einer zu komplexen, zunehmend konfliktreicheren, verrechtlichten und bürokratisierten, über Großorganisationen sich zentralisierenden Gesellschaft" [1639] positiv zu nutzen.

[1636] G. Lehmbruch (1977 b), S. 474.
[1637] Vgl. F. Lehner (1979), S. 8.
[1638] G. Lehmbruch (1977 b), S. 474.
[1639] D. Fürst (1981), S. 194.

TEIL G

ZUSAMMENFASSUNG IN 20 THESEN

I. Begriff und Bestimmungsfaktoren der regionalen Strukturpolitik

1. Die regionale Strukturpolitik oder Wirtschaftsförderung umfaßt die Gesamtheit aller staatlichen und kommunalen Maßnahmen, deren Einsatz darauf abzielt, die ökonomischen Entwicklungspotentiale eines Teilraumes durch die gezielte Verbesserung der Wirtschaftsstruktur optimal zu nutzen und zu fördern. Unabhängig von dem Streit, ob diese Form der Raumwirtschaftspolitik als Regionalisierung der allgemeinen Wirtschaftspolitik oder als wirtschaftliche Dimension der Raumordnung aufzufassen sei, muß die strukturpolitische Koexistenz-Strategie des Staates darauf bedacht sein, im Interesse der Schaffung und Aufrechterhaltung einer ausgewogenen Regionalstruktur nicht ausreichend oder schlecht genutzte Produktionsfaktoren zu mobilisieren ("Effizienz der Allokation"), um auf diese Weise in den strukturschwachen Regionen zur Herstellung gleichwertiger Lebensverhältnisse beizutragen ("Gerechtigkeit der Allokation").

2. Die Notwendigkeit einer regional gezielten Wirtschaftsentwicklungspolitik folgt letzten Endes allein aus außerökonomischen Gesichtspunkten (Ausgleichs- und Integrationsgedanke). Da das zur ökonomischen Herleitung der regionalen Strukturförderung angeführte Auftreten von externen Effekten zumindest Ausdruck einer unzulänglichen rechtlichen Rahmenordnung und die geringe räumliche Mobilität insbesondere des Produktionskapitals auch auf eine raumkonservierende Infrastrukturpolitik zurückzuführen ist, gründet sich die regionale Wirtschaftsförderung pars pro toto nur auf sozial- und raumordnungspolitische Motive (Abbau nichttolerierbarer interregionaler Entwicklungsdisparitäten).

3. Unerläßliche Bedingung für eine verwaltungsinterne Koordination strukturpolitischer Maßnahmen im Rahmen einer regionalpolitischen Gesamtkonzeption ist ein plausibles und stringentes Ziel-Mittel-System. Unter systematischen Aspekten können Steuerungs- und Durchsetzungsprobleme raumbedeutsamer Politiken sowohl in der instrumentell-materiellen als auch in der organisatorisch-institutionellen Perspektive auftreten. Im Bereich der regionalen Strukturpolitik ist weniger ein instrumentelles Steuerungsdefizit als vielmehr eine unzureichende zielorientierte Handhabung und damit mangelnde inneradministrative Durchsetzung des im Prinzip umfangreichen Einflußinstrumentariums zu registrieren.

4. Die politisch-administrativen Besonderheiten der bundesdeutschen Regionalpolitik sind nur vor dem Hintergrund des föderativ-dezentralen Verwaltungsaufbaues verständlich. Den infolge des Übergangs von der reaktiv-gesetzesvollziehenden zur aktiv-planenden Verwaltung veränderten Handlungs- und Funktionsbedingungen des Gesamtstaates ("Problemverstaatlichung") entsprechen auf der organisatorischen Ebene die institutionellen Kompetenzverschränkungen zwischen Bund, Ländern und Gemeinden ("Politikverflechtung"), die dem Zentralstaat einen koordinierenden Einfluß auf den Planungsvollzug durch die unteren Verwaltungsinstanzen einräumen sollen. Eine vertikal-institutionelle Koordinierung der regionalen Wirtschaftsentwicklungspolitik ist gerade deshalb unumgänglich, weil die Zahl der regionalpolitischen Akteure groß, ihre faktische Machtstellung, eigene Zielvorstellungen zu verwirklichen, höchst unterschiedlich und die intra- und interregionalen ökonomischen Verflechtungen stark ausgeprägt sind.

II. Funktion und Struktur der Gemeinschaftsaufgabe

5. Als das Kernstück der regionalen Strukturpolitik und als ein Musterfall der Politikverflechtung in der Bundesrepublik Deutschland gilt gemeinhin die Gemeinschaftsaufgabe "Verbesserung der regionalen Wirtschaftsstruktur". Ihre Bedeutung soll vor allem

darin liegen, Rahmenbedingungen für die Aktivitäten von Bund, Ländern und Gemeinden auf dem Gebiet der regionalen Wirtschaftsförderung zu setzen. Außerdem geht ihre Koordinationsfunktion dahin, daß die neben der Gemeinschaftsaufgabe bestehenden Landesförderungen mit regionaler Zweckbestimmung die Ziele der Gemeinschaftsaufgabe nicht durchkreuzen dürfen. Darüber hinaus sollen möglichst auch andere, regionalwirtschaftlich bedeutsame Politiken von Bund, Ländern und Kommunen aufeinander abgestimmt werden. Für die Gemeinschaftsaufgabe selbst besteht die Koordinierungsfunktion insbesondere im integrierten Einsatz des gesamten regionalpolitischen Instrumentariums (regionale Investitionszulagen, Investitionszuschüsse aus Mitteln der Gemeinschaftsaufgabe, ERP-Kredite, Sonderprogramme, indirekte Auswirkungen auf andere regionalpolitisch bedeutsame Bundes- und Landesplanungen).

6. Die Einfügung des Art. 91 a in das Grundgesetz und der Erlaß des GRW-Gesetzes legalisierten den fast zwei Jahrzehnte dauernden Zustand der verfassungsmäßig und einfachgesetzlich nicht geregelten Beteiligung des Bundes an den Regionalförderungen der Länder. Als verfassungspolitische Entstehungsgründe dieses Planungs- und Finanzierungsverbundes lassen sich das Erfordernis einer gesamträumlich koordinierten und aufeinander abgestimmten Infrastrukturplanung sowie das Finanzungleichgewicht zwischen dem Bund einer- und den Ländern andererseits als auch die Existenz unterschiedlich großer und leistungsfähiger Bundesländer nennen. Die regionalpolitischen Motive zur Installierung der Gemeinschaftsaufgabe und ihrer Regionalen Aktionsprogramme sind außer in dem Streben nach mehr interregionaler Verteilungsgerechtigkeit vor allem in dem Verlangen nach einem Bedeutungszuwachs und einem Transparenzgewinn der regionalen Strukturpolitik zu finden.

7. Das Organisationsmodell der Gemeinschaftsaufgabe hat ein multilaterales und nichthierarchisches Entscheidungsmuster institutionalisiert, das aufgrund seiner bürokratischen Schwerfälligkeit, seinem segmentierten Problemlösungsverhalten und seinen unbefriedigenden Haftungsmechanismen die Handlungs- und Variationsfähig-

keit des politischen Steuerungssystems sowohl im Bund als auch in den Ländern erheblich reduziert hat. Alles in allem herrscht in den intergouvernementalen Expertengremien eine opportunistische Entscheidungsstruktur vor, die sich in einem inkrementalen Entscheidungsverhalten niederschlägt: die Bearbeitung der akuten Symptome des regionalökonomischen Problemdrucks ist wichtiger als die Therapie der Problemursachen, politische Kosten werden höher als ökonomische Kosten bewertet und Macht- und Statusgewinne gehen sachgerechten Lösungen vor.

8. Das Handlungsmodell der Gemeinschaftsaufgabe zeichnet sich durch drei zentrale Programmelemente aus: Ansatzpunkt der Regionalförderung ist die Raummobilität des arbeitsplatzschaffenden Produktionskapitals, als markt- und systemkonformes Einflußinstrumentarium wird ein Anreizprogramm (in Form von gewerblichen Finanzierungshilfen und wirtschaftsnahen Infrastrukturvorleistungen) verwandt und zur Zielerreichung erfolgt die Gewerbeförderung sektoral (fernabsatzorientierte Wirtschaftsbereiche) und regional (ausgewiesene Fördergebiete und Schwerpunktorte) konzentriert. Diese mobile Verteilungsstrategie der klassischen Standortpolitik wird in ihrer wirtschaftsstrukturellen Wirkung zunehmend problematisch (sektoral einseitige Auswahl, bloß quantitative Kapitalorientierung, betriebliche Mitnahmeeffekte, schrumpfende Ansiedlungspotentiale, steigender Rationalisierungsdruck) und sollte durch eine den jeweiligen regionsspezifischen Besonderheiten und komparativen Begabungen angepaßte endogene Entwicklungsstrategie abgelöst werden.

III. Die mangelnde Durchsetzung der Koordinationsfunktion

9. Das Ziel der Koordinierungsfunktion der Gemeinschaftsaufgabe, eine "Förderinflation" zu verhindern, indem ein Wettbewerbsrahmen für die Konkurrenz der Länder und Regionen untereinander um ansiedlungs- und investitionswillige Unternehmen geschaffen wird, ist zehn Jahre nach Inkrafttreten des 1. Rahmenplanes von seiner

Verwirklichung weiter denn je entfernt. Zwar existiert in Form der Gemeinschaftsaufgabe ein in sich relativ geschlossenes Förderungskonzept, doch wird dessen strikte Durchsetzung im öffentlichen Sektor bereits durch komplementäre Bundesförderungen (ERP-Regionalprogramm, Zonenrandförderung) aufgeweicht, bevor es endlich auf der Ebene der Länder und Kommunen durch deren autonome Wirtschaftsentwicklungspolitiken vollends diskreditiert wird. Denn heute vollzieht sich der größte Teil der öffentlichen Regionalförderung nicht nur außerhalb des Planungs- und Finanzierungsrahmens der Gemeinschaftsaufgabe, sondern auch - und dies ist das Entscheidende - zunehmend kontraintentional zu deren Handlungsmodell.

10. Zunächst haben die Parallel- und Kontrastprogramme der Länder (Ausnahme Nordrhein-Westfalen) und der Kommunen das Exportprinzip, d. h. das sektorale Basistheorem der Gemeinschaftsaufgabe nicht übernommen. Nur wenige, zumeist kommunale Programme verfolgen darüber hinaus eine qualitative und quantitative Arbeitsplatzkonzeption.

11. Von der landeseigenen Regionalförderung in starkem Maße durchbrochen wird weiterhin die Fördergebietseingrenzung der Gemeinschaftsaufgabe. Entweder stellt bereits die räumliche Ausdehnung der Landesfördergebiete die regionale Konzentrationsmaxime der Strukturpolitik in Frage, oder aber die Länderbehörden verteilen ihre eigenen Mittel von vornherein ohne regionale Begrenzung. Völlig durchlöchert wird von den verselbständigten Förderpolitiken überdies das Schwerpunktsystem. Kennt die kommunale Gewerbeförderung ein derartiges Konzept naturgemäß nicht, so haben einige Landesprogramme immerhin eigene Schwerpunkte festgelegt, lassen aber wiederum großzügige Ausnahmen zu oder brauchen dies erst gar nicht, da die ausgewählten Landesschwerpunktorte ohnehin alle Gemeinden des Fördergebietes erfassen.

12. Schließlich fällt der Subventionswert insbesondere der landes- und kommunalpolitischen Darlehensprogramme oftmals für den Förderungsadressaten günstiger aus als derjenige des Zuschußprogramms der Gemeinschaftsaufgabe. Die Durchschlagskraft der landeseigenen und kommunalen Strukturförderung wird noch dadurch verstärkt, daß ihr Finanzvolumen zusammengenommen die Haushaltsansätze der Gemeinschaftsaufgabe erheblich übersteigt. Aber auch schon für sich genommen übertrifft der Mittelplafonds der Landeswirtschaftsförderung mittlerweile die von Bund und Ländern gemeinsam aufgebrachten Gemeinschaftsaufgabenmittel und ist daher durchaus in der Lage, sektoral und regional anders gewichtete Politiken durchzusetzen.

IV. Das fehlende Koordinierungspotential der Gemeinschaftsaufgabe

13. Die Gemeinschaftsaufgabe "Verbesserung der regionalen Wirtschaftsstruktur" hat ihre binnenpolitische Koordinationsfunktion deshalb nicht verwirklichen können, weil ihr Verflechtungsprogramm bislang keine inneradministrative Ausschluß- bzw. Bindungswirkung entfaltet hat. Eine solche verwaltungsinterne Präklusionswirkung würde ein Verbot konterkarierender Zusatzförderungen durch Bundesländer und kommunale Körperschaften voraussetzen. Ein derartiges Handlungsverbot ist jedoch aus dem bestehenden Normengeflecht der Gemeinschaftsaufgabe weder normativ-rechtlich ableitbar (Verrechtlichungsdefizit) noch politisch-faktisch realisierbar (Vollzugsdefizit).

14. Vorab ist die vereinzelt vertretene These von der absoluten Sperrwirkung der Gemeinschaftsaufgabe mit der Konsequenz einer generellen Untersagung betriebsindividueller Wirtschaftssubventionierung durch die nachgeordneten Gebietskörperschaften abzulehnen. Im Verhältnis zur landesinternen Regionalförderung lassen weder Wortlaut, Entstehungsgeschichte, Systematik sowie Zweck des Art. 91 a GG und des GRW-Gesetzes noch die Bestimmungen und Zielsetzungen des Rahmenplanes die Annahme einer Ausschließlichkeitsfunktion der Bund-Länder-Rahmenplanung zu. Auch im Verhältnis zur

direkten kommunalen Wirtschaftsförderung geben die genannten Normenkomplexe in keinem Punkte zu erkennen, daß sie die verfassungsrechtlich garantierte Befugnis der Kommunen zur eigenständigen Gewerbesubventionierung ausdrücklich oder stillschweigend einschränken oder gar unterbinden wollen.

15. Selbst die Lehre von der relativen Bindungswirkung, wonach die autonomen Wirtschaftsentwicklungspolitiken der Länder und Kommunen zwar weiterhin statthaft sein sollen, jedoch nicht den Grundsätzen und Zielen der Gemeinschaftsaufgabe zuwiderlaufen und nicht deren Wirkungen durchkreuzen dürfen, hilft im Ergebnis keinesfalls weiter. Erscheint es schon zweifelhaft, ob sich eine Anpassungspflicht der Landes- und Kommunalförderungen an das Handlungsprogramm der Gemeinschaftsaufgabe aus dem wenig präzisierten Prinzip des bundes- bzw. staatsfreundlichen Verhaltens herauslesen läßt, so scheitern die behaupteten Rechtsausübungsschranken spätestens an ihrer faktischen Anwendung. Nach dem gegenwärtigen Stande der Regionalwissenschaften können die Planungsgremien der Gemeinschaftsaufgabe nämlich nicht nachweisen, daß die strukturpolitischen Aktivitäten der Länder und Kommunen gegenüber der Gemeinschaftsförderung tatsächlich konterkarierende oder zumindest neutralisierende Effekte auslösen. Können einerseits regionalpolitische Zielkonflikte zwischen den prozessual getrennten Förderpolitiken theoretisch nur in der ausgleichspolitischen, dagegen kaum in der wachstums- und stabilitätspolitischen Dimension und auch nur dann auftreten, wenn die landeseigenen oder kommunalen Finanzierungshilfen zu Zwecken der Industrieansiedlung ("Fremdentwicklung") und nicht der (vorrangigen) Gewerbebestandsförderung ("Eigenentwicklung") eingesetzt werden, so sind andererseits angesichts des erst im Aufbau begriffenen Erfolgskontrollsystems empirisch eindeutige Ergebnisfeststellungen über den Wirkungsgrad der regionalpolitischen Einflußinstrumente nicht möglich. Vielmehr sprechen die bisherigen Erkenntnisse gerade dafür, daß im betrieblichen Standortsuchprozeß andere Einflußfaktoren als die öffentliche Subventionsvergabe den Ausschlag geben. Solange jedenfalls weder feststeht, daß das finanzpolitische Instrumentarium der

Gemeinschaftsaufgabe selbst zielwirksam handelt noch etwaige, seine Entwicklungsfunktionen hemmende Auswirkungen der autonomen Gewerbeförderungen erwiesen sind, kann das in der Wirtschaftsförderungspraxis möglicherweise bestehende Störpotential der verselbständigten Förderpolitiken nicht aufgedeckt werden, weshalb diesbezügliche Konterkarierungsvorwürfe ihre rechtserhebliche Bedeutung verlieren.

16. Abgesehen von dem fehlenden rechtlichen Koordinationspotential scheitert die binnenadministrative Durchsetzbarkeit der Koordinierungsfunktion der Gemeinschaftsaufgabe auch an der finanz- und regionalpolitischen Machtstellung der Bundesländer und der Kommunen. Im Hinblick auf die Landesförderungen erlaubt schon die organisationsstrukturell bedingte extrem hohe Abhängigkeit der Gemeinschaftsaufgabe vom Konsens der am Verbundsystem partizipierenden Landesbürokratien keine Eingriffe des Bundes oder der Planungsgremien in die Landesprogramme. Auch die staatliche Kommunalaufsicht - ebenfalls von den Interaktionsmustern der Konsenswerbung und des Eingriffsverzichts geprägt - scheut offensichtlich vor administrativen Einzeleingriffen in die Wirtschaftsförderungspolitik der Gemeinden und Landkreise zurück. Insofern steht das Scheitern des gesamträumlich orientierten Regionalförderungskonzeptes der Gemeinschaftsaufgabe im öffentlichen Sektor für ein institutionell festgeschriebenes Politikversagen, das zugleich die politisch-internen Grenzen zentralstaatlicher Programmplanung in einem föderativ und dezentral organisierten Bundesstaat aufzeigt.

V. Vertikale Koordination und dezentrale Steuerung der regionalen Strukturpolitik

17. Da die Gemeinschaftsaufgabe "Verbesserung der regionalen Wirtschaftsstruktur" in ihrer überkommenen Struktur den von ihr erwarteten Koordinationsbedarf nicht befriedigt hat und auch nicht wird erfüllen können, ist nach verfassungspolitischen Alternativen

zu suchen, die eine gesamtstaatliche Lösung des regionalpolitischen Koordinationsproblems eher erwarten lassen. Für eine Neuorganisation des politischen Planungs- und Finanzierungsprozesses in der Regionalpolitik stehen zwei gegensätzliche Modelle zur Verfügung: zum einen die Modifizierung des bestehenden Systems des kooperativen Föderalismus und zum anderen die Realisierung eines weitgehend entflochtenen und stärker dezentralisierten Wirtschaftsförderungssystems.

18. Die verschiedenen Modelle der Neuverflechtung der Kompetenzbereiche (integrierte Aufgaben- und Verbundplanung, Bundesauftragsverwaltung, Bilateralisierung der Bund-Länder-Kooperation) leisten keinen grundlegenden Beitrag zur Bewältigung des regionalpolitischen Koordinierungsbedürfnisses, weil sie das Problem der programmatischen und finanziellen Verselbständigungstendenzen (Landes- und Kommunalförderungen) weiterhin ungelöst lassen. Demgemäß verbleibt als Ausweg nur die Dezentralisation der Wirtschaftsstrukturpolitik, d. h. die Rückentflechtung der regionalpolitischen Zuständigkeiten im Sinne eines abgestuften Systems dezentralisierter Aufgabenbewältigung.

19. Entsprechend der Entwicklung vom unitarischen Konkordanz- zum differenzierenden Konkurrenzföderalismus erscheint heute eine multilaterale Wettbewerbssituation zwischen den gebietskörperschaftlichen Ebenen wiederum denkbar. Unter Verwaltungsaspekten kennzeichnet diese Form des Dezentralisierungsföderalismus jene räumliche Kompetenzzuweisung an die einzelnen Verwaltungsstufen, die die jeweils effizienteste Aufgabenerledigung verspricht. Autonomie für die territorialen Teileinheiten bedeutet hiernach nicht regionale Neubegründung, sondern Stärkung der Selbständigkeit der Länder und Kommunen durch politische Entflechtung.

20. Als geeignetes Instrument der vertikalen Koordination zwischen den Trägern der regionalen Strukturpolitik bietet sich eine einheitliche Rahmenregelung durch den Bund an, unterstützt durch einen mit allgemeinen Mittelzuweisungen arbeitenden Finanzaus-

gleich. Eine Bundesrahmengesetzgebung anstelle einer Bund-Länder-Rahmenplanung eröffnet die Chance einer klaren, in sich abgestuften Aufgabenverteilung und damit einhergehend einer eindeutigen Zuordnung der politischen Verantwortlichkeiten zwischen Bund, Ländern und Kommunen. Überdies beseitigt dieses entflochtene Organisationsmodell die institutionelle Trennung der Programmplanung von der -implementation und erleichtert die horizontale Koordinierung raumbedeutsamer Sektorpolitiken. Nach diesem Dezentralisierungssystem bleibt der Bund auf die gesamträumliche Koordination aller staatlichen und kommunalen Wirtschaftsentwicklungsplanungen und auf die Überwachung der Wettbewerbsregeln beschränkt, wohingegen den nachgeordneten Gebietskörperschaften die eigenverantwortliche Planung, Finanzierung und Durchführung der regional angepaßten Förderpolitiken obliegt.

QUELLENVERZEICHNIS

ABROMEIT, Heidrun (1976):
Zum Verhältnis von Staat und Wirtschaft im gegenwärtigen Kapitalismus.
PVS Bd. 17 (1976), S. 2 ff.

ADERHOLD, Dieter (1973):
Kybernetische Regierungstechnik in der Demokratie.
Planung und Erfolgskontrolle.
München-Wien 1973.

ADLUNG, Rudolf/THOROE, Carsten S. (1980):
Neue Wege in der Regionalpolitik.
Vorschläge zu einer Umgestaltung des regionalen Fördersystems in der Bundesrepublik Deutschland.
Kiel 1980.

AFHELDT, Heik (1970):
Städte im Wettbewerb.
Stadtbauwelt 1970, S. 100 ff.

AHLERS, Eko/BAUMHÖFER, Alf (1980):
Investitionszulage und Investitionszuschuß als Instrument der regionalen Wirtschaftspolitik in Ostfriesland.
N.Arch.f.Nds. Bd. 29 (1980), S. 229 ff.

ALBERT, Wolfgang (1982):
Möglichkeiten zu einer Fortentwicklung der Zielplanung in der Gemeinschaftsaufgabe "Verbesserung der regionalen Wirtschaftsstruktur".
in: Josef Heinz Müller/Theodor Dams (Hrsg.), Planung in der regionalen Strukturpolitik. Schriften zu Regional- und Verkehrsproblemen in Industrie- und Entwicklungsländern Bd. 32. Berlin 1982, S. 102 ff.

ALBERT, Wolfgang (1980):
Neues Konzept für regionale Wirtschaftspolitik?
der landkreis 1980, S. 456 ff.

ALBERT, Wolfgang (1975):
Die neue Konzeption der regionalen Wirtschaftspolitik.
IKO 1975, S. 104 ff.

ALBERT, Wolfgang (1972 a):
Verbesserung der regionalen Wirtschaftsstruktur. Rahmenplan.
in: Hans Hermann Eberstein (Hrsg.), Handbuch der regionalen Wirtschaftsförderung. Köln ab 1971, Teil B III.

ALBERT, Wolfgang (1972 b):
Wirtschaftsförderung als Regionalpolitik.
in: Finanzpolitik und Landesentwicklung. Forschungsberichte des Ausschusses "Raum und Finanzen" der Akademie für Raumforschung und Landesentwicklung Bd. 3. Hannover 1972, S. 21 ff.

ALBERT, Wolfgang (1971):
Die Entwicklung der regionalen Wirtschaftspolitik in der Bundesrepublik Deutschland.
in: Hans Hermann Eberstein (Hrsg.), Handbuch der regionalen Wirtschaftsförderung. Köln ab 1971, Teil A II.

ALBERT, Wolfgang (1970):
Zielgewinnung und Entscheidungsfindung für Infrastrukturprogramme.
in: Reimut Jochimsen/Udo E. Simonis (Hrsg.), Theorie und Praxis der Infrastrukturpolitik. Berlin 1970, S. 237 ff.

ALEXY, Hans/GOTTHOLD, Jürgen (1980):
Verwaltung zwischen konditionaler Programmierung und eigener Verwaltungsverantwortung.
Zur Lage der Verwaltung bei der Ausführung von Planungsgesetzen.
in: Rüdiger Voigt (Hrsg.), Verrechtlichung. Königstein/Ts. 1980, S. 200 ff.

ALTENMÜLLER, Reinhard (1981 a):
Die Wirtschaftsförderung kommunaler Gebietskörperschaften.
VBlBW 1981, S. 201 ff.

ALTENMÜLLER, Reinhard (1981 b):
Direkte kommunale Wirtschaftsförderung?
DVBl. 1981, S. 619 ff.

APEL, Hans (1965):
Raumordnung und Regionalpolitik.
in: Ulrich Lohmar (Hrsg.), Deutschland 1975. Analysen - Prognosen - Perspektiven. München 1965, S. 125 ff.

ARNIM, Hans Herbert von (1976):
Volkswirtschaftspolitik. Eine Einführung.
2. Aufl. Frankfurt am Main 1976.

ASSMANN, Heinz-Dieter (1980 a):
Wirtschaftsrecht in der Mixed Economy.
Auf der Suche nach einem Sozialmodell für das Wirtschaftsrecht.
Königstein/Ts. 1980.

ASSMANN, Heinz-Dieter (1980 b):
Zur Steuerung gesellschaftlich-ökonomischer Entwicklung durch Recht.
in: Ders./Gerd Brüggemeier/Dieter Hart/Christian Joerges, Wirtschaftsrecht als Kritik des Privatrechts. Königstein/Ts. 1980, S. 239 ff.

BADE, Franz-Josef (1978):
Die Mobilität industrieller Betriebe.
in: Gesellschaft für Regionalforschung (Hrsg.), Seminarbericht 13. Heidelberg 1978, S. 1 ff.

BAESTLEIN, Angelika (1977):
Zusammenfassung der Diskussion zu Teil I.
in: Fritz Wilhelm Scharpf/Bernd Reissert/F. Schnabel (Hrsg.), Politikverflechtung II. Kritik und Berichte aus der Praxis. Kronberg/Ts. 1977, S. 59 ff.

BAESTLEIN, Angelika/HUNNIUS, Gerhard/JANN, Werner/KONUKIEWITZ, Manfred (1980):
Der 'Goldene Zügel' und die Kommunen.
Ein Rückblick auf die Thesen vom staatlichen Durchgriff am Beispiel der Standortprogrammplanung in Nordrhein-Westfalen.
in: Hellmut Wollmann (Hrsg.), Politik im Dickicht der Bürokratie. Beiträge zur Implementationsforschung. Opladen 1980, S. 103 ff.

BARBARINO, Otto (1975):
Zur Reformbedürftigkeit der gegenwärtigen Finanzverfassung.
in: Politikverflechtung zwischen Bund, Ländern und Gemeinden. Schriftenreihe der Hochschule Speyer Bd. 55, Berlin 1975, S. 103 ff.

BARBARINO, Otto (1973):
Zur Revision des Grundgesetzes: Planerische und finanzielle Aspekte des Bund-Länder-Verhältnisses unter besonderer Berücksichtigung der Gemeinschaftsaufgaben.
DÖV 1973, S. 19 ff.

BARBARINO, Otto (1971):
Entfaltung der eigenen Angelegenheiten der Länder unter den Aspekten der Aufgabenbereiche und ihrer Finanzierung.
in: Entwicklung der Aufgaben und Ausgaben von Bund, Ländern und Gemeinden. Schriftenreihe der Hochschule Speyer Bd. 47, Berlin 1971, S. 81 ff.

BARBIER, Hans Dietmar (1980):
Geld allein macht nicht gesund.
Subventionspraxis steht wirksamer Umstrukturierung im Weg.
SZ Nr. 224 vom 27. 9. 1980, S. 33.

BARTH, Hans-Günter (1978):
Das Basic-Nonbasic-Konzept als Erklärungsmodell von Siedlungsstrukturen.
in: Gesellschaft für Regionalforschung (Hrsg.), Seminarbericht 13. Heidelberg 1978, S. 25 ff.

BAYERISCHE STAATSREGIERUNG (1981):
Bericht über die wirtschaftliche, soziale und kulturelle Entwicklung des bayerischen Grenzlandes und der strukturschwachen Gebiete Bayerns im Kalenderjahr 1979 - Grenzlandbericht.
München 1981.

BAYERISCHES STAATSMINISTERIUM FÜR LANDESENTWICKLUNG UND UMWELTFRAGEN (1982):
6. Raumordnungsbericht 1979/80.
München 1982.

BAYERISCHES STAATSMINISTERIUM FÜR WIRTSCHAFT UND VERKEHR (1978):
Bericht über die wirtschaftliche Entwicklung der strukturschwachen Gebiete Bayerns - Grenzlandbericht.
München 1978.

BAYERISCHES STAATSMINISTERIUM FÜR WIRTSCHAFT UND VERKEHR (1970):
Regionale Wirtschaftsförderung.
München 1970.

BECKER, Peter/Schmidt, Diether (1981):
Das Verfahren zur Gewährung von Mitteln der Gemeinschaftsaufgabe "Verbesserung der regionalen Wirtschaftsstruktur".
in: Hans Hermann Eberstein (Hrsg.), Handbuch der regionalen Wirtschaftsförderung. Köln ab 1971, Teil C I.

BECKER, Peter (1977):
Politikverflechtung in der Gemeinschaftsaufgabe "Verbesserung der regionalen Wirtschaftsstruktur".
in: Fritz Wilhelm Scharpf/Bernd Reissert/F. Schnabel (Hrsg.), Politikverflechtung II. Kritik und Berichte aus der Praxis. Kronberg/Ts. 1977, S. 29 ff.

BECKER, Peter (1974):
Das Bescheinigungsverfahren nach § 2 des Investitionszulagengesetzes.
in: Hans Hermann Eberstein (Hrsg.), Handbuch der regionalen Wirtschaftsförderung. Köln ab 1971, Teil C II.

BECKER, Peter (1972):
Die Gemeinschaftsaufgabe "Verbesserung der regionalen Wirtschaftsstruktur".
Die Verwaltung Bd. 5 (1972), S. 59 ff.

BECKER, Peter (1971):
Erläuterungen zum Gesetz über die Gemeinschaftsaufgabe "Verbesserung der regionalen Wirtschaftsstruktur".
in: Josef Kölble (Hrsg.), Das Deutsche Bundesrecht. Baden-Baden 292. Lfg. März 1971, Teil III A 90, S. 5 ff.

BEHÖRDE FÜR WIRTSCHAFT, VERKEHR UND LANDWIRTSCHAFT DER FREIEN UND HANSESTADT HAMBURG (1976):
Sicherung der Arbeitsplätze.
Leitlinien '75 der Hamburger Wirtschaftspolitik.
Hamburg 1976.

BERG, Günter (1975):
Grundzüge einer wachstumsorientierten regionalen Wirtschaftsplanung.
WD 1975, S. 262 ff.

BERGER, Rolf (1977):
Politikverflechtung: Durch Machtverlust zu Lustgewinn.
in: Fritz Wilhelm Scharpf/Bernd Reissert/F. Schnabel (Hrsg.), Politikverflechtung II. Kritik und Berichte aus der Praxis. Kronberg/Ts. 1977, S. 117 ff.

BIEHL, Dieter (1979):
Dezentralisierung als Chance für größere Effizienz und mehr soziale Gerechtigkeit.
in: Konrad-Adenauer-Stiftung (Hrsg.), Dezentralisierung politischen Handelns (II). St. Augustin 1979, S. 85 ff.

BINGEMER, Franz/REUTER, Klaus P./ROESLER, Konrad/SCHILLING, Karl (1978):
Untersuchung zum Standortvorsorgeprogramm Niedersachsen.
Bericht über die Feldforschung-Analyse und Empfehlungen.
Prognos AG Basel 1978.

BLANKE, Bernhard/JÜRGENS, Ulrich/KASTENDIEK, Hans (1975):
Kritik der Politischen Wissenschaft 1 und 2.
Analysen von Politik und Ökonomie in der bürgerlichen Gesellschaft.
Frankfurt am Main - New York 1975.

BÖCKENFÖRDE, Ernst-Wolfgang (1972 a):
Die Bedeutung der Unterscheidung von Staat und Gesellschaft im demokratischen Sozialstaat der Gegenwart.
in: Ders./W. Knapp (Hrsg.), Rechtsfragen der Gegenwart. Festgabe für Wolfgang Hefermehl zum 65. Geburtstag. Stuttgart-Berlin-Köln-Mainz 1972, S. 11 ff.

BÖCKENFÖRDE, Ernst-Wolfgang (1972 b):
Planung zwischen Regierung und Parlament.
Der Staat Bd. 11 (1972), S. 492 ff.

BÖHRET, Carl (1977):
Institutionelle Bestimmungsfaktoren politischer Veränderung.
in: Ders. (Hrsg.), Politik und Wirtschaft. Festschrift für Gert von Eynern. Opladen 1977, S. 156 ff.

BÖHRET, Carl/JANN, Werner/KRONENWETT, Eva (1980):
Handlungsspielräume und Steuerungspotential der regionalen Wirtschaftsförderung.
in: Wolfgang Bruder/Thomas Ellwein (Hrsg.), Raumordnung und staatliche Steuerungsfähigkeit. Opladen 1980, S. 76 ff.

BÖRKICHER, Helmut (1981):
Neuorientierung der kommunalen Gewerbeförderung.
Kommunalwirtschaft 1981, S. 358 ff.

BÖVENTER, Edwin von/HAMPE, Johannes (1976):
Art. "Regionalpolitik, staatliche und Betrieb".
in: Handwörterbuch der Betriebswirtschaft. Enzyklopädie der Betriebswirtschaftlehre Bd. I/3. 4. Aufl. Stuttgart 1976, Sp. 3389 ff.

BOLDT, Hans (1979):
Politikverflechtung als Ressourcenverflechtung.
Zur Finanzverfassung der Bundesrepublik.
Der Bürger im Staat 1979, S. 9 ff.

BRANDENBURG, Gerd-Ulrich (1981):
Wirtschaftsförderung im Test.
Gesellschaft mit beschränkter Leistung.
impulse 5/1981, S. 126 ff.

BRAUN, Bernhard (1977):
10 Jahre Wirtschaftsförderungsgesellschaft - eine Zwischenbilanz.
in: Wirtschaftsförderungsgesellschaft für den Landkreis Oldenburg (Oldb) mbH (Hrsg.), 10 Jahre WLO. Oldenburg 1977, S. 2 ff.

BREDE, Helmut (1971):
Bestimmungsfaktoren industrieller Standorte.
Eine empirische Untersuchung.
Berlin-München 1971.

BREDE, Helmut/SIEBEL, Walter (1975):
Entwicklungslinien und Probleme regionaler Strukturpolitik in der Bundesrepublik Deutschland.
GMH 1975, S. 11 ff.

BREITHAUPT, Dankwart/KRÜMPLMANN, Herbert/REIDENBACH, Fritz/STREB, Klaus Dieter/TROTT, Jan van/WEIBEL, Gundolf (1979):
Kommunale Wirtschafts- und Finanzpolitik.
Mskrpt. Frankfurt am Main 1979.

BREUEL, Birgit (1980):
Subventionspolitik. Gefährliches Zuckerbrot.
Wirtschaftswoche Nr. 31 vom 1. 8. 1980, S. 34 und 37.

BREUEL, Birgit (1979):
Es spricht viel für eine Novellierung des Gesetzes.
Welche Konsequenzen müssen gezogen werden?
wirtschaft und standort 12/1979, S. 12 f.

BREUEL, Birgit (1978):
Mischfinanzierung verfälscht die Nutzen-Kosten-Rechnung.
Zweckgebundene Zuschüsse führen zu Fehlinvestitionen.
F.A.Z. Nr. 223 vom 10. 10. 1978, S. 14.

BRÖSSE, Ulrich (1975):
Raumordnungspolitik.
Berlin-New York 1975.

BRÖSSE, Ulrich (1972):
Ziele in der Regionalpolitik und in der Raumordnungspolitik.
Zielforschung und Probleme der Realisierung von Zielen.
Berlin 1972.

BRÜCKMANN, Friedel/KROMPHARDT, Jürgen (1977):
Die kommunalen Haushalte im Rahmen selektiver Fiskalpolitik.
WD 1977, S. 142 ff.

BRÜDERLE, Rainer (1970):
Derzeitige Lehrmeinungen zur Theorie der regionalen Entwicklung und von zur Beeinflussung der Entwicklung in Betracht zu ziehenden Maßnahmen.
Wissenschaftliche Hausarbeit am Seminar für Rechts- und Wirtschaftswissenschaft der Universität Mainz, Abteilung Volkswirtschaftlehre.

BRÜMMER, Karl-Heinz/SCHULTE, Bernd (1979):
Industrieansiedlung im wachstumsorientierten Mittelzentrum.
Staatliche und kommunale Wirtschaftsförderung in Theorie und Praxis - Teil I.
der landkreis 1979, S. 234 ff.

BRÜNNER, Christian (1978):
Politische Planung im parlamentarischen Regierungssystem.
Dargestellt am Beispiel der mittelfristigen Finanzplanung.
Wien-New York 1978.

BRUNE, Rolf/KÖPPEL, Matthias (1980):
Das Nord-Süd-Gefälle verstärkt sich.
Zur großräumigen Wirtschaftsentwicklung in der Bundesrepublik Deutschland.
Mitteilungen des Rheinisch-Westfälischen Instituts für Wirtschaftsforschung 1980, S. 225 ff.

BULLINGER, Dieter (1981):
Kommunale und regionale Wirtschaftsförderungspolitik: Wahrnehmungs-, Ziel-, Instrumentendefizite.
Städte- und Gemeinderat 1981, S. 217 ff.

BULLINGER, Dieter (1980):
Die Raumordnungs- und Regionalpolitik der Zukunft - Unsicherheiten über Ziele, Mittel und Wirkungen.
in: Wolfgang Bruder/Thomas Ellwein (Hrsg.), Raumordnung und staatliche Steuerungsfähigkeit. Opladen 1980, S. 216 ff.

BUNDESMINISTERIUM FÜR WIRTSCHAFT (1982):
Das ERP-Programm 1982/83.
Bonn 1982.

BUNDESMINISTERIUM FÜR WIRTSCHAFT (1980):
Wirksame Regionalpolitik - Fortschritte in den Regionen.
Bonn 1980.

BUNDESVERBAND DER DEUTSCHEN INDUSTRIE/DEUTSCHER BAUERNVERBAND/ DEUTSCHER HANDWERKSKAMMERTAG/DEUTSCHER INDUSTRIE- UND HANDELSTAG/ DEUTSCHER LANDKREISTAG (1975):
Zu Fragen der Raumordnung und Regionalpolitik.
Mskrpt. Bonn, den 18. 7. 1975.

BUNDESVERBAND DER DEUTSCHEN INDUSTRIE/DEUTSCHER GEMEINDETAG/DEUTSCHER INDUSTRIE- UND HANDELSTAG/DEUTSCHER LANDKREISTAG (1967):
Leitfaden zur Industrieansiedlung.
Bonn 1967.

BUNDESVEREINIGUNG DER KOMMUNALEN SPITZENVERBÄNDE (o.J.):
Zentrale Orte.
Köln-Marienburg ohne Jahresangabe.

BUNZENTHAL, Roland (1981):
Zonenrand heute: Nicht mehr Armenhaus, aber noch hintendran.
FR Nr. 139 vom 20. 6. 1981, S. 5.

BUSE, Michael J. (1975):
Einführung in die Politische Verwaltung.
Stuttgart-Berlin-Köln-Mainz 1975.

BUSSE, Peter (1981):
Bundestreue.
VR 1981, S. 139.

BUTTLER, Friedrich/GERLACH, Knut/LIEPMANN, Peter (1977):
Grundlagen der Regionalökonomie.
Reinbek bei Hamburg 1977.

BUTZ, Michael-Andreas (1980):
Rechtsfragen der Zonenrandförderung.
Köln-Berlin-Bonn-München 1980.

CATO, F. A. (1975):
Regionale Wirtschaftspolitik: Meilenstein oder Mühlstein?
structur 1975, S. 97 f.

CHARBONNIER, Volker (1970):
Öffentliche Wirtschaftsförderung.
Überlegungen zur rechtlichen Gestaltung der Wirtschaftsförderungsverhältnisse nach Maßgabe der Verwaltungsgegebenheiten.
Diss. Hamburg 1970.

CHOLEWA, Werner (1974):
Die Gemeinschaftsaufgabe "Verbesserung der regionalen Wirtschaftsstruktur" als Handlungsrahmen für Bund, Länder und Gemeinden.
Städte- und Gemeindebund 1974, S. 18 ff.

CHOLEWA, Werner (1972 a):
Gesetzliche Grundlagen und Instrumentarium zur Verbesserung der regionalen Wirtschaftsstruktur.
Städte- und Gemeindebund 1972, S. 227 ff.

CHOLEWA, Werner (1972 b):
Verbesserung der regionalen Wirtschaftsstruktur - eine kommunalbedeutsame Gemeinschaftsaufgabe mit Zukunft.
structur 1972, S. 174 ff.

CHRISTALLER, Walter (1968):
Die zentralen Orte in Süddeutschland.
Eine ökonomisch-geographische Untersuchung über die Gesetzmäßigkeit der Verteilung und Entwicklung der Siedlungen mit städtischen Funktionen (1933).
2. unveränd. Aufl. Darmstadt 1968.

CLEMENS, Reinhard (1981):
Kommunale Wirtschaftsförderung und gewerblicher Mittelstand.
Möglichkeiten und Chancen einer mittelstandsorientierten kommunalen Wirtschaftsförderungspolitik.
Bonn 1981.

CLEMENS, Reinhard (1977):
Methoden, Probleme und Lösungsansätze staatlicher Wirtschaftsplanung und -steuerung in der Bundesrepublik Deutschland.
Diss. Bonn 1971.

DENNINGER, Erhard (1979):
Staatsrecht 2.
Funktionen und Institutionen.
Reinbek bei Hamburg 1979.

DEUTSCHER INDUSTRIE- UND HANDELSTAG (1981):
Bemerkungen des DIHT zu den aktuellen regionalpolitischen Reformüberlegungen.
Mskrpt. Bonn, den 23. 3. 1981.

DEUTSCHER INDUSTRIE- UND HANDELSTAG (1980 a):
Subventionen abbauen. Vorschläge des DIHT.
Bonn 1980.

DEUTSCHER INDUSTRIE- UND HANDELSTAG (1980 b):
Überlegungen zur Neuabgrenzung der Fördergebiete.
Mskrpt. Bad Kissingen, den 14. 5. 1980.

DEUTSCHES INSTITUT FÜR URBANISTIK (1980):
Kommunale Wirtschaftspolitik.
Instrumenteneinsatz und Entscheidungsprozesse.
Difu-Berichte 6/80-52, S. 1 ff.

DIEKMANN, Gerhard (1981):
Beschäftigungsorientierte Wirtschafts- und Modernisierungspolitik.
NG 1981, S. 507 ff.

DITTES, Ellen (1979):
Die Finanzierungshilfen des Bundes und der Länder an die gewerbliche Wirtschaft.
Zeitschrift für das gesamte Kreditwesen, Sonderausgabe 1979.

DONI, Wilhelm (1977):
Maßnahmenformulierung und Umsetzung.
in: Prognos AG (Hrsg.), Konzepte der regionalen und kommunalen Wirtschaftsförderung. Basel 1974, Referat 14.

DONNER, Hartwig (1981):
Die Gemeinschaftsaufgabe "Verbesserung der regionalen Wirtschaftsstruktur" nach der Verabschiedung des 10. Rahmenplanes.
RUR 1981, S. 284 ff.

DONNER, Hartwig (1977):
Rechtsprobleme der Investitionslenkung.
JA 1977, S. 513 ff.

DÜRR, Ernst (1975):
Prozeßpolitik.
in: Werner Ehrlicher/Ingeborg Erenwein-Rothe/Harald Jürgensen/ Klaus Rose (Hrsg.), Kompendium der Volkswirtschaftslehre Bd. 2. 4. Aufl. Göttingen 1975, S. 95 ff.

EBERLE, Rudolf (1979):
Regionalpolitik wird an Bedeutung gewinnen, aber schwerer werden. Für die achtziger Jahre zweckmäßigere Lösungen finden.
wirtschaft und standort 12/1979, S. 8 f.

EBERSTEIN, Hans Hermann (1975):
Einleitung.
in: Ders. (Hrsg.), Handbuch der regionalen Wirtschaftsförderung.
Köln ab 1971, Teil A I.

EBERSTEIN, Hans Hermann (1972):
Grundlagen der Regionalpolitik und ihre wesentlichen Grundsätze.
in: Ders. (Hrsg.), Handbuch der regionalen Wirtschaftsförderung.
Köln ab 1971, Teil A III.

EBERSTEIN, Hans Hermann (1969):
Industrieansiedlung in ländlichen Problemgebieten.
BB 1969, S. 373 ff.

ECKEY, Hans-Friedrich (1978 a):
Grundlagen der regionalen Strukturpolitik.
Köln 1978.

ECKEY, Hans-Friedrich (1978 b):
Strukturorientierte Konjunkturpolitik.
Köln 1978.

EGNER, Erich (1964):
Art. "Raumwirtschaftspolitik".
in: Handwörterbuch der Sozialwissenschaften Bd. 8. Stuttgart-Tübingen-Göttingen 1964, S. 694 ff.

EICHELER, Ulrich (1982):
Förderungsprogramme des Landes Rheinland-Pfalz.
der landkreis 1982, S. 163 ff.

EICHHORN, Peter/FRIEDRICH, Peter (1970):
Untersuchung über den Nutzen kommunaler Wirtschaftsförderungsmaßnahmen.
Berlin 1970.

EICK, Christian (1975):
Kommunale Wirtschaftsförderung und Standortfaktoren.
Ein systemanalytischer Ansatz.
Bremen 1975.

EINEM, Eberhard von (1981):
Hilfe für Baby-Firmen.
Staatliche Förderpolitik wendet sich fast immer an die falsche Adresse.
Die Zeit Nr. 24 vom 5. 6. 1981, S. 19.

ELLINGER, Bernd (1980):
Die Hessische Regionalplanung und deren zukünftige administrative Neuorganisation.
Diss. Frankfurt am Main 1980.

ENGELEN-KEFER, Ursula (1974):
Regionale Strukturpolitik - eine kritische Betrachtung aus gewerkschaftlicher Sicht.
WSI Mitteilungen 1974, S. 138 ff.

ENQUÊTE-KOMMISSION VERFASSUNGSREFORM (1976):
Schlußbericht.
BT-Drs. 7/5924 vom 9. 12. 1976.

ERBGUTH, Wilfried (1981):
Zur Rechtsnatur von Programmen und Plänen der Raumordnung und
Landesplanung.
DVBl. 1981, S. 557 ff.

ESSER, Josef (1975):
Einführung in die materialistische Staatsanalyse.
Frankfurt am Main-New York 1975.

ESTERS, Günter (1969):
Möglichkeiten und Grenzen regionaler Industrieansiedlung.
in: Strukturprobleme und ihre wirtschaftspolitische Bewältigung.
Beihefte zur Konjunkturpolitik Heft 16. Berlin 1969, S. 50 ff.

EVERS, Adalbert/LEHMANN, Michael (1972):
Politisch-ökonomische Determinanten für Planung und Politik in
den Kommunen der BRD.
Offenbach 1972.

EWERS, Hans-Jürgen/WETTMANN, Reinhart/KLEINE, Josef/KRIST, Herbert
unter Mitarbeit von BADE, Franz-Josef (1980):
Innovationsorientierte Regionalpolitik.
Bonn 1980.

EWRINGMANN, Dieter/ZABEL, Gerhard (1976):
Konzeption und Funktion der GRW im Rahmen der Regionalpolitik.
Inf.z.Raumentw. 1976, S. 751 ff.

EWRINGMANN, Dieter/ZIMMERMANN, Klaus (1973):
Kommunale Wirtschaftsförderung und Umweltschutz.
AfK 1973, S. 282 ff.

FABER, Heiko (1982):
Die Macht der Gemeinden.
Bielefeld 1982.

FABER, Heiko (1981):
Die Investitionszulage zur Stärkung der regionalen Wirtschaftskraft.
in: Wolfgang Hoffmann-Riem (Hrsg.), Sozialwissenschaften im Öffentlichen Recht. Neuwied-Darmstadt 1981, S. 91 ff.

FABER, Heiko (1973):
Das Organisationsrecht der Planung.
Mskrpt. Konstanz 1973.

FALCK, Ernst (1932):
Kommunale Wirtschaftspolitik.
Berlin 1932.

FEGER, Dieter (1979):
Gemeinschaftsaufgaben - Entstehung, Kritik und Änderungsmöglichkeiten.
VR 1979, S. 415 ff.

FISCHER, Georges (1973):
Praxisorientierte Theorie der Regionalforschung.
Analyse räumlicher Entwicklungsprozesse als Grundlage einer rationalen Regionalpolitik in der Schweiz.
Tübingen 1973.

FLÄMIG, Christian (1974):
Gemeindefinanzen und kommunale Wirtschaftsentwicklungsplanung.
Eine Fallstudie.
Baden-Baden 1974.

FLEISCHLE, Gerhard/KRÜPER, Manfred (Hrsg.) (1975):
Investitionslenkung.
Überwindung oder Ergänzung der Marktwirtschaft?
Frankfurt am Main-Köln 1975.

FLORE, Carl (1976):
Regionale Wirtschaftspolitik unter veränderten Rahmenbedingungen.
Inf.z.Raumentw. 1976, S. 775 ff.

FÖRSTER, Heinrich (1980):
Wirtschaftsförderung gehört zu den Aufgaben der Gemeinde.
Demo 1980, S. 873 ff.

FORMANEK, Jan/SCHULZ, Joachim (1974):
Stadtentwicklung und Wirtschaft.
Möglichkeiten der Planung und Steuerung.
Der Städtetag 1974, S. 331 ff.

FORSTHOFF, Ernst (1974):
Der Staat der Industriegesellschaft.
München 1974.

FORSTHOFF, Ernst (1968):
Über Mittel und Methoden moderner Planung.
in: Joseph H. Kaiser (Hrsg.), Planung III. Baden-Baden 1968,
S. 21 ff.

FRANK, Jürgen (1976):
Kritische Ökonomie.
Einführung in Grundsätze und Kontroversen wirtschaftswissenschaftlicher Theoriebildung.
Reinbek bei Hamburg 1976.

FRERICH, Johannes/PÖTZSCH, Rainer (1975):
Tertiärer Sektor und Regionalpolitik.
Göttingen 1975.

FREUND, Ulrich (1982):
Rolle und Ausmaß des Mitnahmeeffektes in der Gemeinschaftsaufgabe "Verbesserung der regionalen Wirtschaftsstruktur".
in: Josef Heinz Müller/Theodor Dams (Hrsg.), Planung in der regionalen Strukturpolitik. Schriften zu Regional- und Verkehrsproblemen in Industrie- und Entwicklungsländern Bd. 32. Berlin 1982,
S. 61 ff.

FREUND, Ulrich/ZABEL, Gerhard (1978 a):
Regionale Wirkungen der Wirtschaftsstrukturförderung.
Bonn 1978.

FREUND, Ulrich/ZABEL, Gerhard (1978 b):
Zur Effizienz der regionalpolitischen Industrieförderung in der Bundesrepublik Deutschland.
RUR 1978, S. 99 ff.

FREY, René Leo (1979):
Begründung einer stärkeren Dezentralisierung politischer Entscheidungen aus der ökonomischen Theorie des Föderalismus.
in: Konrad-Adenauer-Stiftung (Hrsg.), Dezentralisierung des politischen Handelns (I), St. Augustin 1979, S. 24 ff.

FREY, René Leo (1978):
Bundesstaatliche Aufgabenverteilung und Finanzausgleich.
Wirtschaftswissenschaftliche Betrachtungen zum schweizerischen Föderalismus.
in: Joachim Jens Hesse (Hrsg.), Politikverflechtung im föderativen Staat. Baden-Baden 1978, S. 101 ff.

FREY, René Leo (1977):
Zwischen Föderalismus und Zentralismus.
Ein volkswirtschaftliches Konzept des schweizerischen Bundesstaates.
Bern - Frankfurt am Main 1977.

FRIDERICHS, Hans (1975):
Die Verbesserung der regionalen Wirtschaftsstruktur.
- Zielvorstellungen und Strategien -
IKO 1975, S. 103.

FRIDERICHS, Hans (1974):
Mut zum Markt: Wirtschaftspolitik ohne Illusionen.
Stuttgart 1974.

FROWEIN, Jochen A. (1973):
Gemeinschaftsaufgaben im Bundesstaat.
VVDStRL Bd. 31 (1973), S. 13 ff.

FÜRST, Dietrich (1982):
Lücken in der Koordinierung der Gemeinschaftsaufgabe "Verbesserung der regionalen Wirtschaftsstruktur" mit anderen raumbedeutsamen Maßnahmen und mögliche Abhilfen.
in: Josef Heinz Müller/Theodor Dams (Hrsg.), Planung in der regionalen Strukturpolitik. Schriften zu Regional- und Verkehrsproblemen in Industrie- und Entwicklungsländern Bd. 32. Berlin 1982, S. 83 ff.

FÜRST, Dietrich (1981):
Mehr Macht der Regionalplanung?
Über die Wirksamkeit und Durchsetzbarkeit einer dezentralisierten Raumordnungspolitik.
Der Bürger im Staat 1981, S. 194 ff.

FÜRST, Dietrich (1978):
Föderalismus in der Bundesrepublik Deutschland.
WISU 1978, S. 191 ff.

FÜRST, Dietrich/HESSE, Joachim Jens (1981):
Landesplanung.
Düsseldorf 1981.

FÜRST, Dietrich/HESSE, Joachim Jens (1980):
Dezentralisierung der Raumordnungspolitik.
in: Wolfgang Bruder/Thomas Ellwein (Hrsg.), Raumordnung und staatliche Steuerungsfähigkeit. Opladen 1980, S. 177 ff.

FÜRST, Dietrich/HESSE, Joachim Jens (1978):
Zentralisierung oder Dezentralisierung politischer Problemverarbeitung?
Zur Krise der Politikverflechtung in der Bundesrepublik.
in: Joachim Jens Hesse (Hrsg.), Politikverflechtung im föderativen Staat. Baden-Baden 1978, S. 191 ff.

FÜRST, Dietrich/KLEMMER, Paul/ZIMMERMANN, Klaus (1976):
Regionale Wirtschaftspolitik.
Tübingen - Düsseldorf 1976.

FÜRST, Dietrich/ZIMMERMANN, Klaus (1974):
Gegenwarts- und Zukunftsaspekte regionaler Wirtschaftsförderung.
der gemeindehaushalt 1974, S. 223 ff.

FÜRST, Dietrich/ZIMMERMANN, Klaus unter Leitung von HANSMEYER, Karl-Heinrich (1973):
Standortwahl industrieller Unternehmen.
Ergebnisse einer Unternehmensbefragung.
Bonn 1973.

FUNCKE, Liselotte (1979):
Trotz beachtlicher Erfolge - Negative Aspekte überwiegen.
wirtschaft und standort 12/1979, S. 13 f.

FUNK, Albrecht/HÄUSSERMANN, Hartmut/WILL, Hans-Dieter (1976):
Staatsapparat und Regionalpolitik.
in: Rolf Ebbighausen (Hrsg.), Bürgerlicher Staat und politische Legitimation. Frankfurt am Main 1976, S. 281 ff.

GÄFGEN, Gérard (1975):
Theorie der Wirtschaftspolitik.
in: Werner Ehrlicher/Ingeborg Erenwein-Rothe/Harald Jürgensen/Klaus Rose (Hrsg.), Kompendium der Volkswirtschaftslehre Bd. 2.
4. Aufl. Göttingen 1975, S. 1 ff.

GAHLEN, Bernhard/HARDES, Heinz-Dieter/RAHMEYER, Fritz/SCHMID, Alfons (1971):
Volkswirtschaftslehre.
München 1971.

GANSER, Karl (1980 a):
Strategie zur Entwicklung peripherer ländlicher Räume.
Göttingen 1980.

GANSER, Karl (1980 b):
Raumordnung in den 80er Jahren.
der landkreis 1980, S. 9 ff.

GANSER, Karl (1979):
Kommunales Finanzsystem im Widerspruch zu Stadtentwicklung und Raumordnung.
DÖV 1979, S. 8 ff.

GANSER, Karl (1978):
Politikverflechtung zwischen Bund und Ländern - Beobachtungen am Rand der Bundesverwaltung.
in: Joachim Jens Hesse (Hrsg.), Politikverflechtung im föderativen Staat. Baden-Baden 1978, S. 45 ff.

GANSER, Karl (1977):
Wirtschaftsförderung und Umweltpolitik.
Demo-Sonderheft 1977 "Schrumpfen sich unsere Städte krank?", S. 49 ff.

GARLICHS, Dietrich (1980):
Grenzen zentralstaatlicher Planung in der Bundesrepublik.
Bund/Länder-Kooperation im Bereich der Gemeinschaftsaufgaben, Finanzhilfen und Bundesauftragsverwaltung.
in: Hellmut Wollmann (Hrsg.), Politik im Dickicht der Bürokratie. Beiträge zur Implementationsforschung. Opladen 1980, S. 71 ff.

GATZWEILER, Hans Peter (1976):
Indikatoren als methodisches Instrument zum Vollzug des BROP durch die GRW.
Inf.z.Raumentw. 1976, S. 737 ff.

GEPPERT, Kurt/HORNSCHILD, Kurt unter Mitarbeit von SCHÖNING, Walter (1979):
Vergleich von Präferenzsystem und Präferenzvolumen im Land Berlin und in den übrigen Bundesländern.
Berlin 1979.

GERLACH, Knut/LIEPMANN, Peter (1973):
Zur regionalpolitischen Förderungskonzeption in der Bundesrepublik Deutschland.
AfK 1973, S. 269 ff.

GESELLSCHAFT FÜR WIRTSCHAFTSFÖRDERUNG IN NORDRHEIN-WESTFALEN MBH (1978):
NRW Handbuch für Investoren.
Düsseldorf 1978.

GIEL, Wilhelm (1964):
Die Grundzüge der regionalen Wirtschaftspolitik in der Bundesrepublik.
RuR 1964, S. 113 ff.

GIEL, Wilhelm (1954):
Hilfsmaßnahmen der Bundesregierung für die von der Not besonders betroffenen Gebiete.
Informationen des Instituts für Raumforschung 1954, S. 577 ff.

GIEL, Wilhelm/WEGGE, Günter (1970):
Art. "Regionale Wirtschaftspolitik in der BRD".
in: Akademie für Raumforschung und Landesplanung (Hrsg.), Handwörterbuch der Raumforschung und Raumordnung Bd. III. 2. Aufl.
Hannover 1970, Sp. 2637 ff.

GIERSCH, Herbert (1964 a):
Aufgaben der Strukturpolitik.
Hamburger Jahrbuch für Wirtschafts- und Gesellschaftspolitik
Bd. 9 (1964), S. 61 ff.

GIERSCH, Herbert (1964 b):
Das ökonomische Grundproblem der Regionalpolitik.
in: Harald Jürgensen (Hrsg.), Gestaltungsprobleme der Weltwirtschaft. Festschrift für Andreas Predöhl zum 70. Geburtstag.
Göttingen 1964, S. 386 ff.

GIERSCH, Herbert (1961):
Allgemeine Wirtschaftspolitik, Erster Band.
Wiesbaden 1961.

GILLESSEN, Reinhard (1979):
Integrierte Strategie für die Wirtschaftsförderung.
Das Beispiel des Kreises Kleve, Unterer Niederrhein.
der landkreis 1979, S. 538 ff.

GLAUBITZ, Jürgen/PRIEWE, Jan (1976):
Effizienzanalyse der Gemeinschaftsaufgabe "Verbesserung der regionalen Wirtschaftsstruktur".
WSI Mitteilungen 1976, S. 732 ff.

GÖB, Rüdiger (1977):
Fragen der Implementierung kommunaler Wirtschaftsförderung.
Kommunalwirtschaft 1977, S. 380 ff.

GÖB, Rüdiger (1976):
Planung im Verwaltungshandeln des Kreises.
in: Verein für die Geschichte der Deutschen Landkreise e. V.
(Hrsg.), Der Kreis. Ein Handbuch, Zweiter Band. Köln-Berlin 1976,
S. 95 ff.

GÖTZ, Volkmar (1981):
Auslegung und Anwendung des § 2 Abs. 2 Nr. 3 des Investitionszulagengesetzes.
Rechtsgutachten, erstattet dem Bundesministerium für Wirtschaft.
Göttingen, den 25. 2. 1981.

GORONCY, Robert (1971):
Mitwirkungsbereich und Zusammenwirken bei den Gemeinschaftsaufgaben.
DÖV 1971, S. 85 f.

GORONCY, Robert (1970 a):
Der Mitwirkungsbereich des Bundes bei den Gemeinschaftsaufgaben
nach Artikel 91 a und 91 b des Grundgesetzes.
DÖV 1970, S. 109 ff.

GORONCY, Robert (1970 b):
Das Zusammenwirken von Bund und Ländern bei den Gemeinschaftsaufgaben nach Art. 91 b des Grundgesetzes.
- Zugleich ein Beitrag zu Art. 91 a GG -
DVBl. 1970, S. 310 ff.

GROSS, Erhard (1977):
Staatliche Finanzierungshilfen zur Förderung von Investitionen
der gewerblichen Wirtschaft im Licht gesamtwirtschaftlicher und
unternehmerischer Zielsetzungen.
Diss. Münster 1977.

GROSS, Rolf (1969):
Kooperativer Föderalismus und Grundgesetz.
DVBl. 1969, S. 125 ff.

GROSSER, Dieter (1981):
Wachsende Rolle des Staates durch Strukturpolitik?
Konzeptionen und Perspektiven regionaler und sektoraler Strukturpolitik in der Bundesrepublik.
Der Bürger im Staat 1981, S. 264 ff.

GROTTIAN, Peter (1974):
Strukturprobleme staatlicher Planung.
Hamburg 1974.

GROTTIAN, Peter/MURSWIECK, Axel (1974):
Zur theoretischen und empirischen Bestimmung von politisch-administrativen Handlungsspielräumen.
in: Dies. (Hrsg.), Handlungsspielräume der Staatsadministration.
Hamburg 1974, S. 15 ff.

GUGGENBERGER, Bernd (1974):
Ökonomie und Politik -
Die neomarxistische Staatsfunktionenlehre.
NpL 1974, S. 425 ff.

HAASE, Wilhelm (1972):
Formen regionaler Wirtschaftsförderung im Zusammenhang mit der Gründung der Ruhrkohle AG.
Köln - Berlin - Bonn - München 1972.

HABERMAS, Jürgen (1973):
Legitimationsprobleme im Spätkapitalismus.
Frankfurt am Main 1973.

HABERMAS, Jürgen (1971):
Strukturwandel der Öffentlichkeit.
Untersuchungen zu einer Kategorie der bürgerlichen Gesellschaft.
5. Aufl. Neuwied - Berlin 1971.

HANSMEYER, Karl-Heinrich (1981):
Öffentliche Haushalte und regionale Entwicklungen.
Köln 1981.

HANSMEYER, Karl-Heinrich (1980):
Regionalforschung, Regionalpolitik und Wirtschaftsstruktur.
Gemeinschaftsaufgabe hat ihr Ziel nicht erreicht - Möglichkeiten der Verbesserung.
Wirtschaft und Wissenschaft 2/1980, S. 2 ff.

HANSMEYER, Karl-Heinrich (1968):
Ziele und Träger regionaler Wirtschaftspolitik.
in: Hans Karl Schneider (Hrsg.), Beiträge zur Regionalpolitik.
Berlin 1968, S. 36 ff.

HART, Dieter (1976):
Zur Instrumentalisierung des Wirtschaftsrechts am Beispiel Wirtschaftsverfassung.
ZHR Bd. 140 (1976), S. 31 ff.

HEIDE, Hans-Jürgen von der (1981 a):
Regionale Wirtschaftsförderung am Wendepunkt?
wirtschaft und standort 4/1981, S. 13 ff.

HEIDE, Hans-Jürgen von der (1981 b):
Regionalpolitik am Scheidewege?
der landkreis 1981, S. 282 ff.

HEIDE, Hans-Jürgen von der (1981 c):
Wirtschaftsförderung durch die Kreise -
Versuch einer pragmatischen Antwort aus der Praxis.
in: Franz-Ludwig Knemeyer/Dieter Schäfer/Hans-Jürgen von der Heide, Kommunale Wirtschaftsförderung. Stuttgart-München-Hannover 1981, S. 22 ff.

HEIDE, Hans-Jürgen von der (1976):
Strukturpolitik und Wirtschaftsförderung in den Kreisen.
in: Verein für die Geschichte der Deutschen Landkreise e. V. (Hrsg.), Der Kreis. Ein Handbuch, Zweiter Band. Köln-Berlin 1976, S. 158 ff.

HEIDE, Hans-Jürgen von der (1975):
Die Rolle der Institutionen in der Regionalen Wirtschaftsförderung.
IKO 1975, S. 126 ff.

HEIDE, Hans-Jürgen von der (1971):
Förderung des Fremdenverkehrs.
in: Hans Hermann Eberstein (Hrsg.), Handbuch der regionalen Wirtschaftsförderung. Köln ab 1971, Teil B IX.

HEIDE, Hans-Jürgen von der/CHOLEWA, Werner (1972):
Stellung und Aufgaben der kommunalen Gebietskörperschaften in der regionalen Wirtschaftsförderung.
in: Hans Hermann Eberstein (Hrsg.), Handbuch der regionalen Wirtschaftsförderung. Köln ab 1971, Teil A VI 2.

HEIGL, Ludwig (1976):
Stand und Tendenzen der Raumordnung und Landesplanung in der Bundesrepublik Deutschland.
WiVerw. 2/1976, S. 1 ff.

HEINZE, Christian (1972):
"Kooperativer Föderalismus und die Umbildung der Verfassung.
in: Roman Schnur (Hrsg.), Festschrift für Ernst Forsthoff zum 70. Geburtstag. München 1972, S. 119 ff.

HENDLER, Reinhard (1979):
Zur Einführung: Raumplanungsrecht.
JuS 1979, S. 618 ff.

HENNEMANN, Gerhard (1981):
Eine Chance für die Regionalpolitik.
SZ Nr. 91 vom 21. 4. 1981, S. 4.

HENRICHS, Wilhelm (1968):
Gemeinschaftsaufgaben - Bundesstaatsprinzip - kommunale Selbstverwaltung.
Eichholz 1968.

HERZOG, Roman (1980):
Kommentierung zu Art. 20 GG.
in: Theodor Maunz/Günter Dürig/Roman Herzog/Rupert Scholz, Grundgesetz. Kommentar Bd. II. 4. Aufl. und 18. Lfg. München 1980.

HERZOG, Roman (1975):
Art. "Planung".
in: Hermann Kunst/Roman Herzog/Wilhelm Schneemelcher (Hrsg.), Evangelisches Staatslexikon. 2. Aufl. Stuttgart - Berlin 1975, Sp. 1818 ff.

HESSE, Joachim Jens (1977):
Gemeinschaftsaufgaben.
in: Fritz Wilhelm Scharpf/Bernd Reissert/F. Schnabel (Hrsg.), Politikverflechtung II. Kritik und Berichte aus der Praxis. Kronberg/Ts. 1977, S. 5 ff.

HESSE, Konrad (1970):
Aspekte des kooperativen Föderalismus in der Bundesrepublik.
in: Theo Ritterspach/Willi Geiger (Hrsg.), Festschrift für Gebhard Müller zum 70. Geburtstag. Tübingen 1970, S. 141 ff.

HESSISCHE LANDESENTWICKLUNGS- UND TREUHANDGESELLSCHAFT MBH (1979):
HLT-Finanzierungsfibel.
3. Aufl. Wiesbaden 1979.

HEUER, Hans (1977 a):
Aktuelle Probleme kommunaler Wirtschaftsförderung in der Bundesrepublik Deutschland.
Der Städtetag 1977, S. 548 ff.

HEUER, Hans (1977 b):
Grundfragen kommunaler Wirtschaftspolitik.
in: Deutsches Institut für Urbanistik (Hrsg.), Zum Aufgabenfeld der kommunalen Wirtschaftsförderung. Berlin 1977, S. 5 ff.

HEUER, Hans (1977 c):
Demographische und ökonomische Entwicklungstendenzen in der Bundesrepublik Deutschland.
in: Deutsches Institut für Urbanistik (Hrsg.), Zum Aufgabenfeld der kommunalen Wirtschaftsförderung. Berlin 1977, S. 16 ff.

HILDEBRANDT, Frank (1971):
Kommunale Wirtschaftsförderung und Wettbewerb.
Diss. Erlangen-Nürnberg 1971.

HÖTGER, Hans Egon (1978):
Förderungsmaßnahmen der Bundesländer.
in: Hans Hermann Eberstein (Hrsg.), Handbuch der regionalen Wirtschaftsförderung. Köln ab 1971, Teil B VI.

HOFFMANN, Ingrid (1972):
Die Zentrale-Orte-Konzeption in der BRD.
in: Fallstudien zur regionalen Strukturpolitik. Schriften zur Mittelstandsforschung Bd. 60. Köln 1972, S. 100 ff.

HOGEFORSTER, Jürgen (1979):
Fördersysteme neu überdenken.
Handelsblatt Nr. 77 vom 20./21. 4. 1979, S. 68.

HOPPE, Werner (1974):
Zur Struktur von Normen des Planungsrechts.
Bemerkungen zu rechtsstaatlichen Anforderungen an die Begriffsbildung im Planungsrecht.
DVBl. 1974, S. 641 ff.

HÜBL, Lothar (1976):
Regionalisierung der Konjunkturpolitik - Eine Lösung der wirtschaftlichen Probleme Niedersachsens?
Göttingen 1976.

HÜBL, Lothar/ERTEL, Rainer (1980):
Regionale Wirtschaftsförderung.
Konzeptionen - Erfahrungen - Perspektiven.
Hannover 1980.

HÜBL, Lothar/ERTEL, Rainer (1975):
Überlegungen zur Regionalisierung der Konjunkturpolitik.
Dargestellt am Beispiel Niedersachsen.
WD 1975, S. 561 ff.

HÜBL, Lothar/ERTEL, Rainer /MÖLLER, Klaus-Peter (1981):
Wirtschaftliche Entwicklungsmöglichkeiten der Landeshauptstadt Hannover in den 80er Jahren.
Gutachten im Auftrage der Landeshauptstadt Hannover.
Hannover 1981.

HÜBLER, Karl-Hermann (1980):
Anmerkungen zur passiven Sanierung und anderen Wüstungsstrategien.
der landkreis 1980, S. 422 ff.

HÜBLER, Karl-Hermann (1977):
Großräumige Vorranggebiete als Gegenkonzept zu ausgeglichenen Funktionsräumen.
in: Werner Ernst/Gerhard Stepper/Detlef Marx/Karl-Hermann Hübler/ Ulrich Brösse/Gerhard Isenberg, Beiträge zum Konzept der ausgeglichenen Funktionsräume. Münster (Westf.) 1977, S. 73 ff.

HÜBLER, Karl-Hermann/SCHARMER, Eckart/WEICHTMANN, Klaus/WIRZ, Stefan (1980):
Zur Problematik der Herstellung gleichwertiger Lebensverhältnisse.
Hannover 1980.

HUSSMANN, Eibe (1981):
Zur Problematik von Erfolgskontrollen in der regionalen Wirtschaftspolitik.
N.Arch.f.Nds. Bd. 30 (1981), S. 17 ff.

INDUSTRIE- UND HANDELSKAMMER HANNOVER-HILDESHEIM (1977):
Psoitionspapier zur "Regionalen Strukturpolitik".
Hannover-Hildesheim, den 9. 2. 1977.

IPSEN, Hans Peter (1966):
Rechtsfragen der Wirtschaftsplanung.
in: Josef H. Kaiser (Hrsg.), Planung II. Baden-Baden 1966, S. 63 ff.

JANN, Werner/KRONENWETT, Eva (1979):
Handlungsspielräume und Entscheidungsfähigkeit des politisch-administrativen Systems der Bundesrepublik Deutschland, dargestellt am Beispiel strukturschwacher Räume. Band 1 und 2.
Speyer 1979.

JAUMANN, Anton (1979):
Erfolgreich oder gescheitert?
wirtschaft und standort 12/1979, S. 9 f.

JOCHIMSEN, Reimut (1981):
Wirtschaftsförderung in den 80er Jahren unter besonderer Berücksichtigung kommunaler Interessen - Möglichkeiten und Grenzen.
in: Gesellschaft für Wirtschaftsförderung im Kreis Warendorf mbH (Hrsg.), Wirtschafts-Report 1971-1980. Beckum 1981, S. 9 ff.

JOCHIMSEN, Reimut (1967):
Regionale Wirtschaftspolitik als Gemeinschaftsaufgabe für Bund und Länder.
in: Regionale Wirtschaftspolitik als Gemeinschaftsaufgabe. Schriftenreihe für ländliche Sozialfragen Heft 54. Hannover 1967, S. 9 ff.

JOCHIMSEN, Reimut (1966):
Theorie der Infrastruktur.
Grundlagen der marktwirtschaftlichen Entwicklung.
Tübingen 1966.

JOCHIMSEN, Reimut/GUSTAFSSON, Knut (1970):
Art. "Infrastruktur".
in: Akademie für Raumforschung und Landesplanung (Hrsg.), Handwörterbuch der Raumforschung und Raumordnung Bd. II. 2. Aufl. Hannover 1970, Sp. 1318 ff.

JOCHIMSEN, Reimut/TREUNER, Peter (1974):
Staatliche Planung in der Bundesrepublik.
aus politik und zeitgeschichte B 9/1974, S. 29 ff.

JOCHIMSEN, Reimut/TREUNER, Peter/GUSTAFSSON, Knut (1970):
Kommunale Industrie- und Gewerbeförderung.
Köln-Berlin 1970.

JÜRGENSEN, Harald (1981):
Regionalpolitik.
WiSt 1981, S. 225 ff.

JÜRGENSEN, Harald (1975):
Regionalpolitik.
in: Werner Ehrlicher/Ingeborg Erenwein-Rothe/Harald Jürgensen/ Klaus Rose (Hrsg.), Kompendium der Volkswirtschaftslehre Bd. 2. 4. Aufl. Göttingen 1975, S. 275 ff.

JÜRGENSEN, Harald (1965):
Produktivitätsorientierte Regionalpolitik als Wachstumsstrategie Hamburgs.
Göttingen 1965.

JÜRGENSEN, Harald (1964):
Antinomien in der Regionalpolitik.
in: Ders. (Hrsg.), Gestaltungsprobleme der Weltwirtschaft. Festschrift für Andreas Predöhl zum 70. Geburtstag. Göttingen 1964, S. 401 ff.

KARRY, Heinz Herbert (1979):
Generalrevision erforderlich.
Positive Elemente beibehalten - Verminderung der Fördergebiete.
wirtschaft und standort 12/1979, S. 11 f.

KEDING, Claus (1969):
Zur Neuordnung der Finanzverfassung.
BB 1969, S. 685 ff.

KEIL, Dieter (1978):
Ökonomische Aspekte der kommunalen Wirtschaftsförderung.
in: Kommunalwissenschaftliches Dokumentationszentrum (Hrsg.), Fragen der kommunalen Wirtschaftsförderung. Wien 1978, S. 7 ff.

KELLER, Dieter (1975):
Art. "Gemeinschaftsaufgaben".
in: Hermann Kunst/Roman Herzog/Wilhelm Schneemelcher (Hrsg.), Evangelisches Staatslexikon. 2. Aufl. Stuttgart - Berlin 1975, Sp. 801 f.

KELM, Werner (1980):
Perspektiven kommunaler Wirtschaftsförderung.
Wirtschaftsreport der Stadt Münster 1980, S. 12 ff.

KELM, Werner (1974):
Unter welchen Voraussetzungen kann die kommunale Wirtschaftsförderung künftig erfolgreich sein?
Local Finance Vol. 3 (1974), No. 1, S. 14 ff.

KELM, Werner (1973):
Voraussetzungen für eine erfolgreiche kommunale Wirtschaftsförderung.
Kommunalwirtschaft 1973, S. 53 ff. und 99 f.

KELM, Werner (1972):
Über Begriff, Grenzen und Bedeutung der kommunalen Wirtschaftsförderung.
Kommunalwirtschaft 1972, S. 440 ff.

KEMPIS, Friedrich Karl von (1970):
Die Treuepflicht zwischen Gemeinden und Staat und der Gemeinden untereinander.
Diss. Köln 1970.

KISKER, Gunter (1977):
Kooperation zwischen Bund und Ländern in der Bundesrepublik Deutschland.
DÖV 1977, S. 689 ff.

KISKER, Gunter (1975):
Neuordnung des bundesstaatlichen Kompetenzgefüges und Bund-Länder-Planung.
Der Staat Bd. 14 (1975), S. 169 ff.

KISKER, Gunter (1971):
Kooperation im Bundesstaat.
Eine Untersuchung zum kooperativen Föderalismus in der Bundesrepublik.
Tübingen 1971.

KISTENMACHER, Hans (1970):
Art. "Basic-Nonbasic-Konzept".
in: Akademie für Raumforschung und Landesplanung (Hrsg.), Handwörterbuch der Raumforschung und Raumordnung Bd. I. 2. Aufl. Hannover 1970, Sp. 149 ff.

KISTNER, Peter (1973):
Die Bundesstaatsproblematik der Regierungsprogramme und Regierungspläne.
in: Regierungsprogramme und Regierungspläne. Schriftenreihe der Hochschule Speyer Bd. 51. Berlin 1973, S. 63 ff.

KLAUS, Joachim/**SCHLEICHER**, Hans (1980):
Kritik und Reformkonzepte zur Regional- und Raumordnungspolitik in der Bundesrepublik Deutschland.
WISU 1980, S. 605 ff.

KLEIN, Albert (1982):
Aktivitäten der Länder in eigener Verantwortung versus bundesweite Planung in der regionalen Strukturpolitik.
in: Josef Heinz Müller/Theodor Dams (Hrsg.), Planung in der regionalen Strukturpolitik. Schriften zu Regional- und Verkehrsproblemen in Industrie- und Entwicklungsländern Bd. 32. Berlin 1982, S. 29 ff.

KLEIN, Franz (1968):
Gemeinschaftsaufgaben zur Bewältigung der Staatsaufgaben im föderativen Staatsaufbau.
DÖV 1968, S. 153 ff.

KLEIN, Friedrich (1972):
Die Regelungen der Gemeinschaftsaufgaben von Bund und Ländern im Grundgesetz.
Der Staat Bd. 11 (1972), S. 289 ff.

KLEIN, Hans-Joachim (1975):
Das Instrumentarium der regionalen Wirtschaftsförderung.
IKO 1975, S. 110 ff.

KLEIN, Hans-Joachim (1973):
Möglichkeiten und Grenzen einer operationalen Erfolgskontrolle in der regionalen Wirtschaftspolitik.
RuR 1973, S. 86 ff.

KLEIN, Hans-Joachim (1972):
Möglichkeiten und Grenzen einer operationalen Erfolgskontrolle bei der Investitionsförderung von gewerblichen Produktionsbetrieben im Rahmen der regionalen Wirtschaftspolitik.
Diss. Darmstadt 1972.

KLEMMER, Paul (1982):
Regionalisierung der Regionalpolitik.
in: Josef Heinz Müller/Theodor Dams (Hrsg.), Planung in der regionalen Strukturpolitik. Schriften zu Regional- und Verkehrsproblemen in Industrie- und Entwicklungsländern Bd. 32. Berlin 1982, S. 140 ff.

KLEMMER, Paul (1979 a):
Alternative Konzeptionen der räumlichen Organisation der politischen Entscheidungsprozesse.
in: Konrad-Adenauer-Stiftung (Hrsg.), Dezentralisierung des politischen Handelns (I), St. Augustin 1979, S. 5 ff.

KLEMMER, Paul (1979 b):
Zentrale oder dezentrale Organisation der regionalen Wirtschaftspolitik?
in: Konrad-Adenauer-Stiftung (Hrsg.), Dezentralisierung des politischen Handelns (II), St. Augustin 1979, S. 9 ff.

KLEMMER, Paul (1978):
Anspruch und Wirklichkeit der regionalen Strukturpolitik.
in: Hans Besters (Hrsg.), Strukturpolitik - wozu? Baden-Baden 1978, S. 25 ff.

KLEMMER, Paul (1976):
Zur Konzeption der staatlichen Regionalpolitik in der Bundesrepublik Deutschland.
in: Hessische Landesentwicklungs- und Treuhandgesellschaft mbH/ HLT Gesellschaft für Forschung Planung Entwicklung mbH (Hrsg.), Regionalpolitik am Wendepunkt? Wiesbaden 1976, S. 47 ff.

KLEMMER, Paul (1972):
Die Theorie der Entwicklungspole - strategisches Konzept für die regionale Wirtschaftspolitik?
RuR 1972, S. 102 ff.

KLIEMANN, Horst (1981):
Die Gemeinden in der Regionalpolitik. Teil I und II.
Stuttgart-München 1981.

KLIEMANN, Horst (1978):
Zulässigkeit und Grenzen der Wirtschaftsförderung durch kommunale Gebietskörperschaften.
Stuttgart-München 1978.

KLÖPPER, Rudolf (1970):
Art. "Zentrale Orte und ihre Bereiche".
in: Akademie für Raumforschung und Landesplanung (Hrsg.), Handwörterbuch der Raumforschung und Raumordnung Bd. III. 2. Aufl. Hannover 1970, Sp. 3849 ff.

KLOTEN, Norbert (1968):
Alternative Konzeptionen der Regionalpolitik.
in: Hans Karl Schneider (Hrsg.), Beiträge zur Regionalpolitik.
Berlin 1968, S. 18 ff.

KLOTEN, Norbert/HÖPFNER, Klaus/ZEHENDER, Wolfgang (1972):
Ortsgröße und regionale Wirtschaftspolitik.
Zur Abhängigkeit des Wirkungsgrades regionalpolitischer Maßnahmen von der Größe der geförderten Orte.
Berlin 1972.

KLÜBER, Hans (1974):
Strukturprobleme der Gemeinden.
Local Finance Vol. 3 (1974), No. 4, S. 18 ff.

KLÜBER, Hans (1971):
Kommunale Wachstumspolitik.
Kommunalwirtschaft 1971, S. 291 ff.

KNEMEYER, Franz-Ludwig (1981):
Möglichkeiten und Grenzen kommunaler Wirtschaftsförderung.
in: Ders./Dieter Schäfer/Hans-Jürgen von der Heide, Kommunale Wirtschaftsförderung. Stuttgart-München-Hannover 1981, S. 7 ff.

KNEMEYER, Franz-Ludwig (1980):
Wirtschaftsförderung als kommunale Aufgabe.
in: Peter Oberndorfer/Herbert Schambeck (Hrsg.), Verwaltung im Dienste von Wirtschaft und Gesellschaft. Festschrift für Ludwig Fröhler zum 60. Geburtstag. Berlin-München 1980, S. 493 ff.

KNEMEYER, Franz-Ludwig/ROST-HAIGIS, Barbara (1981):
Kommunale Wirtschaftsförderung.
DVBl. 1981, S. 241 ff.

KNOEPFEL, Peter (1977):
Demokratisierung der Raumplanung.
Grundsätzliche Aspekte und Modell für die Organisation der kommunalen Nutzungsplanung unter besonderer Berücksichtigung der schweizerischen Verhältnisse.
Berlin 1977.

KOCH, Horst Heinrich (1982):
Die Verrechtlichung der regionalen Wirtschaftspolitik und ihre ökonomische Basis.
Frankfurt am Main 1982.

KOCH, Horst Heinrich (1981):
Kommunale Strukturförderungsprogramme in der Bundesrepublik Deutschland.
Local Finance Vol. 10 (1981), No. 4, S. 21 ff.

KOCH, Horst Heinrich/STEINMETZ, Hans-Peter (1982):
Regionale Wirtschaftspolitik in Bayern.
BayVBl. 1982, S. 494 f.

KOCH, Horst Heinrich/STEINMETZ, Hans-Peter (1981 a):
Handlungsspielräume in der regionalen und kommunalen Wirtschaftsstrukturförderung.
VR 1981, S. 294 ff.

KOCH, Horst Heinrich/STEINMETZ, Hans-Peter (1981 b):
Wirtschaftsförderung in den Landkreisen.
Eine empirische Auswertung kommunaler Wirtschaftsförderungsprogramme.
der landkreis 1981, S. 468 ff.

KOCH, Horst Heinrich/STEINMETZ, Hans-Peter (1981 c):
Kommunale Selbstverwaltung in Theorie und Praxis. Teil I und II.
Stuttgart-München 1981.

KOCH, Horst Heinrich/STEINMETZ, Hans-Peter (1981 d):
Das Emslandprogramm als Beispiel sektoraler Strukturpolitik.
Kommunalwirtschaft 1981, S. 160 ff.

KOCK, Heinz/LEIFERT, Eduard/SCHMID, Alfons/STIRNBERG, Ludwig (1977):
Konzepte der Konjunktursteuerung.
Von der globalen zur strukturellen Orientierung.
Köln 1977.

KÖLBLE, Josef (1972):
Reform der Gemeinschaftsaufgaben?
Zur Weiterentwicklung des Instituts der Gemeinschaftsaufgaben nach Art. 91 a, 91 b und 104 a Abs. 4 GG.
DVBl. 1972, S. 701 ff.

KÖLBLE, Josef (1963):
Zur Lehre von den - stillschweigend - zugelassenen Verwaltungszuständigkeiten des Bundes.
DÖV 1963, S. 660 ff.

KÖNIG, Klaus (1977):
Funktionen und Folgen der Politikverflechtung.
in: Fritz Wilhelm Scharpf/Bernd Reissert/F. Schnabel (Hrsg.), Politikverflechtung II. Kritik und Berichte aus der Praxis. Kronberg/Ts. 1977, S. 75 ff.

KÖPPEL, Matthias (1980):
Zehn Jahre Gemeinschaftsaufgabe "Verbesserung der regionalen Wirtschaftsstruktur" - Eine kritische Würdigung.
Mitteilungen des Rheinisch-Westfälischen Instituts für Wirtschaftsforschung 1980, S. 185 ff.

KÖSTERING, Heinz (1979):
Der Einfluß staatlicher Gesetze, Planungen und Programme auf die
Entwicklung der Gemeinden in Nordrhein-Westfalen.
VR 1979, S. 149 ff.

KÖTTGEN, Arnold (1965):
Fondsverwaltung in der Bundesrepublik.
Stuttgart-Berlin-Köln-Mainz 1965.

KÖTTGEN, Arnold (1963):
Der heutige Spielraum kommunaler Wirtschaftsförderung.
Raumordnung und gesetzesfreie Verwaltung.
Göttingen 1963.

KOMMISSION FÜR DIE FINANZREFORM (1966):
Gutachten über die Finanzreform in der Bundesrepublik Deutschland.
2. Aufl. Stuttgart-Köln-Berlin-Mainz 1966.

KRIEG, Johann-Georg (1982):
Eigene Zuständigkeit der Kreise zur kommunalen Wirtschaftsförderung.
der landkreis 1982, S. 319 ff.

KRIEGSEISEN, Tito (1978):
Probleme der Koordinierung der Wirtschaftsförderung von Ländern und Gemeinden.
in: Kommunalwissenschaftliches Dokumentationszentrum (Hrsg.),
Fragen der kommunalen Wirtschaftsförderung. Wien 1978, S. 39 ff.

KRÖLL, Klaus (1968):
Industrieansiedlung und regionale Wirtschaftspolitik.
Freie, wissenschaftliche Arbeit, vorgelegt für die Diplomprüfung
für Kaufleute am staatswissenschaftlichen Seminar der Universität
zu Köln im Sommersemester 1968.

KRÖMMLING, Klaus-Dieter (1977):
Regionale Strukturpolitik. Neubesinnung.
NWi 7/1977, S. 5 f.

KRÜGER, Rolf (1969):
Die Koordination von gesamtwirtschaftlicher, regionaler und lokaler Planung.
Gedanken zur Einordnung regionaler und lokaler Planung und Politik
in die nationale Wirtschaftspolitik.
Berlin 1969.

KUHN, Arno (1972):
Staatliche Finanzhilfen an die gewerbliche Wirtschaft.
Eine rechtssystematische Untersuchung.
Diss. Mainz 1972.

KUMMERER, Klaus/SCHWARZ, Norbert/WEYL, Heinz (1975):
Strukturräumliche Ordnungsvorstellungen des Bundes.
Göttingen 1975.

KUNDOCH, Harald (1977):
Hat sich das Institut der Gemeinschaftsaufgaben bewährt?
ZRP 1977, S. 5 ff.

LADEUR, Karl Heinz (1979):
Vom Gesetzesvollzug zur strategischen Rechtsfortbildung.
Leviathan 1979, S. 339 ff.

LAHNSTEIN, Manfred (1980):
Der Einsatz der Finanzpolitik zur Konjunktursteuerung.
in: Ders./Werner Meißner/Renate Merklein/Kurt Richebächer, Konjunktursteuerung - eine Illusion? Wiesbaden 1980, S. 9 ff.

LAMBERG, Peter (1977):
Öffentlich-rechtlicher Anspruch auf Wirtschaftsförderung.
Staats- und Kommunalverwaltung 1977, S. 268 ff.

LAMBSDORFF, Otto Graf (1980):
Regionale Strukturpolitik in der Bundesrepublik Deutschland.
Kiel 1980.

LAMBSDORFF, Otto Graf (1978):
Die Bewältigung des Strukturwandels in der Marktwirtschaft.
aus politik und zeitgeschichte B 47/1978, S. 3 ff.

LANDESKREDITBANK BADEN-WÜRTTEMBERG (1978):
Rundschreiben 12 über die finanzielle Gewerbeförderung vom 28. 8. 1978.

LANDESREGIERUNG NORDRHEIN-WESTFALEN (1979):
Politik für das Ruhrgebiet. Das Aktionsprogramm.
Düsseldorf 1979.

LANGE, Klaus (1981 a):
Möglichkeiten und Grenzen gemeindlicher Wirtschaftsförderung.
Köln 1981.

LANGE, Klaus (1981 b):
Entscheidungsfindung im Bereich kommunaler Wirtschaftsförderung.
in: Wolfgang Hoffmann-Riem (Hrsg.), Sozialwissenschaften im Öffentlichen Recht. Neuwied-Darmstadt 1981, S. 174 ff.

LANGE, Klaus (1977):
Rechtsprobleme kommunaler Wirtschaftsförderung.
DVBl. 1977, S. 873 ff.

LAUSCHMANN, Elisabeth (1979):
Konjunkturpolitik mit "regionalen Akzenten".
Fakten und Probleme.
Local Finance Vol. 8 (1979), No. 5, S. 3 ff.

LAUSCHMANN, Elisabeth (1978):
Regionalisierung der Konjunkturpolitik?
RuR 1978, S. 265 ff.

LAUSCHMANN, Elisabeth (1976):
Grundlagen einer Theorie der Regionalpolitik.
3. Aufl. Hannover 1976.

LAUSEN, Gerd (1967):
Regionale Wirtschaftsförderung und Landentwicklung durch kommunale Zusammenarbeit.
in: Regionale Wirtschaftspolitik als Gemeinschaftsaufgabe. Schriftenreihe für ländliche Sozialfragen Heft 54. Hannover 1967, S. 44 ff.

LEHMBRUCH, Gerhard (1977 a):
Verfassungspolitische Alternativen der Politikverflechtung.
in: Fritz Wilhelm Scharpf/Bernd Reissert/F. Schnabel (Hrsg.), Politikverflechtung II. Kritik und Berichte aus der Praxis. Kronberg/Ts. 1977, S. 87 ff.

LEHMBRUCH, Gerhard (1977 b):
Verfassungspolitische Alternativen der Politikverflechtung. Bemerkungen zur Strategie der Verfassungsreform.
ZParl. 1977, S. 461 ff.

LEHNER, Franz (1979):
Politikverflechtung - Föderalismus ohne Transparenz.
Probleme und Perspektiven des kooperativen Föderalismus in der Bundesrepublik Deutschland.
Der Bürger im Staat 1979, S. 3 ff.

LIESEGANG, Helmuth C. F. (1978):
Kommentierung zu Art. 91 a GG.
in: Ingo von Münch (Hrsg.), Grundgesetz-Kommentar Bd. 3. München 1978, S. 415 ff.

LIESEGANG, Helmuth C. F./PLÖGER, Rainer (1971):
Schwächung der Parlamente durch den kooperativen Föderalismus?
DÖV 1971, S. 228 ff.

LINDEN, Edmund (1972):
Theorie und Praxis der kommunalen Wirtschaftsförderung.
Darstellung einer unorthodoxen Aufgabe im Bereich kommunalpolitischer Tätigkeiten.
Düsseldorf 1972.

LOHMAR, Ulrich (1965):
Politik und Planung.
in: Ders. (Hrsg.), Deutschland 1975. Analysen-Prognosen-Perspektiven. München 1965, S. 232 ff.

LOSSAU, Hermann (1978):
Wirtschaftsförderung durch siedlungsräumliche Schwerpunktbildung.
Ein Beitrag zur regionalen Wirtschaftspolitik.
IKO 1978, S. 194 ff.

LOUDA, Dieter (1981):
Neuabgrenzung der Fördergebiete der Gemeinschaftsaufgabe "Verbesserung der regionalen Wirtschaftsstruktur".
der landkreis 1981, S. 286 ff.

LUDWIG, Günter (1978):
Die Bedeutung der Liegenschaftspolitik für die kommunale Wirtschaftsförderung.
Referat anläßlich der Tagung der Hessischen Arbeitsgemeinschaft Kommunale Wirtschaftspolitik im Hessischen Städtetag am 20.3.1978.

LUHMANN, Niklas (1975):
Legitimation durch Verfahren.
2. Aufl. Darmstadt-Neuwied 1975.

LUHMANN, Niklas (1974):
Rechtssystem und Rechtsdogmatik.
Stuttgart 1974.

LUHMANN, Niklas (1972):
Soziologie des politischen Systems.
in: Ders., Soziologische Aufklärung Bd. 1, 3. Aufl. Opladen 1972,
S. 154 ff.

MANGOLDT, Hermann von/KLEIN, Friedrich (1974):
Das Bonner Grundgesetz Bd. III.
2. Aufl. München 1974.

MARNITZ, Siegfried (1974):
Die Gemeinschaftsaufgaben des Art. 91 a GG als Versuch einer verfassungsrechtlichen Institutionalisierung der bundesstaatlichen Kooperation.
Berlin 1974.

MARX, Detlef (1977):
Die Schaffung ausgeglichener Funktionsräume als Strategie für Raumordnung und Landesplanung.
in: Werner Ernst/Gerhard Stepper/Detlef Marx/Karl-Hermann Hübler/ Ulrich Brösse/Gerhard Isenberg, Beiträge zum Konzept der ausgeglichenen Funktionsräume. Münster (Westf.) 1977, S. 59 ff.

MARX, Detlef (1975):
Zur Konzeption ausgeglichener Funktionsräume als Grundlage einer Regionalpolitik des mittleren Weges.
in: Akademie für Raumforschung und Landesplanung (Hrsg.), Ausgeglichene Funktionsräume. Hannover 1975, S. 1 ff.

MAUNZ, Theodor (1980):
Kommentierung zu Art. 91 a GG.
in: Ders./Günter Dürig/Roman Herzog/Rupert Scholz, Grundgesetz. Kommentar Bd. II. 4. Aufl. und 18. Lfg. München 1980.

MAUNZ, Theodor (1977):
Kommentierung zu Art. 28 GG.
in: Ders./Günter Dürig/Roman Herzog/Rupert Scholz, Grundgesetz. Kommentar Bd. II. 4. Aufl. und 18. Lfg. München 1980.

MAYNTZ, Renate (1981 a):
Einleitung.
in: Dies. (Hrsg.), Kommunale Wirtschaftsförderung. Stuttgart 1981,
S. 9 ff.

MAYNTZ, Renate (1981 b):
Kommunale Handlungsspielräume und kommunale Praxis.
in: Dies. (Hrsg.), Kommunale Wirtschaftsförderung. Stuttgart 1981,
S. 154 ff.

MAYNTZ, Renate (1978):
Soziologie der öffentlichen Verwaltung.
Heidelberg-Karlsruhe 1978.

MEHLER, Franz (1970):
Ziel-Mittel-Konflikte als Problem der Volkswirtschaft.
Berlin 1970.

MEHRLÄNDER, Horst (1977):
Regionalpolitik als Gemeinschaftsaufgabe des Bundes und der Länder.
Der Bürger im Staat 1977, S. 21 ff.

MEHRLÄNDER, Horst (1975):
Die Weiterentwicklung der Gemeinschaftsaufgabe "Verbesserung der regionalen Wirtschaftsstruktur".
IKO 1975, S. 106 ff.

MEHRLÄNDER, Horst/LOUDA, Dieter (1981 a):
Verbesserung der regionalen Wirtschaftsstruktur.
Gesetz über die Gemeinschaftsaufgabe vom 6. Oktober 1969.
in: Hans Hermann Eberstein (Hrsg.), Handbuch der regionalen Wirtschaftsförderung. Köln ab 1971, Teil A V.

MEHRLÄNDER, Horst/LOUDA, Dieter (1981 b):
Regionale Aktionsprogramme.
in: Hans Hermann Eberstein (Hrsg.), Handbuch der regionalen Wirtschaftsförderung. Köln ab 1971, Teil B I.

MEIER, Ruedi (1980):
Ziele der kantonalen Regional- und Strukturpolitik und Konsequenzen für ein nationales Leitbild.
DISP Nr. 57 (1980), S. 44 ff.

MEINHOLD, Wilhelm (1973):
Volkswirtschaftspolitik. Teil 2.
2. Aufl. München 1973.

MERTENS, Fred (1981):
Betriebsverlagerungen im Rahmen kommunaler Wirtschaftsförderung.
Kommunalwirtschaft 1981, S. 442 ff.

MERX, Volker (1980):
Kommunale Wirtschaftsförderung.
der gemeinderat (Hessen) 10/1980, S. 6 ff.

MINISTER FÜR WIRTSCHAFT UND VERKEHR DES LANDES SCHLESWIG-HOLSTEIN (1978):
Mittelstandsförderung in Schleswig-Holstein.
Kiel 1978.

MINISTER FÜR WIRTSCHAFT UND VERKEHR DES LANDES SCHLESWIG-HOLSTEIN (1975):
Wirtschaftspolitik für Schleswig-Holstein.
Ziele und Probleme regionaler Wirtschaftspolitik.
Kiel 1975.

MINISTERIUM FÜR WIRTSCHAFT UND VERKEHR RHEINLAND-PFALZ (1979):
Mittelstandförderung in Rheinland-Pfalz.
Mainz 1979.

MINISTERPRÄSIDENT DES LANDES NORDRHEIN-WESTFALEN (1979):
Landesentwicklungsbericht der Landesregierung Nordrhein-Westfalen gemäß § 32 des Landesplanungsgesetzes in der Fassung der Bekanntmachung vom 28. November 1979.
Düsseldorf 1979.

MÖLLER, Annemarie (1981):
Die Gemeinschaftsaufgabe "Verbesserung der regionalen Wirtschaftsstruktur". Eine kritische Bilanz.
Der Bürger im Staat 1981, S. 200 ff.

MÖLLER, Ferdinand (1963):
Kommunale Wirtschaftsförderung.
Stuttgart-Köln 1963.

MÜCKL, Wolfgang J. (1977):
Wirtschaftspolitik unter den Bedingungen verengter Wachstumsspielräume.
Zum Verhältnis zwischen Konjunktur-, Struktur- und Regionalpolitik in der Bundesrepublik Deutschland.
Der Bürger im Staat 1977, S. 3 ff.

MÜLLER, Gottfried (1970 a):
Art. "Raumordnung".
in: Akademie für Raumforschung und Landesplanung (Hrsg.), Handwörterbuch der Raumforschung und Raumordnung Bd. II, 2. Aufl.
Hannover 1970, Sp. 2460 ff.

MÜLLER, Gottfried (1970 b):
Art. "Raumordnungspolitik".
in: Akademie für Raumforschung und Landesplanung (Hrsg.), Handwörterbuch der Raumforschung und Raumordnung Bd. II, 2. Aufl.
Hannover 1970, Sp. 2506 ff.

MÜLLER, Josef Heinz (1982):
Die Gemeinschaftsaufgabe "Verbesserung der regionalen Wirtschaftsstruktur" im Lichte wahrscheinlicher Entwicklungen der 80er Jahre.
in: Ders./Theodor Dams (Hrsg.), Planung in der regionalen Strukturpolitik. Schriften zu Regional- und Verkehrsproblemen in Industrie- und Entwicklungsländern Bd. 32. Berlin 1982, S. 157 ff.

MÜLLER, Josef Heinz (1981):
Raumordnungspolitik im Zeichen nachlassenden Wirtschaftswachstums. Perspektiven der räumlichen Entwicklung und die Möglichkeiten ihrer Beeinflussung.
Der Bürger im Staat 1981, S. 184 ff.

MÜLLER, Josef Heinz (1973):
Regionale Strukturpolitik in der Bundesrepublik.
Kritische Bestandsaufnahme.
Göttingen 1973.

MÜLLER, Josef Heinz (1960/61):
Grenzen der Raumpolitik im Rahmen einer Marktwirtschaft – zugleich ein Beitrag zum Problem der Marktkonformität.
ORDO Bd. XII (1960/61), S. 147 ff.

MÜLLER, Wolfgang-Hans (1978):
Materielle Hilfen der Kommunen für die gewerbliche Wirtschaft.
DÖV 1978, S. 713 ff.

MÜLLER, Wolfgang-Hans (1976):
Inhaltliche und formale Organisation kommunaler Wirtschaftsförderung.
AfK 1976, S. 185 ff.

MÜNCH, Ingo von (1973):
Gemeinschaftsaufgaben im Bundesstaat.
VVDStRL Bd. 31 (1973), S. 51 ff.

MUTIUS, Albert von (1980):
Sind weitere rechtliche Maßnahmen zu empfehlen, um den notwendigen Handlungs- und Entfaltungsspielraum der kommunalen Selbstverwaltung zu gewährleisten?
in: Ständige Deputation des Deutschen Juristentages (Hrsg.), Verhandlungen des 53. Deutschen Juristentages Bd. I (Gutachten). München 1980, Teil E.

NAHAMOWITZ, Peter (1981):
Wirtschaftsrecht im "Organisierten Kapitalismus".
KJ 1981, S. 34 ff.

NAPOLEONI, Claudio (1972):
Grundzüge der modernen ökonomischen Theorien.
4. Aufl. Frankfurt am Main 1972.

NASCHOLD, Frieder (1978):
Alternative Raumpolitik.
Ein Beitrag zur Verbesserung der Arbeits- und Lebensverhältnisse.
Kronberg/Ts. 1978.

NETZBAND, Karl-Bernhard (1972):
Aspekte der industriellen Entwicklung.
in: Ernst Schmacke (Hrsg.), Hessen auf dem Weg in das Jahr 2000.
Düsseldorf 1972, S. 28 ff.

NEUMANN, Karl (1976):
Strukturwandel und Strukturpolitik.
Wirtschaftlicher und gesellschaftlicher Wandel sowie Möglichkeiten
und Grenzen der Strukturpolitik.
Köln-Frankfurt am Main 1976.

NIEDERSÄCHSISCHER MINISTER FÜR WIRTSCHAFT UND VERKEHR (1980):
Niedersachsen. Jahreswirtschaftsbericht 1980.
Hannover 1980.

NIETH, Evelyn (1982):
Räumliche Konzentrationstendenzen in der Wirtschaft der Bundesrepublik Deutschland.
in: Josef Heinz Müller/Theodor Dams (Hrsg.), Planung in der regionalen Strukturpolitik. Schriften zu Regional- und Verkehrsproblemen in Industrie- und Entwicklungsländern Bd. 32. Berlin 1982,
S. 1 ff.

NOÉ, Claus (1981):
Regionale Wirtschafts- und Entwicklungspolitik.
der landkreis 1981, S. 385 ff.

NOÉ, Claus (1980):
Zur bevorstehenden Neuabgrenzung der Fördergebiete der Gemeinschaftsaufgabe "Verbesserung der regionalen Wirtschaftsstruktur".
Systematische Vorarbeiten und politischer Entscheidungsbedarf.
RuR 1980, S. 102 ff.

NOÉ, Claus (1971 a):
Zur Regionalpolitik als innere Entwicklungspolitik.
Ein Beitrag zur Fortentwicklung der Kooperation von Wissenschaft
und Praxis.
in: Regionalpolitik als Entwicklungspolitik. Beiträge und Untersuchungen des Instituts für Siedlungs- und Wohnungswesen der
Westfälischen Wilhelms-Universität Münster Bd. 77. Münster
(Westf.) 1971, S. 7 ff.

NOÉ, Claus (1971 b):
Regionalpolitik als innere Entwicklungspolitik.
IKO 1971, S. 62 ff.

NOKIELSKI, Hans (1981):
Von Ansiedlungswerbung zu lokaler Strukturpolitik.
Ansätze kommunaler Wirtschaftsförderung.
Die Verwaltung Bd. 14 (1981), S. 19 ff.

ÖHLINGER, Theo/MATZKA, Manfred (1975):
Demokratie und Verwaltung als verfassungsrechtliches Problem.
ÖZP 1975, S. 445 ff.

OFFE, Claus (1973):
"Krisen des Krisenmanagement":
Elemente einer politischen Krisentheorie.
in: Martin Jänicke (Hrsg.), Herrschaft und Krise. Köln-Opladen 1973, S. 197 ff.

OPPITZ, Werner (1979):
Der Fremdenverkehr als ein wirtschafts-, bevölkerungs- und sozialpolitischer Faktor ersten Ranges.
der landkreis 1979, S. 531 ff.

ORT, Walter/NEUSER, Willi/LEISINGER, Immo/MÜNKEL, Joachim (1976):
Aktuelle Probleme der regionalen Wirtschaftsförderung.
Zwischenbericht des Instituts für ländliche Sozialfragen an der Johann Wolfgang Goethe-Universität.
Mskrpt. Frankfurt am Main 1976.

ORVILLE, Hans d' (1979):
Probleme einer Erfolgskontrolle regionalpolitischer Maßnahmen.
Dargestellt am Beispiel der Gemeinschaftsaufgabe "Verbesserung der regionalen Wirtschaftsstruktur".
Frankfurt am Main-Bern-Las Vegas 1979.

OSSENBÜHL, Fritz (1974):
Welche normativen Anforderungen stellt der Verfassungsgrundsatz des demokratischen Rechtsstaates an die planende staatliche Tätigkeit?
in: Ständige Deputation des Deutschen Juristentages (Hrsg.), Verhandlungen des 50. Deutschen Juristentages Bd. I (Gutachten).
München 1974, Teil B.

PAPPERMANN, Ernst (1975):
Verwaltungsverbund im kreisangehörigen Raum.
DÖV 1975, S. 181 ff.

PAPPERMANN, Ernst (1973):
Zur Problematik der Kreisentwicklungsplanung.
DÖV 1973, S. 505 ff.

PATZIG, Werner (1981):
Die Gemeinschaftsfinanzierungen von Bund und Ländern.
- Notwendigkeit und Grenzen des kooperativen Föderalismus -
Bonn 1981.

PATZIG, Werner (1969):
Die ersten Ausführungsgesetze zur Finanzreform.
DVBl. 1969, S. 889 ff.

PARTZSCH, Dieter (1970):
Art. "Daseinsgrundfunktionen".
in: Akademie für Raumforschung und Landesplanung (Hrsg.), Handwörterbuch der Raumforschung und Raumordnung Bd. I. 2. Aufl. Hannover 1970, Sp. 424 ff.

PETERS, Hans-Rudolf (1976):
Theoretische Ansätze in der regionalen Wirtschaftspolitik.
WD 1976, S. 211 ff.

PETERS, Hans-Rudolf (1971):
Regionale Wirtschaftspolitik und System-Ziel-Konformität.
Hannover 1971.

PFEIFER, Manfred (1975):
Investitionszulagengesetz und Rahmenplan der Gemeinschaftsaufgabe
"Verbesserung der regionalen Wirtschaftsstruktur".
DVBl. 1975, S. 323 ff.

PRÄSIDIUM DES DEUTSCHEN STÄDTETAGES (1976):
Die Städte in der Wirtschaftspolitik.
Grundsätze kommunaler Wirtschaftsförderung.
Der Städtetag 1976, S. 195 ff.

PREISER, Erich (1973):
Nationalökonomie heute.
11. Aufl. München 1973.

PRIEBE, Hermann (1977):
Grundfragen der zukünftigen Regionalpolitik.
WD 1977, S. 253 ff.

PRIESNITZ, Walter (1981):
Eine Stadt sieht die Wirtschaftsförderungsgesellschaft.
in: Gesellschaft für Wirtschaftsförderung im Kreis Warendorf mbH
(Hrsg.), Wirtschafts-Report 1971-1980. Beckum 1981, S. 31 f.

PULS, Christian (1976):
Regionale und kommunale Wirtschaftsförderung.
Kritische Analyse eines Kontepts im föderativen marktwirtschaftlichen System.
Bamberg 1976.

QUIDDE, Fritz (1969):
Kommunale Wirtschaftsförderung und Infrastrukturverbesserung mittels einer Wirtschaftsförderungsgesellschaft.
Kommunalwirtschaft 1969, S. 113 ff.

REBE, Bernd (1978):
Privatrecht und Wirtschaftsordnung.
Zur vertragsrechtlichen Relevanz der Ordnungsfunktionen dezentraler Interessenkoordination in einer Wettbewerbswirtschaft.
Bielefeld 1978.

RECKTENWALD, Horst Claus (1978):
Unwirtschaftlichkeit im Staatssektor.
Elemente einer Theorie des ökonomischen Staatsversagens.
Hamburger Jahrbuch für Wirtschafts- und Gesellschaftspolitik
Bd. 23 (1978), S. 155 ff.

REDEKER, Konrad (1968):
Staatliche Planung im Rechtsstaat.
JZ 1968, S. 537 ff.

REICH, Norbert (1976):
Markt und Lenkung.
Rechtspolitische Anmerkungen zur Diskussion um die Investitionslenkung.
ZRP 1976, S. 67 ff.

REICHERT, Horst (1977):
Regionalpolitik in Baden-Württemberg.
Der Bürger im Staat 1977, S. 26 ff.

REISSERT, Bernd (1975):
Die finanzielle Beteiligung des Bundes an Aufgaben der Länder und das Postulat der "Einheitlichkeit der Lebensverhältnisse im Bundesgebiet".
Bonn-Bad Godesberg 1975.

REISSERT, Bernd/SCHNABEL, Fritz (1976):
Fallstudien zum Planungs- und Finanzierungsverbund von Bund, Ländern und Gemeinden.
in: Fritz Wilhelm Scharpf/Bernd Reissert/Fritz Schnabel, Politikverflechtung: Theorie und Empirie des kooperativen Föderalismus in der Bundesrepublik. Kronberg/Ts. 1976, S. 71 ff.

REUSCHENBACH, Peter (1981):
Gründlich reformieren - oder verzichten!
Was wird aus der Gemeinschaftsaufgabe "Verbesserung der regionalen WWirtschaftsstruktur"?
Sozialdemokratischer Pressedienst Wirtschaft Nr. 21 vom 17. 3. 1981, S. 3 f.

RIESE, Hajo (1979):
Wirtschaftspolitik unter veränderten historischen Bedingungen.
FH 1979, S. 21 ff.

RIETDORF, Fritz (1972):
Die Gemeinschaftsaufgaben - ein Schritt zur gemeinsamen Aufgabenplanung von Bund und Ländern?
DÖV 1972, S. 513 ff.

RINSCHE, Günter (1968):
Mittelstandsförderung als kommunale Strukturpolitik.
Bl.f.G. 1968, S. 137 ff.

RÖPKE, Wilhelm (1968):
Die Lehre von der Wirtschaft.
11. Aufl. Erlenbach-Zürich-Stuttgart 1968.

ROESLER, Konrad (1977):
Kommunale und regionale Wirtschaftsförderung.
Ergebnisse eines Erfahrungsaustausches.
Der Städtetag 1977, S. 471 ff.

ROGGE, Georg (1971):
Wirtschaftsförderung - nur vorteilhaft?
Demo 1971, S. 1087 ff.

ROTERS, Wolfgang (1976):
Kommentierung zu Art. 28 GG.
in: Ingo von Münch (Hrsg.), Grundgesetz-Kommentar Bd. 2. München 1976.

ROTERS, Wolfgang (1975):
Kommunale Mitwirkung an höherstufigen Entscheidungsprozessen.
Zur künftigen Rolle der kommunalen Selbstverwaltung im politisch-administrativen System der Bundesrepublik Deutschland.
Köln 1975.

RONGE, Volker unter Mitarbeit von RONGE, Peter J. (1979):
Bankpolitik im Spätkapitalismus.
Politische Selbstverwaltung des Kapitals?
Frankfurt am Main 1979.

RUHE, Hans (1969):
Die Ausführungsgesetze zu den Gemeinschaftsaufgaben.
Bulletin des Presse- und Informationsamtes der Bundesregierung Nr. 46 vom 15. 4. 1969, S. 395 ff.

RUSS-MOHL, Stephan (1980):
Kann der Markt, was der Staat nicht kann?
Anmerkungen zur ökonomischen Theorie des Staatsversagens.
aus politik und zeitgeschichte B 14/1980, S. 17 ff.

SACHVERSTÄNDIGENAUSSCHUSS FÜR RAUMORDNUNG (1961):
Die Raumordnung in der Bundesrepublik Deutschland.
Stuttgart 1961.

SACKMANN, Franz (1978):
Zonenrandpolitik zum Ausgang der 70er Jahre.
der landkreis 1978, S. 108 ff.

SAMMET, Rolf (1981):
Die Bundesrepublik als Industriestandort.
F.A.Z. Nr. 135 vom 13. 6. 1981, S. 13.

SAUER, Walter (1979):
Maßnahmen einer mittleren kreisangehörigen Stadt (Praktisches Beispiel Stadt Datteln).
in: Gesellschaft für Wirtschaftsförderung in Nordrhein-Westfalen mbH (Hrsg.), Thema: Wirtschaftsförderung Heft 2. Düsseldorf 1979, S. 43 ff.

SCHAAB, Bodo (1972):
Örtliche Wirtschaftsstruktur und kommunale Steuerkraft.
Ein Beitrag zur Erklärung zwischengemeindlicher Steuerkraftdivergenzen.
Diss. Konstanz 1972.

SCHÄFER, Friedrich (1977):
Verfassungsreform: Alternativen zur Politikverflechtung?
in: Fritz Wilhelm Scharpf/Bernd Reissert/F. Schnabel (Hrsg.),
Politikverflechtung II. Kritik und Berichte aus der Praxis. Kronberg/Ts. 1977, S. 123 ff.

SCHARPF, Fritz Wilhelm (1978 a):
Die Rolle des Staates im westlichen Wirtschaftssystem: Zwischen Krise und Neuorientierung.
Berlin 1978.

SCHARPF, Fritz Wilhelm (1978 b):
Die Theorie der Politikverflechtung: ein kurzgefaßter Leitfaden.
in: Joachim Jens Hesse (Hrsg.), Politikverflechtung im föderativen Staat. Baden-Baden 1978, S. 21 ff.

SCHARPF, Fritz Wilhelm (1977 a):
Problemverstaatlichung und Politikverflechtung: Das selbstblockierende System.
in: Ders., Politischer Immobilismus und ökonomische Krise. Kronberg/Ts. 1977, S. 104 ff.

SCHARPF, Fritz Wilhelm (1977 b):
Politische Bedingungen der Wirksamkeit raumordnerischer Steuerungsinstrumente.
in: Ders., Politischer Immobilismus und ökonomische Krise. Kronberg/Ts. 1977, S. 39 ff.

SCHARPF, Fritz Wilhelm (1976):
Theorie der Politikverflechtung.
in: Ders./Bernd Reissert/Fritz Schnabel, Politikverflechtung: Theorie und Empirie des kooperativen Föderalismus in der Bundesrepublik. Kronberg/Ts. 1976, S. 13 ff.

SCHARPF, Fritz Wilhelm (1974 a):
Politische Durchsetzbarkeit innerer Reformen.
Göttingen 1974.

SCHARPF, Fritz Wilhelm (1974 b):
Alternativen des deutschen Föderalismus.
Für ein handlungsfähigeres Entwicklungssystem.
NG 1974, S. 237 ff.

SCHARPF, Fritz Wilhelm (1973 a):
Zur politischen Problematik einer qualitativen Wirtschaftssteuerung: Diskussionsthesen.
in: Ders., Planung als politischer Prozeß, Frankfurt am Main 1973, S. 163 ff.

SCHARPF, Fritz Wilhelm (1973 b):
Reformpolitik im Spätkapitalismus.
in: Martin Jänicke (Hrsg.), Politische Systemkrisen. Köln 1973,
S. 353 ff.

SCHARPF, Fritz Wilhelm (1973 c):
Planung als politischer Prozeß.
in: Ders., Planung als politischer Prozeß. Frankfurt am Main 1973,
S. 33 ff.

SCHARPF, Fritz Wilhelm/REISSERT, Bernd/SCHNABEL, Fritz (1976):
Nachwort: Der politisch-bürokratische Nutzen der Politikverflechtung.
in: Dies., Politikverflechtung: Theorie und Empirie des kooperativen Föderalismus in der Bundesrepublik. Kronberg/Ts. 1976,
S. 236 ff.

SCHARPF, Fritz Wilhelm/SCHNABEL, Fritz (1978):
Durchsetzungsprobleme der Raumordnung im öffentlichen Sektor.
Inf.z.Raumentw. 1978, S. 29 ff.

SCHARPF, Fritz Wilhelm/SCHNABEL, Fritz (1977):
Steuerungsprobleme der Raumplanung.
Berlin 1977.

SCHATZ, Heribert (1974):
Politische Planung im Regierungssystem der Bundesrepublik Deutschland.
Göttingen 1974.

SCHILLER, Karl (1965):
Art. "Wirtschaftspolitik".
in: Handwörterbuch der Sozialwissenschaften, 12. Bd. Stuttgart-Tübingen-Göttingen 1965, S. 210 ff.

SCHLECHT, Otto (1976):
Hat die Globalsteuerung versagt?
in: Heiko Körner/Peter Meyer-Dohm/Egon Tuchtfeldt/Christian Uhlig (Hrsg.), Wirtschaftspolitik - Wissenschaft und politische Aufgabe. Festschrift zum 65. Geburtstag von Karl Schiller. Bern-Stuttgart 1976, S. 297 ff.

SCHLECHT, Otto (1972):
Künftige Aufgaben der regionalen Wirtschaftspolitik.
structur 1972, S. 171 ff.

SCHLECHT, Otto (1968):
Strukturpolitik in der Marktwirtschaft.
Köln-Berlin-Bonn-München 1968.

SCHMEDES, Rolf Günter (1978):
Konterkarieren Kommunen die Wirtschaftsförderung?
NWi vom 23. 7. 1978, S. II.

SCHMIDT, Diether (1980):
Verwaltungsrechtsprechung zum Bescheinigungsverfahren.
in: Hans Hermann Eberstein (Hrsg.), Handbuch der regionalen Wirtschaftsförderung. Köln ab 1971, Teil C III.

SCHMIDT, Diether (1975):
Rechtsfragen der regionalen Wirtschaftsförderung.
IKO 1975, S. 115 ff.

SCHMIDT, Helmut (1974):
Zwang zu neuen Verhaltensweisen.
WD 1974, S. 235 ff.

SCHMIDT, Reiner (1974 a):
Rechtsfragen der regionalen Strukturpolitik.
AÖR Bd. 99 (1974), S. 529 ff.

SCHMIDT, Reiner (1974 b):
Regionale Wirtschaftspolitik.
Beiheft 1 zum AÖR Bd. 99 (1974), S. 86 ff.

SCHMIDT, Reiner (1971):
Wirtschaftspolitik und Verfassung.
Baden-Baden 1971.

SCHMIDT, Volker (1976):
Koordinierungschancen der GRW.
Inf.z.Raumentw. 1976, S. 721 ff.

SCHMIDT-BLEIBTREU, Bruno/KLEIN, Franz (1980):
Kommentar zum Grundgesetz für die Bundesrepublik Deutschland.
5. Aufl. Neuwied-Darmstadt 1980.

SCHMITT GLAESER, Walter/KÖNIG, Eberhard (1980):
Grundfragen des Planungsrechts. Eine Einführung.
JA 1980, S. 321 ff. und 414 ff.

SCHMITZ-HERSCHEIDT, Friedhelm (1979):
Möglichkeiten und Grenzen kommunaler Wirtschaftsförderung.
Der Städtetag 1979, S. 197 ff.

SCHNABEL, Fritz (1980):
Politik ohne Politiker.
in: Hellmut Wollmann (Hrsg.), Politik im Dickicht der Bürokratie. Beiträge zur Implementationsforschung. Opladen 1980, S. 49 ff.

SCHNABEL, Fritz (1976 a):
Durchsetzungschancen räumlicher Entwicklungs- und Modernisierungsstrategien.
Inf.z.Raumentw. 1976, S. 801 ff.

SCHNABEL, Fritz (1976 b):
Institutionelle und prozessuale Muster der Politikverflechtung: Das Beispiel Regionale Wirtschaftsförderung.
RuR 1976, S. 181 ff.

SCHNEIDER, Hans Karl (1968):
Über die Notwendigkeit regionaler Wirtschaftspolitik.
in: Ders. (Hrsg.), Beiträge zur Regionalpolitik. Berlin 1968, S. 3 ff.

SCHNEIDER, Hans-Peter (1981):
Kooperation, Konkurrenz oder Konfrontation? Entwicklungstendenzen des Föderalismus in der Bundesrepublik.
in: Arno Klönne/Theo Rasehorn/Helmut Rittstieg/Hans-Peter Schneider/Theo Schiller/Jürgen Seifert/Ekkehart Stein, Lebendige Verfassung - das Grundgesetz in Perspektive. Neuwied-Darmstadt 1981, S. 91 ff.

SCHNEIDER, Norbert (1981):
Heutige Rahmenbedingungen der kommunalen Wirtschaftsförderung.
in: Gesellschaft für Wirtschaftsförderung im Kreis Warendorf mbH (Hrsg.), Wirtschafts-Report 1971-1980, Beckum 1981, S. 33 ff.

SCHNEIDER, Olaf (1975):
Möglichkeiten und Grenzen der kommunalen Wirtschaftspolitik. Eine Untersuchung zum Handlungsspielraum der Gemeinden aus wirtschaftspolitischer Sicht.
Diss. Hohenheim 1975.

SCHOOF, Heinrich (1970):
Industrie und kommunale Entwicklungspolitik.
Mskrpt. Karlsruhe 1970.

SCHRÖDER, Dieter (1976):
Strukturpolitische Probleme der nächsten Jahre.
WD 1976, S. 341 ff.

SCHULZ-TRIEGLAFF, Michael (1982):
Neue Akzente in der Raumordnungspolitik.
BBauBl. 1982, S. 18 ff.

SCHULZ-TRIEGLAFF, Michael (1981):
Raumentwicklung und Raumordnung in den 80er Jahren.
BBauBl. 1981, S. 221 ff.

SCHULZ ZUR WIESCH, Jochen (1978):
Regionalplanung ohne Wirkung?
Überlegungen zur Situation der übergemeindlichen Planung.
AfK 1978, S. 21 ff.

SCHULZ ZUR WIESCH, Jochen (1977):
Förderungspolitik von Bund und Ländern.
in: Deutsches Institut für Urbanistik (Hrsg.), Zum Aufgabenfeld der kommunalen Wirtschaftsförderung. Berlin 1977, S. 32 ff.

SCHUMACHER, Clemens (1981):
Die Beziehungen zwischen Kreisen und kreisangehörigen Gemeinden.
in: Renate Mayntz (Hrsg.), Kommunale Wirtschaftsförderung. Köln 1981, S. 128 ff.

SCHUPPERT, Gunnar Folke (1980):
Die öffentliche Aufgabe als Schlüsselbegriff der Verwaltungswissenschaft.
VerwArch. Bd. 71 (1980), S. 309 ff.

SEEGER, Julius (1968):
Finanzierung von Länderaufgaben durch den Bund.
DÖV 1968, S. 781 ff.

SEELE, Günter (1982):
Bündelung regionalpolitischer Aktivitäten.
der landkreis 1982, S. 55 ff.

SEEMANN, Klaus (1980):
Zur politischen Planung im "Demokratischen Rechtsstaat".
Die Verwaltung Bd. 13 (1980), S. 405 ff.

SEIDENFUS, Hellmuth S. (1968):
Koordinationsprobleme und aktuelle Hemmnisse der Regionalpolitik.
in: Hans Karl Schneider (Hrsg.), Beiträge zur Regionalpolitik.
Berlin 1968, S. 126 ff.

SEIFERT-GEEB (1970):
Erläuterungen zu den Gemeinschaftsaufgaben des Grundgesetzes.
in: Josef Kölble (Hrsg.), Das Deutsche Bundesrecht. Baden-Baden
288. Lfg. Dezember 1970. Teil I A 10, S. 165 ff.

SIEVEKING, Jürgen (1973):
Bedeutung der kommunalen Infrastruktur für die kommunale Wirtschaftsförderung.
der landkreis 1973, S. 120 ff.

SÖFFING, Günter (1980):
Die Investitionszulagen nach dem Investitionszulagengesetz.
in: Hans Hermann Eberstein (Hrsg.), Handbuch der regionalen Wirtschaftsförderung. Köln ab 1971, Teil B II.

SOELL, Hermann (1972):
Sind die Gemeinschaftsaufgaben nach Art. 91 a GG ein geeignetes Instrument zur Weiterentwicklung des föderativen Systems?
in: Roman Schnur (Hrsg.), Festschrift für Ernst Forsthoff zum 70. Geburtstag. München 1972, S. 397 ff.

SOHN, Gerhard (1980):
Anmerkungen zur regionalen Strukturpolitik.
VR 1980, S. 256 ff.

SPAHN, Heinz-Peter (1976):
Keynes in der heutigen Wirtschaftspolitik.
in: Gottfried Bombach/Hans-Jürgen Ramser/Manfred Timmermann/Walter Wittmann (Hrsg.), Der Keynesianismus I. Berlin-Heidelberg-New York 1976, S. 211 ff.

SPEHL, Harald (1981):
Regionale Wirtschaftspolitik und regionale Entwicklungsplanung in strukturschwachen Regionen - Erfolgskontrolle und alternative Entwicklungskonzeptionen.
in: Gerd Aberle/Hermann Priebe/Harald Spehl/Horst Zimmermann, Regionalpolitik im Wandel. Bonn 1981, S. 16 ff.

SPREER, Frithjof (1981):
Traditionelle Regionalpolitik gegen "regionalistische" Regionalpolitik.
NG 1981, S. 692 ff.

STADLER, Kurt (1969):
Die neue Finazverfassung.
BayVBl. 1969, S. 297 ff.

STAHL, Leo (1970):
Kommunale Wirtschaftsförderung.
Praxis und rechtliche Problematik.
Köln-Berlin 1970.

STARBATTY, Joachim (1967):
Regionale Strukturpolitik in der Sozialen Marktwirtschaft.
Diss. Köln 1967.

STARK, Klaus-Dieter (1978):
Kommunale Wirtschaftsförderung und Standortwahl von Industrie und Gewerbe.
Ergebnisse einer Umfrage zur Organisation und Tätigkeit von Wirtschaftsförderungs-Institutionen.
Berlin 1978.

STEINMETZ, Hans-Peter (1982):
Das Verhältnis der kommunalen zur staatlich-regionalen Wirtschaftsförderung.
der gemeindehaushalt 1982, S. 77 ff.

STEINMETZ, Hans-Peter (1981):
Wirtschaftsförderungsgesellschaften in der Bundesrepublik Deutschland.
Local Finance Vol. 10 (1981), No. 5, S. 16 ff.

STERN, Klaus (1977):
Das Staatsrecht der Bundesrepublik Deutschland Bd. I.
Grundbegriffe und Grundlagen des Staatsrechts, Strukturprinzipien der Verfassung.
München 1977.

STERN, Klaus (1972):
Die verfassungsrechtliche Garantie· des Kreises.
in: Verein für die Geschichte der Deutschen Landkreise e. V. (Hrsg.), Der Kreis. Ein Handbuch, Erster Band. Köln-Berlin 1972, S. 156 ff.

STERN, Klaus (1964):
Kommentierung zu Art. 28 GG.
in: Kommentar zum Bonner Grundgesetz. Hamburg ab 1950 (Zweitbearbeitung 1964).

STIENS, Gerhard (1982):
Veränderte Konzepte zum Abbau regionaler Disparitäten.
Zu den Wandlungen im Bereich raumbezogener Theorie und Politik.
Geographische Rundschau Bd. 34 (1982), S. 19 ff.

STORBECK, Dietrich (1970):
Art. "Regionale Wirtschaftspolitik. Allgemeines".
in: Akademie für Raumforschung und Landesplanung (Hrsg.), Handwörterbuch der Raumforschung und Raumordnung Bd. III. 2. Aufl.
Hannover 1970, Sp. 2621 ff.

STRAUSS, Franz Josef (1969):
Die Finanzverfassung.
München-Wien 1969.

STRUFF, Richard (1975):
Regionale Wirtschaftspolitik auf dem Prüfstand.
structur 1975, S. 105 ff.

SUNTUM, Ulrich van (1981 a):
Regionalpolitik in der Marktwirtschaft.
Kritische Bestandsaufnahme und Entwurf eines alternativen Ansatzes am Beispiel der Bundesrepublik Deutschland.
Baden-Baden 1981.

SUNTUM, Ulrich van (1981 b):
Plädoyer für eine Kehrtwende.
WD 1981, S. 184 ff.

SUNTUM, Ulrich van (1981 c):
Öffentliches Finanzsystem und regionale Effizienz.
Kyklos Vol. 34 (1981), S. 216 ff.

TENNAGELS, Peter (1980):
Instrumentarium der regionalen Wirtschaftspolitik.
Bochum 1980.

THOLL, Gerhard (1972):
Strukturpolitik und Wirtschaftsordnung.
Köln 1972.

THOSS, Rainer (1977):
Steuerungsprobleme der Strukturpolitik.
in: Ders./Richard Stone/Otto Vogel/Rudolf Henschel/Horst Mentrup/Friedhelm Plogmann, Beiträge zur Strukturpolitik. Münster (Westf.) 1977, S. 9 ff.

THOSS, Rainer (1976):
Planung unter veränderten Verhältnissen - ökonomische Aspekte.
in: Akademie für Raumforschung und Landesplanung (Hrsg.), Planung unter veränderten Verhältnissen. Hannover 1976, S. 15 ff.

THOSS, Rainer/STRUMANN, Marita/BÖLTING, Horst M. (1974):
Zur Eignung des Einkommensniveaus als Zielindikator der regionalen Wirtschaftspolitik.
Münster (Westf.) 1974.

THOSS, Rainer/STRUMANN, Marita/BÖLTING, Horst M./SCHALK, Hans Joachim (1975):
Möglichkeiten der Beeinflussung des regionalen Einkommensniveaus durch regionalpolitische Instrumente.
Münster (Westf.) 1975.

TIEMANN, Burkhard (1971):
Der Beteiligungsgrad des Bundes an den Gemeinschaftsaufgaben.
DÖV 1971, S. 86 f.

TIEMANN, Burkhard (1970 a):
Gemeinschaftsaufgaben von Bund und Ländern in verfassungsrechtlicher Sicht.
Berlin 1970.

TIEMANN, Burkhard (1970 b):
Die neuen Gemeinschaftsaufgaben (Art. 91 a, 91 b GG) im System des Grundgesetzes.
DÖV 1970, S. 161 ff.

TIEMANN, Burkhard (1970 c):
Gemeinschaftsaufgaben und bundesstaatliche Kompetenzordnung.
DÖV 1970, S. 725 ff.

TIEMANN, Burkhard (1970 d):
Gemeinschaftsaufgaben und Bundesfinanzhilfen im Verhältnis zur gemeindlichen Selbstverwaltung.
BayBgm. 1970, S. 61 ff.

TÖPFER, Klaus (1975 a):
Art. "Strukturpolitik".
in: Hermann Kunst/Roman Herzog/Wilhelm Schneemelcher (Hrsg.), Evangelisches Staatslexikon. 2. Aufl. Stuttgart - Berlin 1975, Sp. 2584 ff.

TÖPFER, Klaus (1975 b):
Konsequenzen der unternehmerischen Standortwahl für die kommunale Wirtschaftsförderung.
in: Deutsches Institut für Urbanistik (Hrsg.), Aufgaben und Probleme kommunaler Wirtschaftsförderung. Berlin 1975, S. 57 ff.

TÖPFER, Klaus (1969):
Regionalpolitik und Standortentscheidung.
Die Beeinflussung privater Pläne, dargestellt an der unternehmerischen Standortentscheidung.
Bielefeld 1969.

TROTHA, Thilo von (1971):
Die Fortentwicklung des föderativen Systems der Bundesrepublik Deutschland durch die Einführung von Gemeinschaftsaufgaben.
Diss. Bonn 1971.

TUCHTFELDT, Egon (1970):
Infrastrukturinvestitionen als Mittel der Strukturpolitik.
in: Reimut Jochimsen/Udo E. Simonis (Hrsg.), Theorie und Praxis der Infrastrukturpolitik. Berlin 1970, S. 125 ff.

TUCHTFELDT, Egon (1960):
Zur Frage der Systemkonformität wirtschaftspolitischer Maßnahmen.
in: Hans-Jürgen Seraphim (Hrsg.), Zur Grundlegung wirtschaftspolitischer Konzeptionen. Berlin 1960, S. 203 ff.

TUCHTFELDT, Egon (1957):
Das Instrumentarium der Wirtschaftspolitik.
Ein Beitrag zu seiner Systematik.
Hamburger Jahrbuch für Wirtschafts- und Gesellschaftspolitik Bd. 2 (1957), S. 52 ff.

UHLMANN, Jan (1978):
Die Entwicklungszentren des Bundesraumordnungsprogramms: Wachstumszentren oder pragmatisches Verdichtungskonzept?
Stuttgart 1978.

VÄTH, Werner (1974):
Sozioökonomische Strukturprobleme der Raumordnungspolitik des Bundes.
in: Peter Grottian/Axel Murswieck (Hrsg.), Handlungsspielräume der Staatsadministration. Hamburg 1974, S. 211 ff.

VAUBEL, Roland (1979):
Wenn Beamte Unternehmer spielen ...
Die ökonomische Theorie des Staatsversagens.
Die Zeit Nr. 45 vom 2. 11. 1979, S. 34.

VOGEL, Klaus (1977):
Verfassungsfragen der Investitionszulage und verwandter Vergünstigungen.
- Zur Abgrenzung zwischen Steuervergünstigungen und direkten Subventionen -
DÖV 1977, S. 837 ff.

VOIGT, Rüdiger (1980):
Verrechtlichung in Staat und Gesellschaft.
in: Ders. (Hrsg.), Verrechtlichung. Königstein/Ts. 1980, S. 15 ff.

VOSS, Gerhard (1977):
Sektorale Strukturpolitik.
Anspruch und Praxis.
Köln 1977.

VOSS, Gerhard (1975):
Stand der Zieldiskussion in der regionalen Wirtschaftspolitik.
structur 1975, S. 77 ff.

VOSS, Gerhard (1973):
Erfolgskontrolle regionaler Strukturpolitik.
Diss. Köln 1973.

WAGENBLASS, Horst (1979):
Das Gesetz zur Förderung der Stabilität und des Wachstums der Wirtschaft als Instrument der Wirtschaftspolitik in der Bundesrepublik Deutschland.
Unterrichtsblätter für die Bundeswehrverwaltung 1/1979, S. 15 ff.

WAGENER, Frido (1982):
Staat und Selbstverwaltung: Besserung oder Beschwichtigung?
Städte- und Gemeindebund 1982, S. 85 ff.

WAGENER, Frido (1981):
Zur Zukunft des Föderalismus und der kommunalen Selbstverwaltung.
der landkreis 1981, S. 105 ff.

WAGENER, Frido (1978 a):
Milderungsmöglichkeiten nachteiliger Folgen vertikaler Politikverflechtung.
in: Joachim Jens Hesse (Hrsg.), Politikverflechtung im föderativen Staat. Baden-Baden 1978, S. 149 ff.

WAGENER, Frido (1978 b):
Mehr horizontale Koordinierung bei Bund und Ländern.
Inf.z.Raumentw. 1978, S. 11 ff.

WAGENER, Frido (1977):
Gemeinsame Rahmenplanung und Investitionsfinanzierung.
Zum Schlußbericht der Enquête-Kommission Verfassungsreform.
DÖV 1977, S. 587 ff.

WAGENER, Frido (1976):
Planintensität der Planungsarten und Planungsebenen.
in: Hessische Landesentwicklungs- und Treuhandgesellschaft mbH/ HLT Gesellschaft Forschung Planung Entwicklung mbH (Hrsg.), Regionalpolitik am Wendepunkt? Wiesbaden 1976, S. 97 ff.

WAGENER, Frido (1975):
System einer integrierten Entwicklungsplanung im Bund, in den Ländern und in den Gemeinden.
in: Politikverflechtung zwischen Bund, Ländern und Gemeinden.
Schriftenreihe der Hochschule Speyer Bd. 55. Berlin 1975, S. 129 ff.

WAGENER, Frido (1972):
Ziele der Raumordnung nach Plänen der Länder.
Bonn-Bad Godesberg 1972.

WAGENER, Frido (1971):
Ziele der Stadtentwicklung nach Plänen der Länder.
Göttingen 1971.

WAGNER, Claus (1976):
Das Investitionszulagengesetz und das Gesetz über die Gemeinschaftsaufgabe "Verbesserung der regionalen Wirtschaftsstruktur" als Schwerpunkte staatlicher Förderung von Investitionen.
Diss. Augsburg 1976.

WAHL, Rainer (1981):
Entscheidungsprozesse bei Gemeinschaftsaufgaben.
in: Wolfgang Hoffmann-Riem (Hrsg.), Sozialwissenschaften im Öffentlichen Recht. Neuwied-Darmstadt 1981, S. 318 ff.

WAHL, Rainer (1978 a):
Rechtsfragen der Landesplanung und Landesentwicklung.
Band I und II.
Berlin 1978.

WAHL, Rainer (1978 b):
Empfehlungen zur Verfassungsreform.
Zum Schlußbericht der Enquête-Kommission Verfassungsreform.
AÖR Bd. 103 (1978), S. 477 ff.

WAHRMANN, F. (1981):
Die wissenschaftliche Planung in der Politik.
VR 1981, S. 91 ff.

WARTENBERG, Uwe (1981):
Regionale Wirtschaftsförderung in der Sackgasse.
WD 1981, S. 139 ff.

WATERKAMP, Rainer (1975):
Von der Finanz- und Raumplanung zur Entwicklungsplanung.
WD 1975, S. 639 ff.

WATERKAMP, Rainer (1973):
Interventionsstaat und Planung.
Raumordnung, Regional- und Strukturpolitik.
Köln 1973.

WATRIN, Christian (1978):
Grenzen der Staatstätigkeit: Das Beispiel der vorausschauenden und der lenkenden Strukturpolitik.
in: Hans Besters (Hrsg.), Strukturpolitik - wozu? Baden-Baden 1978, S. 108 ff.

WESTPHAL, Jürgen (1981 a):
"Regionalpolitik für den ländlichen Raum" - Möglichkeiten einer Neuorientierung.
Städte- und Gemeindebund 1981, S. 157 ff.

WESTPHAL, Jürgen (1981 b):
Den strukturschwachen Gebieten muß geholfen werden.
Neue Wege nach der Kürzung der Mittel.
F.A.Z. Nr. 35 vom 11. 2. 1981, S. 14.

WESTPHAL, Jürgen (1976):
Regionale Strukturpolitik - was muß sie leisten?
IKO 1976, S. 152 ff.

WIETHÖLTER, Rudolf (1980):
Entwicklung des Rechtsbegriffs (am Beispiel des BVerfG-Urteils zum Mitbestimmungsgesetz und - allgemeiner - an Beispielen des sog. Sonderprivatrechts).
Beitrag zur Tagung "Rechtsformen der Verflechtung von Staat und Wirtschaft" in Bremen am 10. und 11. 10. 1980.

WIETING, Rolf (1976):
Regionale Strukturpolitik auf dem Prüfstand.
- Ein Beitrag zu mehr Effizienz in der regionalen Wirtschaftsförderung -
WSI Mitteilungen 1976, S. 611 ff.

WILD, Klaus-Peter (1979):
Strukturschwache Regionen erhalten immer weniger vom Investitionskuchen.
Die Welt Nr. 253 vom 29. 10. 1979, S. 17.

WILD, Klaus-Peter (1978):
Stellung und Aufgaben der Länder.
in: Hans Hermann Eberstein (Hrsg.), Handbuch der regionalen Wirtschaftsförderung. Köln ab 1971, Teil A V 1.

WILHELM, Herbert (1975):
Regionalpolitik als Kompensation der Globalsteuerung.
in: Sigurd Klatt/Manfred Willms (Hrsg.), Strukturwandel und makroökonomische Steuerung. Festschrift für Fritz Voigt. Berlin 1975, S. 507 ff.

WIMMER, Raimund (1982):
Abschied von "gleichwertigen" Lebensverhältnissen?
DVBl. 1982, S. 62 ff.

WIMMER, Raimund (1970):
Über Rechtsnatur und Justitiabilität öffentlicher Bildungspläne.
DVBl. 1970, S. 305 ff.

WINNEMÖLLER, Bernhard (1978):
Zielorientierte kommunale Strukturpolitik in einer Mittelstadt des ostwestfälischen Raumes.
IKO 1978, S. 228 ff.

WIRTH, Margaret (1973):
Kapitalismustheorie in der DDR.
Entstehung und Entwicklung der Theorie des staatsmonopolistischen Kapitalismus.
2. Aufl. Frankfurt am Main 1973.

WIRTSCHAFTSFÖRDERUNGSGESELLSCHAFT SCHLESWIG-HOLSTEIN MBH (o.J.):
Schleswig-Holstein macht Unternehmern ein Angebot.
Kiel ohne Jahresangabe.

WISSENSCHAFTLICHER BEIRAT BEIM BUNDESMINISTERIUM FÜR WIRTSCHAFT (1955):
Möglichkeiten und Grenzen regionaler Wirtschaftspolitik.
Gutachten vom 23. 1. 1955.
in: Ders., Sammlung der Gutachten von 1948 bis 1972. Göttingen 1973, S. 269 ff.

WITTMANN, Walter (1982):
Sturm auf die Institutionen.
Das Ziel des Liberalismus in den achtziger Jahren.
F.A.Z. Nr. 73 vom 27. 3. 1982, S. 13.

WOLF, Folkwin (1980):
Möglichkeiten einer wirksameren Raumordnungs- und Regionalpolitik.
in: Wolfgang Bruder/Thomas Ellwein (Hrsg.), Raumordnung und staatliche Steuerungsfähigkeit. Opladen 1980, S. 195 ff.

WOLF, Folkwin (1979):
Zur Leistungsfähigkeit der regionalen Wirtschaftsförderung.
Erkenntnisse für die Fortentwicklung des Instrumentariums.
der landkreis 1979, S. 71 ff.

WOLF, Folkwin (1977):
Gewerbesteuer - Volkswirtschaftliche Verschwendung und regionale Fehlentwicklungen.
WD 1977, S. 518 ff.

WOLF, Folkwin (1975):
Wie effizient ist die regionale Wirtschaftsförderung?
Inf.z.Raumentw. 1975, S. 431 ff.

WOLF, Folkwin (1974):
Effizienz und Erfolgskontrolle der regionalen Wirtschaftsförderung.
Ergebnisse einer Untersuchung in Hessen.
Wiesbaden 1974.

WOLFF VON AMERONGEN, Otto (1976):
Regionalpolitik und Wirtschaftsordnung.
in: Hessische Landesentwicklungs- und Treuhandgesellschaft mbH/ HLT Gesellschaft Forschung Planung Entwicklung mbH (Hrsg.), Regionalpolitik am Wendepunkt? Wiesbaden 1976, S. 83 ff.

WROBEL, Bernd (1978):
Industrieansiedlungspotential in der Wirtschaftsförderung.
Der Städtetag 1978, S. 267 ff.

WROBEL, Bernd (1977 a):
Entwurf eines Kataloges der Instrumente in der kommunalen Wirtschaftsförderung.
in: Deutsches Institut für Urbanistik (Hrsg.), Zum Aufgabenfeld der kommunalen Wirtschaftsförderung. Berlin 1977, Anhang 4.2, S. 1 ff.

WROBEL, Bernd (1977 b):
Stanortanforderungen der Unternehmen.
in: Deutsches Institut für Urbanistik (Hrsg.), Zum Aufgabenfeld der kommunalen Wirtschaftsförderung. Berlin 1977, S. 37 ff.

ZABEL, Gerhard (1979):
Probleme der Wirkungskontrolle kommunaler Wirtschaftsförderung.
der gemeindehaushalt 1979, S. 241 ff.

ZEH, Wolfgang (1979):
Musterfall Gemeinschaftsaufgaben.
Erscheinungsformen, Willensbildungsmuster und Ursachen der Politikverflechtung.
Der Bürger im Staat 1979, S. 15 ff.

ZEH, Wolfgang (1977 a):
Entscheidungsmuster der Politikverflechtung und ihre verfassungsstrukturellen Zwänge.
in: Fritz Wilhelm Scharpf/Bernd Reissert/F. Schnabel (Hrsg.), Politikverflechtung II. Kritik und Berichte aus der Praxis. Kronberg/Ts. 1977, S. 133 ff.

ZEH, Wolfgang (1977 b):
Spätföderalismus: Vereinigungs- oder Differenzierungsföderalismus? Zur Arbeit der Enquête-Kommission an ihrem schwierigsten Objekt.
ZParl. 1977, S. 475 ff.

ZILL, Gerda (1981):
Kommunale Wirtschaftsförderung in Großbritannien und in der Bundesrepublik Deutschland.
in: Renate Mayntz (Hrsg.), Kommunale Wirtschaftsförderung. Köln 1981, S. 57 ff.

ZIMMERMANN, Franz (1964):
Die rechtlichen Grenzen der kommunalen Wirtschaftsförderung.
Der Gemeindehaushalt 1964, S. 217 ff.

ZIMMERMANN, Horst (1970 a):
Öffentliche Ausgaben und regionale Wirtschaftsentwicklung.
Tübingen 1970.

ZIMMERMANN, Horst (1970 b):
Art. "Gemeinschaftsaufgaben".
in: Akademie für Raumforschung und Landesplanung (Hrsg.), Handwörterbuch der Raumforschung und Raumordnung Bd. I. 2. Aufl. Hannover 1970, Sp. 958 ff.

ZOHLNHÖFER, Werner (1970):
Lokalisierung und Institutionalisierung der Infrastrukturplanung im föderativen System: Das Beispiel der Gemeinschaftsaufgaben in der BRD.
in: Reimut Jochimsen/Udo E. Simonis (Hrsg.), Theorie und Praxis der Infrastrukturpolitik. Berlin 1970, S. 681 ff.